U0905777

本书获得岳麓书院国学研究与传播中心著作出版资助

嶽麓書院 国学文库

主编◎朱汉民

孔庙祭祀研究

Kongmiao Jisi Yanjiu

董喜宁◎著

中国社会科学出版社

图书在版编目(CIP)数据

孔庙祭祀研究/董喜宁著.—北京:中国社会科学出版社,2014.12

(岳麓书院国学文库/朱汉民主编)

ISBN 978-7-5161-4509-8

Ⅰ.①孔… Ⅱ.①董… Ⅲ.①孔庙—祭祀—研究 Ⅳ.①K892.98

中国版本图书馆CIP数据核字(2014)第147443号

出 版 人 赵剑英
责任编辑 罗 莉
特邀编辑 孙少华
责任校对 李 楠
责任印制 戴 宽

出 版 中国社会科学出版社
社 址 北京鼓楼西大街甲158号(邮编100720)
网 址 http://www.csspw.cn
中文域名:中国社科网 010-64070619
发 行 部 010-84083685
门 市 部 010-84029450
经 销 新华书店及其他书店

印 刷 北京市大兴区新魏印刷厂
装 订 廊坊市广阳区广增装订厂
版 次 2014年12月第1版
印 次 2014年12月第1次印刷

开 本 710×1000 1/16
印 张 30.25
插 页 2
字 数 492千字
定 价 86.00元

岳麓书院国学研究与传播中心工作指导委员会

总　序

朱汉民

“岳麓书院国学文库”即将陆续出版。借为这个文库作“总序”的机会，我想讨论一下这样几个问题：现代世界已经发生了惊人的变化，传统国学还有什么意义呢？“国学”是一门独立的学科吗？国学与岳麓书院有什么密切的联系？

（一）国学的意义

我认为，对现代中国和世界而言，国学至少有四个层面的重要意义。

第一，国学能够为现代人的个体精神需求提供思想营养。中国正面临社会的急剧变革，每个人的命运正在发生很大的变化，每个人的行动也有更多的选择自由，但是，能够给我们驾驭命运的精神方向、作出行动选择的人生智慧却严重不足。现代中国人往往会感到是非的迷惘、得失的困扰，同时引发对生命意义的追问。社会底层民众是这样，那些成功人士也是如此。儒家、道家、佛家的经典，诸子百家的思想，对人生意义的选择，包括是非的迷惘、毁誉的困扰、得失的彷徨，以及对人生终极价值的选择，都能够提供很多很好的思想营养。今天很多人思考的问题，其实古代先贤都思考过，而且有非常好的解决办法。我们回头去看经典，原来我们的老祖宗已经有很好的思考了。

第二，国学能够满足当代社会建立和谐社会的需求，并提供重要的文化资源。在中国的现代化转型过程中，我们正面临着种种社会问题和思想危机。我们常常感到人与人之间越来越缺乏信任，我们不相信超市里买来的食品是否安全，我们怀疑来自陌生人的帮助是否藏着恶意，我们甚至还在讨论见到老人摔倒该不该扶起，还有许多人的损人利己的做法，已经到了完全不能容忍的地步。诚信危机、道德危机成为我们建立和谐社会的大敌。大家都在想，怎么来制止相关恶劣事件的发生，怎么来建立一个有诚信、有道德的和谐社会。中国传统国学，对于如何建立有诚信、有道德的和谐社会，提出了一系列重要的思想，中国传统的仁爱思想、忠恕之道，仍然可以成为建构现代和谐社会的价值理念，“己所不欲，勿施于人”，仍然是我们建立有诚信、有道德的和谐社会的金科玉律。

第三，国学能够为当代中华文明的崛起提供重要的支撑力量。当前的“国学热”其实和中华文明的崛起有着密切关系。中国崛起与中华文明崛起不是一个概念。中国崛起是指一个独立的中国在政治上、经济上的强大，而中华文明崛起则是强调一种延续了五千年的文明体系在经历了近代化、全球化的“浴火”之后，重新成为一个有着强大生命力的文明体系。在世界文明史上，中华文明是唯一历经五千年而没有中断的原生形态的古文明，并且一直保持其强大的生命力，位居世界文明的前列。但是，中国近代史是一部中国被瓜分、侵略的历史，在这个历史过程中，中国人开始失去文明的自信。其实，近代中国学习、吸收西方先进文明是非常正确的，但是我们必须坚持中华文明的主体性，采取对自我文化的虚无态度是非常不应该的。我们必须有一种文明的自我意识，我们要认识到，现代化中国的崛起，离不开中华民族文化精神的崛起。我们活下来并且能够昂首挺胸的不仅仅是我们的身体，首先应该是我们高贵的精神和灵魂！那么，我们高贵的精神和我们的灵魂是如何形成的呢，其实，就是国学熔铸了我们的精神和灵魂。正是从这个意义上说，国学能够为当代中华文明的崛起提供重要的支撑力量。

第四，国学能够为21世纪新的人类文明建构做出重要的贡献。我一直认为，中国国学里面所包含的许多价值观念，比方说仁爱、中和、大同，不仅仅对中华民族具有重要的意义，同时，它们一定能够成为具有全球性的、普遍意义的价值观念，能够弥补某种单一文明主导的价值观念的缺失。西方文明一直在坚持他们倡导的许多核心价值。其实，中华文化近代化的过程，就是一个接受这种西方价值的过程。但是，许多中国人在此过程中，却忽略或者忘记了中华文明中的价值理念。特别是在整个20世纪的文明史上，以西方为主导的现代文明已经暴露出越来越多的弊端。21世纪建构的人类文明，一定是一种多元一体的文明，而延续五千年没有中断的中华文明，一定会对21世纪的人类文明建构做出自己的贡献。

（二）国学是一门独立的学科

尽管国学如此重要，但对国学是否可以成为一个独立学科，学界内部还存在着不少疑虑与分歧。人们首先会问，国学的确切定义是什么？其实，“国学”有非常明确的内涵和外延。首先，“国学”的“国”应该是指中国，这个很明确。其次，这个“学”就是指传统学术，即中国传统的知识体系与价值体系，这种知识体系与价值体系总是要通过文字、典籍的形式固定和保存下来。中国古代文献典籍有经、史、子、集，所以今天人们所说的国学往往也分为经、史、子、集。

人们又会进一步追问：国学的知识构架和学理依据是什么？当然，国学之所以可以成为一个独立学科，必须要有两个重要条件：其一是国学学科体系的内在条件，即国学体系的知识构架和学理依据；其二是国学的外在条件，即国学能否具有现代学术视野而能得到普遍承认并开展广泛的或全球化的学术交流。

国学这门学科，之所以在学界还有不少疑虑与分歧，与它在当代中国学术体制内的处境有关。现在大学院系的分科，基本上是近代引进西学而建立起来，分为理学、工学、文学、历史、哲学、艺术、宗教、政治学、教育学，等等。尽管近些年各个大学纷纷创建了国学院，但是国学在当代中国的学术体制内并无合法性的身份。这样，我们延续几千年的中国传统国学，在这种学科体制下只能变成其他学科的材料。比如国学中最重要的经学，在现代大学的学科中就没有合法的独立地位，我们不能独立地研究、学习经学，只能够将其分别切割到文学、历史学、哲学、政治学、法学、宗教学、教育学的不同学科。这样，国学中的经、史、子、集的不同门类知识，全部被分解到了文学、历史、哲学、艺术、宗教、政治学、教育学的不同学科视野里面，变成其他不同学科的材料。

近代引进的文学、历史、哲学、艺术、宗教、政治学、教育学的不同学科，对于拓展我们对中国传统学术的研究视野，确实有其长处，但也有其短处。中国传统学术是一个有着密切联系的有机整体，其知识体系和价值体系有着内在联系。当我们用各门现代学科把传统国学分割之后，就有可能失去原来知识体系的联系和特点。每一种知识体系或学科框架，实际上是我们人类把握世界的一种具有主观性因素的图式。不同文明有不同的把握世界的图式，西方知识学有它自己的长处，中国传统知识体系也有自己的长处，譬如中国的知识传统具有整体性、实践性、辨证性的特点，以此成就了中华文明的世界性贡献。正因为如此，研究中国传统学术，应该保持对其原文化生态的、有机整体的学问特点的思考。国学作为这样一种原文化生态的、有机整体的学问特点，有它存在的必要性和合理性。

其实，在讲到中国“国学”合法性的时候，我们还可以暂且借用西方大学的“古典学”的概念。在西方世界许多大学都设立了古典学系。这个古典学研究什么呢？它最初是以古希腊、罗马的文献为依据，研究那个时期的历史、哲学、文学，等等。古典学的特点是注重将古希腊、罗马文明作为一个整体来研究，而不是分别研究古希腊、罗马时期的历史、哲学、文学。在西方，古典学一直是一门单独的学科。我们认为，“国学”其实也可以说是“中国古典学”。如果我们用“中国古典学”来说明中国“国学”，可以提供“国学”作为一门独立学科的上述两个条件。一方面，在几千年的漫长历史中，中国形成了建立自己特有的具有典范意义的文明体系。建立“中国古典学”，也就是以中国古人留下的历史文献为依据，将中华文明作为一个整体来研究。由于“中国古典学”是以中国传统学术体系为学科基础，这是一门从学术范式到知识构架、学理依据均不同于现有的文学、历史、哲学学科的独立学科，这是“中国古典学”得以确立的内在条件。另一方面，由于“国学”概念仅仅能够为中国人自己使用，西方人则只能使用汉学，以“中国古典学”来定义原来的国学，“国学”具有了知识共享、学术交流的现代学科的要求，并能兼容国学、汉学，为中外学者所通用，这是国学能够具有现代学术视野并能开展国际学术交流的外在条件。

（三）国学与岳麓书院

书院是一种由古代儒家士大夫创办并主持的学术教育机构，它形成了一套独具特色的组织制度、基本规制、讲学形式，对中国传统学术文化的发展做出了不可磨灭的历史贡献。书院继承、发扬了中国优秀的教育传统，表现出儒家士大夫那种追求独立的学术思考、人格自由的精神。书院将中国传统教育和传统学术发展到一个高级阶段，从而促进了中国文化的蓬勃发展，宋元明清学术文化思潮迭起，无不与书院这种独特学术教育机构有着密不可分的内在联系。

岳麓书院是中国书院的杰出代表，在中国教育史、中国学术史上居有十分重要的地位，因其有着悠久的办学历史、卓著的学术成就，受到古今人们的普遍敬仰。继先秦诸子等学术思潮之后，两宋时期兴起了理学思潮。理学以复兴先秦儒学为旗帜，要求重新解释儒家经典，力图使儒家文化在新的历史时期得以振兴；同时，它又吸收、综合了佛、道两家的学说，将儒学发展为一种具有高深哲理的思想体系。岳麓书院创建于宋代，很快成为新兴理学思潮的大本营，学术界一大批有影响的著名理学家纷纷讲学于此。南宋乾道年间，被称为“东南三贤”的张栻主持岳麓书院讲席，在此聚集了一大批理学之士，并且形成了当时学界很有影响的湖湘学派。同时，后来被称“致广大，尽精微，综罗百代”的著名理学家朱熹两次在岳麓书院讲学传道，更是形成了学术鼎盛的历史局面。岳麓书院成为宋代学术文化史最著名的四大理学基地之一。以后，许多著名理学家纷纷来此讲学。南宋后期，著名理学家真德秀、魏了翁讲学岳麓书院；明代中叶以后，理学思潮中的心学一派王阳明及其弟子王乔龄、张元忭、季本、邹元标等亦纷纷来岳麓书院讲学，使岳麓书院因新兴的心学思潮再度发挥极其重要的学术大本营的作用。明清以来，中国学术文化又发生重大变革，先后出现清代理学、乾嘉汉学、今文经学等不同的学术思潮，而岳麓书院一直是不同时期内学术思潮的重镇，从而推动着中国传统学术的创新发展，继续在中国学术领域发挥重要的作用。可见，岳麓书院在一千多年的办学过程中，一直是中国传统国学的重镇。宋以后的各种学术思潮、学术流派均以它为学术基地，如宋代理学派、事功学派，明代心学派、东林学派、乾嘉学派、今文学派，等等，许多学术大师如朱熹、张栻、陈傅良、王阳明、王文清、王先谦、皮锡瑞等在这里传道授业，又培养了一代代国学领域的著名学者。

光绪二十七年（1901），清政府下诏全国各地改书院为学堂，岳麓书院也于 1903 年改为湖南高等学堂，后来又改为湖南高等师范学堂、湖南大学。但岳麓书院遗址在战乱年代，一度受到严重损害。从 20 世纪 80 年代开始，湖南大学全面修复岳麓书院，经过二十年的努力，岳麓书院古建全面修复，基本上恢复了历史上办学最盛时期的建筑规制。与此同时，我们启动了岳麓书院国学研究、教育的复兴工程。近二十多年来，岳麓书院培养、引进了一批国学研究的学者，逐步获得学士、硕士、博士学位点及博士后流动站。岳麓书院学术、教育功能的恢复，是建立在现代高等教育体制及学科建设基础之上的。今天的岳麓书院已经成为国学复兴的重镇。岳麓书院的明伦堂仍是讲授国学的讲堂；朱熹、张栻“会讲”的讲堂仍在举办国学论坛，斋舍也仍然是学者从事国学研究的场所。古代学术传统内核的经学、理学、诸子学、史学及其相关的知识学问，均成为岳麓书院的主要学习内容和重要研究方向。国学是在中国传统文化生态中逐渐形成的一种学术文化类型，作为一种具有民族主体性的学术文化，国学确实不同于西学，因为它有不同于西学的文化土壤与生态环境。从这个意义上说，国学与书院有着共生的独特文化背景。

我们有一种传承中华学脉的强烈愿望，希望推动岳麓书院学术的现代复兴。岳麓书院的现代复兴，是在中华民族伟大复兴的背景下发生的一个重要文化教育现象。我们相信，在中华民族伟大复兴之际，我们完全可以做好书院文化传统的转换、创新工作。所以，我们编辑、出版“岳麓书院国学文库”，也是与传统国学的当代复兴有着密切关联的。我们希望有更多的书院、学者加入到这个行列来，盼望国学界的研究者能够不断赐稿，共同推动当代国学的繁荣！

甲午年于岳麓书院文昌阁

目　录

插图目录

插表目录

序　一

陈戍国

公元2006年（丙戌），董喜宁君攻读博士学位之初，予建议董君以“孔庙祭祀研究”为题，考虑其博士学位论文之撰作。董君籍贯为山东。而山东乃孔孟之乡，关系中华礼乐文明至钜；由山东治礼学者研究孔庙祭祀，自较妥当。

《明史·钱唐传》：

> 唐伏阙上疏言：“孔子垂教万世，天下共尊其教，故天下得通祀孔子，报本之礼不可废。”侍郎程徐亦疏言：“古今祀典，独社稷、三皇与孔子通祀……尧、舜、禹、汤、文、武、周公，皆圣人也；然发挥三纲五常之道，载之于经，仪范百王，师表万世，使世愈降而人极不坠者，孔子力也。孔子以道设教，天下祀之，非祀其人，祀其教也，祀其道也。今使天下之人读其书，由其教，行其道，而不得举其祀，非所以维人心扶世教也。”①

钱、程之言何由而发？据钱唐本传，皆由不肯附和洪武二年诏“孔庙春秋释奠……天下不必通祀”而发也。做人、齐家、治国依孔孟之道为好，一味鼓吹“阶级斗争”不行。依其道，怀其人，礼之应当，故钱惟明谓祭孔为通祀，为报本之礼，斯言得之。

朱洪武当年不但限制孔庙春秋释奠，而且禁止祭祀孟轲。“帝尝览《孟子》，至‘草芥’‘寇雠’语，谓非臣子所宜言，议罢其配享，诏有

---

① 《明史》卷一百三十九《钱唐传》，中华书局1974年版，第3981—3982页。

谏者以大不敬论。唐抗疏入谏曰；‘臣为孟轲死，死有馀荣。’”[①] 就洪武帝而言，天下唯我独尊，岂容臣民视为“草芥”与“寇雠”？钱惟明不畏强暴，敢为孟轲死而独抒己见。“帝鉴其诚恳，不之罪。孟子配享亦旋复。然卒命儒臣修《孟子节文》云。”[②] 朱洪武以错杀臣民著称，然而终于未杀钱唐。钱惟明实在幸运。而湖南茶陵人刘三吾先生叨朱洪武之光，以修《孟子节文》之“伟业”赢得难脱干系之骂名，可叹可笑！

日居月诸，物换星移。朱洪武之后，孔子孟子，至圣亚圣，孔庙祭祀，至20世纪连遭厄运。诬蔑孔子“和民众并无关系”者有之，力主毁孔庙、废祭孔者有之，诋“孔学名高实秕糠”者有之，欲打倒而后快者大有人在。朱洪武以及刘三吾先生实有后嗣。然而以刘三吾先生奉命修《孟子节文》不足法者亦有之。吾辈平民百姓，自有孔孟观，尝为祭孔大典之适度回归而喝彩，亦尝为洗刷若干名人强加于孔孟之罪名而努力，为孔子学院走向世界而叫好。[③] 关于孔孟祭祀，予亦常著文表示意见[④]，则董君博士学位论文已惠予引用矣，盖不以为谬乎？

予于董君博士学位论文，曾大加赞赏。自公元2006年（丙戌）至今（甲午），董君以近八年之功，研究孔庙祭祀之源流、礼典之内涵、仪式之变迁，并提出若干问题引发思考。既不要求未来之祀典完全抛弃历史，又不赞成祭孔照搬先例。不必虚夸，其中确有真知灼见。亦不必讳言，其中犹有可商焉。

2013年11月26日，中共中央总书记习近平同志光临曲阜，召开座谈会，讲话简短精辟而重要。他既指出孔子思想“唯心、保守”之一面，又肯定其中进步合理之精华，言及“忠孝节义”，言及“仁义礼智”，指示弘扬传统美德，鼓励传播礼仪文化。既如此，传统文化研究有用，孔子研究有价值，礼学研究亦自有价值可言，盍可忽诸？

不久以前，岳麓书院国学研究与传播中心决定将董君博士学位论文

---

① 《明史》卷一百三十九《钱唐传》，中华书局1974年版，第3982页。

② 同上。

③ 请参见拙撰《中国礼文学史·先秦秦汉卷》第一章“绪论”第二节“对20世纪‘五四’新文化运动和所谓文化革命的检讨”，湖南大学出版社2012年版，第9—18页。

④ 请看拙作《古礼今论》，《湖南大学学报》（社会科学版）2010年第2期。

《孔庙祭祀研究》纳入资助出版之规划。正式出版在望，董君索序于予。此序之作不当辞，爰书数语如上。董君勉乎哉！

是为序。

公元2014年2月21日于湖南大学

序　二

姜广辉

董喜宁所著《孔庙祭祀研究》即将出版，要我写一篇序言，我觉得义不容辞，答应下来。

中国古代，信仰多元，祭祀的对象很多。你到北京去看，有天坛、地坛、日坛、月坛、先农坛、社稷坛，等等，这些场所都是皇帝祭祀的地方，为皇帝一人所垄断，别人不能在此进行祭祀，如若不然，便是“僭礼”。而“僭礼”的实质是对现有等级秩序的破坏。祭天等活动，虽然有儒者赞襄参与，其实他们不过是“相礼”和“执事”的身份。

古代，平民百姓家家供奉祖宗神位，逢年过节都要祭祀自己的祖先。

至于公共的祭祀场所和建筑，大家会首先想到佛教的寺庙。佛教寺庙大多选址精心，建筑壮美，所谓“天下名山僧占多”，许多名山中都有佛国大刹。其次是道教的宫观，一些名山中也常建有巍峨的紫殿仙宫。再次便是儒家的文庙（又称孔庙），文庙除了北京、曲阜、南京等少数地区外，大多没有佛教、道教的庙宇壮丽。虽然如此，传统社会对文庙祭祀的重视程度，却又在佛教、道教之上，以致清人裕泰说：“礼，莫重于祭。今天下庙学丁祭，其尤重者也。”（裕泰《文庙丁祭谱序》）丁祭，就是传统社会在春、秋仲月的上丁日所举行的祭孔大典，它寄寓着中国人的价值理想和人文信仰，是中国文化传承的一个重要的表现形式。

说到此，我突然想到了岳麓山。在岳麓山，可以看到一个很有趣的现象：在一个不甚大的山上，自上而下，有道教的云麓仙宫、佛教的麓山古寺、儒家的岳麓书院。岳麓书院实行“左庙右学”的规制，左半部分就是文庙。2013 年在 9 月 28 日的孔子诞辰日，岳麓书院恢复了中断近百年的祭孔典礼。

我们这一代人基本是与共和国同龄的，从小接受的是无神论、“破除迷信”、“五四”精神的教育。在我们以及广大人民群众眼中，以上这些场所不过是“封建文化”的残余。我们在青年时期，经历了声势浩大的“文化大革命”，与这些“封建文化”的残余做过最彻底的“决裂”。像曲阜孔庙这种地方，虽说是全国重点文物保护单位，所受到的冲击和破坏也是很大的。我后来进入工作的中国社会科学院历史所，在那时曾专门派人去曲阜孔府、孔庙抄写档案，并加以研究，称之为“变天账”。

“文化大革命”之后，拨乱反正。此时，学术界逐渐恢复了正常的儒学研究，曲阜地区也恢复了孔庙祭祀活动。20 世纪 80 年代初，我参加了在曲阜举行的国际儒学会议，那时我的思想中“五四”情结很重，所以当时在与一位西方学者交谈时，很自然地提出“世界改变儒学”的说法，可是那位西方学者表示强烈反对，坚决主张“儒学改变世界”。这件事给我的触动很大，使我长时间地对儒学的未来发展加以思考。后来思想发生了很大的转变，对许多问题的观察角度也不同了。

根据国际社会的经验，当人均国民生产总值达到 3000 美金，即社会步入小康社会时，社会将爆发信仰危机。在 21 世纪初，根据 2004 年统计，中国的人均国民生产总值达到 1000 美金。而根据 2013 年的统计，中国的人均国民生产总值已达 6767 美元。在最近的十年，中国经济发展明显进入了快车道，引起了全世界的瞩目，然而在文化上却向着在一些人看来完全是“复古”“倒退”的方向发展！各地佛寺、道观香烟缭绕，人们从四面八方来朝拜，很多儒家的文庙也恢复了祭祀孔子的活动。

20 世纪初“废除尊孔读经”之时，曾经积极倡导革新的梁启超就表示了担忧，他说：“今日非西学不兴之为患，而中学将亡之为患。”梁氏所言之“中学”主要是就经学而言。从梁启超到今天差不多有一百年了，中国文化传统已经发生了严重的断裂，今天由一些享有盛名的学者点校的礼书错得一塌糊涂，曲阜孔庙祭祀时三牲祭品竟放颠倒，其他祭品也错乱摆放，台湾学者龚鹏程嘲讽道：“将牛尾巴猪屁股对着孔子像。”听到批评后，曲阜一些人仍不服气，认为人家是“恶意挑衅，目的是要与我们大陆争‘正统’”。我真替他们脸红。

所以，当董喜宁选择《孔庙祭祀研究》这个课题时，我就极表支持。大陆学者真的要对这些问题好好研究，补补课。

董喜宁有一个令人艳羡的师承关系，他的老师陈戍国，是岳麓书院的教授，也是当今国内首屈一指的礼学专家，著有六卷本的《中国礼制史》。我对他的学问十分敬佩。陈戍国的老师是沈文倬，曾被称为“今世治礼经者之第一人”，著有《宗周礼乐文明考论》等书。沈文倬的老师是曹元弼，曾为晚清翰林院编修，辛亥革命后，闭门著书，著有《礼经学》《礼经校释》《复礼堂文集》等书。曹元弼的老师是黄以周，黄以周专力治经，尤精“三礼”，著有《礼书通故》等书。黄以周的父亲兼老师黄式三，也是一代名儒，著有《论语后案》等书，晚年好言礼，著有《复礼说》《崇礼说》《约礼说》等篇。从黄式三、黄以周、曹元弼、沈文倬，再到陈戍国，可以说是一脉相承。而陈戍国又培养了许多优秀的弟子，董喜宁便是其弟子中的佼佼者。

《孔庙祭祀研究》，全书四十多万字，资料详赡，观点允当、文字流畅典雅，是一部优秀的学术研究著作，具有规范和改进当代孔庙祭祀仪式的重要参考价值。

此书是董喜宁在博士论文基础上修改定稿的。岳麓书院的硕士、博士论文水平总体上是不错的，董喜宁的博士论文更是其中翘楚。我曾说，我到岳麓书院六年，这是我读到的最好的博士论文之一。当今高校录用人才，门坎很高，不仅要看录用对象的学位证书，还要看他们读大学本科时的学校是否为“211”和“985”大学，这使得一些在校硕士生、博士生变得很焦虑，怕毕业后找不到好工作。而董喜宁凭她的优秀博士论文，越过了这道鸿沟，被湖南师范大学选中录用。所以，我平时经常以董喜宁为典范，鼓励在读硕士生、博士生努力做好论文。

如今董喜宁的《孔庙祭祀研究》就要出版，我相信此书出版后，学界会承认它的学术研究贡献，高校在读硕士生、博士生也会从中受到激励和鼓舞。

于千年学府岳麓书院

2014年5月12日

第一章　绪论

第一节　概说

二千五百年前，孔子祖述尧舜，宪章文武，修订《诗》《书》《礼》《乐》《易》《春秋》六经，集文化之大成，创立儒学，垂教万世，对中国政治、经济、社会及文化产生了深远影响。在中国文化史上，孔子承上启下，纂述尧、舜、禹、汤、文、武之道于前，昭示汉宋诸儒发明于后，宋人所谓“天不生仲尼，万古如长夜”，元儒所称“先孔子而圣者，非孔子无以明；后孔子而圣者，非孔子无以法”[1]，皆为此也。孔子是中国传统文化的中心，也是万世景仰的圣人。

司马迁作《史记》，列孔子于《世家》。此一创制后世争议颇多，仁者见仁智者见智。称颂者以为孔子一介布衣，无诸侯之位而称世家，此乃史迁尊崇孔子于至极，揆诸汉初重黄老而轻儒学的学术风气，更见其远见卓识之处。批评者则认为孔子之道德教化并与天地日月相无穷，史迁列其于诸侯王之后，反是以世俗爵位妄加比附，乃世俗之见。更有论者评司马氏此举为两失：以地位论，孔子不当列世家，这是司马迁自乱史例；以道德论，孔子不应只列世家，这是司马迁弄巧成拙，虽欲尊之却适得其反。争议虽多，其背后的立意宗旨却是一致的，即维护孔子推崇孔子。基于此点，诸家对司马迁在《孔子世家》中首次加诸孔子的“至圣”称谓，均是毫无异辞，世代沿用。

孔子生当周室衰微、礼崩乐坏之际，毕生以恢复周礼为己任，在其去

---

① （元）阎复：《加封孔子制》，收入（元）苏天爵编《元文类》卷一一，《景印文渊阁四库全书》第1367册，第134页。

世后，后人也依奉礼的原则敬奉和怀念他。以至三百多年过去，司马迁游鲁，“观仲尼庙堂车服礼器”，诸生依然“以时习礼其家”。足见此地礼乐文化之盛，以及孔子影响力之广大。

祭孔的历史从孔子去世以后就开始了。初期的祭孔，从严格意义上来说属于祭祖的范畴，还不是后来被广泛推行的官方祭祀行为。祭孔历史上的第一件大事是汉高祖刘邦途经鲁地，以太牢亲祀孔子。自此，诸侯卿相官至鲁地，都是先谒拜孔子，然后问政。这是祭孔之礼渐入国家祀典视野的开始。

孔子本来只是作为一家之祖，接受子孙后裔的笾豆之荐。孔庙初时也只设立于阙里一地。随着儒学独尊局面的出现以及孔子儒宗地位的提升，祭孔之礼逐渐超出宗祖的范畴，孔庙也不再仅仅局限于阙里一隅。孔庙中的献祭者，由初时的血缘性子孙祭祖范畴，扩展至后来的非血缘性后学祭师范畴。孔庙作为礼制性建筑，不仅走出阙里，稳立于京畿国学之内，还遍设于地方州、县学校。它是历朝尊孔崇儒活动最直接的历史见证，诚如董翼所说：“古今道德之极，莫盛于孔子矣；古今隆重之典，亦莫盛于孔庙矣。”①

至于孔子当以何种方式进入国家祀典，这一问题起初并不明朗。按照礼典，国家祭祀之礼共有三类：一曰祀天神，二曰祭地祇，三曰享人鬼。其中人鬼是指宗庙祖先，外姓旁人不在其列。在汉代，祭孔最主要的形式是，孔氏后裔领命以食邑奉祀。遇到辟雍行礼祭先师，则以孔氏子孙陪同，地方提供牲牢，长吏备爵祭祀。曹魏之时，司空崔林犹以长吏奉孔子祀为“非族”之祀，不主张依此例进行。但作为国典范畴的祭孔之礼还是迅速地盛行起来。到了唐代，朝廷正式把释奠先圣先师添加到国家祀典中，与祀天神、祭地祇、享人鬼并列为四大祭祀名目，此乃一大创举。自此以后，祭孔盛况便如同韩愈所说的那样，“自天子至郡邑守长通得祀而遍天下者”。

孔子之祀长达两千余年，在实践中逐渐形成了完整的祭祀体系。其间礼仪之隆杀、封爵之升降、笾豆之增损、舞佾之加减、从祀之取舍，大都

---

①（明）董翼：《孔庙缺典疏》，收入雍正《四川通志》卷四三《艺文》，《景印文渊阁四库全书》第561册，台湾商务印书馆1986年版，第445页。

详载于史册，是以礼制沿革崇祀脉络，大致有迹可考。在孔庙祭祀的发展过程中，逐渐产生了一个相对固定的献祭人群，形成了一套独特的享祀从祀模式，也积累了一套非常程式化的礼仪程序，并且保持着大致匹配的品物对应关系和乐舞表演形式。这些特点与传统社会的治理格局密切相关，构成了古代祭孔活动的重要内容。

孔庙祭祀进入国家祀典以后，一直昌盛不衰，很少遭到排拒。纵然偶有波动，也都很快恢复。元世祖曾因偏崇佛教而贬孔子为外学，进而废祭，后任者成宗继位伊始即改令中外崇祀。朱元璋一度诏令不必天下通祀孔子，十三年后却自收成言。20 世纪初，在西方文化的冲击下，陈独秀等激进的知识分子高呼“应毁全国已有之孔庙而罢其祀”，祭孔活动却仍然在断断续续地进行。“文化大革命”时期，砸毁了孔庙，破除了“四旧”，短短数十年，祭孔又重新恢复。这些都说明孔庙祭祀既拥有深厚悠久的历史渊源，也具备极强的调适性和生命力，它已构成了中华民族传统文化不可分割的一部分。

孔庙祭祀之所以受到如此长久的重视，不因朝代的更替而终止，其原因大致有三：（1）传统中国注重报本反始，注重礼乐制作。中国号称礼乐之邦，礼正乐和、礼崩乐坏是古代描述社会治乱的标准用语。礼乐之设，在于报本，饮水思源，不忘所自。庙祭祖先，学祭先师，都是此一认知的贯彻。（2）传统中国尊崇师道传承，崇德报功，尊其道而祀其人。孔子不仅是中国传统文化的集大成者，也是世人理想人格的典范。历代儒生学者奉其为宗师，学宗孔子，道宗孔子。“万世师表”“师表常尊”是孔子的最好写照。（3）传统中国将神道设教、寓教于祭视作国家治理的一个重要方面。孔子之道，继往圣，开来世，关乎仁义道德，关乎伦理纲常，治国者既据之为教化准则，又对其注入神圣的仪式化情感，外示敬畏与感恩，宣导时风，化民成俗。

在孔庙中举行的最主要的祭祀形式是释奠。释奠按其本意就是直接奠置物品而祭。这在先秦，尚是一项比较简单易行的仪式，到了后世却加入了迎神、送神、宴饮等环节，已经非常隆重了。释奠高度程式化的礼仪模式，即迎神—初献—亚献—终献—送神，历经数朝而没有发生大的改动，随时损益的只是一些仪注细节上的修补。民国以来，这套相对固定的程序及跪拜礼节被大加改革，代之而起的是以敬献花篮、鞠躬为主。

释奠礼的设祭时间，基本上固定于每年春秋仲月（即二月、八月）的上丁日，所以也称丁祭。丁祭是孔庙祭祀中最为重要、最为核心的祭期安排。丁祭之日，内自京师，外至郡县，远至边境之地，全都秩祀于学宫，其隆盛程度几无与伦比，裕泰称其为："礼莫重于祭，今天下庙学丁祭，其尤重者也。"[①] 民国初年，犹取丁日行礼，后来国民政府定每年公历九月二十八日为孔子诞辰，于是日祭孔。自此以后，诞辰祭取代丁祭，成为孔庙祭祀中的重头戏。

释奠礼是中国土生土长的一项礼仪活动，在两千多年的发展过程中，它不仅已由一项相对简略的礼事逐渐演变成全国上下共同遵行的最隆重的礼仪之一，而且深刻影响了国内其他礼事的创建，甚至还远播到韩国、日本、新加坡等多个国家。受多种因素影响，在中国大陆，与释奠有关的许多问题已不为大多数人所知，恢复举行的祭孔典礼也面临着仪节重建上的诸多难题。相反，韩国、中国台湾等地由于传统延续保存得较好，仪式上反倒显得更为周全典赡。为了重建传统，中国大陆好学之士赴境外考察学习者颇不乏人，以至于黄进兴先生引了王阳明诗句"抛却自家无尽藏，沿门托钵效贫儿"来揶揄这一现象。上述情况的出现，一方面说明尊孔崇儒风潮在中国重新兴起，另一方面说明此一风潮还没有找到自身的历史归依感。

20世纪以来，中国社会各个领域普遍发生了根本性变化，传统儒学需要探寻一条适应时代发展的生存道路。与之密迩相关的孔庙祀典当以何种面目呈现，同样是学术界正在深入思考的问题。祭孔是否应该全仿古礼，或者说该继承什么、创新什么，都需要慢慢探索。自然，创新的前提是对古礼进行追本溯源式的全面梳理。盲目尊崇、盲目批判的时代已经过去，今天的我们能够平心静气地看待古礼，对古礼进行合理的挖掘也是可能的。

孔庙祭祀经历了两千多年的历史沉淀，已经成为一门有着丰富文化内涵的独特的知识体系，对此遗产如果没有贯彻的了解，就无以言继承与发展。不知古礼，则创新无本无所依凭；不顺今时，则拘泥狭隘难有所成。目前举行的祭孔典礼已经形成一定规模，产生了一定影响，在某种程度上

---

① （清）裕泰：《文庙丁祭谱序》，见（清）蓝钟瑞等纂《文庙丁祭谱》，山东友谊书社1989年版，第13页。

促进了人们对传统文化的反思。但在祭祀模式、发展方向及仪注安排等问题上还存在一些争议，相关研究亟须跟进。

第二节　文献综述

古人重礼，不仅付诸行事，还留意于载录与阐释。孔庙祭祀是中国古代最重要的祭祀礼仪之一，对社会各方面都产生了深远影响。祭礼盛行的同时，一大批汇聚了诸多学人心血的文献资料也相应产生并流传下来，成为后世研究的珍贵宝藏。改革开放以来，祭孔活动得以恢复，祭祀规模和祭祀范围都在扩大。相关的论著成果也日益涌现，研究越来越深入。

一　资料性文献

孔庙祀典属于礼类范畴，是国家政典的一部分。正史中的礼志、乐志等较为系统地记录了孔子及诸贤儒递获崇祀的情况，为我们考察孔庙享祀体系的形成过程提供了基本的史料依据。《大唐开元礼》《政和五礼新仪》《大金集礼》《明集礼》《大清通礼》等仪制类史书，以及《通典》《唐会要》《宋会要》《文献通考》《明会典》《大清会典则例》《续文献通考》等通制类史书，可以比较全面比较连贯地将孔庙祀典的演变轨迹及历朝释奠仪注呈现出来。私人著述如《大学衍义补·释奠先师之礼》（丘濬）、《图书编·先师庙总叙》（章潢）、《五礼通考·祭先圣先师》、《五礼通考·祀孔子》（秦蕙田）、《春明梦余录·文庙》（孙承泽）等，都对历代褒崇、庙制沿革、礼节始末、从祀升黜等事项进行了条分缕析的分类与汇录。

礼部与太常寺是国家祭祀的总理部门与执行机构，成书于明末的《礼部志稿》与《太常续考》即是这两个部门的工作汇编，其中有关释奠礼的记录，可以弥补《明集礼》《明会典》因成书较早而阙载的遗憾，对理顺明代祀孔脉络有着不可或缺的作用。《礼书》《乐书》为北宋陈祥道、陈旸兄弟二人所撰，是礼乐溯源必不可少的取则工具。尤其是音乐类著述自唐以来流传甚少，《乐书》恰恰起到了拾遗补阙的作用。明代朱载堉《乐律全书》对释奠乐舞的设置也有诸多论述。

有关庙学祀典及释奠仪注的专书，在宋元，以朱熹的《绍熙州县释奠仪图》与元代的《庙学典礼》（不著撰人名氏）最为突出。《绍熙州县释奠仪图》是朱子取《政和五礼新仪》《通典》《大唐开元礼》等书相互参考，三易稿而成，后世斟酌礼仪，大都取资此书。《庙学典礼》详录元代庙学典制的相关诏令、措置规划，可与《元史》相参证。在明清，尊孔崇儒之风更盛，相关著述也大为增加。李之藻的《頖宫礼乐疏》与瞿九思的《孔庙礼乐考》是明代孔庙祀典研究的翘楚，无论体例安排还是持论见解都有其独到之处。清代涌现的杰出之作，有文庆等奉敕纂修的《国子监志》、金之植的《文庙礼乐考》、庞钟璐的《文庙祀典考》、蓝钟瑞的《文庙丁祭谱》、陈锦的《文庙从祀位次考》、郎廷极的《文庙从祀先贤先儒考》、牛树梅的《文庙通考》等。诸书或重于典制沿革，或详于仪注器物，或主于从祀辨位，对后世研究颇有镜鉴轨范之功。

曲阜阙里是孔子出生、居住、设教的地方，相关志乘资料较之别处更为繁富。陈镐的《阙里志》（弘治间修）、于慎行的《兖州府志·圣里志》（万历间编）、宋际等的《阙里广志》（康熙间撰）、岳濬等的《山东通志·阙里志》（雍正间撰）、潘相等的《乾隆曲阜县志》、李经野等的《（民国）曲阜县志》、《山东省志·孔子故里志》、《曲阜市志》等著作，基本上将孔子世系、宅庙古迹、历代隆仪、释奠礼乐、世爵恩例、孔府属官、诰敕碑记、奏疏表章、弟子贤儒列传等内容尽数囊括，为孔庙祭祀研究的钩索考稽工作提供了极大便利。

孔氏后裔撰述的家乘类资料也十分丰富，这些资料虽为一家私述，却因孔子的深远影响而具有了普遍意义。宋代孔传所撰《东家杂记》、金孔元措所撰《孔氏祖庭广记》、清代孔昭玺所辑《增补孔庭摘要》、孔尚任所纂《圣门乐志》、孔继汾所撰《阙里文献考》、孔令贻所辑《圣门礼志》等，都对历朝褒崇盛典进行了贯串与会通，可以与史、志之书相参补。另外，由孔毓圻等疏请纂修的《幸鲁盛典》是康熙一朝的祭孔实录。书中不仅对朝廷临鲁祭祀始末进行了原原本本的记载，还列录了许多佚闻旧事，章程碑文并有可观。

二　近代研究论著

（一）孔庙研究

各地孔庙既是祭祀场所，也是儒学传播的载体；既是文物古迹，也是建筑范本。孔庙本身所具有的这些多方面多层次的文化特征，也为相关研究带来了丰富多彩的切入视角。概括起来，大致有以下四个方面。

其一，有关孔庙整体概况的研究成果。曲英杰先生是较早致力于孔庙研究的学者，他于 1994 年、1995 年、1996 年先后发表了《汉魏鲁城孔庙考》《曲阜孔庙建制考述》《历代京都及地方孔庙考述》三篇文章，对曲阜孔庙及京师、地方孔庙的发展演变历程进行了全面系统的论述。2002 年张晓旭先生在《南方文物》上发表了《中国孔庙研究专辑》，从孔庙发展历史、称谓类型、建筑文化、匾额文化、人文景观等各个方面对中国孔庙进行了全面阐述，拓宽了研究视角。2004 年范小平先生的《中国孔庙》和陈传平先生的《世界孔庙》相继问世。范著被孔子第七十七代嫡孙女孔德懋誉称为："这是迄今为止，我国第一部比较全面系统介绍中国孔庙在国内外发展演变历史的学术著作，它的出版为孔子孔庙研究提供了新的研究方向。"① 陈著运用了大量的图片资料对我国十九个省市的文庙进行了不同程度的展示，是直观了解各地文庙现存状况的重要参考书目。最近几年专注于孔庙研究的学者是孔子研究院的孔祥林先生，他所承担的国家社会科学基金研究课题"世界孔子庙研究"已经结项并被鉴定为"优秀"等级。

其二，有关庙学制度的研究成果。这一领域成就最为突出的是台湾学者高明士先生。他首次将庙学制中的"庙"与"学"用祭祀空间与教学空间的概念进行论述，并指出二者都具有教育功能。高明士的立论极具开拓性，也深深影响了后来的研究者。中央民族大学 2010 届博士生田增志的博士论文《文化传承中的教育空间与教育仪式——中国庙学教育之文化阐释与概念拓展》，在继承和运用高明士庙学研究成果的基础上，对庙学制内在的精神实质作了进一步挖掘。另外，张晓旭于 2002 年发表的《论古代苏州文庙府学的教育成就》、胡务于 2005 年出版的《元代庙学：无法割舍的儒学教育链》及于学斌等于 2008 年发表的《孔庙的教育功能试论》都对孔庙的教育功能作了阐发。

其三，有关孔庙建筑、孔庙园林设计的研究成果。这一领域的研究在最近十多年间极为火热，主力军为中青年学者。前期成果多以地方文庙为

---

① 孔德懋：《研究中国孔庙发展史 弘扬中华优秀传统文化——序〈中国孔庙〉》，《中华文化论坛》2005 年第 2 期，第 157 页。

研究对象，代表作如范小平的《德阳文庙的建筑特色》（《四川文物》2002 年第 1 期）、胡炜的《云南明、清文庙建筑实例探析》（昆明理工大学 2003 年硕士论文》），李铁夫的《韩城文庙建筑研究》（西安建筑科技大学 2004 年硕士论文）、魏星的《广州孔庙建筑文化研究》（华南理工大学 2004 年硕士论文）、王琳的《孔庙建筑装饰初探》（同济大学 2004 年硕士论文）、张迎冰的《岳阳文庙的建筑规制与特色初探》（《岳阳职业技术学院学报》2005 年第 3 期）等。后期成果多以曲阜孔庙为研究对象，代表作如北京林业大学彭蓉的博士论文《中国孔庙研究初探》（2008 年）、山东大学徐斌的硕士论文《曲阜孔庙的建筑艺术特色与文化内涵研究》（2008 年）、西安美术学院邵婷的硕士论文《论曲阜孔庙大成殿龙纹装饰纹样的艺术特色》（2009 年）、西安建筑科技大学孙成和马丽雅的硕士论文《曲阜孔庙景观研究》（2010 年）、《“三孔”（孔庙、孔府、孔林）景观的审美》（2010 年）等。

其四，有关孔庙保护、开发、利用的研究成果。2004 年出版的《中国孔庙保护协会论文集》是这一领域研究的阶段性汇总。文集而外，致力于挖掘地方文庙开发利用价值的文章也不少，如杨华的《如何开发利用哈尔滨文庙的几点思考》、范小平的《苏州文庙府学文化旅游资源的开发价值》、李芸的《试论德阳文庙的开放与保护利用》、李世凤等的《云南文庙的保护与开发利用》、李建中的《浅谈资中孔庙的保护与利用》等。尤可称道的是，最近几年开始有大批博士、硕士研究生围绕这一领域撰写学位论文，其中有代表性的如山东大学柳雯的博士论文《中国文庙文化遗产价值及利用研究》（2008 年）、石伟的硕士论文《济南府学文庙的保护与开发问题探析》（2010 年）、吉林大学费雅楠的硕士论文《天津文庙博物馆的保护与利用》（2010 年）、兰州大学刘袖瑕的硕士论文《甘肃省孔庙遗存状况研究》（2010 年）等。此外，美国路易维尔大学美术系助理教授赖德霖撰写的《新生活运动与曲阜孔庙保护：中国近代文物建筑保护的一个契机初识》（《建筑创作》2010 年第 10 期），以及孙君恒等撰写的《湖北孔庙的现状和前景》（《第三届世界儒学大会论文集》2010 年 9 月）也是此一领域新近出现的重要研究成果。

（二）祭孔乐舞研究

祭孔乐舞属于雅乐舞的范畴，是中国古代雅乐舞硕果仅存的一支。20

世纪50年代，为抢救祭孔乐舞，中国舞蹈研究会主席吴晓邦等人专赴曲阜拍摄了纪录片。舞蹈史学家彭松在此次考察之后，还将搜集到的第一手资料编著成《中国古代舞谱——拉班舞谱》一书，对清末民国时期的祭孔乐舞情况作了基本介绍。

江帆、艾春华伉俪合著的《中国历代孔庙雅乐》一书，无疑是此一领域的奠基之作。书中对祭孔乐舞的渊源及历代演变进行了细致的史料梳理，并对乐章、舞谱、乐器、舞器等作了详细说明，条理清晰，纲目明了。

最近三年连续有新成果出现。中国艺术研究院孙茜2008年的硕士论文《祭孔乐舞舞蹈的文化研究》，对祭孔乐舞的发展历史、动作特性、教化功能等问题作了阐发。上海音乐学院迟凤芝在2009年博士论文《朝鲜文庙雅乐的传承与变迁》中指出朝鲜文庙雅乐与中国宋代大晟雅乐的渊源关系。中央民族大学车延芬2010年的博士论文《从舞谱到舞蹈——文化复兴中的文本、表演和身体记忆》是一篇不可多得的田野调查文章。作者文笔优美，以历史人类学、艺术人类学的研究视角，将自己亲身学习祭孔乐舞、参与尼山祭孔的经历娓娓道来，让人如历其境。

另外，王福银在祭孔乐舞与齐国《韶》乐的承传关系上有独到见解。2010年孙茜的《祭孔乐舞舞蹈动作特点分析》和韩国成均馆大学舞蹈系林鹤璇的《宋·明代文庙佾舞动作的关系》两篇文章将研究重点放在具体的舞蹈动作上。祭孔乐舞研究日益细致、深入。

（三）孔庙祭祀研究

较早对孔庙祀典进行研究的学者是中国台湾的黄进兴先生，他所撰著的《优入圣域：权力、信仰与正当性》和《圣贤与圣徒》二书是此一领域的开拓之作，在理论架构上独有创获，对后学研究影响深远。

中国大陆孔庙祭祀研究在最近几年也日益升温。较早辟专版对孔庙礼典进行介绍的刊物是《文史知识》，其在2002年第6期与2003年第10期先后刊发了刘晓峰先生的《尊师之礼“释奠”在日本——儒家思想影响日本的一个侧面》和彭林先生的《祭祀万世师表：释奠礼》两篇长文。前文对释奠礼在日本的发展演变情况作了介绍；后文对中国释奠礼的形成发展、祭祀体系的构成、祭祀孔子的文化意义、释奠礼在韩国的现状等问题进行了全方位的梳理，材料丰富，分析细致。

此后四年，学界较为平寂，但从2007年开始，本土学者迅速跟进。曲阜文物管理委员会的孔德平等学者先后于2007年、2009年编辑出版了《曲阜孔庙祭祀通解》《祭孔礼乐研究》两书，对祭祀活动的起源、礼器、乐器、乐章、佾舞及释奠程序等进行了详细的介绍，尤以器物演绎、舞谱载录为主。本土学者致力于挖掘地方特色、弘扬本土文化，是以研究对象以曲阜孔庙为主。

刘亚伟《远去的历史场景：祀孔大典与孔庙》于2009年由山东文艺出版社出版发行，是一本图文并茂、装帧精美的书。该书文笔流畅，可读性极强。曲阜师范大学国际文化交流学院的陈东撰写了《释奠制度与孔子崇拜》一文，对释奠制度作了一番追述。2009年、2010年出现了两篇以祭孔为研究对象的硕士论文，分别是山东师范大学常贵想的《清代前期祀孔研究》和曲阜师范大学房伟的《文庙祀典及其社会功用——以从祀贤儒为中心的考察》，前者独取清前期的祀孔情况为研究对象，后者则是对文庙祀典的综合研究，二文都辟专章对祭孔的社会功用进行了论述。

2010年《第三届世界儒学大会论文集》中收录了三篇相关的研究论文。第一篇是中国孔子研究院刘续兵撰写的《孔庙祭祀的文化意蕴》，指出孔庙祭祀给古代知识分子提供了人生现实与终极的目标，树立了精神的家园，起到了准宗教作用，但是它并没有演变为真正制度化的宗教；第二篇是德国儒学学会、慕尼黑大学汉学研究所王霄冰撰写的《孔子庙祀期考》，作者对孔子生日、历代祭孔祀期等问题进行了精心梳理，进而建议对今天的祭祀日期也可做进一步探讨；第三篇是韩国汉阳女大金天浩撰写的《韩国宗庙大祭祭馔的特点和成均馆释奠祭比较》，对宗庙祭祀与成均馆释奠祭中的礼器陈设及祭品制作等问题进行了比较与说明。

新出成果为李申选编的《释奠孔子文献与图说》（国家图书馆出版社2012年10月出版），前半部分是古代祭孔资料的汇编，后半部分是有关祭孔历史的介绍及图说。书中图文并茂，颇存古意。李申先生是儒教宗教论的倡导者，此前已出版了《中国儒教史》上下两卷本巨著，现在又致力于编纂《儒教资料类编》，试图用历史材料来向人们揭示“儒教”的真正面目。

从综述可以看出，学界对孔庙及孔庙祀典的研究已经打破僵局，呈现出日新月异的面貌。然而需要指出的是，目前有关祭孔礼仪运作及仪注变迁的研究成果很少，从而使得孔庙的主要功能形象——祭祀——展现得远远不够完整、不够充分，有待作进一步挖掘。业师陈戍国先生在其撰著的《中国礼制史》中对各朝的尊师礼典及仪注程序已经有所论述，笔者将沿此思路作进一步探索，以期从礼的角度对祭孔活动这一有机整体进行礼制、礼仪、礼物等方面的综合考察。

第二章　孔庙

第一节　古代的庙与祭祀

一　古代的庙

庙，古人从建筑结构和建筑功能方面已作出了很多解释。《尔雅·释宫》释为："室有东西厢曰庙。"[①]《释名·释宫室》释为："庙，貌也，先祖形貌所在也。"[②]《说文·广部》释为："尊先祖貌也。"段玉裁注曰："尊其先祖而以是仪貌之，故曰宗庙，诸书皆曰尊貌也。"[③] 就实体言之，庙是一座房屋式建筑；就意象言之，庙是先祖神威所驻之地。相较于《尔雅》《释名》略显朴素的名物表述，段注《说文》中多用"尊"字，传达出一种强烈的伦理道德色彩。在古代，庙也被称为祖庙、宗庙、寝庙等。

"宗庙"是极为郑重的一个词。对"宗"字的解释，《说文》云："宗，尊祖庙也，从宀、示。"段注云："示谓神也，宀谓屋也。"[④] 一间屋子，内奉神主，无疑又一个别无二致的"庙"。除了属类连缀以重其意外，"宗"字更在于突出"尊"的涵义。古代宗、尊互训，"宗，尊也"[⑤]，"凡尊者谓

① （晋）郭璞注，（宋）邢昺疏：《尔雅注疏》卷五《释器》，（清）阮元校刻《十三经注疏》，中华书局1980年影印版，第2598页。

② （汉）刘熙：《释名》卷五《释宫室》，《景印文渊阁四库全书》第221册，第409页。

③ （汉）许慎撰，（清）段玉裁注：《说文解字注》，上海古籍出版社1981年影印版，第446页。

④ 同上书，第342页。

⑤ 《尚书·舜典》"禋于六宗"孔安国传、《诗经·大雅·凫鹥》"公尸来燕来宗"毛公传、《诗经·大雅·公刘》"君之宗之"郑玄笺、《周礼·春官·大宗伯》"夏见曰宗"郑玄注、《国语·晋语》"又不能宗人"韦昭注皆作此解。参见《十三经注疏》，第126、538、542、759页；徐元诰《国语集解》，中华书局2002年版，第351页。

之宗，尊之则曰宗之"[①]，是以宗庙又时常被称为"尊庙"或"尊貌"[②]。段玉裁正是借重此义，而作如下说："尊莫尊于祖庙，故谓之宗庙。"[③] 较之"祖庙"，"宗庙"更具有威权意味。

"寝庙"则要纯粹得多，它就是一个表述建筑区间的词。在建筑结构上，庙与寝的差别非常明显，《尔雅·释宫》云："室有东西厢曰庙，无东西厢有室曰寝。"[④] 这是以厢房有无作为判断依据。后世注经者大都据之为圭臬，纵有疏通，也只是在此基础上略事增华而已。孔颖达曾稍加扩展："庙制有东西厢，有序墙，寝制唯室而已。"[⑤] 平心而论，对初学者来说，如果没有对"序""室"等宫室制度足够的知识储备，此一努力徒增了理解上的难度。除了结构上的差别外，庙、寝的地位与用途也不同：庙是接神之处，位置在前，其位尊；寝是衣冠所藏之处，位置在后，其位卑。庙与寝所承担的祭祀名目也不一样，在庙为祭，在寝为荐[⑥]。值得注意的是，不能将此一"寝"与生人卧居之"寝"相混同。高诱在为《吕氏春秋》中的"乃修阖扇，寝庙必备"作注时就犯有此误，称"寝以安身，庙以事祖"[⑦]。其意即指寝为生人之居，庙为人鬼之居。今人也有持此说者[⑧]。关于此惑，贾公彦早有辨析，他指出寝与庙之所以连言，"欲见是庙之寝，非生人之寝故也"[⑨]。另外，生者正寝与死者庙寝间的区别，

---

① （汉）许慎撰，（清）段玉裁注：《说文解字注》，第342页。

② （唐）李延寿《南史》卷一八《臧焘传》："推隆恩于下流，替诚敬于尊庙，亦非圣人制礼之意也。"（中华书局1975年版，第509页）（宋）陈襄《古灵集》卷九《郁鬯》："先王享尊庙，莫重于祼。"（《景印文渊阁四库全书》第1093册，第567页）《礼记注疏》卷四六《祭法》郑玄注："庙之言貌也。宗庙者，先祖之尊貌也。"（《十三经注疏》，第1589页）

③ （汉）许慎撰，（清）段玉裁注：《说文解字注》，第342页。

④ （晋）郭璞注，（宋）邢昺疏：《尔雅注疏》卷五《释器》，《十三经注疏》，第2598页。

⑤ （汉）郑玄注，（唐）孔颖达疏：《礼记注疏》卷一五《月令》，《十三经注疏》，第1362页。

⑥ （汉）郑玄注，（唐）孔颖达疏：《礼记注疏》卷一五《月令》，《十三经注疏》，第1362页；（汉）郑玄注，（唐）贾公彦疏：《周礼注疏》卷三一《夏官司马下》，《十三经注疏》，第852页。

⑦ 陈奇猷校释：《吕氏春秋新校释》，上海古籍出版社2002年版，第71页。

⑧ 陈筱芳：《春秋宗庙祭祀以及庙与寝的区别》，《西南民族大学学报》（人文社会科学版）2006年第11期。

⑨ （汉）郑玄注，（唐）贾公彦疏：《周礼注疏》卷三一《夏官司马下》，《十三经注疏》，第853页。

李如圭、江永等也作了透彻的分析与阐述[①]。寝庙并设，是比照了生人居处前朝后寝的模式而建，蔡邕称之为："宗庙之制，古学以为：人君之居，前有朝，后有寝，终则前制庙以象朝，后制寝以象寝。庙以藏主，列昭穆；寝有衣冠、几杖、象生之具，总谓之宫。"[②] 宋人程大昌亦言："凡庙列诸寝前，寝则位乎庙后，以象人君之前朝后寝也。"[③] 就整体来看，寝并无独立的地位，它只是庙的一个组成部分，没有庙就没有所谓的庙寝。

庙最初起于何时，已不得而知。尽管传世文献中有很多有关先王立庙的记载，但是诸书皆成于后世宗庙、宗法制度相当成熟的时期，所以它们的上推也就未免带有些许想当然的成分未必确指。姜亮夫先生曾根据金文中的一些绘画文字作出如下推断："金文中还有大量的亞形绘画，宋以来释为亚形，其实是不对的：这是古代的祭祀的地方，是周以后的所谓明堂、辟雍、世室、重屋等，所谓三代损益之制。其原始形状，除亚形外，还有[illegible]乃至省而为[illegible]，这都是氏族时代的民众崇拜祖先的寺庙，是它们生活中的一个重要活动的地方，许多事都在里面举行，其中往往有文字与绘画混合使用的词句。"[④] 他还一一解释了这些出现在不同青铜器皿上的图案文字所展示的活动，如生子庙见、狩猎有获祭于庙、冠于庙、女子庙见、献俘于庙、告捷于庙，等等。可见，功能意义上的"庙"早已存在。就考古成果来看，20 世纪 80 年代，在辽宁西部发现了一处红山文化遗址，房屋基址上有彩绘的墙壁画、泥塑的女人群像等，考古者断定其为一座距今约 5000 年的祭祀女性祖先的神庙[⑤]。这是目前所发现的最早

---

① 参见（宋）李如圭《仪礼释宫》，《景印文渊阁四库全书》第 103 册，第 533 页；（清）江永《仪礼释宫增注》，《景印文渊阁四库全书》第 109 册，第 895 页。需要注意的是，江永所作《仪礼释宫增注》《乡党图考》二书均误以李如圭的《仪礼释宫》为朱子所作，四库馆臣已辨之。

② （汉）蔡邕：《独断》，《四部丛刊》三编，商务印书馆 1936 年版。

③ （宋）程大昌：《演繁露》卷四《寝庙游衣冠》，《景印文渊阁四库全书》第 852 册，第 100 页。

④ 李圃主编：《古文字诂林》第八册，上海教育出版社 2003 年版，第 287 页。

⑤ 参见辽宁省文物考古研究所《辽宁牛河梁红山文化"女神庙"与积石冢群发掘简报》，《文物》1986 年第 8 期。另，有学者认为此一神庙在祭祀性质上属于自然崇拜的范畴，而非祖先崇拜，这一持论受到质疑。参见田广林《红山文化"坛、庙、冢"与中国古代宗庙、陵寝的起源》，《史学集刊》2004 年第 2 期。

的祠庙建筑。在傅亚庶先生看来，宗庙作为一种建筑模式，是伴随着人类物质生活的进步而出现的，他说："在人类处于穴居或巢居的时代，是无所谓宗庙而言的。"① 只有当人类掌握了建造房屋的本领，祖先神灵才得以与子孙后代一起摆脱野外穴处，有了定居之所。

为祖先立庙一般被认为是祖先崇拜的一种表现形式。祖先崇拜观念在中国极为发达，它本质上属于鬼魂崇拜。这种崇拜在源起上被理解为："人类既以为死人还能存在，而且因为他们已经脱离躯壳能自由来往各处，比较生时更有能力以作祸福，所以对于死人的崇拜是自然会发生的。"② 显然，它是建立在对死者能力的无限想象之上的，其中也包括对祈福攘祸的渴望。

在古籍记载中，立庙初衷大都被归因于血缘情感的因素上。比如"为之宗庙，以鬼享之。春秋祭祀，以时思之"③；"宗庙致敬，不亡亲也"④；"王者所以立宗庙何？曰：生死殊路，故敬鬼神而远之。缘生以事死，敬亡若事存，故欲立宗庙而祭之。此孝子之心所以追养继孝也"。⑤ 亲人虽逝，眷眷亲情却并未稍减，惟有寄意宗庙，方得一解相思之苦。在此点上，郑玄、孔颖达则以"睹物思人"的逻辑加以笺释疏通，"庙之言，貌也。死者精神不可得而见，但以生时之居立宫室、象貌为之耳"；"为立宫室，四时祭之，若见鬼神之容貌如此"⑥。《礼记·祭义》更是借孔子答疑弟子的方式加以发挥：

宰我曰："吾闻鬼神之名，不知其所谓。"子曰："气也者，神之盛也。魄也者，鬼之盛也。合鬼与神，教之至也。众生必死，死必归土，此之谓鬼。骨肉毙于下，阴为野土。其气发扬于上为昭明，焄蒿

---

① 傅亚庶：《中国上古祭祀文化》，东北师范大学出版社1999年版，第152、158、161页。

② 林惠祥：《文化人类学》，商务印书馆1991年版，第244页。

③ （唐）李隆基注，（宋）邢昺疏：《孝经注疏》卷九《丧亲》，《十三经注疏》，第2561页。

④ （唐）李隆基注，（宋）邢昺疏：《孝经注疏》卷八《感应》，《十三经注疏》，第2559页。

⑤ （清）陈立：《白虎通疏证》，中华书局1994年版，第567页。

⑥ （汉）郑玄笺，（唐）孔颖达疏：《毛诗注疏》卷一九之一《周颂·清庙》，《十三经注疏》，第583页。

> 凄怆，此百物之精也，神之著也。因物之精，制为之极，明命鬼神，以为黔首则，百众以畏，万民以服。圣人以是为未足也，筑为宫室，设为宗祧，以别亲疏远迩；教民反古复始，不忘其所由生也。众之服自此，故听且速也。”①

对此，孔颖达明确指出：“此经明圣人为鬼神立宗庙之事。”② 可见，建立宗庙不是自然情感的直接产物，而是圣人规划出来的。圣人规划并非凭空而来，它的前提首先在于圣人能敏锐地捕捉到这些懵懂的潜伏的情感，并将这些情感从个别的局限性中升华出来，从而进行智慧发挥，创为规范，以教化世人。这也是缘情以制礼的重要表现。对制礼者来说，任何一项制作，都是在为人们的情感表达寻找一个适度的宣泄口，使其不至于郁结不通，也不至于泛滥无归。

实体的庙本无生命可言，它只是逝者威严最后的表达与定格，但是生者与死者之间的血缘联系赋予了它活力。这种联系在伦理范畴中是用孝来表述的。“言孝必及神”③，“夫祀，昭孝也”④，这都是宗庙对现实的影响所在。孔子尝言：“君子之事亲孝，故忠可移于君。”⑤ 由孝到忠的过渡，实际就是血缘情感制度化的产物。戴家祥先生在研究金文中的“宗”字时指出：“一切政教措施由继承而变化，由变化而变质，必然使原始的祖先崇拜，产生出一系列的教旨与教义，宗庙宗法之所以立，盖所以合族也。”⑥ 合族的目的绝不仅仅在于达成一族之团结，更在于达成一国之稳定，这套自下而上的贯通逻辑早已被古人诠释得尽善尽美：“亲亲故尊祖，尊祖故敬宗，敬宗故收族，收族故宗庙严，宗庙严故重社稷。”⑦ 复杂的治国理念就这样在宗庙与国家间搭起了桥梁。田广林先生对宗庙的社

---

① （汉）郑玄注，（唐）孔颖达疏：《礼记注疏》卷四七《祭义》，《十三经注疏》，第1595页。

② 同上。

③ 徐元诰：《国语集解》，第88页。

④ 同上书，第165页。

⑤ （唐）李隆基注，（宋）邢昺疏：《孝经注疏》卷七《谏诤》，《十三经注疏》，第2558页。

⑥ 李圃主编：《古文字诂林》第六册，第869页。

⑦ （汉）郑玄注，（唐）孔颖达疏：《礼记注疏》卷三四《大传》，《十三经注疏》，第1508页。

会意义作了更为通俗的解说："当时的社会统治者所以不惜耗费巨大的人力、物力支出来营建如此规模的礼仪中心，其目的无非是借助传统的崇祖习俗，通过祭祀近祖和'怀远尊先'等种种形式，把原始的氏族、部落心理升华为统一的、新的社会意识，从而达到团结部民，稳定社会的目的。"①

无论是从祖先崇拜角度说，还是从教化功能角度说，宗庙无疑都具有特殊的尊贵地位。这一地位也彰显于现实的居处生活中，"君子将营宫室，宗庙为先，厩库为次，居室为后"②。这是从营造次序上凸显了宗庙的尊贵地位。宗庙的优先营作在诗歌中也有反映，《诗经·小雅·斯干》载："似续妣祖，筑室百堵。西南其户，爰居爰处，爰笑爰语。"《诗经·大雅·绵》则载："乃召司空，乃召司徒，俾立室家。其绳则直，缩版以载，作庙翼翼。捄之陾陾，度之薨薨，筑之登登，削屡冯冯。百堵皆兴，鼛鼓弗胜。"③ 营造屋舍，都是以宗庙为先，以居室为后。三国魏明帝时，国家宗庙之制尚未如礼，宫廷居室却已极尽崇饰，高堂隆对此提出严肃批评：

> 今圜丘、方泽、南北郊、明堂、社稷，神位未定，宗庙之制又未如礼，而崇饰居室，士民失业。外人咸云宫人之用，与兴戎军国之费，所尽略齐。民不堪命，皆有怨怒。……夫采椽卑宫，唐、虞、大禹之所以垂皇风也；玉台琼室，夏癸、商辛之所以犯昊天也。今之宫室，实违礼度，乃更建立九龙，华饰过前。天彗章灼，始起于房心，犯帝坐而干紫微，此乃皇天子爱陛下，是以发教戒之象，始卒皆于尊位，殷勤郑重，欲必觉寤陛下；斯乃慈父恳切之训，宜崇孝子祗耸之礼，以率先天下，以昭示后昆，不宜有忽，以重天怒。④

---

① 田广林：《红山文化"坛、庙、冢"与中国古代宗庙、陵寝的起源》，《史学集刊》2004年第2期。

② （汉）郑玄注，（唐）孔颖达疏：《礼记注疏》卷四《曲礼下》，《十三经注疏》，第1258页。

③ 《诗经·小雅·斯干》记载了周王室遭遇火灾后重建落成的情景。《诗经·大雅·绵》描述了姬周民族创建家园的场面。参见《十三经注疏》，第436、510页。

④ （晋）陈寿：《三国志》卷二五《魏书·高堂隆传》，中华书局1959年版，第711页。

高氏的观点是符合礼制的。不仅如此，器具的制造次序，也是有规定的，“凡家造，祭器为先，牺赋为次，养器为后”，“祭器未成，不造燕器”[①]。每年收获到的新鲜粮食和果蔬，也都要先荐寝庙，待祖宗尝过之后，子孙才能享用。

在现实层面上，祖庙的地位很大程度上取决于生者的身份和地位，祖庙的数量及大小是与立庙者的身份阶层紧密连接在一起的。据周制，天子七庙，诸侯五庙，大夫三庙，士一庙。除了庙制数量上的差别外，寝庙的房间大小及结构也因等级不同而各有差异。[②] 更大的差距还不在于庙制的对比上，而在于有庙与无庙的对比。并非所有的人都可以立庙，立庙权仅仅垄断于少数人手中，劳动大众则被排斥于庙制范畴之外。“庶士、庶人无庙”[③]，“持手而食者不得立宗庙”[④]。虽然如此，但对亲人的追慕眷恋之情是共通的，没有证据表明贵者的亲情追慕较之普通人更为丰富，更为强烈，庶人也总得有一个祈祷倾诉的地方。礼书中给出的安排是“庶人祭于寝”，郑玄注云：“寝，适寝也。”[⑤] 普通老百姓的屋舍虽然简略，但荐献之礼十分郑重，也要在屋中正式的地方设祭，不可亵处。

差异性庙制的制定依据是什么？曾子提供了这样的解释：“故有天下者事十世，有一国者事五世，有五乘之地者事三世，有三乘之地者事二

---

① 牺赋在古注疏中大都被解释成通过税收方式征敛来的牲牢，也有学者将其解释为器皿，如吕大临称：“牺赋亦谓器也。牺，牲之器，如牢互盆簝之属也。赋，兵赋也，其器如弓矢旗物戈剑之属也。”黄震则以其为“养牺牲所赋用之器具”。参见（汉）郑玄注，（唐）孔颖达疏《礼记注疏》卷四《曲礼下》，《十三经注疏》，第1258页；（宋）卫湜《礼记集说》卷一一，《景印文渊阁四库全书》第117册，第217页；（宋）黄震《黄氏日抄》卷一四，《景印文渊阁四库全书》第707册，第374页。

② 钱玄、钱兴奇编著：《三礼辞典》，江苏古籍出版社1998年版，第985页。

③ 庶士为庶人在官者，即府吏之属；庶人为平民。参见（汉）郑玄注，（唐）贾公彦疏《仪礼注疏》卷二四《聘礼》，《十三经注疏》，第1073页。

④ （清）王先谦：《荀子集解》卷一三《礼论篇》，中华书局1988年版，第351页。另外，对不得立宗庙者的界定，《大戴礼记》中作“待年而食者不得立宗庙”，《史记》中作“有特牲而食者不得立宗庙”。三书差别，学者各有解说。参见黄怀信主撰《大戴礼记汇校集注》，三秦出版社2005年版，第105页；（汉）司马迁《史记》卷二三《礼书》，中华书局1950年版，第298页。

⑤ （汉）郑玄注，（唐）孔颖达疏：《礼记注疏》卷一二《王制》，《十三经注疏》，第1335页。

世，持手而食者不得立宗庙，所以别积厚，积厚者流泽广，积薄者流泽狭也。”[①] 意即这是按照功德厚薄作出的安排，多者多建，少者少建。孔颖达又对此解释稍加润饰：“天子七庙，尊者诚深孝笃，故立庙乃多世为称也。诸侯五、大夫三、士一者，德转薄，故庙少为称也。”[②] 至于庶人为何不能立庙，他直接称：“贱，故无庙也。”[③] 其中的“称”即礼制规定与身份地位相匹配，尊者德高，卑者德低。

撇除道德匹配及礼制相称的外衣，还有一个更现实的原因在左右建庙的权力，那就是财富大小。古代的财力主要是以田产来衡量的，居高位者自是土地广袤，低位者则不其然。按照身份等级，大夫、士都有立庙权。按照财产，有田地者方有立庙能力，无田地者则徒享其制，所行祭祀方式与庶人无二。可以看以下记载：“大夫、士宗庙之祭，有田则祭，无田则荐”[④]，“无田禄者，不设祭器”[⑤]，“惟士无田，则亦不祭”[⑥]。吕大临对这些记载的疏解是：“牲杀、器皿、衣服不备故也，不祭则荐而已，与庶人同。”[⑦] 祭与荐二词大有学问，统言皆为祭，细分则隆重者为祭，简略者为荐。无牲而祭为荐，有牲而祭为祭。所以前文的“庶人祭于寝”充其量也只是“荐于寝”。在日常祭祀上，尚会因财力不足而捉襟见肘，又怎么有能力去建立一座庙呢？可以想见，假设庶民们真的拥有立庙的机会，也只有望洋兴叹的份儿了。

周代的宗庙体制并未完整地流传下来，而在后世遭遇解构与分化。秦汉以后，高端的宗庙群体依然活跃，且保持了一贯的稳定性，宗庙建筑在皇室家族中盛行不衰。但是公卿以下的立庙状况却是一片萧条，何以会出

---

① （清）王先谦：《荀子集解》卷一三《礼论篇》，第351页。

② （汉）郑玄注，（唐）孔颖达疏：《礼记注疏》卷二三《礼器》，《十三经注疏》，第1432页。

③ （汉）郑玄注，（唐）孔颖达疏：《礼记注疏》卷四六《祭法》，《十三经注疏》，第1589页。

④ （汉）郑玄注，（唐）孔颖达疏：《礼记注疏》卷一二《王制》，《十三经注疏》，第1337页。

⑤ （汉）郑玄注，（唐）孔颖达疏：《礼记注疏》卷四《曲礼下》，《十三经注疏》，第1258页。

⑥ （汉）赵岐注，（宋）孙奭疏：《孟子注疏》卷六上《滕文公下》，《十三经注疏》，第2711页。

⑦ （宋）卫湜：《礼记集说》卷一一，《景印文渊阁四库全书》第117册，第217页。

现这一变化，司马温公的解释是："及秦非笑圣人，荡灭典礼，务尊君卑臣，于是天子之外无敢营宗庙者。"[①] 清代又有人补充为："周之盛时，卿大夫能力于田事，以奉祭祀。遭秦灭典，井赋采田之法既废，又一切尊君抑臣，臣下无营宗庙者。"[②] 依此看来，君权与臣权的较量也纠结于庙制建筑之中。行政模式的变化即郡县制代替分封制以及由此带来的世爵世禄待遇的消失，这也是宗庙解构的要害。

唐宋以后，"宗庙"一词几乎专属皇族，臣民立庙多称家庙或私庙。唐宋两朝都曾仿照周代的庙制模式对臣下的立庙格局做出安排。不同于周制的是，后世的立庙标准，以官品取代了爵位[③]，如官几品可立几庙之式。李唐是第一个对臣下家庙制度进行系统整顿的王朝[④]，这样做是为了加强君权。众所周知，魏晋南北朝是一个宗法力量高度繁盛的时期，门第与身份、地位、权力、财富等社会荣誉紧密联系在一起。门第垄断无所不及，在任官制度上可略窥一斑："自魏晋以来，始以九品中正为取人之法。而九品所取大概多以世家为主，所谓'上品无寒门，下品无世族'。故自魏晋以来，仕者多世家。逮南北分裂凡三百年，而用人之法多取之，世族如南之王、谢，北之崔、卢，虽朝代推移，鼎迁物改，犹印然以门地自负，上之人亦缘其门地而用之。故当时，南人有'三公之子傲九棘之家，黄散之孙蔑令长之室'之说，北人亦有'以贵袭贵，以贱袭贱'之说。"[⑤] 这种凭门第垄断机会的现象，钱穆在其《国史大纲》中直接称之为变相的贵族世袭。[⑥] 世家大族充当了社会权力的把持者，这对集权势力来说，无论如何都是一种威胁。北魏孝文帝通过族姓改革，迈开了集权力

---

① （宋）司马光：《温国文正司马公文集》卷七九《碑志五》，《四部丛刊初编》，商务印书馆 1922 年版。

② （清）宋荦：《西陂类稿》卷二五《宋氏先贤祠祭田记》，《景印文渊阁四库全书》第 1323 册，第 291 页。

③ 唐初一段时间比较特殊，品与爵并行，"凡文、武官二品以上祠四庙，三品以上须兼爵"。详见（唐）杜佑《通典》卷四八，中华书局 1988 年版，第 1344 页。

④ 陈戍国：《中国礼制史（隋唐五代卷）》，湖南教育出版社 1998 年版，第 116 页。

⑤ （元）马端临：《文献通考》卷三四《选举考七》，《景印文渊阁四库全书》第 610 册，第 749—750 页。

⑥ 钱穆：《国史大纲》，商务印书馆 1996 年版，第 296 页。

量收拢宗法力量的步伐。[①] 这一收权过程基本结束于唐初《世族志》的修撰及依官品定家庙制度的确立与实行。[②] 其后又有不成文的规定，官员位阶数品可以立庙，先要向皇帝奏请，允后方行。时人将此例讥讽为："庙貌申敬，用展孝思，岂于霜露之情，合俟朝廷之命？"[③]

社会权力虽然成功地统摄于中央之下，但之前盛行的宗法观念仍然活跃。操行醇厚如唐初宰相王珪，只因未依官品为先祖立庙而为法司所劾，以至于"时论以是少之"[④]。就道德情感而言，王珪并无过失，因为他并未废祭，只是较为简单地祭于寝而已。就违令来说，既然太宗并不在意，也无须多言。取瑕于此，除了用礼家的"不称""逼下"来解释，就只能归因于其时宗法宗规的监督性存在。

到了宋代，这种监督性就几乎不存在了。官员"专殖第产，不立私庙"的情况比比皆是，司马光在《文潞公家庙碑》一文中，痛陈其时的立庙荒怠与冷漠。[⑤] 从严苛到放任，这四百年的时间，到底发生了什么？其间演变非一言可尽，大致说来可概括为：官品一定，居其官品之人不定。庙制一定，守庙子孙穷达不定。或者可以说，富贵不常，祖庙传承不衰的可能性也就几近于零。社会的高度流动性，当归功于科举制，科举制更可能塑造一个平民社会而非门阀社会。适应这个平民社会的祭祀形式，逐渐为祠堂制度所代替。[⑥] 原来的官定家庙形式已堕落为绝对的君权私产，常常被当作礼品赏赐给那些企图祖业传家的宠臣们。[⑦]

早先只有人类祖先才能居住在庙里，但庙祭祖宗的匹配关系在后来遭

---

① 详见陈戍国《中国礼制史（魏晋南北朝卷）》，湖南教育出版社2002年版，第383—387页。

② （唐）杜佑：《通典》，第1344页。

③ （唐）李涪：《刊误》卷上《士大夫立私庙不合奏请》，《景印文渊阁四库全书》第850册，第174页。

④ （后晋）刘昫等：《旧唐书》卷七〇《王珪传》，中华书局1975年版，第2530页。

⑤ 宋仁宗令官员依旧式立家庙，群臣违慢推诿不愿营造。丞相文彦博首任其事，却不知如何构造。《文潞公家庙碑》载："既而在职者违慢相尚，迄今，庙制卒不立。公卿亦安故习常，得诿以为辞，无肯唱。众为之者，独平章事文公，首奏乞立庙河南。明年七月，有诏可之。然尚未知筑构之式，靡所循依。"详见司马光《温国文正司马公文集》卷七九《碑志五》。

⑥ 祠堂肇始于汉代，初时设于墓旁，后来逐渐立于居所或附近。宋代祠堂祭祀已颇有规模。明初诸臣家庙未设定制，权仿朱子祠堂之制。详见（清）张廷玉等《明史》卷五二《礼志》，中华书局1974年版，第1341页。

⑦ （元）脱脱等：《宋史》卷一〇九《礼志》，中华书局1977年版，第2633—2634页。

到突破。天神、地祇本来都是露天祭祀，后来天神、地祇也人性化了，很多都被挪到了庙里，如日月庙、城隍庙等。“庙”字字源意义所发生的改变也引起了段玉裁的注意，他在为“庙”作注时特别提到：“古者庙以祀先祖，凡神不为庙也。为神立庙者，始三代以后。”[①] 不仅如此，佛教、道教、祆教的祭祀圣地也都一概被称为庙，如浮图塔庙、仙官庙、胡祆神庙等。事随时宜，后人也不必拘牵于古义而自添困惑了。

二 古代的祭祀

祭、祀，《说文·示部》分别释为：“祭，祭祀也。从示，以手持肉”，“祀，祭无已也”。段玉裁注曰：“统言则祭、祀不别也”，“析言则祭无已曰祀，从已而释为无已，此如治曰乱、徂曰存、终则有始之义也”。[②] 通俗地讲，祭就是某一个时间点上所发生的行为，祀就是此一行为连续不断地进行下去。在古代，祭礼极受重视，依时举办各项祭祀活动是国家治理的重要内容。楚昭王曾询问：“祀不可以已乎？”观射父对曰：“祀所以昭孝息民，抚国家，定百姓也，不可以已。”[③] 祭祀不辍也就意味着家族、国祚昌盛不衰地传承下去。

祭祀是应自然崇拜、祖先崇拜的需要而产生，“是人类妥善处理自身与天地与先祖以及其他殁故者之间关系的重要礼典”[④]。祭祀对象有三类：天神、地祇、人鬼。在《说文》中，天神被释为“引出万物者”，地祇被释为“提出万物者”，人鬼被释为“人所归为鬼”。[⑤] 这一系列带有义理性质的解说，基本上道出了三类受祭对象的性质、特征和由来。就实体而言，天神主要指昊天上帝、日月星辰、风雨等，地祇主要指社稷、五祀、五岳、山林川泽、四方等，人鬼主要指祖先。天地为生之本，祖先为类之本。这些神灵不时接纳着来自人世毕恭毕敬的礼遇与丰盛的大餐。

祭祀对象、祭祀时间不同，祭祀名目也就相应不同。在周礼中，祭祀名目被分为十二类。其中天神居三项，以尊卑先后为次，一为禋祀祀昊天

① （汉）许慎撰，（清）段玉裁注：《说文解字注》，第446页。

② 同上书，第3—4页。

③ 徐元诰：《国语集解》，第518页。

④ 陈戍国：《古礼今论》，《湖南大学学报》（社会科学版）2010年第2期，第100页。

⑤ （汉）许慎撰，（清）段玉裁注：《说文解字注》，第3、434页。

上帝，二为实柴祀日月星辰，三为槱燎祀司中、司命、风师、雨师。沈文倬先生对这三类祭祀形式的总结是："所用三个祭法，不过名称不同，其实都是燔柴升烟，在火上或加牲体，或加玉帛而已。"[①] 地祇居三项，一以血祭祭社稷、五祀、五岳，二以貍沈祭山林、川泽，三以疈辜祭四方百物。血祭是以血滴于地而祭，貍沈是将牲体、玉帛埋于地或沉于河而祭，疈辜是剖解牲体而祭。人鬼居六项，一以肆献祼享先王，二以馈食享先王，三以春祠享先王，四以夏礿享先王，五以秋尝享先王，六以冬烝享先王。前两项为祫祭、禘祭，后几项则为四时祭。[②] 肆献祼及馈食主要指荐腥、荐熟、沥酒及荐黍稷等四种祭法。孙诒让对人鬼六目及其所对应的祭祀形式的解释是："窃谓此云肆献祼者，亦兼有馈食，此统含祫禘及时祭也。"[③] 意即人鬼六目只是因祭祀祖先的规模及时间不同而名称有异，但都包含了荐腥、荐熟、灌酒、荐黍稷等四个环节的仪式。

从上文可以看出，享祭方式是顺随不同对象的自然属性而设置的，如天在上则升烟，地在下则埋沉，人鬼魂气归于天、形魄归于地，故焫萧达于阳、灌鬯至于阴。正是因为种种差异的存在，是以各类祭祀绝不能混用，否则极易遗人之讥。然而古礼残缺，后世多已不传，许多错乱之举相沿成习，行而不察。如山川、日月、星辰本无形，只设坛祭之，后世却往往置为人形，立庙纳之。陈淳早就指出祭礼中的这些不经现象，他说："自圣学不明于世，鬼神情状都不晓，如画星辰，都画个人，以星君目之。"[④] 再如，泰山顶有碧霞元君祠，世人奉为泰山之女，因其灵验而进香不已，顾炎武就对此大加嘲讽："自汉以来，不明乎天神、地祇、人鬼之别，一以人道事之。于是封岳神为王，则立寝殿，为王夫人；有夫人则

---

① 沈文倬：《菿闇文存》下册，商务印书馆2006年版，第903页。

② 禘、祫是宗庙大祭，自汉以来，群儒在二礼名义上各持一说，聚讼不已。相较之下，孙诒让本于郑注所作出的归纳解释较为允洽明顺，录于下以佐文义："综此诸文，则郑说周之禘祫，并为殷祭。其异者，禘小而祫大，禘分而祫合。其年之疏数，则吉禘之后，三年祫，五年禘，禘祫自相距各五年。其祭之时，则吉禘以春，大禘以夏，祫以秋。其祭之仪法，祫则毁庙未毁庙之主，皆升合食于大祖，禘则文武以前迁主于后稷之庙，文武以后迁主，穆祭于文王之庙，昭祭于武王之庙，未迁之主各自祭于其庙。"参见（清）孙诒让《周礼正义》，中华书局1987年版，第1339页。

③ （清）孙诒让：《周礼正义》，第1331页。

④ （宋）陈淳：《北溪字义》卷下《鬼神》，中华书局1988年版，第62—63页。

有女，而女有婿，又有外孙矣。”[①] 亭林此处仅是诙谐，而对当时城隍之祭必指一人以当神主之事，则毫不掩饰其愤慨：“地祇、人鬼合为一身，祀典之不经，至斯而极已。”[②] 不经现象的产生，既是祀典戒律已然松动的结果，也是自然神人格化过程的重要表现。

受祭神灵各有特点，在祀典中，它们往往会被按照需要依各种标准进行分类。除了前文依祭祀对象、祭祀名目进行的分类外，还有其他分类法：（1）按等级，可分为大祀、中祀、小祀。虽然各朝代对祭祀等级的界定并不完全相同，但基本上，天地、宗庙等属于大祀之列，日、月、星辰等属于中祀之列，司中、司命、风师、雨师等属于小祀之列。（2）按设祭场所，可分为外祀、内祀。外祀主要指祀天地、日月星辰、山川林泽、风师雨师等外神，内祀主要指祀宗庙、五祀等内神。《周礼·春官》中的典祀即“掌外祀之兆守”。[③] 内祀、外祀有时也被称为内事、外事。《礼记·曲礼下》即云：“践阼，临祭祀，内事曰孝王某，外事曰嗣王某。”[④] （3）按阴阳方位，可分为阴祀、阳祀。阴祀，依郑玄的说法为“祭地北郊及社稷也”；阳祀，依郑玄的说法为“祭天于南郊及宗庙”。[⑤] 阳祀一般要用骍牲，即毛色纯为赤色的牺牲。阴祀一般要用黝牲，即毛色纯为黑色的牺牲。

祭祀在国家祀典中占据着非常重要的地位。“祀，国之大事也”[⑥]，“国之大事，在祀与戎”[⑦]，“礼有五经，莫重于祭”[⑧]，这都是其重要性的反映。《周礼·天官·冢宰》所掌治都鄙的八则中，首条即：“一曰祭祀，

---

① （清）顾炎武著，黄汝成集释：《日知录集释》卷二五《湘君》，上海古籍出版社2006年版，第1407—1408页。

② （清）顾炎武：《求古录》，《景印文渊阁四库全书》第683册，第684页。

③ （汉）郑玄注，（唐）贾公彦疏：《周礼注疏》卷二一《典祀》，《十三经注疏》，第783页。

④ （汉）郑玄注，（唐）孔颖达疏：《礼记注疏》卷四《曲礼下》，《十三经注疏》，第1260页。

⑤ （汉）郑玄注，（唐）贾公彦疏：《周礼注疏》卷一三《牧人》，《十三经注疏》，第723页。

⑥ （晋）杜预注，（唐）孔颖达疏：《春秋左传注疏》卷一八，《十三经注疏》，第1839页。

⑦ （晋）杜预注，（唐）孔颖达疏：《春秋左传注疏》卷二七，《十三经注疏》，第1911页。

⑧ （汉）郑玄注，（唐）孔颖达疏：《礼记注疏》卷四九《祭统》，《十三经注疏》，第1602页。

以驭其神。”[①] 祀典制定、祀事行废，治国者都要慎重对待。如果反其道行之，则会取咎于世。《春秋繁露·五行逆顺》有云：“如人君简宗庙，不祷祀，废祭祀，执法不顺，逆天时，则民病流肿，水张，痿痹，孔窍不通。咎及于水，雾气冥冥，必有大水，水为民害。”[②] 是以，后世解释各朝水灾原因时，大都会追溯至人君废祭之罚。鲁桓公元年发大水，十三年夏又发大水，刘歆即认为：“桓易许田，不祀周公，废祭祀之罚也。”许田有周公别庙，桓公登位后，以许田与郑国的祊田相交换，刘歆感此而发。[③] 魏文帝黄初四年大雨成灾、晋武帝泰始年间接连大水、晋惠帝元康间接连水灾，史家都把原因归咎于各帝或者迁都不立祖庙，或者不与郊祀，或者烝尝不亲行等，称“此简宗庙废祭祀之罚”[④]。在古人眼里，祭祀一事最能体现人君对待天地自然、对待鬼神百姓的诚敬与敬畏之心，祭祀不行，则诚敬有失，无所敬畏，是以会遭受天谴。

祭祀目的，可分两途来看。在人与神的对立体系中，祭祀表现为以人类的无助来寻求一种超现实的力量，目的在于祈福避灾。《礼记·郊特牲》云：“祭有祈焉，有报焉，有由辟焉。”[⑤] 祈即祈福祥、求永贞，报即回报、报答，由辟即弭灾兵远罪疾，此三条基本上概括了行祭者的大致诉求与初衷。然而古人又是慎言“祈”的，《礼记·礼器》即云：“祭祀不祈。”[⑥] 对于《礼记》中的这两处矛盾记载，丘濬委曲解之：“《礼器》既言祭祀不祈，而此又云有祈焉，而《周礼》六祈又有祈福祥，何也？盖祭祀之不祈，谓孝子行岁事也。若夫为民而有所祷祠，因事而有所祈禳，是亦人情之所不能免也。礼缘人情而作，圣人为之节文，使其有所限而不敢过求，有所法而不敢妄求。”[⑦] 大致说来，敬奉神灵，贵在以诚感通，

---

① （汉）郑玄注，（唐）贾公彦疏：《周礼注疏》卷二《大宰》，《十三经注疏》，第646页。

② （清）苏舆：《春秋繁露义证》卷一三《五行逆顺》，中华书局1992年版，第380—381页。

③ （汉）班固：《汉书》卷二七上《五行志》，中华书局1962年版，第1343页。

④ （唐）房玄龄等：《晋书》卷二七《五行志上》，中华书局1974年版，第811—814页。

⑤ （汉）郑玄注，（唐）孔颖达疏：《礼记注疏》卷二六《郊特牲》，《十三经注疏》，第1457页。

⑥ （汉）郑玄注，（唐）孔颖达疏：《礼记注疏》卷二三《礼器》，《十三经注疏》，第1434页。

⑦ （明）丘濬：《大学衍义补》卷五五《秩祭祀》，《丛书集成三编》第12册，（台北）新文丰出版公司1997年版，第177页。

求福未免亵渎，也未免功利，既有伤于情感，也无助于教化，是以君子常有所避。同样道理，对于孔子“祭则受福”及《礼记·祭统》“贤者之祭也，必受其福”中的“福”字，古人也进行了特别的说明，称此福“非世所谓福也”，“福者备也，备者百顺之名也。无所不顺者之谓备，言内尽于己，而外顺于道也”。[①] 意即世人所谓福是指寿禄吉祥之福，是一身之福，贤者所受福是指身外万事皆顺之福，是广义上的大福。

在统治者与被统治者的对立体系中，祭祀表现为一项有意识的教化措施，即所谓的神道设教，目的在于维护统治秩序。祭亲起于一己的孝顺之心，将此顺心加以推广，因诸己以施诸人，这即是教化之道。上下和顺，百物兴备，皆从中来，是以祭祀也被视为教化之本。祭祀中蕴含“十伦”，统治者希望透过祭祀礼仪，能够使群民“见事鬼神之道焉，见君臣之义焉，见父子之伦焉，见贵贱之等焉，见亲疏之杀焉，见爵赏之施焉，见夫妇之别焉，见政事之均焉，见长幼之序焉，见上下之际焉”[②]。有所见则有所化，这是设祭的意义所在。严陵方悫对神道设教的理解是：“礼之始也，则自天子出。礼之终也，则与民由之。与民由之，然后礼达而分定。故先王患礼之不达于下，则必有以为之教者。然教必以祭祀为主者，以神道设之，使民知畏敬故也。”[③] 至于其中的“神”是实有还是虚指，则意见不一。墨子采取信的态度，特作《明鬼》以说之。他将天下混乱的原因归咎于“疑惑鬼神之有与无之别，不明乎鬼神之能赏贤而罚暴也”[④]。孔子则倾向于虚指，自称“敬鬼神而远之”，又称“务民之义，敬鬼神而远之，可谓知矣”[⑤]。荀子继承了这种态度，并加以说明：“雩而雨，何也？曰：无何也，犹不雩而雨也。日月食而救之，天旱而雩，卜筮然后决大事，非以为得求也，以文之也。故君子以为文，而百姓以为神。”[⑥] 百姓以灾害为急为惧，圣人制礼则顺应人意求之祷之，并非一定

---

① （汉）郑玄注，（唐）孔颖达疏：《礼记注疏》卷二三《礼器》、卷四九《祭统》，《十三经注疏》，第1434、1602—1603页。

② （汉）郑玄注，（唐）孔颖达疏：《礼记注疏》卷四九《祭统》，《十三经注疏》，第1604—1605页。

③ （宋）卫湜：《礼记集说》卷五七，《景印文渊阁四库全书》第118册，第209—210页。

④ （清）孙诒让：《墨子闲诂》卷八《明鬼下》，中华书局2001年版，第222页。

⑤ （魏）何晏注，（宋）邢昺疏：《论语注疏》卷六《雍也》，《十三经注疏》，第2479页。

⑥ （清）王先谦：《荀子集解》卷一一《天论篇》，第316页。

要获得所求，只是文饰政事而已。显然，儒家对待神道，意主利用而非据信。至柳宗元又明确指出："圣人之于祭祀，非必神之也，盖亦附之教焉。"[①] 无论信其有还是信其无，祭祀的教化之用却是得到一致推崇的。

祭祀的世界里也存在等级之别。除了上文提到的祭祀对象被分成大、中、小三等，不同等级的祭祀对象享受不同的祭祀礼遇外，在神、人对应关系上，也有着等级定位。如对祭祀对象的分配，天子得祭天地，诸侯得祭社稷，大夫得祭五祀；对品物的使用，大夫以上太牢而祭，士少牢而祭；对祭器的使用，宗庙之祭，贵者献以爵，贱者献以散，尊者举觶，卑者举角。很明显，这是将人世间的身份等级层层挪用到了祭祀领域之中。同为致敬于鬼神，却被分成三六九等，其目的仍是在强化现实社会中的等级差异。尾形勇先生说过："如果轻率地断定礼制和祭祀制度跟社会经济丝毫无关，只是当政者玩弄的虚假设施，往往就不可能探究清楚历史的真相。"[②] 这也说明礼制在现实社会中具有重要的存在价值。

为了强化这种神人搭配关系，制礼者还特意制定了一些禁令来防范可能出现的冒犯。禁者在禁其所不得行，令者在令其所得行。祭不越望，淫祭无福，逆祭有罚，这都是所禁之例。天子祭天地四方，岁遍；诸侯方祀，岁遍；大夫祭五祀，岁遍。这都是所令之例。《周礼》中有专门的官职掌管此类禁令，即小宗伯。犯禁有悖于礼制要求，如季氏之旅于泰山、鲁君之祀跻文公于僖公之上等，都为礼家所嘲讽；有令不行同样也属于违礼行为，如《礼记·王制》所载："山川神祇，有不举者为不敬，不敬者，君削以地。宗庙有不顺者为不孝，不孝者，君绌以爵。"[③]

淫祀僭祭最为祀典所忌。《礼记·曲礼下》云："非其所祭而祭之，名曰淫祀。淫祀无福。"[④] 所祀非族，所享非类，也为孔子所讥，称："非其鬼而祭之，谄也。"[⑤] 在正统观中，淫祀必为徼福，徼福则无福。白居

---

① （唐）柳宗元：《柳河东集》卷二六《监察使壁记》，上海古籍出版社2008年版，第432页。

② 杨宽：《中国古代陵寝制度史研究》，上海古籍出版社1985年版，第96页。

③ （汉）郑玄注，（唐）孔颖达疏：《礼记注疏》卷一一《王制》，《十三经注疏》，第1328页。

④ （汉）郑玄注，（唐）孔颖达疏：《礼记注疏》卷五《曲礼下》，《十三经注疏》，第1268页。

⑤ （魏）何晏注，（宋）邢昺疏：《论语注疏》卷二《为政》，《十三经注疏》，第2463页。

易曾作过一道判词，即用此义解之。判题为《得甲至华岳庙不祷而过或非其违众甲云祷非礼也》，判为：

> 岳则配天，自修常事；神虽福善，安可苟求？宜率道以去邪，岂从众而失正？甲志惟守义，言乃合经。以为视以三公，实天子之所飨；降其百福，宁匹夫之可禳？如修苹藻之诚，是用秕稗之礼。况人之僭滥，徒欲乞灵；而神实聪明，岂歆淫祀？非鬼是为谄也，黩神无乃吐之！旅于泰山，古犹致诮；祷于华岳，今岂不非？[①]

为了防止淫祀僭祭现象的发生，祀典中又增进了一条“神不歆非类，民不祀非族”[②] 的礼制规则。这条规则作为通例一直影响着后世。

当然，警语主要是针对“僭”而言，即下层人士不得随便乱用只有上层人士才配享的祭祀权利。除了此点以外，对“不祀非族”的限定要宽松得多，诚如陈戍国先生所言：“商亡周兴，‘神不歆非类，民不祀非族’逐渐被认为通例，但例外之祭即族外祭犹存于诸侯这一等级，只要所祭之神后裔在场或有神之同姓作尸即可”，“周礼崩溃之后，祭祀各族共同之神，以适当地位与方式祭因国之在其地而无主后者，仍然不乏其例。即在今日，还有在外族头面人物陪同之下向外族英烈敬献花圈或致祭之例，而不论其是否无主后者（中外皆然）。”[③]

祭祀的特殊之处在于鬼神之不可见，不可见则无所祭之。为了解决此一问题，古人发挥了最丰富的想象力，动用了最诚恳的方式。（1）依方位设祭。祭天燔柴生烟以上达，祭地沉埋以下达，祭祖除了设祭于堂，又为祊于外。孝子求神不只一处，只因不知神之所在，只好满怀期望地猜测“于彼乎？于此乎？”[④]（2）设斋静心，以便祭者能够虚幻地见到所祭之亲。居斋者可能达到的境界是：“齐三日，乃见其所为齐者。祭之日，入

---

① （唐）白居易著，朱金城笺注：《白居易集笺校》卷六六，上海古籍出版社 1988 年版，第 3569—3570 页。

② （晋）杜预注，（唐）孔颖达疏：《春秋左传注疏》卷一三，《十三经注疏》，第 1801 页。

③ 陈戍国：《中国礼制史（先秦卷）》，湖南教育出版社 2002 年版，第 240—241 页。

④ （汉）郑玄注，（唐）孔颖达疏：《礼记注疏》卷二四《礼器》，《十三经注疏》，第 1441 页。

室，僾然必有见乎其位；周还出户，肃然必有闻乎其容声；出户而听，忾然必有闻乎其叹息之声。”[①]（3）祭祀设尸，宗庙立主。立主是为了让祖先的魂魄有一个可以依附的地方，设尸是为了演绎一个祖先降临歆飨的模样。（4）立尊号以事神。凡是祭祀中所涉名物，都易常名而代以尊号，这样就可以在神事与人事间划上一道界限。这些尊号有六种，分别为神号、鬼号、祇号、牲号、粢号、币号。[②]神号中称天为黄天上帝，鬼号中称祖为皇祖伯某，祇号中称地为后土地祇，牲号中称牛为一元大武、称豕为刚鬣、称羊为柔毛、称鸡为翰音，粢号中称黍为香合、称粱为香其、称稻为嘉疏，币号称币为量币。这些尊号在《周礼》中都由大祝掌管。经过这些煞费苦心的安排，在制礼者看来，人神间的交往是可以畅通无阻的。对于人神间的这种特殊沟通，董仲舒也作出过一番解释：“祭者，察也，以善逮鬼神之谓也。善乃逮不可闻见者，故谓之察。吾以名之所享，故祭之不虚，安所可察哉！祭之为言际也与？祭然后能见不见。见不见之见者，然后知天命鬼神。”[③]

古代宗庙祭祀有主有尸，“祭，非主则无依，非尸则无享”[④]。在古人的观念中，人死后，魂魄已离开躯壳，为了防止祖先的魂灵四处游荡而无所依托，就必须为它找一个安居之所。是以未葬前先设重以寓之。重就是做一个木架，架上悬鬲，鬲中盛粥。葬后，将重埋于祖庙门外，另设木主置于庙中。重与主都是依神之物。神灵虽有主可依，但幽而不显，纵有烹熟膻香荐而进之，却无从得知其是否前来享用过。职此之故，孝子又立尸以形之，即安排一位孙子辈来充当祖先以享祭。设尸以象其生，立主以寓其存。对于设主设尸的深层含义，秦蕙田曾作过引申：“主者，神事之也；尸者，形事之也。孝子之志，合于冥漠，昭于法象。此所以致爱而

---

① （汉）郑玄注，（唐）孔颖达疏：《礼记注疏》卷四七《祭义》，《十三经注疏》，第 1592 页。另，在古籍中，斋（古体为齋）字常常被写作齐（古体为齊），为了方便起见，凡是引文，原为“齋”则简写为“斋”，原为“齊”则简写为“齐”，正文中则全部使用“斋”。

② （汉）郑玄注，（唐）贾公彦疏：《周礼注疏》卷二五《大祝》，《十三经注疏》，第 809 页。

③ 苏舆：《春秋繁露义证》卷一六，第 441—442 页。

④ （宋）程颢、程颐：《二程集》，中华书局 1981 年版，第 180 页。

存，致悫而著夫也。”[①] 孝子思慕，因见尸饱而恍若神饱、尸醉而恍若神醉，从而内心怡然有所安慰。设尸而祭，在古代非常普遍，朱熹称：“古人祭祀无不用尸，非惟祭祀家先用尸，祭外神亦用尸。不知祭天地如何，想惟此不敢为尸。”[②] 后世嫌立尸之礼过于烦琐，渐渐无传。偶有一见，也只存于偏远气犷的地区。尸事不存，后人已很难得知大概。

祭祀主于报本返始，唯其如此，祭祀之物尚质尚古尚素。《礼记·郊特牲》有言“酒醴之美，玄酒明水之尚，贵五味之本也。黼黻文绣之美，疏布之尚，反女功之始也。莞簟之安，而蒲越、稿鞂之尚，明之也。大羹不和，贵其质也。大圭不琢，美其质也。丹漆雕几之美，素车之乘，尊其朴也。”[③] 玄酒即水也，明水即夜间以鉴所承露水，疏布为粗疏之布，蒲越、稿鞂均为藉神用的草席子，大羹为不加调料的肉汁，大圭为不加雕琢的玉笏，素车为不加修饰之车。以上种种均为至简至朴之物，以其交于神明，贵在返本修古，不可同于寻常饮食居处之道。《礼记·礼器》云：“君子曰：礼之近人情者，非其至者也。郊血，大飨腥，三献爓，一献孰。是故君子之于礼也，非作而致其情也，此有由始也。”[④] 祭祀之礼，近于人情则亵，“祭如在，祭神如神在”[⑤]，才能称为敬。

除了追求质朴外，设馔也要考虑神灵的嗜好，以顺应人情。斋之日“思其所嗜”[⑥]，《周礼》中庖人“共祭祀之好羞”[⑦]，大飨要备齐“四海九州之美味”[⑧]，这都体现了祭祀体谅人情好恶的一面。如果礼文与人情存在冲突，如何取舍？在这一问题，向来是仁者见仁、智者见智。屈到生前喜食芰，临终时特告宗老，将来以芰祭之。宗老尊其言欲荐芰，屈到之子

① （清）秦蕙田：《五礼通考》卷六二《吉礼》，《景印文渊阁四库全书》第136册，第429页。

② （宋）黎靖德编：《朱子语类》卷九〇《礼七》，中华书局1986年版，第2309页。

③ （汉）郑玄注，（唐）孔颖达疏：《礼记注疏》卷二六《郊特牲》，《十三经注疏》，第1455页。

④ （汉）郑玄注，（唐）孔颖达疏：《礼记注疏》卷二四《礼器》，《十三经注疏》，第1439页。

⑤ （魏）何晏注，（宋）邢昺疏：《论语注疏》卷三《八佾》，《十三经注疏》，第2467页。

⑥ （汉）郑玄注，（唐）孔颖达疏：《礼记注疏》卷四七《祭义》，《十三经注疏》，第1592页。

⑦ （汉）郑玄注，（唐）贾公彦疏：《周礼注疏》卷四《庖人》，《十三经注疏》，第661页。

⑧ （汉）郑玄注，（唐）孔颖达疏：《礼记注疏》卷二四《礼器》，《十三经注疏》，第1442页。

屈建以“夫子不以其私欲干国之典”为由，命去之。屈建的做法，当时君子称为“违而道”，后世李翱也极称为：“言事祖考之义当以礼为重，不以其生存所嗜为献，盖明非食味也。”柳宗元则非之，称：“门内之理恩掩义，父子，恩之至也，而芰之荐，不为愆义。屈子以礼之末，忍绝其父将死之言，吾未敢贤乎尔也。苟荐其羊馈而进芰于笾，是固不为非。”后世从柳氏此义者为多，如张栻：“读其命去之之辞则伤于太劲，而于亲爱亦未免为有害也。”陈祖范称“柳义终长”。[①] 这一案例成为礼情取舍命题上的永久论题。

如前所述，祀神品物当具备超脱的一面以自别于人道饮食之上，因为“神道尚气不尚味”，是以祭品不必全熟，酒醴也不必全部讲求醇厚甘甜。到了后世，礼家又常常以人道来推定祭馔问题，以为祭祀设馔可以随时变通，不必一拘古礼。其中，唐人崔沔的变古礼通今情的论调最为著名，内容如下：

> 祭祀之兴，肇于大古，人所饮食，必先严献。未有火化，茹毛饮血，则有毛血之荐；未有曲蘖，汙罇抔饮，则有玄酒之奠。施及后王，礼物渐备。作为酒醴，伏其牺牲，以致馨香，以极丰洁，故有三牲八簋之盛，五齐九献之殷。然以神道至玄，可存而不可测也；祭礼主敬，可备而不敢废也。是以血腥爓熟，玄罇牺象，靡不毕登于明荐矣。……铏俎、笾豆、簠簋、罇罍之实，皆周人之时馔也，其用通于燕飨宾客。而周公制礼，咸与毛血玄酒同荐于先。晋中郎卢谌，近古之知礼、著家祭礼者也。观其所荐，皆晋时常食，不复纯用礼经旧文。然则当时饮食，不可阙于祭祀明矣，是变礼文而通其情也。[②]

对此一点，清人陈祖范有着更为通俗的理解：“若必一一泥古，则祭先立尸、坐必席地、牲必亲杀、骨必辨贵贱，一切古器物、古食味皆祖考生时

---

① 参见徐元诰《国语集解》，第488、506页；（后晋）刘昫等《旧唐书》卷一六〇《李翱传》，第4206页；（唐）柳宗元《柳河东集》卷四五《非国语下》，第786页；（宋）张栻《癸巳孟子说》卷七《尽心上》，《景印文渊阁四库全书》第199册，第548页；（清）陈祖范《经咫》，《景印文渊阁四库全书》第194册，第86页。

② （后晋）刘昫等：《旧唐书》卷一八八《崔沔传》，第4929页。

所不晓，灵魂当怪骇而吐之，岂所谓事亡如事存者乎？”①

孔子初时亦只为一族之祖，悄然品味着子孙后裔的菲薄之奉。自汉以后，他迈入了国家祀典之列，祀典礼遇日渐隆盛。随着孔庙在全国各地的建立以及祭孔活动的大规模展开，孔子偶像地位大升，已经由一族之祖升格为全民文化之祖，从而出现了“千年礼乐归东鲁，万古衣冠拜素王”的盛大景况。

第二节　孔庙原始与沿革

明朝庄昶有《曲阜道中》一诗，其中有这样几句：“天下几家还孔庙，眼中数仞忽宫墙。可能寻得源头水，洙泗无穷一派长。”② 庄氏所作诗句佳者极少，偶一遇之，即被四库馆臣称为“沙中金屑”。此诗为典型的载道之诗，或不在佳句之列，却高度浓缩了曲阜孔庙之尊贵以及无与比拟的地位。孔庙是祭祀孔子的场所，是典型的礼制性建筑，它的兴衰沿革在某种意义上反映了孔子受尊崇程度的变化。

一　孔庙的建立与初期发展

鲁哀公十六年（前479），孔子卒。这在当时是一件震惊全国的大事。孔氏家人不论，只孔门弟子就云涌而至，备极哀伤。为了追悼先师，孔门弟子为孔子举办了一场极为体面的葬礼。送葬兼用三代之礼，“饰棺墙，置翣，设披，周也；设崇，殷也；绸练设旐，夏也”③。修坟墓则依夫子之志用马鬣封，因为孔子曾言：“吾见封之若堂者矣，见若坊者矣，见若覆夏屋者矣，见若斧者矣，从若斧者焉。”④“若斧者”就是指马鬣封的外观形制。最引人注目的是鲁国国君哀公亲为孔子作诔。其诔词为：“旻天不吊，不慭遗一老，俾屏余一人以在位，茕茕余在疚。呜呼哀哉！尼父，

① （清）陈祖范：《经咫》，《景印文渊阁四库全书》第194册，第86页。

② （明）庄昶：《定山集》卷五，《景印文渊阁四库全书》第1254册，第245页。

③ （汉）郑玄注，（唐）孔颖达疏：《礼记注疏》卷七《檀弓上》，《十三经注疏》，第1284页。

④ （汉）郑玄注，（唐）孔颖达疏：《礼记注疏》卷八《檀弓上》，《十三经注疏》，第1292页。

毋自律!"[①] 尽管此种行为在孔门弟子那里遭遇到"生不能用，死而诔之，非礼也"的冷遇，然而生死两茫茫，作为生者对死者的哀怜与感伤，哀公的诔词至今读来依然让人为之动容。

孔庙立于何时，初由谁立，先秦典籍中并无记载。最早提及孔庙设立情况的人是司马迁，他在《史记·孔子世家》中记道："故所居堂弟子内，后世因庙藏孔子衣冠琴车书，至于汉二百余年不绝。"[②] 即孔庙因孔子旧宅而设。此处虽然介绍了立庙的地点以及庙中所收藏的物品，但未提及立庙的人物及确切时间。千余年后，孔子四十七代孙孔传重提孔庙初建之事，却言之凿凿："鲁哀公十七年，立庙于旧宅，守陵庙百户。"[③] 在《东家杂记》中，孔传将此条列入"历代崇奉"一目之首，这意味着孔子自死后就享受到了当朝的崇奉。崇奉表现就是哀公为之立庙，并为之设守陵庙百户。《东家杂记》中记载的立庙时间基本上为后世所接受，但所记崇奉原始却遭到质疑。中国台湾学者黄进兴怀疑此说的准确性，他的理由是，子赣既然直斥哀公"诔词"为非礼，那么"孔门弟子愿否接纳哀公为孔子立庙，不无疑问"。[④] 黄进兴的推测不无道理。细考孔传本人，宋室南渡之际，曾随衍圣公孔端友一起流寓衢州。此时赵构刚登上皇位，正在为渲染一己之正统而大力整顿各项国家祭祀事务，孔庙之祀也在其例。孔传之书就是撰写于这个时候，其中为迎合政府举措而在书中出现夸饰的成分也不足为怪。同为孔子世孙的孔继汾虽较孔传远为晚出，对自己先祖的追述却要朴素真切得多，他说："先圣之没也，弟子葬于鲁城北泗上。既葬，后世子孙即所居之堂为庙，世世祀之。然茔不过百亩，封不过三版，祠宇不过三间。"[⑤] 此一叙述虽然简短，却是字字有据，荟萃了《礼记》《史记》《皇览》《水经注》等书的多处原始记载，完全没有圣人家的炫耀气息。

汉初的孔庙尚未脱离祖庙范畴，仍是一派沉寂简朴的景况。纵有景仰

---

① （晋）杜预注，（唐）孔颖达疏：《春秋左传注疏》卷六〇，《十三经注疏》，第 2177 页。另，哀公所作诔词内容，《史记·孔子世家》记载与《左传》同，《礼记·檀弓上》记载略简。

② （汉）司马迁：《史记》卷四七《孔子世家》，第 1945 页。

③ （宋）孔传：《东家杂记》卷上，山东友谊书社 1990 年版，第 40 页。

④ 黄进兴：《优入圣域：权力、信仰与正当性》，陕西师范大学出版社 1998 年版，第 191—192 页。

⑤ （清）孔继汾述：《阙里文献考》卷一一《林庙第二之一》，山东友谊书社 1989 年版，第 207 页。

者或地方官员不时拜谒，也大都属于私人行为，与国家祀典无关。景帝时，鲁恭王好治宫室，欲拆毁孔子旧宅来扩充宫室之地，后因得古文经传于孔壁而不敢再拆。[①] 恭王此举虽因壁中得书而成为奇闻广为流传，究其实终为孔门一劫，从中不难窥见孔家当时之平凡。武帝罢黜百家独尊儒术，意识形态趋于统一，然而儒术之荣并未即时带来孔庙之祀的改观。汉成帝时，还有人抱怨："今仲尼之庙不出阙里，孔氏子孙不免编户，以圣人而歆匹夫之祀，非皇天之意也。"[②] 终汉之世，孔氏子孙虽屡见受封，但是孔庙仍然囿于阙里一地。

不可抹杀的是两汉在祀孔一事上所拥有的开创之功。高祖过鲁，祠以太牢[③]。太牢礼重，需备齐牛、羊、豕三牲。刘邦之时，国家祀典尚未定制，加之汉承秦燔书之后，礼仪大多无所取则，此处的"太牢"之祀除了表征着祭品的丰隆外，是否在礼仪规格上也讲求了同样的隆盛等级，史无记载，已不可知。然而刘邦的尊礼举措开帝王祀孔之先河，后人论及孔子祀典一条，追溯首功，必推至此。高祖此例并没有被纳入制度之列，也未被当作常规持续下去，前汉承祚之君除了在孔子谥号及孔子后裔封爵几事上间有作为外，别无其他举措。

到了东汉，入鲁祀孔之礼重新展开。首先是光武帝刘秀途经鲁地，派大司空祭孔子。[④] 接着，汉明帝东巡过鲁，盛祀孔子及七十二弟子。[⑤] 后来汉章帝、汉安帝东巡之时，均依例到阙里祭祀孔子及七十二弟子。[⑥] 明帝以皇帝而兼经师，致祭阙里亲御讲堂，命皇太子、诸王说经，章帝则热忱组织五经同异讲论，至有《白虎通德论》一书问世。二帝皆由读孔而尊孔，由尊孔而祭孔，他们是促使尊师奉孔礼典影响扩大的关键人物。至此，祭孔规程已有章可循，祭孔开始成为国家祭祀的有机组成部分。其中值得一提的是，由于汉明帝的提倡，尊孔祭孔活动已不必再刻板到非要到鲁地才能行事，孔子开始走出家门，做客于全国各郡县道的学校中，"明

① （汉）班固：《汉书》卷五三《景十三王传》，第2414页。
② （汉）班固：《汉书》卷六七《梅福传》，第2925页。
③ （汉）司马迁：《史记》卷四七《孔子世家》，第1945—1946页。
④ （宋）范晔：《后汉书》卷一上《光武帝纪》，中华书局1965年版，第40页。
⑤ （宋）范晔：《后汉书》卷二《明帝纪》，第118页。
⑥ （宋）范晔：《后汉书》卷三《章帝纪》，第150页；卷五《安帝纪》，第238页。

帝永平二年三月，上始帅群臣躬养三老五更于辟雍。行大射之礼。郡、县、道行乡饮酒于学校，皆祀圣师周公、孔子，牲以犬”。[①] 此为国学及地方学校祀孔子的开始。

说到孔子在明帝时开始享祀于各级学校一事，就不得不提一下后世所传的礼殿图，因为这关系到孔子走出家门享祀于外是否有早于明帝之时的先例。

礼殿图系一简称，更常见的是文翁礼殿图或周公礼殿图。倘若顾名而思义，则此两种称呼有着明显的差异：周公礼殿图是以受祭者为主，意即殿中所祀之主为周公；文翁礼殿是以创建者为主，即此礼殿为文翁所建，此图为初建礼殿时所画。后世似乎并不在意这两种称呼的差别，大都混一称之。实际上，这两个不同的称谓也关涉礼殿图起源时间的分歧。

有必要介绍一下礼殿图的相关背景，这要从文翁身上说起。文翁为庐江舒人，自少好学，通《春秋》。景帝末，出任蜀郡守。文翁仁爱好教化，尝修学官（颜师古注：学官，学之官舍也）于成都市中，招下县子弟以学之。此为汉代教化之首倡。在此之前，秦朝焚书籍，“若欲有学法令，以吏为师”[②]，实无足论。高祖之时，平定四海，未遑庠序之事。汉惠吕后时，公卿皆为武力有功之臣，不屑于此。汉文帝好刑名之言，汉景帝又不任儒者，乃至窦太后又好黄老之术，是以政教两端尚未相洽。汉武帝继任，设学校官以励士导民，教化之事才得施行。自此以后，公卿大夫士吏彬彬多文学之士。如此盛况，让当时的学者欢欣鼓舞，太史公亦是溢于言表：“余读功令，至于广厉学官之路，未尝不废书而叹也。”[③] 然而此一局面的打开，应述功于试水之人——文翁，《汉书·循吏传》中也忠实地记载了这一点：“至武帝时，乃令天下郡国皆立学校官，自文翁为之始云。”[④] 文翁的儒化之效，让后人感念不已。

文翁所立学官在后世被称为文翁石室。《华阳国志》对石室变迁记载得比较详明：“始，文翁立文学精舍、讲堂，作石室，一作玉室，在城

---

① （晋）司马彪撰，（梁）刘昭注补：《后汉书志》第四《礼仪上》，点校本《后汉书》，中华书局1965年版，第3108页。

② （汉）司马迁：《史记》卷六《秦始皇本纪》，第255页。

③ （汉）司马迁：《史记》卷一二一《儒林列传》，第3115页。

④ （汉）班固：《汉书》卷八九《循吏传》，第3626页。

南。永初后，堂遇火，太守陈留高朕更修立，又增造二石室。”[①] 讲堂在东汉安帝时遭火灾，延至汉献帝时，蜀守高朕（或作联）重立之。石室被毁的情形以及增立的情形，各书记载不太一样，有称大火过后石室独存，高朕只于其东另造一石室，此为周公礼殿者[②]；也有称高朕重建了两座石室，但不详火后毁坏情况[③]。后增石室为一还是为二，暂置而不论。要之，高朕所立有周公礼殿，而礼殿中又有画像。

殿中的画像人物，各书记载大致相同，即殿壁上画上古盘古、李老等神及历代帝王之像，梁上画仲尼、七十二弟子及三皇以来名臣耆旧之像。[④] 众神灵相聚一殿，蔚为大观。一眼即知，其时的孔子及七十二弟子并不出众，他们只是历史上存在过的诸多圣贤人物中极为普通的成员。随着时间推移，周公礼殿中的人物，数量不断增加，人物貌相也随损随新，而非千年一面，李贤对其中变迁有过记述：

> （高朕）始作礼殿以祀先圣周公，画三皇、五帝、七十二子及三代、两汉君臣像于殿壁，其后好事者颇增益以魏晋。宋嘉祐中，王素命摹写为七卷，凡一百五十五人，为成都礼殿圣贤图。绍兴中，席益又摹写于石经堂，为一百六十八人。[⑤]

尽管周公礼殿图随世更易，其源于东汉末期高朕之重修却是无可置疑。

然则，文翁礼殿图名起何据？是缘于高朕周公礼殿之重修基于文翁石室而名之以标其始，抑或文翁石室室内确也存在画像。如是前者，则二称所指实无区别，如是后者，则有辨别的需要。综观后世言称文翁礼殿图

---

① （晋）常璩撰，刘琳校注：《华阳国志校注》，巴蜀书社 1984 年版，第 235 页。《水经注》有相似的记载：“始，文翁为蜀守，立讲堂，作石室于南城。永初后，学堂遇火，后守更增二石室。”参见《水经注校证》，第 768 页。

② （宋）黄休复：《益州名画录》卷下《无画有名》，《景印文渊阁四库全书》第 812 册，第 504 页。

③ 参见《华阳国志校注》，第 235 页；《水经注校证》，第 768 页；（宋）董逌《广川书跋》，《景印文渊阁四库全书》第 813 册，第 387—388 页。

④ 参见《益州名画录》，《景印文渊阁四库全书》第 812 册，第 505 页；（宋）郭若虚《图画见闻志》卷一，《四部丛刊》续编，商务印书馆 1934 年版。

⑤ （明）李贤等：《明一统志》卷六七，《景印文渊阁四库全书》第 473 册，第 424 页。

者，大都因于前者。也有确指文翁石室内有孔子像而实则因误而致的，如元朝司居敬在其《尼山孔子像记》中记载：

> 汉文翁立学官成都。蜀有文翁石室，设孔子坐像，其坐敛跖向后，屈膝当前，上古以来君臣及七十二弟子绘于两旁。晋王右军尝简蜀守写仿之。①

此一记述存在明显的漏洞，很简单，令王羲之“恨不克见”的画像并非一脉相传的文翁石室画像，而是西晋益州刺史张收画于高朕重修之礼殿中的画像。② 宋朝的宋祁、董逌也都对文翁立石室时即作孔像持肯定态度。其中宋祁在其《文翁祠碑记》中这样写道：

> 公为礼殿，以舍孔子及七十二子之象。殿右庑作石室，舍公像其中。后人又作高朕象，进偶公室。③

而董逌在《广川书跋》中说：

> 昔庐江文翁治蜀，初立学成都，作讲堂，石室开二堂，左温故，右时习。复作周公礼殿，画孔子像。盖古者以周公为先圣，孔子为先师，故学必祀周公，以孔子配之。④

透过二文可以看出，文翁石室中的孔子远比高朕礼殿中那个淹没于众圣之中默默无闻的孔子要突出得多。这种现象的发生，明显带有后世尊崇孔子

---

① （明）陈镐纂修：《阙里志》卷一八《历代碑记》，第 978 页。

② 王羲之在与友人的通信中提到：“知有汉时讲堂在，是汉和帝时立此。知画三皇五帝以来备有，画又精妙，甚可观也。彼有能画者不？欲摹取，当可得不？须具告。”《林泉高致集》则载：“如今成都周公礼殿，有西晋益州刺史张收画三皇五帝三代至汉以来君臣贤圣人物，粲然满殿，令人识万古礼乐，故王右军恨不克见，而逮今为士大夫之宝。”参见（唐）张彦远《法书要录》卷一《右军书记》，《景印文渊阁四库全书》第 812 册，第 242 页；（宋）郭熙撰，郭思编《林泉高致集》，《景印文渊阁四库全书》第 812 册，第 583 页。

③ （宋）王应麟：《玉海》卷五七《艺文》，（京都）中文出版社 1977 年版，第 1130 页。

④ （宋）董逌：《广川书跋》卷五《周公礼殿记》，《景印文渊阁四库全书》第 813 册，第 387 页。

愈演愈烈风气的烙印，已不足为据。但是，他们设置了这样的疑问：文翁立石室之时是否就已经开始祭祀孔子了；就其所处的时代背景而言，有无此种可能。这是本文不得不思考也不得不做的工作。

此处有必要整理一下孔子在两汉逐渐被国家祭祀体系所接纳的曲折过程。汉初，尽管刘邦路经阙里隆祀孔子，但孔子并未因此成为国家祀典中固定的成员。他所享受的依然主要是自己子孙的孝敬。子孙间有封爵，亦是凭一己之贤能，而非因承荫远祖之故。以什么样的名义礼遇孔子，至汉成帝时尚无定论。当时朝中儒者也在不懈地为孔子争取地位，然而他们探索的轨迹与后世迥异。先是元帝时，封周公后为周承休侯，位次诸侯王，接着访求殷后却无得。匡衡建言，殷后无祀，而《礼记》载孔子自言“丘，殷人也”，所以宜以孔子世为汤后，奉殷商祭祀。元帝以其说不经未予采纳。接着成帝时，精通《尚书》《穀梁春秋》的梅福借成帝久无子嗣之机又上书，请求封孔子后以奉商祀，认为只有弥补了“今成汤不祀，殷人无后，陛下继嗣久微，殆为此也”的过失才能达到成人立己之效。[①] 此说在成帝统治末期终被采纳，孔子后裔被封为“殷绍嘉侯”。一个月以后，又晋爵为“殷绍嘉公”。可见当时的儒者还未曾激进到或许亦未曾想到要为孔子独建一套享祀体系，而是让其依附于殷后的祀典体系里。这也足证进入祀典之初，孔子的身份定位并不明朗。两汉之际，孔子后与周公后屡屡受封，频频并举。光武帝时，还分别封周后为周承休公、殷后为殷绍嘉公，后来又分别改封为卫公、宋公。这种局面在东汉明帝时发生改观，周公孔子开始并获祭于各级学校。自此以后，国家祭祀孔子的路线也渐趋明了。

总之，孔子并非一开始就与学校相并融。最起码，在西汉时，探索祭孔之事，赋予它更多的是政治意义，而非教化意义。文翁立学官于景帝时，有关如何安排孔子祭仪的工作尚未起步，国家所祭对象大都沿袭以前，而未及增减损益。文翁在《汉书》中被列入《循吏传》，颜师古对循吏的注解是：“循，顺也，上顺公法，下顺人情。”[②] 作为一名循规蹈矩的地方务实官员，文翁不可能游离于国家的祭祀制度之外。就礼典来看，两汉还未有施行于各级学校的释奠礼。关于此点，《晋书》已言之，“礼，

---

① （汉）班固：《汉书》卷六七《梅福传》，第2925页。

② （汉）班固：《汉书》卷八九《循吏传》，第3623页。

始立学必先释奠于先圣先师，及行事必用币。汉世虽立学，斯礼无闻”①。明帝虽令各级学校祀孔，但伴随而行的为大射礼、乡饮酒礼，一如孔子殁后五百多年以来诸儒行于孔子冢之礼，作为学校专属的释奠礼还未显踪迹。归结一点，文翁虽有创学之功，但无预于祭孔之事。文翁之后一百多年，梅福仍在感叹“仲尼之庙不出阙里”，颜师古对此语的注解为：“阙里，孔子旧里也。言除此之外，更无祭祀孔子者。”② 以此印证，则前面所下断语当不致虚妄。到此为止，我们不得不遗憾地把孔子走出阙里做客于各学校的时间依然锁定在汉明帝之时。

虽然汉室无预于以后孔庙的拓展大业，但是人君的造访无疑为身处偏乡僻壤的孔庙增辉不少。自刘邦祀孔后，诸侯卿相到官，常先谒庙，然后从政。除此之外，地方官员还时常帮助处理孔庙的日常修缮与维护工作，并为之申请设百石卒史来典守孔庙。

孔庙发展史上的一件具有里程碑式意义的大事是孔庙走出阙里在外地建制。自东汉明帝诏国学、郡县学校祀孔子以后，行于阙里之外的祀孔之举便流行开来。魏晋之时，皇帝或太子每通一经，便遣太常以太牢祠孔子于辟雍，以颜渊配；晋武帝泰始间，还诏太学四时备三牲以祀孔子；等等。然而，其时各级学校尚未为孔子立庙，行礼时只设木主或画像而已。形象言之，孔子只是客居于各级学校之中。京师孔庙的建立，打破了这一客居格局。开此端绪的是东晋孝武帝。据《宋书》载，太元九年（384），孝武帝采纳了尚书谢石的立学建议，“选公卿二千石子弟为生，增造庙屋一百五十五间”③。国学在第二年二月建成，此“庙屋”中的庙即孔子庙。据《舆地志》所载，新建学校“在江宁县东南二里一百步古御街东，东逼淮水，当时人呼为国子学。西有夫子堂，画夫子及十弟子像”④。此为国学立孔庙的开端。⑤

---

① （唐）房玄龄等：《晋书》卷一九《礼志》，第599页。

② （汉）班固：《汉书》卷六七《梅福传》，第2926页。

③ （梁）沈约：《宋书》卷一四《礼志》，中华书局1974年版，第365页。

④ （唐）许嵩：《建康实录》卷九，中华书局1985年版，第277页。

⑤ 国学立庙时间，后世往往错定于北魏孝文帝时。如徐一夔等撰《明集礼》（卷一六）、秦蕙田《五礼通考》（卷一二一）均定为太和十三年，李申《儒教史》（第637页）亦定为太和十三年。丘濬《大学衍义补》（卷六五）则定为太和十六年。另外，据《水经注》记载：“滍水又北迳老子庙东，庙前有二碑，在南门外。……碑北有双石阙甚整顿……阙北东侧，有孔子庙，庙前有一碑，西面，是陈相鲁国孔畴建和三年立。”孔畴碑立于汉桓帝建和三年（149）。这表明早在东汉后期，阙里之外已有孔庙设立。但是，此一孔子庙与阙里孔庙相比，只存在地缘意义上的差别，与孔子在国家祀典中的地位变迁尚没有什么实质性的联系，是以略而不论。

迨孝武帝设孔庙于京师国学，孔子开始结束客居之旅，安家落户于故里之外。此一定居尝试遂一发不可收拾，它的出现带来了一系列的连锁反应。随后，南朝梁[①]及北魏[②]均有立庙之举，所立之庙均在京师。至此，南北政权中央官学中都设有孔庙。有的后继政权虽未明言立庙，却实有之，只因政权可以更替，孔庙却是岿然不倒，大可沿袭使用。

在京畿设立孔庙是为了满足祭孔的需要。此举的促就，实为形势所迫。永嘉之乱，北方湮没。阙里荒废不堪，孔庙倾颓，子孙流散。太元十年（385），有朝臣奉表过阙里，前去拜谒孔庙，竟然触目伤感："庭宇倾顿，轨式颓弛，万世宗匠，忽焉沦废，仰瞻俯慨，不觉涕流。"[③] 孔庙颓败如此，自无足承祀，而局促一隅的皇帝们也很难有勇气亲临湮没之地。这促成了京师孔庙的设立。祭于近地，既便利可行，又凸显了崇儒重道之创新，而这不意促成了孔庙自身发展质的飞跃。

京师孔庙广泛吸纳着皇室贵胄们的祭拜热情，大抢阙里旧居的风头，昭示着后来者居上的势头。其后各朝，京城立庙都优先于阙里孔庙之修葺，喧宾夺主的态势最终成为定局。南北政权对峙期间，战乱较多，领地得失朝暮变幻。鲁地位于南北交战之界，常罹兵灾，或守或弃，无复有常。阙里颠倒无主，孔庙也备受牵连。就汉族政权而言，领地虽失，政治运转所必需的精神激励却不可一日或无；就少数民族政权而言，餍服一个礼乐之国，也必须以其道顺服之。以是，孔子及儒学普遍受到重视，孔庙本身也被赋予了更多的象征意义。在阙里孔庙归属不定的情况下，一个百折不挠的精神正统便显得至关重要，此为京师孔庙设立之契机。对各个政权来说，孔庙是一个风向标，是文化正统的象征，也是国祚稳定延续的一个重要因素，因之在自己的领地设立孔庙便成为应然之举。

初时所复制的孔庙只星星点点地分布于各个割据政权中，基本上是一配一的关系。北齐下诏，"郡学则于坊内立孔、颜庙"[④]，这是孔庙开始建

---

① （唐）姚思廉：《梁书》卷二《武帝纪》，中华书局 1973 年版，第 42 页。"（天监四年）六月庚戌，立孔子庙。"

② （北齐）魏收：《魏书》卷七下《高祖本纪》，中华书局 1974 年版，第 165 页。"（太和十三年七月）立孔子庙于京师。"

③ （梁）沈约：《宋书》卷一四《礼志》，第 366 页。

④ （唐）魏徵等：《隋书》卷九《礼志》，中华书局 1973 年版，第 181 页。

立于地方学校的开始。割据结束后，这些伴生孔庙没有消失，反而引导出一场更为壮观的运动。贞观四年（630），太宗下诏："州、县学皆作孔子庙。"[①] 这是州、县立孔庙的开始。自此，孔庙数量开始呈几何级速度增长，上达京师，下至地方州、县，远至边檄之地，都有尊祀孔子的庙所。景仰之人心向往之，可以就近观瞻，已不必再如史迁般低回留之不能去。如果把第一所复制孔庙的诞生看作是孔庙发展史上的质变，那么此时的孔庙则领略着超常的量变飓风。孔庙密布于由中央到地方的各级学校，星星之火遂成燎原之势。这样的大手笔让后继君主们再无以复加，只能谨守敦促而已，所守所促即为已然形成并渐成熟的庙学之制。

二　庙学制的出现及孔庙发展的繁盛期

庙学制即孔庙与学校的结合，也即祭祀空间与教学空间的结合，二者连为一体。考其渊源，实肇于古人学必祭师的故事。古人祭师之礼或称释奠，或称释菜。《礼记·文王世子》云："凡学，春官释奠于其先师，秋、冬亦如之。凡始立学者，必释奠于先圣先师，及行事必以币。……始立学者，既兴器用币，然后释菜，不舞不授器。"[②]《周礼·春官·大胥》云："春，入学，舍采合舞。"[③] 此处舍采即释菜。可见，从学校初建到开课授业，圣师之祭始终伴随而行。当时的圣、师并无定指，祭祀之时也无庙以容，只设神位而已。后世庙、学相依，其中的庙主，在历经择定后，已专属于孔子。先圣、先师或分指孔子、颜回，或总汇于孔子一人之身。孔子受此殊荣自是当之无愧，众人也少有异议者。学中有庙，是为孔子而建，学祀孔子，主其教化之功。

庙学制的最早范本始于孔庙的大本营——阙里。立此创意的是魏文帝曹丕。曹丕对阙里孔庙极为眷顾，即位第二年就赐予孔氏后裔以封爵、食邑，还令鲁郡修起因乱而毁的孔庙，并于其外广造室屋以居学者。[④] 此举

① （宋）欧阳修、宋祁：《新唐书》卷一五《礼乐志》，中华书局1973年版，第373页。

② （汉）郑玄注，（唐）孔颖达疏：《礼记注疏》卷二〇《文王世子》，《十三经注疏》，第1405—1406页。

③ （汉）郑玄注，（唐）贾公彦疏：《周礼注疏》卷二三《大胥》，《十三经注疏》，第794页。

④ （晋）陈寿：《三国志》卷二《魏书·文帝纪》，第78页。

开依庙立学的先河。学屋的设立，为学人们的求学生活带来了便利，营造出了一派“莘莘学徒，爰居爰处”[①] 的和谐适意景象。此后，庙与学便共生在一起，凡语涉孔庙修复之事，必学庙并举。如东晋一位官员路经阙里，触目残景，便向朝中提议：“愚谓可重符兖州刺史，遂成旧庙，蠲复数户，以供扫洒。并赐给六经，讲立庠序，延请宿学，广集后进，使油然入道，发剖琢之功。”[②] 南朝宋文帝亦在诏书中言道：“阙里往经寇乱，黉校残毁，并下鲁郡修复学舍，采召生徒。”[③]

阙里庙学相兼的范例很快就声名远扬，并迅速被仿效开来。北齐即已在郡学内立孔、颜庙，唐太宗又诏令州、县学皆作孔子庙。学中立庙，就是在日常的教学活动区域外再额外设立一个专门的祭孔场所。此举意义深远，庞钟璐在《文庙祀典考》中说道：“夫欲敦教化厚人伦美风俗，必自学校始。学校崇祀孔子，附以先贤先儒，使天下之士，观感奋兴，肃然生其敬畏之心，油然动其效法之念，其典至巨，其意甚深。”[④] 庙学制在唐代得以推广，此后成为传统学制的基本形态。学是明人伦的地方，偏重知识教养；庙是崇祀圣贤的地方，偏重人格熏陶。高明士先生对庙学制的定义及特点作出过总结：“简单说，所谓‘庙学制’，指学校以文庙为主轴而展开的儒教主义教育制度”，“其特色指教育园地主要由祭祀空间与教学空间两者构成。”[⑤] 就国家而言，学校是官方学说的宣教之地，祭祀活动则为这一宣教之地提供了某种神圣性；就学子而言，读其书，信其教，行其礼，瞻仰其为人，也不失为一乐事。是以庙学制自产生后，就以一种比较稳定的形态传承下来。

庙学制中的庙本依学而设，应主要发挥其促学之用，可是主次颠倒甚至取而代之的例子却不在少数。马端临在《文献通考》中已经提及此一现象：

> 自唐以来，州县莫不有学，则凡学莫不有先圣之庙矣。然考之前

---

① （宋）洪适：《隶释　隶续》，中华书局1985年版，第191页。

② （梁）沈约：《宋书》卷一四《礼志》，第366页。

③ （梁）沈约：《宋书》卷五《文帝纪》，第89页。

④ （清）庞钟璐：《文庙祀典考》，光绪戊寅（1878年）刻本。

⑤ 高明士：《天下秩序与文化圈的探索：以东亚古代的政治与教育为中心》，上海古籍出版社2008年版，第239页。

贤文集，如柳子厚《柳州文宣王庙碑》，与欧公此记，及刘公是《新息县盐城县夫子庙记》，皆言庙而不及学。盖衰乱之后，荒陋之邦，往往庠序颓圮，教养废弛，而文庙独存。长吏之有识者，以兴学立教其事重而费巨，故姑葺文庙，俾不废夫子之祠，所谓犹贤乎已！然圣贤在天之灵，固非如释老二氏与典祀百神之以惊动祸福炫耀愚俗为神，而欲崇大其祠宇也。庙祀虽设，而学校不修，果何益哉？[①]

兴学之地无学可言，长吏们不务学却独营文庙，这在马端临看来无异于弃本逐末。当然马氏亦明白此为时代衰乱的产物，对于一官一吏来说，兴学立教事重费巨难以承担，有心人能够暂且修饰文庙使夫子之祠不致荒废就已经不错了。所以马氏虽然对这种有庙无学的现象大为反感，却仍然盛赞这些护庙之人，称他们为长吏中的有识者。

早于马端临的王安石亦有相同的指责，称："事先师先圣者，以有学也，今也无有学，而徒庙事孔子，吾不知其说也。"[②] 荆公此论事出有因。宋世虽诏天下立学，但有规定，即州县学士人数只有超过二百人才能立学。地方小邑，学人既少，则不立学，但又常独立孔子庙于其地。这显然有违庙学制的初衷。作为一名政治家，王安石所认可的"学"，要学、治合一，否则即无足论。在他看来，学校立孔庙是学、治都荒废以后的产物。他在《慈溪县学记》中表述了这一观点：

后世无井田之法，而学亦或存或废。大抵所以治天下国家者，不复皆出于学。而学之士，群居、族处，为师弟子之位者，讲章句、课文字而已。至其陵夷之久，则四方之学者，废而为庙，以祀孔子于天下，斫木抟土，如浮屠、道士法，为王者像。州县吏春秋帅其属释奠于其堂，而学士者或不预焉。盖庙之作，出于学废，而近世之法然也。[③]

① （元）马端临：《文献通考》卷四三《学校考四》，《景印文渊阁四库全书》第611册，第76—77页。

② （宋）王安石：《王安石全集》卷三四《繁昌县学记》，上海古籍出版社1999年版，第305页。

③ （宋）王安石：《王安石全集》卷三四《慈溪县学记》，第306—307页。

在王氏眼中，后世不仅学与治分离，学与庙亦是难攀瓜葛，在学庙释奠仪上，只见各级官员寒暄其中，而无学者的容身之地，这自然已无关乎纯然的传道授业。他对学、庙先后因果关系的表述虽然有失臆断，却将后世庙盛学衰、庙常掩学的境况表露无遗。荆公有此一说，绝非空穴之风。有宋以来诏令立学，建庙常常处于优先地位，更甚者取而代之，如庆历间诏天下立学，竟发生“番禺仅能修夫子庙以应故事”① 的取巧行为。

然而在庙学制中，孔庙的强势也只是一种假象，只称得上外强中干。各地虽设文庙，但多有毁坏。祀事虽行，文具苟简而已。在庙学大盛的唐朝，韩愈已有“郡邑皆有孔子庙，或不能修事”② 之言。历宋迄明，此类责备依然层出不穷。庙事不修的原因主要有两类：一是主事者不够重视，“吏于州县者，或以簿领鞭朴为急务，视孔子之祠及学校废为余事，置之曾不谁何”③；一是经费支出拮据，“财用所给不能取具”④。《庙学典礼》中还记载了这样的现象：“诸官吏及诸管军官吏等，多于路府州县学舍命妓张乐，喧嚣亵慢，习以为常，无敢谁何。”⑤ 孔子庙连基本的肃静都保证不了，尊严尽失。至于又有夫子庙沦为俗人“高焚百和香，竟爇黄金纸”⑥ 淫祀徼福之地的，则又等而下之了。

李世民的一道令文让大唐盛世充满了文教气息，后世以儒自许者无不对此朝充满着无限向往。但对庙学的盲目推崇，催生出了一个极为低廉的量化之法，即以孔庙数量来衡量国家的重儒程度。明代因为再次具备了可以称颂的条件，赞美之语纷至沓来，“国家稽古养士，非孔子之道弗讲，庙学遍于天下，百余年来，文教大兴”⑦，“我皇明平定四方，甲兵既偃，

---

① （宋）王十朋撰，（宋）王闻诗、王闻礼编：《梅溪集·梅溪后集》卷二六《广州重建学记》，《景印文渊阁四库全书》第1151册，第591页。

② 屈守元、常思春主编：《韩愈全集校注》，四川大学出版社1996年版，第2430页。

③ （宋）司马光：《传家集》卷七一《闻喜县修文宣王庙记》，《景印文渊阁四库全书》第1094册，第649页。

④ （宋）李廌：《济南集》卷七《襄州光化县重修县学记》，《景印文渊阁四库全书》第1115册，第807页。

⑤ （元）不著撰人：《庙学典礼》卷二《文庙禁约骚扰》，《景印文渊阁四库全书》第648册，第345页。

⑥ 参见（宋）孔文仲等撰，王莲编《清江三孔集》卷二一《止谒先圣庙者》，《景印文渊阁四库全书》第1345册，第412页。

⑦ （明）王樵：《方麓集》卷六《镇江府重修学记》，《景印文渊阁四库全书》第1285册，第211页。

文治诞兴。凡为国子民，教人之道，非孔子不行。其报祀也，太学有庙，阙里有庙，天下郡邑学有庙，俾所司各以时饬正祀事，其所以致隆于天子大功大德永永无极之意，可谓盛矣”[①]。不仅政府的举措被量化了，连孔子的功德也被庸俗量化了。然而并不是所有熏染于孔子之教的人都乐见数字的膨胀，在洞晓地方实务的人眼里，凡事知道适可而止才是正理。章潢毕生恪守夫子非礼勿视听言动的教旨，但在言及孔庙过滥时毫不留情："盖一城中止宜设一学一孔子庙，今乃一城至有三学四学三庙四庙者，甚烦亵无谓也。"[②]

三　孔庙庙制演变

孔庙在数量上经历了由少到多的变化，在形制则经历了由简到丰、由俗到贵的变化。尽管各地孔庙建制沿革不一，且带有各自的地域特色，但总的取向都呈升高态势。在规模上，迄止清朝，孔庙整个建筑群已由单薄之孔宅演变为三进院落或九进院落。九进院落完全享受了皇家的规格，现今的曲阜孔庙就是此类。孔庙主体建筑大成殿因脱胎于原始的“庙屋三间”，纵使州县立孔庙，其规制也从未小于此三间之数。中国古建筑讲究对称性，大成殿的扩展也就因循着由三间到五间到七间直至到无可递加的九间为止。

古代宫室有定制，然而人心难餍，在礼文尚存之世，即已有臧文仲之“山节藻棁”[③]、管仲之“树塞门、置反坫”[④] 等违礼举动，遑论后来。萧何营作未央宫，高祖见宫阙甚伟而责之，萧何对以“非壮丽无以重威”[⑤]一语，高祖乃悦。此语虽因涉嫌有导人入奢的苗头而被后世视作洪水猛兽，但就建筑学、美学上的视觉效果而言，萧何无疑表达了一个事实。后世宫室之制尽管也牵绊于礼制限制，但屋舍建立究与财力有关而又有许多可与礼制相周旋的空间，因之，营作之事，竞奢其侈，“自标枝巢穴之世远，宫室之制日新月盛，世禄之家第有甲乙，驯致习俗之侈，而堂高数仞

---

① （明）薛瑄：《敬轩文集》卷五《河内县清化镇重修孔子庙记》，《景印文渊阁四库全书》第1243册，第317页。

② （明）章潢：《图书编》卷八三，《景印文渊阁四库全书》第971册，第451页。

③ （魏）何晏注，（宋）邢昺疏：《论语注疏》卷五《公冶长》，《十三经注疏》，第2474页。

④ （魏）何晏注，（宋）邢昺疏：《论语注疏》卷三《八佾》，《十三经注疏》，第2468页。

⑤ （汉）司马迁：《史记》卷八《高祖本纪》，第386页。

墙屋锦绣者比比矣。若夫屈身矮屋之士，往往以力所不足不能有为，其志未尝不焱然也”[①]。在此社会心理和社会氛围之下，孔庙规制也是愈盛大愈荣耀。石介就在《南京夫子庙上梁文》中如是说：

> 日月不盛大，星辰不众多，无以昭天之明；山岳不磅礴，江海不横泻，无以彰地之载；制度不恢廓，宫室不壮丽，无以示圣人之尊。天明不昭，众庶何所仰也？地载不厚，万物何所附也？圣人不尊，群儒何所法也？况艺祖始兴之地，先皇亲狩之都，鼎峙为京，自四畿相附而先圣庙龌龊僻陋，不堪其忧，何以壮远人之望，示四方之则哉！[②]

徂徕先生所用方法为以道之大反求器之大，提倡道器相副。宫室器服度数问题也是孔子学说的一部分，依此说来，若孔庙不如式，则是莫大的反讽。

在笃信孔子的学者中，也偶见清高之语，如赵汝腾称：“窃惟夫子之圣，于昭于天，奚假于庙”[③]，郝经则言：“大哉圣人之道，其不与宫庙并存殁乎。宫庙虽圮，而圣人之道岳岳也。”[④] 但更多的人还是希望形而上之道与形而下之器能够相称相依、相兼相得，因为这关乎国体形象及施教的真诚程度。孔庙本为行礼之地，卑陋不堪则周旋无所，不足以展礼事神。为了更好地礼敬孔子，地方官中一些虔诚的儒学信仰者就借权力之便，大行扩建之能事，如永寿县的一名县令在兴修县文庙后，其规模为：“扩旧大成殿三间为七间，两庑旧各五间，今俱增四为九，以至戟门、棂星门、神厨、神库，次第改作之，皆高广壮固有加于前。”[⑤] 县学大成殿七间，依当时礼制规定考量，已属过制。

---

① （元）谢应芳：《龟巢稿》卷一五《斗室记》，《四部丛刊》三编。

② （宋）石介：《徂徕石先生文集》卷二〇《南京夫子庙上梁文》，中华书局1984年版，第245页。

③ （宋）孔传：《东家杂记》卷下，《景印文渊阁四库全书》第446册，第92页。

④ （元）郝经：《陵川集》卷二六《去鲁记》，《景印文渊阁四库全书》第1192册，第281页。

⑤ （明）薛瑄：《敬轩文集》卷二一《永寿县大成庙碑》，《景印文渊阁四库全书》第1243册，第363页。

阙里孔庙因占据独特的地位而在庙制建设方面享受着特殊的待遇，它的每次修缮几乎都是大动作。孔氏一位嫡裔把此种待遇视作当然，其因即："况阙里庙祀，非他处可拟也。"[①] 孔庙初立时，负责维护的主要是孔氏子孙及其弟子。汉时，鲁相参与其中。最早见于记载的是东汉明帝时鲁相钟离意出私钱付户曹孔䜣治夫子车。[②] 汉桓帝时，鲁相韩敕"修饰宅庙"[③]。据《史晨享孔庙后碑》载，其时孔庙已能容纳九百零七人，[④] 这说明庙宅面积已经很大了。魏晋南北朝之际，虽亦有修庙之举，但因社会动荡，时局无常，孔庙规制并无多大改观。

隋唐以后，孔庙营葺工作已不再仅仅限于去旧易新、修修补补，在取向上渐趋华丽。隋朝曲阜县令陈叔毅重修孔庙后，庙貌一变而为："粉壁椒涂，丹楹刻桷"、"寝庙孔硕，灵祠赫奕。圆渊方井，绮窗画壁"[⑤]。唐高祖武德九年（626），命经营孔庙旧址，外观更是焕然大变，"万雉斯建，百堵皆兴。揆日占星，式规大壮。凤甍骞其特起，龙桷俨以临空。霞入绮寮，日晖丹槛。窅窅崇邃，悠悠虚白。摹真写状，妙绝人功"。[⑥] 其后，唐朝又多次修治孔庙，不仅外观壮美，其规模亦大为扩展，据《幸鲁盛典》载："至唐，扩正庙为五间，两庑二十余间。后为寝庙，前为庙门。"[⑦]

宋朝是孔庙建制大为完备的时期。此时孔子已具王称，所以孔子后裔着力于孔庙扩建工作不遗余力且无所顾忌。其中最有作为的是孔子四十五代孙孔道辅。宋真宗天禧二年（1018），道辅为大理寺丞知仙源县，主孔子祠事，他上章称祖庙卑陋不称，请加修崇。此一请求获得批准，国家出官钱修葺。天禧五年（1021），道辅又请得封禅行殿余材，遂得大扩旧制，乃至：

> 庙门三重，次书楼，次唐宋碑亭各一，次仪门，次御赞殿，次杏

---

① （清）宋际、宋庆长：《阙里广志》卷一四，《儒藏》影印本，四川大学出版社2005年版，第255页。

② （清）孔继汾述：《阙里文献考》卷一二《林庙第二之二》，第221页。

③ （宋）洪适：《隶释 隶续》，第19页。

④ 同上书，第24页。

⑤ （明）陈镐纂修：《阙里志》卷一八《历代碑记》，第898—899页。

⑥ （清）宋际、宋庆长：《阙里广志》卷一四，第213页。

⑦ （清）孔毓圻、金居敬等：《幸鲁盛典》卷一五，《景印文渊阁四库全书》第652册，第191页。

坛。坛后乃正殿，又后为郓国夫人殿。殿东庑为泗水侯殿，西庑为沂水侯殿。正殿西庑门外为齐国公殿，其后为鲁国太夫人殿。正殿东庑门外曰燕申门，其内曰斋厅，厅后曰金丝堂。堂后则家庙，左则神厨。由斋厅而东南为客馆，直北曰袭封视事厅。厅后为恩庆堂，其东北隅曰双桂堂。凡增广殿庭廊庑三百十六间。①

这一次开创的孔庙规模成为奠基之作，以后的扩建大局基本定位于此。再次大扩发生于金章宗明昌年间，据称该次大修“三分其役，因旧以完葺者，才居其一，而增创者倍之”。这次工役前后历时四年，孔庙扩展到：“凡为殿堂、廊庑、门亭、斋厨、黉舍，三百六十余楹。位序有次，像设有仪。表以杰阁，周以崇垣。至于椳座栏楯帘横罘罳之属，随所宜设，莫不严具。”② 可惜的是，此一耗费了巨大人力物力的豪华工程，在蒙古兵南下之后，大都化为灰烬，据载：“阙里祠宇毁于金季之乱，阁号奎文，若大中门闼，存者无几。”③ 因之，元朝所做的工作大多为恢复整顿。金元庙制较之宋代大致未改，所变只是个别建筑的增修而已。

孔庙建制的大发展时期为明代，现存孔庙建筑群体的大体轮廓基本成形于此。朱家王朝对孔庙修缮工程的持续热情源于太祖朱元璋的“祖制”沿承。掌政之初，朱元璋就接纳了衍圣公的修庙之请，于洪武十年予以修治。洪武二十年（1387），朱元璋又命工部派千余名工匠去维修孔庙。为了让属下充分领会他对此一工程的重视程度，从而敦促他们认真落实，朱元璋特地对工部做了一番语重心长的交代：

春秋时，人纪废坏。孔子以至圣之资，删述六经，使先王之道晦而复明，万世永赖，功莫大焉。夫食粟则思树艺之先，衣帛则思蚕缫之始，皆重其所从出也。孔子之功与天地并立，故朕命天下通祀以致崇祀之意。而阙里先师降神之地，庙宇废而不修，将何以妥神灵昭来世？尔工部其即为修理以副朕怀。④

---

① （清）孔继汾述：《阙里文献考》卷一二《林庙第二之二》，第224—225页。

② （明）陈镐纂修：《阙里志》卷一八《历代碑记》，第943页。

③ 同上书，第986页。

④ （清）孔继汾述：《阙里文献考》卷一二《林庙第二之二》，第227页。

推崇之心展露无遗。

太祖所开先例被后继之君视为成宪亦步亦趋。成祖永乐十年(1412)，为祈孔子“佐我大明，于斯万年”，对孔庙“撤其旧而新之”。[①]宪宗也命重修阙里孔庙，从成化十九年开始，至二十三年告成，前后历时五年。这是明初以来动作最大、质量最高的一次修建工程，突出的改观是庙制扩大，大成殿由面阔七间改为九间。[②] 接下来，阙里孔庙经历了其发展史上大悲大喜骤然变幻最为迅猛的一段经历。

孝宗弘治十二年（1499）六月十六日夜，孔庙遭遇大火。这是一次毁灭性的灾难，孔庙“比遭回禄，煨烬靡遗”，主要建筑荡然无存。惨象震惊了皇帝，在唏嘘“斯文在兹，胡天弗吊”的同时，孝宗急发帑银进行重建。[③] 此次重建经始于弘治十三年春，落成于十七年夏。不仅重现了灾前的孔庙规模，而且较之旧建筑群更加宏伟。李东阳在其《重建孔子阙里庙图序》中对建筑新貌有着详细的记述：

> 庙之制：中为大成殿，十楹，崇八丈，邃有奇，广倍。其半为左右庑，百余楹。后为寝殿，八楹。前为告坛。又前为奎文阁，楹视寝数，崇略与殿等。又前为门四重，中为桥三。殿之左为家庙，后为神厨，前为诗礼堂、为神库，又前为燕申门。殿之右为启圣王殿，后为寝，前为金丝堂，又前为启圣门。前左右为斋室，室之外为快睹、仰瞻二门，与观德、毓粹二门而四。又左右为钟鼓楼，与角楼而六。阁之前后为碑亭各四，前四亭则本朝御制，而祝勑诸文皆附焉。惟坛及楼及中门仍旧，其余或创或益，并从新制。材干坚厚，构缔完整，象设端伟，绘饰华焕，悉臻其极。盖一代之盛典，天下之大观，皆备于此。[④]

孔庙从烧毁到重立，历时之短，速度之快，堪称奇迹。而奇迹的背后，又

---

① （明）陈镐纂修：《阙里志》卷一九《明朝碑记》，第1065页。

② （清）孔继汾述：《阙里文献考》卷一二《林庙第二之二》，第228页。

③ （清）孔继汾述：《阙里文献考》卷一七《祀典第三之四》，第378页。

④ （明）李东阳：《怀麓堂集》卷九六《重建孔子阙里庙图序》，《景印文渊阁四库全书》第1250册，第1029—1030页。

是各方力量共同努力的结果。李东阳对此作了详细的记载：

> 阙里孔庙之重建也，其经费所出为竹木之税、舟船之税、麦丝之税及公帑之藏。其名物之籍，木则市之楚、蜀诸境，石则取之邹、泗诸山，瓴甓、铅铁则官为之陶冶，丹垩、髹漆则集之于商，斲削、搏裁、雕琢、绘饰之工则征之京畿及藩府之良者，而夫役则雇之民间而官予之直若食焉。巡抚之官始则都御史何公鉴、巡按若御史高君崇熙、布政若王君汧，按察则陈君璧。督工之官则参议程君愈、佥事李君宗泗。其后皆更代不恒，至都御史徐公源、御史陈君璘、佥事黄君绣，而以成告。[①]

阙里庙堂自弘治鼎建后，明代后期也间有修葺，但大都是地方官所进行的零星修补工作。

进入清代后，皇室莅临阙里行祭的次数空前频繁，呈现出前所未有的盛况，但是有关孔庙，因其庙制规模基本已无可复加，所以维护工作主要是对垣墉栋宇加以缮治以防渗圮。其中有两次大规模的维修：一次为雍正二年（1724），孔庙遭火灾。皇帝除了引咎自责外，随即拨银15.76万余两，于雍正三年动工修建。[②] 这次重建，还添设了乐器库及碑亭。另一次为嘉庆二十一年（1816），这次用银为15.93万余两，历时三年，将孔庙建筑几乎全部兴修一新。[③]

孔庙趋尊趋贵，主要体现在规格的提升上，而这又可区分为两种：即建筑规格和祭祀规格。祭祀一事，留待后文，此处仅就建筑择其二三述之。门前列戟为孔庙显贵身份之一斑，此举创行于宋太祖赵匡胤。《东家杂记》有云："建隆三年，诏（国子监）文宣王庙定仪制令，立戟十六枚。"[④] 门前列戟本为防卫之事，远承古代车宫之遗意。《周礼·天官》中

---

① （明）李东阳：《怀麓堂集》卷九六《重建孔子阙里庙图序》，《景印文渊阁四库全书》第1250册，第1029页。

② （清）孔继汾述：《阙里文献考》卷一二《林庙第二之二》，第234页。

③ 山东省地方史志编纂委员会：《山东省志·孔子故里志》，中华书局1994年版，第303页。

④ （宋）孔传：《东家杂记》卷上，第57页。

有掌舍一职，其责为“掌王之会同之舍。设梐枑再重。设车宫，辕门。为坛壝宫，棘门。为帷宫，设旌门”。[①] 车宫即驻车排列以为藩障。辕门即两车仰起，车辕相向搭在一起，构成门的形状。坛壝宫即筑土高起为坛，又于坛外四面委土卑为垣墙，其门列戟为之。由此可知，先王会同之舍因便利而设之，实寓行师之道以备不虞，非徒壮威仪而已。后世门前列戟成为荣耀，朝廷握之为国家名器，或施于公门，或赐于私家。隋唐时，此项恩例已不再全凭皇帝兴致为之，而是著为制度，以避其滥。隋朝已经有章可循，“时制三品已上，门皆列戟”[②]。职有等级，戟有数差，为了参差别之，典制中还作了详尽的规定：“凡太庙、太社及诸宫殿门，东宫及一品已下、诸州门，施戟有差：凡太庙、太社及诸宫殿门，各二十四戟；东宫诸门，施十八戟；正一品门，十六戟；……”[③] 孔子庙立戟十六枚，实用一品礼。至徽宗政和元年（1111），改十六戟为二十四戟[④]，把规格提升至王者礼。

四隅建角楼及正殿正门用黄琉璃瓦，这都是孔庙建筑享用王者规格的体现。元至顺二年（1331），五十四代衍圣公孔思晦请依前朝故事，“四隅建角楼，仿王宫之制”[⑤]，元文宗从之。功成之后，立碑纪之，其中有言：“宫室之壮，以宁神栖。楼阁之崇，以庋宝训。周垣缭庑，重门层观，丹碧黝垩，制侔王居。”[⑥] 雍正年间，孔庙许多建筑毁于火，为了表达对先师的诚敬之意，皇帝决定在重建孔庙被毁建筑的同时，还要给予它额外的恩典，即允许它主体建筑的屋顶可以使用皇室专用颜色的瓦片。他的谕旨是这样的：“阙里文庙正殿正门用黄琉璃瓦，两庑则用绿琉璃瓦，而以黄瓦镶砌屋脊。”[⑦] 在一个连颜色都不能随便乱用的王权时代，雍正的这道诏令对授受双方来说，不仅不失之琐细，反而是慷慨之极、荣幸之极。孔庙有如许攀齐王宫之建制，所以更是贵不可言。

光绪末年，津浦铁路勘测线路，原定线路由歇马亭向南经孔林西侧直

---

① （汉）郑玄注，（唐）贾公彦疏：《周礼注疏》卷六《掌舍》，《十三经注疏》，第676页。

② （唐）魏徵等：《隋书》卷六二《柳彧传》，第1481页。

③ （唐）李林甫等：《唐六典》卷四，中华书局1992年版，第116页。

④ （宋）孔传：《东家杂记》卷上，第83—84页。

⑤ （清）孔继汾述：《阙里文献考》卷一二《林庙第二之二》，第227页。

⑥ （明）陈镐纂修：《阙里志》卷一八《历代碑记》，第1018页。

⑦ （清）孔继汾述：《阙里文献考》卷一二《林庙第二之二》，第233页。

达邹县，距离孔林西墙仅五十丈。衍圣公府以“破坏圣脉”“震动圣墓”为由上奏朝廷，要求西移十五里。后铁路改道兖州。

自孔子之道大行于世，制度礼乐一出儒术，孔庙成为上自皇帝公卿下至青衿学子频繁光临的圣地。孔庙既为息神享神之地，又为教化观瞻之所。惟有庙貌崇严，方能悦神耸人，使祭之者可以交神明，观之者可以知劝教。庙貌规制，常求永新，而孔庙生存，则常求永久。就孔庙建筑而言，祈新祈久，是其永恒的主题。

第三节　孔庙之生存与竞争

一　各地孔庙的生存状况

唐朝以后，伴随政府意志而出现的是一个庞大的孔庙群体。这一群体覆盖全国，遍于各学。学庙的出现，意味着原先以祭祖为主要功能的孔庙性质发生根本改变。孔庙名称也越来越多，常见的有孔庙、夫子庙、夫子堂、文庙、至圣庙、先师庙、先圣庙、文宣王庙等。这些称谓代表了孔子的方方面面，或者以其姓冠之，或者以其职业冠之，或者以其谥号冠之，不一而足。通常为方便起见，统称之为孔庙。若综合功能、地域及政级区划等因素粗略划分，孔庙大致可分为三类，即，阙里孔庙、中央孔庙、地方孔庙（书院文庙包括在内）。也有学者将其分为孔氏家庙、国庙、学庙三类。[①] 黄进兴先生则直接指出，孔庙的发展过程就是由“私庙”向“官庙”转化的过程。[②] 实际上，碍于孔庙性质与等级及地理位置的特殊性，无论哪种分类法都不能达到泾渭分明的程度。若依地域分，阙里孔庙本就包含于地方孔庙之中。若依性质分，孔庙一直就既具有私庙性质，又具有官庙性质，转化并不彻底，崇圣祠遍立全国便是一例。为了便于叙述，下文暂且采纳前一种分类法。

在历史漫长的发展过程中，朝代多次更替，人主轮番变换。历经动荡，孔庙却是相沿不断，展现出了顽强的生命力。如此境遇，当受惠于扶植它的政治环境以及由此而来的生存条件。儒学独尊，孔子地位也随之提

---

① 张晓旭：《历史上孔庙的称谓和类型》，《南方文物》2002 年第 4 期，第 6 页。

② 黄进兴：《优入圣域：权力、信仰与正当性》，第 195 页。

高，饮水思源式的情结也为孔庙带来了百般关宠和无限生机，使其往往能在绝处而逢生。

可是，孔庙发展也受到其他因素的影响，比如突发性的天灾、战乱以及自然老化等。天灾、战乱可能会造成灭顶之灾以致重建工程耗资巨大，但相较于孔庙悠久的发展史而言，这样的灾难毕竟是百年不遇且重建可以毕其功于一役，一举成之。日常维护修缮则要琐碎得多，孔庙建筑群体甚为庞大，防护工作不可能一劳而永逸，所以除了稳定的投入外，尚需细水长流。

对阙里孔庙来说，严重的天灾，文献记载中有两次，均为因雷击而引起大火，烧毁主体建筑。一次发生在明孝宗弘治十二年（1499），一次发生在清雍正二年（1724）。这两次孔庙灾厄都引起了孔氏后裔和皇帝的高度警惕，视其为天谴而恭自引咎自责。如六十一代孙孔宏绪在庙灾后就“素服哭庙，蔬食百日，如居丧礼”。[①] 二百多年后，在相同的灾难面前，雍正亦是诚敬反省：“圣庙被灾，岂朕尊师重道之诚有未至欤？朕在谅阍之中，素服斋居，无庸更事，减膳撤乐，惟谨拟亲诣国学文庙，虔申祭奠，宣读告文，以展朕局蹐不安之诚。”[②] 两次灾变处理，都是皇帝拨帑银若干命大臣即时督工兴造，历时四五年之久才重建成之。

人为战乱带给孔庙的伤害并不亚于天灾，战乱造成的社会秩序紊乱往往使得孔庙的痊愈周期要漫长得多。西晋之乱，阙里被寇，庙貌荒残，久而未复。晋孝武帝时，已经有臣下忧虑于此并上表提醒皇帝，称：“自中华湮没，阙里荒毁。先王之泽寝，圣贤之风绝。自此迄今，将及百年。造化有灵，否终以泰。河济夷徙，海岱清通。黎庶蒙苏，凫藻奋化。而典训弗敷，雅颂寂蔑，久凋之俗，大弊未改，非演迪斯文，缉熙宏猷，将何以光赞时邕克隆盛化哉！事有如赊而实急者，此之谓也。”[③] 然而此事终未获行，直至宋文帝元嘉十九年（442），方才下诏修整，其间已荒废一百

① （清）孔继汾述：《阙里文献考》卷九《世系第一之九》，第 182 页。

② （清）允禄编，弘昼续编：《世宗宪皇帝上谕内阁》卷二一，《景印文渊阁四库全书》第 414 册，第 186 页。

③ （梁）沈约：《宋书》卷一四《礼志》，第 366 页。

多年。金兵南下之时，兵火连天，孔庙亦难脱牵连，“皆为灰烬”[①]。金贞祐年间，蒙古兵南下中原至曲阜，阙里祠宇再次毁于兵火。元季，孔庙再次隳坏。这样的厄运大都发生在改朝换代之际，只有新政权稳定之后，饱受摧残的孔庙才可能获得转机。

人民起义对孔庙生存也形成一定的冲击。黄巢起义就曾给唐代孔庙带来过毁灭性的打击，起义因波及范围广，牵连到的孔庙非一郡一邑之数可尽，据载：“唐制，郡邑皆得置夫子庙。自黄巢之乱，存者无几。”[②] 破坏性之大，使得孔庙群整体陷入了罕见的不绝如缕的困境。明武宗正德六年（1511），农民起义军刘六、刘七进犯阙里，“秣马于庭，污书于池”，祭器亦遭毁坏。尼山为孔子发祥之地，圣学攸关，在捻军兴起之时，却也未免于受惊扰。同治元年（1862），捻军进入尼山书院，烧掠四处，且将洙泗书院神牌并祭器等焚毁。事变之后，衍圣公与地方官因守护不力而受到议处。关于此事，咸丰帝在其谕令中如是交代：

> 据称距曲阜五十余里之尼山，建有圣庙书院，逼近教匪巢穴。二月初八日，该匪将书院及颜母祠等处拆毁，并将该处祭器等物毁坏。孔繁灏职司奉祀，未能先事预防，著交部议处。各地方官疏于防范，咎亦难辞，著谭廷襄查取职名，交部议处。[③]

然而第二年，尼山庙宇再次遭到捻军毁坏，兴修不遑。

孔庙劫难甚至促成明政府出台了一项异常特殊的恩典，即移县附庙，以县守庙。本来，阙里与曲阜县治相距十数里，孔庙历遭进犯却是守望无恃，孤立无援，任由宰割。鉴于此种教训，明武宗最终作出了“即庙为城，移县附之”的重大决定。这一决定，让阙里倍感荣耀，衍圣公称此筑城之举为“国家盛事”。此事在费宏的《城阙里记》中记载得非常详细：

---

① （金）孔元措：《孔氏祖庭广记》卷三《崇奉杂事》，（台北）广文书局1970年影印蒙古刊本。

② （宋）龚明之：《中吴纪闻》卷三《昆山夫子庙》，《景印文渊阁四库全书》第589册，第322页。

③ 《清实录》第四十五册《穆宗实录》卷二二，中华书局1987年版，第590页。

> 阙里与曲阜相去十里，故皆无城，而阙里尤为孤旷，守望无所恃焉。正德辛未，盗入兖。以二月二十七日破曲阜，焚官寺民居数百，虐焰所及，不崇朝，县治为墟。是夕移营犯阙里，秣马于庭，污书于池。虽庙宇林墓幸而无虞，然族属散走，神人震怒，岌岌乎危亦甚矣。监司议遣兵四百来戍，贼众我寡，又望风辄溃，于防御故无济也。维时今按察使潘君珍方以佥事按行东兖，谓县庙必相须以守，盍即庙为城，而移县附之。①

县城讫工之后，孔庙在重重环卫之下，恃而有备，尊崇至极。

相较于各式天灾人祸，自然老化是孔庙日常生存最主要的威胁。好在是各处孔庙既然为皇帝及官员频繁光临之所在，体面所系，也是修饰不辍。但由于各处孔庙地位不同，其所享受的护理待遇与关照程度也就大为不同。

京师孔庙身处要地，经常接受皇帝、太子及高级官员们的观瞻与礼拜，因之备受关照。这种特殊待遇在乾隆皇帝的一篇记文中展露无遗，他说："国学始于元太祖置宣圣庙于燕京，由元及明，代有损益修葺，至本朝而崇奉规模为大备。乾隆戊午，朕诣学展仪，先诏易盖黄瓦，聿昭茂典。然丹雘虽致饰壮观，而上栋下宇，风雨燥湿，历年既久，浸敧是虞。爰以岁丁亥，发帑二十余万，特简重臣司其事。"② 既动用国库，又挑选重臣，对孔庙来说，其典不谓不重。这种一掷千金的豪气常见于清朝，真实地反映出当时朝廷对孔子的推崇已达到前所未有的顶峰，而乾隆所言"列圣右文，临雍必事仓奂"也并非溢美之词，因为早在清初，顺治帝就谕令工部："文庙崇祀先师孔子，所关典礼甚重。今已年久倾圮，若不速为整理，后渐颓坏，葺治愈难。因尔部钱粮匮乏，所需工料未能措办，朕发内帑银三万两，特加修葺。"③ 康熙、雍正也皆有修庙之旨。

然而并不是任何朝代的皇帝都具备这般慷慨的能力。在唐宪宗时，就

---

① （清）孔继汾述：《阙里文献考》卷三四《艺文第十二之三》，858 页。

② （清）文庆、李宗昉等纂修：《钦定国子监志》卷二《庙志二》，北京古籍出版社 2000 年版，第 51—52 页。

③ （清）文庆、李宗昉等纂修：《钦定国子监志》卷二《庙志二》，第 48 页。

因为囊中羞涩，不得不把修葺孔庙的费用改为差派征集。差派之议是由国子祭酒郑余庆倡导的，元和十四年（819）十二月，郑余庆奏道：

> 京见任文官，一品以下九品以上，并外使兼京正员官，每月所请料钱，请每贯抽一十文，以充国子监修造文宣王庙及诸屋宇，并修理经壁、监中公廨杂用。有余，添充本钱及诸色，随便宜处置。①

这次征派的对象还主要锁定在京官身上。其后随着战事兴起，征派对象就大为扩充了。在《旧唐书·昭宗本纪》中有这样的记载：

> 宰臣兼国子祭酒孔纬以孔子庙经兵火，有司释奠无所，请内外文臣自观察使、制使下及令佐，于本官料钱上缗抽十文，助修国学，从之。②

料钱本是俸禄外另加的饮食钱，不过缗抽十文，等于百分之一，也有了一定分量。这种迫不得已的方式透露出了国库的困窘局面。五代时期，战乱频仍，国子监孔庙却并没有遭受冷落，只不过由于领地割据，费用所出更为艰难。此时，摊派不仅沿为成规，所涉对象范围也大为扩展，数目亦水涨船高。《旧五代史·梁书》中清楚地记载着这一情况：

> 国子监奏："创造文宣王庙，仍请率在朝及天下现任官僚俸钱，每贯每月克一十五文，充土木之植。"允之。是岁，以所率官僚俸钱修文宣王庙。③

这种摊派方式尽管有损于各级官员的实际利益，但是对孔庙来说，有了强制性的行政命令保驾护航，虽困而亦不乏了。

阙里孔庙为礼乐之宗、道统之系，虽不乏殊恩宠赐，但毕竟远离

① （宋）王溥：《唐会要》卷六六《东都国子监》，中华书局1955年版，第1160页。

② （后晋）刘昫等：《旧唐书》卷二〇上《昭宗本纪》，第740页。

③ （宋）薛居正：《旧五代史》卷五《梁书第五·太祖纪》，中华书局1976年版，第81页。

“庙堂之高”，庙貌或有荒芜，天颜难以尽知。就生存质量而言，阙里孔庙远难与中央孔庙相比肩。内帑专官之例，在中央孔庙极为寻常，对阙里孔庙却是难得一遇。康熙在其承位三十年的时候，让阙里孔庙也享受到了这些待遇，遣内务府广储司郎中阜保、工部虞衡司郎中阿尔粺、内务府笔帖式王世遵、工部笔帖式查尔奇昻吉图监督修理圣庙，“修理阙里圣庙所用物料工价，不必动支部内钱粮，照数发内帑银两采办修理”。此举随之就被孔氏子孙盛赞为：“盖自有圣庙以来，历经修建，从未有特发帑金，专官监督，刻期竣事，尽善极华如今日者。”[①]

阙里孔庙规制既大，无论管理还是修葺，都非易事。孔府和地方政府能力所及，只可进行小范围的修修补补，如修理庙垣、重建金丝堂、重建郓国夫人殿等。规模较大者，都是奉敕修理。考诸典籍，列朝或旷世而一修，或数年而一举。奉敕修理始终是阙里孔庙无尽的荣耀和不变的追求。因为维修所需用的费用与调度并非孔氏一族所能承担与招架，只有国家才能为之提供足够支配的款项与人役。只看康熙三十年孔庙维修，初步的预估就是：

> 共用松檄木植九千八百六十八根，价银二万四千三百二十四两八钱。杉木、椴木、榆木一百三十根，价银一百八十一两五钱。琉璃瓦料二十万三千二百九十七件，价银三万一千八百四十五两。砖瓦二十三万九百二十八个，价银三千四百八十九两六钱九分六厘。白灰三百九十万四千斤，价银四千九百十九两零四分。绳觔席片家伙等项，价银一千七百二十两。打造铜铁等项匠役工价并煤炭价银二千七百六十七两四钱。各项匠夫工价银一万六千七百七十两零六钱四分五厘。以上共需用物料价值、银匠夫工价银八万六千零十八两零八分。[②]

颜料及铜铁等项因于户部支取，不算价值，不包括于统计之内。这也就是说，实际修理投入远要庞大得多。除了投入，动用工役也极为繁杂，如砖

① （清）孔毓圻、金居敬等：《幸鲁盛典》卷一五，《景印文渊阁四库全书》第652册，第192页。

② 同上书，第186—187页。

瓦灰等皆需提前烧制、各色材木及琉璃瓦等需从其他各省通过各种运输手段辗转运到阙里、匠夫人役需要轮番转班等。这样的运作对政府来说也不啻为巨大的负担，是以康熙三十年的这次维修在议修之日就屡次遭到礼部、工部的推诿。礼部称："今衍圣公孔毓圻既称'阙里圣庙，岁月久远，漏损倾颓'等语，理应工部差官勘明确估，将修理之处议覆。但今值大行皇后丧礼，工部事务繁多，应暂行停止可也。"工部则称："查得郎中阜保等估计内需用琉璃瓦料松檄木植架木之数甚多，一时难以挽运，且今年不宜盖正，将修理阙里圣庙暂且停止，俟修理之日，将修理之处再行详确估计议覆可也。"最终依从皇帝的旨意于第二年动工。

雍正间阙里被火，重建工程同样耗资巨大。尽管此次工程已冠以敕修之名，仍有臣下动了捐修的心思，希望"重修阙里孔庙，应令内外儒臣捐赀营建"。雍正的批复是：

> 前闻孔庙被灾，朕即降旨遣大臣前往作速估计，动支正项钱粮，择日兴工。务期规制复旧，庙貌重新。览钱以垲所奏"内外大小臣工幼业《诗》、《书》，仰承圣泽，各宜捐赀修建"等语，虽为当理，今有旨已令动支钱粮，不必再令臣工捐赀。但朕亦不便阻儒士之私情，今直省府州县文庙学宫或有应修者，本籍科甲出身现任之员及居家进士举人生员，平日读圣人之书，理宜饮水思源，不忘所自。如有情愿捐赀，不必限以数目，量力捐出，修理各该地方文庙学宫并祭器等项。其不愿者，不必强勒。①

雍正虽未同意捐银助修阙里之庙，但并不反对奉捐修理其他府州县文庙。此后不久，工部却奏准山东巡抚陈世倌的题请，将其阖属公捐修理文庙银四万两，附入动支正项钱粮奏销。雍正严厉斥责了此种行为，再次重申"捐银之处不准行"②。

雍正的批示不惟爱惜民力，更有着深层次的原因，这就是阙里孔庙修

---

① （清）允禄编，弘昼续编：《世宗宪皇帝上谕内阁》卷二三，《景印文渊阁四库全书》第414册，第201页。

② （清）允禄编，弘昼续编：《世宗宪皇帝上谕内阁》卷二五，《景印文渊阁四库全书》第414册，第209页。

葺所显示出来的尊荣和权力。元成宗大德元年（1297），济宁路达鲁花赤按檀不花行部至曲阜，目睹祠宇荒凉，上言于朝，愿自出资修葺，并开始储材选匠，自输自备。一切事项正在紧锣密鼓进行之时，朝廷忽降旨意令罢之。喊停原因却未免让人汗颜，下面是御史台的参详意见："曲阜林庙非他处比，修理盛事当出自朝廷，不可使臣下独专其美。"可是国家体面并不能靠无米之炊支撑，修庙之举迟迟不见实行。四年之后，工部重新考虑按檀不花的修葺计划，并上言："本路（济宁路）已收钞两木石，若不修盖，恐日久消费，不能成就。合依已拟间架起盖。有不敷者，官为给降财物。"[①] 此议获得通过，遂于大德四年（1300）开始兴工。然而此次修庙之举却是坎坷颇多，秋八月所兴之工，在冬十二月即遭遇"罢不急之役"的诏令而被迫中止。此时所完工役已及八分，若就此终结，经值霖雨毁坏，必将功亏一篑。幸有按檀不花的续修之请，才得以落成。共修殿宇廊庑一百二十六楹，花费十万贯有余。

自"修理盛事当出自朝廷，不可使臣下独专其美"之语一出，遂即被孔氏子孙据为"千古不易之正论"[②] 而大肆宣扬。对孔庙生存而言，转屈尊为矜持，不失为一条既实用又文雅的上求路线。《幸鲁盛典》一书的问世，实则蕴含了同样的玄机。此书由衍圣公孔毓圻领衔纂辑，名义上是以记录当朝盛事为初衷，实则立意制造一份历朝崇重的梯级表，以备后主参考。因此，孔毓圻的目的不仅仅在于盛赞今日的"超迈古今"，更在于借此"垂示来叶"。[③]

相较之下，地方孔庙的命运要平凡得多，它们一般很难有机会直接获得来自宫禁的体恤。偶有幸遇者，便是惊宠无比。宋仁宗时，郴州夫子庙学撤故营新，经地方官上请，得朝廷赐钱三十万。对此，郴州上下一片欢腾，"阖境欢声，蒸为太和"[④]。然而，众多的地方孔庙却并无此际遇，只能艰辛度日。耶律楚材《湛然居士集》中有两首诗颇能展现孔庙的窘促

---

① （清）孔继汾述：《阙里文献考》卷一二《林庙第二之二》，第226页。

② （清）孔毓圻、金居敬等：《幸鲁盛典》卷一五，《景印文渊阁四库全书》第652册，第191页。

③ （清）永瑢、纪昀等：《钦定四库全书总目》卷八二，《景印文渊阁四库全书》第2册，第705页。

④ （宋）祖无择：《龙学文集》卷七《郴州学记》，《景印文渊阁四库全书》第1098册，第823页。

境况及翘首以待的渴望。一首为《贾非熊修夫子庙疏》:“天产宣尼降季周，血食千祀德难酬。重新庠序独无力，试向沧溟下吊钩。”另一首为《邳州重修宣圣庙疏》:“宣尼万世帝王师，可叹荆榛没古祠。重整庠宫阐文教，颙观日月再明时。”① 耶律楚材素习佛经，《集》中多禅悦之语，然而其所作诗，一致被称为:“虽时时出入内典，而大旨必归于风教。”② 他还是关心社会现实生活的。

地方孔庙大都与学校合而为一，任其责者，为各级地方官员。孔庙严整与否，常与其政绩相挂钩，“夫州县长佐之吏，考绩于三载，必曰文庙有无增葺。”③ 然而人有偏好，官有专务，对于中央下达的谨饬学庙崇严祀礼令文，积极响应者有之，阳奉阴违者有之，置若罔闻者亦有之。李觏在其《袁州学记》中将此景状析之甚明，宋仁宗庆历五年（1045）:

> 制诏州县立学。惟时守令有哲有愚，有屈力单虑秖顺德意，有假官借师苟具文书，或连数城亡诵弦声，倡而不和，教尼不行。④

当虚应故事过多泛滥时，各处学庙便倾颓成灾。金朝天德五年（1153），朝廷开始进行干预，其下达的都省批札为:

> 随处宣圣庙宇多有损坏，官司不用心提控修完，致有如此。委随路转运司差佐贰官或幕官一员专一管勾，遇有损坏，即便检修。⑤

面对同样的问题，以推行教化为己任的儒者则是诉诸道德反省的方式，而尤以宋人最为慷慨激昂。如梅尧臣称:

---

① （元）耶律楚材:《湛然居士集》卷一三，《四部丛刊初编》。

② （清）永瑢、纪昀等:《钦定四库全书总目》卷一六六《湛然居士集十四卷》，《景印文渊阁四库全书》第4册，第356页。

③ （明）陈镐纂修:《阙里志》卷一八《历代碑记》，第972页。

④ （宋）李觏撰，（明）左赞编:《盱江集》卷二三《袁州学记》，《景印文渊阁四库全书》第1095册，第196页。

⑤ （金）不著撰人:《大金集礼》卷三六《宣圣庙》，《景印文渊阁四库全书》第648册，第279页。

略究为郡邑之人，少诵其书，长就其艺，遂得其禄，忍负不为一出口之劳究其庙，至使瓦堕檐、风雨坏、桷甓缺，阶尘昏像，犬豕穴墙垣往来其间哉！[①]

李廌亦言：

饮则祭先酒，食则祭先饭，一饮一食而不忘报其先，矧修身治民可忘先圣人乎？……盖人无贵贱，莫不为其徒。事无巨细，莫不用其道。乌有为其徒而寝庙之奉不虔，用其道而教化之宫不饬者乎？[②]

然而，学者未必信奉如之，对于借径孔门而获得职位的官僚来说，虔者自会惭于“学之不建，用为郡羞”[③] 的责任，惰者依然会坐视其坏而无动于心。至如又有因滑稽之言而兴起者[④]，亦可算不失其耻。

实际上，问题远为复杂，细加推究，又不能尽苛责于官员的个体素质。由于地方官的流动速度比较快，倡而未及举、举而未及克的情况并不少见。况且事有轻重缓急，功有先后大小，必废他务而首重于此，也非现实选择。另外，最为关键的一点是缮治费用的来源问题。纵观各地文人学者所作重修学庙记文，材费所自，并无定途。有支于地方财政者[⑤]，有出

---

① （宋）梅尧臣：《宛陵集》卷三一《新息重修孔子庙记》，《景印文渊阁四库全书》第1099册，第229页。

② （宋）李廌：《济南集》卷七《襄州光化县重修县学记》，《景印文渊阁四库全书》第1115册，第806页。

③ （宋）刘一止：《苕溪集》卷四九《丁居中墓志铭》，《景印文渊阁四库全书》第1132册，第244页。

④ （宋）陶岳：《五代史补》卷三《冯道修夫子庙》（《景印文渊阁四库全书》第407册，第662页）载：“冯道之镇同州也，有酒务吏乞以家财修夫子庙，道以状付判官参详其事。判官素滑稽，因以一绝书之判后，云：‘荆棘森森绕杏坛，儒官高贵尽偷安。若教酒务修夫子，觉我羞惭也大难。’道览之有愧色，因出俸重创之。”《五代史补》卷五《李谷修陈州夫子庙》（《景印文渊阁四库全书》第407册，第681页）载：“李相谷常为陈州防御使，一日谒夫子庙，但见破屋数间，中有一像巍然而已，谷叹息久之。俄而伶人中有李花开进而前，献口号云：‘破落三间屋，萧条一旅人。不知负何事，生死厄于陈。’谷惊，以为伶人之词趋向有如此者，遽出俸以修之。”

⑤ （宋）王十朋撰，（宋）王闻诗、王闻礼编：《梅溪集·梅溪后集》卷二六《广州重建学记》，第592页。

自郡邑士人者[①]，有抽取官吏俸金者[②]，有募捐教员米禄者[③]，有倡自地方巨富者[④]，有征自百姓省俭之用者，不一而足。名目如此繁多，足见其聚集之不易。

为了督促地方官在任职期间认真落实学庙修理工作，避免推诿混乱，问责无人，清代出台了一个官官互参的方案：

> 凡府州县文庙学宫，有应行修理之处，该地方官据实确估详明，巡抚学政交与该地方官于学租银内动支修理。俟完工之日，委官验明，责令教官敬谨守护。遇有残缺，即会同地方官酌量修补。地方官及教官遇有升迁事故，离任时，将文庙学宫照社稷各坛壝之例，入交盘项内，接任官验明并无倾圮，出结接受。如有损坏失修之处，即揭报参处。[⑤]

可是，这一自认为考虑周密的解决办法也难以从根本上解决问题。

孔庙残毁已属难堪，鸠占鹊巢、挪作他用的情况也时常发生。宋真宗景德三年（1006），大学士王钦若就针对各处文宣王庙被侵占他用的情况上书批评，希望“仍令晓示，今后不得占射充磨勘司、推勘院，及不得令使臣官员等在庙内居住”[⑥]。到了元朝，这种局势不仅没有得到遏制，反而有愈演愈烈之势。为此，朝廷特为出台《文庙禁约骚扰》一规来加以禁止，“今后禁约诸官员、使臣、军民毋得于庙宇内安下，或聚集理问词讼，及亵渎饮宴，管工匠官不得于其中营造，违者治罪”。[⑦]

有时候文庙建筑本身也时有不保之虞，成为变卖侵吞的对象。至元二十七年（1290），扬州官员欲将学舍厅屋、先儒祠宇及宣圣庙等一块丈量

---

① （宋）王安礼：《王魏公集》卷六《高唐县学记》，《景印文渊阁四库全书》第1100册，第63页。

② （宋）王禹偁：《王黄州小畜集》，《四部丛刊初编》。

③ （元）吴澄：《吴文正集》卷五〇《崇仁县孔子庙碑》，《景印文渊阁四库全书》第1197册，第517页。

④ （宋）石介：《徂徕石先生文集》卷二〇《南京夫子庙上梁文》，第245—246页。

⑤ 《钦定大清会典则例》卷六八，《景印文渊阁四库全书》第622册，第239页。

⑥ （明）陈镐纂修：《阙里志》卷一二《恩典志》，第538页。

⑦ （元）不著撰人：《庙学典礼》卷二《文庙禁约骚扰》，《景印文渊阁四库全书》第648册，第345页。

变卖，幸有上级长官识大体顾大局，作出交代："各处文庙，有司相沿交割，理当增修以宣风化。若与其余无用房舍一例出卖，所得不多，有伤治体实甚。"[①] 此事方罢。明代英宗之子秀王封国在汝宁，其左右侍从认为秀王府地方过于狭隘，想拆毁孔子庙来扩充王宫。当时刘诚为秀王府长史，极力劝谏，此举才未成行。[②] 这些现象表明，各地孔庙的维护状况实在是不容乐观。

二 孔庙与周公庙、齐太公庙、圣师殿间的潜在竞争与冲突

自汉以后，孔子成为学校拜祭的主要对象，释奠礼基本上就是祭孔的代名词。可是，释奠礼又不完全专属于孔子，周公、齐太公、三皇五帝都曾从其中分享过礼遇，并或多或少对孔子享祭地位产生过冲击。

在学校祭祀制度尚未定型的时候，周公曾一度成为孔子获取学校正享地位的最大竞争对手。周公之于孔子，当是其心仪钟情的楷模，虽然生不得见，却常常思接神遇于梦中。对孔子来说，若能跨越时空，与这位尊严的长者促膝而论，定要恭恪不及，何敢与之一争高下。然而历史毕竟充满了诡谲，当后人真让他们相聚在一起的时候，他们又无法安然相处。

周公居位涵德，辅翼成周，制礼作乐，鸿业著彰，人生意义至此，臻于完美。无怪孔子以振兴周公之道为己任，矢志不渝。后世周、孔并称，或称先圣或称先师，也不枉孔丘一生的寤寐思服。初时的周公与孔子尚能谦谦相处，悠然无争于先圣先师这些名号之外。汉室各级学校行礼，犹且并祀周公、孔子。郑玄博通群经，荟萃成篇于汉季，其释"先圣"也无定指，只混言"先圣，周公若孔子"[③]。高朕修周公礼殿，周、孔亦并处一室。然而，汉代以后，变化就悄然出现。

曹植曾作《孔庙颂》一首，对孔子的推崇不遗余力："自五帝典绝，三皇礼废，应期命世，齐贤等圣者，莫高于孔子也。"[④] 这是孔子开始摆

---

① （元）不著撰人：《庙学典礼》卷二《文庙禁约骚扰》，《景印文渊阁四库全书》第648册，第352页。

② 参见（明）何乔新《椒邱文集》卷三〇《朝列大夫湖广布政司右参议刘君墓志铭》，《景印文渊阁四库全书》第1249册，第448页。

③ （汉）郑玄注，（唐）孔颖达疏：《礼记注疏》卷二〇《文王世子》，《十三经注疏》，第1406页。

④ （魏）曹植：《曹子建集》卷七《孔庙颂》，《四部丛刊初编》。

脱周公的前兆。魏齐王通《论语》，使太常释奠，以太牢祀孔子于辟雍，以颜渊配。释奠礼中已无周公。其后各政权，无论皇帝或太子通一经后，都或遣官或亲行释奠于太学，皆主祭孔子。另外，各政权开始竞相建孔庙于京师，令有司专职其祠。此时周公，不只在太学中了无踪迹，乃至其祠，在北魏时虽曾一度获得隶于太常的气运，也已被刘芳冠以“则不免淫祀”[①] 的名头。周、孔二人所遭际遇，阔然有别。

对于孔子“骤贵”的派头，有人尚未嗅到其势不可当的气息，以至于因“言语不逊”而遗人嘲讥。魏明帝之时，鲁相上言：

> 汉旧立孔子庙，褒成侯岁时奉祠，辟雍行礼，必祭先师，王家出谷，春秋祭祀。今宗圣侯奉嗣，未有命祭之礼，宜给牲牢，长吏奉祀，尊为贵神。

崔林对此一要求大加反驳：

> 宗圣侯亦以王命祀，不为未有命也。周武王封黄帝、尧、舜之后，及立三恪，禹、汤之世，不列于时，复特命他官祭也。今周公已上，达于三皇，忽焉不祀，而其礼经亦存其言。今独祀孔子者，以世近故也。以大夫之后，特受无疆之祀，礼过古帝，义逾汤、武，可谓崇明报德矣，无复重祀于非族也。

此段话被裴松之断为：

> 林曾无史迁洞想之诚，梅真（梅福）慷慨之志，而守其蓬心以塞明义，可谓多见其不知量也。[②]

郑樵也坦承：“林之著此议，颇为世论所鄙。”[③]

---

① （唐）李延寿：《北史》卷四二《刘芳传》，中华书局1974年版，第1574页。

② （晋）陈寿：《三国志》卷二四《魏书·崔林传》，第681、682页。

③ （宋）郑樵：《通志》卷一一七《崔林传》，《景印文渊阁四库全书》第377册，第199页。

崔林尚以孔子所享待遇远逾周公为过限，实则孔子的影响又岂止如此而已。不仅崔林难以预料孔子愈来愈热的声价，就连目睹了拜孔热的人亦难解其因，晋人范坚曾书问冯怀："汉代以来，释奠先师，唯享仲尼不及公旦，何也？"冯怀的答复为："若如来之谈，亦当宪章尧舜文武，岂唯周公乎！"[①] 刘义庆所作《世说新语》尽管被视为"小说家言"，可是正取资其游离于正统经学之外的体例，反而更能轻松透露时风的变化。其中有言："周公、孔子，异世而出，周旋动静，万里如一。周公不师孔子，孔子亦不师周公。"[②] 周、孔关系，由疏远到分庭抗礼，若无潮流趋之，何能凭空造出？

伴随着祭孔活动的持续升温，为其打造一个独立的尊者体系越来越显得必要。可是，入唐以后，孔子的太学独享地位却切切实实遭到挑战，周公以重出之势再现雄风。唐高祖武德二年（619），李渊令国子学立周公、孔子庙各一所，四时致祭。这是建于国学之中的第一所周公庙，比孔庙第一次进入国学的时间整整晚了二百多年的时间。而周公庙一出现，就与孔庙形成一种对抗的姿态。在高祖的诏文中，周、孔并称"二圣"，其功业分别被表述为：

> 爰始姬旦，匡翊周邦，创设礼经，尤明典宪。启生人之耳目，穷法度之本源，化起二南，业隆八百，丰功茂德，冠于终古。暨乎王道既衰，颂声不作，诸侯力争，礼乐陵迟。粤若宣父，天资睿哲，经纶齐、鲁之内，揖让洙、泗之间，综理遗文，弘宣旧制。四科之教，历代不刊；三千之文，风流无歇。[③]

不难看出，高祖将周公重请回学校，一则重其创业之功，二则取其传道之力。武德七年（624），高祖亲释奠于国子学，以周公为先圣，南面坐。以孔子为先师，西坐配。[④] 孔子以往的独享优势不复存在。关于这次礼仪安排，当时有无异议，不得而知。

---

① （唐）欧阳询：《艺文类聚》卷三八《礼部上》，第695页。

② 余嘉锡：《世说新语笺疏》，中华书局1983年版，第165页。

③ （后晋）刘昫等：《旧唐书》卷一八九上《儒学传》，第4940页。

④ （宋）欧阳修、宋祁：《新唐书》卷一五《礼乐志》，第373页。

仅仅过了四年，即贞观二年（628），太宗就更改其父成法，复升孔子为先圣，以颜子配。这一决定吸纳了房玄龄、朱子奢等人的意见，他们的建议是：

> 武德中，诏释奠于太学，以周公为先圣，孔子配享。臣以周公、尼父俱是圣人，庠序置奠，本缘夫子。故晋、宋、梁、陈及隋大业故事，皆以孔子为先圣，颜回为先师，历代所行，古人通允。伏请停祭周公，升夫子为先圣，以颜回配享。①

房、朱等人所持理由委婉而坚定，实则已寓排周主孔之意。经此一变，孔子的庠序独占地位重新稳固。贞观四年（630），诏天下州、县学校皆作孔子庙，独占之势遂为大局。

然而高宗永徽中，又出现反复，重以周公为先圣，孔子为先师，渐趋规范的释奠礼仪再次让人无所适从。不过此次周公的辉煌只是昙花一现，在长孙无忌、许敬宗等人的建言下，周公最终得配于武王，孔子重获先圣名号。② 自此以后国学中不设周公庙，专祭孔子。孔庙祭祀已然独成一统，孔子稳居正享再无喧宾之忧。周公自配享武王后，其本庙一直阙而不备。宋真宗景德元年（1004），才追谥周公为文宪王，在曲阜故鲁太庙之地立庙，春秋派长吏致祭。③ 后世也皆在此地祭周公。元文宗天历二年（1329），凤翔府岐山之阳周公庙，不知立于何时，被更为岐阳书院。官府设学官，春秋释奠，一依孔子庙仪。④ 周公此处所分享到的释奠仪已远不能与孔子相比肩了。

周、孔两庙由并处共尊至判然天壤，历千年后依然如故。苏辙作《次韵子瞻题岐山周公庙》，其中有言："周人尚记有周公，禾黍离离下有宫。破豆烝豚非以报，野巫长跪若为通。"⑤ 到了明代嘉靖时，陶钦皋作

---

① （宋）王溥：《唐会要》卷三五《褒崇先圣》，第635—636页。

② （宋）欧阳修、宋祁：《新唐书》卷一五《礼乐志》，第374页。

③ （元）脱脱等：《宋史》卷一〇五《礼志》，第2560页。

④ （明）宋濂等：《元史》卷七六《祭祀志》，中华书局1976年版，第1904页。

⑤ （宋）苏辙：《栾城集》卷二《次韵子瞻题岐山周公庙》，《景印文渊阁四库全书》第1112册，第21页。

《周公庙》，依然怀着同样的感伤："周公庙侧黍离离，传是灵光旧殿基。纵使更操延寿赋，萧条钟鼓已多时。"[①] 只是久处困窘，唐初这段明日黄花总会让人怀念不已。金元之时，岐山周公庙因有司无力修复，已在道士手中几经辗转，当时任陕西部使者的富珠哩翀目睹守庙者为道士后，不禁感慨万千：

> 周公先圣，在唐与孔子同庙祀天下，今乃令道家者流主祠事，非所以崇圣道昭礼典。若立书院，俾儒者主其祠为宜。[②]

此处，周公竟然要以能与孔子等量齐观为荣，周、孔二庙反差如此巨大，亦不由人不感慨。施润章在《周公庙碑记》中如此写道：

> 今孔子庙食四海万国，在阙里，崇祀尤盛。而周公祠庙，风雨弊漏，鲁公之附祀者委诸草莽，鲁之人当有过而唏嘘叹息徘徊不忍去者，而修葺无闻。[③]

窘迫的现实，让周公后代不得不起而争取，然而观其奏辞，已是卑下之极，其言为：

> 颜、曾、孟、仲得圣道之传，皆有世袭博士以优其后。臣祖周公，以元圣之德，制作经纬，固与孔子并列久矣。而今祠宇颓坏，拜谒寂寥，主鬯仅以青衿，祭田不及百亩，不惟不能并尊于孔子，且不得比于颜、曾、孟、仲。乞念传道之功，稍加优隆。[④]

此时的周公之后东野沛然已不敢奢望周祠并尊于孔子，能与孔门弟子的享

---

① （明）陶钦皋：《周公庙》，收入孔祥林、郭平选注《阙里诗选》，山东友谊书社1989年版，第246页。

② （明）王祎：《王忠文集》卷九《谒周公庙记》，《景印文渊阁四库全书》第1226册，第194页。

③ （清）施润章：《学余堂文集》卷一八《周公庙碑记》，《景印文渊阁四库全书》第1313册，第221页。

④ （清）孔继汾述：《阙里文献考》卷一八《世爵职官第四》，第403页。

祀地位相看齐，就已经莫大荣幸了。

自唐初定置周公配武王，周、孔二人的名位就已经分道而驰，一臣一师，归属系统判然两别。天地君亲师尚可并列并尊，君臣名分却是绝无调和之余地。师之所在，道之所在。师的地位可无限拔高而毫无滞碍，诚如雍正所言："五伦为百行之本，天地君亲师，人所宜重，而天地君亲之义又赖师教以明。自古师道无过于孔子，诚首出之圣也。"[①]"圣"之至称加于孔子，实则只是师道系统中的一个名誉称号，无干于社会实际权力的纠纷。对皇帝来说，即是如此，何吝之有？然而，为臣者的嘉誉却只能限制在一定的范围之内，否则就有僭越君王的嫌疑。

周、孔际遇之悬殊，其症结所在，黄进兴先生已归结为治统与道统两种意理的分际两用，[②] 实为笃论。一朝天子一朝臣，在君臣之体上下之义尤为谨严的语境下，对过往的功臣义士，又怎能苛求后继皇帝竭尽推崇？所以反过来再看东野沛然的诉求，就不得不佩服他的用心巧妙之处，此处周公的辅佐之功被置而不提，传道之功却一跃成为主角。如此安排，自是洞悉问题利害所在。从朝廷讨论之反复可以看出，东野沛然无疑是聪明的。朝臣初议结果是否决东野氏的请求，理由是：

> 查得《会典》内开载，周公于历代帝王庙配享，凡系配享前代帝王功臣，后裔并无承袭博士之例。且查东野沛然所奏，《东野志》内至东野沛然已经七十三代，以上历代并无议有承袭之处。相应将东野沛然奏请照颜子等先贤承袭之处，无庸议。[③]

足见功臣之属与道统内的种种待遇安排并不相牵。后经康熙点化以周公承接道统继往开来之功德，臣下才秉承风旨，决议授予周公后裔世袭五经博士，拨给祀田，修葺庙宇。

周公别祀沿之已久，只是嘉靖年间所创圣师祭可视为对周公冷落的意

---

① 清乾隆五年敕编：《世宗宪皇帝圣训》卷三二，《景印文渊阁四库全书》第412册，第423页。

② 黄进兴：《优入圣域：权力、信仰与正当性》，第231—246页。

③ （清）孔毓圻、金居敬等：《幸鲁盛典》卷一二，《景印文渊阁四库全书》第652册，第139页。

外弥补。在此一祭祀体系中，周公、孔子皆为陪祀，但周公重冠先圣称号，孔子则称先师。际遇如此，周公似乎可以聊以自足了。

如果说周公曾经对孔子的正享地位形成过威胁的话，那么另一位直接另起炉灶来与孔子进行竞争的对手则是齐太公。在学礼体系中，一度出现过这样的景象，齐太公代表“武”道系统，孔子代表“文”道系统，二者并享释奠礼仪。[①] 这样的对峙局面也引发出一些论争。

太公初时并未列入国家祀典，唐贞观中，才得立庙于磻溪。然而时隔百年，太公受享身份骤升。开元十九年（731），玄宗诏令两京及天下诸州各置太公尚父庙一所，以张良配享，取春秋二时仲月上戊日祭之。[②] 太公庙广立于全国，距孔庙获得此项礼遇为时不远，实步其后尘，设祭之日亦紧随孔子上丁之后，二者比附不难获见。除此之外，太公庙在谥号、配享、从祀等方面还有更为趋近的追随，大致情况为：（1）开元二十七年（739），孔子被追谥为文宣王；肃宗上元元年（760），太公即被谥为武成王。（2）宋真宗咸平三年（1000），追谥孔子为玄圣文宣王；大中祥符元年（1008），亦加谥太公为昭烈武成王。（3）孔庙有配享，有十哲、七十二弟子及先儒；武成王庙亦有张良配享，以古名将十人为十哲，有七十二将从祀。对于如此趋近的程度，瞿九思有过一番议论：“夫庙，礼乐之自也。然前代所为庙至浅鲜矣，自号为吾智足以知圣人，乃至令东西置庙，东文宣王庙祠孔子，西武成王庙祠太公，以孔子仅仅视太公，使东西并峙若两府。然如是，即令殿九楹，乐九奏，舞八佾，何益?”[③]

孔庙、齐太公庙亦步亦趋，本意在于彰显朝廷文武之道并用不偏的政策布局。关于此点，玄宗在诏令各地立太公庙之时就已经表述得非常明确：

> 乾坤冲用，阴阳所以运行。帝王大业，文武所以垂范。故四序在乎平分，五材资于并用。式稽乾坤之意，载明文武之道。永言嘉章，斯典未洽。自我而始，爰备阙文。……故宣尼大圣，立文以成化。尚

---

① 《续通志》有云：“自唐显庆二年用长孙无忌之议，周公别配享武王庙，而国学专以孔子为先圣，自是相承。孔子以外，无复有释奠之礼矣。”此言失当。参见（清）嵇璜、曹仁虎等《续通志》卷一一四《释奠》，《景印文渊阁四库全书》第393册，第728页。

② （后晋）刘昫等：《旧唐书》卷八《玄宗本纪》，第196页。

③ （明）瞿九思：《孔庙礼乐考》，《续修四库全书》第824册，第572页。

父惟师，仗武而弘训。齐鲁之道列，亲贤之教兴。郁为政源，崇我王业。遂使金石之奏永播于蹲龙之庭，烝尝之享不行于非熊之室。文武并设，斯不然矣。岂王风云季，礼没于前修。将帅是尊，庆彰于今日。式崇大典，垂裕后昆。①

蹲龙、非熊均用典，分别代指孔子、齐太公。② 玄宗将文武并兴的构想加以落实，随即带来的是孔子、太公二庙公然分庭抗礼。有人在激赏开元盛举之时毫不讳言于此：

玄宗祗若先训，奋发神谋。平内难于女戎，嗣鸿图于代邸。永言遗范，重祀严禋。开元中诏京师及天下州府并立太公庙，著良辰于上戊，抗缛礼于虞庠。而复历选前修，式崇配享。得其体者参入室升堂之列，蹈其迹者俨抠衣函丈之容。穆矣皇风，焕乎甲令。③

一句“抗缛礼于虞庠”已经揭示了太公庙的发展轨迹取向。

太公庙崛起，大抢孔庙风头，这使得习惯于奉孔独尊的士人们颇感不适。唐肃宗上元间，因兵事未息，特加恩崇，既追谥太公为武成王，又准其配享之典一同于文宣王。至此，武成王庙与文宣王庙无论在建制、分布还是享祭上都基本处于完全对等的地位。唐德宗贞元四年（788），围绕着太公待遇是否越制的问题终于爆发了一场争议。先是，兵部侍郎李纾就献官品级及仪文安排上议：

开元中，太公庙以张良配，以太常卿、少卿三献，祝文曰“皇帝遣某敢昭告”。至上元元年赠太公以王爵，祭典同文宣，有司遂以太尉献，祝版亲署。夫太公周之太师，张良汉之少傅。今至尊屈礼于

---

① （宋）王钦若等：《册府元龟》卷三三，《景印文渊阁四库全书》第902册，第530页。

② 李锴《尚史》（卷八一《孔子系》）载：“《春秋演孔图》：孔子长十尺，大九围，坐如蹲龙，立如牵牛，望之如昂如斗。”《宋书·符瑞志上》（第765页）载：“（文王）将畋，史遍卜之，曰：‘将大获，非熊非罴。天遣汝师以佐昌。臣太祖史畴为禹卜畋，得皋陶，其兆如此。’王至于磻溪之水，吕尚钓于涯，王下趋拜曰：‘望公七年，乃今见光景于斯。’”

③ （宋）徐铉：《骑省集》卷一〇《武成王庙碑》，《景印文渊阁四库全书》第1085册，第74页。

臣佐，神何敢歆？且文宣百世所宗，故乐以宫县，献以太尉，尊师崇道也。太公述作止《六韬》，勋业著一代。请祝辞不进署，改昭告为敬祭，留侯为致祭，献官用太常卿以下。

此议目的很清楚，就是请求从祭仪细节上对太公稍施降格。百官大都赞成李纾之请。左司郎中严涚等更进一步，提议废除太公的“王”号，其言为：

夫大名徽号，不容虚美，而太公兵权奇计之人耳……贞观中，以太公兵家者流，始令磻溪立庙，开元渐著上戊释奠礼，其进不薄矣。上元之际，执事者苟意于兵，遂封王爵，号拟文宣，彼于圣人非伦也。谓宜去武成王号，复为太公庙，奠享之制如纾请。

刑部员外郎陆淳则更为彻底，要求罢太公庙，罢全国通祀，只立庙于磻溪，令有司以时享祭。对此，左领军大将军令狐建等二十四人也不甘示弱，大加反击：

兵革未靖，宜右武以起忠烈。今特贬损，非劝也。且追王爵，以时祠，为武教主，文、武并宗，典礼已久，改之非也。①

至此，这一发轫于调整局部祭仪的奏议全面升级成一场以贬抑驱逐太公为目的的文武之争。最终，朝廷在献官问题上采取了一种权变之法，用品级低于太尉高于太常卿的将军充选，祭仪则从李纾之奏。自是以后，释奠武成王庙，由上将军、大将军、将军担任三献官。这使得文宣王庙与武成王庙间的二途分际更加明显。但是到了宋代，两庙献官又重新合为一途，皆用国子监祭酒、司业及其他属官担任。②

---

① （宋）欧阳修、宋祁：《新唐书》卷一五《礼乐志》，第379—380页。

② （元）脱脱等：《宋史》卷一〇五《礼志》，第2556页。“元丰中，国子司业朱服言：‘释奠文宣王，以国子祭酒、司业为初献，丞为亚献，博士为终献，大祝、奉礼并以监学官充。及上戊释奠武成王，以祭酒、司业为初献，其亚献、终献及读祝、捧币，令三班院差使臣充之。官制未行。武学隶枢密院，学官员数少，故差右选。今武学隶国子监，长、贰、丞、簿，官属已多，请并以本监官充摄行事，仍令太常寺修入祀仪。’”

实际上，在玄宗天宝年间，还有太学生张纲提出了在太公庙建立武监的构想，以期与国子监相对，于其中教习胄子，春秋亦释奠于先师太公，一如国学文宣王庙。[①] 此议虽不行于当时，到了宋代，却以一种转换的方式获得通行，即在太公庙中建立武学。

宋仁宗庆历三年（1043），正式置武学于武成王庙，以太常丞阮逸为武学教授。[②] 可惜的是，这一次试探性的举措并不顺利，同年八月即遭夭折。至于原因，史书记载颇为粗略：

> （庆历三年八月）戊午，罢武学。改武学教授、太常丞阮逸兼国子监丞，其有愿习兵书者，许于本监听读。既立武学，议者以为古名将如诸葛亮、羊祜、杜预、裴度等，岂尝专学孙、吴？立学无谓。故亟罢之。[③]

"立学无谓"的理由未免费解，但非常明显的是，武学初立就遭遇到巨大的阻力，以致无以延续而罢。此次立学风波，幸赖前有富弼之提议，后有范仲淹之奏议，可以互为发明，略得梗概。景祐元年（1034），富弼以国家文既富而武未备为言，献策于仁宗：

> 宜于太公庙建置武学，许文武官与白身岁得入补。聚自古兵书置于学中，纵其讨习，勿复禁止。朝观夕览，无一日离乎兵战之业，虽曰不果，臣不信也。夫习武者，读太公、孙吴、穰苴之术，亦犹儒者治五经，舍之则大本去矣。[④]

武人读太公兵家之书，如文人治儒者之经，实为脑力劳动，欲求培养的是谋略将才，而非粗悍骁勇之士。仁宗立武学，盖采此意。然而筹措终日，一朝罢之，未免失于草率。从范文正公的一则短奏中，或可旁窥其中

① （唐）封演撰，赵贞信校注：《封氏闻见记校注》卷四《武监》，中华书局2005年版，第36页。

② （宋）李焘：《续资治通鉴长编》卷一四一《仁宗》，中华书局1985年版，第3378页。

③ （宋）李焘：《续资治通鉴长编》卷一四二《罢武学》，第3423—3424页。

④ （宋）赵汝愚编：《宋朝诸臣奏议》卷八二，上海古籍出版社1999年版，第892页。

奥秘，其奏为：

> 臣窃闻国家兴置武学以来，苦未有人习艺，或恐英豪隐晦，耻就学生之列。倘久设此学，无人可教，则虑外人窥觇，谓无英材，于体未便。欲乞指挥国子监不须别立武学之名，如学生中有好习兵书者，令本监官员保明委是忠良之人，即密令听读。[①]

此书透露了武学所面临的困境，即学中缺少就读生员。范仲淹推测这是英豪耻就学生之列造成的。若溯及时风，则学人大都重文雅而轻武节，乐为贤良方正，羞负将帅边寄之名。二者相涤荡，是以至此。此后武学或设或废，并未形诸典制。然而其命运多舛，似乎又不能尽归之于生员难致的尴尬。顾炎武曾有一语涉及后世设立武学背后的隐情，即“因勋卫子弟，不得已而立武学”。[②] 如果真是如此，也就无怪其难以为继了。

围绕着吕、孔二庙所引发的争议不仅囿于尊号庙制、尊崇限度、文事武备等问题，还触及传统知识体系的分科观念。古代学术讲究殊途同归，其最高境界即为道，得道之人是为圣人。圣人无所不能，至于不得一试，只能归因于时运多蹇。圣人之学无所不包，因之学人们不必他求，专力于习圣人之书，揣圣人之道即可。至于虔者以此为津梁以期悠哉于圣域，侥幸者以此为跳板而企图平步青云，亦是各取所需。尼父的集大成身份，自孟子称之，千古不疑。但是太公庙的崛起，恰有对峙抗礼之嫌，而武学分科别设，挑衅更甚。这样的处境也羁绊着武学的正常发展。早在司马光就已经对文、武分设表示出不屑，他称：

> 经纬天地之谓文，戡定祸乱之谓武，自古不兼斯二者而称圣人，未之有也。故黄帝、尧、舜、禹、汤、文、武、伊尹、周公莫不有征伐之功，孔子虽不试，犹能兵莱夷，却费人，曰“我战则克”，岂孔子专文而太公专武乎？孔子所以祀于学者，礼有先圣先师故也。自生

---

① （宋）范仲淹：《范文正奏议》卷上《奏乞指挥国子监保明武学生令经略部署司讲说兵书》，《景印文渊阁四库全书》第427册，第20页。

② （清）顾炎武著，黄汝成集释：《日知录集释》卷一七《武学》，第1018页。

民以来，未有如孔子者，岂太公得与之抗衡哉！古者有发，则命大司徒教士以车甲，赢股肱，决射御，受成献馘，莫不在学。所以然者，欲其先礼义而后勇力也。君子有勇而无义为乱，小人有勇而无义为盗；若专训之以勇力而不使之知礼义，奚所不为矣！[①]

据文安武，方配称圣人。若从圣人之道中独抽取一端以立之，且奉太公为祭主，在温公看来，未免不经。

如果说在司马光的意识里还潜伏着一种对专习以武易流为乱的担忧的话，那么朱元璋则操帝王之权果斩其源。洪武二十年（1387），礼部请如前代故事，立武学用武举，仍建昭烈武成王庙以祀太公。太祖的答复是：

太公，周之臣封诸侯，若以王祀之，则与周天子并矣，加之非号必不享也。至于建武学用武举，是析文、武为二途，自轻天下无全才矣。三代之上，古之学者文、武兼备，故措之于用无所不宜，岂谓文、武异科，各求专习者乎？……太公之祀止宜从祀帝王庙。[②]

遂命去王号，罢其旧庙。至此为止，太公遭遇到与周公同样的命运，也结束了与孔子争雄的局面。对于太祖“轻天下无全才矣”的豪夸之语，后世大为推服。湛若水赞道：“皇祖谓析文、武为二途天下无全材，虽先王复起不易斯言矣。”[③] 顾炎武也持同样的激赏态度：“文事武备统归于一，呜呼纯矣！”[④] 另外，视文、武分科为画蛇添足者，大有人在。明代席书在其《夹谷后》中言道：

孔子曰“天之将丧斯文也”，所谓文者，道德之文也，非文武之文也。后世吕、孔二祀，文、武两途，且谓孔庙曰文庙，吕庙曰武

---

① （宋）司马光编著：《资治通鉴》卷二一三《唐玄宗本纪》，中华书局1956年版，第6795—6796页。

② 《明太祖实录》卷一八三，台湾史语所据美国国会图书馆所摄原北平国立图书馆藏“红格钞本”之缩微胶卷影印1962年版，第2759页。

③ （明）湛若水：《格物通》卷六二，《景印文渊阁四库全书》第716册，第552页。

④ （清）顾炎武著，黄汝成集释：《日知录集释》卷一七《武学》，第1017页。

庙，正所谓以文、武者当之矣。道之不明其有自也。[①]

陆世仪亦言：

> 唐立武成王之庙，以太公为武成王，与孔子文宣王对。后世因之，遂设武学，此大非。武只是吾道中一艺，孔子未尝无武，安得特设一学与文对。若学校中设兵法一科，则武学即在文学中矣。[②]

足见古代学人议论所向。

对于武庙兴废，朱元璋的“全才”说一经出口，便收积毁销金之效。知识分子中的唯圣人论和虚尚习气，又适好起到了推波助澜的作用。然而朱元璋能够废止武成王庙独享，却阻止不了以后武学的间或通行。毕竟圣人至高，跂而不及，又怎么可能苛求人人入圣？丘濬能够正视此一点，所以他的口吻要坦诚得多，他说：

> 自古文、武无二道，有文事者必有武备，未有文而不武；武而不文，非所以为武也。然此三代之学也。后世事事不如古，生于世者皆今之人，而所为之事必欲古之复，是务虚名而无实效。武学之设虽非古，然聚武胄于一室之中，专为一事之学，子夏谓百工居肆以成其事，韩愈谓事业有专攻，亦未必无益也。[③]

可是此种论调在当时并不多见。到了清朝，反有总兵马见伯奏请，致祭文庙时，武臣照文臣一体行礼。康熙的答复是：“嗣后祭先师孔子时，令武臣与文臣一体行礼，于理甚合，著照马见伯所请行。”[④] 如此局面，太公又怎能收拾得住。

---

① （明）席书：《夹谷后》，收入（清）黄宗羲编《明文海》卷八七，中华书局1987年版，第842页。

② （清）陆世仪撰，张伯行编：《思辨录辑要》卷二〇《治平类》，《景印文渊阁四库全书》第724册，第166页。

③ （明）丘濬：《大学衍义补》卷一三〇《严武备》，《丛书集成三编》第13册，第73页。

④ 清雍正九年敕编：《圣祖仁皇帝圣训》卷一二，《景印文渊阁四库全书》第411册，第282页。

可以算作续太公与孔子竞争余响的是清朝关帝庙的异军兴起。关羽在唐朝时曾作为历史名将从祀于武成王庙，后来渐渐脱颖而出，在清朝获得全国通祀的地位，大有青出于蓝而胜于蓝之势。顺治九年（1652），关羽即被敕封为“忠义神武关圣大帝”。雍正初年，在加封孔子五代王爵后，接着追封关羽三代为公爵。每年除了五月十三日致祭外，又增春、秋二祭，以大臣承祭，行三跪九拜礼。还授关羽后裔五经博士，世袭承祀。

就作为全国通祀的神灵来说，在声势上，或许只有关羽可与孔子差相媲美。然而在受欢迎程度上，二者又各有千秋。在《关帝庙后殿崇祀三代碑文》中，雍正对关帝庙和孔庙的分布及差异作了如下描述：

> 自古贤圣名臣各以功德食于其土，其载在祀典，由京师达于天下郡邑，有司岁时以礼致祭者，社稷山川而外，惟先师孔子及关圣大帝为然。孔子祀天下学宫，而关帝庙食遍薄海内外，其地自通都大邑下至山陬海澨村墟穷僻之壤，其人自贞臣贤士仰德诵义之徒下至愚夫愚妇儿童走卒之微贱，所在崇饰庙貌，奔走祈禳，敬畏瞻依，凛然若有所见。盖孔子以圣，关帝以神，神之陟降上下，显赫鉴观，以警动觉悟保佑扶持与斯人呼吸相应答者，感而通，微而著，洋洋乎忠义正直之气充塞乎宇宙之间，与日月星辰同其明，江河山岳同其体，风雷雨露同其功用。宜其英灵之振古常新，而为历代贤豪所莫能并也。①

孔子以圣，关帝以神，这成为二庙的分际所在。关帝灵验之说在民间广为流传，因之，关帝庙能够深入社会各个角落。而其与广大百姓在日常生活中的亲密程度，孔庙亦只能自叹弗如。直隶宣化总兵官李如柏在语及关羽祭祀之盛时，毫不讳言其与孔子的比附：“盖以关帝植纲常扶名教立人伦之至，故不惟不欲与名贤硕士其他神明等量齐观，直欲与至圣先师孔子尊崇如一。”②

乾隆三十三年（1768），易关帝庙大殿及大门绿瓦为黄瓦。咸丰三年

① 清世宗御制：《世宗宪皇帝御制文集》卷一五《关帝庙后殿崇祀三代碑文》，《景印文渊阁四库全书》第1300册，第121—122页。

② 清雍正十年敕编：《世宗宪皇帝朱批谕旨》卷一六一，《景印文渊阁四库全书》第422册，第687页。

（1853），关帝庙跻列中祀，行三跪九叩礼，乐六奏，舞八佾，如帝王仪。不久又追封关羽三代公爵为王爵，祭品视崇圣祠。赐“万世人极”匾额。直省关帝庙也一岁三祭，用太牢，陈设礼仪略如京师。清代尚武，提倡忠义节操，对关羽屡施嘉赏，是以关帝庙礼典步步紧随于孔庙之后。但关帝系统终与学礼无关，也完全不是昔日那个可以与孔子公然分庭抗礼的太公体系了。

孔庙释奠通行于自中央至地方的各级学校。明嘉靖时，却又另外出现了一套凌驾于孔庙之上的释奠礼仪，即圣师祭。圣师祭行于天子之学，专为皇帝经筵开讲而设。其中侍奉十一位先哲：皇师伏羲氏、神农氏、轩辕氏，帝师陶唐氏、有虞氏，王师夏禹王、商汤王、周文王、武王，九圣均正位南向；周公称先圣，东位西向；孔子称先师，西位东向。每年春秋经筵开讲前一日，皇帝服皮弁拜跪行释奠礼。祭所在文华殿东室。嘉靖十六年（1537），移祀于永明殿后，行礼如初。皇帝不亲祭则遣官代祭。隆庆初，仍在文华殿东室行礼。①

圣师祭到了清朝依然奉行不辍。康熙二十四年（1685），于文华殿东建传心殿，专祭圣师，所以又称传心殿祭祀。第二年，经筵开讲，康熙下诏：“先圣、先师，传道垂统，炳若日星。朕远承心学，效法不已，渐近自然。施之政教，庶不与圣贤相悖，其恭诣行礼。”② 祭祀时，服衮服，行二跪六拜礼。后世皇帝皆亲诣行礼，同治以后不再推行。

圣师祭最早的提倡者当为熊禾。熊禾作《三山郡泮五贤祠记》，其中即指出天子太学应祭祀上起伏羲下至贤君功臣等所有的有道者，郡国学则可主祭孔子，其言为：

> 尝闻之，天子太学祀典宜自伏羲、神农、黄帝、尧、舜、禹、汤、文、武，自前民开物，以至后人致用，其道德功言载之六经，传在万世，诚后世天子公卿所宜取法者也。若以伏羲为道之祖，神农、黄帝、尧、舜、禹、汤、文、武各以次而列焉，皋陶、伊尹、太公望皆见而知者，周公则不惟为法于天下，而《易》、《诗》、《书》所载

① （清）张廷玉等：《明史》卷五〇《礼志》，第1295页。

② 赵尔巽等：《清史稿》卷八四《礼志》，中华书局1977年版，第2532页。

> 与夫《周礼》、《仪礼》之书皆可传于后世，至若稷之立极陈常、契之明伦敷教、夷之降典、益之赞德、傅说之论学、箕子之陈范，是皆可以与享于先王者，天子公卿所宜师式也。以此秩祀天子之学，礼亦宜之。若孔子实兼祖述宪章之任，其为天下万世通祀，则首天子下达。[①]

这显然是将后世日益清晰的治统、道统谱系进行了打破处理。明初有人就熊氏此议询正于宋濂，宋濂极为激赏，称：

> 昔周有天下，立四代之学，其所谓先圣者，虞庠则以舜，夏学则以禹，殷学则以汤，东胶则以文王，复各取当时左右四圣成其德业者，为之先师以配享焉。此固天子立学之法也，奚为而不可也。[②]

宋濂还将此意一并写入《孔子庙堂议》中，上奏于朝。朱元璋未予采纳。国子助教贝琼却在得知宋濂此说后，极为震惊，忙作《释奠解》以驳之，其中称："适闻有以邪说言于朝破贞观之制者，既斥而不用矣。予惧其惑人也，故辨之。"[③] 贝琼所言"贞观之制"即贞观年间所确定下来的庙学祀孔之例，在他看来，"为治者莫过于三皇也"，三皇五帝虽当祀，但不当祀于学，取义不对，而孔子"其教被于天下，非一国所得而专者，故天下通祀之，自唐已然"。贝琼在此对学统、治统重新作了一次厘清，且以捍卫孔子的地位及学统的纯洁性为务，据称"识者多是琼议"。[④]

嘉靖实施了在其先祖那里并不见称道的圣师祭，他对臣下说明立祭目的是："朕奉先圣先师于此，庶几敬慕以逊志于学，卿等其罔朕弃。"[⑤] 在

---

① （宋）熊禾：《勿轩集》卷二《三山郡泮五贤祠记》，《景印文渊阁四库全书》第1188册，第786页。

② 罗玉霞主编：《宋濂全集》第一册，浙江古籍出版社1999年版，第21页。

③ （明）贝琼：《清江文集》卷一三《金陵集》，《景印文渊阁四库全书》第1228册，第373页。

④ （清）张廷玉等：《明史》卷一三七《贝琼传》，第3954页。

⑤ （清）孙奇逢：《中州人物考》卷一《理学》，《景印文渊阁四库全书》第458册，第8页。

圣师祭中，孔子处于末环，完全不同于他在学校释奠中的独领地位。嘉靖的真正用意，赵克生指为："世宗为此，显然是要把君统置于道统之上，体现的还是君可兼师的政治理念。"[①] 世宗行事，后世大都解读为其因受"大礼议"影响，迁怒儒士习气，故而礼典更制必以己意行之。嘉靖间的圣师祭与孔庙祀典改制是彼此激荡的礼制事件。

总体来说，圣师祭影响所及甚微，无伤于孔子威仪。此点在乾隆朝已有议及：

> 明嘉靖改孔子为至圣先师，而先圣、先师合为一矣。……嘉靖间于文华殿奉皇师伏羲神农轩辕、帝师尧舜、王师禹汤文武，皆南向。先圣周公、先师孔子，东西向。则先圣、先师之号又分。然而孔子之祀，自国学以及天下州县皆行，而圣师惟春秋开讲，亲行释奠，礼用羹酒果脯束帛而已，其轻重迥不侔也。[②]

圣师只是帝王为之一祀，其外，礼无推及。

三　孔庙与道观、寺庙的对峙

与孔庙形成潜在竞争关系的除了周公庙、齐太公庙外，还有道观、佛寺。前者属于道统内部的先圣先师之争、文武之争的范畴，后者属于三教之争的范畴。儒释道并称为三教，门户既设，壁垒森严，其中的恩怨纠葛，载之不尽。笃信之徒，各护其主，彼此排诋；兼取之人，则又欲拆三家藩篱而融会之。三教纷纭不断，大端却是以儒学挟势而胜威。然而这仅仅是就论争之势而言，若涉及庙宇宫殿之辉煌，供奉奔趋之狂热，释道反要大胜一筹。

营饰圣所，本为圣徒虔心供奉之处，视诸儒者，常有捉襟见肘之困，而在释道，却是唯恐不极其侈。只一部《洛阳伽蓝记》就足够让人炫目，后魏笃崇佛法，刹庙甲于天下，据记载：

---

① 赵克生：《试论明代孔庙祀典的升降》，《江西社会科学》2004 年第 6 期，第 108 页。

② 清乾隆十三年敕撰：《钦定礼记义疏》卷二八《文王世子第八之一》，《景印文渊阁四库全书》第 125 册，第 14 页。

至晋永嘉，唯有寺四十二所。逮皇魏受图，光宅嵩洛，笃信弥繁，法教愈盛。王侯贵臣，弃象马如脱屣，庶士豪家，舍资材若遗迹。于是招提栉比，宝塔骈罗；争写天上之姿，竞摹山中之影。金刹与灵台比高，广殿共阿房等壮。岂直木衣绨绣，土被朱紫而已哉！[①]

寿丘里闾，列刹相望，祇洹郁起，宝塔高凌。四月初八日，京师士女，多至河间寺。观其廊庑绮丽，无不叹息；以为蓬莱仙室，亦不是过。入其后园，见沟渎蹇产，石磴礁峣，朱荷出池，绿萍浮水，飞梁跨阁，高树出云，咸皆唧唧；虽梁王兔苑，想之不如也。[②]

外观已是如此，更不用说内殿中的豪华了。杨衒之对寺庙的膨胀情况也进行了统计：晋永嘉时，洛阳尚只有四十二所，逮至后魏，仅百多年时间，就已增至一千余所。再看孔庙数量，据清初孔毓圻统计，天下学庙总共为一千五百一十一处。[③] 此为遍布全国的孔庙数字。学宫有一定之数，而孔庙数量又大致相匹配，是以自唐至清，孔庙群体一经形成，就基本稳定。此一数字出现在清朝崇儒尤盛之时，实至顶峰，具有很强的代表性。一国之数只能差强于一京城之数，足示其中风行之别。如果嫌此一对比尚略显敷衍的话，也可从一个地区来看其中的差异。宋人陈耆卿在《赤城志》中有如此记载："台之为州，广不五百里，而为僧庐道宇者四百有奇。吁，盛哉！今吾孔子、孟子之像设不增，或屋仆漫不治，而穹堂伟殿，独于彼甘心焉。"[④] 从中不难看出三教在圣地建设一事上的强烈对比。

寺观的建造，远不止足于一城市一郡国，穷乡僻壤、山川岳渎胜地均为其生根发芽之处。甚至于寥寥数家之村，所建白衣观音庵，竟也金碧辉煌，这不禁让偶过之客"顶礼之余，生欢喜想"[⑤]。山峦峰洞因憩息某佛某仙而被改称为洞天福地、佛祖道场、神仙窟宅者，不计其数。其中并托而生的圣器之地，如泰山金床玉几、嵩山玉人金像赤室丹房、庐山圣灯砖

① （北魏）杨衒之著，杨勇校笺：《洛阳伽蓝记》，中华书局2006年版，第1页。

② 同上书，第179—180页。

③ （清）孔毓圻等编撰：《孔宅志》卷之一，山东友谊书社1990年版，第213页。

④ （宋）陈耆卿：《赤城志》卷二七《寺观门一》，《景印文渊阁四库全书》第486册，第807页。

⑤ （明）范景文：《文忠集》卷六《吴桥县梁家村白衣观音庵记》，《景印文渊阁四库全书》第1295册，第528页。

楼辟蛇童升仙台、武当山金殿滴泪池磨针涧斗篷焦扇、峨眉山炼丹灶淘米泉、天台山僧人履仙石棺、华山老君犁洗头盆仙人棋巨灵掌等，虽然附会牵合，却仍然令众生为之倾倒不已。佛迹仙踪纵不得确证，善男信女仍趋之若鹜。教法风靡，不可意测。

营造寺观最为奢靡的地方在于用金箔装饰神佛，遍肤而无遗。皇宫之内，也有通体用金者。此种豪举，史册不乏记载。《三国志·吴志·刘繇传》载："（笮融）乃大起浮图祠，以铜为人，黄金涂身，衣以锦采。"[①]《魏书·释老志》载："（献文帝天安二年）又于天宫寺造释迦立像，高四十三尺，用赤金十万斤，黄金六百斤。"[②]《元史·世祖本纪》载："万安寺成，佛像及窗壁皆金饰之，凡费金五百四十两有奇、水银二百四十斤。"[③] 较早以此耗为忧者是宋朝的杜镐，当太宗询及何以西汉赐予悉用黄金而近代却为难得之货时，杜镐的答复是："当是时，佛事未兴，故金价甚贱。"[④] 此一说法尽管有值得推敲的地方，但是时风所嗜，不难窥见。同样，苏轼也以后世黄金稀少为疑："金为何往哉？颇疑宝货神变，胡可不知复归山泽耶！"[⑤] 相较苏学士的揣测与未知，杜镐要通实务得多。丘濬目睹过"一佛寺之兴，一神像之设，靡费乃至千百两焉"的奢侈场面，因之在其口中，杜镐之言被断为"诚非虚语也"。[⑥] 顾炎武遍考史上的耗金之费，略作整理后，亦推服"杜镐之言，颇为不妄"[⑦]。足见僧道熔金之巨。虽然宋仁宗曾诏令"禁以金箔饰佛像"，[⑧] 但是收效甚微。明人陆深甚至怀有黄金终会被释老耗尽的担忧，他说："世间縻费，惟黄金最多。自释老之教日盛，而寺观装饰之侈靡，已数倍于上下之制用。凡金作簿，皆一往不可复者。天地所产有限，甚可虑也。"[⑨] 此种心思，或不能

---

① （晋）陈寿：《三国志》卷四九《吴书·刘繇传》，第 1185 页。

② （北齐）魏收：《魏书》卷一一四《释老志》，第 3037—3038 页。

③ （明）宋濂等：《元史》卷一五《世祖本纪》，第 311 页。

④ （元）脱脱等：《宋史》卷二九六《杜镐传》，第 9876 页。

⑤ （宋）曾慥编：《类说》卷一〇《仇池笔记下》，《景印文渊阁四库全书》第 873 册，第 180 页。

⑥ （明）丘濬：《大学衍义补》卷二九《制国用》，《丛书集成三编》第 11 册，第 753 页。

⑦ （清）顾炎武著，黄汝成集释：《日知录集释》卷一一《黄金》，第 645 页。

⑧ （元）脱脱等：《宋史》卷一〇《仁宗本纪》，第 208 页。

⑨ （明）陆深：《俨山外集》卷四《河汾燕闲录下》，《景印文渊阁四库全书》第 885 册，第 30 页。

简单归于杞人忧天之列。

熔金之费已经让人瞠目，此犹不足，虔诚的信徒们依然执着地要倾囊相助。舍宅为寺、舍宅为道观的义捐不胜枚举。《洛阳伽蓝记》中就有许多舍宅为寺的例子。贺知章亦“舍本乡宅为观”①。宋真宗时，“初，有诏罢修寺观，而章惠太后以旧宅为道观”②。

历览了佛老的无尽风光后，再回头看孔儒，不免要生天上人间的感慨。宋人陈藻作《海口吟》一诗，其中有“仲尼有庙尘谁扫，寺观峥嵘香火严”③之句，极陈了其间的落差。士人之中，以孔圣之居竟不得比拟于浮图外说而痛心疾首者，大有人在。柳开在《重修孔子庙垣疏》中写道：“儒宫荒凉久矣！……余入吾先师之宫，不觉涕下。用之者不知其力，反趋于异类乎？视其垣墉圮毁，阶庑狼藉，痛心释氏之门庄如王室，吾先师之宫也，反如是哉！”④俞德邻亦在《代重修大成殿记》中记道：“世之学孔氏者必斥佛老为异端，今郡国不过一孔庙耳，而梵宇琳宫棋布天下。兵燹后，狭百堵之侧陋，搜环材以究奇，邃殿延阁，连云切汉，丹雘金碧，炤烂崔嵬，至与太紫俪美者不少也。而吾夫子之庙，像设黮昧，采饰陊剥，右平左墄，将就毁顿，吁可慨已！”⑤有此对比，自然要生不平衡的念头。

耶律楚材的文集中收有二疏，一为《为武川摩诃院创建佛牙塔疏》，二为《重修宣圣庙疏》，均为募捐之文，两相对照，适可收到戏剧性的效果。前者为：“佛日增辉国政和，灵牙有诏赐摩诃。因风吹火何劳力，垂手同修窣堵波。”后者为：“精蓝道观已重新，独有庠宫尚垝垣。试问中州士君子，谁人不识仲尼门。”⑥一为财源广进，与国共福；二为门庭冷落，问责无人。孰荣孰辱，何需再辨。寺观与孔庙在营饰方面的强烈反

---

① （后晋）刘昫等：《旧唐书》卷一九〇中《贺知章传》，第5034页。

② （元）脱脱等：《宋史》卷二九一《宋绶传》，第9734页。

③ （宋）陈藻撰，林希逸编：《乐轩集》卷一《海口吟》，《景印文渊阁四库全书》第1152册，第32页。

④ （宋）柳开：《河东集》卷三《重修孔子庙垣疏》，《景印文渊阁四库全书》第1085册，第259页。

⑤ （宋）俞德邻：《佩韦斋集》卷九《代重修大成殿记》，《景印文渊阁四库全书》第1189册，第69页。

⑥ （元）耶律楚材：《湛然居士集》卷一三，《四部丛刊初编》。

差，连皇帝都觉得不可理喻，李渊就曾将此不堪归咎于臣下：

> 朕今欲敦本息末，崇尚儒宗，开后生之耳目，行先王之典训。而三教虽异，善归一揆。岂有沙门事佛，灵宇相望，朝贤宗儒，辟雍顿废。公王以下宁得不惭。[①]

然而，既是同沐儒教之风，在上行下效的逻辑中，作为一国之主，又怎能为自己开脱得一干二净。在臣下的奏折中，皇帝本人实也未免于被问责。元世祖时，有人上言：

> 彼老佛之教，乃山林曲士之所奉，虚无寂灭之一术，无父子之恩，无君臣之义，今国家取其一节而崇其寺观犹可也。至如师孔子而独惜崇兴庙学之资费，此臣所以不能无言也。[②]

明英宗时，李贤上言：

> 国家建都北京以来，所废弛者莫甚于太学，所创新者莫多于佛寺。举措如是，可谓舛矣。若重修太学，虽极壮丽，不过一佛寺之费，请及时修举，以致养贤及民之效。[③]

无论是下咎于臣职，还是上诉于帝政，都反映了孔庙外饰尊严上的困境。

儒释道三教在庙宇建设上的严重失衡局面，也有很多人将原因归于孔门学徒的冷漠无为上。有“代圣人立言”者曾作诗如下：

> 三教之中儒最尊，止戈为武武尊文。吾今尚自披蓑笠，尔等何须读典坟。释氏宝楼侵碧汉，道家宫殿拂青云。若教颜闵英灵在，终不

---

① （宋）宋敏求编：《唐大诏令集》卷一〇五《崇儒》，商务印书馆1959年版，第537页。

② （明）杨士奇等编：《历代名臣奏议》卷三一六《营缮》，《景印文渊阁四库全书》第441册，第761页。

③ （明）程敏政：《篁墩文集》卷四〇《行状》，《景印文渊阁四库全书》第1253册，第2页。

羞他李老君。[①]

这当然是调侃之作，却是嘲尽了天下学者。柳开则直接揭露道：

由吾道而进者，顶峨高冠，身曳大佩，享大牢而坐丰屋，王公大人贵是极矣！过吾先师之庙下，则忘而不顾，怠而不恭，至于图像陨地，笾豆覆席，皆曰：何害于吾也。[②]

李廌亦以此为愧：

乌有为其徒而寝庙之奉不虔，用其道而教化之官不饬者乎？浮图老子之道敢与吾圣人抗衡，则以习其说者皆能严其居尊其师，故塔庙参差，缁黄杂沓，弥满天下。孔子弟子乃顾学校废兴恝然于心，可无愧乎？[③]

韩邦奇在《澄城县重修文庙记》中表述了同样的意思：

凡梵宇琳宫巍然壮丽，有上拟廷阙者，类皆其徒为之。乃阅孔庙视学官，颓敝剥落，甚者不庇风雨。今官于郡县者，独非孔氏之徒与？且琳梵之修建，国有禁例。若庙学，又孰从而禁之哉！[④]

可是，在学优而仕者那里，纵有兴起振作之意，也会因各种因素牵绊而难有大的施展。至如"罢软者以民劳为解，贪墨者以廪薄为辞"[⑤] 的情

---

① （唐）罗隐：《罗昭谏集》卷三《代文宣王答》，《景印文渊阁四库全书》第1084册，第233页。

② （宋）柳开：《河东集》卷三《重修孔子庙垣疏》，《景印文渊阁四库全书》第1085册，第259页。

③ （宋）李廌：《济南集》卷七《襄州光化县重修县学记》，《景印文渊阁四库全书》第1115册，第806页。

④ （明）韩邦奇：《苑洛集》卷三《澄城县重修文庙记》，《景印文渊阁四库全书》第1269册，第373页。

⑤ （元）揭傒斯：《揭文安公全集》卷一〇《全州学记》，《四部丛刊初编》。

况也并不鲜见。有能以孔门中人自居而以私财壮大学庙的行为，更是旷世一见，元朝有人为此义举，观者即叹之为："世之人率罄其所有以为老佛氏之宫，今亦有为是者乎！"①

对于孔庙在三教圣地中的逊色之处，也有人从其他方面进行了探究。宋人王之道说：

> 予尝观夫习为儒释道之学者，较其力于所事，不顾躯命以极其严饰，奉其祭祀，而为无穷之供，罔极之传者，往往儒不如道，道不如释。或者以为善恶因果报应之说，莫如释氏深切著明，故能竦动群听如此。②

明人林俊说：

> 今二氏之宫遍区内，金碧髹垩。吾道庙学，顾陊剥弗治。彼之术售鬼以愚人，与吾道尽己者异。群趋之，群力举也。庙学，有司之事，费诎殆有然者。③

这是就教理、道术及人力等差异而言。明人陆容说：

> 予尝爱佛老之徒，其于所谓寺观者，上无所督，下无所利，然前作后述，历久缮完，彼岂为身后谋哉？其心以为不若是，则无以重其道尽其分也。④

此就习教之徒的良心自觉而言。赵汝愚说：

---

① （元）陈旅：《安雅堂集》卷九《长洲县宣圣庙学记》，《景印文渊阁四库全书》第1213册，第117页。

② （宋）王之道：《相山集》卷二三《庐州天庆观物产记》，《景印文渊阁四库全书》第1132册，第702—703页。

③ （明）林俊：《见素集》卷一二《锡重修庙学记》，《景印文渊阁四库全书》第1257册，第130页。

④ （明）陆容：《太仓卫治修复记》，收入（明）钱谷编《吴都文粹续集》卷一〇《公廨》，《景印文渊阁四库全书》第1385册，第252页。

> 近时僧道自知道业无闻于世，而专务营造，以侈相高，用夸已能。至有一楼一阁而工费巨万者，其销熔金宝，又不可数计。[①]

此言僧道奢靡实出于道业落寞的反推之举。赵氏虽号称国祚汹汹之时能定大计于顷刻间，其说却委实让人不敢恭维。

金章宗与完颜守贞君臣二人有一段对话，也与三教圣地营饰差异有关。先是，金章宗以“僧徒修饰宇像甚严，道流次之，惟儒者于孔子庙最为灭裂”为语，完颜守贞的解释是：“儒者不能长居学校，非若僧道久处寺观。”章宗以此语有理，进而推阐其未尽之旨：“僧道以佛、老营利，故务在庄严闳侈，起人施利自多，所以为观美也。”[②] 二人的见解尚为客观，其中又未免带有为儒者讳的善意回护。

史上儒释道三者的论争由来已久，在圣地建设上，义气之徒为了几尺居地自也少不了一番争夺。以儒论：景祐间，宋城县拆佛宇淫祠十数区，取其材作夫子庙[③]；宋南渡后，孔子裔孙寓衢州，始以衢学奉祀，因循数年，无专享之庙。州官撤废佛寺，立庙如阙里[④]；绍兴五年(1135)，盐官县县令刁𢋨撤故老氏宫，藉其材以建学[⑤]；方孝孺之父役浮屠修葺孔子庙，凿庙前地为泮池，撤佛庐，增廊庑[⑥]；弘治间，昆山县遍治境内无额寺观庵院一百一十多所，毁其中佛像，散遣缁黄。因依旧宇建成夫子庙，庙中设夫子像，庙旁建社学[⑦]；正德间，义乌满心寺改为文庙，三乘金铙地，顿作千秋木铎天[⑧]；正德中，庐陵县撤仁寿山

---

① （明）杨士奇等编：《历代名臣奏议》卷三一六《营缮》，《景印文渊阁四库全书》第441册，第759—760页。

② （元）脱脱等：《金史》卷一〇《章宗本纪》，中华书局1975年版，第234页。

③ （宋）石介：《徂徕石先生文集》卷一九《宋城县夫子庙记》，第222页。

④ （元）脱脱等：《宋史》卷四二四《孙子秀列传》，第12664页。

⑤ （宋）潜说友：《咸淳临安志》卷五六《县学》，《景印文渊阁四库全书》第490册，第603页。

⑥ （明）方孝孺：《逊志斋集》卷二一《先府君行状》，《四部丛刊初编》。

⑦ （明）王鉴之：《昆山县虞浦社学》，收入（明）钱谷编《吴都文粹续集》卷七，《景印文渊阁四库全书》第1385册，第186页。

⑧ （宋）宗泽撰，楼昉编，（清）王庭曾重编：《宗忠简集》卷三《义乌满心寺记（附明代熊人霖识）》，《景印文渊阁四库全书》第1125册，第40页。

梵宇，改新为书院，后改书院为学[①]。以释论：唐僖宗光启年间，歙县在文宣王庙后论堂故基修建报恩光化禅寺[②]；宋代，夫子绝粮之地陈州城外有厄台寺，实占据文宣王庙而成，其中的佛及侍者冠服犹存孔、颜之状[③]；宋元祐间，华亭县邑人卫公佐筑土治木欲独建先圣殿，浮屠氏觊觎其所治材，乞而未得。公佐死，又从其子弟求之[④]；南宋祁阳县东有先圣庙与浮屠氏居为邻，浮屠氏怀侵奄之计已久，庙几废而他徙者数次[⑤]。以道论：南唐时，宜兴县广教禅院改为道观，后来又几经转换，迭为寺、观[⑥]；元至元间，道士丘处机、李志常等毁西京天城夫子庙为文城观，又毁灭释迦佛像、白玉观音、舍利宝塔，谋占梵刹四百八十二所[⑦]；至元中，少林寺内多宝佛塔为道士所坏[⑧]。三教间的侵吞又尤以释道为不可开交，乃至隋文帝要以重罪儆示之，“沙门坏佛像，道士坏天尊者，以恶逆论”[⑨]。到了元朝，直接有明文出现于刑法中：“诸改寺为观，改观为寺者，禁之。”[⑩] 孔子祀于学，佛氏祀于寺，老氏祀于观，俱有定制，本可相安无扰。然而，推广学说的野心，拓殖领地的本能，使得任何一教都具有了排他性。

明清之时，儒释道三圣常常被供奉于一处，俗称三教堂。三圣并奉，在资性醇和之人，欲化其争；在宅心偏执之徒，又实剧其争。前者且不论，只以后者言之，位尊位卑，也招唇枪舌剑。三圣会聚的地点大都非佛寺即道观，因之东道之主非释迦即老子。然而，儒者既不屑与佛老为伍，

---

① （明）尹台：《洞麓堂集》卷四《庐陵县迁学记》，《景印文渊阁四库全书》第1277册，536页。

② （宋）罗愿：《新安志》卷三《僧寺》，《景印文渊阁四库全书》第485册，第386页。

③ （宋）庄绰：《鸡肋编》卷上，中华书局1983年版，第5页。

④ （元）徐硕：《至元嘉禾志》卷一九《华亭县学记》，《景印文渊阁四库全书》第491册，第160页。

⑤ （宋）胡寅：《斐然集》卷二一《祁阳县学记》，《景印文渊阁四库全书》第1137册，第575页。

⑥ （宋）周必大：《文忠集》卷一六七，《景印文渊阁四库全书》第1148册，第804页。

⑦ （元）释念常：《佛祖历代通载》卷二一，《景印文渊阁四库全书》第1054册，第718页。

⑧ （清）蒋溥等：《钦定盘山志》卷四《名胜二》，《景印文渊阁四库全书》第586册，第124页。

⑨ （唐）魏徵等：《隋书》卷二《高祖本纪》，第46页。

⑩ （明）宋濂等：《元史》卷一〇五《刑法志》，第2682页。

又怎能容忍孔圣屈居陪宾？以此为辱，吁请禁革者多有之。明人曹安云："世之人多以儒释道为图，或塑像于寺观，释以佛居中，道以老子居中，当道有司见之者，略不介意而斥之。"① 明英宗时，四川永州儒学训导诸华言："乃无知僧徒，欲假孔子以取敬信，绘肖三像，并列供奉，亵侮不经，莫此为甚。乞通敕禁革。"② 英宗从其请，禁天下祀孔子于释老宫。乾隆九年（1744），河南学政林枝春奏称："河南州县有三教堂，佛居中，老子、孔子互相左右。或缁羽奉祀，或女僧主持，秽媟不经，宜加禁止。……不特河南为然，北省如此者所在多有。又道流建醮，辄以天尊之号谬加圣人，请一体严禁。"③ 得旨允行。

就外观与质量而言，孔庙在各处寺观面前，必要自惭形秽。唐朝就有人将所目睹孔庙的荒颓描述如下：

> 晚来乘兴谒先师，松柏凄凄人不知。九仞萧墙堆瓦砾，三间茅殿走狐狸。雨霖状似悲麟泣，露滴还同叹凤悲。倘使小儒名粗立，岂教吾道受栖迟。④

名教中人尚痛而不能，惟有自哀自叹，遑论其他。可是，总会有人寻出一些安慰来，如宋人李石就说：

> （寺观）非特丹青金碧之美，而又取山川岳渎胜处以敞其居。唯人主之好恶去取不常，至于风雨不动，俎豆以时，独吾夫子之祠，视二氏有间矣！⑤

孔庙血食不断，确实可以夸傲千古。韩昌黎信口所言"自天子至郡

① （明）曹安：《谰言长语》，《景印文渊阁四库全书》第867册，第36页。

② （清）嵇璜、曹仁虎等：《续文献通考》卷七九《群祀考》，《景印文渊阁四库全书》第628册，第239页。

③ （清）孔继汾述：《阙里文献考》卷一四《祀典第三之一》，第323—324页。

④ （唐）罗隐：《罗昭谏集》卷三《谒文宣王庙》，《景印文渊阁四库全书》第1084册，第233页。

⑤ （宋）李石：《方舟集》卷九《释老论》，《景印文渊阁四库全书》第1149册，第622—623页。

邑守长通得祀而遍天下者，唯社稷与孔子焉”①，杜牧誉之为：“自古称夫子者多矣，称夫子之德，莫如孟子，称夫子之尊，莫如韩吏部。”② 韩公之言不仅显行于当时，历经数朝，仍为不争的事实。也有人将碌碌竞逐于宫庙优劣视为弃本求末之举，其说为：

> 夫不以吾道之无传为忧，而以宫庙之劣于二氏可耻，将竞其文不竞其实乎?③

此言虽切于肯綮，究难安抚人心。世人眩于耳目闻见，极难不以己陋为赧者，况且“庙隆祀繁”本就为孔庙生存价值之所在。

孔庙既是儒学教化链条上的一环，又是祭祀施报体系中的一体。前者以明，后者以幽，正显古人“神道设教”的苦心。整体而言，孔庙入驻学校，是传统政治与传统教育相结合的产物。高明士先生对庙学制有过一番精到的见解，他说：“在教育意义下，孔子以及配享等诸先贤，借庙制将知识与教育的权威性提升至神格，以超越世俗的王权。这种神格是知性的，是人间的典范，供士人学习、效法，将来甚至亦可并列圣贤，但非属于祈求未来世的宗教或神学。”④ 在他的笔下，孔子被形象地称为“学问之神”。这样的孔子与圣贤是既可敬又可起而追随的。释道不然，庙宇寺观中所供奉的神灵大都是高高在上能够主宰人间祸福的掌控者，他们扮演的往往是拯救者，而不是被世人起而效仿的楷模。

庙学制不仅在中国得以大规模发展，唐以后还相继传播到韩国、日本、越南等国，产生了很大影响。近代以来，各国学制都普遍经历了变革，校园内只设学而不再设庙，成为纯粹的教学场所。新中国成立后，中国大陆保存完整的孔庙数量已经不多。从 20 世纪八九十年代开始，

---

① 屈守元、常思春主编：《韩愈全集校注》，第 2429 页。

② （唐）杜牧：《杜牧全集》卷六《书处州韩吏部孔子庙碑阴》，上海古籍出版社 1997 年版，第 67 页。

③ （元）方回：《桐江续集》卷三五《润学重修大成殿记》，《景印文渊阁四库全书》第 1193 册，第 701 页。

④ 高明士：《天下秩序与文化圈的探索：以东亚古代的政治与教育为中心》，第 239 页。

孔庙开始被作为历史文化遗产加以保护、修复和利用。日本、朝鲜、越南、新加坡、马来西亚、印度尼西亚、缅甸、美国等国也相继建立了一些孔庙。其神圣虽不及中国古代，但观览思慕之意亦未全失古风。

第三章　孔庙中的享祭者

第一节　正祀——孔子

孔庙中供奉着一百多位神灵，有孔子、四配、十二哲、历代先贤先儒、孔子的先祖等，是一个庞大的祭祀体系。其中主祀者为孔子，其他人员都属于从祀行列，所有荣损也都系于孔子一人之荣损。

一　孔子谥号演变

历代尊奉孔子，其隆重程度最直接地反映在孔子的谥号封爵上。“尼父”是孔子死后最先获得的官方敬称，它出现在哀公的诔辞中。至于这一称呼是否算得上谥号，历来解说不同。汉代经学家大多持肯定态度。例如，蔡邕议益州刺史朱穆谥号时以为，称“子”降等，可于“公”“父”二字中择授，“父”虽非爵号，体与“公”同，又云“宋有正考父，鲁有尼父，配谥之称也”。[①]“父”既配谥，则“尼父”必为谥号无疑。郑玄亦称“尼父”是以字为谥。[②]唐孔颖达同时为《左传》《礼记》作疏，但对“尼父”是否为谥的表述却相互抵牾。前者以郑玄之说为妄[③]，后者却

---

① （汉）蔡邕：《蔡中郎集》，《景印文渊阁四库全书》第1063册，第189页。

② （汉）郑玄注，（唐）孔颖达疏：《礼记注疏》卷八《檀弓上》，《十三经注疏》，第1294页。

③ 孔颖达在为《左传》作疏时称：“郑玄《礼记注》云：‘诔，累也，累列生时行迹，读之以作谥。’此《传》唯说诔辞，不言作谥，传记群书皆不载孔子之谥。盖唯累其美行示己伤悼之情而赐之命耳，不为之谥，故书传无称焉。至汉王莽辅政，尊尚儒术，封孔子后为褒成侯，追谥孔子为褒成宣尼君，明是旧无谥也。郑玄《礼注》云尼父因且字以为之谥，谓谥孔子为尼父，郑玄错读《左传》云以字为谥，遂复妄为此解。”参见（晋）杜预注，（唐）孔颖达疏《春秋左传注疏》卷六〇，《十三经注疏》，第2177页。

又融合伯喈、康成两家，以为："尼父者，尼则谥也，父且字甫，是丈夫之美称。称字而谥之尼父也。"[①] 宋人马晞孟以为"尼父"虽不标谥名，却具其实。[②] 元人陈澔在解说哀公之诔时，只言"作谥者先列其生之实行谓之诔"[③]，至于"尼父"一号之归属，则模糊其指，语焉不详。相形而下，倒是吴澄处理得干脆利落："诔者，述其功行以哀之之辞，如后世祭文之类，非谥也。郑注每解诔为谥，非也。"[④] 到了明朝，丘濬作《大学衍义补》，将哀公之诔定位为后世追谥孔子之始。[⑤] 同代人李之藻却对"尼父"一称不屑一顾，称"尼父岂可言谥"[⑥]。细考孔氏子孙的纂述之作，从宋朝孔传的《东家杂记》，到金朝孔元措的《祖庭广记》，再到清代孔继汾的《阙里文献考》，均不言"尼父"为孔子之谥。盖其祖既不为哀公所用，谥之与否实不愿穷究深解，更何况"尼父"毕竟为一著美之称。

"褒成宣尼公"是孔子获得的最早的一个确定无疑的谥号，也是孔子谥"宣"之始。考其所自，却未免存在让人难以释怀的地方。《汉书》记载，平帝时王莽秉政，封孔子后孔均为褒成侯，追谥孔子为褒成宣尼公。[⑦] 宋人刘敞曾对此谥加以解析："褒成者，国也。宣尼者，谥也。公侯者，爵也。褒成宣尼公者，犹曰河间献王云尔。"[⑧] 对后儒而言，一个至为尴尬的地方是此号倡自王莽。既鄙其人，必不齿其所行。魏了翁就直接以无知讥之，称："古者弟子之于师，子孙之于父祖，尊之而无以加也，则称字以别之。字之至贵，汉初犹然，而新莽不知仲尼之为尊也，妄为作谥。"[⑨] 元人姚燧则径指王莽加谥为奸谋，其语为："孔子卒，哀公诔之，子贡以为非礼。至汉平帝始封谥褒成侯宣尼公，盖王莽假善以收誉，

---

① （汉）郑玄注，（唐）孔颖达疏：《礼记注疏》卷八《檀弓上》，《十三经注疏》，第1294页。

② （宋）卫湜：《礼记集说》，《景印文渊阁四库全书》第117册，第328页。

③ （元）陈澔：《礼记集说》，《景印文渊阁四库全书》第121册，第726页。

④ （元）吴澄：《礼记纂言》，《景印文渊阁四库全书》第121册，第398页。

⑤ （明）丘濬：《大学衍义补》卷八〇《崇教化》，《丛书集成三编》第12册，第393页。

⑥ （明）李之藻：《頖宫礼乐疏》，《景印文渊阁四库全书》第651册，第7页。

⑦ （汉）班固：《汉书》卷一二《平帝纪》，第351页。

⑧ （宋）刘敞：《公是集》卷三二《上仁宗论孔宗愿袭文宣公》，《景印文渊阁四库全书》第1095册，第679页。

⑨ （宋）魏了翁：《鹤山先生大全文集》，《四部丛刊初编》。

将遂其奸谋也。”[①] 丘濬称：“夫平帝之世，政出王莽，奸伪之徒假崇儒之名以收誉望文奸谋，圣人在天之灵其不之受也必矣。有若曰，自生民以来未有盛于夫子者也。岂一言一行之善而可以节惠立谥也哉。”[②] 李之藻称：“然宣者，圣善周闻之谓，宁足尽吾夫子？此王莽假善收誉，圣人在天之灵未必受耳。”[③] 既欲尊夫子，又不欲妄人虚加于夫子，护圣之切，臻入洁境。

关于“宣”字之谥，《逸周书·谥法解》中给出了两类可予之例，即：圣善周闻曰宣，施而不成为宣。[④] 蔡邕给出的标准大致相同，即：圣善同文曰宣。[⑤] 这些品陟条件，到了苏洵作《谥法》时又有所放宽。[⑥] 王莽以“宣”谥夫子，当有所据。古人对谥号的定位是“谥者，行之迹也；而号者，功之表也”[⑦]，它的最理想状态是达到“闻其谥，知其行也”[⑧]的效果。“宣”字大致能够勾勒出孔子一生的行迹事业，较好地实现了谥号的功能价值。因之，“宣”尽管始自王莽，却经受住了时间的考验，其运用之盛，尤彰显于唐、宋、元、明初各朝。

北魏孝文帝定孔子的谥号为“文圣尼父”。[⑨] 就谥法中的议字原则而言，“圣”与“文”均贵于“宣”字。然而，这两个贵字并不比“宣”更适用。唐贞观十一年，太宗诏尊孔子为“宣父”。[⑩] 唐中宗又谥为“文宣”。[⑪] 唐代用“宣”字，远承汉制。玄宗时以孔子“虽代有褒称，而未为崇峻，不副于实”，又追谥为“文宣王”，此为孔子“王”爵之始。之前，只于公、侯两种爵中择授。[⑫] 就身份等级而言，“文宣王”一称加诸

---

① （元）姚燧：《牧庵集》，《四部丛刊初编》。

② （明）丘濬：《大学衍义补》卷六五《秩祭祀》，《丛书集成三编》第12册，第259页。

③ （明）李之藻：《頖宫礼乐疏》，《景印文渊阁四库全书》第651册，第7页。

④ 《逸周书》，《景印文渊阁四库全书》第370册，第42页。

⑤ （汉）蔡邕：《独断》，《四部丛刊三编》。

⑥ （宋）苏洵：《谥法》，《景印文渊阁四库全书》第646册，第902页。

⑦ 《逸周书》，《景印文渊阁四库全书》第370册，第40页。

⑧ （汉）郑玄注，（唐）孔颖达疏：《礼记注疏》卷三八《乐记》，《十三经注疏》，第1534页。

⑨ （北齐）魏收：《魏书》卷七下《高祖本纪》，第169页。

⑩ （宋）欧阳修、宋祁：《新唐书》卷一五《礼乐志》，第373页。

⑪ （后晋）刘昫等：《旧唐书》卷二四《礼仪志》，第918、920页。

⑫ 东汉和帝时封孔子为褒尊侯，北周宣帝时追封孔子为邹国公，武则天时封孔子为隆道公。

孔子，已是褒重无比，超越往昔。然而此一褒称并非专为孔子打造，南北朝时，其用极为流行。[①] 以“文宣”二字获谥者人数更多，其中北齐显祖高洋亦在此列。[②] 也许正因为这一谥号运用泛滥，所以丘濬不以此为夫子之荣，反以为辱，他说：“若夫‘宣’之为宣，谥法之美者不过圣善周闻而已，岂足以尽吾圣人之大德哉！况唐未加圣人是谥之前，而北齐高洋、李元忠、南齐萧子良、隋长孙贤之数人者，固先有此谥矣。天生圣人为万世道德之宗主，称天以诔之，犹恐未足以称其德，彼区区荒诞之称、污下之见，何足以为吾圣人之轻重哉！”[③] “文宣王”一称在当代就已经有人不甚满意，乃至唐末戎事倥偬之际，竟有宰相“不究时病”，奏请在“文宣王”谥中追加一“哲”字。[④]

宋真宗大中祥符元年，又加谥孔子为“玄圣文宣王”。其中的“玄”字，孔子仅享用了四年多时间，即被通告禁用。据说真宗亲眼目睹天尊降临自称赵之始祖云云，为答谢天眷非常之恩，他接连做出了一系列尊崇举措。其中之一就是为这位圣祖加名，诏令曰：“圣祖名，上曰玄、下曰朗，不得斥犯。”[⑤] 为避国讳，孔子的谥号被改为“至圣文宣王”。对于真宗朝的加谥改谥动作，素有“议论好矫激，闻者骇愕”[⑥] 之名的丘濬再度难平，称：“其所加谥者，用纬书异端之说，至其改谥，又因黥卒所言妖妄之神而避其讳，要皆非礼之礼。”[⑦] 纬书异端指“玄圣”典出之《春秋演孔图》《庄子》二书。[⑧] 黥卒所言妖妄之神指圣祖降临一事。真宗崇信道教，而此事据称是一名笃好仙术的小贩为投其所好而一手操作的[⑨]，所以丘文庄有此一说。然而宋朝开国皇帝的谥号也因避“玄”字而改，这

---

① 南齐竟陵王萧子良，后魏清河王元亶、任城王元澄、汝南王元悦、长孙稚、斛斯椿等俱谥文宣王。

② （唐）李百药：《北齐书》卷四《文宣帝纪》，中华书局1972年版，第43页。

③ （明）丘濬：《大学衍义补》卷六五《秩祭祀》，《丛书集成三编》第12册，第262页。

④ （宋）孙光宪：《北梦琐言》，中华书局2002年版，第149页。

⑤ （宋）李焘：《续资治通鉴长编》，第1801页。

⑥ （清）张廷玉等：《明史》卷一八一，第4810页。

⑦ （明）丘濬：《大学衍义补》卷八〇《崇教化》，《丛书集成三编》第12册，第395页。

⑧ 《续资治通鉴长编》载：“《春秋演孔图》曰：‘孔子母梦感黑帝而生，故曰玄圣。’《庄子》曰：‘恬澹玄圣，素王之道。’遂取以为称。”参见（宋）李焘《续资治通鉴长编》，第1574页。

⑨ （宋）李焘：《续资治通鉴长编》，第1593—1594页。

对孔子的信徒们来说，似乎可以稍感慰藉。[①]

元武宗时，加夫子号为“大成至圣文宣王”。[②] 此举得到儒教中人的高度评价。湛若水称赞道：“自有生民以来，圣神之伦众矣，而未有孔子；自有孔子以来，帝王之尊之者多矣，而未有如元武宗者。至矣，备矣，传之万世而无以有加矣！然则天理之在人心，岂尝一日息耶？夫元以此而开教化之原，此所以能自立其国乎？不然，则虽有天下不能一朝居也。”[③] “大成”之议出自《孟子》，《万章下》云：“伯夷，圣之清者也；伊尹，圣之任者也；柳下惠，圣之和者也；孔子，圣之时者也。孔子之谓集大成。集大成也者，金声而玉振之也。金声也者，始条理也；玉振之也者，终条理也。”[④] “大成”二字因其广洽博通，加诸孔子，深惬人意，以至于在素慎华夷之别的儒者看来，武宗所赋此号竟然无可挑剔，如夏良胜就说：“辽也，金也，元也，皆非起于诸夏深有得于圣贤之教者也，然于孔道之尊有加无已，至元之诏词美号，至矣，尽矣，无复有加矣！”[⑤]

到了明代孝宗时，有大臣憾于孔子谥号仍袭元旧、国朝无擅其美而建议道：“孔子加封之典，尚因袭故元之旧，未能改正。所谓大成者，孟子取譬之词，所谓文宣者，又齐乱主高洋之谥，皆不可以拟夫子盛德之形容，宜节去大成文宣四字，别定为尊荣美谥。”[⑥] 此一提议久而未决。到了嘉靖朝，却是不变则已，一变而面目皆非，不止“大成”“文宣”了无踪迹，连“王”称亦一并撤去。到了清初，在国祚惟新改朔易色之时，“大成”“文宣”才得以重新浮出水面。顺治二年，国子祭酒李若琳上言：“孔子之赞乾坤，曰大哉干元，至哉坤元。曰大成，曰至圣，洵非孔子之

---

① 《东都事略》卷二：“大中祥符元年，加上尊谥曰‘启运立极英武圣文神德玄功大孝皇帝’。五年，再加上尊谥曰‘启运立极英武睿文神德圣功至明大孝皇帝’。”《续资治通鉴长编》载：“初宰臣以太祖谥号有与圣祖名同者，将议易之。上曰：‘真祖临降，皇家大庆也。六室并当增谥。’……太祖曰启运立极英武睿文神德圣功至明大孝。”参见（宋）王偁《东都事略》，《丛书集成三编》第12册，第779页；（宋）李焘《续资治通鉴长编》，第1801页。

② （明）宋濂等：《元史》卷七六《祭祀志》，第1892页。

③ （明）湛若水：《格物通》，《景印文渊阁四库全书》第716册，第414页。

④ （汉）赵岐注，（宋）孙奭疏：《孟子注疏》卷一〇上《万章下》，《十三经注疏》，第2740—2741页。

⑤ （明）夏良胜：《中庸衍义》卷三，《景印文渊阁四库全书》第715册，第355页。

⑥ （清）嵇璜、曹仁虎等：《续文献通考》卷四八《学校考》，《景印文渊阁四库全书》第627册，第368—369页。

德配乾坤者莫能当之。今称至圣而遗大成，得毋乾坤之义未备乎？至曰文曰宣，按之谥法，经纬天地曰文，圣善周闻曰宣，又洵非孔子之德兼君师者莫能当之。今止称先师而遗谥号，然则古之英君明辟，可止曰某君某王而去圣神文武之谥，可乎？张璁欲去封爵而并除谥号，非确论也。臣愚以为当今更新之会，宜追复旧谥，仍称大成至圣文宣先师孔子之位。”此议获得通行，“大成”“文宣”重又有了立身之地。然而时隔不久，再次更张。有人称：“圣至孔子，赞美难以形容。曰至圣则无所不该，曰先师则名正而实称。顺治初年仍元旧谥而不称王。窃意追王固属诬圣，即加大成文宣四字亦不足以尽孔子，宜改主为至圣先师孔子。”① 皇帝从其议，遂为定制。“大成”“文宣”再度消失。

孔子封号在嘉靖朝受到的最大变故当为“王”衔的剥离。此前，孔子被冠以“王”的时间已持续了八百年。“文宣王”“至圣文宣王”“大成至圣文宣王”，三号相沿相袭，踵事增美。正因褒崇之盛，唐玄宗、宋真宗、元武宗三君成为圣门发展史上可圈可点的人物。到了明世宗朱厚熜那里，事情发生了转变。当初他以外藩入继大统，实属侥幸。御极之初，力除弊政，天下翕然望治。或许是在皇宫礼仪规矩的洗礼过程中受到了刺激，新帝反守为攻，成为议礼的主持者。孔子谥号，也在此帝的嗜好范围之内。

改制计划是授意大学士张璁去做的。史载，璁缘帝意，言孔子宜称“先圣先师”，不称“王”。② 张璁因议礼骤贵，立身处世已见恶当时。此番惊扰，再陷众怒。不知是为张璁辩护，还是为自己辩护，嘉靖还专门作了一篇文章，其中有言：“夫孔子之于当时诸侯，有僭王者皆笔削而心诛之，故曰孔子作《春秋》而乱臣贼子惧。孔子生如是，其死乃不体圣人之心，漫加其号，虽曰尊崇，其实自为乱贼之徒，是何心哉？……璁也，为名分也，为义理也，非谀君也，非灭师也。若朕所正者亦如是，所以防闲于万世之下也。”③ 个中原委和盘托出，不难看出嘉靖立意之坚定。后人再难想象一个虚爵所承受的重量，左右其议可以瞬间让人丢官弃职，也

---

① 清乾隆十二年敕撰：《皇朝文献通考》卷七三《学校考十一》，《景印文渊阁四库全书》第633册，第748页。

② （清）张廷玉等：《明史》卷五〇《礼志》，第1298页。

③ （明）李之藻：《頖宫礼乐疏》，《景印文渊阁四库全书》第651册，第32—33页。

能瞬间致士类于卑颜一片。最先得罪的是时任编修的徐阶，他上言："天子王祀孔子，承袭已久。一日不王，众人愚昧，将妄加臆度，以为陛下夺孔子王爵，易惑难晓。"[①] 世宗览疏不喜，立谪其官。接着是御史黎贯，因其上疏中有这样一句话："莫尊于天地，亦莫尊于父师，陛下敬天尊亲，不应独疑孔子'王'号为僭。"嘉靖以其有影射自己在大礼议中追尊生父之嫌而斥其为奸恶，令下法司会讯，并褫夺其职。此后黎贯以一介草民卒于家。再就是给事中王汝梅等人亦极言不宜去"王"号，一概被斥为谬论。[②] 官场在大礼议之争中已经经历了一次浩劫，前车之鉴令此次杀鸡儆猴的效果很快产生，诸人再无异议，"至圣先师"随之敲定。

夺去"王"爵并不是突发奇想，早在此前，就已经有人对"王"孔子有所微议。元代姚燧在《汴梁庙学记》中说："宰我以夫子远贤尧舜，何王之不可居，然后世天子之子、有功之臣皆曰王，以孔子之圣卒下比爵于其子臣，诚不知其可也。"[③] 由此看来，牧庵先生是觉得"王"不足以比拟甚至贬低了孔子。明初的吴沉也觉得不妥，但理由迥异，其《孔子封王辩》云："王，君之号也。夫子，人臣也。生非王爵，死而谥之，可乎哉?"[④] 这就造成了两种持论态度，一者为矜持式的不愿，一者为斥责式的不该。后来又有人对孔子的"王"号起源进行了原罪式追溯，其结论是："唐玄宗开元既尊老子为玄元皇帝，尊太公为武成王，则追谥孔子不得而缺，岂可以李林甫不学无术之谬制为万世程乎?"[⑤] 至于这种说法是怎么得出来的，没有人知道。这些声音虽不著于当时，到了嘉靖朝，却大行其是。其中尤以吴沉最为惹目，史称："沉尝著《辩》，言孔子封王为非礼。后布政使夏寅、祭酒邱浚皆沿其说。至嘉靖九年，更定祀典，改称至圣先师，实自沉发之也。"[⑥] 然护"王"派却言："其辨孔子不当称王者，止吴澄（当为吴沉）一人而已。"[⑦] 足见吴沉持论的影响力。

① （清）谷应泰：《明史纪事本末》，中华书局1977年版，第773页。

② （清）张廷玉等：《明史》卷五〇《礼志》，第1299页。

③ （元）姚燧：《牧庵集》，《四部丛刊初编》。

④ （明）吴沉：《孔子封王辩》，收入（明）黄训《名臣经济录》，《景印文渊阁四库全书》第443册，第643页。

⑤ （清）谷应泰：《明史纪事本末》，第770页。

⑥ （清）张廷玉等：《明史》卷一三七《吴沉传》，第3948页。

⑦ （清）张廷玉等：《明史》卷五〇《礼志》，第1299页。

“至圣先师”一号议定后，似乎颇合潮流，后世未闻哪任执政有欲复孔子“王”号之说者。即使清初稍加荣饰，亦只称“大成至圣文宣先师”，而不及“王”号，况且旋即又恢复为“至圣先师”。观世人评价，赞成者固以改谥为至当，如明代王世贞称：“世宗皇帝下明诏，易像为主，易王称师，此万古独信之真，足破迂儒浅陋之见。”① 俞汝楫称：“至世宗独出睿见，尊为‘先师孔子’，可为极崇祀之道矣。”② 谷应泰称：“王拜于帝，僭已。称先师，礼也。”③ 清代张鹏翮称：“明世宗时，大学士张璁所议定者，情理允协，规制可久。”④ 秦蕙田称“至圣先师”一号“能折衷于古”。⑤ 孔继汾称：“张璁之议诚不为无见。”⑥ 反对者亦不以孔子“王”号之失为深憾，惟苛责“至圣先师”犹有可议，如明代吕元善称：“今去王号而止称先师，岂以先师为独尊乎？古之教训及人者皆得称先师，则先师非独尊之称也。”⑦ 清代陈廷敬称：“今天下学祀孔子，称至圣先师，则是直以先圣、先师为一人矣，考之礼意多未合。”⑧ 毛奇龄称：“乃明代寡学，以嘉靖议礼之臣而妄改祀典，忽易之以至圣先师之名，而后遂遵之而莫敢易焉。夫合师于圣，邈而不尊；附圣于师，转见輶亵。”⑨ 嘉靖后即使有愤懑之士，也不再强以王不王逞其意气之辩，而是付诸平实，方以智只以“璁阳尊而巧抑耳”⑩ 为语，并不深责。张岱亦是寓论于轻描淡写之间，他在拜谒孔庙后，述道：“庙中凡明朝封号，俱置不用，总以见其大也。”⑪

---

① （明）王世贞：《弇州续稿》，《景印文渊阁四库全书》第1284册，第90页。

② （明）林尧俞等纂修，俞汝楫等编撰：《礼部志稿》卷八五下《改正先师祀典》，《景印文渊阁四库全书》第598册，第527页。

③ （清）谷应泰：《明史纪事本末》，第782页。

④ （清）张鹏翮：《文庙礼乐考序》，载金之植等编《文庙礼乐考》，山东友谊书社1989年版，第303—304页。

⑤ （清）秦蕙田：《五礼通考》卷首第四《礼制因革下》，《景印文渊阁四库全书》第135册，第129页。

⑥ （清）孔继汾述：《阙里文献考》卷一四《祀典第三之一》，第327页。

⑦ （明）吕元善纂辑：《圣门志》卷之一上《圣贤表传》，山东友谊书社1990年版，第115页。

⑧ （清）陈廷敬：《午亭文编》，《景印文渊阁四库全书》第1316册，第524页。

⑨ （清）毛奇龄：《西河文集》卷四二《圣贤儒史序》，商务印书馆1937年版，第474页。

⑩ （明）方以智：《通雅》，《景印文渊阁四库全书》第857册，第547页。

⑪ （明）张岱：《陶庵梦忆》，《丛书集成新编》，（台北）新文丰出版公司1985年版。

世人以贵爵显号为尊崇之极，积美累善，叠床架屋之繁亦不惮为之。尊崇必加的思维习惯设置了增之则可，损之则必冒大不韪的追崇模式。本来亲切朴素的孔夫子，非要为他戴上高高的帽子，将其“抬到吓人的高度”①，确实让人生厌。嘉靖改制一洗其所沾染的官僚气，倒也清新近人。然而事件的发生总存在主观动机与客观效果上的差异，世宗的御笔《正孔子祀典说》就暴露了他的心思，在孔子谥号更改上，他重点指出了一点，即孔子虽有王者之道、王者之德、王者之功、王者之事，但关键在于其没有王者之位，是以称“王”则僭。他最终的定调是：“王者之名不宜伪称，王者之德不容伪为。伪称者近于僭乱，伪为者其实有未尽之也。”②朱厚熜确实是一个很较真的人，为了证实其主张，他还很意气地判定了一下孔子与明祖的高下，其语为：“至我太祖高皇帝，虽道用孔子之道，而圣仁神智武功文德，宜与尧舜并矣，恐有非孔子所可拟也。”世宗常以明太祖的继承者自居，太祖革诸神封号，惟孔子封爵仍旧，他就以发扬祖业为己任，称：“特存其号，岂无望于后人哉？”③依逻辑推之，世宗抑孔而自褒之意甚明。既是如此，则时人疑其“以位而凌先师”④，后人称其“上素不乐师道与君并重”⑤，或不为诬。或许意识到《说》的鲁莽与冲动，嘉靖后来又续了一个《正孔子祀典申记》，然而文中并无新意，只是将前文提到的原罪追溯与姚燧的拒绝俗爵拼凑在一起，悄然将战略公关由吴沉的世俗路线过渡到牧庵的超拔路线。⑥“抑而正名”到“崇而正名”，瞬间天壤，实不失为亡羊之后的补牢之举。

在朱厚熜的依位定名论出台之前，儒界实际上一直没断了要为孔子追要一个更高权限的名号，其最热衷的方案是将王升格为帝。最早想到要加孔子为帝的不是儒者，而是宋真宗。这称得上是一次突发奇想，念头产生于真宗亲临曲阜拜谒之时，当时的情景是：“（真宗）幸曲阜县，谒文宣

① 鲁迅：《在现代中国的孔夫子》，《鲁迅全集》第六卷，人民文学出版社 1973 年版，第 316 页。

② （明）李之藻：《頖宫礼乐疏》，《景印文渊阁四库全书》第 651 册，第 33 页。

③ 同上。

④ 同上。

⑤ （明）沈德符：《万历野获编》，中华书局 1959 年版，第 360 页。

⑥ （清）秦蕙田：《五礼通考》卷一二〇《吉礼》，《景印文渊阁四库全书》第 137 册，第 902 页。

王庙……又幸孔林。下诏追谥夫子曰元（玄）圣文宣王。先是，帝曰：'唐明皇褒先圣为王，朕欲追谥为帝，可乎？当令有司检讨故事以闻。'或言宣父周之陪臣，周止称王，不当加以帝号。遂止赠美名。"[①] 在真宗，只是为了如何超佚往古。在儒者，却牵出了一个充满诱惑的梦想。此次机会稍纵即逝，不能不让人怀交臂之憾。到了神宗熙宁年间，判国子监常秩、李定、黄履、吕升卿等人又请加孔子"帝"号，以示尊崇之意。翰林学士元绛等乞依所请。[②] 然而，同为翰林学士的杨绘却以为非礼。[③] 判太常寺李清臣亦以为非宜，他的理由是："今无位而'帝'之，虑非先圣之本意。且孔氏虽圣，异姓也。究考古今，自非推五岳之天神及追谥祖宗之同体，而以异姓为'帝'号，于故事亡有。若以之显号发策，动观听于天下，臣诚以为未安也。"[④] 朝廷从其言，孔子帝号之想再次落空。"阻挠者"在后世遭到严厉批判，其中尤以李清臣最为众矢之的，对其怀"笔诛之忿"者绝非一人。[⑤] 然而，清臣实有不白之冤，他虽不赞成帝号，却转而请求更实际的利益，如建议："升先圣释奠为大祀，使列于郊庙日月天神之次，礼乐祠事皆增而大之。"[⑥] 冲动的孔徒们并没有此等详究的耐心。更甚者，又有人急中生误，将真宗朝的"陪臣"公案也嫁落于清臣之身而讨伐之。[⑦] 又有将李清臣其人其事跨越时空挪于真宗朝进行批判的莽举[⑧]，史误更甚。

谥孔子以"帝"的梦想在明朝重赓前绪。可是，所有的人仍然走不出一个怪圈，即定名的基础，要么以位压德，要么以德压位。时代的进展，名物制度的变迁，都造成了后来理解取证上的混乱。周代最高统治者方可称"王"，它是至高无上的称呼。自秦始皇以后，最尊贵的称谓一变为"帝"，臣下有功者及藩国宗支获据"王"称。以此论，则秦后之

---

① （宋）范祖禹：《范太史集》，《景印文渊阁四库全书》第1100册，第268—269页。

② （宋）赵汝愚编：《宋朝诸臣奏议》卷九一，第985、985—986页。

③ （元）脱脱等：《宋史》卷三二二《杨绘传》，第10450页。

④ （宋）赵汝愚编：《宋朝诸臣奏议》卷九一，第985页。

⑤ （宋）陈世崇：《随隐漫录》，《丛书集成新编》。

⑥ （宋）赵汝愚编：《宋朝诸臣奏议》卷九一，第985页。

⑦ 陈世崇《随隐漫录》（卷一）有云："李邦直者独曰：'周室称王，陪臣不当为帝。'"今观李清臣奏折，并无此语，陪臣云云实出于真宗朝有司之口（见上文）。何孟春《何文简疏议》（卷二《正祀疏》）、孙承泽《春明梦余录》（卷五六）有同样的错误。

⑧ （明）何孟春：《何文简疏议》，《景印文渊阁四库全书》第429册，第34页。

"帝"称即周之"王"称，秦后之"王"称却已卑而下之，远非其原。若以孔子为周人而比拟王称，则称"王"称"帝"实别无二致；若比拟后代之王称，则未免让人心中不安。宪宗朝的国子监祭酒周洪谟怀此不安，但是他洞悉前面的所有可能，所以虽以"帝"号为请却并不执拗，表现出了一副退一步海阔天空式的大度。他提供给朝廷的选择是："或加美谥，或封帝号。如不加封，或以'大成至圣'四字易为'圣神广运'之数；如不封帝，或表明孔子周人，当依周制。其所封乃当时天王之王，非后世国王之王。"[①] 但是他有附加条件，即加笾豆舞佾之数如天子之制，以此证实此"王"即彼"帝"。究其实，仍为明退暗进之计。此议最终为朝廷所择用，仍用"王"号，加笾豆数为十二，舞佾数为八。但是，并不是所有的人都能理解洪谟的良苦用心，时人杨守陈与郑纪就颇有微词。他们的逻辑是孔子固为周人，但"王"称出自后世所封，自是适用后制，惟有加"帝"号方能显示崇师重道之意。杨、郑二人也有不同之处，相较于杨氏加孔子"帝"号之迫切，郑氏的主要目的更在于正名。他的方案在两可之间，要么封"帝"以称于现时的十二冕旒、十二服章、十二笾豆与八佾，要么减杀冕服礼乐之数以称于现时的"王"称。[②] 这些建议均未被采纳。

应周洪谟所请而增加的笾豆舞佾数为后世的请封开拓了更多余地，提供了更为正当的理由。因为这次的名与数之间存在着人人皆知的"失礼"之处。上文郑纪的第一套方案实际上已经不自觉地落入了周氏的如意算盘。到了孝宗朝，又有人直截了当地上请："孔子为万世帝王之师，固当祀以天子之礼，今礼用天子而号犹称王。……乞加封曰'文祖大成至圣帝'，庶称尊之典无遗憾矣。"[③] 何孟春也是如此，他说："国朝孔庙享祀循旧，乐用六佾，宪宗皇帝益而为八，百代之下谁敢易焉？此追谥孔子为帝之典，臣所以重有望于今日。"[④] 除此之外，亦有人在孔子拟称上接周

---

① （明）林尧俞等纂修，俞汝楫等编撰：《礼部志稿》卷九四《奏崇孔子封号》，《景印文渊阁四库全书》第598册，第698页。

② 参见（明）黄训《名臣经济录》，《景印文渊阁四库全书》第443册，第644—645页；（明）郑纪《东园文集》卷三《修明祀典疏》，《景印文渊阁四库全书》第1249册，第750页。

③ （明）林尧俞等纂修，俞汝楫等编撰：《礼部志稿》卷四六《议饬孔庙祀典疏》，《景印文渊阁四库全书》第597册，第866页。

④ （明）何孟春：《何文简疏议》，《景印文渊阁四库全书》第429册，第35页。

洪谟之余绪，如直隶常熟的一名知县就上奏："先师孔子名号未定，似为今日缺典。请取春秋祝文之义，于'大成'之上加以'配天广运'，'至圣'之下系以'万世帝王宗师'。"[①] "广运"二字典出《大禹谟》，即："益曰：'都！帝德广运，乃圣乃神，乃武乃文。皇天眷命，奄有四海，为天下君。'"[②] 采此二字，盖取帝德质美之意。但是周氏"圣神广运"既已被有司嫌于"伯益赞尧之词"而不采，后者的累词赘语更毋庸论了。由周洪谟开拓的这条请"帝"路径，或许可以继续扩展。可是，嘉靖朝的干预，使得此一努力成果戛然而止。

"帝"成为孔子谥号一题上最高级别的称谓探索，伴随着嘉靖改制的迅速展开，"帝"说再无议及，"王"称亦拥趸尽散。后世怅怅若失之人，无所取弥，只能付诸虚语以慰之，其言如："圣人万世为师，虽为周陪臣，而百代以道帝之。"[③] 在皇权至上的时代，称王称帝，又怎是单纯的讨论就可左右。宋人罗从彦曾言及此题，他说："唐明皇既追封先圣为王，袭其旧号可也，加之以帝号而褒崇之亦可也。顾时君所欲何如耳。"[④] 视君所欲，大较如此。

孔子在汉政权中没有获得的"帝"号却实现于西夏。仁宗尊孔子为"文宣帝"[⑤]。这一举措使得西夏这一弹丸小国颜色顿生。修《金史》者说："五代之际，朝兴夕替，制度礼乐荡为灰烬。……（西夏）然能崇尚儒术，尊孔子以帝号，其文章辞命有可观者。立国二百余年，抗衡辽、金、宋三国，偭向无常，视三国之势强弱以为异同焉。故近代学者记西北地理，往往皆臆度言之。圣神有作，天下会于一，驿道往来视为东西州矣。"[⑥] 清代的宋际也称赞道："西夏尊宣圣为'帝'，虽小国不足称，然崇师之意亦可嘉也。"[⑦] 可见儒者心目中不可消除的"帝"号情结。

---

① （明）林尧俞等纂修，俞汝楫等编撰：《礼部志稿》卷八五下《拟加孔子名号》，《景印文渊阁四库全书》第598册，第699—700页。

② （唐）孔颖达疏：《尚书注疏》卷四《大禹谟》，《十三经注疏》，第134页。

③ （明）方以智：《通雅》，《景印文渊阁四库全书》第857册，第547页。

④ （宋）罗从彦：《豫章文集》，《景印文渊阁四库全书》第1135册，第676页。

⑤ （元）脱脱等：《宋史》卷四八六《夏国传》，第14025页。

⑥ （元）脱脱等：《金史》卷一三四《西夏传》，第2877页。

⑦ （清）宋际、宋庆长：《阙里广志》，《儒藏》影印本，四川大学出版社2005年版，第69页。

对于发生于孔子谥号问题上的竞相递加之举，学人们的态度并不一致。有人在提到累朝赋予孔子的美谥时，唯恐不至其极，姚燧即说："有若以自生民以来未有盛于孔子，诚是言也，虽极天下之美谥，犹不足万分一盛德之形容。"① 与此相反，议号过程中的冗长争论却让一部分人彻底厌倦了孔子的名誉负累，只希望尊孔从细枝末节中跳跃出来，更务实一点，"孔子之道惟在君臣身体而力行之，谥号器数皆不足较"。② 尽管在追谥问题上存在不同看法，在尊孔取向上，大家却怀有共同的敬意与诚恳。

二　孔庙孔像考

孔子生前外貌如何，今人已无从得见。我们能够借以悬想的，就只有古籍中的文字记载和后世流传的各类孔子遗像了。可是，如果按照前者描述予以复原，要么只能得出一些模糊的轮廓，要么就是一幅幅因神化圣化而变异的怪相。③ 至于后者，则又均为追写之作。可以想见，追写人在创作之时，必然也面临着上述文献困境。那么，他们解决困境的依据安在，其实颇值得人们考究一番。这些作品中的绝大部分，并不能令人满意，南宋学者孔传（孔子四十七代孙）曾专门指出其中的一些瑕疵，并以"殆非先圣之真像"为断语。④ 孔氏后裔较为认可、推为"最真"的，则是东晋顾恺之所画的《行教小影》。⑤ 当然，说它"最真"恐怕主要是由于一则画出名手、于古制颇少疏漏，二则顾氏去古未远、授受或有端绪的缘故。有人为佐证"最真"的可信度，硬将顾氏画作所本追溯至当年端木

---

①（元）姚燧：《牧庵集》卷五《汴梁庙学记》，《四部丛刊初编》。

②（明）杨守陈：《论尊孔子帝号》，收于（明）黄训编《名臣经济录》卷三〇，《景印文渊阁四库全书》第443册，第645页。

③ 相关记载大略为：《论语·述而》："子温而厉，威而不猛，恭而安。"《荀子·非相》："仲尼长"、"仲尼之状，面如蒙倛。"《庄子·外物》："修上而趋下，末偻而后耳。"《白虎通义·姓名》："孔子首类鲁国尼丘山。"《史记·孔子世家》："生而首上圩顶"、"孔子长九尺有六寸，人皆谓之长人而异之"、"其颡似尧，其项类皋陶，其肩类子产，然自要以下不及禹三寸，累累若丧家之狗。"《孔丛子·嘉言》："修肱。"《论衡·讲瑞篇》："孔子反宇。"《太平御览》卷三七七《人事部十八》："《春秋演孔图》曰：孔子长十尺，大九围，坐如蹲龙，立如牵牛，就之如昴，望之如斗。"《东家杂记》等孔氏著述记载了家谱中的"四十九表"之说。

④（宋）孔传：《东家杂记》卷下，第109页。

⑤ 参见（宋）孔传《东家杂记》卷下，第108—109页；孔元措《孔氏祖庭广记》卷八《先圣小影》；孔毓圻、金居敬等《幸鲁盛典》卷七，《景印文渊阁四库全书》第652册，第80页。

赐传写之物[①]和孔子存日所写小影[②]，又未免臆测。现在流行较广的代表像并非《行教小影》，而是唐代吴道子所画的《孔子行教像》（宽袖、佩剑）。世间常见的孔子立像，即以此画为底本修成。只可惜吴道子没有顾恺之那样的好运气。有孔家人指责，这个版本的塑像“体型明显较矮”[③]。更有批评者认为，吴氏所塑造的孔子形象“让人看到的是一副迟暮之态，感受到的是一种老迈、保守乃至迂腐之气”，不利于激发学生的积极进取精神，进而主张比照史书记载的五官特征与精神气质为孔子正像。[④] 然而，在没有真人参照的情况下，非要将肖与不肖付诸眉眼考究，操作实难。[⑤]好在前人并不专意于真假之辨，才留下了如此丰富多彩的孔子形象。[⑥]

孔子画像在汉代已极为流行。从考古资料看，在山东、陕西、河南、四川、江苏等地出土的汉画像石上，保留了很多以“孔子见老子”为题材的画面。画像石上的孔子，或单独会见老子，或率众弟子拜谒，以后者

---

① 孔子六十七代孙衍圣公孔毓圻在回答康熙“何像最真”时答道：“惟行教小影颜子从行者为最真，乃当年端木赐传写，晋顾恺之重摹者。”参见《幸鲁盛典》（《景印文渊阁四库全书》第652册，第80页）。另，庄月江先生也称在衢州孔氏南宗家庙中，“孔端友从曲阜家庙中带来的一对由孔子弟子端木子贡所刻的孔子夫妇楷木像亦供奉于此。”参见庄月江《孔子南宗家庙变迁记》，《文化交流》2000年第4期。

② 《幸鲁盛典》载：“行教小影，衣燕居服，颜子从行。《孔庭纂要》称其于像最真，亦顾恺之画也。恺之去古未远，《孔圣全书》谓孔子存日尝写小影，或有所本也。”《孔圣全书》被四库馆臣斥为“其间鄙俚荒唐，庞杂割裂。鬼神怪诞之语，优伶亵诨之词，无不载入。谓之侮圣人可也。”足见其书之不可据。参见孔毓圻、金居敬等《幸鲁盛典》卷七，《景印文渊阁四库全书》第652册，第81页；（清）永瑢、纪昀等《钦定四库全书总目》卷五九，《景印文渊阁四库全书》第2册，第309页。

③ 孔令朋：《孔裔谈孔》，中国文史出版社1998年版，第10页。

④ 王书敬：《为孔子“正像”》，《山东教育》2000年第8期，第6页。另有学者出于崇信的心理，希望研究人员参稽古典，还“孔子的本来面目”，并像西方人对待耶稣一样，为孔子制作统一的标准像，以杜绝“后世胡乱描绘塑造”。详见王民《孔子的形象与思想》，台湾商务印书馆1988年版，第62—65页。

⑤ 李启谦、王钧林两位先生虽然也承认在文献不足的情况下要想恢复孔子体态、相貌的本来面目有极大困难，但是坚信“只要肯下一番科学的和细致的披沙拣金的功夫，在一些主要之点上揭示孔子的真面目还是有可能的”，是以他们对古文献中有关孔子体态、相貌的记载进行了一些认真而复杂的考辨工作。参见李启谦、王钧林《孔子体态、相貌考》，《齐鲁学刊》1990年第4期。

⑥ 骆承烈先生不仅收藏了多种多样的孔子像，还将它们细列为六类，分别为皇家孔子、官家孔子、儒家孔子、布衣孔子、仇家孔子、海外孔子，足见孔子像的多元化。参见骆承烈、骆明《孔里论孔》，当代中国出版社2003年版，第424—425页。

数量为多。众弟子都以颜渊居首，偶又有列左丘明于颜渊及众弟子之前的情况。[①] 从传世文献看，有确切记载的是：熹平二年（173），鲁峻冢前的石祠、石庙，其壁上刻孔子及弟子七十二人像；[②] 光和元年（178），汉灵帝置鸿都门学，画孔子及七十二弟子像；[③] 兴平元年（194），高眹重修周公礼殿，梁上画仲尼及七十二弟子。[④] 这些图像尽管出现于不同的场合，却无一例外地反映了孔子及其弟子在当时所受推崇的程度。

孔庙中设像而祭，大致也兴起于汉代。其最初所用为画像。桓帝永寿年间，鲁相韩敕饬修孔子庙，事毕立碑，其中有“改画圣象如古图”[⑤] 之语。此后，祢衡（173—198）作《颜子碑》，亦云“配圣馈，图辟雍”[⑥]。可见，孔子受享，一度以图绘为常。

受祭孔像由绘画形态过渡到雕塑形态，断限并不明显。[⑦] 较早的一则记载见于《水经注》：“魏黄初元年（220），文帝令郡国修起孔子旧庙，置百石吏卒，庙有夫子像，列二弟子，执卷立侍，穆穆有询仰之容。”[⑧] 然而，此处的夫子与二弟子像究竟是平面图抑或立体像，却让人左右难断。孔继汾径以此“像”为画像。[⑨] 今人黄进兴则涵咏文义，指其为塑像。[⑩] 好在郦道元在同书中还有另一则“孔像”记载，足以相互参校。寿

---

① 参见李强《汉画像石〈孔子见老子图〉考述》，《华夏考古》2009 年第 2 期；平阴县博物馆《山东平阴县实验中学出土汉画像石》，《华夏考古》2008 年第 3 期。

② （北魏）郦道元著，陈桥驿校证：《水经注校证》，中华书局 2007 年版，第 216 页。

③ （宋）范晔：《后汉书》卷六〇下《蔡邕传》，第 1998 页。

④ （明）曹学佺：《蜀中广记》卷一〇五《画苑记第一》，《景印文渊阁四库全书》第 592 册，第 676 页。

⑤ （宋）洪适：《隶释 隶续》，第 22 页。

⑥ （唐）欧阳询：《艺文类聚》卷二〇《人部四》，第 365 页。

⑦ 孔子塑像的起始时间，以往有三种说法：汉文翁立学于蜀时就已设像于石室；东魏兴和三年（541）兖州刺史李珽修孔庙时始塑；唐开元八年（720）始塑。其中第一者的失误有两点：一是将东汉重修之周公礼殿与西汉文翁石室混为一谈；二是将画像与塑像混为一谈。第二、三者则有明显的晚推迹象，详见正文。参见（清）孔继汾述《阙里文献考》卷一二《林庙第二之二》，第 235 页；司居敬《元尼山圣像记》，载杜诏等编纂《山东通志》卷一一之七《阙里志七》，《景印文渊阁四库全书》第 539 册，第 694 页；孔毓圻、金居敬等《幸鲁盛典》卷七，《景印文渊阁四库全书》第 652 册，第 76 页；杜诏等编纂《山东通志》卷一一之三《阙里志三》，第 513 页；乾隆《御制文集三集》卷四《像设说》，《景印文渊阁四库全书》第 1301 册，第 594 页。

⑧ 陈桥驿校证：《水经注校证》，第 594 页。

⑨ （清）孔继汾述：《阙里文献考》卷一二《林庙第二之二》，第 235 页。

⑩ 黄进兴：《圣贤与圣徒》，北京大学出版社 2005 年版，第 239 页。

光县城西南有孔子石室，“中有孔子像，弟子问经。既无碑志，未详所立”[①]。既称其像为“立”，自当以塑像解之，黄进兴先生的推断较为可靠。又，晋惠帝元康三年（293），太学举行释奠礼，当时的设祭场景是：“乃扫坛为殿，悬幕为宫。夫子位于西序，颜回侍于北墉。”[②]此处的孔子、颜回像已无可怀疑就是塑像。

塑像运用到孔庙以后，朝廷礼崇孔子有了更多的发挥空间。唐玄宗是帝王中开始对孔像进行盛饰的第一人。开元二十七年（739），他封孔子为文宣王，接着正孔像位为“南面”，且“内出王者衮冕之服以衣之”。[③]对孔像设位的更定，当是加尊之举，用玄宗自己的话说就是：“昔缘周公南面，夫子西坐。今位既有殊，坐岂如旧，宜补其坠典，永作成式。自今已后，两京国子监，夫子皆南面而坐，十哲等东西列侍。天下诸州亦准此。”[④]以往曾一度以周公为先圣，孔子为先师，主祭周公，孔子配食。周公配享武王后，方以孔子为先圣，颜回为先师。玄宗之论的预设前提是祭位安排以南面为尊，夫子之所以东面，是为避周公之故，孔子既已独尊，又据爵为王，自当更为南面。然而，这一“预设”与文献记载并不相符。孔子死后其祭位所向，时无笔录。到了东晋，习凿齿作《汉晋春秋》，曾记述了汉章帝至鲁祭孔子的盛况，其辞云：“帝升庙西面；群臣中庭北面，皆再拜。”[⑤]北魏时，郦道元撰《水经注》，又记孔子旧宅：“庙屋三间，夫子在西间，东向。”[⑥]依此看，孔子神位，初时即为东面，并非为避周公而改。由是，玄宗的干预在博通礼文礼义的宋濂看来，无异于一场冒犯，他以古礼“神道尚右”为据，毫不犹豫地将此次挪位定于“亵祀”之列。[⑦]玄宗作上番解说时，《大唐开元礼》成书不久，书中也

---

① 陈桥驿校证：《水经注校证》，第619页。

② （唐）房玄龄等：《晋书》卷五五《潘岳传附潘尼传》，第1510页。

③ （后晋）刘昫等：《旧唐书》卷二四《礼仪志》，第921页。

④ 同上书，第920页。

⑤ 汉章帝祭孔时的面向，刘昭采习凿齿《汉晋春秋》作解。汉明帝至鲁祀孔子，李贤采孔衍《汉春秋》作解为：“《汉春秋》曰：帝时升庙立，群臣中庭北面，皆再拜。”《汉春秋》《汉晋春秋》二书皆佚，刘昭、李贤等人注解时各有所本，还是传抄之误，不知所以，暂且存疑。参见（晋）司马彪撰，（梁）刘昭注补《后汉书志》第八《祭祀中》，点校本《后汉书》，第3184页；（宋）范晔撰，（唐）李贤等注《后汉书》卷二《明帝纪》，第119页。

⑥ 陈桥驿校证：《水经注校证》，第594页。

⑦ 罗玉霞主编：《宋濂全集》第一册，第19页。

明确记载了释奠礼中的享位安排："设先圣神坐于堂上西楹间，东向。设先师神坐于先圣神坐东北，南向。"[①] 即孔子东面，颜回南面。可见，依循古礼而行的孔庙祀仪，并不以南面为尚。宋濂所斥皆有根据。《大唐开元礼》被四库馆臣誉为"考礼者之圭臬"[②]，它的修撰是玄宗朝的一场盛事。然而，对于玄宗本人来讲，似乎也就仅止于盛事而已。他的弃古从俗抑或自我作故，尽管无补于"坠典"，却最终遂了"永作成式"的初衷，后世袭而不更。孔门后裔感念皇恩，对此一南面之尊也是曲尽回护，因而宋濂的稽考也就宜乎其以"未必为考古者所据依"一语搪塞之了。[③]

与像事密切相关的是冠服问题。古语云："礼之大者，昭名分，辨等威，莫备乎冠服。"[④] 冠服既为礼制范畴的一部分，必然具备一定意义上的稳定性和约束性。在顾恺之《行教小影》中，孔子所衣为"燕居服"[⑤]。燕居服即家居常服。世上流传的夫子像，大都被服儒雅，其中变换，也只是司寇像中的官衣官帽。[⑥] 东魏李珽修孔子庙时，"于设象圣容，仍奉进儒冠。于诸徒，亦青衿青领。虽逝者如斯，风霜骤谢，而沦姿旧训，暖以还新"。[⑦] 这些或儒或官或正或亵的服装，反映且证实了孔子的生平身份。虽然有人指称传世孔像皆着"汉晋衣冠"[⑧]，全非夫子所自言的逢掖之衣、章甫之冠，但此为时代局限所在，又不能尽苛责之。

自玄宗诏出王者衮冕以衣之，孔子形象大变。孔子生前不得位，无缘于贵者服制。现今既被奉为文宣王，似乎惟有着王者之服，方为得体。这成为孔像冠服制度史上的一次突破。然而，对玄宗诏书中的"王"作何理解，却存在问题。古时天子称王，后世受封皇子和异姓诸侯亦称王。周

---

① （唐）萧嵩等：《大唐开元礼》卷五三《皇太子释奠于孔宣父》，《景印文渊阁四库全书》第646册，第377页。

② （清）永瑢、纪昀等：《钦定四库全书总目》卷八二，《景印文渊阁四库全书》第2册，第697页。

③ （清）孔毓圻、金居敬等：《幸鲁盛典》卷七，《景印文渊阁四库全书》第652册，第79页。

④ 允禄等撰，福隆安等校补：《皇朝礼器图式·目录三》，《景印文渊阁四库全书》第656册，第56页。

⑤ （宋）孔传：《东家杂记》卷下，第108页。

⑥ 各画像见于陈镐纂修《阙里志》卷之一《图象志》，第53—59页。

⑦ （清）孔毓圻、金居敬等：《幸鲁盛典》卷七，《景印文渊阁四库全书》第652册，第76页。

⑧ 同上书，第81页。

代衮冕制，天子冕十二旒、服十二章，上公冕九旒、服九章；唐代衮冕制，皇帝冕十二旒、服十二章，皇太子、亲王及一品官以上冕九旒、服九章。玄宗所言王者衮冕，依古制天子之王，则当用冕十二旒、服十二章，依后制诸侯之王，则当用冕九旒、服九章。由于史籍并没有留下详细记载，孔子在被服衮冕穿戴一新后，服章冕旒究竟为多少，不得其详，也就无法据此反推孔子“王”封的真正面目。中遭五代丧乱，其中变革损益，更是难以考及。值得一提的是，唐代衮冕之服只行于两京及阙里旧宅。诸州县庙宇既小，只正南面，衣服无改。[①]

北宋前期，孔像用冕九旒、服九章。此一服制是沿袭了旧式，还是已有更动，当代人已无法说清，甚至于议礼局在考究礼源时都无所稽查，称：“国朝《会要》国子监旧用冕九旒、服九章，而不载其更易之端。”[②] 不管其中是否有过变迁，很明显，崇信者对现时的孔像冕服并不满意，以为此只是古代的上公之制，非帝王之制。他们坚信唐代曾真正使用过十二章旒，进而希望为孔子恢复此一服制。神宗朝，判国子监常秩等人已上言：“本监宣圣神像，旧用冕服九旒，七十二贤、二十一先儒并用朝服。检会唐开元中，尊孔子为文宣王，内出王者衮冕之服以衣之。详此，则孔子之冕，宜用天子之制十二旒。”[③] 几乎同时，金君卿给出了相同的建议：“今都、郡、县文宣王之庙像，或用九旒冕、九章，如周之上公、汉之诸侯王之服，或服十二旒王者之冕，采章错乱不次。今所详定，请以文宣王冕服备十二章。”[④] 哲宗朝，侍讲学士范祖禹又请求孔子冕服“用三代王者之礼”。[⑤] 此后，国子监丞赵子栎也以此为请，都未获批。徽宗崇宁四年（1105），国子司业蒋静继之，事情遂得进展，朝廷加孔子冕十二旒。此次更动只限于冕旒，服章未变，仍

---

① （唐）杜佑：《通典》卷五三《孔子祠》，第1482页。

② （元）马端临：《文献通考》卷四四《学校考五》，《景印文渊阁四库全书》第611册，第83页。

③ 同上书，第79页。

④ （明）杨士奇等编：《历代名臣奏议》卷一二〇《礼乐》，《景印文渊阁四库全书》第436册，第377页。

⑤ （宋）范祖禹：《范太史集》卷二二《乞改正先圣冠服札子》，《景印文渊阁四库全书》第1100册，第269页。

为九章。[1] 鉴于以往各地庙像采章上的错乱，朝廷专门图绘其状颁于天下，使依图改正。[2] 金世宗大定十四年（1174），定孔像冕十二旒、服十二章。[3] 元、明初袭用金制。

孔子衮冕之服实依托于其身后所得“王”爵，而无关乎生前履历。嘉靖朝判孔子“王”号及所享“王”礼为非，去“王”号，撤两京及天下孔庙塑像，冕服制度随之瓦解。[4]

与冕服制度相配的是执圭之制。《周礼·春官·典瑞》中对用圭之制有着详细的规定：王执镇圭，公执桓圭，侯执信圭，伯执躬圭。[5] 此种安排实即礼器上的等级制。唐朝孔子所执为木圭。大中祥符二年（1009），易木为玉，执用桓圭。宋徽宗崇宁四年（1105），改执镇圭。[6] 绍兴十四年（1144），高宗下令照旧出镇圭以奉文宣王。或许是考虑到国力凋敝，有司请以药玉或珉石为之，得到的答复是：“崇奉先圣，岂可用假玉？”[7] 从木圭到玉圭，从桓圭到镇圭，后世推崇孔子，已到无礼不加的地步。在其他一些细节上，也有以孔像章服图案混乱[8]、“冕服挟剑”[9] 及像设“左衽”[10] 为不足者，不再赘言。

设像而祭从兴起到流行，一直是顺理成章而未遭遇过什么质疑。真正

---

① （元）脱脱等：《宋史》卷一〇五《礼志》，第2550页。

② 参见（明）李之藻《頖宫礼乐疏》卷一《历代褒崇疏》，《景印文渊阁四库全书》第651册，第21页；（清）孔毓圻、金居敬等《幸鲁盛典》卷七，《景印文渊阁四库全书》第652册，第77页。

③ 参见孔元措《孔氏祖庭广记》卷三《崇奉杂事》；《大金集礼》卷三六《宣圣庙》，《景印文渊阁四库全书》第648册，第269页。

④ （清）秦蕙田：《五礼通考》卷一二〇《吉礼》，《景印文渊阁四库全书》第137册，第904—906页。

⑤ （汉）郑玄注，（唐）贾公彦疏：《周礼注疏》卷一八《大宗伯》，《十三经注疏》，第761—762页。

⑥ 参见孔元措《孔氏祖庭广记》卷三《崇奉杂事》；王应麟《玉海》卷一一三《学校》，（京都）中文出版社1977年版，第2169页。

⑦ （宋）李心传：《建炎以来系年要录》卷一五一《绍兴十四年正月戊寅》，中华书局1956年版，第2424页。

⑧ （宋）潜说友：《咸淳临安志》卷一一《行在所录》，《景印文渊阁四库全书》第490册，第122页。

⑨ （元）张翥：《释奠仪注序》，收入《元文类》卷三二，《景印文渊阁四库全书》第1367册，第403页。

⑩ 参见（宋）岳珂《桯史》卷一四《开禧北伐》，中华书局1981年版，第163页；李之藻《頖宫礼乐疏》卷三《木主诂》，《景印文渊阁四库全书》第651册，第93页。

开始对这一异于古礼（设主以祭、立尸以祭）的行为投入关注并积极建言的是宋人。宋代名家们在此议题上各抒己见，展示了非凡的议礼热情，其建设性与启发性值得肯定。较早怀疑并提出问题的是苏轼，他在《私试策问》中写道："古者坐于席，故笾豆之长短，簠簋之高下，适与人均。今土木之像既已巍然于上，而列器皿于地，使鬼神不享则不可知，若其享之，则是俯伏匍匐而就也。"① 东坡素幽默，短短几语就打破了孔庙中正襟危坐的森严气氛。塑像过高，祭品又过低，常情揣度，的确要有劳圣人了。此局一开，后来者遂以不类为言，以正定为务。以往韩愈所高标为儒学荣耀的"孔子用王者事，巍然当座"② 一语，如今却因其座之高而尴尬顿生。对于这一缺憾，朱熹一直在努力寻求解决之道，可惜谋而不售，他自己说："夫子像设，置于椅上已不是，又复置在台座上。到春秋释奠，却乃陈簠簋、笾豆于地，是甚义理。某几番说要塑宣圣坐于地上，如设席模样，祭时却自席地，此有甚不可处？"③ 晦庵想通过降低像位来解决问题。但是此法当时说与人听，已无有苟同，钱子言作白鹿礼殿又不采，所以朱子只能念念抱之以为恨。④ 苏轼的匍匐之讥最终得以消除是在洪武年间，办法是抬升祭品位置，设高案以陈之。⑤ 如此定夺，显较朱子更胜一筹，更具可行性。其中优劣，丘濬已委曲道之："古者席地而坐，故俎豆置于豆间之地，斯为宜矣。今既塑为高像而坐于倚榻之间，而所谓俎豆者仍置于地，此苏氏所以有匍匐就食之讥也。然既为今人之座，则当用今人之案。"⑥

设像而祭另一让人诟病的地方是影像与真人之间的差异。此问题的引领者为程颐，他说："大凡影不可用祭，若用影祭，须无一毫差方可，若多一茎须，便是别人。"⑦ 一棒之效，非伊川此语莫属。此后，小程的

---

① （宋）苏轼：《苏轼文集》卷七《私试策问八首》，中华书局1986年版，第203页。

② 屈守元、常思春主编：《韩愈全集校注》，第2429页。

③ （清）李光地编：《朱子礼纂》卷四，《景印文渊阁四库全书》第142册，第699页。

④ （宋）朱熹：《晦庵先生朱文公文集》，收入《朱子全书》第廿三册，上海古籍出版社、安徽教育出版社2002年版，第3291页。

⑤ 参见林尧俞等纂修、俞汝楫等编纂《礼部志稿》卷八五《更定释奠孔子祭品礼物》，《景印文渊阁四库全书》第598册，第522页。

⑥ （明）丘濬：《大学衍义补》卷六六《秩祭祀》，《丛书集成三编》。

⑦ （宋）程颢、程颐：《二程集》，第286页。

"祭或他人"之语辗转众口，祖述者奉为至理，权用者又以为太过。[①] 就实际操作而言，像与原貌之间确实存在着拿捏似否的差距。退一步讲，即使真能达到惟妙惟肖的程度，又怎可能在毕具其形的同时兼备其神？姚燧就苛责此点，他说："短长丰瘠，老少美恶，惟其工之巧拙是随。就使尽善，亦岂其生盛德之容？"[②] 李之藻的态度也是如此，其言为："且肥瘠短长，塑工皆得匠意妄作，就使克肖，而温良恭俭让之貌不存焉，吾夫子之神其据之乎？"[③] 不仅像与真人之间存在差距，就是像与像之间，也是"郡异县殊，不一其状"[④]。至于其间运作，有肖时人之貌而冠以先贤之名者，有为迎合圣驾而专敷以福厚气象者，有以原仿阙里像圮坏不文而改易失真者，有碍于倡捐者之脸面而放任圣门师弟子像轻佻不经者。[⑤] 失误之大者又有韩愈从享孔庙，郡县所画之像竟会误作同被江南人称为"韩文公"的韩熙载。[⑥] 错谬如此，堪称闹剧。孔像以阙里为善归，其他各地往往以拥有仿塑阙里像为荣，而传记之人亦喜此而欣然乐书之。因之，笃诚之人"裹粮走阙里拜摩归塑之"[⑦] 的情况并不鲜见。然而阙里之像已难尽

---

① 嘉靖时，张璁（孚敬）以毁像为务，徐阶非之，二人相驳，其语为："（孚敬）曰：'尔谓塑像应古礼不？'阶曰：'塑非古，然既以肖而师事之，何忍毁也？'孚敬曰：'程氏不云乎，一毫发不似吾亲，可以亲名之乎？'阶曰：'有一毫发而似吾亲，毁诸可乎？且明公能尽必列圣之御容无毫发不似乎哉？即何以处之？'孚敬语塞。"吕坤、林俊、陆世仪对小程之言也有异议。参见（明）焦竑《玉堂丛语》卷三，中华书局1981年版，第93页；（清）嵇璜、曹仁虎等《续通典》卷八四《礼》，《景印文渊阁四库全书》第640册，第590页；林俊《见素续集》卷一一《方棠陵先世遗像跋》，《景印文渊阁四库全书》第1257册，第560页；（清）陆世仪撰，张伯行编《思辨录辑要》卷二五《治平类》，《景印文渊阁四库全书》第724册，第229页。

② （元）姚燧：《牧庵集》卷五《汴梁庙学记》，《四部丛刊初编》。

③ （明）李之藻：《頖宫礼乐疏》卷三《木主诂》，《景印文渊阁四库全书》第651册，第93页。

④ （元）姚燧：《牧庵集》卷五《汴梁庙学记》，《四部丛刊初编》。

⑤ 分别参见姚燧《牧庵集》卷五《汴梁庙学记》，《四部丛刊初编》；（宋）赵彦卫《云麓漫抄》卷六，中华书局1996年版，第95页；陆陇其撰，陈济编《三鱼堂剩言》卷一一，《景印文渊阁四库全书》第725册，第615页；欧阳守道《巽斋文集》卷五《上吴荆溪乞改塑先圣像公札》，《景印文渊阁四库全书》第1183册，第542页。

⑥ （宋）沈括：《梦溪笔谈》卷四《辨证》，《四部丛刊续编》，商务印书馆1934年版。

⑦ （清）诸嗣郢：《致同郡诸公书》，载孔毓圻等编撰《孔宅志》卷之三，山东友谊书社1990年版，第301页。又见《孔宅志》卷之五《圣像》（第331页）。另，刘禹锡在为许州文宣王庙作记时也称庙中孔像"取之自邹鲁"。参见刘禹锡《刘禹锡集》卷三《许州文宣王新庙碑》，中华书局1990年版，第36页。

信，别处出现“先圣之宫乃用异教之像”[①] 的状况就更不足怪了。以上种种，让认同塑像为得理之宜的人都不得不遗憾地持保留态度，其因即为：“时代即远，传写非真，虽欲貌之，无从而貌之，则塑像恐涉伪耳，非理有不可也。”[②]

设尸、立主、设像，祭祀当以何种方式为佳？论者各有所倾。程颐坚决反对影像而祭，同时盛赞“古人祭祀用尸极有深意”[③]。南宋的罗泌却截然相反，他说：“今之像设方之于尸则尊且严矣，得先王之意，奚必古之拘哉?”[④] 清代的陆世仪持同样意见，他甚至替古人惋惜：“盖古人立尸，亦是想象之意，使当时有塑像法，古人必用之矣。”[⑤] 实际上，尊崇二程如朱子者都对设尸而祭表示怀疑，称“意谓今不用亦得”[⑥]，情势可知。苏轼提出“匍匐之讥”以后，在制礼探索上也是倾向于复古的，只不过他更属于兼容并包的完美主义者，如其言：“夫今欲使庙皆有主，祭皆有尸，不知何道而可？愿从诸君讲求其遗制合于古而便于今者。”[⑦] 真能如东坡所愿，既有尸，又有主；既合于古意，又便于今人行之而不烦，则何其难！观于前文“塑像于地”的设想，朱熹当是一名像祭的改良者。然而，细绎其意，却是不得已而变通之，他说：“宣圣本不当设像，春秋祭时，只设主祭可也。今不可行，只得设像坐于地，方始是礼。”[⑧] 如果有得选择，弃像投主，更遂其意。朱子诚好古礼，却并非泥滞之人，深得“礼以时宜”之宗旨。不意宋代的“时宜”到了明代却转变成了另一番面孔。至彼时，伊川之反对，东坡之探索，晦庵之本心，均得以大部分实现。

明代开始着手对像祭进行改革，并最终走向了革命。宋人尽管提出了

---

① （宋）欧阳守道：《巽斋文集》卷五《上吴荆溪乞改塑先圣像公札》，《景印文渊阁四库全书》第1183册，第542页。

② 陆世仪撰，张伯行编：《思辨录辑要》卷二五，《景印文渊阁四库全书》第724册，第229页。

③ （宋）程颢、程颐：《二程集》，第6页。

④ （宋）罗泌：《路史》卷四五《原尸》，《景印文渊阁四库全书》第383册，第628页。

⑤ （清）陆世仪撰，张伯行编：《思辨录辑要》卷二五，《景印文渊阁四库全书》第724册，第229页。

⑥ （宋）黎靖德编：《朱子语类》卷九〇《礼七》，第2311页。

⑦ （宋）苏轼：《苏轼文集》卷七《私试策问八首》，第203页。

⑧ （宋）黎靖德编：《朱子语类》卷九〇《礼七》，第2293页。

问题并力图解决问题，但在当朝未曾施行。直至元末，吴师道仍然在咀嚼宋人的疑惑而无如之何，其语云："夫塑绘之像，一毛发不似则他人。而垂足高坐，陈器于地，未免匍匐就食之讥。先儒尝以为非，而因袭之久，亦莫之能更也。"[①] 因袭而不能更改的局面在洪武朝被打破，打破的轨迹正是循着宋人的探索而予以推进。洪武四年（1371），朝廷对设祭位置进行更动，"初，孔子之祀，象设于高座，而笾豆罍爵皆陈于座下，弗称于仪，其来已久。至是，定拟祭物陈设，各为高案。"[②] 这就解决了东坡所调侃的"匍匐就食"的问题。可是，要想破解"若多一茎须便是别人"的难题，则必将走向破解初衷的反面。此语本为程颐极端反对像祭的偏激之言，依其意，要避免陷入祭或他人的荒唐无知中，惟有舍弃像祭方为正道。像祭自汉代开始，已经推行了一千多年，彼时的今俗已俨然演变为后时的古礼。《礼记》有云"凡祭，有其废之，莫敢举也；有其举之，莫敢废也。"其中缘由，郑玄释为"为其渎神也"，孔颖达解为"此明祭有常典，不可辄擅废兴"。[③] 这一恪守原则也是礼典能够保持长久稳定的一个重要因素。是以后世大都乐于承袭而难于革兴。然而在厘正祀典方面因勇于清洗陈规陋习而被史家称为"其度越汉、唐远矣"[④] 的朱元璋还是迈出了革故鼎新的第一步。洪武十五年（1382），南京国学新成，他毅然下令"去塑像，设木主"于其中。[⑤] 这是朝廷废除像祭所做出的最高层面的表率。从以继承发扬为善归到走向颠覆，才刚刚过了十年时间。不过，太祖未将这一做法推广开来。嘉靖九年（1530），世宗承乃祖之业，将"废像设主"之令行于天下。有明一代既推隆程朱之学，领悟并实现理学大师们的夙愿，实在情理之中。

明人毁像立主虽以宋人问题为启发，但对像祭的剖析，却完全超越了宋人在细节表象上的考究，并上升到哲理的高度。宋濂在其著名的《孔

---

① （元）吴师道：《礼部集》卷一九《国学策问四十道》，《景印文渊阁四库全书》第1212册，第280页。

② （明）林尧俞等纂修，俞汝楫等编撰：《礼部志稿》卷八五下《更定释奠孔子祭品礼物》，《景印文渊阁四库全书》第598册，第522页。

③ （汉）郑玄注，（唐）孔颖达疏：《礼记注疏》卷五《曲礼下》，《十三经注疏》，第1268页。

④ （清）张廷玉等：《明史》卷四七《礼志》，第1224页。

⑤ （明）陈镐纂修：《阙里志》卷之六《祀典》，第254页。

子庙堂议》中写道："不以古之礼祀孔子，是亵祀也"，"古者造木主以栖神……今因开元八年之制，抟土而肖像焉，则失神而明之之义矣"。[①] "神而明之"源自《周易·系辞》，韩康伯的解释是："体神而明之，不假于象"。[②] 方之于祭祀，其如设尸、立主之类，旨在追求一种神秘的交通感应，明而显之则有违其衷。此前，尽管已有元代姚燧斥学庙设像为"甚非神而明之、无声无臭之道也"。[③] 然而，真正从礼典方面进行有针对性的阐述并将其说加以扩广的则为宋濂此《议》。宋濂的古礼重提掀起了一股返古从古的潮流。正统八年（1443），国子助教李继又言太学土木肖像不称，亦非古制；天顺六年（1462），苏州知府林鹗私将文庙孔像易以木主；成化十七年（1481），国子监丞祝澜再疏以木主易塑像；[④] 弘治十二年（1499），南京兵科给事中杨廉请更阙里塑像为木主，据称"偶未及用，识者惜之"。[⑤] 可见嘉靖毁像亦非一日之寒。其中脉络，《明史》称"毁像盖用濂说"[⑥]，深得其源。

明代毁像的最大特色是以清理名教为标榜，即视孔像为效尤佛教之物，必欲去之而后快。孔庙塑像大致发生于佛教传入并开始传播之时，所以后世在追溯其原始时，大都将其视为佛教余蘖。较早有此指向者为姚燧，他说："泥人固非中土为主以祀圣人法也。后世莫觉其非，亦化其道而为之。"[⑦] 如果说姚氏此语尚嫌含糊的话，那么林鹗则是一语点破："孔子生于佛教未入中国前，乌识所谓泥像哉?"[⑧] 至丘濬则又遽下断言道："塑像之设，自古无之，至佛教入中国始有也。三代以前祀神皆以主，无

---

① 罗玉霞主编：《宋濂全集》第一册，第19页。

② （魏）王弼、（晋）韩康伯注，（唐）孔颖达疏：《周易注疏》卷七《系辞上》，《十三经注疏》，第83页。

③ （元）姚燧：《牧庵集》卷五《汴梁庙学记》，《四部丛刊初编》。

④ （明）沈德符：《万历野获编》卷一四《孔庙废塑像》，第361页。

⑤ 参见（明）罗钦顺《南京礼部尚书致仕赠太子少保谥文恪月湖先生杨公墓志铭》，收入黄宗羲编《明文海》卷四四二，第4695页；张廷玉等《明史》卷二八二《杨廉传》，第7247页。

⑥ （清）张廷玉等：《明史》卷五〇《礼志》，第1300页。

⑦ （元）姚燧：《牧庵集》卷五《汴梁庙学记》，《四部丛刊初编》。

⑧ 参见杨廉《刑部侍郎林公言行录》，载徐纮编《明名臣琬琰续录》卷九，《景印文渊阁四库全书》第453册，第378—379页；谷应泰《明史纪事本末》卷五一《更定祀典》，中华书局1977年版，第769页。

有所谓像设也。"[①] 这些推断无疑都将"塑像"纳入了儒释之争的范畴，无怪清人直解为"儒者之斥塑像，以其始于释氏也"。[②] 可以看出，毁方毫不费力就能占据了立论上的制高点。反其说者虽时有之，却持论不力，难以服人。[③] 各地文庙毁像成行后，有人视之为千古盛事，万历时徐三重就赞道："至嘉靖间，肃皇帝稽古法先，始毅然诏天下文庙尽撤塑像，易以木主，数百年陋妄敝事一旦尽革。……而缁羽诡徒，欲援大圣以扶彼说，至讪而参诸老释之行，既难与言万世名教，正当以国典裁之耳。"[④] 李之藻也称赞道："塑像本自佛教，去孔子殆五百年，仿佛画像而土木其形者耳。……故我太祖高皇帝毅然改为木主，世宗肃皇帝又命尽撤塑像，而后千古祀典之谬，一革而新焉。"[⑤]

塑像去后，木主代之而起。新一轮"时宜"随即到来，其中议论又别换洞天。称颂者虽极言"惟设为木主最为得礼之中"[⑥]，反对者却也曲径驳之。嘉靖令初行，刘世节即有议："至宋儒谓影像与祖考无干，专用木主，不知数寸之木与祖考有何相干也。古人木主之设，盖以古人用尸皆以子弟为之，高、曾、祖、考无以分别，故用主以识之。今不用尸而独用主，正如今之乡饮，主、介、宾、僎之帖，独有帖而无人也。"[⑦] 其后，吕坤也有回护之言："程伊川不取影堂，曰若多一茎须便是别人，不知木主何以似吾亲邪？古有铸金刻木琢石塑土以像亲者，皆出于思慕之极无聊不得已之情，亦何病于礼乎？"[⑧] 刘、吕二氏均只字不提孔庙巨变，中心可否却是昭昭可见。国祚鼎移，短长前朝政令已无所忌惮，邵长蘅直接开

---

① （明）丘濬：《大学衍义补》卷六五《秩祭祀》，《丛书集成三编》。

② （清）陆世仪撰，张伯行编：《思辨录辑要》卷二五，《景印文渊阁四库全书》第724册，第229页。

③ 孔继汾称："其说诚似矣，顾犹有疑者。考佛之入中国，始于汉明帝，而文翁石室已先有孔子坐像。"文翁石室孔像之误已辩于前文。何焯则辩为："《招魂》云像设君室，其来亦已久矣，不始于佛教之行也。"此处"像设"估计亦为画像，即使是塑像，是否适用于孔庙塑像概况，亦有可疑。参见孔继汾述《阙里文献考》卷一二《林庙第二之二》，第235页；何焯《义门读书记》卷三三，中华书局1987年版，第584页。

④ （明）徐三重：《采芹录》卷二，《景印文渊阁四库全书》第867册，第375页。

⑤ （明）李之藻：《頖宫礼乐疏》卷三《木主诂》，第93页。

⑥ 同上。

⑦ （清）嵇璜、曹仁虎等：《续通典》卷八四《礼》，《景印文渊阁四库全书》第640册，第590页。

⑧ 同上。

陈《复孔子像议》，要求更改嘉靖之令，重立孔像。[①] 就观感言之，木主似嫌压抑呆板。有后人在乍睹孔庙中众多乌黑的木主神牌后，竟不胜其迎面袭来的阴凉之气，只得踉跄而出，其阴暗意象历久难挥。[②]

毁令执行之日，终有不忍者，或衰绖哭留之，或依违以藏之，至有夫子像冢、圣人坟之奇闻异事。[③] 以上举动被顾炎武嘲讥为："甚矣，愚俗之难晓也。"[④] 然而尘埃落定，人们已然能够客观地、历史地看待这一切。设像与设主，似乎并不一定存在深仇大恨而必要舍此取彼。这一包容直接体现于现实的二者并存。禁令之下的落实情况自始至终就没有整齐划一，包括阙里在内为数不少的孔庙，其中所设塑像依然保留。董其昌在为青浦县孔子庙作《修复孔庙疏》时不仅自豪地说："肃皇帝易像而主，独孔宅遗像尚存，俨然有生气。"且称其为"此吾乡第一殊胜希有迹也"。[⑤] 陆世仪在听人言及苏州郡学立木主于座而刻孔子石像于旁时，即对曰"得之"。[⑥] 乾隆在论及尸、像、主三者优劣时亦说："若夫国学孔子之神位书板，自合神人之正道，而阙里之塑像，亦所谓有其举之不可废。"[⑦] 皇帝的话为威严政令之下的两途并行作出了最好的注脚。

像事推行既久，自有其不可替代性与存在的合理性。为庙以祀，虽以享祭先师为主，却也兼有敦促后学之谊。将古圣贤形之于像，并借此来激发人们的希圣希贤之心，是施政者热衷的一种宣教手段。据说唐代韦机就曾行此方于檀州僻陋之地且收效颇丰，因之有人将其功能称颂为"夫如是，岂非文未尽经纬，而书不能形容，然后继之于画也？所谓与六籍同

---

① （清）顾炎武著，黄汝成集释：《日知录集释》卷一四《像设》，第852页。

② 黄进兴：《优入圣域：权力、信仰与正当性》，第1页。

③ 参见孙灏、顾栋高等编纂《河南通志》卷六四《孝义》，《景印文渊阁四库全书》第538册，第104页；韩应嵩《夫子像冢记》，载夏力恕等编纂《湖广通志》卷一一〇《艺文志》，《景印文渊阁四库全书》第534册，第782页；田雯《古欢堂集》卷四四《长河志籍考》，《景印文渊阁四库全书》第1324册，第500页；顾炎武著，黄汝成集释《日知录集释》卷一四《像设》，第850页。

④ （清）顾炎武著，黄汝成集释：《日知录集释》卷一四《像设》，第850页。

⑤ （明）董其昌：《修复孔庙疏》，载《孔宅志》卷之三，第274页。

⑥ （清）陆世仪撰，张伯行编：《思辨录辑要》卷二五，《景印文渊阁四库全书》第724册，第229页。

⑦ 清高宗撰，沈初等编：《御制文三集》卷四《像设说》，《景印文渊阁四库全书》第1301册，第594页。

功，四时并运，亦宜哉!”[①] 枣强县学在修塑了历代百六人先贤像后，传记者称：“冠冕履舄，丹青炳烺。端拱列坐，俨如生存。然后孔子庙内外完好，不失典则，有以大启士民尊敬之心。”[②] 明代吕维琪将历朝历代所作圣贤像赞编为一册，各随像附之，其用意亦在于此，“吾冠洋子列象于书，令学者揭而见孔子俨然在上，又见颜孟诸子及历代配祀诸先生森然在傍，惕惕有羹墙寤寐之思。将流者归，杂者一，迁者还”。[③] 吕氏的良苦用心并未白费，光绪年间，孔氏后裔重新摹印此书，推崇道：“以故得观图像，寻绎赞词，无不向往顿增，景行倍切。噫嘻，盛德感人之深，固为此夫！则冠洋子《圣贤像赞》一书所有裨于世道儒风者，良匪浅鲜。”[④] 这种交接与感通一度被视为完美教学过程中不可缺少的一环。郴州庙学成，祖无择记云：“偶夫子与十哲于殿者，王若公若侯，各视其冕服。图六十子于庑，皆有次序。俨然如摄乎威仪，僾然如闻乎声音。左之右之，有经有史。学者有能用力于斯不懈，可以变冥为昭，言具齐圣。”[⑤] 除此之外，还有人提及孔像抚慰人心的作用，其说为：“予观今世之人虽甚强戾无道，然入吾夫子庙而觌其遗像，未有不肃然敬者。”[⑥]

后人以汲取古人智慧为目的，然而就认知情感过程而言，慕而思人，实入佳境。孔子平素就以梦见周公为乐事，甚至以不复梦此而懊恼于自己的暮老之年。[⑦] 太史公读孔氏书，亦无时无刻不在“想见其为人”[⑧]，登其庙堂，虽无睹故人，也要低回留之不能去。往昔圣贤，面目早已不可寻，可是后人接触，往往更易于将遐想寄寓于可观之像，纵有不类亦无大妨。明人陆深就深有体悟，他曾整日地待在斋房之内，朝夕瞻对圣贤之像，“如身游洙泗亲接圣贤于唯诺之间，取以为省躬修已之助者良多，又

① （宋）郭若虚：《图画见闻志》卷一《叙自古规鉴》，《四部丛刊》续编。

② （元）程端礼：《畏斋集》卷五《枣强县学修饰两庑及从祀先贤像记》，《景印文渊阁四库全书》第1199册，第685页。

③ （明）吕维琪编：《圣贤像赞·序》，山东友谊书社1989年版，第15—16页。

④ 同上书，第22页。

⑤ （宋）祖无择：《龙学文集》卷七《郴州学记》，《景印文渊阁四库全书》第1098册，第823页。

⑥ （明）王立道：《具茨文集》卷四《拟六卿送衍圣公庆贺礼成东归序》，《景印文渊阁四库全书》第1277册，第794页。

⑦ （魏）何晏注，（宋）邢昺疏：《论语注疏》卷七《述而》，《十三经注疏》，第2481页。

⑧ （汉）司马迁：《史记》卷四七《孔子世家》，第1947页。

不特区区识其器数而已，古人谓书画真有益者如是”。[①] 这就是像事的意义与魅力所在。往时入孔庙，须秉肃然起敬之心。现今不妨学太史公，流连低回于其像，适可以自励。

孔庙中的画像和塑像人物，他们的数量是逐步增加的。最早形之于图的主要是夫子，也有附加一二弟子的。祢衡所作《颜子碑》中的“配圣馈，图辟雍”，即指孔子、颜子像。《水经注·泗水》中的“庙有夫子像，列二弟子执卷立侍，穆穆有询仰之容”，即指孔子与二弟子像。《洛阳伽蓝记》中的“司徒府南有国子学堂。内有孔丘像，颜渊问仁、子路问政在侧”[②]，即指孔子、颜渊、子路三人像。

孔庙立像的数量在东魏有所突破。孝静帝兴和三年（541），兖州刺史李珽修整孔庙，庙中是“既缮孔像，复立十贤”[③]。十贤即孔门四科之子。经此增设，庙中共塑师生十一人。唐开元八年（720），在国子司业李元瓘的建议下，将颜子等十哲的立像改为坐像。除此之外，又增进了曾参的塑像，坐于十哲之次。七十子及二十二贤则图画于庙壁上。至此，共塑师生十二人。宋度宗咸淳三年（1267），孔庙配享定制为颜回、曾参、孔伋、孟轲四人。此后，孔庙中的塑像基本稳定在孔子、四配、十哲等人身上，共十五位。其他从祀，或塑像，或图画，形式并不一样。当然，这只是粗略的描述，涉及具体的文庙，又情况不一。偏僻之地，有仅塑孔子一人的，有延及四配的，又有全部付之画像的，各根据当地实际情况而行。但只要物力、财力、人力等条件足够充分，塑像之荣就会沾及所有享祭圣贤。[④]

孔庙中的祭位以孔子为正，坐北朝南。四配、十哲均东西列侍于殿中，先贤先儒则分列于东西两庑。这是历经修订而最终形成的排列模式。

---

① （明）陆深：《俨山集》卷八八《跋圣哲图》，《景印文渊阁四库全书》第1268册，第572页。

② （北魏）杨衒之著，杨勇校笺：《洛阳伽蓝记》，第11页。

③ （金）孔元措：《孔氏祖庭广记》卷一〇《庙中古碑》。

④ 参见（元）虞集《道园学古录》卷三五《奉元路重修先圣庙学记》；（元）揭傒斯《揭文安公全集》卷一〇《富州重修学记》；（元）程端礼《畏斋集》卷五《枣强县学修饰两庑及从祀先贤像记》；（明）王鏊《姑苏志》卷二四《学校》；（明）王鸣吉《苏州府学重修庙貌记》（收入钱谷辑《吴都文粹续集》卷四）；（明）杨维桢《重修宣圣庙记》（收入《吴都文粹续集》卷六）；（清）阿桂、刘谨之等奉敕撰《钦定盛京通志》卷四三《学校一》，《景印文渊阁四库全书》第502册，第140页。

夫子之位最初为东向，而非南向。东汉章帝至鲁祭孔，“升庙西面”祭拜；《水经注》显言孔子庙屋三间，“夫子在西间，东向”。其时，孔子位为坐西朝东。这一设位方向到了开元二十七年（739）更为南面。以后基本稳定。

孔子神位改用木主后，木主的大小尺寸都有定式。洪武制：大成文宣王木主长三尺三寸五分，连上云下座共五尺二寸。阔七寸，连左右云共一尺一寸五分。嘉靖制：至圣先师木主高二尺三寸七分，阔四寸，厚七分。座高四寸，长七寸，厚三寸四分。清制：木主高二尺五寸五分。广六寸五分，厚一寸。小座高四寸五分，大座高一尺四寸五分。龛二重，内龛连座高九尺四寸，广六尺，深三尺七寸，外龛高一丈七尺四寸，广一丈五尺六寸，深八尺一寸。二龛安放在黄琉璃大座上，座高三尺，广一丈七尺二寸，深九尺七寸。木主为朱地金书，上题“至圣先师孔子神位”。

嘉靖九年孔庙改制可称得上是孔庙发展史上最不寻常的事件，改制所涉内容除了上文提到的削王号、毁塑像、换木主、去章服外，还包括减杀祭品、进退诸儒、改称大成殿为孔子庙、增设启圣祠等，其议及范围之广、震动人心之巨，史无前例。但孔庙改制仅仅是嘉靖朝礼仪更定的一小部分。世宗以外藩入继，初继位时的“大礼议”之争让新君旧臣乍一逢面就如临大敌，而在“继统”与“继嗣”关系上所发生的争论，也为新贵排斥勋旧提供了可乘之机。世宗借助新贵力量，一举在大礼议之争中获胜。自此以后，“迭议大礼，舆论沸腾，幸臣假托，寻兴大狱”[①]。

明世宗的所作所为，让很多人难以接受，有抗论者就指出：“陛下万几之余，留神典礼，甚盛举也。但恐生事之臣望风纷起，今日献一议，谓某制当革，明日进一说，谓某制当复，国家自此多事矣。况祖宗成法，守之百六十年，纵使少不如古，循而行之，亦未为过，何必纷纷事更易乎?”[②] 顾炎武则直接批评为：“至有明嘉靖九年，欲以制礼之功盖其丰昵之失，而逞私妄议，辄为出入，殊乖古人之旨。”[③] 对于孔庙巨变，后世

① （清）张廷玉等：《明史》卷一八《世宗本纪二》，第250页。

② （清）张廷玉等：《明史》卷二〇八《王汝梅传》，第5502页。

③ （清）顾炎武著，黄汝成集释：《日知录集释》卷一四《嘉靖更定从祀》，第855页。

往往视张璁为罪魁祸首[①]。其改制内容，确实几乎全部来自张璁。可是，如无嘉靖的支持与实施，仅凭张璁是不可能成事的。

第二节　配享——四配

孔庙威仪，除了彰显于建筑气势与夫子盛容外，还体现在一个具有强大阵容的随祀团体上，这个团体可通言为从祀。从祀有尊有卑，为了示以分别，一般又在习惯上称从祀中的尊者为配享，卑者为从祀。就位置来看，配享、十哲在殿中，其他从祀在两庑。从祀人员的排列次序大致是根据从祀者与孔子的关系远近及对儒学贡献的大小进行安排的。后文将对它们的形成过程一一加以叙述。

配享之礼自古有之，其目的在于报功劝忠。郊祭、社稷、宗庙等均有配享。《礼记·祭义》云："郊之祭，大报天而主日，配以月。"《礼记·祭法》云："有虞氏禘黄帝而郊喾，祖颛顼而宗尧；夏后氏亦禘黄帝而郊鲧，祖颛顼而宗禹；殷人禘喾而郊冥，祖契而宗汤；周人禘喾而郊稷，祖文王而宗武王。"[②] 可见，无论祭天还是祭祖，在享祀模式上都会遵循一定的搭配关系选择一位合适的配食者。配享人选与配享人数都不能随意安排。陈大猷称："配者，对也。郊祀后稷以配天，宗祀文王于明堂以配上帝，所对止一人耳。配食乃大勋劳之人方配，非遍及有功之人。"[③] 很显然，有资格入围配享者，绝非平庸之辈，而配享人数又是绝无仅有的。后世配享往往超出一人，甚至数人不等。汉代宗庙祭祀，以功臣配享庙庭，一时将相已有数十位。自晋以后，凡祀祖宗，皆以数位功勋大臣配享。

弟子侑食于师，古籍无载，后世一旦形成，却是超佚往古，远非功臣配享于帝王庙庭可比。郝经对此一从祀体系的形成轨迹作了简单梳理：

> 初，汉世祠孔子无配享者，其后以七十二弟子配，又其后特以颜子配，又以孔子所称颜子以下十人者为十哲，庙貌坐配。后又升孟子与颜子左右并配，皆南向，号称入室。升曾子以备十哲，东西向，号称升堂。七十子配于东西序，后又以左丘明等二十二人配食七十子之

---

① 参见潘祖荫《文庙祀典考序》，载庞钟璐《文庙祀典考》；沈德符撰《万历野获编》，第854页；（明）焦竑撰《玉堂丛语》，第93页。

② 参见《十三经注疏》，第1594、1587页。

③ （宋）陈大猷：《书集传或问》卷上，《景印文渊阁四库全书》第60册，第238页。

列。于是，典礼之盛轶古帝王名臣矣！[1]

对于这一有超常格的从祀创举，王应麟也津津乐道：“古者惟功臣与祭大烝，未闻弟子从祀于师也。自建武祠七十二子于孔庙，然亦不出阙里也。贞观末，加以左、卜诸儒从祀太学，而武成王之祠亦仿而为之。总章、开元以来，又加诸儒以三等之爵，而州县学官咸有从祀矣。”[2] 王氏所定弟子从祀始于建武之时显然有误[3]，然而所言孔庙从祀情形大致不错。孔庙从祀体系，人数既众，规制又严，后世武成王庙、关帝庙、三皇庙[4]等纷纷仿效。儒生们表现在孔庙从祀建构上的热情，连帝王庙都有不敌之忧，以至于康熙六十年（1721），皇帝要出面干涉：

> 朕见历代帝王庙每朝崇祀不过一二主，或庙享其子而不及其父，或配食其臣而不及其君，皆因书生议论而定，甚未允当。况前代帝王曾为天下主，后世之人俱分属臣子，而可轻肆议论定其崇祀与不崇祀乎？今宋明诸儒人，尚以其宜附孔庙，奏请甚多。至古帝王宜入庙崇祀，从未有人奏请。……朕意以为，凡曾在位，除无道被弑亡国之主，此外尽应入庙，即一二年者亦宜入庙崇祀。[5]

可见孔庙享祀体系的影响之大。

这一从祀体系的意义何在？就祭祀本质来说，在于报答此数人羽翼圣学之功。李之藻称：“其从祀何也？圣人之徒，亲炙私淑不必同，然躬任斯道，羽翼绍明，夫皆有功后学，列诸祀典，亦崇德报功之义也。”[6] 圣

---

① （元）郝经：《续后汉书》卷八七中上，《景印文渊阁四库全书》第386册，第517页。

② （宋）魏了翁：《鹤山先生大全文集》，《四部丛刊初编》。

③ 七十子从祀当始于汉明帝时。《后汉书·明帝纪》（第118页）载：“（永平十五年）幸孔子宅，祠仲尼及七十二弟子。”另，丘濬《大学衍义补》（卷六五）中定汉安帝延光三年为后世祀孔子弟子之始，实误。

④ 武成王庙、关帝庙见前文。三皇庙见（元）揭傒斯《揭文安公全集》卷一〇《增城三皇庙记》，《四部丛刊初编》。

⑤ （清）来宝、李玉鸣等奉敕撰：《大清通礼》，《景印文渊阁四库全书》第655册，第154页。

⑥ （明）李之藻：《頖宫礼乐疏》卷二《从祀沿革疏》，《景印文渊阁四库全书》第651册，第38页。

人之学若无弟子后学发扬传播，终会湮灭无闻而不能持久。反过来说，这一庞大的从祀团体如众星捧月，更能衬托出孔子之道的广大尊贵，周琦称之为："从祀以四配，以十哲，以两庑，见孔子之道大而能博，诚以万世为王者也。"[①] 从祀与正享，二者彼此激荡。就祭祀功能来说，以名儒从祀能够很好地发挥此一机制对后学的敦劝之效。叶春及与叶梦熊叔侄二人就曾以"他日若不俎豆其间，非丈夫矣"彼此相期许。[②]

孔庙从祀体系的形成轨迹大致为：开始于东汉，在唐代大规模发展，在宋代基本定型，明清继续扩充。从祀人数，历朝递加。明初据王祎统计为一百一十九人，包括四配、十哲、七十一弟子、三十四贤儒。[③] 到了清末，从祀者增加到一百七十位了，包括四配、十二哲、七十八位先贤、七十六位先儒。民国八年，又增先儒颜元、李塨二人，共一百七十二位。[④] 在从祀制度建立的过程中，从祀队伍并不稳定，除了增祀以外，还常有罢祀、改祀、复祀等现象发生。

一　四配形成过程

四配按配享地位排列，依次是颜子、曾子、子思、孟子。按配享时间排列，依次是颜子、孟子、曾子、子思。四人的崛起轨迹是不一样的。

表 3—1　　　　四配封赠

配享者	封赠情况		配享情况	
	尊号封爵	封赠时间	配享时间	备注
颜子（颜回）	太子少师	唐总章元年（668）	自汉代起	唐高祖武德间及高宗永徽间，都一度以周公为先圣、孔子为先师，颜回也随之降为从祀
	太子太师	唐太极元年（712）		
	兖公	唐开元二十七年（739）		
	兖国公	宋大中祥符二年（1009）		
	兖国复圣公	元至顺元年（1330）		

① （明）周琦：《东溪日谈录》卷五《祭祀谈下》，《景印文渊阁四库全书》第714册，第166—167页。

② （清）郝玉麟等监修，鲁曾煜等编纂：《广东通志》卷四六《人物志》，《景印文渊阁四库全书》第564册，第185页。

③ （明）王祎：《王忠文集》卷一五《孔子庙庭从祀议》，《景印文渊阁四库全书》第1226册，第306页。

④ 山东省地方史志编纂委员会：《山东省志·孔子故里志》，第371—375页。

续表

配享者	封赠情况		配享情况	
	尊号封爵	封赠时间	配享时间	备注
曾子（曾参）	太子少保	唐总章元年（668）	宋咸淳三年（1267）	唐睿宗太极间一度配享，很快中辍
	太子太保	唐太极元年（712）		
	郕伯	唐开元二十七年（739）		
	瑕丘侯	宋大中祥符二年（1009）		
	武城侯	宋政和元年（1111）		
	郕国公	宋咸淳三年（1267）		
	郕国宗圣公	元至顺元年（1330）		
子思（孔伋）	沂水侯	崇宁元年（1102）	宋咸淳三年（1267）	
	沂国公	宋咸淳三年（1267）		
	沂国述圣公	元至顺元年（1330）		
孟子（孟轲）	邹国公	宋元丰六年（1083）	宋元丰七年（1084）	明洪武间一度罢享，很快恢复
	邹国亚圣公	元至顺元年（1330）		

颜渊在汉明帝首祀七十二弟子之时，就已位列第一。① 祢衡作《颜子碑》也有“配圣馈”之语。② 三国魏曹芳之时，已以颜渊配享为常。③ 北齐“拜孔揖颜”之礼尤为盛行。贞观二年（628），太宗一改高祖释奠以周公为先圣、孔子为先师之例，复称孔子先圣、颜子先师。总章元年（668），颜子被追封为太子少师；太极元年（712），又继赠为太子太师；开元二十七年（739），封兖公；宋大中祥符二年（1009），封为兖国公；元至顺元年（1330），又赠为兖国复圣公。

曾子因以孝行卓著而成名，所以在唐朝受到极大的关注。总章元年（668），赠太子少保；太极元年（712），赠太子太保；开元八年（720），

① 清儒庞钟璐持此说，黄进兴先生则认为此属庞氏的虚拟之词（见《优入圣域：权力、信仰与正当性》，第260页）。但根据后世出土的汉画像石判断，庞氏所言不为虚妄。如出土于山东嘉祥齐山现保存在武氏祠的“孔老相见”汉画像石、内蒙古和林格尔汉墓壁画上的孔子见老子画像、山东平阴县实验中学出土汉画像石7号石，画像中的孔门弟子，都是以颜渊为首。参见姜生《汉画孔子见老子与汉代道教仪式》，《文史哲》2011年第2期；平阴县博物馆《山东平阴县实验中学出土汉画像石》，《华夏考古》2008年第3期。

② （唐）欧阳询：《艺文类聚》卷二〇《人部四》，第365页。

③ （晋）陈寿：《三国志》卷四《魏书·齐王芳传》，第120页。

以曾子受《孝经》，特为塑像，坐于十哲之次；二十七年（739），赠郕伯[①]；宋大中祥符二年（1009），封瑕丘侯；政和元年（1111），以丘字犯先圣名，改封武城侯；咸淳三年（1267），晋配享位，封郕国公；元至顺元年（1330），赠郕国宗圣公。

子思，宋崇宁元年（1102），封沂水侯；大观二年（1108），从祀于左丘明二十二贤之间；端平二年（1235），升列十哲；咸淳三年（1267），封沂国公，晋配享位；元至顺元年（1330），赠沂国述圣公。

孟子的升级履历较为简单，宋元丰六年（1083），封邹国公；元丰七年（1084），晋配享位；元至顺元年（1330），赠邹国亚圣公。

颜渊算是孔庙中的宠儿，生前最得夫子心意，身后遂得陪侍左右。孔庙祭祀体系形成初期，孔颜组合就已经极为盛行，“拜孔揖颜”几成为孔庙祭祀通例。千年之后，纵使孟子、曾子、子思崛起，颜子的首席地位也从未受任何撼动。如果对孔庙入祀规律稍稍有所了解，就一定会惊叹颜子的宠祀奇迹。孔庙入祀门径，向来不离两途，要么借著述之功，要么借传道之功。以此二途衡量，颜子均非佼佼者。甚至于其生平事迹，相关记载也很少。宋人彭汝砺作《颜子》诗，其中有言：“试读尘编问遗事，终身不及百余言。”[②] 那么，颜子何以会在四配中具有如此稳固的地位呢？李之藻曾解释过其中的原因，他说：“唐以前第配颜子，固以好学不惰，殆庶之诣，独冠群贤故耳。”[③] 此解显然有未尽之旨，难令人心惬。颜子的影响力是在汉晋之时形成的，奠定此一基础的，除了他本身的德行修养与好学不辍外，还有一个时代性因素，即东汉顺帝时开始实行的破格选才制。

《后汉书·顺帝纪》有载：“初令郡国举孝廉，限年四十以上，诸生通章句，文吏能笺奏，乃得应选；其有茂才异行，若颜渊、子奇，不拘年齿。”[④] 此令用意，在于向仕途中引入一种灵活机制，以免因限年之法而扼杀早悟俊才。效果如何，暂且不论。其令文用典却是无意之中将颜回塑

---

① 《新唐书·礼乐志》作“成伯”，实误。

② （宋）彭汝砺：《鄱阳集》卷一一《颜子》，《景印文渊阁四库全书》第1101册，第302页。

③ （明）李之藻：《頖宫礼乐疏》卷二《祀典存疑》，《景印文渊阁四库全书》第651册，第76页。

④ （宋）范晔：《后汉书》卷六《顺帝纪》，第261页。

造成了少年得志的偶像，后世激扬声誉，往往喜以此相标榜。[①] 颜回声名由之大噪。此前明帝、章帝、安帝至阙里祭孔，都是以七十二弟子从祀。顺帝后，则逐渐过渡到以颜子一人配。其中始末，自有端委。颜子之受推崇，在祢衡所作《颜子碑》中体现得淋漓尽致，全文如下："禀天地之纯和，钟岳渎之休灵。睿哲之姿诞自初育，英绝之才显乎婴孩。在束修之齿，入宣尼之室。德行迈于三千，仁风横于万国。知微知彰，闻一觉十。用行舍藏，与圣合契。名为四科之冠，实尽疏附之益。尔乃安陋巷挹清流，甘箪瓢以充饥，虽屡空而不忧。于时河不出图，周祚未讫，仲尼无舜禹之功，先生抱元凯之烈。其辞曰：亚圣德，蹈高踪。游洙泗，肃礼容。备懿体，心弥冲。秀不实，振芳风。配圣馈，图辟雍。纪德行，昭罔穷。"魏高贵乡公作《颜子论》亦称："心不违仁，行无二过。用行舍藏，与同进退。听承圣言，罔有不喻。叙之于易，以章殊异。死则悲恸，谓天丧已。所以殷勤至于此者，圣人嘉美良才之效也。设使天假之年，后孔子没，焉知其不光明圣道，阐扬师业，有卓尔之美乎？"[②] 唐以后，颜回的孔庙独享局面被打破，可是他的首祀地位自始至终没有受到过任何冲击。

在配享的后起之秀中，孟子与颜回的竞争最为激烈。甚至有明显的迹象表明，他们之间还上演过一场"亚圣"争夺战。[③] 孟子尽管列于四配之末，但是他配享孔庙要早于曾子（曾子在唐初一度配食，很快中辍）、子思。孟子的地位在神宗朝骤升，从获得邹国公封号到配享孔庙，仅仅用了两年时间。孟轲配享起于晋州州学教授陆长愈之请，其请奏为：

> 长愈窃以谓朝廷既封孟轲为邹国公，则亦宜从祀。盖爵位既加，礼数必异。跻之于先师则为已隆，班之于十哲则为已杀，惟与颜子并配为得其宜。至于序坐，则非长愈所敢议也。孔子之得颜回，则回也见而知之。孟轲之学孔子，则轲也闻而知之。见而知之而为圣人之亚，闻而知之而为圣人之徒，其时虽殊，其道则一。此长愈所以谓并配为得其宜也。论其知觉之先后，居世之近远，则门人为亲，而颜必

① 详见拙文《世说新语札记三则》，《湖南大学学报》（社会科学版）2009年第1期。

② （唐）欧阳询：《艺文类聚》卷二〇《人部四》，第365页。

③ 朱维铮：《中国经学史十讲》，复旦大学出版社2002年版，第17—29页。

处孟上；以其闻先圣之道，距杨、墨之言，后世为有功，而孟不在颜下。此长愈所以谓序坐则非所敢议者也。[①]

细观长愈之文，已有以孟抗颜之感。虽然情景无法复活，但只以颜回配享近千年的历史常态来说，陆氏的序坐之议显然充满了挑衅性。关于此次请奏，朝廷内部意见不一。太常寺以为配享当以孔子同时之人，孟子异代，不接于夫子，不可；礼部援贞观二十二贤为例（后文详述），以为但可取著德立功其道有成者，不必皆用同时之人。皇帝采纳了后者意见，增孟子配享，位于颜子之下，国子监及天下学庙皆塑邹国公像，冠服同兖国公。[②] 孟子配享虽得成行，然而极具悬念的序坐期待却平平收场，不知长愈之心是否仍有难餍之意？长愈此议的提出以及当局的采纳，都暗示了孟子其时正备受推崇的盛况。颜子的情况则恰恰相反，虽然真宗时还为了突出其亚圣异望，授予国公封爵，以别于其他九人的郡公封爵。[③] 但元丰二年（1079），就有京兆府学教授蒋夔提议降杀颜子待遇："可曰'兖国公颜子'，毋称先师，毋读祝，其祭器、牲体、荐享、祝献之仪，一切降杀，毋拟于其师。"[④] 这显然是在为提高孟子的享祀地位做前期铺垫工作。

两宋之时，孟子及《孟子》所受到的关注度大为提升。孟学是当时的学术主流之一，很多学者对孟子推崇备至。程颢尝自谓："孟子没而圣学不传，以兴起斯文为己任。"[⑤] 欧阳修称："孔子之后惟孟子最知道。"[⑥] 黄庭坚则称："由孔子以来，求其是非趋舍，与孔子合者，惟孟子一人。孟子，圣人也。"[⑦] 王安石更是一生都对孟子景仰不已，多次作诗来抒发此般情怀："沉魄浮魂不可招，遗编一读想风标。何妨举世嫌迂阔，故有斯人慰寂寥"，"韩公既去岂能追，孟子有来还不拒"，"他日若能窥孟子，

---

① （宋）赵汝愚编：《宋朝诸臣奏议》卷九一，第986页。

② （元）脱脱等：《宋史》卷一〇五《礼志》，第2549页。

③ （宋）李焘：《续资治通鉴长编》卷七一《真宗五月乙卯》，第1605页。

④ （宋）李焘：《续资治通鉴长编》卷二九六《神宗元丰二年春正月甲午》，第7201页。

⑤ （宋）程颢、程颐：《二程集》，第638页。

⑥ （宋）欧阳修撰，陈亮编：《欧阳文粹》卷七《与张秀才二》，《景印文渊阁四库全书》第1103册，第701页。

⑦ （宋）黄庭坚：《黄庭坚全集》，四川大学出版社2001年版，第507页。

终身何敢望韩公"。[1] 王安石尤喜读《孟子》，并亲自为之作解。其子王雱及门人许允成也都有注释。孟子受到推崇，一则与他的道统地位有关，二则与他的辟异端勇气有关，三则与他的经世之学有关，四则与他的性命之学有关。

"孟子热"的推动者可溯及韩愈，他的"道统"观几乎影响了后面几个朝代的学术建构体系。《原道》中的道统是如此提出来的："斯吾所谓道也，非向所谓老与佛之道也。尧以是传之舜，舜以是传之禹，禹以是传之汤，汤以是传之文、武、周公，文、武、周公传之孔子，孔子传之孟轲。轲之死，不得其传焉。"[2] 其时佛、老弥漫盛行，儒道岌岌可危。昌黎本意，大概是借此以抗佛、老，以固阵营。但是他的道统提法却是前所未见，连程伊川亦是说其语既非蹈袭前人，又非凿空撰得，且称："韩愈亦近世豪杰之士，如《原道》中言语虽有病，然自孟子而后，能将许大见识寻求者，才见此人。"[3] 历史表明，正是借助于韩愈所构筑的道统链条的机缘，孟子获得了额外之运，后世道学凡提传道、承道、知道、护道之事，几必以孔孟并举。孟子排斥异端的形象，因世风浇漓而具有了长期存在的合理性。

孟子配享与王安石有很大关系。朱熹早就说过："孟子配享，乃荆公请之。"[4] 神宗朝是王安石仕途生涯最为活跃的时期，也是孟子迅速崛起的时期。先看一下孟子在此一朝的升级步骤。熙宁四年（1071），在王安石推动下，《孟子》被列入科举经书取士之列。[5] 熙宁七年（1074），判国子监常秩等请立孟轲、扬雄像于庙庭。[6] 元丰六年（1083），以礼部尚书曾孝宽言，封孟子为邹国公。[7] 元丰七年（1084），陆长愈奏请孟子配享，在廷议争论中，林希的《上神宗论孟子配享》一疏最终促成此举。孟子的晋级过程仅用了十三年时间。在这几道步骤

---

① 参见《王安石全集》卷七三《孟子》（第558页）；卷五一《秋怀》（第418页）；卷五五《奉酬永叔见赠》（第449页）。

② 屈守元、常思春主编：《韩愈全集校注》，第2665页。

③ （宋）朱熹：《近思录》，收入《朱子全书》第十三册，第283页。

④ （宋）黎靖德编：《朱子语类》卷九〇《礼七》，第2294页。

⑤ （宋）李焘：《续资治通鉴长编》卷二二〇《神宗》，第5334页。

⑥ （元）脱脱等：《宋史》卷一〇五《礼志》，第3548页。

⑦ （宋）李焘：《续资治通鉴长编》卷三四〇《神宗》，第8196页。

中，除了第一步王安石起着明显的作用外，其他几步的倡导者也都与王安石有着千丝万缕的政治联系[①]。是以孟子配享，是王安石最终推动的结果。

孟子在受追捧的同时，优遇随之而来。仁宗景祐年间，孔子后裔孔道辅守兖州，有感于“诸儒之有大功于圣门者，无先于孟子”，随即为孟子立庙一座，以公孙丑、万章、乐正克之徒配享。[②] 徽宗政和五年（1115），孟庙从祀人数猛增至十八人。乐正克封利国侯配享，公孙丑以下十七人封伯从祀。[③] 此外，在宋朝以孟子配享孔庙后，金朝也以“兖国公亲承圣教者也，邹国公力扶圣教者也”为据，将颜、孟安排于孔子左右配享。[④] 元仁宗延祐三年（1316），追封孟子父为邾国公，母为邾国宣献夫人。[⑤]

孟子晋享于孔庙，可谓有着平步青云之速。可是，当孟子与朱元璋相逢，则发生了戏剧性的变化。洪武五年（1372），太祖览阅《孟子》，当读至“君之视臣如土芥，则臣视君如寇仇”一语时，即以此“非臣子所宜言”，旋诏罢其配享。动作之迅速，不容稍议。随诏书一并下达的是，“有谏者以大不敬论”[⑥]。按明代律例，大不敬为十大恶之一，死罪不赦。足见朱元璋怒气之难抑。可是皇权专断并没有威慑住所有人，刑部尚书钱唐就是一位。他在朱元璋废止天下通祀孔子时就曾伏阙上疏，此次又冒死上谏，且自言：“臣为孟轲死，死有余荣。”太祖究不失为英明之主，自

---

① 《宋史·常秩传》（第10596页）载：“初，秩隐居，既不肯仕，世以为必退者也。后安石为相更法，天下沸腾，以为不便，秩在闾阎，见所下令，独以为是，一召遂起。”曾孝宽为曾公亮之子，《宋史·曾公亮传》（第10234页）载：“公亮方厚庄重，沉深周密，平居谨绳墨，蹈规矩；然性吝啬，殖货至巨万，帝尝以方张安世。初荐王安石，及同辅政，知上方向之，阴为子孙计，凡更张庶事，一切听顺，而外若不与之者。尝遣子孝宽参其谋，至上前略无所异，于是帝益信任安石。安石德其助已，故引擢孝宽至枢密以报之。”《宋史·曾孝宽传》（第10234页）载：“熙宁五年，迁枢密都承旨，承旨用文臣，自孝宽始。擢拜枢密直学士，签书枢密院。”林希也为新党之列，据（明）陈邦瞻编《宋史纪事本末》卷四六《绍述》（中华书局1977年版，第448—449页）载：“时帝有绍复熙、丰之志，首起惇为相，于是专以绍述为国是，遂引其党蔡卞、林希、黄履、来之邵、张商英、周秩、翟思、上官均等居要地，任言责，协谋报复。”

② （宋）孙复：《孙明复小集》，《景印文渊阁四库全书》第1090册，第175页。

③ （元）马端临：《文献通考》卷四四《学校考五》，《景印文渊阁四库全书》第611册，第83页。

④ （元）脱脱等：《金史》卷三五《礼志》，第816页。

⑤ （明）宋濂等：《元史》卷七六《祭祀志》，第1892页。

⑥ （清）张廷玉等：《明史》卷五〇《礼志》，第3982页。

知放纵独断可行于一时，却不能据为久远计。事情的结果是："帝鉴其诚恳，不之罪。孟子配享亦旋复。"①《明史·礼志》中还记载了太祖的诏复短言："孟子辨异端，辟邪说，发明孔子之道，配享如故。"② 经此一劫，孟子地位更为稳固。

有必要就颜子、孟子的"亚圣"名号转移做一下解释。亚圣本来是一个通用的赞称，即仅次于圣的杰出人物。如"成王有亚圣之贤，故周公得辅而相之"③，"丘明亚圣之才"④，"至于子张、子路、子贡等七十之徒，亚圣之德，然犹各有所短"⑤。甚至于孔子曾经也被称为亚圣，"昔孔丘亚圣，母墓毁而不修"。⑥ 当然，因亚圣立点极高，能获得此一荣称的人也算绝无仅有。不知何时开始，也未见正式的令文册封，总之，在唐、宋间，亚圣已约定俗成地成了颜子的专称。李隆基开元年间，凡语及颜子，必以亚圣称之，"以颜子亚圣，上亲为之赞"，"颜子渊既云亚圣，须优其秩，可赠兖公"⑦。大概孔子既称先圣，颜子之位又仅次于孔子，是以称亚圣。宋代以后，随着孟子地位的提高，颜回所享受到的名号之尊也受到了冲击，先是"先师"身份遭到指责，再是邹国公与兖国公并尊局面的出现。到了元代，元文宗分别封颜子为兖国复圣公、孟子为邹国亚圣公，孟子不费吹灰之力就获得了这一长期专属于颜子的尊贵称谓，而颜子的"复圣"也不失为一额外的追加补偿。明嘉靖时，去掉颜子、孟子封号中的爵位，直接称为复圣颜子、亚圣孟子。当然，以孟子其时的影响而言，这也是一件水到渠成的事情。

曾子、子思一块升入配享，四配格局最终成型。曾参最初是因孝行而闻名。唐高宗时，太子李弘行释奠礼，上表请求将曾参与颜回一起褒封。高宗对太子的表现甚为满意，随即降旨赠颜回为"太子少师"、曾参为"太子少保"。总章元年的这次册封，是否同时促成了曾参的配享事宜，

---

① （清）张廷玉等：《明史》卷一三九《钱唐传》，第3982页。

② （清）张廷玉等：《明史》卷五〇《礼志》，第1296页。

③ （梁）萧子显：《南齐书》卷四五《始安贞王道生传（附遥昌传）》，中华书局1972年版，第793页。

④ （唐）魏徵等：《隋书》卷五八《魏澹传》，第1419页。

⑤ （晋）陈寿：《三国志》卷六四《吴书·诸葛恪传》，第1432页。

⑥ （后晋）刘昫等：《旧唐书》卷九六《姚崇传》，第3027页。

⑦ （后晋）刘昫等：《旧唐书》卷二四《礼仪志》，第920、921页。

史阙记载，不详所以。[①] 四十多年后，曾参与颜回又分别被追封为“太子太保”“太子太师”，与之同时，曾子得以与颜子并配享于孔子庙。[②] 这是有关曾参配享的最早确切记载，但据其后史料分析，颜、曾共配似乎只是睿宗朝的一时盛举，并没有维持下去，曾子仍归属于七十弟子之列。开元八年（720），曾子虽以“大孝，德冠同列”[③] 而颇受眷顾，实际上仅得坐次于“十哲”之后。开元二十七年（739），孔门弟子获赠爵秩，颜子称公，“十哲”称侯，曾子只赠予伯。在唐代，曾子虽然偶获破格之遇，但实质地位没有多大改变。至宋代，曾子地位发生根本改变。他先获侯爵，并接替颜子增补于十哲之列，其后又获公爵，且由十哲荣升配享。

曾子配享，在很大程度上与“四书”中的《大学》有关，而不是以往凸显于他身上的孝道标签。这种变化轨迹在其配享前后的赞文中体现得非常明显。唐人苏颋曾为曾子作赞，原文为：“百行之极，三才以教。圣人叙经，曾氏知孝。全谓手足，动称容貌。事亲事君，是则是效。”[④] 宋高宗的赞文为：“大孝要道，用训群生。以纲百行，以通神明。因子侍师，答问成经。事亲之实，代为仪刑。”[⑤] 咸淳配享诏文为：“忠恕两语，深契一贯之旨。”[⑥] 明人陈凤梧的赞文为：“守约而博，学恕以忠。圣门之传，独得其宗。一贯之旨，三省之功。格致诚正，万世所崇。”[⑦] 康熙的赞文为：“洙泗之传，鲁以得之。一贯曰唯，圣学在兹。明德新民，止善为期。格致诚正，均平以推。至德要道，百行所基。纂承统绪，修明训辞。”[⑧] 前之以孝，后之以道，学风变化，晰然可辨。

在四配中，子思是后起之秀，徽宗时，方才从祀于二十二贤之间。但

---

① 《通典》《旧唐书》《新唐书》《唐会要》等皆无相关记载，惟后世丘濬、李之藻、孙承泽等人言之凿凿，以曾参始配享于此时。参见丘濬《大学衍义补》（卷六五《秩祭祀》）、李之藻《頖宫礼乐疏》（卷二《从祀沿革疏》）、孙承泽《春明梦余录》（卷二一《从祀》）。

② （宋）王溥：《唐会要》卷三五《褒崇先圣》，第637页。

③ （唐）杜佑：《通典》卷五三《孔子祠》，第1481页。

④ （宋）李昉等编：《文苑英华》卷七八〇《圣贤》，中华书局1966年版，第4118页。

⑤ （清）孔继汾述：《阙里文献考》卷三八《艺文第十二之七》，第931页。

⑥ （宋）潜说友：《咸淳临安志》卷一一《行在所录》，《景印文渊阁四库全书》第490册，第122页。

⑦ （明）陈镐纂修：《阙里志》卷一七《赞》，第873页。

⑧ （清）孔毓圻、金居敬等：《幸鲁盛典》卷一，《景印文渊阁四库全书》第652册，第16页。

他很快就达到了从祀生涯的顶峰。理宗时，升为十哲；度宗时，升配享。他配享孔庙在很大程度上是基于《中庸》之故。宋理宗先有赞云：“闭居请膺，世业克昌。可离非道，孜孜立行。发挥《中庸》，体固有常。入德枢要，治道权衡。”[①] 配享诏文云：“《中庸》一篇，丕阐前圣之蕴。”[②] 明代陈凤梧赞云：“精一之传，诚明之学。圣门嫡派，斯道有托。发育洋洋，鸢飞鱼跃。慎独之训，示我先觉。”[③] 不难看出，曾子、子思入祀配享，与当时的传道风尚以及道学家正在极力构筑的道统谱系有着很大关系。

对于配享四人制的成型原因，刘埙曾发表过议论：“议者以本朝崇尚《四书》，宜并祀曾、思配享。于是以郕国公、沂国公升配文宣王，与颜、孟为四。其意盖以颜主《论语》，孟主《孟子》，而《大学》则曾之所述，《中庸》则思之所作，是因《四书》而尊四贤，可谓备一代之盛典。”[④] 其说大端并无过错，然而所作的一番解释却委实让人不敢恭维。将并无著述的颜回硬定作“主《论语》”，未免牵强附会，实不必如此拘泥。这位跨越宋元两朝“以道学鸣于时”[⑤] 的赣籍学人，若非出于“尊陆”的乡曲偏见，则不可能寡闻或无睹于朱子的“传道”之解。事实上，正是朱子的一句话，奠定了此一配享格局，其语为：“配享只当论传道，合以颜子、曾子、子思、孟子配。”[⑥] 咸淳聚齐四配，朝廷下颁的诏文即推衍自朱子此语：“惟孔子独称颜回好学，固非三千之徒所同也，而其学不传。得圣传者，独曾子传子思，子思传孟轲。……向非颜、曾、思、孟相继演绎，著书垂训，中更管、商、杨、墨、佛、老，几何其不遂泯哉？”[⑦] 朱子既为后世盛尊，其论自是至理。历经数百年，李之藻依然奉为圭臬：“窃思配之有四，大抵以道统论，自颜子而外，曾、思、孟递演

---

① （明）李之藻：《頖宫礼乐疏》卷二《从祀沿革疏》，《景印文渊阁四库全书》第651册，第51页。

② （宋）潜说友：《咸淳临安志》卷一一《行在所录》，《景印文渊阁四库全书》第490册，第122页。

③ （明）陈镐纂修：《阙里志》卷一七《赞》，第873页。

④ （元）刘埙：《隐居通议》卷二七《礼乐》，《丛书集成初编》。

⑤ （清）谢旻等监修：《江西通志》卷二二，《景印文渊阁四库全书》第513册，第711页。

⑥ （宋）黎靖德编：《朱子语类》卷九〇《礼七》，第2294页

⑦ （宋）潜说友：《咸淳临安志》卷一一《行在所录》，《景印文渊阁四库全书》第490册，第122页。

宗传。”①

四配制出现后，再无任何变动。其间，王祎曾一度以“子虽齐圣，不先父食”为由，欲降曾子、子思于曾晳、孔鲤之后，但并未成型。即或行之，大概也会应李之藻所言，“万世学者之心必不谓慊”。② 这并非随意妄论，后世事实证明，虽然十哲、两庑人员都屡有进退数经变更，四配格局却没有受到任何影响，稳固依旧。当然，也有人提出过改进方案，如李光地就建议：“《朱子语类》云‘配享只当论传道’，然则将来若有折衷大典者，当稍放朱子精舍释奠仪而损益之，以颜、曾、思、孟、周、程、朱、张九贤配，于义为允。”③ 乍睹之下，光地此议颇具建设性。配享既论传道，则应保持传道链的流转畅通，使道统世世相承，后继有人。然而，光地取义难免带有理学自我标榜之嫌，犹属门户私见。若考虑到孔庙从祀体系的纷繁复杂，则李氏方案的可行性又未免让人怀疑。

二　四配位向演变

现今四配设位，都是东西两两相对，即颜子东一、曾子西一、子思东二、孟子西二。这一模式始于明代，后世相沿。可是最初的配享设位完全不是这样。

咸淳三年四配制初立，其设位为“兖国公、郕国公、沂国公、邹国公，居正位之东面，西向北上”④，即颜、曾、思、孟四人成一排列于孔子左边，右边为虚，不设位。何以要如此安排四配的位置，“虚右”是否有什么讲究？这也一直是时人争论不休的问题。对原因的追寻并不是在四配聚齐以后才出现，早在南渡初，配享尚未定型就开始了。其中一个广为流传的解释是“王安石配享跻位”说。

① （明）李之藻：《頖宫礼乐疏》卷二《从祀沿革疏》，《景印文渊阁四库全书》第651册，第77页。

② （明）李之藻：《頖宫礼乐疏》卷二《祀典存疑》，《景印文渊阁四库全书》第651册，第76页。

③ （清）李光地：《榕村集》卷二一《记配享私议后》，《景印文渊阁四库全书》第1324册，第822—823页。

④ （元）脱脱等：《宋史》卷一〇五《礼志》，第2554页。

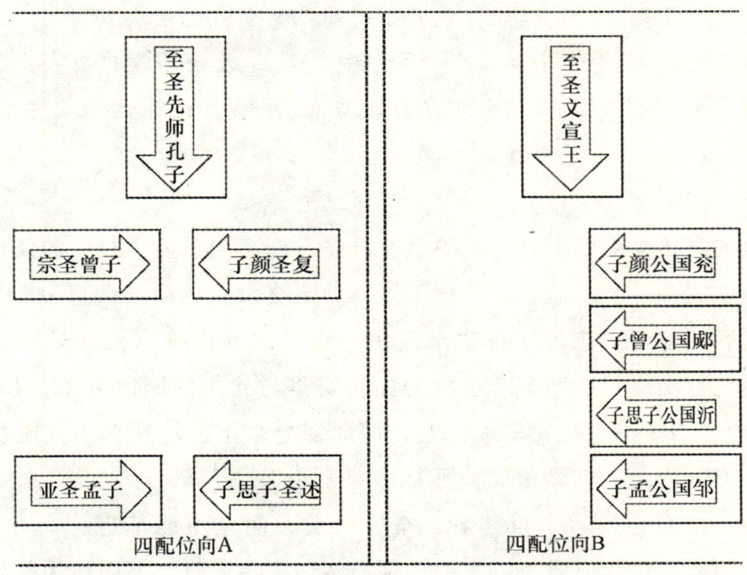

图 3—1 明代以后四配设位图[①] **图 3—2 咸淳三年四配设位图**

王安石配享孔庙，可视为一次特殊经历（后文将会详细讲述），徽宗崇宁三年（1104）开始，钦宗靖康元年（1126）即罢，差强二十年时间。安石初升配享，设位在颜、孟之次。[②] 在这二十年时间里，孔庙配享是否曾酝酿过什么变动，因国事动荡，史籍不详，已无法尽知。南宋初年，洪迈在其所作《夷坚志》中收录一则优伶箴戏，首度披露了有关安石配享的一些细节。现将此则箴戏的内容及演出背景记录于下：

> 蔡京作相，弟卞为枢密，卞乃王安石婿，尊崇妇翁，当孔庙释奠时，跻于配享而封舒王。优人设孔子正坐，颜、孟与安石侍侧。孔子命之坐。安石揖孟子居上，孟辞曰："天下达尊，爵居其一，轲仅蒙公爵，相公贵于真王，何必谦光如此。"遂揖颜子，颜曰："回也陋巷匹夫，平生无分毫事业，公为明世真儒，位号有间，辞之过矣。"安石遂处其上。夫子不能安席，亦避位起。安石皇惧拱手不敢，往复

① 图中方位依现代地图方向标示：上北，下南，左西，右东。后同。

② （元）脱脱等：《宋史》卷一〇五《礼志》，第 2551 页。

> 未决。子路在外，愤愤不能安，径趋从祀堂挽公冶长臂而出。公冶为窘迫之状谢曰："长何罪？"乃责数之曰："汝全不救护丈人，看取别人家女婿。"其意以讥卞也。时方议欲升安石于孟子之右，为此而止。①

从洪迈的讲述中可以得知，其时虽有升安石配享位于孟子之上的议论，但最终并未成型，颜、孟、王三配位置自始至终没有更动。

其后，王明清在其《挥麈录》中不仅言之凿凿称荆公已升居孟子之上，而且首次提到后世配享设位的虚右安排与此举的渊源关系，其语为："崇宁中，以王荆公配宣圣亚兖公，而居邹公之上，故迁邹于兖之次。靖康初，诏黜荆公，但舁塑像，不复移邹公于旧位。至今天下庠序，悉兖、邹并列而虚右，虽后来重建者，举皆沿袭，而竟不能革也。"② 依其说，安石乍一配享，就位居孟子之上，这显然与史实不符。王明清为曾纡的外孙，而曾纡又是曾布第十子，是以明清对熙丰变法派多有溢美之词，此记也明显存有为王安石增饰之意，不足为据。朱熹弟子度正已经纠正过此说："窃尝以蔡京、蔡卞虽怀奸挟邪，黩乱典礼靡所不至，然亦必不敢颠倒错谬如是之甚。……而《挥麈录》所载，皆好事者强为之说，而非其实耳。"③

不过王明清所提到的设位渊源还是在迅速传播，"安石跻位"说也轰动一时。岳珂已开始信心十足地纠正洪迈的"失误"，他说："是时荆公位实居孟子上，与颜子为对，未尝为止，《夷坚》误矣！国初旧制，兖、邹二公东西向，今郡县学，二公所以并列于左者，盖靖康撤荆公像之时，徒撤而不复正耳，其位尚可考也。"④ 不过，朝廷似乎并未在意这股异论，咸淳三年四配制出台，四人仍然成一列设于孔子左边，制礼者也没有刻意解释其中的用意。朝制固已如此，私下里对传闻坚信不疑者仍大有人在，甚至又有据传闻来非议朝制的情况。黄震就记录了从大学博士陆陇升那里

① （宋）洪迈：《夷坚志》第二册，中华书局1981年版，第822—823页。

② （宋）王明清：《挥麈录》卷三，中华书局1961年版，第25页。

③ （宋）度正：《性善堂稿》卷一五《跋申请释奠礼》，《景印文渊阁四库全书》第1170册，第264—265页。

④ （宋）岳珂：《桯史》卷一一《尊尧集表》，第130页。

听闻到的说法：

> 初制，颜、孟配享，左颜而右孟。熙丰新经盛行，以王安石为圣人，没而跻之配享，位颜子下，故左则颜子及安石，右则孟子。未几，安石女婿蔡卞当国，谓安石不当在孟子下，迁安石于右与颜子对，而移孟子位第三，次颜子之下，遂左列颜、孟而右列安石。又未几，蔡卞再欲升安石压颜子，渐次而升。为代先圣张本，优人有以艺谏于殿下者。……蔡卞闻之，遂不敢进安石于颜子上，颜、孟左而安石右遂为定制。南渡后，安石罢配享，宜迁孟子以对颜子如旧制，议者失于讨论，故安石既去，其右遂虚，而颜、孟并列于左。岳珂尝记其事。近岁增曾子、子思，又并列于左，亦未有讨论者，虚右至今。①

此说将王明清、洪迈、岳珂等人的说法归拢一处，似乎更具有了说服力与可信度。黄震并不排斥此一说法，并且也以配位相向为是。其后刘埙有着相似的议论："初制，配享之礼，颜、孟东西相对。其后熙丰奸党以私意追尊王安石，因妄比王安石为颜子，遂迁孟子位西面东与颜子对者，退处

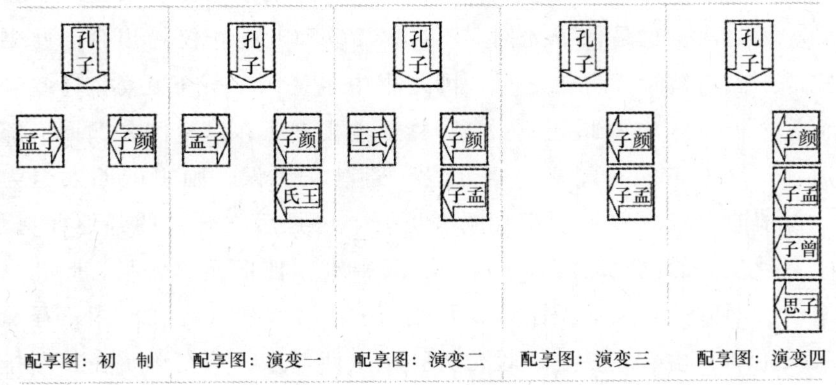

图 3—3　"王安石跻位说"设位演变图

---

① （宋）黄震：《黄氏日抄》卷三二《读孔氏书》，《景印文渊阁四库全书》第 707 册，第 887—888 页。

于位东面西与颜子并。既而朝廷更化，国论维新，乃罢王安石配享，亟毁其塑像，一时因循不复厘正，孟子仍旧位东面西。咸淳增配，承袭讹缪，亦以曾、思并列于颜、孟之下，俱位东面西，竟成虚右。遂谓配位俱当左列，其实不然。”① 然而，刘氏之说大抵本于黄震所录之言，只是额外附带了明显的党争意气。

那么历史原貌真的是这样的吗？我们不妨直接去看一下王安石配享之时及配享之前的配位安排情况，是否会存在配位相向而设的可能。就国家典章制度而言，这种可能性是不存在的。朱熹《绍熙州县释奠仪图·文公潭州牒州学备准指挥》中保存了一部分太常寺检照《会要》的内容，其中刚好有一条与孔庙配享位次有关，其文如下：

> 本寺检照《国朝会要》，崇宁三年五月二十日太常寺言：“国朝祀仪，诸坛祀祭，正位居中，南面；配位在正位之东南，西面；或有两位，亦只作一列，以北为上；其从祀之位，又在其后。今国子监颜子、孟子配享之位，即与闵子骞等从祀之位同作一列，虽坐次少出，而在文宣王帐座之后，于配享之礼未正。乞改正颜子而下从配享位次，为图颁示天下。”诏从之。②

可见，孔庙配享之位初时即以一列为定。一个月后，王安石配享，设位在颜、孟之次，也是依于此例。不久，《政和五礼新仪》出台。此书恰好完成于安石被封为舒王之后，因之书中也使用了舒王之称。《政和五礼新仪·神位》中如此记载：“释奠至圣文宣王，以兖国公颜回、邹国公孟轲、舒王王安石配享，西上。”③ 若其文无误，则主配四人当为一列，俱南向。较之以往，算是颇有更张。可是后文开列的各地释奠仪，其中奠献授受的位次面向并不统一，又很难印证上面的更张。此礼书颇为朱子所不取，看来不无原因。另外，早在《大唐开元礼》中，释奠享祀就采用了“虚右”法，其设位为孔子坐西面东，从祀弟子在其左排成

---

① （元）刘埙：《隐居通议》卷二七《礼乐》，《丛书集成初编》。

② （宋）朱熹：《绍熙州县释奠仪图》，收入《朱子全书》第十三册，第16页。

③ （宋）郑居中等奉敕撰：《政和五礼新仪》卷三《神位下》，《景印文渊阁四库全书》第647册，第144页。

一列（相关内容将在后文作详细阐述）。宋礼中的配位虚右之举极可能是远承唐礼而来。[①]

钦宗乍一登位，杨时就建言罢王安石配享，在其言辞激烈的上疏中，也只有"（蔡京）故推尊安石，加以王爵，配享孔子庙庭。……伏望追夺王爵，明诏中外，毁去配享之像，使邪说淫辞不为学者之惑"[②]之语，却并不见对王安石跻位的抨击。这只能证明"安石跻位"说本来就是子虚乌有之事，或许只能当作优伶箴戏来看而已。可是这种说法因为充斥着权位与道义相互交易的色彩而更具有针砭时事之效，所以一直在小说逸闻中流传。直到今天，纵使研究者徘徊在半信半疑之间，也仍然难以割舍它。[③]

两宋之交，兵火不断，礼仪文章，无所遵循。在礼仪规范的重建上，朱熹投入了极大的热情，不仅是推动者，也是实行者。对释奠礼，他就做了大量工作，除了上请颁降统一的礼仪令文以校各方错谬外，还就抵牾未定之处勘疑补阙，力求其正。朱熹最早提出四配传道模式，并在沧州精舍中运用落实，其设位为："宣圣像居中，兖国公颜氏、郕侯曾氏、沂水侯孔氏、邹国公孟氏西向配，北上。"[④]七十多年后，度宗政府全盘接纳了这一模式。

配享虚右的礼意依据是什么？这点未见朱熹直接议及。他只是在言及神坐尚右礼例时顺便提到"开元释奠礼，先圣东向，先师南向，亦以右为尊"。[⑤]后来项安世对朱熹的这一说法进行了阐发并加以运用，他在《告先师文》中写道："常平使者朱熹为安世言：'开元礼，先圣东向，先师南向，故三献官皆西向，则稽古尚右也。今祀典正位南向，配位西向，三献官犹西向，则兼而用之也。'独此府庙学，有司以私意复古，使配位

---

① 朱熹也曾言及颜、孟并配时的设位情况，他说："释奠，据《开元礼》，只是临时设位，后来方有塑像。颜、孟配享，始亦分位于先圣左右，后来方并坐于先圣之东，西向。当时所降指挥，今亦无处寻讨。"据其语气可知，朱子此处只能算是推测之语，并无确证。又或许朱子也只是受传闻影响而作此说。参见（宋）黎靖德编《朱子语类》卷九〇《礼七》，第2293—2294页。

② （元）脱脱等：《宋史》卷四二八《杨时传》，第12741—12742页。

③ 参见《优人圣域：权力、信仰与正当性》（第291页）、《中国儒教史（下卷）》（第144页）。

④ （宋）黎靖德编：《朱子语类》卷九〇《礼七》，第2295页。

⑤ （宋）朱熹：《晦庵先生朱文公文集》，收入《朱子全书》第廿三册，第3074页。

皆东向，此古者先圣之位也。拂今之法，戾古之义，先师其不妥于此也。安世用惕然不敢宁处，谨择日奉安先师于西向故位。不敢不告，惟先师鉴之。”① 安世之意是，今法所以虚右，因为此位曾为孔子所居，配祀当避其尊。

关于四配皆东坐西向的问题，后人的解释也都大同小异。元人许约称：“使颜、曾、思、孟并列于夫子之左，虚其右隅，以避古者神位之方。”② 其中的神位是特指孔子古位，抑或泛称的神道，并不是太清楚。要之其时许约正在建言朝廷吸纳前宋的庙学制，而非主于辩论，所以统摄之亦可也。李之藻给出的解释上同于项安世，“盖西为先圣旧位，避不敢居”。③ 稍早于李氏的丘濬提供了些许新意。乍睹之下，他的看法与朱熹同，都以右为上，然而指向大异。他的解释是：“自尊孔子为王之后，始改从南面，而配位则西向。献官序立东庑之前，而行礼执事者升降必由东阶，以神道尚右，西乃迎送神之所，避右不敢当尊故也。”④ 细绎其意，西方是神灵往来的通道，不可设置障碍阻挡。只不知丘老所说的通道是只供孔圣一神使用，还是众神皆可。

咸淳四配制确立后，主要畅行于南方。由于南北隔绝，各地孔庙礼仪并未即时达成一致。元统一后，情况依旧。许约在其《建言五事》中的第四事——定配享中极为清晰地描述了这一分立情形并希望朝廷加以统一，略引如下：

> 自唐祀夫子，配以颜子。至宋升孟子，与颜子并配。然当时未知道统之传也，自伊洛之学兴，性理之说明，始以颜、曾、思、孟并列于夫子之左。盖得夫子之传者，颜、曾、子思也。得曾、思之传者，孟子也。道统之传于是得其序矣！故江南诸路庙学皆以四子并配。……虽云亡宋之制，然纲常名教所系，此当因而不当革者也。今

① （元）马端临：《文献通考》卷四四《学校考五》，《景印文渊阁四库全书》第611册，第82页。

② （元）许约：《建言五事》，收入苏天爵《元文类》卷一五，《景印文渊阁四库全书》第1367册，第193页。

③ （明）李之藻：《頖宫礼乐疏》卷二《考定两庑位次疏》，《景印文渊阁四库全书》第651册，第69页。

④ （明）丘濬：《大学衍义补》卷六六《秩祭祀》，《丛书集成三编》。

> 京师庙学与河北诸路府学并循亡金之旧，左颜右孟，与夫子并居南面，奚有是理哉？……况今天下一家，同轨同文，岂容南北之礼各异也？①

大概就是接受了此一建议，仁宗延祐三年（1316），诏令春秋释奠皆以颜子、曾子、子思、孟子配享。② 许约所言元代采用的所谓“亡金之旧”，或许就是金世宗大定十四年（1174）所确定的“迁邹国公像于宣圣之右，与兖国公相对”③ 仪制。按照字面理解，邹国公与兖国公相对，应当是孟子与颜子面对面列于孔子左右。在元制中，却演变成了孔、颜、孟三者并居南面。此种设位法在元初曾流行一时，时人的作文中也多有体现，如“后之时进颜、孟，并孔子南面”④，“后又升孟子与颜子，左右并配，皆南向”⑤，等等。

延祐间的“弃金从宋”之举，理所当然地被当作政府恢弘文治的一大举措而受到欢迎，时人张时髦的评价是：“夫颜子学于孔子，孟子学于圣孙子思，弟子与师侍坐语道者，礼固有之，比肩并南面可乎？且由孟子而视子思则师也，其视曾子则又师之师也，弟子端居乎上，师降居于下，愚知二子必蹙然于冥冥中，不能妥其灵于一堂之上矣！设兹学庙固将以明人伦，今兹礼法所从以寓，而逆置错陈若是，又奚以训天下后世乎？时则有若一二儒臣，相与恢宏化本，讲求庙祀佐享位次，乃以传道为尊，始定兖、郕、沂、邹四国公列位配侑，东坐西向。”⑥

从明代开始，四配设位发生了改变，由一列东坐西向变为两列东西相向。这一改变具体发生于何时，史载不详，连习知掌故颇富闻见的丘濬亦只以“今则四子者配享皆左右列，不知始于何时”对之⑦。四配对列法早

① （元）许约：《建言五事》，收入苏天爵编《元文类》卷一五，《景印文渊阁四库全书》第1367册，第193页。

② （明）宋濂等：《元史》卷七六《祭祀志》，第1892页。

③ （金）不著撰人：《大金集礼》卷三六《宣圣庙》，《景印文渊阁四库全书》第648册，第269页。

④ （元）姚燧：《牧庵集》卷五《汴梁庙学记》，《四部丛刊初编》。

⑤ （元）郝经：《续后汉书》卷八七中上，《景印文渊阁四库全书》第386册，第517页。

⑥ （元）张时髦：《增修宣圣庙记》，收入（清）觉罗石麟等监修，储大文等编纂《山西通志》卷二〇五，《景印文渊阁四库全书》第549册，第671页。

⑦ （明）丘濬：《大学衍义补》卷六六《秩祭祀》，《丛书集成三编》。

在宋末元初就为熊禾所提倡，他在《三山郡泮五贤祠记》中建议配享设位："兖国公颜氏西一，郕国公曾氏东一，沂国公孔氏西二，邹国公孟氏东二。"① 熊禾此《记》对宋濂、王祎甚至其后的程敏政都产生过深刻影响，并最终导致嘉靖孔庙改制的发生。依此推测，或许明初孔庙建制之时就采纳了熊氏的配享设位法。到明末，李之藻已全然接受了这一列式，称："今四配东西对列，非其旧矣。礼时为大，则两庑亦以对列为叙，而尊卑从此定焉。"② 清人也以对列为然，称："孔子既正位南向，从祀者东西两庑分列，乃独列四配于左而阙其右，殊非体制。《记》曰'礼从宜'。"③ 礼从宜全面解放了前人纠结于遵循传统与顺应变革间的议礼难题。

三　四配成型过程中的探索与变数

在配享人员组成上，以颜回一人为起点，至四人到位为终点，这期间所发生的并不是一个简单的由一到四的量变过程，而是充满了尝试与摸索。其中最值得一提的是"二十二贤"与王安石在孔庙配享上所经历的兴衰转折。

"二十二贤"是指左丘明、卜子夏、公羊高、穀梁赤、伏胜、高堂生、戴圣、毛苌、孔安国、刘向、郑众、杜子春、马融、卢植、郑玄、服虔、贾逵、何休、王肃、王弼、杜预、范宁等二十二人。④ 贞观二十一年

---

① （宋）熊禾：《勿轩集》卷二三《山郡泮五贤祠记》，第1188册，第785页。

② （明）李之藻：《頖宫礼乐疏》卷二《考定两庑位次疏》，第651册，第69页。

③ （清）嵇璜、曹仁虎等：《续文献通考》卷四八《学校考》，《景印文渊阁四库全书》第627册，第355页。

④ 左丘明等人的人数，各书记载不一，有作二十一人者，有作二十二人者，相差之人为贾逵。何以会出现如此差异，后世都未加辨析。即使是贞观二十一年初诏配享，各书记载人数也不相同。但据唐德宗时人苏冕考证："检贞观、显庆年敕，并称二十一贤。又检大极、开元年敕，即称二十二贤。将前敕与学令比类，于服虔之下有贾逵，未知何年月附入。"可见，初制并无贾逵，后来方才加入。据此，较为稳妥的办法是，在言及太宗、高宗时事宜称二十一人，睿宗以后则宜称二十二人。依此为准，则杜佑《通典》（卷五三《大学》）、欧阳修等《新唐书》（卷一五《礼乐志》）、郑樵《通志》（卷四三《礼略第二》）等所记贞观二十二人之数皆有失误。限于体例，本文正文中将此数儒统称为"二十二贤"，所用各书引文，则照直抄录。苏冕之言见（宋）王应麟：《玉海》卷五七《艺文》，第1136页。另，孙承泽误将苏冕作苏洵，一并更之。见（清）孙承泽《春明梦余录》卷二一《文庙》，《景印文渊阁四库全书》第868册，第246页。

(647)，太宗诏曰：“左丘明……范宁等二十一人，并用其书，垂于国胄。既行其道，理合褒崇。自今有事太学，可与颜子俱配享孔子庙堂。”[①] 显然，左丘明等人得入配享之典，机缘在于其传经注经之功。此次盛举实为太宗朝整理经籍整顿儒学行动的一个连动环节。之前，朝廷已经“以经籍去圣久远，文字多讹谬”而诏颜师古等考定五经定本，颁于天下。此后，又以“儒学多门，章句繁杂”而诏孔颖达等撰定《五经正义》，亦令天下习之。[②] 其中所取，士子所学，几全借诸儒存经传经之力。

用其书自当报其人，特崇举动并行于时。先期举措是以梁皇侃、后周熊安生、隋刘炫等人“并前代名儒，经术可纪。加以所在学徒，多行其讲疏。宜加优赏，以劝后生”[③]，随即访寻其后代，录名奏闻，超加引擢。接着是褒崇汉晋诸儒，配享孔庙。太宗临朝，大兴儒学，昔贤旧儒，悉得追尊。后生后学，又怎能不颇感鼓舞。对于太宗此二举，宋人唐仲友赞道：“先儒子孙蒙引擢之恩，又有得配夫子之祀者，则今之诸儒能不加勉？又足为后世故实。太宗二举岂不美哉！”[④] 元人戈直亦称颂为：“夫儒之近者恩沾于子孙，儒之远者礼秩于配享。太宗之崇儒重道顾不美欤？”[⑤] 统一的政权需要统一的思想意识，而统一思想的形成需要足够的舆论引导，是以表彰与笼络便如影相随。太宗娴熟地驾驭了这一切之后，便坐拥其成。当一批批习此定本经义的士子们经由科举效忠而来时，筹划者踌躇满志，称：“天下英雄入吾彀中矣！”[⑥]

以“二十二贤”配享孔庭，实际上取则于郑玄的“先圣”“先师”之解。《礼记·文王世子》中有“凡学，春官释奠于其先师”、“凡始立学者，必释奠于先圣先师”之语，康成以为先圣“若周公、孔子也”，先师“若《礼》有高堂生、《乐》有制氏、《诗》有毛公、《书》有伏生，可以

---

① （后晋）刘昫等：《旧唐书》卷一八九上《儒学列传上》，第 4942 页。

② 同上书，第 4941 页。

③ 同上书，第 4941—4942 页。

④ （唐）吴兢撰，（元）戈直集论：《贞观政要》卷七《崇儒学第二十七》，《景印文渊阁四库全书》第 407 册，第 495—496 页。

⑤ 同上书，第 496 页。

⑥ （五代）王定保：《唐摭言》卷一《述进士上篇》，中华书局 1959 年版，第 3 页。

为师者”。[①] 具体言之，先圣则非周公即孔子，先师则为偏著一经之儒。汉魏以降，以周公为先圣则以孔子为先师，以孔子为先圣则以颜子为先师，各从其尚而未一依郑玄成说。贞观一反旧制，专以郑玄解经为墨守。是以长孙无忌等人称贞观以前的先圣先师取则为“求其节文，递有得失”，而贞观取则则被称为：“依《礼记》之明文，酌康成之奥说，正孔子为先圣，加众儒为先师，永垂制于后昆，革往代之纰缪。”[②] 很显然，“二十二贤”的地位是受惠于康成的偏著一经之说而扶摇直上的。“二十二贤”配享不仅打破了以前孔颜师徒相对的局面，也完全不同于后来的四配格局，成为孔庙从祀史上配享人数最多、场面最为热闹的一次。共享一堂的先圣儒师们因后人牵线搭桥，并不以时空为障碍，反得亲密相接。

高宗永徽中，重以周公为先圣，孔子为先师，颜回、二十二贤随之降为从祀。时隔不久，长孙无忌等人以“且左丘明之徒，见行其学，贬为从祀，亦无故事”[③] 为由，建议朝廷恢复了原来的祭祀格局。纵使如此，“二十二贤”却是风光不再，其地位与影响在开元八年急剧下降。

开元八年（720），孔庙祭祀史上出现了一次重要的变动，这次变动基本框定了以后孔庙神灵群体的位次层属和受祭礼遇。先是时任国子司业的李元瓘发起一个建议：

> 又四科弟子闵子骞等，并服膺儒术，亲承圣教，虽复列像庙堂，不参享祀。谨按祠令，何休等二十二贤，犹沾从祀，岂有升堂入室之子，独不沾配享之余。望请春秋释奠，列享在二十二贤之上。[④]

斟酌字句，李氏奏辞中所称述的享祭标准已然非同以往，“亲承圣教”挟不可抵挡之势抑掩了昔时的“并用其书”之资，承教弟子开始凌驾于著述经师之上。建议正逢其时，朝廷欣然接纳，并很快作出调整：颜子等十哲为坐像，悉预享祀；曾参坐于十哲之次；图七十弟子及二十二贤

---

① （汉）郑玄注，（唐）孔颖达疏：《礼记注疏》卷二〇《文王世子》，《十三经注疏》，第1405—1406页。

② （宋）王溥：《唐会要》卷三五《褒崇先圣》，第636页。

③ 同上书，第637页。

④ 同上书，第639页。

于庙壁之上。

十哲成功地跻身于庙堂之上，二十二贤则退居二线，此后很长时间是以绘图于壁的方式存在的。这见诸各类传世文献，比如，韩愈在其著名的《处州孔子庙碑》中就写道："既新作孔子庙，又令工改为颜子至子夏十人像，其余六十子，及后大儒公羊高、左丘明、孟轲、荀况、伏生、毛公、韩生、董生、高堂生、扬雄、郑玄等数十人皆图之壁。"① 到了宋朝，太祖在后周国子监的基础上加以增修，塑先圣、亚圣、十哲像，画七十二贤及先儒二十一人像于东西庑木壁。② 二十二贤地位因十哲的跃出而渐趋降落，受祭位置由堂上挪到两庑，受祭待遇由配享沦为从祀。二十二人之数也开始瓦解，其中的子夏因已别录入十哲，二十二人之数变为二十一人。此后，新的成员陆续加入进来，"二十二贤"之称不复存在，代之以"先儒"。

关于"二十二贤"配食之举，后学们见解不一。马端临基本持否定态度，他说：

> 夫圣，作之者也；师，述之者也。述夫子之道，以亲炙言之，则莫如十哲、七十二贤；以传授言之，则莫如子思、孟子。必是而后可以言先师，可以继先圣，今舍是不录，而皆取之于释经之诸儒。姑以二十二子言之，独子夏无以议焉。左丘明、公羊高、穀梁赤，犹曰受经于圣人而得其大义。至于高堂生以下，则谓之经师可矣，非人师也。如毛、郑之释经于名物，固为该洽，而义理间有差舛。至王辅嗣之宗旨老、庄，贾景伯之附会谶纬，则其所学已非圣人之学矣。又况戴圣、马融之贪鄙，则其素履固当见摈于洙泗，今乃俱在侑食之列，而高第弟子除颜渊之外反不得预。……盖拘于康成之注，而以专门训诂为尽得圣道之传也。③

此一议论显然受道学影响较重。马端临尚且只是以二十二贤配享孔子为过分，熊禾比马氏更进一步，认为诸儒从祀犹有可议，"又七十二贤之下益

---

① 屈守元、常思春主编：《韩愈全集校注》，第2430页。

② （元）脱脱等：《宋史》卷一〇五《礼志》，第2547页。

③ （元）马端临：《文献通考》卷四三《学校考四》，《景印文渊阁四库全书》第611册，第68页。

以诸儒二十二人，此盖唐礼官一时见其六经三传曾有训诂之劳，故悉从而位置之，不复甄别。西都承秦绝学，若伏生之《书》、毛苌之《诗》、大小戴之《礼》、左氏公谷之《春秋》与郑孔诸儒之传疏，虽其间不无同异，谓其无羽翼圣经之功不可也。学者辞必根理，文必称行。马融为窦宪作奏章一事，诬陷忠良，汉祚以倾，平日聚徒著书，竟亦何用？杜预建短丧之议，自背于《春秋》。王弼尚《老》、《庄》之学，自背于《易》。凡若此类，训诂何取"[①]。唐代曾备受尊宠的偶像群体，此时还原成俗，遂现鱼目混杂、百象俱陈的窘态。此后经师们"德行"与"学行"上的缺陷开始屡受质疑与攻击。

明初之学，以宋濂与王祎开一时风气，他们上承马、熊之说，同样对二十二贤从祀颇有微词。[②] 宪宗、孝宗朝至世宗嘉靖间，孔庙祀典经历了一个由聚讼不已到改制息论的过程。在这个过程中，二十二贤遭受到前所未有的冲击，并最终走向解体。争议中，也曾有人做过补救工作，太常寺少卿兼侍读学士刘定之就称：

> 左丘明以下经师二十二人，虽其中不无可议，然当世衰道微，火于秦，黄老于汉，佛于魏晋之时。而此二十二人者，守其遗经，转相付授，讲说注释，各竭其才以待后之学者，则其为功殆亦犹文武成康之子孙，虽衰替微弱无所振作，尚能保守姬姓之宗祀谱牒，以阅历春秋战国不亡而幸存者也。虽有大过，亦当宥之，况小失乎？愚窃以仲尼素王也，七十子助其创业者也，二十二经师助其垂统者也。[③]

彭时也有同样的袒护之心，称："汉、晋之时，道统无传，所幸有专门之师，讲诵圣经，以诏学者，斯文赖以不坠。此马融、范宁诸人虽学行未

---

① （宋）熊禾：《勿轩集》卷二三《山郡泮五贤祠记》，第1188册，第783页。

② 宋濂在《孔子庙堂议》中称："甚至……王弼之宗庄、老，贾逵之忽细行，杜预之建短丧，马融之党附势家，亦厕其中，吾不知其为何说也？"王祎亦作《孔子庙庭从祀议》，其中有云："且何休注《公羊》而黜周王鲁，王弼注《易》而专尚清虚，害道已甚，然在祀列。"参见罗玉霞主编《宋濂全集》第一册，第20页；（明）王祎《王忠文集》卷一五《孔子庙庭从祀议》，《景印文渊阁四库全书》第1226册，第307页。

③ 参见（明）刘定之《议刘静修薛文清从祀》，收入（明）程敏政编《明文衡》卷八，《四部丛刊初编》。

纯，亦不得而废。"[1] 可谓其行有差，其功可悯。孝宗朝给事中张九功与少詹事兼侍讲学士程敏政正式提出罢黜之议。可是在这一回合的黜留风波中，朝廷还是坚持了保守立场，理由为：

> （张、程）所奏，其间考论固为明白，但自贞观肇兴祀典以来，历代相承八百五十余年，中间经历有宋名儒周、程、张、朱数辈，一皆尊礼未尝斥议。……盖语其立身之节不无可贬，语其羽翼圣学之功亦有可褒。用其言固不可以废其人，大其功则当有以略其过，庶几瑕瑜不至相掩，而筌蹄亦岂容尽弃也哉？[2]

可见朝中对待旧制人物，还是以保全为主。

不过，以德行为标准的剔除行动却是大行于嘉靖朝。经过一番大刀阔斧的举动，罢祀戴圣、刘向、贾逵、马融、何休、王肃、杜预等八人，改祀卢植、郑玄、服虔、范宁等五人于乡，原来的二十二人之数骤缩为九人。对于这场以尊崇理学为指归的罢黜运动，王世贞的评价是："先朝之黜汉儒，凛乎斧钺矣！夫卑汉者所以尊宋，而不知其陷宋儒于背本也。令训故之学不传，即明哲如二程朱子，亦何所自而释其义乎？"[3] 李维桢亦说："汉儒有功孔子，不得以宋儒概抑。传经诸儒，宜恕于创始，而严于嗣响。"[4] 就社会风气养成来说，"道德论"恐怕构成了其中一个永恒的命题。其"永恒"孕育于不断更新的时代意义之中。二十二贤的消沉，更确切地说，无关乎道德，而关乎时代风尚的转变。在一个理学盛行、学术著作开始泛滥的时代，传经之儒的收拾残编之功已毫无优势可言。雍正朝虽复祀了郑玄、范宁二人，其他诸人则因为"未为纯儒""仅守一家言"而失去翻身的机会。[5]

---

① （清）顾炎武著，黄汝成集释：《日知录》卷一四《嘉靖更定从祀》，第 859 页。

② （明）倪岳：《青溪漫稿》卷一一，《景印文渊阁四库全书》第 1251 册，第 113 页。

③ （明）王世贞：《弇州四部稿》卷一一五，《景印文渊阁四库全书》第 1280 册，第 797 页。

④ （明）李维桢：《孔庙礼乐考序》，载瞿九思《孔庙礼乐考》，《续修四库全书》第 824 册，第 571 页。

⑤ 清乾隆十二年敕撰：《皇朝文献通考》卷七四，《景印文渊阁四库全书》第 633 册，第 771 页。

经师们个人品质上的缺陷在义理之学盛行时遭到攻击，其抱残守缺之功却在考据训诂之学兴起时，重新被予以肯定。清初，顾炎武已将明末浮虚之习归咎于注疏之儒的不当贬抑，称：

> 夫以一事之瑕，而废传经之祀，则宰我之短丧，冉有之聚敛，亦不当列于十哲乎？弃汉儒保残守缺之功，而奖末流论性谈天之学，于是语录之书日增月益，而五经之义委之榛芜，自明人之议从祀始也。有王者作，其必遵贞观之制乎？[①]

李光地虽学宗宋儒，不以名物训诂为务，却也抱同情之理解，以孝子孝孙之心来体谅传经之儒，认为：

> 汉晋诸儒者，虽无绝世之德，而有传经之功。……诸君子承秦灭学之后，区区修救，凿为户牖，以待后人。苟以后世之光大而尽废之，孝子慈孙之心于此宜有所不安矣。故愚以为七十子当祀，则诸经师亦当祀，有其举之不可废也。此嘉靖之典所以为未安也。[②]

秦蕙田亦以为“取其大而略其细可也”。[③] 康熙在为朱彝尊《经义考》作题文时，对汉儒的经学功绩也作了极为公允的追述：“秦燔弗绝殆如绳，未丧斯文圣语曾。疑信虽滋后人议，述传终赖汉儒承。”[④]

王安石配享孔庭是在宋徽宗时，其位在孟子之次。引人侧目之处在于先时配享的颜子、孟子均为公爵，而王氏在崇宁年间以荆国公入配，政和三年（1113）即被追封为舒王。此外，安石之子王雱亦于同时以临川伯的身份从祀于孔庙。父子二人，同登圣域，荣光无比。[⑤] 早在之前，王氏

---

① （清）顾炎武著，黄汝成集释：《日知录集释》卷一四《嘉靖更定从祀》，第855页。

② （清）李光地：《榕村集》卷二一《文庙配享私议》，《景印文渊阁四库全书》第1324册，第822页。

③ （清）秦蕙田：《五礼通考》卷一一七《吉礼》，《景印文渊阁四库全书》第137册，第813页。彭时也有类似见解，参见顾炎武《日知录》卷一四《嘉靖更定从祀》，第859页。

④ 清圣祖：《御题朱彝尊经义考》，载朱彝尊《经义考》，（台北）中研院中国文哲研究所筹备处1997年版。

⑤ （元）脱脱等：《宋史》卷一〇五《礼志》，第2551页。

父子就彼此以追圣入圣相激赏。王雱为其父作《画像赞》称："列圣垂教，参差不齐。集厥大成，光乎仲尼。"雱早逝，死时年三十三，安石作诗悼之，其中有"一日凤鸟去，千年梁木摧"之句。这两篇作品被后来者断为"父子相圣，可谓无忌惮者矣!"① "（安石诗）盖以雱比孔子也……（雱赞）盖又以安石为过于孔子也。"② "集厥大成"实为孟子赞孔子语，原语为："孔子之谓集大成，集大成也者，金声而玉振之也。"③"千年梁木摧"实为孔子悟于将死之梦而自歌之词，《礼记》载之甚详："孔子蚤作，负手曳杖，消摇于门，歌曰：'泰山其颓乎，梁木其坏乎，哲人其萎乎。'既歌而入，当户而坐。子贡闻之，曰：'泰山其颓，则吾将安仰？梁木其坏，哲人其萎，则吾将安放？夫子殆将病也。'"④

实际上，安石配享孔庭后，朝廷所颁赞文也有相似的追誉，赞云："孔孟云远，六经中微。斯文载兴，自公发挥。推阐道真，启迪群迷。优入圣域，百世之师。"⑤ 其中"百世之师"运用了孟子释"圣人"之语，原语为："孟子曰：圣人，百世之师也"。⑥ 安石既侑食于孔庭，自然归属于孔圣后学之列，可是在这些被供奉着的圣贤儒之中，似乎惟有"安石"不够谦恭，不仅不惮于比志孔子，又大有孔庙新贵之气，只"舒王"一称，就足有躐等之嫌。无怪乎安石在后人评价中既背负着政治投机、学术投机之名，又与孔庙投机不期而遇。

然而盈极而虚，安石很快就遭遇降级乃至被驱除出孔庙的命运。最早发难的是程门弟子杨时，靖康初，他就指责王氏之学为"邪说淫辞"，建议追夺王安石王爵，并毁去配享之像。杨时所说"邪说淫辞"实指王安石的《三经新义》及《字说》等书，依杨氏之说，其"邪"与"淫"表现在："安石挟管、商之术，饰六艺以文奸言，变乱祖宗法度。"⑦ 杨时之

---

① （宋）邵博：《邵氏闻见后录》卷二〇，中华书局1983年版，第158页。

② （宋）徐自明撰，王瑞来校补：《宋宰辅编年录校补》，中华书局1986年版，第463页。

③ （汉）赵岐注，（宋）孙奭疏：《孟子注疏》卷一〇上《万章下》，《十三经注疏》，第2741页。

④ （汉）郑玄注，（唐）孔颖达疏：《礼记注疏》卷七《檀弓上》，《十三经注疏》，第1283页。

⑤ （清）徐乾学：《资治通鉴后编》卷九六，《景印文渊阁四库全书》第343册，第763页。

⑥ （汉）赵岐注，（宋）孙奭疏：《孟子注疏》卷一四上《尽心下》，《十三经注疏》，第2774页。

⑦ （元）脱脱等：《宋史》卷四二八《杨时传》，第12741页。

疏很快被采纳，安石配享二十年后，即降入从祀之列。然而此次降议风波不仅仅关系安石一人的进退而已，它还直接标志着朝廷意志与时代学风的转变，新政既陷入困境，新学随之遇冷。

王安石势炽之时，王氏之学已弥漫学界，专擅场屋。学子欲达，必宗习其说，稍有不同，则不中程。然而新学陡然遭黜，却让人反应不及。因为这意味着一代学人的大半生心血随之付为一炬。学校恐慌，可想而知。已达者既依之为出身，也要百般救护以袒护其素习。杨时既首开此议，也便沦为众矢之的。据称杨时议上后，“致使诸生集众直造祭酒位次，欲见而诋之，时若不自引避，必致生事”。[①] 朱子门人也有就“闻龟山晚岁一出，为士子诟骂，果有之否”一事相询者，朱熹的回答是：“他当时一出，追夺荆公王爵，罢配享夫子且欲毁劈《三经》板。士子不乐，遂相与聚问《三经》有何不可，辄欲毁之？当时龟山亦谨避之。”[②]《宋史·杨时传》同样记载了当时学界、政界的交锋情况：“士之习王氏学取科第者，已数十年，不复知其非，忽闻以为邪说，议论纷然。谏官冯澥力主王氏，上疏诋时。会学官中有纷争者，有旨学官并罢，时亦罢祭酒。”[③] 直至尘埃落定，众议所向方才明朗。

王安石父子除名于孔庭，经历了三个步骤。第一步，钦宗靖康元年(1126)，毁安石配享之像，追夺王爵，降为从祀；第二步，孝宗淳熙四年（1177），去王雱画像，罢王雱从祀；第三步，理宗淳祐元年（1241），罢安石之祀。[④] 第一步从杨时之请。第二步从李焘之请。[⑤] 王雱既因其父

① （宋）不著撰人：《靖康要录》卷五，《景印文渊阁四库全书》第329册，第503页。

② （宋）黎靖德编：《朱子语类》卷一〇一《程子门人》，第2573页。

③ （元）脱脱等：《宋史》卷四二八《杨时传》，第12742页。

④ （元）脱脱等：《宋史》卷一〇五《礼志》，第2551、2554页。

⑤ 李之藻《頖宫礼乐疏》（卷二《从祀沿革疏》）、孙承泽《春明梦余录》（卷二一《文庙》）皆以为王雱罢祀出自赵粹中之议。但赵粹中奏议上于淳祐三年冬，主论王安石奸邪，请削去其从祀，朝廷以“安石前后毁誉不同，其文章亦何可掩”为由未从（见《建炎杂记》乙集卷四《元丰至嘉定宣圣配享议》）。据《绍熙州县释奠仪图·文公潭州牒州学备准指挥》载太常寺检照《中兴礼书》所录，罢祀之议上于淳熙四年二月二十二日，罢祀之举则行于同年七月二十日。与赵粹中上议时间明显不符。另据《建炎杂记·元丰至嘉定宣圣配享议》载：“时李仁父为礼部侍郎，上与共议，欲升范仲淹、欧阳修、司马光、苏轼，黜王雱。……上命三省密院议之。密院王季海依违其词，赵温叔言‘仲淹自以功业名当时，修亦有微玷，不若止用光、轼。’而三省龚实之、李秀叔皆以为不可，事遂不行。久之，但除临川伯雱画像而已。”再据《宋史·李焘传》载：“（淳祐）四年驾幸太学。……焘论两学释奠，从祀孔子当升范仲淹、欧阳修、司马光、苏轼，黜王安石父子从祀。武成王当黜李绩。众议不叶，止黜王雱而已。”显见此议实出自李焘之手。

而沾及殊荣，父损子亦从之，此属必然，更何况王雱又确非资望之人。李焘奏称：

> 本朝儒臣，惟熙宁宰相王安石及其子雱独被斯宠。然安石之学，君子不以为正，至雱则乳臭盗名，公论尤所弗与。若存安石于诸儒之列，容或可恕；至如雱者，乃与韩愈比肩西庑，何以示劝？实为未当。因循至今，莫或厘正，臣窃惜之。①

此议很快通过，并无异见。第三步是王氏孔庭异数的最后结局，这也是多人交章连奏的结果。安石乍由配享降为从祀，徽猷阁待制谭世绩即言安石亦不当从祀②；乾道五年（1169），魏元履复请罢去王安石父子；淳熙三年（1176）冬，赵粹中又请削去安石从祀；次年，李焘又论当黜王安石从祀。③ 当时所请均未通过。到理宗时，方"寻以王安石谓'天命不足畏，祖宗不足法，人言不足恤'，为万世罪人，岂宜从祀孔子庙庭，黜之。"④ 安石配享之初被高标为上承孔孟下启懵懂，罢祀之时却又沦败为万世罪人，是非成败，任由评断。

对于王安石在孔庙中的风云变幻，见于后世评价，几乎都是清一色的批评之语。安石配享盛时，陈瓘已奋笔于书，其言有云：

> 代言之笔，尽目其徒为儒宗，首善之官，肇塑其形为坐像。……当时不得配太庙之享，后世所以广上丁之祠。今比安石为钦王之臣，则方神考为何代之主，又况一人幸学，列辟班随，至尊拜伏于炉前，故臣骄倨而坐视，百官气郁，多士心寒，自有华夏以来，无此悖倒之礼。⑤

---

① （宋）朱熹：《绍熙州县释奠仪图》，收入《朱子全书》第十三册，第20页。

② （宋）陈均编：《皇朝编年纲目备要》卷三〇《钦宗皇帝》，中华书局2006年版，第788页。

③ （宋）李心传：《建炎杂记·乙集》卷四《元丰至嘉定宣圣配享议》，中华书局2000年版，第569页。

④ （元）脱脱等：《宋史》卷四二《理宗本纪》，第822页。

⑤ （宋）岳珂：《桯史》卷一一《尊尧集表》，第128—129页。

“配太庙之享”指元勋众望之臣配享于太庙。安石逝于哲宗元祐元年（1086），其时配享于神宗者为富弼。哲宗绍圣元年（1094），又增安石配享于神宗庙庭。绍圣三年（1096），罢富弼配享。建炎初，罢王安石重以富弼配享神宗。既得配享于皇帝，又得配享于孔圣，荣誉盛况，真可谓稀世一见，只是名实已倍遭质疑。

王安石配享事件成为旧史以后，其后几百年间的公议轨迹，大致可以几人之语一线贯之。熊禾以为学校祀典在于正人心明世教，是清议所在，安石父子入祀，则明是凌权势于清议之上，是以“权势所在，何向不可？一朝毁撤，万口无辞”。① 元人侯克中则作诗来评断王安石的是非功过，“天变人言岂易欺，祖宗不法欲何为？木离规矩徒夸巧，病入膏肓反忌医。千古宣仁皇后传，一时元祐党人碑。宋亡毕竟从君始，配享文宣恐未宜”。② 明人议论也大都左右于王安石的政治取向，或以“奸党”视之，或以“罪人”呼之，以至于杨慎称为：“安石之误国，生遇孔子，必应少正卯之诛。而其死也，公享之于庙庭，私祠之于州县，是宋人之议论不公不明，举世皆迷且邪矣。”③ 人言虽不足恤，但人言是非，总有警示取鉴之用。

第三节　从祀——十哲（十二哲）

一　十哲源起与相关争论

十哲脱胎于“孔门四科之子”，其人员产生以《论语》为依据。《论语·先进》载：“子曰：‘从我于陈、蔡者，皆不及门也’”，“德行：颜渊，闵子骞，冉伯牛，仲弓。言语：宰我，子贡。政事：冉有，季路。文学：子游，子夏”。④ 十哲有时候也被泛称为“从于陈、蔡者”。

---

① （宋）熊禾：《勿轩集》卷二《三山郡泮五贤祠记》，《景印文渊阁四库全书》第 1188 册，第 783 页。

② （元）侯克中：《艮斋诗集》卷三《王安石》，《景印文渊阁四库全书》第 1205 册，第 463 页。

③ （明）杨慎：《升庵集》卷五一《宋人议论不公不明》，《景印文渊阁四库全书》第 1270 册，第 434 页。

④ 《论语·先进》中的这两句话是否连缀？孔子所评价的十人是否就是从于陈、蔡的跟随者？古人对此二问题并无疑义，基本持肯定态度。杨伯峻先生有异解，参见杨伯峻《论语译注》，中华书局 2004 年版，第 109—110 页。因为十哲命题纯粹依于古人观念而产生，是以对杨伯峻新解，本文置而不议。

四科十子很早就在孔门弟子中脱颖而出，以小团体形象示人。东晋时，国子学旁立夫子堂，其内就有夫子及十弟子像。[①] 南朝齐时，成都刺史刘悛修玉堂礼殿，殿中也画夫子及四科十子像。[②] 东魏时，兖州刺史李珽修孔子庙，在碑文中他还述及立十子于夫子之侧的原因："孔子曰'从我于陈、蔡者皆不及门也'。因历叙其才以为四科之目。生既见从，没□□侍。……所以雕壕十子侍于其侧。"[③] 然而，这些情况只出现在个别政权、个别地区内，十子与夫子的亲密关系远没有形成固定模式。唐初，太宗以汉晋诸儒有传经注经之功，诏令"二十二贤"与颜回并配享于孔庙。十人除了颜回、子夏[④]，其余八人无缘于享祀。

"十哲"的提法最早出现于开元八年国子司业李元瓘的奏折中，此一团体的转机亦随即到来。李氏奏请："十哲弟子，虽复列像庙堂，不预享祀。谨检祠令：何休、范宁等二十贤犹沾从祀，望请春秋释奠，列享在二十贤之上。"玄宗依其奏，改颜子等十哲为坐像，悉预从祀。[⑤] 在与"二十二贤"的竞争中，四科十子还是成为最终的胜利者，重新取得了以往的地位。

十哲的提法虽然因约定俗成而在后世广泛通用，但是它的前身——四科——显然也将一些模糊性的争议遗传给了它。四科十子到底是曾经跟随孔子到过陈、蔡等国的优秀者，还是三千中的优秀者，一直是悬而未决的问题。倘是前者，则孔庙十哲径取四科显然有以偏概全之嫌。倘是后者，则其人员选定去取又很难令人满意。玄宗朝是将十哲直接视为孔门之选的，这可以从朝廷褒扬十人的诏令中获知，诏文云："且门人三千，见称十哲，包夫众美，实越等夷。畅玄圣之风规，发人伦之耳目，并宜褒赠，以宠贤明。"[⑥] 可见，官方十哲就是以三千弟子中的佼佼者身份出现的。道州刺史薛景晦（号伯高）则有异言，称：

---

① （唐）许嵩：《建康实录》卷九，第277页。

② （宋）黄休复：《益州名画录》卷下《无画有名》，《景印文渊阁四库全书》第812册，第505页。

③ （清）孔毓圻、金居敬等：《幸鲁盛典》卷七，《景印文渊阁四库全书》第652册，第76页。

④ 子夏因有功于《诗》，得列二十二贤之中。相传《毛诗序》为子夏所作。

⑤ （后晋）刘昫等：《旧唐书》卷二四《礼仪志》，第919—920页。

⑥ 同上书，第921页。

> 夫子称门弟子颜回为庶几。其后从于陈、蔡，亦各有号。言出一时，非尽其徒也。于后失厥所谓，妄异科第。坐祀十人以为哲，岂夫子志哉?①

薛伯高不仅有此判断，也是相应行动，经他筹划所创建的文宣王庙中，就是只立夫子像，仅以颜子配。柳宗元为薛伯高这番立庙盛祭的义举作文刊碑，即《道州文宣王庙碑》，文中便称引了薛氏的这番话。二百多年后，当修《新唐书》的宋祁看到此语，却直以异端视之：

> 观七十子之贤，未有加于十人，坐而祀之，始于开元，非特牵于一时之称号。……伯高之语，柳宗元志之于其书，必有辨其妄者。②

宋祁的预言显然并不高明，因为其后的是非辨析，恰恰都是围绕着“十哲”的不确定性而展开，并非众议一致。

实际上，在《新唐书》修撰前夕，司马光就有过一番非议。他专门作了一篇《十哲论》，其中有言：

> 十哲于经无见，而学者多称之。国家祀孔子，十哲则祀于堂上，其余门人祀于东西庑下，俎豆之数皆异焉，愚窃以为过矣。是十人者，孔子虽以四科第之，非谓门人之中唯十人为贤也，至于“柴也愚，参也鲁，师也辟，由也喭”，岂谓唯此四人为不肖邪。以此观之，尊十哲非孔子意明矣。③

温公此篇作于仁宗庆历二年（1042），《新唐书》始修于庆历五年（1045），两者相距无几，旨趣却是大相径庭。关于十哲之制，程颢也有说辞：“四科，乃从夫子于陈、蔡者尔。门人之贤者，固不止此，曾子传

---

① （唐）柳宗元：《柳河东集》卷五《道州文宣王庙碑》，第75—76页。

② （宋）欧阳修、宋祁：《新唐书》卷一六四《赞语》，第5058页。

③ （宋）司马光：《传家集》卷六五《十哲论》，《景印文渊阁四库全书》第1094册，第597页。

道而不与焉，故知十哲，世俗之论也。”[①] 到了南宋，王楙作《孔门十哲》，融合前人见解，以为将四科之人定为十哲是“错认夫子之意”，春秋释奠以十哲之数为升降之等是“失夫子之意”。[②] 十哲显然是泥经泥圣的结果，一旦凝固为政府行为，则是非无端，相沿难革。而这也为儒门分类带来了不便。真德秀叙述孔门诸子之学，显然已不可能摆脱往常的排序模式，只好在篇后特别点明“以上叙孔门诸子之学，自闵、冉而下虽以四科为次第，然十哲之云，先儒已非之”之语。[③]

十哲设位，自唐以后，基本稳定为夫子南面而坐，十哲东西列侍。后来虽有四配跃居于前，十哲依然列位于殿上。胡居仁曾设想更移其位，他说：

> 祭祀所以崇德报功，合升程朱于四配之下，以成七配。若礼殿狭难设位，则十哲乃世俗论，可列在庑，只用颜子配享，曾子至朱子六人升配于堂，庶几允当。[④]

敬斋之意主于升程朱为配享，人员既增，自然拥挤，所以顺应程颢的“十哲世俗之论”而将十人降于两庑也就是顺理成章的事。胡氏笃信程朱，推崇极盛。只是加祀挪位往往徒增纷更，也很难施行。

十哲初为十人，后来迭有迁补。十人中，颜渊居首，享受着特别的恩宠。他很早就陪侍于夫子之侧参与侑食，其他九人却并无此幸。开元八年制施行后，十哲方得列于从祀之位。然而在朝廷所追加的爵号上，颜回依然获得区别对待。他被赠封为兖公，余九人为侯。宋真宗大中祥符二年(1014)，十哲均被追封为公。颜回依然高一等，为国公，其他九人为郡公。[⑤] 神宗元丰七年（1084），孟子以邹国公的身份与颜回并配于孔庙，

---

① （宋）程颢、程颐：《二程集》，第385页。

② （宋）王楙：《野客丛书》卷一八《孔门十哲》，《景印文渊阁四库全书》第852册，第699页。

③ （宋）真德秀：《西山读书记》卷二九《孔门诸子之学》，《景印文渊阁四库全书》第706册，第49页。

④ （明）胡居仁：《居业录》卷五，《景印文渊阁四库全书》第714册，第53页。

⑤ 《续资治通鉴长编》（第1605页）载：“初议加封十哲爵以公，自余侯。王旦曰：‘颜子旧封兖公，并为公爵，则亚圣无以异。望封颜子国公，余为郡公。’从之。”

这一事件标志着一个独立的高于十哲的受祭单位已然清晰出现。颜回抽离出十哲后，曾参自然而然地补充进去。[①] 理宗端平二年（1235），又升子思于十哲，共十一人。[②] 度宗咸淳三年（1267），曾参、子思升配享，进子张入其列，十哲恢复为十人。康熙五十一年（1712），增朱熹，十哲变为十一哲。乾隆三年（1738），又将有若升入，共十二位，称十二哲。

围绕着十哲发生的最大争议是人员择定问题，卷入争议最深的是曾参。曾子初以孝著称，后又以传道之功闻名，如此德能却不列于四科，这令很多人感到困惑不解。是曾子个人条件有差抑或四科品陟标准有失，是主观原因造成的抑或客观原因造成的，这是后世解释曾子不入四科原因的两大主要思路。徐干是从曾子的主观硬伤出发进行剖析的，他在《中论》中称："人之行，莫大于孝，莫显于清。曾参之孝，有虞不能易；原宪之清，伯夷不能间。然不得与游、夏列在四行之科，以其才不如也。"[③] 徐氏认为曾子"才"有欠缺，是以未入选。其立论的不足之处在于以"才"作解却又不详具各弟子才力之高下短长，无法对比，显然失于空泛，无法令人信服。汉人解经不破经之习，于此可略见一斑。

但是到了宋朝，夏竦作《曾参不列四科论》，重又秉持了与徐干相似的风旨，他说："孔氏四科之选皆有贤哲之具体者哉，非各言其一也。……而曾子惟以孝行著闻，不能具得能者之体，但行其一端，故所以不列于十哲者也"，其最终结论是"参不列其间者，念其道有所未至矣"。[④] 夏氏作解，在逻辑推理上显较徐干明白通顺。然而此番话与其后的道学风潮大相背逆，得罪不浅。四库馆臣既力斥其说，进而深讥其学，"其论曾子不列四科尤多纰缪，盖竦专攻词赋，未究圣贤之学也"。[⑤] 徐干与夏竦解释原因都是从曾子自身之故出发，也就只能以寻短来弥补经说。此种用力方向很难突破说理上的论据难题。相反，曾子的推崇者却能够轻

① （宋）郑居中等奉敕撰：《政和五礼新仪》卷三《神位下》，《景印文渊阁四库全书》第647册，第144页。

② （元）脱脱等：《宋史》卷四二《理宗二》，第807页。

③ （汉）徐干：《中论》卷上《智行第九》，《四部丛刊初编》。

④ （宋）夏竦：《文庄集》卷二〇《曾参不列四科论》，《景印文渊阁四库全书》第1087册，第216页。

⑤ （清）王太岳等纂辑：《钦定四库全书考证》卷七七，《景印文渊阁四库全书》第1500册，第83页。

易地将曾子的人格魅力渲染得淋漓尽致，邵博就是个中能手，他在《闻见后录》中称："孔子答群弟子问孝，不过一二言，至曾子则特为著经。又'夫子之文章，可得而闻；性与天道，不可得而闻也。'其告曾子，犹曰'吾道一以贯之'。盖颜渊死，孔子之所付授者，曾子一人耳。"[①] 纠曾子才德者如果得见此论，不知道又会作何感想。

更多的解释倾向于通过寻找外在原因，来为曾参委曲疏解，认为"非参之德行不及诸子也，当时适不从游耳"[②]。早在唐代，李观作《辨曾参不为孔门十哲论》，就以客问主答的方式表述了这一观点："四科十哲之名乃一时之言也，非燕居之时门人尽在而言也。于时仲尼围于陈、畏于匡，曾参不在从行之中。……使曾子于时得与数子从行，则仲尼之圣不遗参之孝，不后冉伯牛、仲弓之目也，必矣！"[③] 后世程颢[④]、吕柟[⑤]、王世贞[⑥]等均持此说。

有治学严谨者甚至还对曾子未曾跟随的原因进行了探索，大致形成两种推测：（1）白居易在孝上做文章，称："曾参至孝，不忍一日离其亲。及仲尼旅游历聘，自卫反鲁之时，曾参或归养于家，不从门人之列。论拟之际，偶独见遗，由此明之，非曾参德行才业不及诸门人也。"[⑦]（2）吕柟从年龄方面入手，称："曾子年最少，不与陈蔡之阨也。"[⑧] 今人李申吸纳了这一解释，也说："曾参年轻，未跟孔子到过陈蔡，所以没有提到。"[⑨] 两种推理都是在基于对曾子本人宽容理解的前提下进行的，都有为曾子开解的意味。还有一些相似的说法，如唐人李涪称："曾子不列四

---

① （宋）邵博：《邵氏闻见后录》卷三，第24页。

② （清）马骕：《绎史》卷九五《孔门诸子言行四》，中华书局2002年版，第2456页。

③ （唐）李观：《辨曾参不为孔门十哲论》，收入（宋）姚铉纂《文粹》卷三五，《四部丛刊初编》。

④ （宋）程颢、程颐：《二程集》，第385页。

⑤ （明）吕柟：《四书因问》卷四，《景印文渊阁四库全书》第206册，第857页。

⑥ （明）王世贞：《弇州续稿》卷一四三《为光复孔庙旧典订定从祀诸儒以昭圣化以慰众心疏》，《景印文渊阁四库全书》第1284册，第90页。"臣又考得庙祀所谓四科十哲者，盖孔子偶追陈、蔡之厄，思不及门之士，而记者追列其人耳。不然，何传道若曾子者而不与也，顾使宰予、冉求滥竽其间，窃所未晓。"

⑦ （宋）不著撰人：《历代名贤确论》卷二六《曾参不列四科》，《景印文渊阁四库全书》第687册，第179页。

⑧ （明）吕柟：《四书因问》卷四，《景印文渊阁四库全书》第206册，第857页。

⑨ 李申：《中国儒教史》上卷，第816页。

科者，先述圣人一时列坐门人弟子耳，岂是舍曾氏之大孝重宰我之言语？盖不在其席，故不尽举此"[①]，宋人郑汝谐称："四科十哲，后世之论，非谓门人之贤止于如此。或者因侍侧而及之也。"[②] 不管是哪种场合的缺席，解释者们都相信，曾参不列四科，绝不是因为才德不及，而是客观原因造成的。

宋人郑獬有一个堪称新论的解释，因其出奇而具有吸引力。他说："四科非夫子择之也，吾疑其为曾子之言。"此疑若得成立，则曾子不在四科也就不足为怪了。郑獬是如此推论的：

> 《论语》，曾子之出也。盖曾子常与其弟子评先师之门人，贤其贤者，次第之，非曾子自著之，则曾子之弟子拾记之云尔。曷以解之？以其字之也。《语》之称弟子，自相谓则字之，师语弟子则名之，弟子之于师虽朋友亦名之。今四科皆字也，苟夫子言，固名之矣，曰德行，颜回、闵损、冉耕、冉雍；言语，宰予、端木赐；政事，冉求、仲由；文学，言偃、卜商。而反曰颜渊、闵子骞云云。如是，曾子为其朋友而字之。吾用是固知非夫子择之，而曾子之出也亡疑矣！按而言，则曾子不当于四科也亦宜。[③]

郑獬此论或受柳宗元启发。柳氏有《论语辩》上、下两篇，其中著名的一篇就是有关《论语》成书作者问题，其辩为：

> 或问曰："儒者称《论语》，孔子弟子所记，信乎？"曰："未然也。孔子弟子，曾参最少，少孔子四十六岁。曾子老而死，是书记曾子之死，则去孔子也远矣。曾子之死，孔子弟子略无存者矣。吾意曾子弟子之为之也。何哉？且是书载弟子必以字，独曾子、有子不然，由是言之，弟子之号之也。""然则有子何以称子？"曰："孔子之殁

---

① （唐）李涪：《刊误》卷上《曾参不列四科》，《景印文渊阁四库全书》第850册，第172页。

② （宋）郑汝谐：《论语意原》卷三，《丛书集成初编》。

③ （宋）不著撰人：《历代名贤确论》卷二六《曾参不列四科》，《景印文渊阁四库全书》第687册，第179页。

也，诸弟子以有子为似夫子，立而师之，其后不能对诸子之问，乃叱避而退，则固尝有师之号矣。今所记独曾子最后死，余是以知之，盖乐正子春、子思之徒与为之尔。或曰孔子弟子尝杂记其言，然而卒成其书者，曾氏之徒也。”①

郑獬立论全赖于此。二程与郑氏为同时人，他们也参考并接受了柳宗元的立论。② 对于柳氏之文，朱子亦叹服“其论曾子者得之”③。足见河东先生持论之影响。郑獬吸纳了柳宗元《辩》的成果，进而将其运用到对四科的判断上，具有一定的说服力。

郑獬之解或许因其不谐于儒界素习，也有可能是其说流传不够广泛，因此在当时及以后并未引起什么反响。然而其解若得成立，很多问题就可以迎刃而解。在曾子眼里，四科为孔门贤者之极选。在后人眼里，曾子亦为孔门贤者之极选。如是，十哲虽非夫子意，却可以无愧地登于孔庙之堂。曾子虽非四科之数，却也可以无所疑义地进入十哲之列。就孔庙从祀轨迹看，十哲人员流动恰应此义，颜渊甫一升配，曾参旋即补入，也算得上是冥冥之中一大际会。

二　十哲中的人员流动与增补

十哲人员流动，最初是迁补，后来是增祀。迁补即十哲中先有人员升入配享，接着另择人选补入。其例有颜渊升，补曾子；曾子、子思升，补子张。四配定制后，升补流动因之终止。此后，围绕着十哲人选又相继出现了“黜替”法及“增祀”法。

黜替法就是在十哲以十人为定数的前提下，降祀莠者于两庑，升祀良者于殿上。洪武二年（1369），崇仁训导罗恢上请升有子而黜宰我，但未引起什么反响。然而，类似的提议在明代中后期却接连被提出。在这些提

① （唐）柳宗元：《柳河东集》卷四《论语辩二篇》，第68—69页。

② 程子有言：“《论语》之书成于有子、曾子之门人。”此说本出于柳宗元，但程子在转述时却未加标明，是以朱门弟子有以此为疑者，朱熹答疑，称：“程子特因柳氏之言，断而裁之，以为此说。”参见（宋）赵顺孙《四书纂疏·论语朱子集注序说》，《景印文渊阁四库全书》第201册，第206页。

③ （宋）赵顺孙：《四书纂疏》，《景印文渊阁四库全书》第201册，第206页。

议中，要求降祀的莠者无一例外均指向了宰我、冉求二人，要求升祀的良者在取择上则略有差别。其中典型的代表是嘉靖间郑晓提出的建议，他说：

> 近世多议从祀诸儒而不及十哲，十哲直取陈、蔡一时遇难之贤，非孔门定论，自开元及今无敢议者。夫有若之言四见于《论语》，大类圣人，公西赤志于礼乐，有为邦之才，其为言语政事不优于宰、冉乎？我、求言行不必征诸史传，《论语》中多有之，视二子优劣何如？宜进祀二子于殿上，改求、我庑中。①

郑晓认为十哲中应当罢黜宰我、冉求，进祀有若、公西华。大致同时，王世贞作《为光复孔庙旧典订定从祀诸儒以昭圣化以慰众心疏》，也称：

> 臣顾使宰予、冉求滥竽其间，窃所未晓。夫宰予相齐，身中田常之难，其中所纪虽不尽核，然而朽木粪土之诮，见鄙圣门，短丧自便之私，得罪名教。冉求为季氏陪臣，聚敛以益其富，鸣鼓之攻，非徒之责，凛乎霜钺。……乃使之偃然于大圣一堂之上，与颜、闵比肩，何其谬盭不伦至此也。臣以为宜降置两庑，必欲补十哲之缺，则有有若、南宫适二子，其言行盖为纯美，庶可从颛孙师之例进补。②

在替补人选上，郑、王二人都取有若，其他则不能划一。此后诸人的黜替建议，也大都徘徊在此二人的取舍之间，没有更多新意，如顾锡畴取王世贞之选③，王士禛则从郑晓之选④。在黜替论中，淘汰是不可避免的，

① （明）李之藻：《頖宫礼乐疏》卷二《从祀沿革疏》，《景印文渊阁四库全书》第651册，第44—45页。

② （明）王世贞：《弇州续稿》卷一四三《为光复孔庙旧典订定从祀诸儒以昭圣化以慰众心疏》，《景印文渊阁四库全书》第1284册，第90页。

③ （清）陈鼎：《东林列传》卷一二《顾锡畴传》，《景印文渊阁四库全书》第458册，第323页。“言十哲中，宜进有若、南宫适，而降予、求。先儒中，宜进诸葛亮、狄仁杰、范仲淹也。”

④ （清）王士禛：《香祖笔记》卷一，上海古籍出版社1982年版，第20页。

而这不仅不符合“礼有其举之，莫敢废也”的原则，也会于情不忍，所谓“冉、宰两贤，圣门高弟，佑飨千秋，岂容轻议？”[①] 是以清人最终还是选择了只增不黜的方式。

增祀法不再以十哲的十人之数为限。第一次增祀发生于理宗端平间。其时，增入子思，十哲实际上是十一人。度宗咸淳间，曾子、子思升配，子张补入，十哲重新恢复为十人之数。此后有若成为增祀的主角，也是继曾子之后十哲最热门的人选。其实，在曾子、子思升配时，众心所盼的替补者就是有若，但度宗政府却最终取子张而舍有若。其时拟议情形如何，正史不载，只黄震在《黄氏日抄》中略微有所透露：

> 咸淳三年，升从祀以补十哲，众议必有若也。祭酒为书力诋有若不当升，而升子张。[②]

时职国子监祭酒的是陈宜中，他何以要横加阻拦，黄氏并未详及。但是《日抄》中接着述及当时的学术偏重：

> 陆象山天资高明，指心顿悟，不欲人从事学问，故尝斥有子孝弟之说为支离。奈何习其说者不察，因创攻之于千载之下耶？[③]

陆九渊初读《论语》即不惧于其兄“孔门除却曾子便到有子，未可轻议”的警示，直称“有子之言支离”，“吾读《论语》，至夫子、曾子之言便无疑，至有子之言便不喜”。[④] 依黄震之语推断，当时把持朝廷言论的当为陆氏追随者，所以才能够把陆象山的学术偏好和爱憎体现出来。

另据相关言论推测，有若的失选，得咎于《孟子》中的一段掌故。《孟子·滕文公上》载：“子夏、子张、子游以有若似圣人，欲以所事孔

---

① （清）文庆、李宗昉等纂修：《钦定国子监志》卷三《庙志三》，第63页。

② 同上书，第21页。

③ （宋）黄震：《黄氏日抄》卷三《读孟子》，《景印文渊阁四库全书》第707册，第21—22页。

④ 参见（宋）陆九渊《象山语录》，上海古籍出版社2000年版，第26页；《宋史》卷四三四《陆九渊传》，第12880页。

子事之，强曾子，曾子曰：‘不可。江汉以濯之，秋阳以暴之，皜皜乎不可尚已！’”[1] 后人解读此段故事，往往视曾子尊师为别高人一格，[2] 至于有若及其他弟子，则殊为不达。太史公对此事略施铺陈：“孔子既没，弟子思慕，有若状似孔子，弟子相与共立为师，师之如夫子时也。他日，弟子进问曰……有若默然无以应。弟子起曰：‘有子避之，此非子之座也！’”[3]《孟子》《史记》两书对此一始末的相关记载加剧了有若在后人心目中的负面印象，宋朝十哲避有若而取子张，或许也是受此影响。朱彝尊显然也意识到这其中的牵连，在作《文水县卜子祠堂记》时，就特别指出此为：“过信曾子之言而未之绎也，抑何其刺谬与。”[4]

有若在宋代虽然际遇不佳，但是人气不减。黄震就对其推尚不已，他从另一个角度阐述了“有若似圣人”之语：

> 门人以有若言行气象类孔子，而欲以所事孔子事之，有若之所学何如也！曾子以孔子非有若可继而止之，孔子自生民以来未之有，宜非有若之所可继，而非故贬有若也。有若虽不足以比孔子，而孔门之所推尚一时皆无有若比可知。[5]

顾炎武在得观黄氏此说后，接着附益道：

> 《论语》首篇即录有子之言者三，而与曾子并称曰“子”，门人

---

① （汉）赵岐注，（宋）孙奭疏：《孟子注疏》卷五下《滕文公上》，《十三经注疏》，第2706页。

② 比如朱熹在《孟子集注》中将“江汉以濯之，秋阳以暴之，皜皜乎不可尚已”三语称为：“或曰此三语者，孟子赞美曾子之辞也。”杨简《杨氏易传》卷八载：“独曾子可以免窥观之丑尔。”俞汝楫等《礼部志稿》卷九四《限立孔子牌位》载：“此曾子尊敬孔子如此。”

③ （汉）司马迁：《史记》卷六七《仲尼弟子列传》，第2216页。另，太史公采杂说之谬，苏辙、朱熹、洪迈、王应麟等已辨之。参见（宋）苏辙《古史》卷三二，《景印文渊阁四库全书》第371册，第494页；（元）金履祥《孟子集注考证》卷三，《景印文渊阁四库全书》第202册，第118页；（宋）洪迈《容斋随笔》卷一五《有若》，第198页；（宋）王应麟《困学纪闻》卷七《论语》，《四部丛刊三编》。

④ （清）朱彝尊：《曝书亭集》卷六五《文水县卜子祠堂记》，《景印文渊阁四库全书》第1318册，第372页。

⑤ （宋）黄震：《黄氏日抄》卷三《读孟子》，《景印文渊阁四库全书》第707册，第21页。

> 实欲以二子接孔子之传者。传、记言孔子之卒，哀公诔之；有若之丧，悼公吊焉。其为鲁人所重，又可知矣。十哲之祀，允宜厘正。①

同样感悟于宋人言论的还有阎若璩。王应麟曾在《论语或问》中记载："或问曰：'有子不列于四科，其人品何如？'曰：'宰我、子贡、有若，智足以知圣人。此《孟子》之言也，盖在言语之科，宰我、子贡之流亚也。"② 阎若璩断其语为"快哉论也！"并由此提出十二哲的设想：

> 尝读此条，因悟有若不可屈两庑，当于庙庭上广而为十二哲。德行有三人焉，闵子骞、冉伯牛、仲弓。言语亦三人焉，宰我、子贡、有若。政事亦三人焉，冉有、季路、公西华。文学亦三人焉，子游、子夏、子张。③

毛奇龄、徐元梦也都建议升祀有若。④ 在众人持续不断的争取下，有若最终升入殿上，阎氏所设想的十二人之数得以完成。只是，足此十二人之数的另一位升祀者并非阎氏所提及的公西华，而是朱熹，且已经早先一步升入。

朱熹升入十哲是孔庙祀典史上一件极不寻常的事情。朱熹并非孔门亲接弟子，非孔子同时之人，与所谓的孔门十哲、四科弟子旨趣不符，按常理，是不当归入十哲之列的，是以以往诸儒从未敢轻议过。但是从另外的角度说，朱子本人穷理致知，反躬践履，昌明理学，就功德学养而言，完全无愧于殿堂之享。朝廷在斟酌审议之时，甚至一度有设位朱子于四配之下的想法。后经李光地奏请，方改议于十哲之下。⑤ 朱熹的加入，打破了

---

① （清）顾炎武著，黄汝成集释：《日知录集释》卷一四《十哲》，第853页。

② （宋）王应麟：《困学纪闻》卷七《论语》，《四部丛刊三编》。

③ （清）阎若璩：《尚书古文疏证》卷八，《景印文渊阁四库全书》第66册，第515页。

④ 毛奇龄称："十哲之祀，宜增有若。不当以陈、蔡相从之贤限此数也。"徐元梦于乾隆二年上疏，其中有言："如有子之言行气象与圣人相似，最为游、夏诸贤所推尊，允宜升堂配享。"这些言论最终促成有若升祀子夏之下。参见（清）毛奇龄《经问》卷三，《景印文渊阁四库全书》第191册，第38页；清乾隆五十一年敕撰《钦定八旗通志》卷一六〇《人物志》，《景印文渊阁四库全书》第666册，第678页。

⑤ （清）李光地：《榕村语录》卷二七，《景印文渊阁四库全书》第725册，第422页。

以往的四科教条与束缚，为十哲定制带来了一次小小的创新，“是殿享不尽沿旧制也”[①]。

朱熹在孔庙中所获得的超格礼遇，完全基于他对儒学所做出的巨大贡献。此一礼遇虽授意于康熙皇帝，观其所下敕谕，却无不中正允洽。其谕云：

> 朕自冲龄笃好读书，诸书无不览诵，每见历代文士著述，即一句一字于义理稍有未安者，辄为后人指摘。惟宋儒朱子注释群经，阐发道理，凡所著作及编纂之书，皆明白精确，归于大中至正。经今五百余年，知学之人无敢疵议。朕以为孔孟之后有裨斯文者，朱子之功最为弘巨。应作何崇礼表彰，著内阁九卿詹事科道会同详议具奏。[②]

康熙崇礼之念源于自己读书的切身体会，是一种自然而然产生的施报情感。除了提升朱子的祀位外，同步进行的还有，“凡朱子之书，靡不通贯而表扬之”[③]。这都是清廷推崇程朱理学的重要表现。

对于朱熹升祀十哲之事，查慎行专门作诗以纪之，诗曰：“千秋世裔绵吴国，十哲新跻列紫阳。到此始知儒者贵，遥遥今古几升堂。”[④] 卢存心也作《朱子赞》表之，赞曰：“考亭之生，理学昌明。道阐千圣，功存六经。如四海奠，如九天成。晋侪闵冉，十哲以升。”[⑤] 此赞称得上是对朱熹生前身后事迹的一个全面概括。

第四节　从祀——先贤先儒

先贤、先儒本来是经师学者们言及往昔硕学大儒时信手拈来的概念，

---

① 清乾隆五十一年敕撰：《钦定八旗通志》卷一六〇《人物志》，《景印文渊阁四库全书》第666册，第678页。

② （清）圣祖御制，允禄等奉敕编：《圣祖仁皇帝御制文第四集》卷一《谕满汉大学士九卿等》，《景印文渊阁四库全书》第1299册，第400页。

③ （清）蔡世远：《二希堂文集》卷一《四书朱子全义序》，《景印文渊阁四库全书》第1325册，第656页。

④ （清）查慎行：《敬业堂诗集》卷四一，《四部丛刊初编》。

⑤ （清）卢存心：《文庙从祀弟子赞》，《儒藏》影印本，四川大学出版社2005年版，第666页。

并无特定所指，也无特定界限。然而进入孔庙，这两个称谓就有了特定的身份。先贤主要指孔门高弟，先儒主要指汉唐以来的诸儒。在森严的孔庙从祀等级中，先贤、先儒居于四配、十哲之后，分别为第三等、第四等。

唐以后，随着孔庙从祀制度的日趋完善，从祀人员的数量也日益庞大。唐以前主要以颜回配享，贞观二十一年以“二十二贤”与颜回并配，开元八年十哲跻于堂上，七十弟子与二十二贤图于庙壁之上。宋咸淳三年四配成型，自此以后，孔庙设位基本稳定，四配与十哲稳定在殿堂之上，七十弟子与二十二贤长居于殿前两庑。就两庑从祀来说，由于新的贤儒不断加入，七十弟子已非其七十之数，传经之儒也不能尽括后世传道之儒，规范称谓在所难免。

将“七十弟子”改称为先贤、将“二十二贤”改称为先儒，是在嘉靖孔庙改制的时候确定下来的。改制规定：“十哲以下凡及门弟子，皆称先贤某子。左丘明以下，皆称先儒某子。不复称公侯伯。”① 这样的更定显得简单明了，打破了以往以数量命名的诸多限制，也为后儒源源不断地加入提供了名分上的保障。然而，嘉靖更名的目的主要并不在于要使孔庙从祀体系更为严密、称谓更为规范，而是要借此剥夺受享人员的封爵名衔，用通用性的先贤、先儒来代替以往国家所轻施的爵赏名器。嘉靖更名的实质在于降等，而这也正是嘉靖孔庙改制的宗旨所在。

孔庙从祀系统的封爵制是从唐代开始的。开元二十七年（739），孔子称文宣王，为了与孔子封爵相称，颜回被赠为兖公，四科其他九人如闵损、冉耕、冉雍、冉求、仲由、宰予、端木赐、言偃、卜商等被赠为侯，孔门其余弟子被赠为伯。② 真宗大中祥符二年（1009）五月，加封颜回为国公，闵损以下九人为郡公，其余弟子为侯。③ 七月，封左丘明以下先儒为伯（其时王肃为兰陵亭侯，杜预为当阳侯，分别封为司空、司徒）。④ 此后，四配皆为国公，⑤ 十哲皆为公，孔门七十弟子皆为侯，左丘明以下皆为伯。增祀人员在升祀前，往往先被授予相应的封爵，然后方得进入。代代相传的封

---

① （清）张廷玉等：《明史》卷五〇《礼志》，第1299页。

② （后晋）刘昫等：《旧唐书》卷二四《礼仪志》，第921页。

③ （宋）李焘：《续资治通鉴长编》卷七一《真宗》，第1605页。

④ （宋）李焘：《续资治通鉴长编》卷七二《真宗》，第1625页。

⑤ 神宗元丰元年，孟轲被封为邹国公。度宗咸淳三年，封曾参为郕国公，孔伋为沂国公。

爵制，终结于嘉靖九年。嘉靖改制的矛头本来主要指向孔子的王封，但是先圣的王封既去，从祀们的爵号也就没有理由存在了。自此以后，在孔庙中，圣、贤、儒的学术模式取代了王、公、侯、伯的封爵模式。

相较四配、十哲，先贤、先儒要相对大众化一点，但这并不代表贤儒的门槛就因此降低。四配、十哲自定型后就一直比较稳定，贤儒之中则无论孔门弟子还是历朝诸儒，要么数议不成，要么忽进忽黜，经常有进退变化。

从祀之典有关名教，有关学术人心，必须是文与行兼、名与实符，有功于圣门而无违于公议的人，才配入祀，才符合崇德报功之初衷。尽管主事者们都期望自己所经手的从祀典制能达到“万世遵守，永无异议”① 的目标，可是受政治环境、学术背景、个人见识等因素的影响，议祀过程中的争议与异见又非一言可概。李光地曾感慨于此：

> 祀典之议纷纷也，而于文庙为尤难。盖非有明渊源之学等百世之识，究斯文授受之详者，则未足与于斯也！②

对于打着增光圣学的幌子，实乃为一逞门户之争一遂学派之私的请祀，则更是不胜其数，乾隆就批评及此：

> 两庑从祀诸人，累朝互有出入。盖书生习气，喜逞臆断而訾典章，就其一偏一曲之见，言人人殊。考之前史，甚至有迎合时事党护乡曲者。……祀典关系重大，若祗凭其私心浅见，率议更张，忽进忽退，忽东忽西，成何政体！③

可见贤儒进退，总会有诸多复杂因素掺杂其间。

一 “七十子”与先贤沿革

先贤居于孔庙从祀的第三等，其源头始于东汉的“七十二弟子”。明

① （清）文庆、李宗昉等纂修：《钦定国子监志》卷首一《圣谕》，第 14 页。

② （清）李光地：《榕村集》卷二一《文庙配享私议》，《景印文渊阁四库全书》第 1324 册，第 821 页。

③ （清）庞钟璐：《文庙祀典考》卷一，光绪戊寅（1878 年）刻本。

帝、章帝、安帝东巡过鲁，都到孔宅祀孔子，皆以七十二弟子从祀。七十二弟子从祀之例当时只行于阙里，也未在后朝延续下去。其后，陪祀者主要以颜回当之。唐开元时，七十子被授予爵号，列十哲之下，其从祀地位才基本稳定。

七十子之数准确地说到底应该是多少位，历朝历代都无定论。受业于夫子之门的有三千人，其中四科冠首，共十人。三千中的佼佼者，若以精于六艺为准，则可扩充至七十多人。《史记·孔子世家》记载："孔子以诗、书、礼、乐教，弟子盖三千焉，身通六艺者七十有二人。"[①]《史记·仲尼弟子列传》则载："孔子曰'受业身通者七十有七人'，皆异能之士也。"一书两说，不知何所遵从。同样的情况也见于《孔子家语》，司马贞称《家语》"亦有七十七人"。[②] 今本《家语》却并无此数字，但卷九之目标识为《七十二弟子解》，其后所列姓名自颜回至颜相却是七十六人，也是彼此互异。[③] 正因为人数难定，所以后世又常举成数以代指，如太史公就说"学者多称七十子之徒"[④]，扬雄亦称"速哉！七十子之肖仲尼也"[⑤]，《汉书·艺文志》亦云"七十子丧而大义乖"[⑥]。

从祀弟子的数量，东汉取七十二人之数。不仅帝王巡鲁所祀为七十二人，鲁峻冢前石祠、石庙的壁刻上、周公礼殿的梁上、汉灵帝所置鸿都门学内均有孔子及七十二弟子像。此后很长一段时间内，从祀孔门弟子都取七十二人。如北魏李平修饰太学，画孔子及七十二子于堂上，并亲为立赞。[⑦] 北齐颜之推亦取此数，他在《颜氏家训》中称："仲尼门徒，升堂者七十有二，颜氏居八人焉。"[⑧] 数代后，颜真卿继承乃祖之说，仍述为：

---

① （汉）司马迁：《史记》卷四七《孔子世家》，第1938页。对"三千"与"七十二"这两个数字，黄进兴先生分别以汪中的三为虚数及闻一多的七十二的象征意义作解，独具创见。参见《优入圣域：权力、信仰与正当性》（第267页）。

② （汉）司马迁：《史记》卷六七《仲尼弟子列传》，第2185页。

③ （魏）王肃注：《孔子家语》卷九，《四部丛刊初编》。

④ （汉）司马迁：《史记》卷六七《仲尼弟子列传》，第2226页。

⑤ 汪荣宝：《法言义疏》，中华书局1987年版，第9页。

⑥ （汉）班固：《汉书》卷三〇《艺文志》，第1701页。

⑦ （北齐）魏收：《魏书》卷六五《李平传》，第1452页。

⑧ 王利器：《颜氏家训集解》，中华书局1993年版，第384页。

"孔门达者七十二人，颜氏有八。"[①] 唐代韦机职檀州刺史，为敦劝生徒，立孔庙并画七十二子及自古贤达以励之。[②]

然而，在孔庙祭祀史上影响极为深远的开元二十七年之制，却改取七十七人之数，"夫子、十哲之外，曾参六十七人同升孔门"，十哲与曾参等六十七人相加即为七十七人。[③] 宋初，一度恢复七十二人之数，"议臣断以七十二子之说，取琴张等五人，而去公夏首等十人"。[④] 大观年间，朝廷将曾剔除的公夏首等十人重新补入，孔门贤者遂至八十二人，即堂上十哲，两庑七十二贤。此后两庑先贤的变动基本上就在此七十二人的基数上进行增减。

先贤除了在人数问题上头绪繁杂外，人员去取也几乎毫无规律可循。这些问题都源于取资为考证依据的《史记》《家语》等书本身就有矛盾之处，而被视为同时所出的《文翁礼殿图》，其中人物去留，又有出入。自从唐代七十弟子从祀孔庙后，历朝政权在整顿孔庙祀典时都绕不过这一难题，都要对此数人进行反复性的甄别取择。而世儒们同样也都绕不开前面二书一图的羁绊，得出的结论又往往乏善可陈，不外乎列举二书一图所共录之某某、此中所有而彼中所无之某某、此一姓名即彼一姓名（称名称字之别、字画之误）等。[⑤] 至于确论，却无人能言。

---

① （唐）颜真卿：《颜鲁公集》卷一六《唐故通议大夫行薛王友柱国赠秘书少监国子祭酒太子少保颜君庙碑铭》，《景印文渊阁四库全书》第1071册，第686页。

② （后晋）刘昫等：《旧唐书》卷一八五上《韦机传》，第4795页。

③ （宋）王溥：《唐会要》卷三五《褒崇先圣》，第638页。另外，《旧唐书》《新唐书》礼志中皆记为六十七人。《唐六典》（卷四）正文举为七十二弟子，随注却列七十七人。《通典》（卷五三）列七十三人，但在琴牢名下注为"不详"。《大唐开元礼》卷一《神位》与卷五四《国子释奠于孔宣父》中的记载也有抵牾之处。

④ （元）脱脱等：《宋史》卷一〇五《礼志》，第2550页。

⑤ 《云麓漫抄》（第77页）载："盖尝考之，《史记》《家语》之所均无者四：蘧瑗、林放、申枨、琴张；《史记》之所无，《家语》之所有，曰陈亢、琴牢；《家语》之所无，《史记》之所有，颜何、秦商。"《頖宫礼乐疏》（《景印文渊阁四库全书》第651册，第39页）载："今肃本颜氏止七人，而《史记》有颜何，字冉。《索隐》证之，曰：《家语》字称。然则《家语》原有颜何，肃本漏耳。所云七十七人者是也。《家语》无公伯僚、秦冉、鄡单，《史记》无琴牢、陈亢、悬亶，或谓悬亶即鄡单，盖字画之误云。文翁石室图七十二人，比《家语》少公西舆、悬亶、原桃、公肩、公夏守、勾井强、邽选、颜何八人，多蘧瑗、秦冉、林放三人。"《何文简疏议》（卷二《正祀疏》）载："《索隐》曰：《家语》亦有七十七人，《史记》有公伯寮、秦冉、鄡单，《家语》不载，而别有琴牢、陈亢、悬丰，当此三人之数。然今世传《家语》止得七十五人，《史记》所有郑国、申党、颜何，《家语》不载，而载薛邦、申绩，又史记之所无者。"《困学纪闻》（卷七）载："康成云'盖孔子弟子申续'，《史记》云'申棠，字周'，《家语》云'申续，字周'。今《史记》以棠为党，《家语》以续为绩，传写之讹也。后汉《王政碑》云'有羔羊之絜，无申棠之欲'，亦以枨为棠，则申棠、申枨，一人尔。唐开元封申党召陵伯，又封申枨鲁伯。本朝祥符封枨文登侯，又封党淄川侯，俱列从祀。党即棠也，一人而为二人，失于详考《论语》释文也。"

《史记》《家语》两书，取信何者，这也往往成为解决问题的关键。苏辙试图并录《史记》《家语》，所以合集为七十九人。① 程敏政笃信《家语》之书出于孔氏，以为最得其实，是以断然称司马迁《史记》与文翁成都庙壁图多出之人为“先儒谓后人以所见增益，殊未可据”。② 倪岳时任礼部侍郎，奉旨对程氏等人的祀典奏章进行审议，他显然并不同意程氏之说：“至于孔门弟子，若以《家语》所书为得其实，然朱子乃云《家语》只是王肃编古录杂记，其书虽多疵，然非王肃所作。是则《家语》之书未必真出于孔氏，若夫司马迁之作《史记》、文翁之刻石室图乃在汉武帝之时，去古未远，未必为无据也。”③ 程氏的先贤取断法却得到了同时稍晚的何孟春的力赞，“弟子姓氏之可信，莫可信于《家语》，执《家语》以定封祀，岂复有前失哉？”④ 到阎若璩则径指程敏政据《家语》摒《史记》之法为误，并重新回到史料甄别的起点，“窃以二书亦未可偏废”。⑤ 倪岳在驳回程敏政的答复中有言“生乎千百载之下而欲究明于千百载之上，诚为不易，或者前代之所去取，盖必有深意存焉”，所以宁愿选择“率由旧章”，其间的无奈又岂是保守与滞古可概。

东汉虽以七十二弟子从祀，但是对后人来说，此七十二人分别为何许人，“七十二”是实指还是虚指，已难得其详。李之藻称为：“汉人第谓七十二弟子，不知何据。”⑥ 开元间的七十七人中，除了早已确定无疑的十哲外，其他六十七人也姓名俱在。他们是：曾参、颛孙师、澹台灭明、宓子贱、原宪、公冶长、南宫适、公皙哀、曾点、颜路、商瞿、高柴、漆雕开、公伯僚、司马牛、樊迟、有若、公西赤、巫马期（施）、梁鳣、颜

---

① （宋）苏辙：《古史》卷三二，《景印文渊阁四库全书》第371册，第496—497页。“孔子弟子，高弟七十七人。余以太史公书及《孔子家语》考之，皆同。秦冉、颜何不载于《家语》，而琴牢、陈亢不录于《史记》。二书既不可偏废，而琴张、陈亢又见于《论语》，故并录之。”

② （明）程敏政：《篁墩文集》卷一〇《奏考正祀典》，《景印文渊阁四库全书》第1252册，第172页。

③ （明）倪岳：《青溪漫稿》卷一一，《景印文渊阁四库全书》第1251册，第113页。

④ （明）何孟春：《何文简疏议》卷二《正祀疏》，《景印文渊阁四库全书》第429册，第36页。

⑤ （清）阎若璩：《尚书古文疏证》卷八，《景印文渊阁四库全书》第66册，第513页。

⑥ （明）李之藻：《頖宫礼乐疏》卷二《从祀沿革疏》，《景印文渊阁四库全书》第651册，第39页。

柳、冉儒、曹恤、伯虔、公孙龙、冉季、秦子南、漆雕敛、颜骄、漆雕徒父、壤驷赤、商泽、石作蜀、任不齐、公夏首、公良孺、后处、秦开、奚容箴、公肩定、颜襄、鄡单、句井强、罕父黑、秦商、申党、公祖子之、荣子祺、县成、左人郢、燕伋、郑子徒、秦非、施之常、颜哙、步叔乘、颜之仆、原亢、乐欬、廉絜、颜何、叔仲会、狄黑、邽巽、孔忠、公西舆如、公西蒧。①

此名单一出，后朝便开始了持续不断的完善工作。宋初定从祀弟子为七十二人，何以要立异于唐制，史乏记载。真宗曾经疑惑于曲阜孔庙的七十二弟子与《史记》《唐会要》的七十七之数不符，询及王旦，得到的答复是“国学七十二弟子经太祖定议，曲阜准国学画象”。② 除了透露出此制为太祖所定外，王旦的回答别无其他有效信息。宋代从祀弟子是在唐七十七人的基础上，削去公夏首、后处、公肩定、颜祖、鄡单、罕父黑、秦商、原亢、乐欬、廉絜十人，增加琴张、申枨、林放、陈亢、蘧瑗五人。去十人不知何据，取五人是“以其俱见《论语》”③。大观四年（1110），议礼局遍考典籍，建议重新追封十人，理由为：“今以《家语》、《史记》参定公夏首、后处、公肩定、颜祖、鄡单、罕父黑、秦商、原抗、乐欬、廉絜，《唐会要》、《开元礼》亦互见之，皆有伯爵载于祀典，请追赠侯爵，使预祭享。”④ 先贤人数剧增为七十二人。颜回配享后，曾参升入十哲，孔伋进入两庑。⑤ 咸淳三年，曾参、子思升入四配，子张升入十哲，泗水侯孔鲤补入，先贤变为七十一人。

在宋代先贤人员变动过程中，高宗御制《七十二子赞》殊有不同。绍兴十四年（1144），高宗临幸太学，遍览唐明皇及太祖、真宗等先帝所制先贤赞文，接着“命有司悉取从祀诸赞，并录以进”⑥。二十五年（1155），高宗作成《七十二子赞》，并将其刊石颁于诸州郡学校。以往的圣贤赞文，皇帝大都选作一篇或几篇，其他由大臣撰作，高宗是唯一一位

① （宋）王溥：《唐会要》卷三五《褒崇先圣》，第638页。

② （宋）王应麟：《玉海》卷一一三，第2171页。

③ （元）刘埙：《隐居通议》卷二七《礼乐》，《丛书集成初编》。

④ （元）脱脱等：《宋史》卷一〇五《礼志》，第2550页。

⑤ 大观二年，绘子思像从祀于左丘明二十四贤之间。政和年间，沂水侯孔伋已位于左丘明之前，进入七十二弟子之列。参见（元）脱脱等《宋史》卷一〇五《礼志》，第2550页。

⑥ （宋）王应麟：《玉海》卷一一三，第2157页。

将御制赞文遍及于七十二弟子的帝王。这一举动为南渡初创政权增辉不浅，明人陆深尽管并不欣赏赵构的写作风格，却仍然盛称其中的诚意："（高宗赞文）虽辞乏雅淳，然一时人君知所崇尚如此，其功倍于章缝之士远矣。"[①] 然而，高宗所择定的七十二人与其时受享于学中的孔门弟子并不完全相符。他将唐制七十七弟子去掉公良孺、公夏首、公肩定、颜祖、鄡单、句井疆、罕父黑、原亢、颜何、公西舆如十人，增加申枨、蘧伯玉、陈亢、林放、琴牢五人，遂为七十二人。[②] 高宗的取舍原则虽有类于宋初制度，却又不尽相同。其中详情，难以得知。或者《赞》之文体本与体悟偏好相连，不必拘于一定的客体模式。如果真是这样，皇帝的随意性同样为后世的冒乱之作提供了滋生土壤。[③]

嘉靖九年（1530），孔庙先贤遭遇了有史以来最大的一次分流。分流去向：一部分罢祀，如公伯僚、秦冉、颜何罢之，申党、申枨去其一；一部分改祀于乡，如林放、蘧瑗；一部分改祀于启圣祠，如颜无繇、曾点、孔鲤。明代先贤之数由宋代的七十一位骤缩为六十二位。[④] 崇祯十五年（1642），以左丘明亲受经于孔子，改先儒为先贤。同时升为先贤的还有二程、周敦颐、张载、朱熹、邵雍等六子，其设位在七十子之下汉唐诸儒之上。因之，明末两庑先贤增为六十九位。然而，此次升格只得施行于国学，国命危殆，阙里庙庭及天下学宫未遑颁行。[⑤] 直到清朝才将此制推广开来。

嘉靖先贤分流主要吸纳了孝宗朝程敏政的建议。弘治元年（1488），程氏上言：

---

① （明）陆深：《俨山集》卷八八《跋圣哲图》，《景印文渊阁四库全书》第1268册，第571页。

② （宋）潜说友：《咸淳临安志》卷一一《行在所录》，《景印文渊阁四库全书》第490册，第128—133页。另，《玉海》载："高宗所制《七十二子赞》，去《史记》公良孺、公夏首、公肩定、颜祖、鄡单、句井疆、罕父黑、申党、原亢、颜何、公西舆如十一人，增申枨、蘧伯玉、陈亢、林放、琴牢、申堂续六人，遂为七十二人。"其中增损之人或有误。参见（宋）王应麟《玉海》卷一一三《学校》，第2161页。

③ 《圣贤图赞》《圣贤像赞》中收录的孔门弟子皆有与高宗择定的七十二人不尽相符的情况，却都称为高宗赞文，实为假冒。参见（清）永瑢、纪昀等《钦定四库全书总目》卷五九，《景印文渊阁四库全书》第2册，第310—311页；（明）吕维琪编《圣贤像赞》，山东友谊书社1989年版。

④ （清）张廷玉等：《明史》卷五〇《礼志》，第1299—1300页。

⑤ 同上书，第1301页。

> 臣考宋邢昺《论语注疏》，申枨，孔子弟子，在《家语》作申续，《史记》作申党，其实一人也。今庙庭从祀，申枨封文登侯，在东庑，申党封临川侯，在西庑，重复无稽，一至于此。且公伯寮愬子路以沮孔子，乃圣门之蟊螣。而孔子称瑗为夫子，决非及门之士。林放虽尝问礼，然《家语》、《史记》、邢昺《注疏》俱不载诸子之列。秦冉、颜何疑亦为字画相近之误，如申枨、申党者，俱不可考耳。臣愚以为申枨、申党位号宜存其一，公伯寮、秦冉、颜何、蘧瑗、林放五人既不识于《家语》七十子之数，宜罢其祀。若瑗、放二人不可无祀，则乞祀瑗于卫，祀放于鲁，或附祭于本处乡贤祠，仍其旧爵以见优崇贤者之意，亦庶乎其名实相符而不舛于礼也。……臣愚乞下有司于各处庙学，如乡贤祠之制，别立一祠，中祀启圣王，以杞国公颜无繇、莱芜侯曾点、泗水侯孔鲤、邾国公孟孙氏配享，庶不失以礼尊奉圣贤之意。①

可以看出，嘉靖先贤改制的所有内容堪称此文的翻版。② 程说在当时并不被采用，负责集议的倪岳给出的讨论答复是：

> 今即一图二书论之，公伯寮、秦冉、颜何，司马迁何据而书？蘧瑗、林放、申枨，文翁何据而刻？申枨、申党何以知其一人？秦冉、颜何何以知其字误？历岁滋久，莫之可考。……迨若启圣王叔梁纥、泗水侯孔鲤各为庙以祀于阙里者，旧矣！今欲通祀天下，而遂升孟子、程、朱之父，则于礼为太过。置无繇、点、鲤于别庙，而遂弗克预享孔子万世之祀，则于义为不及。③

---

① （明）程敏政：《篁墩文集》卷一〇《奏考正祀典》，《景印文渊阁四库全书》第1252册，第172、174页。

② 《明史·礼志》载："先贤去留略如九功言。"此言有误。张九功与程敏政几乎同时上奏于朝，张氏略早，奏请内容主要是关于先儒的去留，无涉于先贤。或许上奏时间相差无几，再加上朝廷将二议放在一起讨论，是以混淆如此。参见（清）张廷玉等《明史》卷五〇《礼志》，第1300页；（明）倪岳《青溪漫稿》卷一一，《景印文渊阁四库全书》第1251册，第106—114页。

③ （明）倪岳：《青溪漫稿》卷一一《奏》，《景印文渊阁四库全书》第1251册，第113—114页。

尚书周洪谟赞成礼部等部门的讨论结果①，最后奉旨“从祀诸贤都照旧不动”②。到了嘉靖朝，张璁力推程说，先贤更动遂得实行。对此遭际，《明史》以“（程说）为礼官周洪谟所却而止。至是以璁力主，众不敢违”③ 概之。同一提议更朝之间冰火两重，操纵大局者又岂是周、张二人所能及。孝宗、世宗两朝，一者以谨遵成宪为本分，一者以不惮改作为快意，程氏遭遇实在是二帝截然不同的执政特色的最好注脚。

清朝是孔庙先贤的大盛时期，其表现为：一是很多嘉靖分流人员重被整合回来；二是新增祀了一部分人员。雍正二年（1724），复祀林放、蘧瑗、秦冉、颜何四人；增祀孔子弟子县亶、牧皮，孟子弟子乐正克、公都子、万章、公孙丑，共六人。咸丰三年（1853），增祀公明仪。④ 咸丰四年（1854），增祀公孙侨。⑤ 此前朱熹、有若已分别由先贤升入哲位，所以清末孔庙两庑先贤共为七十九人。

历经一代代一轮轮的反复争辩，到了清代，学者们对孔庙先贤命题显然已倍感厌倦，关注程度明显降低。阎若璩是例外的一位，其一贯的考证热情同样延及于先贤问题上。遗憾的是，他已经很难超越前人规矩，只是以程敏政的学说为底本略加评断。⑥ 对于阎氏的取证立论方式，毛奇龄在往来书信中毫不客气地批评道：“至若学宫从祀，则从来荒谬，向与尊兄言庙学合一之陋，孔子先圣称名之谬，极蒙许可。至从祀进退，则大不足凭。……足下偏执程敏政无学之说以为金科，陋矣！”⑦ 乾隆十二年（1747），翰林院检讨阮学浩将阎氏的《孔庙从祀末议十一条》奏上，皇帝的第一反应是：“朕初加披阅，大概多前人所已经议及，非有卓然至当不易之论，有裨典制，必当见之施行者。”⑧

较有新见能突破前人言论的是朱彝尊提出的《孺悲当从祀议》，其理

---

① （明）林尧俞等纂修，俞汝楫等编撰：《礼部志稿》卷八五下《议从祀进黜》，《景印文渊阁四库全书》第 598 册，第 528 页。

② （明）倪岳：《青溪漫稿》卷一一，《景印文渊阁四库全书》第 1251 册，第 114 页。

③ （清）张廷玉等：《明史》卷五〇《礼志》，第 1300 页。

④ 公明仪从祀理由，参见牛树梅《文庙通考》卷二，同治十一年浙江书局校刊本。

⑤ 同上。

⑥ （清）阎若璩：《尚书古文疏证》卷八，《景印文渊阁四库全书》第 66 册，第 513—514 页。

⑦ （清）毛奇龄：《西河文集》卷二〇《与阎潜丘论尚书疏证书》，第 214—215 页。

⑧ （清）文庆、李宗昉等纂修：《钦定国子监志》卷首一《圣谕》，第 22 页。

由为："《杂记》曰：恤由之丧，哀公使孺悲之孔子学《士丧礼》，《士丧礼》于是乎书。则孺悲实传经之一人也。"[①] 此议摆脱了以往纯以《家语》《史记》《论语》为取择标准的禁锢，转投于《礼记》所传，既备考信，又足启发。然而其议终未见行。

在七十子的人员筛选上，历代聚讼不已。倪岳曾以"又何必以区区臆见追论于千百年之后哉"[②] 质疑当时聚讼之人。可见聚讼之由又并非简单的学理可概。一个可能永远都无法令人满意的问题是，七十子数量庞大，时间距离又远，仅凭史籍留下的寥寥数语一一加以复原，效果可知。且不说其在传道方面的功绩何定，只要求此一众人呈现出鲜明的个体特征就很困难。其中只留姓名生平不详者绝非一位，仅有只言片语存世者亦非少数。既是如此，从祀先贤又何必一定要拘泥于孔门高徒的名分，而不转录事迹有所表见者呢？朱彝尊在陈请孺悲从祀孔庙时就抱怨道："以亲受礼于孔子之儒不获附，一无表见之邽、鄡、燕、狄、廉、乐诸子反得与配食之列，斯则祀典之阙矣！"[③]

纵观先贤从祀史，其大致经历了这样一个增祀过程：由纯粹的孔门弟子群体到孔子同代贤人的加入，再到宋代名儒的破格升进，最后延及弟子的弟子，如子张的弟子、孟子的弟子等。此一从祀单位不断吸纳着新的力量，规模也日益扩大。与此一演变同步发生的是，孔门数十位无清晰履历的弟子加剧边缘化，后人虽欲议之而实无可议乃至终无人议。纵是如此，只孔庙这数十位孔门弟子，在人看来也无法发挥实质的楷模之效，只等同于虚设。所以，设置此一从祀单位到底有无必要，开始成为一个引人思考的问题。早在明初，宋濂就发出罢七十子祀之语。其后，李之藻亦毫不掩饰自己的想法："每思两庑群贤，自《论语》、《家语》记载而外，嘉懿泯灭，师儒秉卺，大抵忆姓名于仿佛。所称几筵榱桷如见其人，入户忾然如闻叹息者，总不可强。顾不如唐人仅祀经师，诵其书，修其祀典，犹或申

① （清）朱彝尊：《曝书亭集》卷六《孺悲当从祀议》，《景印文渊阁四库全书》第1318册，第317页。

② （明）吴宽：《匏翁家藏集》卷五九《倪文毅公家传》，《四部丛刊初编》。

③ （清）朱彝尊：《曝书亭集》卷六〇《孺悲当从祀议》，《景印文渊阁四库全书》第1318册，第317页。

如在之敬也。”[①] 然而先贤们的陪祀资格因得到当政者及学儒们的百般维护而稳定不移，也只有少数几人才敢于提出以上质疑。

二　“二十二贤”与先儒沿革

相较先贤，更引世人关注的是先儒的升降。先儒主要指那些分布于各个历史时期对儒学的发扬光大作出巨大贡献的鸿儒大师们。先儒源于贞观“二十二贤”，是孔庙从祀中的最后一等。

开元八年（720），二十二贤由殿上配享降于庙壁从祀，从此基本稳定。其地位虽落，人数却是飞速膨胀。最早加入此列的是荀况、扬雄、韩愈三人，他们在宋神宗元丰七年（1084）增入。礼官引荐的理由是，三人“皆发明先圣之道，有益学者，久未配食，诚阙典也”。[②] 韩愈入祀因于宋初的“尊韩”之风，荀况、扬雄二人一并入祀则因于韩愈之故，因为韩愈对二子极为信服，曾言：“孟氏，醇乎醇者也；荀与扬，大醇而小疵。”[③] 早在唐末，皮日休就提议将韩愈入祀进孔庙，这是时人疏请当朝人入祀孔庙的最早先例。皮氏在《请韩文公配飨太学书》中写道：

> 设使公生孔子之世，公未必不在四科焉。国家以二十贤者，代用其书，垂于国胄，并配享于孔圣庙堂，其为典礼也大矣美矣。苟以代用其书，不能以释圣人之辞，笺圣人之义哉？况有身行其道，口传其文，吾唐以来，一人而已。不得在二十一贤之列，则未闻乎典礼为备。伏请命有司，定其配享之位。则自兹以后，天下以文化，未必不由夫是也。[④]

此议当时不行，却成就于宋神宗时。宋初，柳开、胡瑗、孙复、石介等人对韩愈都极为激赏。对他的推崇主要来源于两方面，一是排异端，二是道

---

① （明）李之藻：《頖宫礼乐疏》卷二《祀典存疑》，《景印文渊阁四库全书》第651册，第78页。

② （元）脱脱等：《宋史》卷一〇五《礼志》，第2549页。

③ 屈守元、常思春主编：《韩愈全集校注》卷一一《读荀》，第2717页。

④ （唐）皮日休：《皮子文薮》卷九《请韩文公配飨太学书》，上海古籍出版社1981年版，第88页。

统论。在宋初议论中，孟子、扬雄、韩愈都以排异端形象示人，是儒学发展的关键推动者，荀子、王通同样也是儒学传承不可或缺的一部分，这几人常常被相提并论。孙复在《信道堂记》中写道："吾之所为道者，尧、舜、禹、汤、文、武、周公、孔子之道也，孟轲、荀卿、扬雄、王通、韩愈之道也。"① 这即是将韩愈道统观进行了扩充。数人中，孟子、荀子、扬雄、韩愈都是在元丰间入祀孔庙，王通则在明嘉靖间入祀。

元丰间的增祀之举在后人眼里，也是高下各见。顾炎武认为增三人入祀，实际上就是一场预演，准备为后祀者提供入祀借口，即"此三人之书虽有合于圣人，而无传注之功，不当祀也。祀之者为王安石配享、王雱从祀地也。"② 然而，方观承得见顾氏此论，却并不完全苟同，称："《日知录》之论虽亦有见，然荀况、扬雄之于韩子，可若是班乎？且但知贵诂经之力，而不知尊任道之功，所见肤矣！"③ 二者议论不乏学术纷争色彩。

子夏在唐代已入十哲之列，"二十二贤"实为二十一人，加上荀况、扬雄、韩愈三人，共二十四人。大观二年（1108），绘子思像，从祀于数人间。政和三年（1113），王安石之子王雱入祀。此二人在先儒一阶只做了短暂停留，南渡后，子思先后升十哲升配享，王雱则遭罢祀。淳祐元年（1241），理宗诏周敦颐、张载、程颢、程颐、朱熹从祀；景定二年（1261），又继以张栻、吕祖谦；咸淳三年（1267），再以邵雍、司马光加入。至此，宋代名儒悉数纳入，先儒共为三十三人。理宗诏祀五子，深为赞许其明道之功，称：

> 朕惟孔子之道，自孟轲后不得其传，至我朝周敦颐、张载、程颢、程颐，真见实践，深探圣域，千载绝学，始有指归。中兴以来，又得朱熹精思明辨，表里浑融，使《大学》、《论》、《孟》、《中庸》之书，本末洞彻，孔子之道，益以大明于世。④

---

① （宋）孙复：《孙明复小集》，《景印文渊阁四库全书》第1090册，第175页。

② （清）顾炎武著，黄汝成集释：《日知录》卷一四《嘉靖更定从祀》，第855页。

③ （清）秦蕙田：《五礼通考》卷一一八《吉礼》，《景印文渊阁四库全书》第137册，第842页。

④ （元）脱脱等：《宋史》卷四二《理宗二》，第821页。

五子中，尤以朱熹最受推崇。后来的张、吕、邵、司马诸人大都因晦庵之故而增入，如张、吕二人从祀是因为与朱熹“志同道合，切偲讲磨，如义利之辨，如《近思录》之书，择精语详，开牖后学，诚有功于圣门”①，邵雍、司马光从祀是因为朱熹的《六先生画像赞》中的六先生已祀周、二程、张四人，尚遗雍、光二人，是以增入。②

道统论在宋代极为盛行，被视作儒学传道正脉。在韩愈的《原道》一文中，道在尧、舜、禹、汤、文王、武王、周公、孔子、孟子之间依次传递，至孟子就戛然而止，道统谱系也随之中断。受韩愈影响，宋儒们无不将上接孟子千载不传之学当作为学的终极目标。程颢就自称：“孟子没而圣学不传，以兴起斯文为己任。”③ 其后，朱熹将周敦颐、二程全部纳入道学体系之中。王炎则在《见张南轩》中正式写道：“盖自孟子之后，道之正统绝而不传。二程先生鸣道于伊洛之间，则道之正统绝而复传。”④王炎以二程接孟子之后，绝学遂得再次激活衔接。接着，朱熹弟子黄干将师派传承正式纳入道统的行列，称：

> 道之正统待人而后传，自周以来，任传道之责者不过数人，而能使斯道章章较著者，一二人而止耳。由孔子而后，曾子、子思继其微，至孟子而始著。由孟子而后，周、程、张子继其绝，至熹而始著。

黄干的道统传递论，当时“识者以为知言”⑤，在后世也得到一致公认。儒学传承系统，自孔子至曾子，自曾子至子思，自子思至孟子，自孟子至宋儒。这意味着后世学人依然可以延续并完成这一传承的使命，圣人之道

---

① （清）秦蕙田：《五礼通考》卷一一八《吉礼》，《景印文渊阁四库全书》第137册，第854页。

② （宋）潜说友：《咸淳临安志》卷一一《行在所录》，《景印文渊阁四库全书》第490册，第122页。诏文称：“邵雍天挺人豪英迈盖世，司马光有德有言有功有烈，朱熹赞之，与周、张、二程俱。……朕将临雍，因思朱熹所赞以祀其四，而尚遗雍、光，非阙欤？其令学官列诸从祀以示崇奖。”

③ （宋）程颢、程颐：《二程集》，第638页。

④ （宋）王炎：《双溪类稿》卷一九《见张南轩》，《景印文渊阁四库全书》第1155册，第642页。

⑤ （元）脱脱等：《宋史》卷四二九《朱熹传》，第12769—12770页。

不再高不可攀，圣贤殿堂也不是不可企及。传道有功者即可入祀孔庙，这又是另一个层面的敦劝机制。胡瑜在上请宋五贤从祀时直接指出："此五人者，学问接道统之传，著述发儒先之秘，其功甚大。……从祀先圣庙庭，可以敦厚儒风，激劝后学。"[①]

宋人所确立的儒学道统，其最大特点是在时间段上由孟子的战国时代直接跨越到了周、程的宋代，秦宋之间则是一段空白期。空白即意味着道统失传或无传，这也是对汉唐诸儒的全盘否定，注经之儒与明道之儒自此各竞一途。明人对理学推崇备至，礼仪更张，大都依据于此。章懋就曾经欲图根据道统观来整肃孔庙从祀人员，他宣称："以道统言之，须进周子、两程子、张子、朱子于配享之位，汰汉儒之无稽者，而序进宋数大儒于从祀之列，斯允当矣！"[②] 明代孔庙祀典更动大致就是沿着抑汉儒崇宋儒的思路进行的。清初，顾炎武反其道行之，将"道儒"统括于"经儒"之下，希望以此来消解宋明以来的理学强势，并在义理学与考据学二者之间加以调和，他是这样表述的：

> 以今论之，惟程子之《易传》，朱子之《四书章句集注》、《易本义》、《诗传》及蔡氏之《尚书集传》，胡氏之《春秋传》，陈氏之《礼记集说》，是所谓"代用其书，垂于国胄"者尔。南轩之《论语解》、东莱之《读书记》抑又次之。而《太极图》、《通书》、《西铭》、《正蒙》，亦羽翼六经之作也。[③]

很明显，这是在用贞观标准来重新衡量宋代的道学家们，传道之功在此反而不见提及。孔庙从祀也忠实地反映出学术规律的演变。

元代依宋代例不时择人增于先儒之中。仁宗皇庆二年（1313），以许衡从祀孔子庙庭；文宗至顺元年（1330），以董仲舒从祀；至正二十二年（1362），以杨时、李侗、胡安国、蔡沈、真德秀五先生从祀。[④] 奇怪的

---

① （明）宋濂等：《元史》卷七七《祭祀志》，第1922页。

② （明）章懋：《枫山语录》，《景印文渊阁四库全书》第714册，第118页。

③ （清）顾炎武著，黄汝成集释：《日知录集释》卷一四《嘉靖更定从祀》，第855页。

④ 参见（明）宋濂等《元史》卷七六《祭祀志》，第1892—1893页；卷七七《祭祀志》，第1922页。

是，元代增祀的七人除了许衡以外，其他六人似乎均未修成正果。以至于到了明朝，竟然再次出现从祀奏请。洪武二十九年（1396），罢扬雄从祀，益以董仲舒；[1] 正统二年（1437），以宋儒胡安国、蔡沉、真德秀从祀；弘治八年（1495），增杨时从祀；万历中，以罗从彦、李侗从祀。出现这种反复，实在令人费解。至正五子从祀于元季动乱之时，或许不及通行，可是又如何解释董仲舒祀而寡闻的情况？

王祎参与修撰《元史》，本当熟知其中典故，可是看其所作《孔子庙庭从祀议》，也对至顺、至正间的孔庙从祀情况全然不晓。《议》中有言：

> 孔子庙庭从祀者凡百有五人，自澹台灭明至孔鲤七十一人，皆受业圣人之门而承圣人之教者也，自左丘明至许衡三十四人，皆传注圣经尊崇圣学而有功于圣人之道者也。……及元皇庆二年，乃以许衡继宋九儒居从祀之例，所谓三十四人者也。以今论之，汉儒之从祀者十四人，而犹阙者一人，董仲舒是也。唐之从祀者一人，而犹阙者一人，孔颖达是也。宋之从祀者九人，而犹阙者四人，范仲淹、欧阳修、真德秀、魏了翁是也。[2]

在此议中，前朝从祀成果大都湮灭无闻。随后的复祀之举不知是否就是基于忠文公此议而不考究史实之故。在成化年间，有名为周木者曾以李侗从祀为请，后知其惑，自我批评道："自愧寡陋，未考《元史》从祀之详"。[3] 杜诏等人纂辑《山东通志》时显然也注意到其间的反复，干脆改至正五子为只加封爵而未及从祀，然而对董仲舒的已祀情况却无如之何。[4] 阎若璩鉴于周木个人的祀请经历，将这些重复性工作全盘归咎于明人的寡学少识上：

---

① 《明太祖实录》卷二四五（第3555页）、《明史·礼志》及《明会典·礼部四十三》皆误系二十八年。

② （明）王祎：《王忠文集》卷一五《议孔子庙庭从祀议》，《景印文渊阁四库全书》第1226册，第306—307页。

③ （清）阎若璩：《尚书古文疏证》卷八，《景印文渊阁四库全书》第66册，第514页。

④ （清）岳濬等监修，杜诏等编纂：《山东通志》卷一一之三《阙里志三》，《景印文渊阁四库全书》第539册，第543页。

> 《元史·祭祀志》载宋五贤从祀是至正十九年，胡瑜乞加杨时、李侗、胡安国、蔡沈、真德秀五人名爵从祀庙庭，二十二年已准行矣。何后正统初仍以胡、蔡、真入从祀？弘治间谢铎、徐溥迭以杨时为请，议论虽正，终不知有胜国已行故典。然则明臣之寡陋大抵尔尔。[①]

此说是否立得住脚，尚在其次，如若一朝之人皆寡陋至此，确也可叹。

在明代，孔庙从祀所经历的波折，堪称一场道德清洗运动。洪武初，宋濂在提供给皇帝的《孔子庙堂议》中写道："今也杂置而妄列，甚至荀况之言性恶，扬雄之事王莽，王弼之宗《庄》、《老》，贾逵之忽细行，杜预之建短丧，马融之党附势家，亦厕其中，吾不知其为何说也？"[②] 对经师们私人品行的揭露并不始于文宪公，熊禾、马端临均有涉及，同时的王祎也有议及，只不过后三人揭短的目的更在于要为增祀新人开道，而非以罢旧人为快。宋濂则刚好相反，直接将目标指向了对经师整体的排斥。他言辞的背后，是极其鲜明凛然的道德立场。宋濂挑起的批判风潮因其本人遭远谪而暂告一段落，但是洪武朝行事基本依循了这一批判立场。先是，洪武五年以《孟子》言辞过激而一度罢孟子配享。洪武二十九年扬雄被冠以"为莽大夫，贻讥万世"[③] 的罪名遭罢祀。

宪宗朝，李伸等人在建言刘因从祀时，还循着熊禾、王祎等人的老路，以究从祀诸儒的可议之处为突破。[④] 到孝宗朝，一场有关是否清理诸儒的大讨论便轰轰烈烈展开了。先是，"言官欲出文庙从祀诸贤之有罪者"，朝廷诏礼部集议。在集议官员中，程敏政堪称激进，因不满于朝廷"议者相持，惮于改作"的僵持局面，遂上一疏，悉加指正。他对二十二儒中的不检者进行了无情的揭露：

---

① （清）阎若璩：《尚书古文疏证》卷八，《景印文渊阁四库全书》第66册，第514—515页。

② 罗玉霞主编：《宋濂全集》第一册，第20页。

③ （清）张廷玉等：《明史》卷一五〇《杨砥传》，第4166页。

④ （清）嵇璜、曹仁虎等：《续文献通考》卷四八《学校考》，《景印文渊阁四库全书》第627册，第361—362页。

> 臣考历代正史，马融初应邓骘之召为秘书，历官南郡太守，以贪浊免官。髡徙朔方，自刺不殊。又不拘儒者之节，前授生徒，后列女乐。为梁冀草奏，杀忠臣李固。作《西第颂》以美冀，为正直所羞。即是观之，则众丑备于一身，五经为之扫地。后世乃以其空言目为经师，使侑坐于孔子之庭，臣不知其何说也。刘向初以献赋进，喜诵神仙方术，尝上言黄金可成，铸作不验，下吏当死，其兄阳城侯救之，获免。所著《洪范五行传》最为舛驳，使箕子经世之微言流为阴阳术家之小技。贾逵以献颂为郎，不修小节，专一附会图谶以致贵显。盖左道乱政之人也。王弼与何晏倡为清谈，所注《易》专祖《老》、《庄》。而范宁追究晋室之乱，以为王、何之罪深于桀纣。何休则止有《春秋训诂》一书，黜周王鲁。又注《风角》等书，班之于《孝经》、《论语》，盖异端邪说之流也。戴圣为九江太守，治行多不法，惧何武劾之而自免。后为博士，毁武于朝。及子宾客为盗系狱，而武平心决之，得不死，则又造谢不惭。先儒谓圣礼家之宗而身为赃吏子为贼徒，可为世鉴。王肃在魏以女适司马昭，当是时，昭篡魏之势已成。肃为世臣，封兰陵侯，官至中领军，乃坐观成败。及毌丘俭、文钦起兵讨贼，肃又为司马师画策以济其恶。若好人佞己，乃其过之小者。杜预所著亦止有《左氏经传集解》，其大节益无可称。如守襄阳则数馈遗洛中贵要，给人曰：惧其为害耳，非以求益也。伐吴之际，因斫瘿之讥，尽杀江陵之人。以吏则不廉，以将则不义。凡此诸人，其于名教得罪非小。①

又因“（荀）况以性为恶，以礼为伪。以子思、孟子为乱天下，以子张、子夏、子游为贱儒”，宣称应当将荀况一块罢黜。此论显然极具撼动性，至张璁寻求更定祀典的依据时，将其全盘吸纳。几乎同时稍前，张九功也有黜马融、荀况等人的奏请。当时，朝廷虽对二人奏请进行了详议，但由于主事大臣均为守成之人，是以未行。弘治四年（1491），道德谴责又波及到吴澄身上。吴氏在正统间从祀孔庭，不出百年就因出处大节上的

---

① （明）程敏政：《篁墩文集》卷一〇《奏考正祀典》，《景印文渊阁四库全书》第1252册，第170—171页。

“生宋仕元”[①] 而得咎。此一时期，道德准入口径虽然日趋收紧，但是尚未成为一元标准，是以朝廷内喧嚣一片，孔庙里却是波澜不兴。

这种以细行不检学术不端为切入点来抵制汉魏经师的做法，至少折射出了时代学风的转变以及大众心理诉求上的变化。一是在学术研究、知识传播上，对经典的运用已经由原来的专门训诂演变到义理普及；二是当代对完美人格个人私德上的要求日趋严格。学风转向的讯息也体现到了程氏的奏疏中：

> 其书行于唐，故唐姑以备经师之数祀之。今当理学大明之后，《易》用程朱，《诗》用朱子，《书》用蔡氏，《春秋》用胡氏，又何取于汉魏以来驳而不正之人，使安享天下之祀哉？

义理之学兴，则专业训诂之书备受冷遇。道德评判既然求全责备，道德楷模自要慎选，得非其人，就会如程氏所担心的那样：

> 夫所以祀之者，非徒使学者诵其诗读其书，亦将识其人而使之尚友也。臣恐学者习其训诂之文，于身心未必有补，而考其奸谄淫邪贪墨怪妄之迹，将自甘于效尤之地，曰：先贤亦若此哉。其祸儒害道将有不可胜言者矣！[②]

至于习训诂之文是否就真的于身心无补，考怪妄之迹是否就必然会自甘效尤，这在程氏看来，根本就没有解释的必要。

剧烈的变动发生于嘉靖朝，因学行不端而被黜出孔庭的有十几人。其动作之果断，波及范围之广，前所未有。其中，荀况、戴圣、刘向、贾逵、马融、何休、王肃、王弼、杜预、吴澄罢祀，卢植、郑众、郑玄、服虔、范宁各祀于其乡。[③] 弘治年间曾遭受质疑的人员至此全部罢祀，此一顺接显示了这个时代政教风尚的清晰走向。朝廷对孔庙从祀人员所进行的

---

① （清）文庆、李宗昉等纂修：《钦定国子监志》卷六八《艺文志二》，第1181页。

② （明）程敏政：《篁墩文集》卷一〇《奏考正祀典》，《景印文渊阁四库全书》第1252册，第171—172页。

③ （清）张廷玉等：《明史》卷五〇《礼志》，第1299—1300页。

道德整肃在社会上无疑起到了一定的警示作用，章潢曾深有感触地说：

> （荀）况以言性恶黜，（王）弼以崇《庄》、《老》黜，（贾）逵以忽细行黜，至扬雄、吴澄所学又非诸儒比，又皆以事莽事见黜。士君子立身行己，其于一言一行可不慎哉！①

然而随着明末浮虚无根之学的泛滥，对汉学与宋学进行调和，日显重要。康熙朝礼部侍郎蔡世远作《历代名儒传序》，其中即称："圣人之道具于经，故必知道而后能明经，然传经亦所以存道。自孟子后，汉儒有传经之功，宋儒有体道之实。……学者苟能志道以明经，复因经以求道，不歧于异说，不汨于功利，明善克私，惟恐不及。以兼收汉宋诸儒之益将，蕴之为德行，行之为事业，国家有用之儒，彬彬然辈出矣。"② 不失为醇正典雅之论。

明代增祀之人除了前文提到的董仲舒、胡安国、蔡沉、真德秀、杨时、罗从彦、李侗外，嘉靖朝增后苍、王通、欧阳修、胡瑗、陆九渊。隆庆五年（1571），以薛瑄从祀。万历十二年（1573），又以陈献章、胡居仁、王守仁从祀。可以看出，获登孔庭的大部分人都在理学领域做出过巨大的成就。崇祯帝为了进一步凸显理学大师们的特殊贡献，特降圣谕："朕览我圣祖命儒臣纂辑五经四书《大全》，其中作述传注引证等项，惟宋儒周子、两程子、朱子、张子、邵子为多，可见理学大明于宋，而周程诸子大有功于圣门，然与周、秦、汉、唐诸儒并称先儒，窃为不安，兹欲特加崇隆，是否可行？著礼部、翰林院、太常寺、国子监、礼科等衙门会同详议来说。"③ 最后周程六子并称先贤，升格一级。由于左丘明与六子同时升入先贤，明末先儒共剩二十八人。

清朝是孔庙先儒人数扩充的巅峰期。康熙五十四年（1715），以宋儒范仲淹从祀；雍正二年（1724），复祀郑玄、范宁二人，增祀诸葛亮、尹

---

① （明）章潢：《图书编》卷一〇四，《景印文渊阁四库全书》第972册，第257页。

② （清）蔡世远：《二希堂文集》卷一《历代名儒传序》，《景印文渊阁四库全书》第1325册，第651—652页。

③ （清）孙承泽：《春明梦余录》卷二一《文庙》，《景印文渊阁四库全书》第868册，第252页。

焞、魏了翁、黄干、陈淳、何基、王栢、赵复、金履祥、许谦、陈澔、罗钦顺、蔡清、陆陇其十四人；乾隆二年（1737），吴澄复祀；道光二年（1822），以刘宗周从祀；道光三年（1823），以汤斌从祀；道光五年（1825），以黄道周从祀；道光六年（1826），以陆贽、吕坤从祀；道光七年（1827），以孙奇逢从祀；道光二十三年（1843），以文天祥从祀；道光二十九年（1849），以谢良佐从祀；咸丰元年（1851），以李纲从祀；咸丰二年（1852），以韩琦从祀；咸丰九年（1859），以陆秀夫从祀；咸丰十年（1860），以曹端从祀；同治二年（1863），以毛亨、方孝孺、吕楠从祀；同治七年（1868），以袁燮从祀；同治十年（1871），以张履祥从祀；光绪元年（1875），以许慎、陆世仪从祀；光绪二年（1876），以刘德从祀；光绪三年（1877），以辅广从祀；光绪四年（1878），以张伯行从祀；光绪十八年（1892），以游酢从祀；光绪二十一年（1895），以吕大临从祀；光绪三十四年（1908），以王夫之、黄宗羲、顾炎武从祀；宣统二年（1910），以赵岐、刘因从祀。民国 8 年（1919），又以颜元、李塨从祀。[①] 最终孔庙先儒人数共达七十七人。

就先儒从祀概况来看，以“二十二贤”为其始，涵盖了自周至晋的传经名家。其时经学为稀缺神圣之学，各派笃守师说家传，自成统系。其传授渊源，大都始末井然。自宋以后，历代英才相继增入，二十二贤遂得源头活水，代代更新，先儒从祀实际上就是一部以人物为线索的动态的儒学发展史。宋代主要以本朝理学人物入祀，它所开创的以当代人入祀孔庙的先例以及以传道为主线的从祀模式为后世所继承。元朝以许衡入祀，明代以薛瑄、陈献章、王守仁、胡居仁入祀，清代以孙奇逢、陆世仪、张履祥、汤斌、陆陇其、王夫之、顾炎武、黄宗羲、张伯行等人入祀，均是以本朝人增进。对孔庙机体而言，新鲜血液的不断注入，是其得以与时俱进的原因所在。理学人物入祀带有明显的时代性和层次感，依次从核心领袖扩展到师友渊源再扩展到理学后劲，是典型的恩荣推衍模式。而清朝后期从祀的程朱学者，已惠及谢良佐、曹端、吕楠、辅广、吕大临等墨守余绪之人。不难看出宋明理学在学理上所具有的旺盛的生命力和持久的影响力。

① 以上所列从祀人员姓名及从祀时间情况参照了牛树梅《文庙通考》、陈锦订《文庙从祀位次考》（山东友谊书社 1989 年版）、《山东省志·孔子故里志》等著作。

三　先儒从祀标准取则

先儒从祀，其人选都是由朝廷确定产生。程序大致为：官员提议——各部集议——皇帝批示。皇帝是最后的决定者与操纵者。在整套程序中，皇帝有时并不甘心只充当终端仲裁者，而会首先发出提议，比如嘉靖孔庙改制的出台、崇祯帝对五子的升祀、康熙对朱熹的升祀等，都是依皇帝的意愿运作。皇帝也经常无视程序结果而自作主张，比如嘉靖十九年议薛瑄入祀，廷议结果是“谓当祀者二十三人，谓姑缓者二人，谓不必祀者郭希贤一人”，多数同意却遭遇了皇帝的否决。[①] 皇帝还可能根本不需要程序，直接独裁，比如朱元璋对孟子的一度罢祀。

可是纵观孔庙从祀史，以上三个步骤基本得以贯穿。经由此程序而产生的人选大都能合乎众人之意，只有个别入祀者让人有所微议。其中吴澄从祀，批评者大都责备这是出于杨士奇的乡曲之私；[②] 欧阳修从祀，论者称其以濮议之故；[③] 陆九渊从祀，亦被卷入朱陆门户之争的旋涡之中。[④] 争论过程中的是非界限通常是模糊的，因为争论往往起于不同的政治立场、学术立场而无关乎真理讨论。

廷议本是为“尽天下之公议”[⑤] 而设，是一种相对公开公平公正的谨

---

① （清）秦蕙田：《五礼通考》卷一二〇《吉礼》，《景印文渊阁四库全书》第137册，第909页。

② 其例如：俞汝楫等《礼部志稿》（卷八五下《覆吴澄从祀议》）载：“论者谓士奇之以澄欺宣庙，非特私其乡人，而措意亦有在瀚不悟。此有惟溺乡里之私，而不顾君臣之大伦，正道统之攸系，乃据为旧章成宪，再不可议。”孙承泽《春明梦余录》（卷二一《文庙》）载：“吴澄学主陆氏，谓朱子道问学之功多，尊德性之功少，岂知朱子者哉。且为人谀墓，起家巨万。核其实行，不及鲁斋远矣。从祀之举，杨文贞以香火起见也。”

③ 其例如：《明史》（卷五〇《礼志》）载：“其进欧阳修，则以濮议故也。”王世贞《弇州续稿》（卷一四三《为光复孔庙旧典订定从祀诸儒以昭圣化以慰众心疏》）载：“然所进欧阳修者，文章士也，其行谊政术亦在中上，独尝议摘易系非圣无法而骤贵之臣，祗以其所著濮议微合新礼，遽登从祀。”顾炎武《日知录》（卷四《嘉靖更定从祀》）：“嘉靖之从祀，进欧阳修者，为大礼也，出于在上之私意也。”阎若璩《潜邱札记》（卷一）载：“欧阳公从祀，在嘉靖中，实永嘉以濮议而进之。”

④ 其例如：顾炎武《日知录》（卷四《嘉靖更定从祀》）：“进陆九渊者，为王守仁也，出于在下之私意也。”孙承泽《春明梦余录》（卷二一《文庙》）：“陆九渊之从祀，不能无议者。九渊虽资性高明，然六经皆我注脚之说非孔门博文约礼之旨，彼其疑程子诋朱子，开后来心学一派，与伊闽诸贤同坐一堂，似非所安也。”

⑤ （明）沈鲤：《亦玉堂稿》卷一《议孔庙从祀疏》，《景印文渊阁四库全书》第1288册，第213页。

慎采择方式。礼臣称其为："惟是侑坐孔庭，受职嘉享，事重礼殷，其选不得不慎。……今祀典重事，必下廷议集众思，斯于事体为得。"① 然而廷议结果同样也受到主事官员的左右。吴澄从祀，据称是在杨士奇的主导下一举通过的，而这也最终贻人口实。不出六十年，掌国子监事礼部右侍郎谢铎开始翻案，要求罢祀吴澄。② 尽管此番追究最终并未成功，却引人深思。万历时，议胡居仁、王守仁、陈献章等人从祀。从廷议结果推断，陈、王二人在当时本不为舆论所公认。参加廷议的共有四十一人，其中："内注胡居仁从祀者，二十五人。注王守仁、陈献章者，俱十五人。"③ 沈鲤等人最后的表态是：

> 至于守仁之学在致良知，献章之学在主静，皆所谓豪杰之士。但与议诸臣与之者仅十三四，不与者已十六七，甲可乙否，臣等亦何敢轻议。……今守仁、献章既不能毫无间言，又一时与议之臣亦多有耆旧老成直谅多闻之士，而不皆为二臣左袒者，是舆论未协，而事久论定尚非其时也。④

然而在大学士申时行的内主力推之下，陈、王二人最终竟得入祀。这次廷议结果也落人话柄，孙承泽就十分反感此一肆意干预程序的行为，称："乃陈、王从祀，阁中竟以密揭中旨行之，此何等事，而可如是与？"⑤

宋代从祀的争议性人物是王安石。王安石新学得势之时，推崇《孟

① （清）秦蕙田：《五礼通考》卷一二〇《吉礼》，《景印文渊阁四库全书》第137册，第909页。

② （明）林尧俞等纂修，俞汝楫等编：《礼部志稿》卷八五下《覆吴澄从祀议》，《景印文渊阁四库全书》第598册，第529页。

③ （明）沈鲤：《亦玉堂稿》卷一《议孔庙从祀疏》，《景印文渊阁四库全书》第1288册，第213页。

④ 同上。

⑤ （清）孙承泽：《春明梦余录》卷三九《礼部一》，《景印文渊阁四库全书》第868册，第600页。另外，孙承泽在别处也提到："当议从祀时，陆宗伯坚持不覆。陶大临曰：'朝廷不难以伯爵酬之，何况庙祀？'陆宗伯曰：'伯爵一时之典，从祀万世之典，人不能夺。'柄臣乃以中旨与之，此舆论之未定者也。"参见《春明梦余录》卷二一《文庙》，《景印文渊阁四库全书》第868册，第251页。

子》，是以孟子得配享。相反，因为王氏戏称《春秋》为“断烂朝报”，不列学官，习之者遂少。[①]《政和五礼新仪》出台，其中所载孔庙从祀人员的位次顺序极为紊乱，朱熹就将此归咎于“盖当时不尚《春秋》，兼废史学，故特于此失之。”[②] 王安石父子入祀，也是政治因素居多。王氏失势，理学代表人物杨时即建议罢祀。王安石最终遗憾退出。

明代从祀的争议性人物是王守仁。廷议之时，“议者杂举多端，于守仁尤訾诋”，甚至有以“崇王则废朱”为言者。申时行力驳异说，且直言不讳：

> 彼訾诋守仁、献章者，谓其各立门户，必离经叛圣如佛老庄列之徒而后可。……谓其崇王则废朱，不知道固互相发明，并行而不悖。在宋时朱陆两家如仇隙，今并祀学官。朱氏之学昔既不以陆废，今独以王废乎？[③]

王阳明虽得从祀，却被视为洪水猛兽，“今者守仁祀矣，赤帜立矣，人心事习从此分矣”。[④] 阎若璩甚至有近罢阳明远罢象山、二公之间罢白沙的雄心壮志。[⑤]

为了尽量减少人为因素的干扰，就需要确立一个客观的便于操作的从祀标准来作为参照。孔庙从祀虽然代代不乏，可是在从祀标准的取定事宜上，却并没有出现过相应的要求和正式的讨论。贞观以二十二贤从祀，以其有功于圣人之经；元丰以荀况、扬雄、韩愈从祀，以其有发明先圣之道、辨异端辟邪说之功；淳祐以后的从祀者很多是缘于其对理学的贡献。最初，与议人员往往都秉持着相对一致的理念与尺度。后来，特别是南宋后，从祀规模渐趋扩大，从祀标准也日趋分歧。

---

① （元）脱脱等：《宋史》卷三二七《王安石传》，第 10550 页。

② （宋）朱熹：《绍熙州县释奠仪图》，收入《朱子全书》第十三册，第 19 页。

③ （清）嵇璜、曹仁虎等：《续文献通考》卷四八《学校考》，《景印文渊阁四库全书》第 627 册，第 374 页。

④ （明）唐伯元：《进石经大学疏》，收入《潮州耆旧集》卷二十四《唐选部醉经楼集》，香港潮州会馆董事会 1980 年景印香港大学冯平山图书馆藏本，第 442 页。

⑤ （清）阎若璩：《尚书古文疏证》卷八，《景印文渊阁四库全书》第 66 册，第 520—521 页。

明代曾一度将著述多寡作为从祀的主要标准。第一个获得从祀的时人——薛瑄就多次受限于此一标准。① 吴澄从祀时，杨士奇就以“今澄所著诸书具在”“大明四书五经及性理之旨”“凡澄所言皆见采录”为依据。② 弘治年间，有批评者计较吴澄出处大节而欲罢其从祀，尚书傅瀚仍以草庐著述繁富为争。③ 偏执者如吴宽径言：“从祀亦观其有益于经传否耳，苟有裨经传，则扬雄、马融昔皆不废，今独得废澄耶?”④ 嘉靖欲以欧阳修从祀孔庙，众论靡定，世宗支持的理由竟是：“朕阅《书》武成篇有引用欧阳修语，岂得谓修于六经无羽翼，于圣门无功乎?”⑤ 宪宗时，议刘因从祀，正反双方之间甚至还出现了一场近似戏谑的“颜子未尝著书”的抬杠式论战。⑥ 足见著述多寡在其中所发挥的制约作用。对于这一局面，陆深曾提供了一个解释：

> 顾世儒之论从祀者，每多责备于著述之文，而于道德之实若在所

① 宪宗成化元年国子监助教李伸及孝宗弘治间给事中张九功、都御史姚镆等屡请进薛瑄从祀，议者均以其缺少著述而罢，嘉靖十九年御史杨瞻、樊得仁等复以为言，赞善兼检讨郭希颜仍以瑄无著述之功而建议不必祀。穆宗隆庆五年六科给事中韩楫等、十三道御史马三乐等交章奏请，方得允行。参见（明）林尧俞等纂修，俞汝楫等编撰《礼部志稿》卷八五下《议薛瑄诸儒祀》，《景印文渊阁四库全书》第598册，第529—530页；（清）嵇璜、曹仁虎等《续文献通考》卷四八《学校考》，《景印文渊阁四库全书》第627册，第373页。

② （明）杨士奇：《东里文集》卷二三《吴文正公从祀议》，中华书局1998年版，第338页。

③ 傅瀚曰：“薛文清学徒博而少著述，人犹曰‘能继道统’，为之请列从祀，况草庐著述之多，可不祀乎?”见（明）林尧俞等纂修，俞汝楫等编撰《礼部志稿》卷八五下《覆吴澄从祀议》，《景印文渊阁四库全书》第598册，第529页。

④ （明）王鏊：《震泽集》卷二二《资善大夫礼部尚书兼翰林院学士赠太子太保谥文定吴公神道碑》，《景印文渊阁四库全书》第1256册，第353页。

⑤ （清）永瑢、纪昀等：《钦定四库全书总目》卷一五，《景印文渊阁四库全书》第1册，第325页。

⑥ 先是有倡言者称：“颜子未尝著书而配享孔子，不可以因未尝著书而不之取。”覆议者刘定之给出的答复是：“夫颜子何可当也？孔子之道传之颜子，后世取信于孔子之言，其言具于《论语》，载于《中庸》，见于《孟子》，存于《易·系辞》等书，不一而足。虽颜子未尝著书，不害其为传道也。譬如萧何无战功，而高祖取为汉臣之首；房乔无战功，而太宗取为唐臣之首。所谓知臣莫若君，知弟莫若师者，此之谓也。今以因未著书而仰攀颜子为比，则是人臣无汗马之功者，皆得攀萧、房为比，恶有是理也哉！”秦鸣夏疏争曰：“兴王之业，固有不尽恃于汗马者，而况吾道之于著述耶？自秦火烈异端炽，诸儒之传经守正有足多者，时也。迨夫理学既明，家喻户晓，枝叶滋蔓，戕害本根。瑄独反躬实践，厌斥支流，遡寻正脉，使学者晓然知所趋向，此其功大于著述矣。”参见（明）刘定之《议刘静修薛文清从祀》，收入（明）程敏政编《明文衡》卷八，《四部丛刊初编》。

> 后，盖有见于《祭法》报功之说，亦以孔子删述之功居多，而祀典皆在教学之地故尔。①

尽管陆氏倾向于为当时所盛行的著述标准寻找出一个合理的依据，但是不难看出，他对从祀只重著述之文而不重道德之实的做法，并不完全看好。

从祀标准何以会胶着在著述之上，其实也是一种无奈的选择。因为只有著作才是实实在在的看得见摸得着的东西，可以借此作出一个比较客观的判断，具有一定的可操作性。其他标准如道德节操、传道之功等因为年代久远，很难精确量化，诚如程敏政所言“诸儒从祀于孔门者，必有功于斯道乃可，然道非后学所易知也”②。而标准一旦模糊，就很容易沦为暗箱操作的渊薮，各地乡贤祠就常遭遇此类情况③。可以说，是标准本身所要求的可操作性决定了这一选择。

从祀标准在嘉靖九年孔庙改制中开始转变，对个人私德的品评开始甚嚣尘上，空前凌驾于著述门槛之上。这场以纯洁圣门为目的的道德运动在徐三重看来，正当其时：

> 窃谓此事所当持论者，岂以先圣之崇祀由其但为经传耶，抑以巍巍道德云也。诸人所讲授未能妙契先圣微言大义，而人品志行又不无

---

① （明）陆深：《俨山集》卷三四《议薛文清公从祀孔庙议》，《景印文渊阁四库全书》第1268册，第211页。

② （清）文庆、李宗昉等纂修：《钦定国子监志》卷七〇，第1224页。

③ 其例如：熊禾《勿轩集》（卷二《三山郡泮五贤祠记》）载：“三山郡泮旧志先贤祠止陈公襄等五人，后增至十一人，今则五十余人矣。乡牧祠内有某人者，显为清议不容。旧曾守土，不死封疆，姑且勿论。丁丑戊寅之间，反复变诈，见之大书榜镂，至今人犹诵之，以为戏笑。当其再叛也，何至如此诋毁；及其再附也，又何用如此夸谀。后又夤缘益谥，命下之日，有作诗讽之者，曰‘两朝忠义传俱有某人名’。方其反复之际，题门曰‘葵藿有心终向日，杏桃无力谩随风’，是全不知有世间羞耻事。以此为文章学问，以此得朝廷爵谥，又以此齿学校祀典，岂可不为郡泮羞？岂可不为世教惜？旧尝建白公堂，顾不得以子孙权势赫奕有所辟而不行也，虽然，又不特三山一郡泮为然者。”俞汝楫等《礼部志稿》（卷八五下《严名宦乡贤祀》）载嘉靖十三年巡按直隶御史郑坤奏各地名宦乡贤祠：“或徇情去取而贤否或至于倒置，参酌弗公而淑慝或混于无别。”宋荦《西陂类稿》（卷三九《批允东林书院祀典檄》，《景印文渊阁四库全书》第1323册，第518页）：“不意迩来波流日颓，冒滥渐广，毋论私议。擅增者固多阿徇，即经前次更正者，亦非定评。甚至以道南之瓣香，为交游之情面。仰羞往哲，俯忝家声。嘻！风斯下矣。”

有间于名实，岂应以空言论著，遂得参洙泗群贤之行？此正尚论者所宜权度也。[①]

从祀标准的新定位也影响到以后的入祀评定。例如薛瑄，生前被人称作“今夫子”“不愧往哲”“本朝理学一人”“学已至乎乐地”等，身后又被誉为“今之真儒当入孔庙”“此明大儒当入从祀”“潜心理学可祀庙庭”“有功名教侑食庙庭无忝”，[②] 只因著作数量未达标而在从祀议程上屡遭阻挠。嘉靖十九年再议，很多官员已倾向于灵活处理：

先年亦尝下儒臣议薛瑄从祀，然卒鲜有成议者，以罕所著述疑之也。臣等切惟求士于汉唐之世，圣学榛塞，固当专录其释经之功。自有宋诸儒继出，理学大明之，后世之儒者虽论述罕传，似当特取其履行之实。[③]

隆庆元年再议，礼臣又作权变之言：“侍郎薛瑄潜心理道，励志修为。言虽不专于著述，而片言只简动示楷模。心虽不系于事功，而伟节恢猷皆可师法。”[④] 明末对道德节操的强调进入另一极端，以致有人企图以“从祀孔庙只当重人品，不当专重讲学”[⑤] 为新的单一标准。

宋代以前，学界以专守经书为主，汉儒为经书的保存传授者，唐儒为经书的注疏者。典籍的权威性与神圣性远远超越于传经者个体之上，“大抵以其有功于圣经而已，而不必尽论其人也”。[⑥] 宋明以后，阐发经文成为新的学术走向，语录之书也成为经典。经典再认识取代了以往的经典膜拜，经的神秘性消失了，具有鲜明特征及人格魅力的阐发者，反而进入人

---

① （明）徐三重：《采芹录》卷二，《景印文渊阁四库全书》第867册，第376页。

② （清）沈佳：《明儒言行录》卷二，《景印文渊阁四库全书》第458册，第621—628页。

③ （清）秦蕙田：《五礼通考》卷一二〇《吉礼》，《景印文渊阁四库全书》第137册，第909页。

④ （明）林尧俞等纂修，俞汝楫等编撰：《礼部志稿》卷八五下《覆吴澄从祀议》，《景印文渊阁四库全书》第598册，第530页。

⑤ （明）冯从吾：《少墟集》卷七《宝庆语录》，《景印文渊阁四库全书》第1293册，第139页。

⑥ （明）王世贞：《弇州四部稿》卷一一五，《景印文渊阁四库全书》第1280册，第795页。

们的视野。由于理学家们大都在本朝或后朝不太长的时间内就得以从祀孔庙，所以更为评议者所熟悉，因此在入祀标准上对个人道德细行的要求更为严厉。

学庙本应当是用来祭祀那些有道有德有功教业的先圣先师们的地方，其中先圣虽迭有更迁，但最终以房玄龄“庠序置奠，本缘夫子”一语定局，周公以臣的身份配享武王。先师后来扩展为先贤先儒，内涵却大致不变，仍以儒学教化为核心。通俗地讲，这座殿堂是专为有功儒学的人打造的，其他领域有卓越贡献的人各应祭于相关之地，而不当混入其中。明末冯从吾已言及此层意思，他说：

> 讲学二字创自孔子，此祀全为风人讲学而设，不专为古今人物而设也。若古今人物表表不凡者，或祀乡贤，或祀名宦，或为专祠以祀，用以崇德报功磨世砺俗，皆无不可，第不宜轻易从祀孔庙耳，此关系不小，不可轻议。①

冯氏的出发点以爱护讲学为主，其意虽明，动机却有所偏差。相较之下，李光地说得要明白得多：“夫苟于经教无所表章，儒术未有发明，则虽以诸葛忠武之才、论者以为伊、周之亚，犹不得进而班焉！”②

其间，宋濂曾不拘常格，建议天子当立四学，以伏羲为道统之宗，并祀三皇、尧、舜、禹、汤、文、武为先圣，祀皋陶、伊尹、太公望、周公等为先师。明太祖不采其说，国子助教贝琼又作《释奠解》以驳之，其中有言：“三皇继作，而后人之为道始备，此众人疑其不祀三皇者为缺典。夫三皇宜祀，而不得祀之于学也。”③ 秦蕙田认为先儒中的司马光、欧阳修，他们的身份首先应为名臣，其次方为儒者，主张二人“固当酌

---

① （明）冯从吾：《少墟集》卷七《宝庆语录》，《景印文渊阁四库全书》第1293册，第139页。

② （清）李光地：《榕村集》卷二一《文庙配享私议》，《景印文渊阁四库全书》第1324册，第822页。

③ （明）贝琼：《清江文集》卷一三《释奠解》，《景印文渊阁四库全书》第1228册，第372页。

祀于帝王之庙，而不必以頖宫之俎豆为定论也”。[①]

然而，类似的界定并没有形成正式的范本。准入标准的宽紧度该如何把握，历朝也一直在摸索。明代在当代人的入祀问题上，尚且持审慎态度。而这种审慎态度的表现，要么不随便轻议，要么数议而往复不定，很容易被人误解成办事效率低下。朝廷的无所作为，让很多人不满意。王世贞就以国家不果断入祀当朝人为有欠妥当，称：

> 文庙之两庑，自元季而后寥寥矣。间有议增入，讫于今未定者，抑果难其人耶？或慎重其典不轻举耶？国家熙明累洽之运，以崇德右文称，而使列圣无臣，孔门无贤，甚愧不取也。[②]

唐顺之也认为此一阙典并非国家励士之法，称：

> 明兴且二百年，弦歌之化畅乎远近，竖子皆知诵法孔氏，而璧宫之侧至今无一人得俎豆其间者，非所以鼓士气而彰圣朝棫朴之盛也。[③]

廷臣却自有他们的顾虑与考虑，在一次集议中，这些想法被表达出来：

> 从祀重典，非真能信今传后者未可轻议，非真见其能信今传后者亦未可轻议。若使后日议黜，恐反为盛典之累，故未敢遽拟其人也。……盖事可垂千万年而不朽者，即迟回数载而不为逾时。礼有垂千百世而示法者，即详审再三而不为过慎。与其祀也而有议，岂若议定而后祀乎![④]

---

① （清）秦蕙田：《五礼通考》卷一二〇《吉礼》，《景印文渊阁四库全书》第137册，第914页。

② （明）王世贞：《弇州四部稿》卷一一五，《景印文渊阁四库全书》第1280册，第794页。

③ （明）唐顺之：《荆川集》卷一《故礼部左侍郎薛瑄从祀奏议》，《景印文渊阁四库全书》第1276册，第190页。

④ （明）沈鲤：《亦玉堂稿》卷一《议孔庙从祀疏》，《景印文渊阁四库全书》第1288册，第213、214页。

其中利害在于，时代既近，恩怨犹存，限于各方压力，所作甄别自不及后世公道，贤明者亦难免陷入短视，遑论庸者。对于其中的难处，学人们也并非无见，秦蕙田的体会是：

> 今观祀典所载，精求博议，盖亦极其矜慎。然或以代近而公议未孚，或以后起而推崇未及，盖有之矣。①

远者不能悉究其实，近者又不能皆出于公，是以不得不慎重对待。

不知是否出于收拢人心重振国势的考虑，明亡前三年，朝中突然出现了一股逆反风潮，崇祯帝破天荒地下令："且宋从祀至十八人，今止四人，为太少。宜以吴与弼、罗伦、蔡清、陈真晟、陈琛、吕柟、王艮、章懋、罗洪先、邓元锡、顾宪成等令候旨行。"② 此一候旨伴随着明代的消亡亦杳然无踪。

标准单一会带来僵化，标准多元又极易导致滥用，清代的从祀情况当属后例。清代以入祀众多而出名，这也是放宽准入口径的表现。诸葛亮以政治军事才能名垂青史，在经教儒术领域并没有多大发明，却毫无阻拦地进入孔庙。陆贽、韩琦二人在雍正二年就进入议祀名单，初被世宗否决，理由为："至若唐之陆贽，宋之韩琦，勋业昭垂史册，自是千古名臣，然于孔孟心传，果有授受而能表彰羽翼乎？"③ 可是到了道光、咸丰年间，此二人却毫无疑义地获得入祀。既然有了前例，李纲也就顺理成章地进入其列。其后，刘宗周、黄道周、文天祥、陆秀夫、方孝孺等殉难守节之人也陆续补入。

清朝一连串的入祀举措与往朝的审慎态度形成鲜明对比。按照往例，更适合以上诸人入祀的地方当是"昭忠祠""名宦乡贤祠""历代帝王庙"等。或许清廷在后期也意识到其中的轻进与草率，所以转而告谕：

> 从祀文庙，应以阐明圣学，传授道统为断。……其余忠义激烈

---

① （清）秦蕙田：《五礼通考》卷一二〇《吉礼》，《景印文渊阁四库全书》第137册，第914页。

② 同上书，第912页。

③ （清）文庆、李宗昉等纂修：《钦定国子监志》卷首一《圣谕》，第14页。

者，即入祀昭忠祠；言行端方者，入祀乡贤祠；以道事君，泽及民庶者入祀名宦祠。概不得滥请从祀文庙。其名宦贤辅已经配享历代帝王庙者，亦毋庸再请从祀文庙，以示区别。[①]

可是这一纸禁令仍没能阻止滥祀的脚步。清代下半叶，内忧外患，国势式微，对从祀对象的实用性选择更加剧了从祀标准的庸俗化。

至清末为止，孔庙先儒共七十七人，其中有四十七人是在清朝确定下来的。四十七人中，尤以雍正二年增祀复祀最多，共占十六位。乾隆曾赞誉乃父为："圣学高深，探性命之精，操治平之要，天德王道，一以贯之。隆礼先师孔子，增祀先儒，右文重道之典，超越常制。"[②] 在不到三百年的时间内，清廷连下诏令二十五次之多，其中二十二次是集中在道光至宣统之间不到九十年的时间里下达的。从中可以看出，一则孔庙殿堂吸引力之大，二则清廷借重此典之深。如果说前期的从祀之举在于宣示文治教化，那么后期的从祀就是在借历朝的忠臣义士来激励人心，挽救颓势。清朝虽为异族政权，对儒家文化的驾驭程度却无可比拟。

有的受荐者虽因种种原因暂不得从祀于孔庙，作为褒扬补偿，朝廷往往会将其先安排于原籍乡贤祠内。如万历元年（1573），有官员提议将吴与弼、陈献章、胡居仁三儒从祀于孔庙，廷议结果是各于其乡设祠祭之。礼部给出的解释是："臣等考之《周礼》，士之有道有德而教于学者，没则为乐祖祭于宗，乡先生没则祭社，虽褒崇之典不同，其于表章先哲翊扬风教，均之为世劝也。"[③] 万历十二年（1584），陈献章、胡居仁成功从祀于孔庙中。吴与弼虽于明末得令候旨，最终未获通行。

贤儒从祀无疑已成为孔庙祭祀体系密不可分的一部分，这种设置自然而然地被形容为："孔子有功万世，宜享万世之祀；诸儒有功孔子，宜从祀孔子之祀。"[④] 既是如此，对入祀贤儒就必然有一个基本的要求，"必其

---

① （清）庞钟璐：《文庙祀典考》卷一，光绪戊寅（1878年）刻本。

② 清乾隆十二年敕撰：《皇朝文献通考》卷二二〇《经籍考十》，《景印文渊阁四库全书》第637册，第175页。

③ （明）林尧俞等纂修，俞汝楫等编撰：《礼部志稿》卷四六《覆崇祀疏》，《景印文渊阁四库全书》第597册，第872页。

④ 《明神宗实录》卷一五五，第2866页。

人于孔子之道有所合而无所愧"①，然后方可与祀。此一部分人入祀，有关名教风化，有关天理人心，为万世瞻仰所系，是以雍正称之为："先儒从祀文庙，关系学术人心，典至重也。"② 既是如此，就不得不慎重其选。皇帝要"辩其真伪，别其纯驳"，从而"使斯人知所向背取舍"。③ 礼官则需要把握好"不伤于滥，不邻于苛"的分寸，要善于甄别，既避免伪儒获祀欺世盗名，又避免贤者遗落湮灭不闻。④

孔庙从祀，数量众多，济济一百多人。只弄清名氏爵里生平行迹就是一个很大的挑战，迨至后世，徒增困惑。就设祭场所而言，建筑空间稍有狭隘，就难以顺畅演礼，收不到人娱神欢之效；就古礼起源而言，有道有德者方可称先师，后世已悖其源，甚至德有所失者也杂置其中。有鉴于此，熊禾已提出异议：

> 窃谓学者尊事圣贤，春秋祭享，非但崇饰俎豆，姑以尽吾报本之心而已。必其平时方寸之间，真有信慕服行之素，则斯道气脉相属。今也姓名昧昧，年代阔远，寻常方册之间，耳目尚有不接，一旦对越之际，肸蠁岂易遽通？此文公竹林之祀所以止于颜、曾、思、孟配享，六君子从祀。今所在书院但按此为法，亦恐其烦也。⑤

宋濂也曾经建议罢各地七十二子之祀，但未被采纳。其后流行的反而是为贤儒从祀百般辩护的声音。丘濬就在"崇德"说外提出"报功"说，称："有国家者以先儒从祀孔子庙庭，非但以崇德，盖以报功也。"⑥ 在他看来，有功圣教才是贤儒得以常祀不辍的要旨所在。唐顺之则在"传道"说外提出"羽翼"说，他称：

> 如使必其宗传而后可以从于祀也，则颜、曾、思、孟而下，及于

① （明）丘濬：《大学衍义补》卷八〇《崇教化》，《丛书集成三编》。

② （清）文庆、李宗昉等纂修：《钦定国子监志》卷一《圣谕》，第 14 页。

③ （明）倪岳撰：《青溪漫稿》卷一一，《景印文渊阁四库全书》第 1251 册，第 107 页。

④ （清）文庆、李宗昉等纂修：《钦定国子监志》卷七九《艺文志十三》，第 1432 页。

⑤ （宋）熊禾：《勿轩集》卷二《三山郡泮五贤祠记》，《景印文渊阁四库全书》第 1188 册，第 782 页。

⑥ （明）丘濬：《大学衍义补》卷六六《秩祭祀》，《丛书集成三编》。

濂、洛四三巨儒而足矣，虽七十子亦有在所略者矣，而况于经师之口传与王、韩辈之疵而未醇者乎？然且群然而俎豆焉，则羽翼之故也。[①]

意即首功之外自有赞襄辅助者，不得因宗传程度不同而轻议去留。

帝王之祀有穷，孔子之祀无穷，所以得祀孔庙万古流芳，便成为学人毕生砥砺的终极梦想。湛若水门人臧应奎，平素行事，常以圣贤自期。有一次经过文庙，非常向往地对同行友人称："吾辈殁，亦当俎豆其间。"[②]足见其立志之高远。嘉靖间翰林院待诏贡汝成，据罗洪先为其所作《墓表》载："方君始为郡诸生，年才十四五。……助祭孔庙礼成，仰而叹曰：'大丈夫不以孔孟为法，即隆贵，岂足多哉！'"[③] 也是少有大志。

入祀孔庙对潜心圣学者构成了一种格外深沉的吸引力。各处乡贤祠、忠烈祠也具有同样的激励之效。文天祥为童子时，见学宫所祠乡先生欧阳修、杨邦乂、胡铨像，即钦慕不已，称："没不俎豆其间，非夫也。"[④] 后来果然以精忠大节昭著于天下。无论孔庙还是乡贤祠，它们都是上接古人，下启来者的教化之地。在这里，已没有所谓的古今隔膜，只有共通的精神追求，是以彭家屏在《修复会城忠烈祠墓书事》中如此说道："慎勿谓古人其真不可及也。"[⑤] 陆陇其为鼓励诸生，也对此一意旨大加推阐。他为《文庙考略》作序，称此书：

非欲诸生知先贤先儒姓氏爵里，与夫从祀之岁月已也，又非欲诸生徒诵其嘉言懿行已也。……乍而观之，其巍然于百世之上者，似不可几及。考其实，不过居敬穷理。循序深造而至乎其域者耳，又非高远难行之事。诸生诚因是而奋兴焉。退而求之六经、语、孟，以及

① （明）唐顺之：《荆川集》卷一《故礼部左侍郎薛瑄从祀奏议》，《景印文渊阁四库全书》第1276册，第189页。

② （清）张廷玉等：《明史》卷一九二《张溁传（附臧应奎传）》，第5103页。

③ 徐儒宗编校整理：《罗洪先集》卷一九《明故登仕郎翰林院待诏湖涯贡君墓表》，凤凰出版社2007年版，第770页。

④ （元）脱脱等：《宋史》卷四一八《文天祥传》，第12533页。

⑤ （清）谢旻等监修：《江西通志》卷一四三，《景印文渊阁四库全书》第518册，第262页。

周、程、张、朱子之书，博学审问慎思明辨而笃行焉。精之一之，真积力久，安知今日之兴起于滹沱卫水间者，不将有绍洙泗继洛闽接河津余干，又为后人之高山景行者哉？[①]

此一番谆谆教诲，不仅致力于消解士子接迹圣贤的畏难心理，也意在激起慨然景行者。

入祀孔庙的荣誉感也让谀臣发现了可乘之机，甚至不惜冒天下之大不韪。明末魏忠贤势焰熏天之时，趋炎附势者纷纷“争颂德立祠，汹汹若不及”。其中最为极端的做法是，监生陆万龄上请以魏忠贤配孔子、以忠贤父配启圣公。[②] 另有一极致事件是乾隆时，有一致仕官员无视国家从祀程序，铤而走险，妄为其父请祀孔庙，结果惨烈收场，身罹死罪，家产籍没。[③] 与生前居官腾达相比，身后位列贤哲显然成为另一道风景。明人曾于乾以一介布衣入祀乡贤祠，世人的评价就是：“月塘君虽未仕宦，其视仕宦而未能蒙俎豆其间者，以彼易此，其所树岂不远哉！”[④]

四　先贤先儒设位演变

孔庙从祀人员的设位，应当早在东汉就有安排。汉明帝、汉章帝、汉安帝至阙里祭孔，并祀七十二弟子。而汉灵帝光和间置鸿都门学，也画孔子及七十二弟子像。其时的排位次序，已不可得见。

唐代增祀“二十二贤”，排列位次以世代年齿为据。《大唐开元礼》中记载了国子学释奠的设位安排，如下：

设先圣神坐于庙室内西楹间，东向。

设先师神坐于先圣东北，南向。

其余弟子，冉伯牛、仲弓、宰我、子贡、冉有、子路、子游、子夏、闵子骞、曾参、高柴、宓子贱、公西赤、林放、樊须、有若、孔忠、琴

① （清）陆陇其：《三鱼堂文集》卷八《文庙考略序》，《景印文渊阁四库全书》第1325册，第127页。

② （清）张廷玉等：《明史》卷三〇五《魏忠贤传》，第7823页。

③ 《清代文字狱档》第六辑《尹嘉铨为父请谥并从祀文庙案》，（台北）华文书局1969年版，转引自黄进兴《优入圣域：权力、信仰与正当性》，第334页。

④ （明）胡直：《衡庐续稿》卷八《亡友月塘曾君墓志》，《景印文渊阁四库全书》第1287册，第745页。

牢、梁鳣、叔仲会、冉孺、曾点、陈亢、漆雕开、商瞿、司马耕、子张、巫马施、秦非、商泽、郑国、公冶长、澹台灭明、原宪、蘧伯玉、公伯寮、燕伋、秦祖、冉季、左人郢、公孙龙、任不齐、南宫绦、秦商、廉洁、步叔乘、施常、颜之仆、狄黑、漆雕哆、县成、颜路、颜哙、公祖句兹、伯虔、荣旗、颜高、秦冉、申枨、颜辛、申党、公晳哀、后处、曹恤、奚容蒧、石作蜀、壤驷赤、漆雕徒父、乐欬等坐，及二十一贤左丘明、公羊高、穀梁赤、伏胜、高堂生、戴圣、毛苌、孔安国、刘向、郑众、杜子春、马融、卢植、郑玄、服虔、贾逵、何休、王肃、王弼、杜预、范宁等坐，以次东陈，皆南向，西上。

东陈不容，则又于东壁屈陈而南，西向。①

这是一种单线设位法（先儒多称之为鱼贯法），能够清晰展现从祀者的位次先后。但是因受建筑空间限制，九十多人一字排开，距离较长，极有可能在一室之内排列不尽。因之《开元礼》也补充了一种权变设位法，即在从祀者排至东头，尚有余数的时候，接着向南拐行，沿着东墙壁继续排列。这种排列法虽然古朴明了，却失于粗糙拘隘，后世并不欣赏，是以唐代设位未被传承下去。

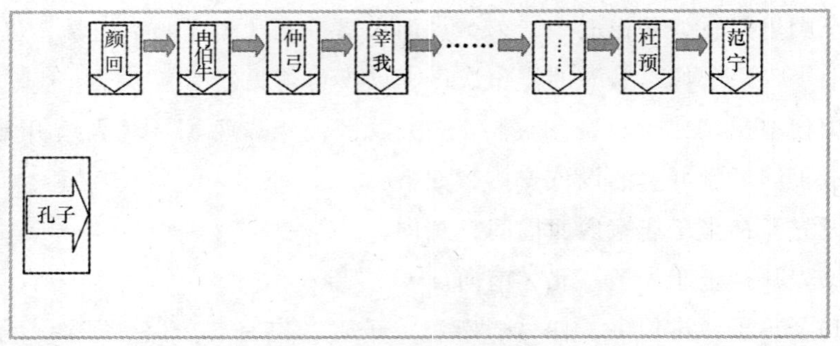

图 3—4　开元礼孔庙从祀设位图

① （唐）萧嵩等：《大唐开元礼》卷五四《国子释奠于孔宣父》，《景印文渊阁四库全书》第 646 册，第 384 页。《大唐开元礼·皇太子释奠孔宣父》载七十弟子及二十一贤的坐次为："若前堂不容，则又于室外之东屋陈而北，东向，南上。"《通典·皇帝皇太子视学》则记为："若前堂不容，则又于堂外之东至陈而北，东向，南上。"

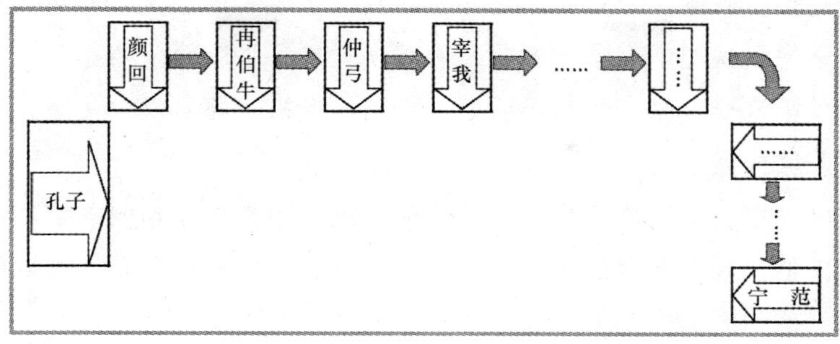

图 3—5　开元礼孔庙从祀设位权变图

宋代以前，孔庙从祀之位均设在殿堂之上，还没有出现殿上、两庑之分。宋代开始另设两庑，专门供祀先贤先儒。《政和五礼新仪》撰成，朝廷依新仪行礼，两庑设位为："东庑，颍川侯颛孙师以下至城都伯扬雄四十九人，并西向；西庑，长山侯林放以下至临川伯王雱四十八人，并东向。"①《新仪》成书之前，孔伋、荀况、扬雄、韩愈、王雱等人已增祀进来，按世次先后列入已祀者之间。王雱最晚出，所以缀于末位。具体的位次情况是：

东庑先贤，颍昌侯颛孙师、金乡侯澹台灭明、单父侯宓不齐、任城侯原宪、高密侯公冶长、汶阳侯南宫绦、北海侯公皙哀、莱芜侯曾点、曲阜侯颜无繇、须昌侯商瞿、共城侯高柴、平舆侯漆雕开、寿张侯公伯寮、睢阳侯司马耕、益都侯樊须、巨野侯公西赤、平阴侯有若、河东侯巫马施、南顿侯陈亢、千乘侯梁鳣、阳谷侯颜辛、临沂侯冉孺、诸城侯冉季、沭阳侯伯虔、枝江侯公孙龙、新息侯秦冉、鄄城侯秦商、濮阳侯漆雕哆、雷泽侯颜骄、高苑侯漆雕徒父、上邽侯壤驷赤、巨平侯公夏首、梁父侯公肩定、聊城侯鄡单、冯翊侯秦祖、建城侯乐欬、沂水侯孔伋，共三十七位。

西庑先贤，长山侯林放、邹平侯商泽、成纪侯石作蜀、当阳侯任不齐、牟平侯公良孺、文登侯申枨、上蔡侯曹恤、济阳侯奚容蒧、滏阳侯句井疆、淄川侯申党、即墨侯公祖句兹、厌次侯荣旗、武城侯县成、南华侯左人郢、汧源侯燕伋、朐山侯郑国、华亭侯秦非、临濮侯施常、济阴侯颜

---

① （元）脱脱等：《宋史》卷一〇五《礼志》，第 2551 页。

哙、博昌侯步叔乘、宛句侯颜之仆、内黄侯蘧瑗、博平侯叔仲会、堂邑侯颜何、林虑侯狄黑、高堂侯邽巽、郓城侯孔忠、临朐侯公西舆如、徐城侯公西点、阳平侯琴张、胶东侯后处、富阳侯颜祖、祁乡侯罕父黑、乐平侯原亢、胙城侯廉洁，共三十五位。①

东庑先儒，临淄伯公羊高、兰陵伯荀况、中都伯左丘明、睢陵伯穀梁赤、乘氏伯伏胜、莱芜伯高堂生、考城伯戴胜、乐寿伯毛苌、曲阜伯孔安国、彭城伯刘向、中牟伯郑众、成都伯扬雄，共十二位。

西庑先儒，缑氏伯杜子春、扶风伯马融、良乡伯卢植、高密伯郑玄、岐阳伯贾逵、荥阳伯服虔、任城伯何休、司空王肃、偃师伯王弼、司徒杜预、新野伯范宁、昌黎伯韩愈、临川伯王雱，共十三位。

东庑先贤先儒并西向，西庑先贤先儒并东向。②

政和礼虽已开创了两庑面面相对的设位法，可是还基本保留了开元礼单线推延的内核。先贤七十二人，先在东庑依次排约半数，然后再从西庑首位接着排起。先儒也是如此排法。如果说开元礼贤儒设位是以直线顺延或直线直角形状顺延的话，那么政和礼则大致呈现为两个首尾相接的Z型。当然，这只是一个大体的趋势，其中也有不逊服于此规律者。比如孔伋，无论是按世次先后还是从祀先后，都不应排在先贤第三十七位，当为最末。还有左丘明、荀况、公羊高、扬雄、郑众、贾逵、杜子春、马融、卢植、郑康成等人的排列次序也有舛误。③ 南渡初，礼部侍郎王普著《释奠仪式》，其中贤儒设位也依于《五礼新仪》之法，“自东序一至五，次西序一至五，又次东廊一至卅六，又次西廊一至卅五，次西廊泗水侯孔鲤，次东廊沂水侯孔伋，遂连中都伯左丘明以下至贾逵，又次西廊杜子春以下至王安石”。④

应该说，开元礼中的单线顺延法是最简单最明了的一种排序方式，从祀者无论如何增减，都不会对整体排序造成什么大的影响。政和礼中的首

① 西庑先贤在《政和五礼新仪》原文中列录三十五人，疑其当为三十六位，应在最末加泗水侯孔鲤。关于此点，朱熹也有议及，参见《绍熙州县释奠仪图·文公潭州牒州学备准指挥》。

② （宋）郑居中等：《政和五礼新仪》卷五《神位下》，《景印文渊阁四库全书》第647册，第144—145页。

③ （宋）朱熹：《绍熙州县释奠仪图》，收入《朱子全书》第十三册，第19页。

④ （宋）朱熹：《晦庵先生朱文公续集》，收入《朱子全书》第廿五册，第4993页。

尾相接法既然带有顺延法的影子，也应当不会产生太大的波动。问题在于，开元礼中的从祀人员共享一个排序单元，政和礼中的先贤、先儒则各用一个排序单元，两个单元如果不加统筹，就会混乱不堪。朱熹任职漳州时，就抱怨过这种情况，“七十二人先是排东庑三十六人了，却方自西头排起，当初如此。自升曾子于殿上，下面趱一位，次序都乱了”，又称“某经历诸处州县学，都无一个合礼序”。[①] 可以推断朱熹所说的“乱”，既有因曾子升迁而未及时调整贤儒位置所造成的乱，也有整体情况的乱，包括从祀链条上多名人物的不合礼序等。

朱熹不仅是一名观察者，还是一名践行者。他在释奠礼的建设与完善工作上投入了极大关注，作出了巨大贡献。朱熹撰《绍熙州县释奠仪图》一书，因考究详审、通俗易行，已成为后世行礼的范本。[②]《绍熙州县释奠仪图》三易稿而成，从绍兴二十五年（1155）酝酿，至绍熙五年（1194）刊定，历时近四十年之久。在成稿过程中，朱熹除了取《周礼》《仪礼》《大唐开元礼》《通典》《政和五礼新仪》《绍兴祀令》《淳熙编类祀祭仪式》等书迭相考证训释外，还屡次上书奏请朝廷检会礼书予以颁降，以便地方行礼有所遵仿。

《绍熙州县释奠仪图》中载有《文公潭州牒州学备准指挥》一文，原本记录了太常寺针对朱熹提议所作出的答复结果。其中朱熹提到的与贤儒设位有关的更定项目有：（1）在《淳熙编类祀祭仪式》中，贤儒皆以东西相对为序，即第一、第三、第五、第七、第九等位并居东庑，第二、第四、第六、第八、第十等位并居西庑。此种设位较《政和五礼新仪》之次为善，当采之。（2）贤儒次第应以《通典》为准，自颛孙师至步叔乘七十一人，依次排列。（3）《政和五礼新仪》《淳熙编类祀祭仪式》皆脱泗水侯孔鲤一位，当以孔鲤附于七十贤步叔乘之后，居西庑第三十六位，即通计第七十二位。又以孔伋次之，居东庑第三十七位，即通计第七十三位。（4）左丘明、荀况、公羊高、穀梁赤以下至王安石二十五人的次序在《政和五礼新仪》《淳熙编类祀祭仪式》中皆有舛误，当按年代先后顺

---

① （宋）黎靖德编：《朱子语类》卷九〇《礼七》，第2297页。

② 四库馆臣称之为：“后来二丁行事，虽仪注少有损益，而所据率本是书。”参见（清）永瑢、纪昀等《钦定四库全书总目》卷八二，《景印文渊阁四库全书》第2册，第699页。

序依次排列。左丘明居西庑第三十七位，荀况居东庑第三十八位，公羊高居西庑第三十八位，后依此推之。据《指挥》结果看出，朱熹的这些建议都为朝廷所吸纳。

朱熹设位法打破了政和礼的二单元法，先贤、先儒重新被编排进一个统一的序列格里。虽然《淳熙编类祀祭仪式》中已经出现了东西相对为序的列法，但应该说贤儒设位从双Z型向东西相对“昭穆”法过渡关键的一环，正是在朱熹这里完成的。咸淳三年的释奠设位就完全接受了朱子的排序方法。

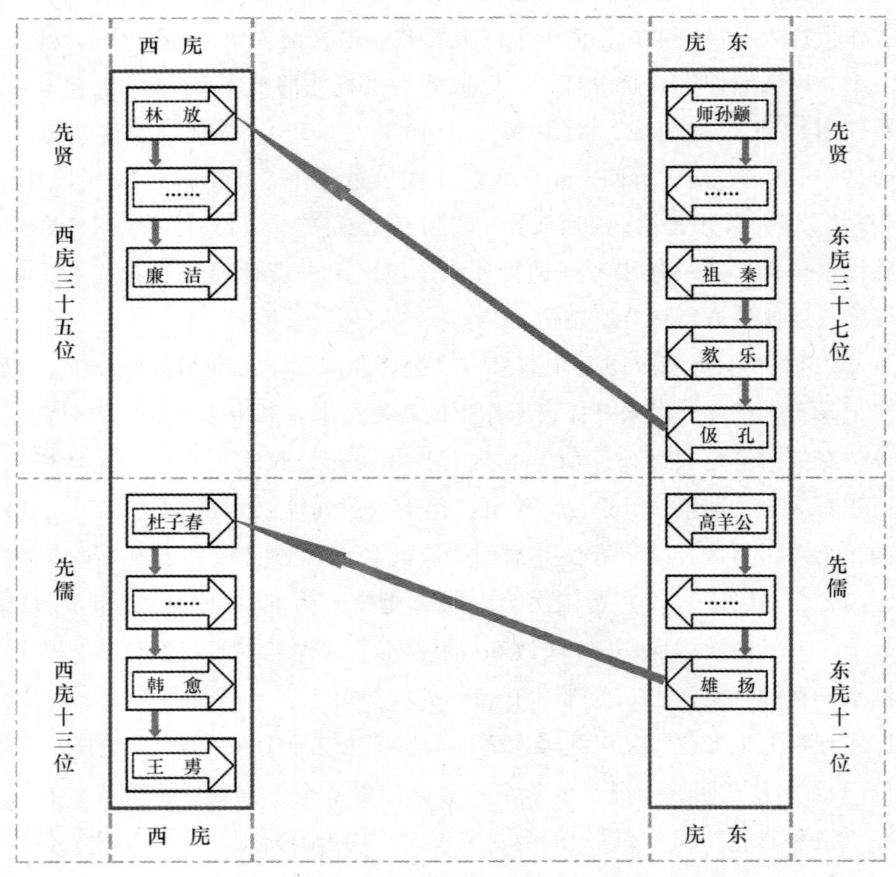

图 3—6　政和礼孔庙从祀设位图

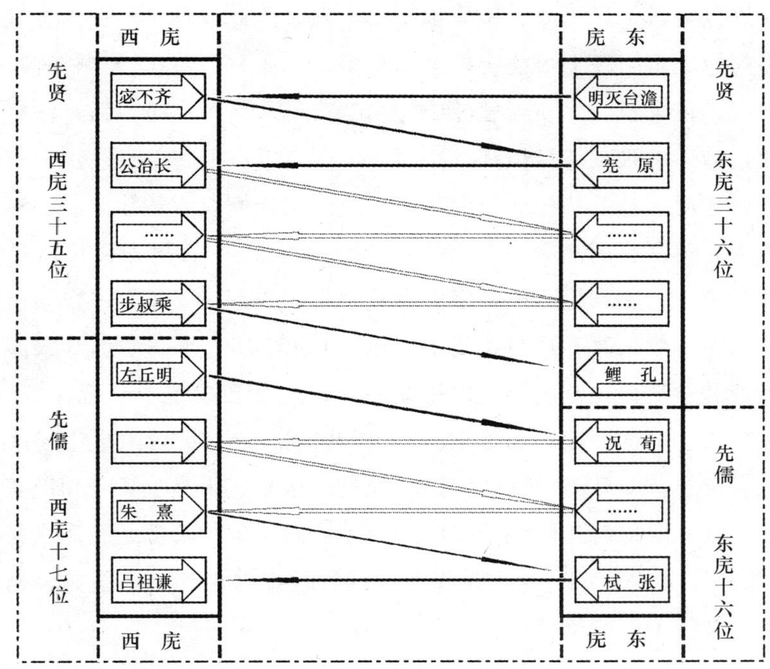

图 3—7　咸淳三年孔庙从祀设位图

理宗初从祀五子，以周敦颐、张载、程灏、程颐、朱熹为序，即主于年齿。后经国子监集议，改序为周、程、程、张、朱。有人以“横渠于二程为表叔”质疑程、张坐次，熊禾给出了一个极具代表性的答复：

> 横渠之学得于二程，皋比之撤与夫平居论议，历历可考。闻道在先，固有所受也。但当以竹林之祠为正，此乃学校之公，不得与家庭之私例论矣！①

---

① （元）熊禾：《勿轩集》卷二《三山郡泮五贤祠记》，《景印文渊阁四库全书》第1188册，第780页。“皋比之撤”出自朱熹所作《横渠先生赞》，原赞为：“早悦孙吴，晚逃佛老。勇撤皋比，一变至道。精思力践，妙契疾书。订顽之训，示我广居。”《宋史·张载传》（第12723页）载张载少喜谈兵，后访释老，于中无所得，反而求诸六经，“尝坐虎皮讲《易》京师，听从者甚众。一夕，二程至，与论《易》。次日语人曰：‘比见二程，深明《易》道，吾所弗及，汝辈可师之。’撤坐辍讲。与二程语道学之要，涣然自信曰：‘吾道自足，何事旁求。’于是尽弃异学，淳如也。”古称虎皮为皋比，是以朱子将其撤虎皮之举称为皋比之撤。“竹林之祠”是指绍熙五年，竹林精舍（沧州精舍）成，朱子率诸生行释菜之礼，以周、程、邵、张、司马、延平七先生从祀，又称竹林七贤。参见《晦庵先生朱文公文集》。

即位序当以得道先后为差，不应拘于年齿私亲。此议预示了此后在从祀秩序与序列标准等问题上可能会持续发生争议。张栻、吕祖谦、邵雍、司马光从祀后，依朱子《六先生画像赞》定序为周、程、程、邵、张载、司马，然后为朱、张栻、吕祖谦。

历元至明，有关从祀名位的辨正工作渐次松懈。宣德年间，山东德平县儒学训导年富、四川万县训导李铎相继上言，称从祀先贤位次差讹失序，若不考正，违乖祀典。宣宗即命礼部考正颁示。[①] 可能宣宗朝所进行的考订工作，效果并不理想，正统元年（1436），忠州儒学训导宋廉又提议将各处儒学从祀先贤名爵位次校勘明白，然后刊成图本颁行天下。[②] 此次校定之后，刊本下颁。弘治十一年（1498），南京兵科给事中杨廉又提出一个新设想，即升周敦颐、程颢、程颐、张载、朱熹五子于荀况等人之上，以使宋五儒得与孔门诸子接席于两庑之间。他的依据是孔庙之祀当以“崇德报功”为主。或许这一设想在提议过程中曾遭到一些抵制，杨廉在上书中还进行了一些辩解：

> 若谓当以时之先后为次，则孔伋、孟轲何得越由、赐之班？若谓一庑之间不宜易置太甚，则配、哲之分何乃在一堂之上？若谓祀典行之已久不必更改，则本朝何为而黜扬雄之祀于数百年之后哉？[③]

虽然杨氏自觉有着无数个理由，此奏在部议之后仍是不了了之。他的超前设想大致实现于崇祯十五年，左丘明、宋五儒并改称先贤，接续于七十子之下。

嘉靖九年后，经过孔庙改制，从祀名数发生了剧烈变动，从祀位次也更为混乱。李之藻专门作《考定两庑位次疏》一篇，将其中的矛盾错乱

---

① 分别见俞汝楫等编撰《礼部志稿》卷八五下《更定释奠孔子祭品礼物》、卷八五下《考正从祀名位》。

② （明）林尧俞等纂修，俞汝楫等编撰：《礼部志稿》卷八五下《从祀先贤图本》，《景印文渊阁四库全书》第598册，第527页。

③ （明）林尧俞等纂修，俞汝楫等编撰：《礼部志稿》卷八五下《重定从祀位次》，《景印文渊阁四库全书》第598册，第524页。

之处一一指出。他说两庑贤儒次序，看似德同论世，世同论齿，考其实却又不尽然。比如先贤之中，有子少孔子十三岁，自颜路而下年似最长，却在东庑第七位，居其上者尚有十二人。再如澹台灭明少孔子三十九岁，宓不齐少孔子四十九岁，其年皆少于原宪、公冶长，却分别列于东庑第一位、西庑第一位。先儒位次也是如此，孔安国、董仲舒都为汉武时人，而孔在周末榖梁之前，董在汉初高堂生之前。文中子为隋人，却躐于毛苌之上。张载又躐于韩愈之上，等等。李氏认为造成这些混乱的原因有两个：一是开元从祀之初，就未经考定漫入祠令，以后历代相沿，经嘉靖重颁后，更无人敢稍加更正；二是嘉靖后，移祀、改祀、革祀、增祀的人数很多，但仍以原列东西两庑为定，东则跻东，西则跻西，没有考世论年东西递互升祔。他的结论是：

> 今既不可较量爵秩以伤尚德之雅，又不敢轩轾德行以滥月旦之评，独有论世论齿于义为允。

李之藻还依据载籍谱传对七十二子及秦、汉以后诸儒位次进行了重新考订，并对罢祀改祀者进行了东西通融移补，从而制成《两庑对列考定位图》，附于疏后。①

李之藻的考订工作贡献很大，一举廓清了孔庙从祀位序上的乱象，基本上重返原先朱子所设定的从祀位序轨迹。不可否认的是，“昭穆”相对列法也存在着极其脆弱的一面，动一位则往往需要更移数位，工作比较繁复。尤其在增祀、罢祀、改祀活动比较频繁时，东西庑要互移数位，稍有不慎就会致误。

另外，还要看到的是，这一类似宗庙昭穆制的设位法还受到宗庙昭穆理论的影响与左右。宗庙昭穆理论的一条基本原则就是“昭为常昭，穆为常穆”，依此原则，贤儒从祀既寓尊卑于东西相向之中，则不得随意更迁。可见，并不能将从祀秩序上所呈现出的混乱情形全部归咎于主事者的懈怠与渎职上，“昭为常昭，穆为常穆”观念也是造成此一混乱的一个

① （明）李之藻：《頖宫礼乐疏》卷二《考定两庑位次疏》，《景印文渊阁四库全书》第651册，第67—71页。

原因。

嘉靖九年改制后，东庑移祀、改祀、革祀者共九人，西庑移改者共十四人，两庑多寡之数遂至悬殊。然而在昭穆理论的桎梏下，主礼者“止各于东西两庑用鱼贯之法就便升跻，而未尝合叙两庑东西递迁。故统而观之，有西庑之后儒躐出于东庑先贤之上者，不无紊乱失次之嫌”。[①] 李之藻对孔庙中的这种昭穆原则进行了猛烈抨击：“不知诸儒从祀率皆隔世寥远，初无祖孙父子之亲，宁拘昭穆？即以昭穆论，明道、伊川兄弟亦何不同昭同穆，而东西相望，又复长幼易序，吾不知于古礼有合否也。”[②] 扫除宗庙昭穆原则的不当影响无疑也是清人所要解决的问题，阎若璩就建议：“两庑之间先先贤若干人，次先儒若干人，东西对叙逐位递迁，一依其朝代及齿，不必拘‘昭常为昭，穆常为穆’如宗庙之制，斯可称不刊之典。”[③] 这一经由朱子倡导、李之藻廓清的从祀秩序安排在阎氏这里再一次得到高度肯定。

清初诸家在孔庙从祀设位安排上曾提出了一些奇思妙想。李光地少时有过设立四祠的想法。其创意在于取消两庑，于文庙之南各为垣墉，更立四祠，一为及门之祠以祀七十子，一为传经之祠以祀诸经师，余二为儒先之祠以祀学行端淳之士。四祠东西相向。这种自为垣宇的享祀设计，目的在于打破以往的唯世次论，为道德之儒另外开辟一方属地，以激励景行之志尚德之风。当然，李光地还有更实用的考虑，即为跻周、程、朱、张等人于配享之位扫除障碍，因为在他的安排中，首要的配享之礼是这样的：

> 颜、曾、思、孟、二程、周、朱，位列于左，皆亚圣之才，命世之英，有传道之任者也。冉、闵、游、夏、董、王、张、邵之伦，位列于右，皆大贤之次，名世之彦，有卫道之功者也。

在他看来，如此设计天衣无缝，正如其所言：

---

① （清）陆陇其：《三鱼堂文集》卷四《文庙考略跋》，《景印文渊阁四库全书》第1325册，第53页。

② （明）李之藻：《頖宫礼乐疏》卷二，《景印文渊阁四库全书》第651册，第69页。

③ （清）阎若璩：《尚书古文疏证》卷八，《景印文渊阁四库全书》第66册，第521页。

> 夫如是，则亦兼收而不嫌于滥，啬取而不病其苛矣。配享左右以世次相对，既无后先之嫌，东西四祠自为垣宇，亦无复年代之议。其于道德名分之际，岂不两全而无憾也哉。

然而年稍长，李光地虽然仍将朱子的“配享只当论传道”视为至论，称“以颜、曾、思、孟、周、程、朱、张九贤配，于义为允”，仍以文庙前各设祠为确信，但是他的初衷已经有所改变。主张仿照周人时祫大祫之制，春秋释菜，仍依前议以程朱宋儒配享，三年大祭，则将周、程、张、朱退就后贤之位，重以世次为序。① 这体现出一丝传道论与世次论相妥协的意味。

另有一人，陆世仪，对孔庙从祀设计充满了更大兴趣。他提出了一个“四科妙选”的概念：“愚意圣门从祀，自及门七十子及周、程、张、朱具体大儒之外，皆当分为四科妙选，古今以来卓荦奇伟第一等人物，尽入从祀。”② 他的“四科”完全蹈袭孔门四科之目，即德行、言语、政事、文学，只不过将其冠于后世贤儒身上。他的分类安排是：黄宪、文中子等入于德行中人物，张良、李泌等入于言语中人物，孔明、杜、房、韩、范、司马等入于政事中人物，迁、固、李、杜、韩、柳、欧、苏等入于文学中人物。至于享祀待遇，陆氏认为那些卓伟无过又暗合于圣门的躬行者，可举天下通祀之，其余则各祀于其乡之圣庙。已从祀诸贤也适用此例。这个孔庙“四科妙选”当为其得意之作，陆世仪自认为通过它可以“一洗向来学究之习，而成圣人大无外之教”。陆氏所说的学究之习是指孔庙从祀只任儒生素见以经学一偏之才入选，摒弃其他专才，这背离了圣人之道无所不包的宗旨。对此，他还发表了一大段议论：

> 圣人之教无所不该者也，故就《论语》所称则有四科，由此而

① （清）李光地：《榕村集》卷二一《文庙配享私议》《记配享私议后》，《景印文渊阁四库全书》第1324册，第822—823页。

② （清）陆世仪撰，张伯行编：《思辨录辑要》卷二一，《景印文渊阁四库全书》第724册，第182页。

> 观后世人才，果能于四科之中出类拔萃，是即圣人之徒也。后世不知此义，孔孟之后，概以伏生、申公、欧阳高、夏侯胜之徒当之。夫伏生之徒不过文学中人耳，乃历汉唐以来俨然专两庑之席，而功业彪炳志行卓荦为古今人所信服者，固不得一与从祀之列，而概摈之门墙之外，是止以吾夫子为一经生，而裒集后世许多无用之老儒，共作一堂衣钵也。无怪乎奇伟英雄之士掉臂而去，而作史之家必另为《道学传》以载其人，而为道学者亦甘自处于一隅之陋，此其失非细故也。①

此说不为无见，追根究委，却仍然是一个从祀标准的取则问题。

在大道无所不包思想的指引下，陆世仪还提出一个更为令人称奇的建议。他说："凡一邑之中忠臣、孝子、乡贤、名宦、义夫、节妇，凡得祀于其乡者，皆得从祀于圣庙者也。其不得祀于圣庙者，不得祀于其乡。是亦大道归一之义。"② 针对他的这一提法，当时有人请教了一个问题："诸臣从祀圣庙则闻命矣，其节妇奈何?" 陆世仪的回答是："《诗》首《关雎》，《易》著《家人》，妇德之训，莫备于吾儒矣，此义岂可或阙。但祀于庙中无此礼，则或当别立庙于庙侧，而遣官祭之可也。"③ 不知是切于实用的礼学风格在发挥作用，还是对学究之习的叛逆性反弹，毫无疑问，孔庙从祀标准在陆世仪这里是被大大放宽了。如按其说加以实施，各色名流蜂拥而至，孔庭定会热闹非凡。反过来说，他将一乡一邑的选贤标准与孔庙从祀标准相等同，与其说是将后者放宽了，何尝不是在将前者收严。节妇从祀孔庙亦是循此逻辑。其中也许还存在更深层的考虑：一则各地祠事过于泛滥，合一标准可以将此一关口适当收紧，一则孔庙从祀过于慎重其选，合一标准又有一定的回挽之意。

明末虽将周、张、程、邵、朱六子晋升为先贤，但是在服膺理学诸人眼中，纵使升数子于配享之位亦不为过。胡居仁已言"合升程、朱于四配之下，以成七配"。司直吕怀正式奏请将道统正传数子升祀于四配之

---

① （清）陆世仪撰，张伯行编：《思辨录辑要》卷二一，《景印文渊阁四库全书》第724册，第182页。

② 同上书，第183页。

③ 同上。

下，但遭到否决，朝廷的答复是："夫十哲四科之贤，亲受圣教者也，濂洛诸儒似难越居其上，合照旧祀。"[①] 更朝以后，李光地、陆世仪、陆陇其等皆有此意。李光地在早年的议论中就已经提及当仿朱子精舍释奠仪思路将周、朱等人配享于颜、曾、思、孟之后。陆世仪干脆说道："从祀诸贤如周子、朱子，其功不在孟子下，此尤当在配享之列者，非仅仅从祀已也。"[②] 陆陇其则在为张西山的《文庙考略》作跋时委曲言之："若崇祯末年，诏宋儒周敦颐、张载、程颢、程颐、邵雍、朱熹六子进称先贤。从祀牌位，列在左丘明下，序于公羊高、穀梁赤上。此书不载者，盖以程朱大儒宜与四配同列，而仅进儒为贤，未尽表章之道，故略而不录欤？"[③] 升宋儒于配享的愿望最终未得实现。

朱熹曾一度距配享之位仅咫尺之遥，却失之交臂。干预者，出人意料，恰恰是李光地。他曾自言此事始末：

> 圣庙从祀之礼，斟酌停当最难。前日议朱子升堂，将位于颜、曾、思、孟之下，某奏朱子功德虽不让颜、曾、思、孟，但十哲俱是圣门先贤，一旦加其上，恐朱子亦不安，似不如列于十哲之下为是。果蒙俞允。[④]

少时的纸上之言，老来适逢良机可得实现，却是初衷尽变。时事磨炼，或许已经让他体验到了"斟酌停当最难"的苦处，毕竟，孔庙从祀向来都与现实的学术门户纷争脱不了干系。

清代厘定孔庙从祀位次，前后依据不同。康熙二十五年（1686），谕令："先贤先儒从祀位次应视其道德为先后，不可援师弟为定例。"[⑤] 乾隆

---

① （清）秦蕙田：《五礼通考》卷一二〇《吉礼》，《景印文渊阁四库全书》第137册，第910页。

② （清）陆世仪撰，张伯行编：《思辨录辑要》卷二一，《景印文渊阁四库全书》第724册，第182—183页。

③ （清）陆陇其：《三鱼堂文集》卷四《文庙考略跋》，《景印文渊阁四库全书》第1325册，第53页。

④ （清）李光地：《榕村语录》卷二七，《景印文渊阁四库全书》第725册，第422页。

⑤ （清）文庆、李宗昉等纂修：《钦定国子监志》卷首一《圣谕》，第8页。

十八年（1753）以后则定两庑从祀位次按史传年代先后排序。① 先贤、先儒各东西对列，先东一、再西一，再东二，再西二……依次排列，东先而西后，东奇而西偶，先后寓于面面相对之中。自道光二年（1822）以后，增祀者日多，但礼部为了方便行事，往往只在拟文中大约写道增祀者某“位在某庑某人之次”，却不明示两庑的相向之序，以至于东庑、西庑各自递迁，合叙位次却紊乱不堪。② 时日既久，则本来的排序已面目全非，不可获知。是以同治二年（1863）朝廷遵乾隆十八年成例重依年齿进行排序。

表 3—2　　孔庙从祀表③

1. 四配

东配			西配		
称谓	时代	配享时间	称 谓	时代	配享时间
复圣颜子	东周	汉	宗圣曾子[a]	东周	宋咸淳三年（1267）
述圣子思子[b]	东周	宋咸淳三年（1267）	亚圣孟子	东周	宋元丰七年（1084）

备注：

a. 曾子于唐开元八年从祀，于元丰七年在颜子与孟子并配后，升祀十哲，咸淳三年升祀配享。

b. 子思于宋大观二年从祀于左丘明二十二贤之间，端平二年升祀十哲，咸淳三年升祀配享。

① 赵尔巽等：《清史稿》卷八四《礼志》，第 2536 页。

② （清）陈锦订：《文庙从祀位次考》，山东友谊书社 1989 年版，第 1118 页。

③ 孔庙从祀表，黄进兴先生已有制作，但其中稍有遗漏，先儒缺欧阳修一位。另外，在贤儒坐次安排上，黄先生虽然严格按照朝代先后进行排序，但对同朝中人的生年先后却有所疏略，以致次序稍有紊乱。参见黄进兴《优入圣域：权力、信仰与正当性》，第 337—344 页。此处所作表格基本仿照黄先生已有表格而更作修正与补充。注于此以示不敢掠美。

2. 十二哲

东哲			西哲		
称谓	时代	入祀哲位时间	称谓	时代	入祀哲位时间
先贤闵子	东周	唐开元八年（720）	先贤冉子耕	东周	唐开元八年（720）
先贤冉子雍	东周	唐开元八年（720）	先贤宰子	东周	唐开元八年（720）
先贤端木子	东周	唐开元八年（720）	先贤冉子求	东周	唐开元八年（720）
先贤仲子	东周	唐开元八年（720）	先贤言子	东周	唐开元八年（720）
先贤卜子[a]	东周	唐开元八年（720）	先贤颛孙子[b]	东周	宋咸淳三年（1267）
先贤有子[c]	东周	清乾隆三年（1738）	先贤朱子[d]	宋	清康熙五十一年（1712）

备注：

a. 子夏于唐贞观二十一年以经师身份配享，开元八年入祀十哲。

b. 子张于唐开元八年从祀于七十弟子中，咸淳三年升祀十哲。

c. 有若于唐开元八年从祀于七十弟子中，乾隆三年升祀于十二哲。

d. 朱熹于宋淳祐元年从祀于先儒中，崇祯十五年升祀于先贤中，康熙五十一年升祀于十二哲中。

3. 先贤

东庑先贤（共四十人）			西庑先贤（共三十九人）		
姓名	时代	从祀时间	姓名	时代	从祀时间
公孙侨	东周	清咸丰七年（1857）	蘧瑗[a]	东周	宋初
林放[a]	东周	宋初	澹台灭明	东周	唐开元八年（720）
原宪	东周	唐开元八年（720）	宓不齐	东周	唐开元八年（720）
南宫适	东周	唐开元八年（720）	公冶长	东周	唐开元八年（720）
商瞿	东周	唐开元八年（720）	公皙哀	东周	唐开元八年（720）
漆雕开	东周	唐开元八年（720）	高柴	东周	唐开元八年（720）
司马耕	东周	唐开元八年（720）	樊须	东周	唐开元八年（720）
梁鳣	东周	唐开元八年（720）	商泽	东周	唐开元八年（720）
冉孺	东周	唐开元八年（720）	巫马施	东周	唐开元八年（720）
伯虔	东周	唐开元八年（720）	颜辛	东周	唐开元八年（720）
冉季	东周	唐开元八年（720）	曹恤	东周	唐开元八年（720）
漆雕徒夫	东周	唐开元八年（720）	公孙龙	东周	唐开元八年（720）
漆雕哆	东周	唐开元八年（720）	秦商	东周	唐开元八年（720）
公西赤	东周	唐开元八年（720）	颜高	东周	唐开元八年（720）
任不齐	东周	唐开元八年（720）	壤驷赤	东周	唐开元八年（720）
公良孺	东周	唐开元八年（720）	石作蜀	东周	唐开元八年（720）
公肩定	东周	唐开元八年（720）	公夏首	东周	唐开元八年（720）

续表

东庑先贤（共四十人）		
姓名	时代	从祀时间
鄡单	东周	唐开元八年（720）
罕父黑	东周	唐开元八年（720）
荣旗	东周	唐开元八年（720）
左人郢	东周	唐开元八年（720）
郑国	东周	唐开元八年（720）
原亢	东周	唐开元八年（720）
廉洁	东周	唐开元八年（720）
叔仲会	东周	唐开元八年（720）
公西舆如	东周	唐开元八年（720）
邽巽	东周	唐开元八年（720）
陈亢	东周	宋初
琴张	东周	宋初
步叔乘	东周	唐开元八年（720）
秦非	东周	唐开元八年（720）
颜哙	东周	唐开元八年（720）
颜何[b]	东周	唐开元八年（720）
县亶	东周	清雍正二年（1724）
牧皮	东周	清雍正二年（1724）
乐正克	东周	清雍正二年（1724）
万章	东周	清雍正二年（1724）
周敦颐[d]	宋	明崇祯十五年（1642）
程颢[d]	宋	明崇祯十五年（1642）
邵雍[d]	宋	明崇祯十五年（1642）

西庑先贤（共三十九人）		
姓名	时代	从祀时间
后处	东周	唐开元八年（720）
奚容蒧	东周	唐开元八年（720）
颜祖	东周	唐开元八年（720）
句井疆	东周	唐开元八年（720）
秦祖	东周	唐开元八年（720）
县成	东周	唐开元八年（720）
公祖句兹	东周	唐开元八年（720）
燕伋	东周	唐开元八年（720）
乐欬	东周	唐开元八年（720）
狄黑	东周	唐开元八年（720）
孔忠	东周	唐开元八年（720）
公西蒧	东周	唐开元八年（720）
颜之仆	东周	唐开元八年（720）
施之常	东周	唐开元八年（720）
申枨	东周	宋初
左丘明[c]	东周	明崇祯十五年（1642）
秦冉[b]	东周	唐开元八年（720）
公明仪	东周	清咸丰三年（1853）
公都子	东周	清雍正二年（1724）
公孙丑	东周	清雍正二年（1724）
张载[d]	宋	明崇祯十五年（1642）
程颐[d]	宋	明崇祯十五年（1642）

备注：

a. 蘧瑗、林放皆于宋初从祀，嘉靖九年改祀于乡，雍正二年复祀。

b. 颜何、秦冉皆于唐开元八年从祀，嘉靖九年罢祀，雍正二年复祀。

c. 左丘明于唐贞观二十一年以经师身份配享，开元八年降为从祀，明崇祯十五年升祀为先贤。

d. 周敦颐、张载、程颢、程颐宋淳祐元年从祀于先儒中，邵雍宋咸淳三年从祀于先儒中，此五子皆于明崇祯十五年升祀于先贤中。

4. 先儒

东庑先儒（共三十九人）		
姓名	时代	从祀时间
公羊高	东周	唐贞观二十一年（647）
伏胜	汉	唐贞观二十一年（647）
毛亨	汉	清同治二年（1863）
孔安国	汉	唐贞观二十一年（647）
毛苌	汉	唐贞观二十一年（647）
杜子春	汉	唐贞观二十一年（647）
郑玄[a]	汉	唐贞观二十一年（647）
诸葛亮	三国	清雍正二年（1724）
王通	隋	明嘉靖九年（1530）
韩愈	唐	宋元丰七年（1084）
胡瑗	宋	明嘉靖九年（1530）
韩琦	宋	清咸丰二年（1852）
吕大临	宋	清光绪二十一年（1895）
杨时	宋	元至正十九年（1359）
尹焞	宋	清雍正二年（1724）
胡安国	宋	元至正十九年（1359）
李侗	宋	元至正十九年（1359）
吕祖谦	宋	宋景定二年（1261）
袁燮	宋	清同治七年（1868）
陈淳	宋	清雍正二年（1724）
蔡沈	宋	至正十九年（1359）
魏了翁	宋	清雍正二年（1724）
王柏	宋	清雍正二年（1724）
陆秀夫	宋	清咸丰九年（1859）
赵复	元	清雍正二年（1724）
吴澄[b]	元	明正统八年（1443）
陈澔	元	清雍正二年（1724）
方孝孺	明	清同治二年（1863）
薛瑄	明	明隆庆五年（1571）
胡居仁	明	明万历十二年（1584）
罗钦顺	明	清雍正二年（1724）

西庑先儒（共三十八人）		
姓名	时代	从祀时间
穀梁赤	东周	唐贞观二十一年（647）
高堂生	汉	唐贞观二十一年（647）
董仲舒	汉	唐贞观二十一年（647）
刘德	汉	清光绪二年（1876）
后苍	汉	明嘉靖九年（1530）
许慎	汉	清光绪元年（1875）
赵岐	汉	清宣统二年（1910）
范宁[a]	晋	唐贞观二十一年（647）
陆贽	唐	清道光六年（1826）
范仲淹	宋	清康熙五十四年（1715）
欧阳修	宋	明嘉靖九年（1530）
司马光	宋	宋咸淳三年（1267）
谢良佐	宋	清道光二十九年（1849）
游酢	宋	清光绪十八年（1892）
罗从彦	宋	明万历四十一年（1613）
李纲	宋	清咸丰元年（1815）
张栻	宋	宋景定二年（1261）
陆九渊	宋	明嘉靖九年（1530）
黄干	宋	清雍正二年（1724）
辅广	宋	清光绪三年（1877）元
真德秀	宋	元至正十九年（1359）
何基	宋	清雍正二年（1724）
文天祥	宋	清道光二十三年（1843）
金履祥	元	清雍正二年（1724）
许衡	元	元皇庆二年（1313）
刘因	元	清宣统二年（1910）
许谦	元	清雍正二年（1724）
曹端	明	清咸丰十年（1860）
陈献章	明	明万历十二年（1854）
蔡清	明	清雍正二年（1724）
王守仁	明	明万历十二年（1854）

续表

东庑先儒（共三十九人）			西庑先儒（共三十八人）		
姓名	时代	从祀时间	姓名	时代	从祀时间
吕楠	明	清同治二年（1863）	吕坤	明	清道光六年（1826）
刘宗周	明	清道光二年（1822）	黄道周	明	清道光五年（1825）
孙奇逢	明	清道光七年（1827）	黄宗羲	清	清光绪三十四年（1908）
陆世仪	清	清光绪元年（1876）	张履祥	清	清同治十年（1871）
顾炎武	清	清光绪三十四年（1908）	王夫之	清	清光绪三十四年（1908）
汤斌	清	清道光三年（1823）	陆陇其	清	清雍正二年（1724）
张伯行	清	清光绪四年（1878）	颜元	清	民国八年（1919）
李塨	清	民国八年（1919）			

备注：

a. 郑玄、范宁皆于贞观二十一年以经师身份配享，嘉靖九年改祀于乡，雍正二年复祀。

b. 吴澄，明正统八年从祀，嘉靖九年罢祀，乾隆二年复祀。

表 3—3　　孔庙罢祀、改祀表

类别	人物	时代	从祀时间	改/罢祀时间
改祀	郑众	东汉	唐贞观二十一年（647）	明嘉靖九年（1530）
	卢植	东汉	唐贞观二十一年（647）	明嘉靖九年（1530）
	服虔	东汉	唐贞观二十一年（647）	明嘉靖九年（1530）
罢祀	申棠	东周	唐开元八年（720）	明嘉靖九年（1530）
	公伯寮	东周	唐开元八年（720）	明嘉靖九年（1530）
	荀况	东周	宋元丰七年（1084）	明嘉靖九年（1530）
	扬雄	西汉	唐贞观二十一年（647）	明洪武二十九年（1396）
	刘向	西汉	唐贞观二十一年（647）	明嘉靖九年（1530）
	贾逵	东汉	唐贞观二十一年（647）	明嘉靖九年（1530）
	马融	东汉	唐贞观二十一年（647）	明嘉靖九年（1530）
	何休	东汉	唐贞观二十一年（647）	明嘉靖九年（1530）
	王肃	魏	唐贞观二十一年（647）	明嘉靖九年（1530）
	戴圣	西汉	唐贞观二十一年（647）	明嘉靖九年（1530）
	王弼	魏	唐贞观二十一年（647）	明嘉靖九年（1530）
	杜预	晋	唐贞观二十一年（647）	明嘉靖九年（1530）

第五节　追祀——启圣祠（崇圣祠）

启圣祠是祭祀孔子父亲叔梁纥的地方。叔梁纥在元代被加封为启圣王，是以嘉靖间立祠以“启圣”冠其名。到了清代，朝廷将恩宠上推至孔子五世祖，启圣祠更名为崇圣祠。叔梁纥最早受到推崇是从宋代开始的。宋真宗大中祥符元年（1008），先被追封为齐国公。元文宗至顺二年（1331），又加封为启圣王。嘉靖九年（1530），改称启圣公。雍正元年（1723），重封为启圣王。

一　孔庙从祀位序上的人伦危机及相关解决方案

设立启圣祠的初衷是解决孔庙从祀序列中所出现“子处父上，父处子下”的失序问题而来。最早发现并指出此一尊卑失序问题的是洪迈，他在四配还未成型之前，就已经看到了堂上配哲与两庑贤儒在人伦关系上的位序错乱，据他所称：

> 自唐以来，相传以孔门高弟颜渊至子夏为十哲，故坐祀于庙堂上。其后升颜子配享，则进曾子于堂，居子夏之次以补其阙。然颜子之父路、曾子之父点乃在庑下从祀之列，子处父上，神灵有知，何以自安。所谓子虽齐圣，不先父食，正谓是也。又孟子配食与颜子并，而其师子思、子思之师曾子亦在下。此两者于礼于义实为未然，特相承既久，莫之敢议耳。①

洪迈不仅提到从祀设位上的“父子倒置”问题，还提到其中的“师徒错序”现象，这都是人伦大义所系。在洪迈看来，这两者于礼于义都有不合，只不过沿讹袭谬，无人敢提出非议而已。洪迈身后将近百年，四配定型，依颜、曾、思、孟排序，他提到的“师徒错序”问题得以解决。但是第一个问题却依然顽固地存在着。

元初，熊禾对此提出猛烈抨击，称：“学莫大于明人伦，人伦莫先于

① （宋）洪迈：《容斋随笔》，中华书局 2005 年版，第 630 页。

父子，子坐堂上，父立庑下，非人道一日所可安也。”大致同时，并为许衡门人的姚燧与许约，也注意到学庙中的“崇子抑父”现象，但他们作出了截然相反的评论。姚氏与熊禾别无二致，也对现行的庙祀秩序直接予以批判：“夫为是学官将以明人伦于天下，而倒施错置于数筵之地，如此奚以为训?”① 依其说，学庙功能首先在于明人伦，人伦丧乱，则无以教。然而，对这种从人伦原则上对从祀设位进行诟病的行为，许约却是深不以为然，“盖庙学乃国家通祀，犹朝廷之礼也。父为庶僚，子为宰职，各以其德与勋也。如遇朝会，殿廷班列，则父虽尊，安能超之子上哉！殊不知抑私亲而昭公道，尊道统以崇正学，乃所以明人伦也”。② 既是如此，则学庙当以彰功德为主，学校之公不得断以家庭之私。许约的说法虽然基本契合孔庙自有从祀以来的设位取向轨迹，然而，他的一家之言在此后并不占主流，也未引起什么反响。

明道与明伦间的争论在明初一度针锋相对。王祎、曹端、胡居仁对此都有发言。王祎称：“父以从祀立庑下，而子以配享坐堂上，尊卑舛逆，莫此为甚。圣人之道在于明人伦，而先自废乱，何以诏后世?”③ 进而，他将孔氏、曾氏父子位次失序的现象称为逆祀。曹端在与同列论配享时，同列亦以“明道”来解释子上父下的合理性，他反加驳斥：“道，何道也？既非老子之道，又非佛氏之道，儒家之道不过明人伦而已。父坐廊庑之下，子坐殿庭之上，何在乎明人伦也？此唐家之谬，历代踵而行之耳。”④ 胡居仁也是对别人用“以传道为重”来搪塞此一问题极为不满，进而抨击道：“此亦不是道，岂有重于父子者？子在上，父在下，安乎?”⑤

在明代，由宋濂、王祎二公开其端，对孔庙父子位序失当的非议与批评便接连不断。在批评声中也诞生了许多创新方案，大致有这样几种：

---

① （元）姚燧：《牧庵集》卷五《汴梁庙学记》，《四部丛刊初编》。

② （元）许约：《建言五事》，收入苏天爵编《元文类》卷三二，《景印文渊阁四库全书》第1367册，第193页。

③ （明）王祎：《王忠文公集》卷一五《孔子庙庭从祀议》，《景印文渊阁四库全书》第1226册，第308页。

④ 张信民：《曹月川先生年谱》，点校本《曹端集》附录二，中华书局2003年版，第300页。

⑤ （明）胡居仁：《居业录》卷五，《景印文渊阁四库全书》第714册，第53页。

（1）将诸子之位各降于诸父之下。王祎首倡此议："圣孙孔伋故列孔鲤之下，而曾参亦在曾皙后。咸淳三年始升配享于颜、孟，为四侑。……是故曾参、孔伋今当降居于曾皙、孔鲤之下。"① 王氏此议存在多个漏洞，若说子思在乍从祀之时确实曾列于其父孔鲤之后，那么曾参亦曾列于曾皙后则显然有失考证，这可以从前文中获知，不再赘述。另外，王氏只移祀曾子、子思于其父之下，那么颜回与颜无繇之间，又该何以处之？相较之下，后起的祝允明为此说最终能够独树一帜创力不少。祝氏作《孔子庙堂续议》，直言其作文目的在于上接宋濂《孔子庙堂议》、王祎《孔子庙庭从祀议》而继释"宋、王议未及者"。他对王祎之说所作的发挥与挖掘是：

> 夫父子，人伦始也。今颜子、曾子、子思并坐堂上，无繇、点也、伯鱼悉列庑下，此不几于裔夷邪？昔者之论尝谓孔庙之祀出于朝廷，乃王者事礼，因道统而起，通为天下后世施报，不暇计私伦焉。矫之者谓道统不过明伦，王事不可偏废，故又有别室祀叔梁纥，以颜、曾、子思三父配者。此其说虽佳，然究之为未明顺，愚窃以为直应引三子以归厥考之下，何不可也？又孟子之传固得其真，要其私淑徒也，曷若权其体势，侪之冉、闵数子间乎！②

祝枝山高屋建瓴，有破有立，既指出了问题所在，又点明了解决立场。颜、曾、思各归其父之下，四配独留一孟子（其父未在孔庙从祀之列）也就未免无趣，是以被安排于十哲之中。经过祝氏的改造与完善，人伦明顺了，四配却在无意中被取消了。

（2）天下文庙与阙里家庙区别对待。最早有此意指的当为解缙。洪武二十一年（1388），他在所上《大庖西封事》中言道："而孔子则自天子达于庶人，通祀以为先师，而以颜子、曾子、子思、孟子配，自闵子以下各祭于其乡。而鲁之阙里仍建叔梁纥庙，赠以王爵，而以颜

① （明）王祎：《王忠文公集》卷一五《孔子庙庭从祀议》，《景印文渊阁四库全书》第1226册，第308页。

② （明）祝允明：《孔子庙堂续议》，收入黄宗羲编《明文海》卷七四，第696—697页。

路、曾皙、孔鲤配。一洗历代之因仍，肇起天朝之文献，岂不盛哉！"[①]各地文庙只留四配，其实际效果就是，诸父不复与诸子同在，父子悖伦的问题自然就消弭于无形。为了弥补各地文庙的简略，只特在阙里孔庙中仍设叔梁纥庙以祀诸父。[②]解缙此议也当参考了宋濂的《孔子庙堂议》，只是文宪公虽然勇于提出"（孔子、四配）通祀于天下固宜，其余当各及其邦之先贤，虽七十二子之祀亦当罢去，而于国学设之，庶几弗悖礼意"[③]的建议，也持讥于父子颠倒彝伦的情况，却并没有给出一个合理的解决方案。解缙反将二者巧妙地结合起来，在宋氏的基础上前进了一大步。解缙提供的还只是一个粗糙的建议，到正统三年（1438），孔颜孟三氏教授裴侃给出了一个颇为完美的安排："天下文庙惟论传道以例位次，阙里家庙宜正父子以叙彝伦。颜子、曾子、子思，子也，配享庙庭；无繇、子皙、伯鱼，父也，从祀廊庑。匪惟名分不正，抑恐神不自安。况孔子父叔梁纥元已追封启圣王，创殿于大成殿西崇祀，而颜、孟之父俱封公爵，惟伯鱼、子皙仍为侯爵，乞追封为公，偕颜、孟之父俱迁配启圣王殿，庶名位胥安，人伦攸叙。"天下文庙与阙里家庙各自承载的使命不同，设祭似不必强同。传道与叙伦，国有兼采，庙有专施，不失为可选良策。

（3）为颜路、曾点、孔鲤三人专设一室以祀之。在洪迈提出"父子失序"问题后不久，有一本名为《坦斋通编》的书问世了，书中首次提供了一个解决方案，即另立一堂以避开父子相遇的尴尬："颜回、曾参，子也，享于殿上。颜路、曾皙，父也，祀于廊庑。没而有知，其歆祀乎？子思，师也，而列于下。孟轲，门弟也，而坐于上。其亦可乎？谓宜别立一堂，祀颜路、曾皙、子思，庶存名分。"[④]最早以此为说者是胡居仁，他说："礼可以义起，宜别立一堂于圣殿之后，以祀颜路、曾皙、伯鱼，乃为正也。"[⑤]弘治四年（1491），郑纪继续推衍此说：

---

① （明）解缙：《文毅集》卷一《大庖西封事》，《景印文渊阁四库全书》第1236册，第600页。

② 叔梁纥在宋真宗大中祥符元年被封为齐国公，元文宗至顺二年被封为启圣王，已有专堂。参见《頖宫礼乐疏》卷二《启圣祠原始》，《景印文渊阁四库全书》第651册，第743页。

③ 罗玉霞主编：《宋濂全集》第一册，第20页。

④ （宋）邢凯：《坦斋通编》，《丛书集成初编》。

⑤ （明）胡居仁：《居业录》卷五，《景印文渊阁四库全书》第714册，第53页。

> 圣人之道莫大于人伦，人伦有五，莫先于父子。臣窃见颜渊、曾参、子思皆配享殿堂，而其父颜路、曾点、孔鲤尚列坐两庑，事死如生，其道果如是乎？纵颜路诸贤压于圣门之品第，限于列代之命封，而颜渊诸子之心必有不自安者。臣愚以为文庙之旁别置一室，以祀颜路、曾点、孔鲤，可也。①

此后陆容也支持此一主张。② 将三父从孔子从祀行列中抽离出去，可免父子相争难安之纠结，在其旁另设一地以祀之，又能保其尊荣不减，可谓权变之法。可是，此一解决方案未免冗赘，有叠床架屋之嫌。

（4）将颜路、曾点、孔鲤三人移出孔庙，各随便宜祭之，均以其子配。丘濬力持此说，称：

> 说者谓泗水侯，孔林自有庙。曲阜侯宜祀于其子颜子之庙，而以颜子配。莱芜侯无后，今嘉祥有曾子墓，当有祠。宜于此祀莱芜侯，而以曾子配。否则特立一庙于曲阜，特祀三子，而以颜子、曾子、子思配。③

丘濬的脑海中应该有一个清晰的执行理念，那便是：让学庙的归学庙，家庙的归家庙。前者为公，后者为私，不能以私防公。他的办法虽然可以解决了父子颠倒的人伦危机，但是三父无辜被孔庙除位，却未免给人留下以父避子的把柄。

（5）设一祠于孔庙，主祀叔梁纥，以诸父配享。元初，熊禾对这一模糊提法进行了较为细致的处理：

> 必仍今之制，则宜别设一室，以齐国公叔梁纥居中，南面。颜路、曾皙、孔鲤、孟孙氏侑食，西向。春秋二祀当先圣酌献之时，以

① （明）郑纪：《东园文集》卷三《修明祀典疏》，《景印文渊阁四库全书》第1249册，第750页。

② （明）陆容：《菽园杂记》卷一五，中华书局1985年版，第188页。

③ （明）丘濬：《大学衍义补》卷六六《秩祭祀》，《丛书集成三编》。

> 齿德之尊者为分献官，行礼于齐国之前，其配位亦如之，两庑更不设位。如此则亦可以示有尊而教民孝矣。①

熊氏的别室设计不仅为诸子之父安排了去处，而且将孔子之父抬出来以领衔于上，于孔庙人伦考虑实在是周到之极，成为后世设启圣祠的先声。这一设计在孝宗朝为程敏政所推崇，并在嘉靖间得以实施。此本为熊禾的主张。可是在明初，其说并不被看好。丘濬甚至直接指出如果让天下州县所有学庙都再额外增设一个祭祀诸父的地方，“恐至于烦渎”，是以不取。②陆容则觉得既然问题主要在于颜、曾、思三子压于三父之上，那么见招拆招解决问题就是，完全没必要东拉西扯来造一个“父辈大成殿”，“愚谓无繇、子点、伯鱼三人祀之别室，当矣！叔梁纥之为主，亦无谓。孟孙氏非圣贤之徒，何可与此？此尤迂缪之见也。”③ 然而程敏政力主此说并将其发扬光大。弘治元年（1488），他在《奏考正祀典》中将设启圣祠的建议和盘托出：

> 今乃使子坐于上，父坐于下，岂礼也哉！若以为此乃论传道之功，则自古及今未有外人伦而言道者，纵出于后世之尊崇，非诸贤之本意，臣恐诸贤于冥冥之中必有不安于心而不敢享非礼之祀者。臣考之元至顺三年尝封颜无繇为杞国公，谥文裕。孟子之父孟孙氏亦尝封邾国公。臣愚乞下有司于各处庙学如乡贤祠之制，别立一祠，中祀启圣王，以杞国公颜无繇、莱芜侯曾点、泗水侯孔鲤、邾国公孟孙氏配享，庶不失以礼尊奉圣贤之意。臣又窃观圣学失传千五百年，至程朱出而后孟氏之统始续，则程朱之先亦不可缺。况程子之父大中大夫封永年伯程珦，首识濂溪周子于属掾之中，荐以自代，而又使二子从游。朱子之父韦斋先生，追谥献靖公朱松。临没之时，以朱子托其友籍溪胡氏，而得程氏之学。珦以不附王安石新法，退居于洛。松以不附秦桧和议，奉祠于闽。其历官行已，俱有称述。臣愚乞将永年伯程

① （宋）熊禾：《勿轩集》卷二《三山郡泮五贤祠记》，《景印文渊阁四库全书》第1188册，第784页。

② （明）丘濬：《大学衍义补》卷六六《秩祭祀》，《丛书集成三编》。

③ （明）陆容：《菽园杂记》卷一五，第188页。

> 珦、献靖公朱松从祀启圣王，使学者知道学之传有开必先明伦之义，不为虚文矣！[①]

在程氏的此番奏议中，何者为继承，何者为发扬，观之即辨。《奏考正祀典》中最大的亮点是建议将朱子之父、程子之父一并从祀于启圣祠中，而这无疑是他能够将熊氏之说推广开来的最大胜地。程氏思虑深远，完全懂得盘活之源对于新生事物的意义所在。此议在会官集议后遭到否决，尚书周洪谟等人的答复是："至若启圣王及泗水侯，各为庙以祀于阙里久矣。今欲通祀于天下，而遂升孟子、程朱之父以配之，则于礼为太过。置无繇、点、鲤于别庙，而遂不得预享孔子万世之祀，则于义为不及。"[②]可见其时犹以礼繁为扰，以遵古维持为重。

五种方案放在一起，略加经意就会发现，它们实际上都面临一个共同的难题，即如何处理从祀秩序中明道与明伦的紧张关系。以道统论，颜、曾、思、孟传道之功无可疵议，理应卓卓超群；以人伦论，四子处堂上，诸父沦庑下，子尊父卑，自难心安。本来此一问题并不成其为问题，从祀制度唐宋相沿，也未有人视其为悖，然而一旦经洪迈揭示诸儒相继，却渐成沉疴。

如果说第一种方案纯以人伦为判断，那么丘濬的第三方案则意主于传道。然而，相较许约的一依德勋、公无私情，丘濬的别处立庙已明显带有人伦调和的色彩。除了这两种各执一端的提议，其他几种方案在对人伦与传道的冲突处理上，都有兼收并容的意图，希望重道之典与明伦之义能够两得之。诸如解、裴所设想的阙里家庙与国家学庙的各骋一途，以及胡、郑、程所中意的诸子与诸父各自成列之类，都是在努力达成人伦与明道间的相安共处。解、裴之策本应为上选，既有特色突出，又可避免大范围的建筑之劳。况且此一双轨制方案已为英宗所采纳，并实行了将近百年之久。然而理学家们的思维往往集中在"圣人之道在于明人伦""儒家之道不过明人伦而已"之上，他们大都不能容忍独立存在的道、独立存在的

① （明）程敏政：《篁墩文集》卷一〇《奏考正祀典》，《景印文渊阁四库全书》第1252册，第174页。

② （明）林尧俞等纂修，俞汝楫等编撰：《礼部志稿》卷八五下《议从祀进黜》，《景印文渊阁四库全书》第598册，第528页。

人伦，因之以学庙来明传道、以家庙来明人伦的建议并不是他们希望得到的最佳方案。尽管同是另辟一室以祀诸父，胡、郑的方案与熊、程的方案还是能够让人一眼看出差距。颜无繇、曾点、孔鲤三人虽得从祀孔子，却并非孔庙中的佼佼者，专为他们增设一室，未免有“师出无门”之感。熊氏将叔梁纥也放进去，反要自信得多。程敏政在此基础上又为之注入了更多的时代因素，最终使得启圣祠仿佛不是为了解决问题而生，而是要有意识地在“子辈祭祀系统”之外另立一个“父辈祭祀系统”以彰显崇功报本之意。

二　启圣祠的设立及新推尊方式的产生与运用

嘉靖时，程敏政的诸多建议为张璁所接纳。得益于张璁在皇帝面前的大力推荐，程说最终见于施行。张璁引荐程说的同时，也对程说进行了改造，他在上言中称：

> 先师祀典有当更正者，叔梁纥乃孔子之父，颜路、曾皙、孔鲤乃颜、曾、子思之父，三子配享庙庭，纥及诸父从祀两庑，原圣贤之心岂安？请于大成殿后，别立室祀叔梁纥，而以颜路、曾皙、孔鲤配之。[①]

嘉靖深以此议为是。细加推绎，张璁建议的侧重点已远超于程敏政之上，叔梁纥父子间的人伦关系成了解决问题的关键。叔梁纥虽然从未从祀于两庑，但并不妨碍张氏拿此说事。这无疑于是另一场“大礼议”推尊模式的延续。启圣祠设于文庙北边，中奉启圣公位，东为先贤颜无繇、孔鲤，西为先贤曾点、孟孙氏配。东庑为先儒程珦、蔡元定[②]，西庑为先儒朱松从祀。万历二十三年（1595），以周敦颐之父周辅成从祀启圣祠。[③]雍正二年（1724），以张载之父张迪从祀启圣祠。咸丰七年（1857），以

---

① （清）张廷玉等：《明史》卷五〇《礼志》，第1298页。

② 蔡元定从祀启圣祠，从桂萼议。参见《頖宫礼乐疏》卷一《圣朝厘正疏》，《景印文渊阁四库全书》第651册，第34页。

③ （清）张廷玉等：《明史》卷五〇《礼志》，第1301页。

孔子之兄孟皮配享启圣祠。① 由程敏政开其端的盘活启圣祠的源头活水之效如是呈现出来。

启圣祠设立以后，众人的注意力完全转移，不再纠结它的诞生初衷，反而齐刷刷指向了孔子父子间的推尊模式与隆礼可能。例如张岳作《廉州建启圣祠告先师文》，其中写道："乃者圣天子稽古礼辑群议，原本先师之所自生，命天下学宫皆得立启圣公祠，所以尊隆道统之典旷绝千古。"② 皇甫汸则在《范氏创建三公堂记》中称："粤若我世宗嗣位之初，尊师重道，稽古礼文，首敕天下建启圣祠于学宫，上祀孔子父叔梁纥，大哉圣人之制作，炳越千古矣！夫为子者居以王者之庭，享以王者之祭，为其父者曾不得妥以专祠，荐以一牢，岂人情乎？"③ 然而，更能详尽刻画此一父以子贵、父子共荣情形的当属唐顺之的《启圣祠祭文》："维公浚哲渊静，胄衍神明。饘粥承家，永有令名。孕灵储秀，笃生圣子。地维天柱，赖以弗圮。五帝避德，三王让功。穷本反始，谁为之宗。若古祭川，先河后海。因委遡原，厥义攸在。于王建极，隆师象贤。废礼允兴，必公焉先。昔也烝尝不出阙里，今也新宫遍彼寰宇。昔也二丁祀止素王，今也父子俎豆两堂。两堂伊何，于泮之水。儒林有辉，素襟咸喜。衅器用币，兹惟一初。来格来歆，用奠厥居。仰徼神休，作我士气。父教子率，三纲永系。"④

对启圣祠始末原委及其发展可能有着清醒认识的是万历进士董翼。他首先还原了启圣祠的出台背景，认为它："不缘尊奉孔子起见，原为颜、曾、思位堂上，父不应坐庑下，据'子虽齐圣不先父食'之礼，求所以安处点、鲤、无繇，但得叔梁纥一祀，可以配诸贤，便可通祀典之穷，而叔梁纥以前，当有为孔子崇报者不暇计矣！"然而，董氏的主要目的倒不在于澄清，而在于将启圣祠引向推崇所生的可持续性"正轨"。他的继加方案是启圣祠不应只限于祭叔梁纥，还应上推至孔子三

---

① 民国《曲阜县志》卷二，（台北）成文出版社1968年影印版，第142页。

② （明）张岳：《小山类稿》卷一五《廉州建启圣祠告先师文》，《景印文渊阁四库全书》第1272册，第463页。

③ （明）皇甫汸：《皇甫司勋集》卷四九《范氏创建三公堂记》，《景印文渊阁四库全书》第1275册，第825—826页。

④ （明）唐顺之：《荆川集》卷九《启圣祠祭文》，《景印文渊阁四库全书》第1276册，第396页。

世祖，其议为：

> 臣谓防叔、伯夏合照叔梁纥一体追封，奉祀坛宇，无用别营，第就启圣祠，仿同堂异室之例，增设一龛，以防叔处中，伯夏处左，叔梁纥处右。或并称启圣公而以世次别之可也，或并称公而酌定二谥而别于启圣亦可也。此礼举而孔氏父子祖孙并荷恩纶，并食国祭，孔子在天之灵庶几用慰，而朝廷之崇报孔子，又宁有缺略而不周至者乎?①

董翼的上推为崇礼孔子及其所生开辟了新的途径。然而，此一建议提出之时，明代已到兵事孔棘议礼未遑的地步，无暇顾及。

最终坐拥此一推尊之功的是雍正。即位伊始，他就颁下谕令：

> 至圣先师孔子道冠古今，德参天地，树百王之模范，立万世之宗师，其为功于天下者至矣。而水源木本，积厚流光，有开必先，克昌厥后，则圣人之祖考宜膺崇厚之褒封，所以追溯前徽，不忘所自也。……朕仰体皇考崇儒重道之盛心，敬修崇德报功之典礼，意欲追封五代并享烝尝，用伸景仰之诚，庶慰羹墙之慕。②

臣下商议的结果是追封孔子先世五代为公，雍正以为不若王爵为尊，是以俱封为王。其中木金父公为肇圣王、祈父公为裕圣王、防叔公为诒圣王、伯夏公为昌圣王、叔梁公为启圣王，以往启圣祠专祀叔梁纥，故以启圣为名，现在合祀五代，更原名为崇圣祠。至此，孔庙中的人伦主题基本完成，其结果就是为各地孔庙涂上了一层更浓的家庙色彩。孔庙也因之成为一个典型的前殿明道、后殿明伦的“国庙—家庙”两级并构的祭祀场所。乾隆二年又特命国子监孔庙大成门大成殿用黄瓦，崇圣祠用绿瓦，以昭诚敬至意。

---

① （清）黄廷桂等监修，张晋生等编纂：《四川通志》卷四三，《景印文渊阁四库全书》第561册，第446页。

② （清）文庆、李宗昉等纂修：《钦定国子监志》卷首一《圣谕》，第10页。

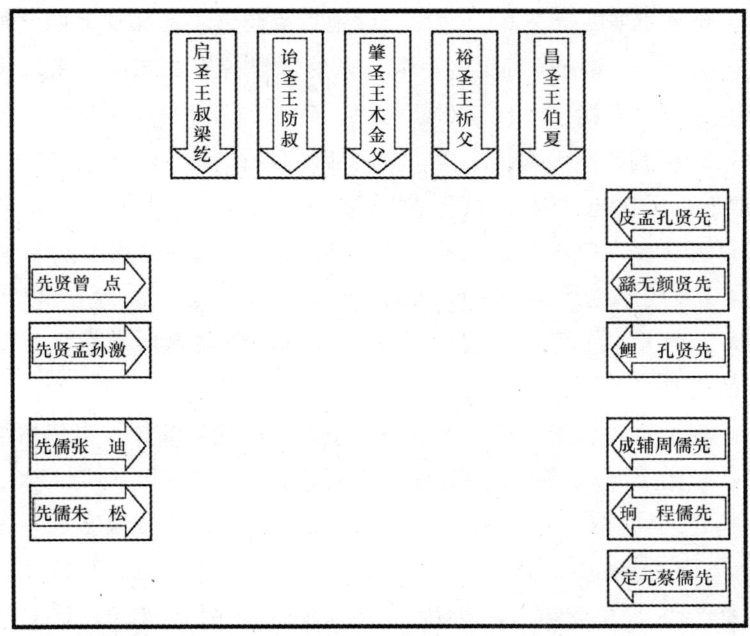

图 3—8　崇圣祠设位图

启圣祠刚设立之时，朝廷对其祭期及仪注的安排是：祭期，春秋祭祀，与释奠先师同日；祭品等级，启圣公视四配，东西配位视十哲，从祀先儒程珦、朱松等视两庑；主祭者，辅臣代祭文庙则祭酒祭启圣祠，南京祭酒祭文庙则司业祭启圣祠。[①] 此一安排显然有失笼统，虽知祭在同日，却不知荐享何者在先，何者在后，抑或同时进行？两京国子监孔庙虽如是安排，各州郡县却又未知详情。纵然政令简略，主事者们却还是要作出一个既合乎朝命又合乎情理的选择。南京国子监司业马一龙专门作《启圣祠先后祭议》上之，《议》中详细地分析了三种先后组合的不足：（1）先祭文宣，后祭启圣。“窃恐圣人盛德至孝，使其虚据几筵于待食之父而已，则燕然受大烹之养，神必不安。况‘子虽齐圣不先父食’，《传》有明文。”（2）先祭启圣，后祭文宣。“尽举其礼于启圣祠，而斋戒诚敬之意不得致精一于文庙，难免诚意既散，寖以懈怠之弊。”（3）遣官分祭启圣祠，或稍先，或并举。“又两庙呼唱趋拜乐节奏止，纷然哗矣！虽执事

① （清）张廷玉等：《明史》卷五〇《礼志》，第 1300 页。

者之心，疑贰观听，无复精一之思。纵地远隔越，不能相逮，而分献官亦难以长佐为差。”马氏最后作出一个折衷的选择：先在文庙整肃班次，主祭、分祭并执事者就位。接着擂鼓鸣钟，其他乐器则悬而不作。主祭、礼生先进入启圣祠，行分献仪。毕，返文庙位祭孔子。庭燎倍明，礼乐修举。“此庶几以义起以理定者也，神人之心或其两得之乎！”[1] 万历时宗正朱睦㮮领宗学事，病于郡县之祭或先或后或并举之乱，遂与众人商量定为：“待伐鼓戒严之后，先一献（启圣祠），然后举文庙之祭，以见礼制人情，庶不悖矣！”[2] 两种择定之法基本相同。然而朝廷最终没有给出一个统一的定夺。

甚至到了清代，崇圣祠、大成殿在祭祀时间先后安排上也依然没有一定之规。顺治二年（1645），定月朔释菜礼，先祭先师，后祭启圣。[3] 雍正八年（1730），皇子往祭阙里，大成殿致祭之时，遣分祭官于崇圣祠同时行礼。[4] 乾隆四十八年（1783），皇帝亲诣先师庙释奠，承祭官、分献官仍在皇帝祭毕方至崇圣祠行礼。[5] 与此同时，则有地方府学的祭仪是“崇圣祠同日先祭，无乐舞，余仪同”。[6] 其间操作，随机性较大。

启圣祠虽以解决父子人伦为缘起，但是它又不可能根除孔庙内存在的所有的人伦问题。只以颜回、颜路之例论，颜氏一姓在庑祀共六人，独迁颜路，又怎能知道其中不更有父兄之辈，其于颜子又何所安心？李之藻在此一方面有着独到的见解：

> 夫堂上之配自是后学隆道之怀，非关昔贤展亲之典。敬有所专，七十子俱望下风。路、皙、伯鱼即抑在两庑，亦无所拘。必欲拘以分谊，岂惟路之于回、皙之于参、伯鱼之于伋，彼七十子者，大抵以子

---

① （明）马一龙：《启圣祠先后祭议》，收入黄宗羲编《明文海》卷七四，第698页。

② （明）朱睦㮮：《五经稽疑》卷八《祠不先后》，《景印文渊阁四库全书》第184册，第776页。

③ 清乾隆十二年敕撰：《皇朝文献通考》卷七三《学校考十一》，《景印文渊阁四库全书》第633册，第747—748页。

④ 清乾隆十二年敕撰：《钦定大清会典则例》卷八二，《景印文渊阁四库全书》第622册，第588页。

⑤ （清）文庆、李宗昉等纂修：《钦定国子监志》卷首一《圣谕》，第10页。

⑥ （清）觉罗石麟等监修，储大文等编纂：《山西通志》卷三五《学校》，《景印文渊阁四库全书》第543册，第196页。

> 思视之皆父执，以孟子视之皆前辈也。而俨然躐踞其上，虽伦殊父子，而礼存齿胄，则师友渊源之渐，充类至义，亦必有梍。而今不尽论，固知重在道统，则庑祀俱可相安，不必崇其子而故远其父也。

此外，他还对启圣祠在孔庙中的地位充满了质疑："孔庭从祀，四配尚矣，十哲次之，两庑渐降，至启圣祠推及所生，似又降焉。"[①] 基于此种怀疑，他对曾皙、颜路两位孔门高足因子之故却不得跻于公夏、句井诸公之中，无所闻于金声玉振之乐而深表遗憾。李氏之后，随着启圣祠"人伦逻辑"的定型与推演，类似的质疑就很少出现了。清初虽然有所建议，却往往流于细枝末节上的修修补补。其类如：阎若璩提出"祀典既可上及于父，亦可下及于子"，宜将曾子之子曾申、子张之子申详一并祀入；[②] 汤斌提出孔忠"本孔子兄之子，于子思为从伯叔行"，亦当移祀启圣祠等。[③]

---

① （明）李之藻：《頖宫礼乐疏》卷二《祀典存疑》，《景印文渊阁四库全书》第651册，第77页。

② （清）阎若璩：《尚书古文疏证》卷八，《景印文渊阁四库全书》第66册，第514页。

③ （清）汤斌：《汤子遗书》卷四《潼关卫儒学重建启圣祠记》，《景印文渊阁四库全书》第1312册，第498—499页。

第四章　孔庙中的献祭者

此处的献祭者是从广义上来说的，指一次祀孔活动中所有的参加人员，上至献官下至差役。由于孔庙分布的特殊性，阙里本庙与各级学庙都有一套自成体系的执事模式与人员班子，为了不打破各自的整体布局并照顾到人员组合的完整性，特以衍圣公系统、政教系统分别开列，各自呈现。

第一节　祭孔之衍圣公系统

祭孔之衍圣公系统是指以孔子嫡裔为中心的由孔氏家族所组成的孔庙祭祀体系。孔氏子孙祭孔表达的主要是孝子顺孙对于祖先的缅怀思念之情。孔府以操办孔庙中大大小小各类祭祀为主要职责，围绕着此一职责，形成了一个庞大的人员圈子，上至衍圣公，下至各色供役户等。在一场隆重的祭祀典礼上，出席者大致有这样几类人：正献官、摄献官、分献官、执事官、执事生、礼生、乐舞生、陪祭官生、陪祭宗族等。孔继汾记录了乾隆年间阙里孔庙丁祭时的人员数量：各级献官及执事官五十四人，执事生一百零三人，礼生、乐舞生一百二十人。[①] 共二百七十七人。再加上并无执事的陪祭族人及本地乡绅、年轻才俊等，多至数百上千人。然而筹办这样一场祭礼，奔波其中的人员远不止此，还包括大量为之提供祭品及劳役的佃户、船户、祭猪户、祭羊户、屠宰户、运冰户及洒扫庙户等。

阙里孔庙本为家庙，随着孔子地位的提升，孔氏子孙祭祖也被赋予了更多的象征意义，是以又带有国庙性质。前者表现为献祭者主要是孔氏中

① （清）孔继汾述：《阙里文献考》卷一九《礼第五之一》，第425—427页。

人，后者表现为献祭者往往都带有国家授予的特殊职事官衔。除了嫡裔衍圣公外，摄献官与分献官也都有官品在身，甚至周旋其中的礼生、乐舞生及为之提供后勤服务的庙户、佃户等，都是国家赐予的。

一 衍圣公袭封沿革

衍圣公是孔子嫡裔的封号，实际上，这只是孔氏子孙所获诸多国家封号中的一个，因为它使用的时间最长，从宋代一直沿用到民国，历时八百多年，最为稳定，是以成为孔氏后裔封爵的通称。孔后封爵在汉唐之间，名号多变，并无一定规律可循。下文将概述一下孔氏子孙的封爵奉祀情况。

在汉代，孔子后裔获得了第一个奉祀称号，即奉嗣君。① 此为高祖刘邦祭祀孔子之时，赐封孔子九代孙孔腾的封号。孔腾本非嫡长子，有兄为孔鲋。孔鲋曾为陈涉博士，卒于汉立之前。是以其弟孔腾得封爵。此兄弟二人也是后世流传甚广的“孔壁藏书”的关键人物。② 奉嗣君一代而止，并未延于后世。

汉元帝时，孔子十三代孙孔霸以帝师的身份获爵关内侯，食邑八百户，号褒成君。孔霸上书请求奉孔子祀，后领命以所食邑八百户祀之。③关内侯嗣袭三代，至十六代孔莽（后避王莽讳，改名均）之时，朝廷更关内侯为褒成侯，“元始元年，封周公、孔子后为列侯，食邑各二千户。莽更封为褒成侯”④。褒成侯嗣袭两代。和帝永元四年（92），十八代孙孔损自褒成侯徙封为褒亭侯，食邑一千户。亭侯传两代，至献帝初国绝。⑤

---

① 宋人著述如《东家杂记》《黄氏日抄》《鸡肋编》，以及明中期撰成的《阙里志》《弇山堂别集》皆作奉嗣君。《明集礼》《阙里文献考》却作奉祀君，《幸鲁盛典》《山东通志·阙里志》又作奉圣君，当有误。

② 孔壁藏书，《孔子家语》载孔腾（子襄）为之，《孔丛子》卷中载孔鲋为之。腾与鲋既为兄弟，所以后世又往往不予分辨，视之为共藏。《隋书·经籍志》《经典释文·序录》《通典》《史通·外篇》皆云是孔惠所藏，不知何据。

③ （汉）班固：《汉书》卷八一《孔光传》，第3364—3365页。另，褒成君，如淳注：“为帝师，教令成就，故曰褒成君。”宋祁疏：“‘为帝师，教令成就’当作‘尝为帝师，教帝，今成就’。”

④ （汉）班固：《汉书》卷八一《孔光传》，第3365页。

⑤ （宋）范晔撰：《后汉书》卷七九上《孔僖传》，第2563页。另，东汉桓、灵之际的孔庙碑皆立于永元之后，碑文中却仍作褒成侯，洪适据此推断：“疑损未尝徙封，传之误尔！”参见（宋）洪适撰《隶释 隶续》，第19页。

汉代侯爵主要有两等，一为列侯（承袭秦二十等爵的第二十等，本为彻侯，避武帝刘彻讳改），一为关内侯（承袭秦二十等爵的第十九等）。列侯以功受封地，大者食县为侯国，小者食乡、亭，以其所食邑中的吏民为臣。关内侯无封土，惟以虚名受廪禄，只得食户租，不得以邑民为臣。中遭王国之乱，武帝行推恩令，封子弟亦为列侯。其后，列侯渐失治民之实，所受封地也日益缩小。亭侯乃列侯中的最低者，在等级上要重于关内侯。反观上文孔氏后裔封爵，关内侯更为褒成侯是等级升格，褒成侯更为褒亭侯则是列侯内的同级变动。

以宗法论，孔霸一支奉孔子祀并非以大宗身份主祀，实乃小宗。孔子八代单传，至第九代方有兄弟三人，分别为：鲋、腾、树。在两汉，三人之后各成一宗，各得以侯相嗣。鲋生子为随，再四世为吉。[①] 孔吉在成帝绥和元年（公元前8）二月被封为殷绍嘉侯，以孔子后奉商汤祀，三月即进爵为公，获封地方百里。[②] 平帝元始四年（公元4）改殷绍嘉公为宋公。[③] 光武帝建武五年（公元29），继封殷后孔安为殷绍嘉公。十三年，复封宋公，为汉宾，位在三公之上。[④] 此后子孙失名，不知所终。孔腾一支传于孔霸，后世以褒成相嗣。孔树之子聚有佐国功，高祖封其为蓼侯，嗣三世失传。[⑤] 从以上可知，孔裔三支，大宗孔鲋一支嗣爵奉祀实为承殷继绝，孔树一支实以军功，惟有孔腾一支得以裔孙承后。褒成侯虽至献帝初国绝，但曹魏重加袭封，此后世世不绝。

汉代留下的碑文可以让我们更好地了解其时的祀孔情况：其一，褒成侯虽以世爵祀孔，但因其自有封地，与旧居孔庙不相毗邻，每年只能“四时来祠，事已即去”[⑥]、“四时来祭，毕即归国”[⑦]，庙内管理并无常守人员。其二，孔庙的诸多事务实际上要仰赖其归属地长官——鲁相操持。比如掌领礼器的百石卒史的设置、春秋飨礼公出祭品的请示、礼乐器的修

① （宋）黄震撰：《黄氏日抄》卷三二《读孔氏书》，《景印文渊阁四库全书》第707册，第879页。

② （汉）班固：《汉书》卷一〇《成帝本纪》，第328页。

③ （汉）班固：《汉书》卷一二《平帝纪》，第356页。

④ （宋）范晔撰：《后汉书》卷一《光武帝纪》，第38、61页。

⑤ 《汉书》卷一六《高惠高后文功臣表》中作蓼夷侯，此当为孔聚死后谥夷之故。

⑥ （宋）洪适撰：《隶释 隶续》，第18页。

⑦ 同上书，第23页。

造、对孔庙垣墙渎井大沟的修缮等，都是由鲁相负责上请或组织人来完成的。其三，在褒成侯裔孙祭祖模式之外，另一种渐具雏形的学庙祀孔模式正在形成。这一模式源自东汉明帝的辟雍养老礼，《汉书·礼仪志》记载："明帝永平二年三月，上始帅群臣躬养三老、五更于辟雍。行大射之礼。郡、县、道行乡饮酒于学校，皆祀圣师周公、孔子，牲以犬。"① 当时各地学校尚无独立的先师庙，也没有"释奠"的说法，各项礼仪如养老、射礼、饮酒礼、祭先师等都是相副以行。明帝的辟雍行礼模式很快成为定例。在汉末碑文中，往往可看见它的影子，太常祠官员在奏请辞对之际，经常加以征引："故事，辟雍礼未行，祠先圣师。侍祠者孔子子孙，大宰、大祝令各一人，皆备爵。大常丞监祠，河南尹给牛、羊、豕、鸡、□、□各一，大司农给米"，鲁相史晨也有"临辟雍日，祠孔子以大牢，长吏备爵，所以尊先师重教化也"之语。礼官与鲁相之所以援引以上故事，都是希望皇帝同意阙里孔庙春秋飨礼，也能够仿依此辟雍例，由公家供给钱谷官吏祭祀。此处的春秋飨礼显然不同于褒成侯的"四时来祭"，后者自有封邑为助，前者却需要政府有计划地配给。②

魏文帝黄初二年（221），曹丕令孔子二十一代孙孔羡为宗圣侯，邑百户，奉孔子祀。在诏文中，他描述了比年以来的祀孔情况，"遭天下大乱，百祀堕坏，旧居之庙，毁而不修，褒成之后，绝而莫继，阙里不闻讲颂之声，四时不睹烝尝之位。斯岂所谓崇礼报功，盛德百世必祀者哉！"③ 后来，孔羡之子孔震袭封宗圣侯，晋武帝泰始三年（267），将其改封奉圣亭侯。孔震之后，随着晋政权南渡，孔氏后裔有一部分尾随朝廷落户会稽，这就造成了南北两宗的分立，而封爵传承随即陷入混乱。

混乱主要发生在南宗祀袭上，因为孔氏谱牒记载与正史册封记载极不

---

① （晋）司马彪撰，（梁）刘昭注补：《后汉书志》第四《礼仪上》，点校本《后汉书》，第3108页。

② 参见（宋）洪适《隶释 隶续》卷一《孔庙置守庙百石孔龢碑》《鲁相韩敕造孔庙礼器碑》《韩敕修孔庙后碑》《鲁相史晨祠孔庙奏铭》。

③ （晋）陈寿撰：《三国志》卷二《魏书·魏文帝本纪》，第77—78页。另，曹丕下诏的时间，孔庙碑文作黄初元年，正史作黄初二年，赵明诚与洪适均以碑为正，以史为误，朱彝尊则根据改元年月及史事安排，以为史未必误。分别参见（宋）赵明诚撰《金石录》卷二〇《魏孔子庙碑》、《隶释 隶续》（第191页）、《曝书亭集》卷四八（《景印文渊阁四库全书》第1318册，第192页）。今采正史之说。

相符。正史中的线索头绪较为混乱：东晋明帝太宁三年（325），诏拨给奉圣亭侯孔亭四时祠孔子专款，如泰始故事[①]；孝武帝太元十一年（386），封孔靖之为奉圣亭侯，奉宣尼祀；[②] 宋文帝元嘉八年（431），孔亭五代孙孔继之因贪渎慢祀被夺爵；元嘉十九年（442），孔隐之获爵祀，因兄子孔熙先谋逆，又失爵；元嘉二十八年（451），孔惠云为奉圣侯，后有重疾，又失爵；孝武大明二年（458），以孔迈为奉圣侯，迈卒子莽嗣，因有罪再度失爵；[③] 陈光大元年（567），以兼从事中郎孔英哲为奉圣亭侯，奉孔子祀。[④] 而各类谱牒中的线索极为规整明晰：自二十二代孔震以后，基本为单传接替，孔震—孔嶷—孔抚—孔懿—孔鲜。

至于北宗，传承记载大致相同，都是从孔乘[⑤]开始。孝文帝延兴三年（473），诏其为崇圣大夫，给十户以供洒扫。[⑥] 太和十九年（495），改封为崇圣侯，邑百户，以奉孔子祀。[⑦] 北齐文宣帝天保元年（550），改封为恭圣侯，邑一百户，以奉孔子祀。[⑧] 后周宣帝进封为邹国公。[⑨] 隋炀帝改封为绍圣侯。[⑩] 南北两宗因国家统一复合为单线传承。

唐高祖武德九年（626），诏以隋故绍圣侯孔嗣哲嫡子德伦为嗣，封为褒圣侯。[⑪] 开元二十七年（739），改封褒圣侯为文宣公。[⑫] 文宣公传六世，至四十二代孔光嗣之时，适际唐末乱世，失封爵。接着孔氏遭遇了一场在后世被称为“孔末之乱”的家族灾难。孔末本为刘宋元嘉间所赐扫洒户孔景之后，见孔氏子孙单承，门祚衰弱，宗支又多流寓他所，遂加害

---

① （唐）房玄龄等：《晋书》卷一九《礼志》，第 599 页。

② （唐）房玄龄等：《晋书》卷九《孝武本纪》，第 235 页。

③ （梁）沈约撰：《宋书》卷一七《礼志》，第 484—485 页。

④ （唐）姚思廉撰：《陈书》卷四《废帝纪》，中华书局 1972 年版，第 68 页。

⑤ 孔乘（《孔氏世系南渡嫡派宗图》记为孔秉）世系，正史记为孔子二十八代孙，谱牒记为二十七代。其后子孙世数依正史、谱牒分别递增。分别见《魏书·高祖纪上》（第 139 页）、《黄氏日抄·读孔氏书》（《景印文渊阁四库全书》第 707 册，第 881 页）。

⑥ （北齐）魏收撰：《魏书》卷七上《高祖纪上》，第 139 页。

⑦ 同上书，第 177 页。

⑧ 《北史》载袭奉者为孔长，谱牒为孔渠。分别见《北史·文宣帝本纪》（第 245 页）、《黄氏日抄·读孔氏书》（《景印文渊四库全书》第 707 册，第 882 页）。

⑨ （唐）令狐德棻等撰：《周书》卷七《宣帝纪》，中华书局 1971 年版，第 123 页。

⑩ （唐）魏徵等撰：《隋书》卷三《炀帝纪》，第 72 页。

⑪ （宋）欧阳修、宋祁：《新唐书》卷一五《礼乐志》，第 133 页。

⑫ （后晋）刘昫等：《旧唐书》卷九《玄宗本纪》，第 211 页。

孔光嗣及曲阜孔氏，冒袭圣裔。光嗣之子仁玉其时刚生九个月，在其母秘养之下方得长大成人。后唐明宗时，案发，孔末受诛，孔仁玉重得嗣封文宣公。[①] 孔裔以孔氏几绝而复兴，是以称孔仁玉为“中兴祖”。文宣公传至四十六代孔宗愿时，至和二年（1055），宋仁宗将其封改为衍圣公。

将文宣公更名为衍圣公，实则是仁宗朝内部讨论的结果。先是太常博士祖无择提出，文宣公是唐代追谥孔子为文宣王后封爵其后的称呼，这是“以祖之美谥而加后嗣。生而谥之，不经甚矣”，从而要求为孔后别加美号封爵。[②] 知制诰刘敞等人赞成祖无择之说，他们给皇帝的意见是：“封夫子文宣王而爵其后文宣公，考校本末，甚失事理。因循承袭，至今不改。先帝既封泰山，亲祀阙里，又加文宣以至圣之号，则人伦之极致盛德之显名尽在此矣，尤非其子孙臣庶所宜袭处而称之者也。臣等以为无择议是，可用。其文宣王四十代孙孔宗愿，伏乞改赐爵名若褒成、奉圣之比，上足以尊显先圣有不阶之势，下不失优礼孔氏使得守继世之业。”[③] 仁宗斟酌其议，遂改为衍圣公。改封告文为：

> 孔子之后以爵号褒显，世世不绝者，其来远矣。自汉元帝封其爵为褒成君以奉，其子至平帝时改为褒成侯，始进谥孔子为褒成宣尼公。褒成，其国也；宣尼，其谥也；公侯，其爵也。后之子孙虽更改不一，而不失其义。至唐开元中，始追谥孔子为文宣而尊以王爵，封其嗣褒圣侯为嗣文宣公，孔氏子孙去国名而袭谥号。礼之失也，盖由此始。朕稽考前训，博访群议，皆谓宜去汉之旧，革唐之失，稽古正名，于义为允。朕念先帝崇尚儒术，亲祠阙里，而始加至圣之号，务极尊显之意。肆朕纂临，继奉先志，尊崇圣道，不敢失坠，而正其后裔嗣袭之号不其重欤！宜改封至圣文宣王四十六代孙宗愿为衍圣公。[④]

---

① （清）孔继汾述：《阙里文献考》卷七《世系第一之七》，第153页。

② （宋）赵汝愚编：《宋朝诸臣奏议》卷九一，第984页。

③ （宋）刘敞撰：《公是集》卷三二《上仁宗论孔宗愿袭文宣公》，《景印文渊阁四库全书》第1095册，第679页。

④ （宋）孔传撰：《东家杂记》卷上，《景印文渊阁四库全书》第446册，第79—80页。

衍圣公一号，实取其生生不息之意。

哲宗元祐元年（1087）至徽宗崇宁三年（1104），一度将衍圣公改封为奉圣公，但很快又恢复了原封。[①] 奉圣公意主侍祠，不事他务。此次更改实孔子四十六代孙宗翰有以启之。宗翰上言："孔子之后，自汉以来有褒成、奉圣、宗圣之号，皆赐实封或缣帛，以奉先祀。至于国朝，益加崇礼。真宗东封临幸，赐子孙世袭公爵，然兼领他官，不在故郡，于名为不正。请自今袭封之人，使终身在乡里。"[②] 哲宗以是改封宗愿之子若蒙为奉圣公，不使兼任他职，给庙学田万亩，赐国子监书，立学官教诲其子弟。

奉圣公传至四十八代孔端友后，又重新改为衍圣公。自此以后衍圣公封号相承不改，历经元、明、清，直至孔子七十七代孙孔德成[③]，共传三十多代四十余人。孔端友在金人攻陷东京后随高宗南渡，遂寓于衢州。自此，孔氏重新分成南北两宗。南宗端友传五世至洙，宋亡失爵。北宗端友弟端操之子孔璠一系相继在刘豫政权、金朝、蒙古政权袭封衍圣公。元世祖至元十九年（1282），命廷臣重新议立曲阜后为衍圣公，有臣下言及衢州孔氏方为世嫡者。于是诏南宗孔洙返归阙里袭封，孔洙力辞："先人葬衢数世矣，不可以去，请授曲阜之长者。"世祖大为叹服，称其"宁违荣而不违道，真圣人之后也"。[④] 由是北宗主事，衍圣公传袭复归于一线。

为防止后世两派子孙觊觎争竞世袭之位，妄起争端，违弃德让之风，《孔氏家规》明立戒令："在衢子孙永遵制典，恪守祖风。有违者以不忠不孝论，置之重典，永不叙录"。[⑤] 由于南北相隔千里，路途遥远，南宗返乡拜会不易，容易产生废离之心，明正德年间规定："其南渡孔氏子孙，每十年一赴阙里，谒拜圣祖家庙，祭扫山林，一展本末水源时思之敬。就令会同南北宗谱，开保历代子孙名讳，居曲阜县者书引于前，居衢

---

① （宋）孔传撰：《东家杂记》卷上，《景印文渊阁四库全书》第446册，第94—95页。

② （元）脱脱等撰：《宋史》卷二九七《孔道辅传（附孔宗翰传）》，第9886页。

③ 南京国民政府于民国二十四年（1935）改封孔德成为大成至圣先师奉祀官，简称奉祀官。参见民国《曲阜县志》卷二，第165页。

④ （清）徐乾学撰：《资治通鉴后编》卷一五四，《景印文渊阁四库全书》第345册，第104页。

⑤ 孔子文化大全编辑部编辑：《孔府档案史料选（二）·明代档案史料》，山东友谊书社1988年版，第16页。

州府者书引于后，庶俾流裔清白，不致泮涣分离。”①

衍圣公传至五十四代孔思晦时，孔末之后又欲冒称孔后。思晦以为如不早加辨别，则日久难明，必然混乱不堪。于是会聚族人，告之以“彼与我不共戴天，乃列于族，与共拜殿廷，可乎？”遂考稽典故，将冒滥者一概摒斥。接着重刻宗谱于石，孔氏族裔因之大明。② 孔思晦以后，子嗣日益兴旺，传承也极为顺畅，一直传到七十七代衍圣公孔德成。

孔子世系历朝相传，经久不息，其荣盛程度令人惊叹。王世贞作《衍圣公爵系表》之时感慨万千：“昔唐、虞三代之盛，其子孙为宾恪者，久而或替。独孔子起韦布，践素王，以笔札绍明圣人之统，寖明寖昌，称万世师。爵则真王，礼乐则天子，其子孙亦以渐而隆崇，号为上公，秩乃六卿。虽以夷狄僭篡之王，不能有所裁损。呜呼，休哉！”③ 两千多年的世系延绵，在后世学者眼里，足以成为史迁列孔子于世家的别样注脚。浦起龙为《史通》作注，在述及世家时写道：“位孔子以世家，先儒非之。愚谓《史记》乃从其世及而世家之也，故叙后系独长。至十一传安国，而与己同时，继以子卬孙驩而止。厥后褒成、褒亭、宗圣、奉圣、崇圣、恭圣、绍圣、褒圣、衍圣之封，与世无极焉。乃悟‘世家’二字，千古唯孔氏颠扑不破。《史通》纠史，于孔子无缀词，其亦有会于斯欤？”④

清代又为孔氏子孙留名史册涂上了重重的两笔，其一是修《明史》特立衍圣公传，其二是续修《通志》又别立孔氏后裔传。更朝不变的优崇待遇，使得孔氏家族已习惯了坦然享受这份老祖宗留下来的特殊遗产，六十七代衍圣公孔毓圻曾颇为自得地称：“孔子之道一日不息，则孔子之后一日不绝。”⑤ 这份自信源于史上的经验积累，是历经无数政权反复追崇的规律总结。朱元璋是一个朝代的典型代表，他对孔氏家族的态度，其中既体现了国家战略上的统筹之用，也反映了皇帝对承袭后裔的要求与希

① 孔子文化大全编辑部编辑：《孔府档案史料选（二）·明代档案史料》，第18页。

② （明）宋濂等撰：《元史》卷一八〇《孔思晦传》，第4168页。

③ （明）王世贞：《弇山堂别集》卷三九《衍圣公爵系表》，中华书局1985年版，第706页。

④ （唐）刘知几撰，（清）浦起龙释：《史通通释》，上海古籍出版社1978年版，第7296页。

⑤ （清）孔毓圻：《孔子世家谱序》，转引自《封建贵族大地主的典型——孔府研究》，中国社会科学出版社1981年版，第475页。

望。“尔其领袖世儒，益展圣道之用于当世，以副朕之至望，岂不伟欤!”[①] 朱元璋对自己授予的第一个衍圣公孔希学如此嘱托，足见其中的深谋远虑之处。

虽然生为圣人子孙，但并非所有的承袭者都是敦守礼法的有德之人，遇到这种情况，父死子继的僵化之害就凸显出来了。宋哲宗时，四十七代袭奉圣公孔若蒙因监修祖庙有违法之事而遭夺爵，他的两个儿子皆年幼不能主事。皇帝随即要求孔氏家族合议一老实守分之人入选。族中长者孔宗寿等人在保明若蒙弟若虚充袭后，还特请：“仍乞后来若虚身殁之后，亦别行选择，不必子继，所贵留意祖庙敦睦族人。”[②] 他们希望以后历届衍圣公都能够选择德才兼备以维护整个家族利益为重的优秀者担任，而不是只以嫡系为囿。这一建议获得了朝廷认可，在短短时间内就收到了很好的效果，据亲历其事的孔传描述：“自选择之法行，族人皆务修蕴，间有登科预荐者，乡人以为朝廷激劝之效云!”[③] 但选择之法并没有长久实行下去，孔若虚死后，仍以若蒙子端友袭封，嫡长子继承制继续发挥作用。

衍圣公袭爵照理应该按照严格的宗法制度进行，可是在实际传承中，往往会出现一些并不合乎规则的特殊案例。这些特例大致分两类：一类是几个政权并立时，不同的扶植对象同时在各个政权内各自世袭；一类是嫡裔世爵被族内或族外的非正统袭封人获得。前者出现在南宋、金、蒙古政权并立之时，后者则表现为孔末之乱、孔湞被剥夺爵位、孔思诚遭罢免等。[④] 出现这些情况的大致原因，一为各政权统治者争立儒学正统的结果，一为孔氏家族内外有着不同利益诉求的群体争夺赐爵资源的结果。

孔后世爵在承袭过程中所遇到的这些干扰因素，经常人为造成孔氏承袭谱系的断裂与混乱，真伪难辨的情况往往需要皇帝出面干涉。如孔湞夺爵案即由蒙古政权的宪宗所定。可是在目睹了孔氏族人的官司争夺后，宪宗觉得极伤圣人体统，决定暂缓立爵，且告诫孔氏子弟：“第往力学，俟有成德达材，我则官之。”[⑤] 仁宗延祐间，又遇族人揭发时任衍圣公孔思

① （清）张廷玉等撰：《明史》卷二八四《孔希学传》，第 7296 页。
② （宋）孔传撰：《东家杂记》卷上，第 77 页。
③ 同上。
④ 李景明、宫云维：《历代孔子嫡裔衍圣公传》，齐鲁书社 1993 年版，第 31—39 页。
⑤ （明）宋濂等撰：《元史》卷一五八《姚枢传》，第 3714 页。

诚不是孔子嫡系裔孙，应该收回其爵位的事件发生。群臣难以定夺。仁宗亲自取孔氏族谱查索，最后断以："以嫡应袭封者思晦也，复奚疑！"[①] 事情乃定。

孔氏家族因得孔子遗荫而代代享受荣宠，这份与生俱来的资本很容易消磨孔氏子孙的进取精神。不止孔子后裔如此，其他享受着国家恩宠的贤儒后代也是如此。所谓"圣贤之后，《诗》、《书》不通，与凡庶等"[②]。为了开阔贤儒子孙的眼界，激发他们的荣誉感，王恽特上《为教孔、颜、孟子孙事状》一条，其中提道："伏见国朝尊师重道，德及后裔，其孔、颜、孟子孙故往者，特设教官，使之养育。比年以来，不闻一人有学业问望者。虽亲炙祖庭，其渊源闻见终是寡陋。今后合无选三家德性颇明俊者，使入京师国学，令学士等官教育，庶几有成，以昭先世之德。"[③] 此一建议在元代未见采用。

朱元璋对衍圣公的读书求学问题几近耳提面命，他曾对孔克坚督促道："你祖宗留下三纲五常，垂宪万世的好法度，你家里不读书，是不守你祖宗法度，如何中。你老也常写书教训着，休怠惰了。于我朝代里，你家里再出个好人呵不好"，"道与他，少吃酒，多读书"。对孔希学又教诲道："朕以尔孔子之裔，不欲于流内铨注，以政事烦尔，正为保全尔也。尔若不读书，孤朕意矣。……尔年近四十，志虑渐凝定，见识渐老成，正好读圣人之书，亲近名师良友，蚤夜讲明道义，必期有成。学成之后，四方之人知尔之能，俱来执经问难，且曰，此无愧孔氏子孙，岂不美欤。"[④] 事与愿违，宪宗成化年间，孔弘绪仍因罪失爵，革职为民。衍圣公的个人素养问题还是被摆在桌面上。

为了避免再出现袭封者行为不端复蹈前辙的情况，朝廷对后继者开始实行为期一年的任前培训。这是接纳了国子监监丞李伸的建议，他在《圣公习礼入学》的奏折中提出："伏望留之京师，赐以馆舍，俾之随侍

---

① （明）宋濂等撰：《元史》卷一八〇《孔思晦传》，第4167—4168页。

② （明）宋濂等撰：《元史》卷一五八《姚枢列传》，第3714页。

③ （元）王恽撰：《秋涧先生大全文集》卷八五《为教孔颜孟子孙状》，《四部丛刊初编》。

④ 孔子文化大全编辑部编辑：《孔府档案史料选（二）·明代档案史料》，第6—7页。

班行，获睹礼制。退则从游太学，受教于师儒。俟其学成，遣归奉祀。”[①]此后，准衍圣公都需要在国子监读书一年，然后归乡奉祀。[②] 到了清朝，此例已不被推行。雍正年间，两广总督孔毓珣因阙里孔庙被火灾，声称孔氏后裔当反躬自省，并围绕阙里事宜中的一些陋习提出一系列建议，其中一条就是：

> 应袭长子之宜预教也。查孔氏长房世袭公爵，其长子年十五岁以上，题明准给二品冠服，优礼备至。但少成天性不学而能者，世有几人？自以沾先人之遗泽，叨朝廷之荣宠，不须勤劳力学，生成富贵，耳不闻仁义道德之言，行不讲孝悌忠信之事，骄奢淫佚，习之有素，一旦承袭公爵，何以率人？臣请嗣后应袭公爵长子，年至十五岁以上，照荫生例，送赴国子监读书二十四个月，使知师生揖逊之仪，处己接物之道。且日与太学诸生讲课论文，则知识渐进而佚欲自消。期满之日，方给二品冠服，回籍候袭。如是则宗子俱得成材，可以表率族人，亦可无玷先声矣。[③]

经廷臣决议，孔氏胄子及其他子孙确需通经向学娴习礼法，但只是饬令衍圣公在宗族内选择品学皆优之人教习胄子子弟，并不另行要求其进京赴国子监学习。

清朝皇帝对圣贤后裔们也是屡加激勉，以免其盛名难副。“尔等是圣贤后裔，与众不同。然身为圣贤后裔之身，必心为圣贤后裔之心。恪守先圣先贤之训，方为不愧”，雍正是如此教育圣贤子孙的。[④] 相较之下，乾隆对其执政期间的两代衍圣公的告诫要细致得多，“圣言广大求亲切，守

---

① （明）林尧俞等纂修，俞汝楫等编撰：《礼部志稿》卷九八《圣公习礼入学》，《景印文渊阁四库全书》第598册，第766页。

② （清）张廷玉等撰：《明史》卷七三《职官志》，第1792页。

③ 孔子文化大全编辑部编辑：《孔府档案史料选（三）·清代档案史料（第三册）》，第15—16页。

④ （清）乾隆十二年敕撰：《皇朝文献通考》卷七四，《景印文渊阁四库全书》第633册，第770页。

贵由来在不骄"[①]，这是送给父亲孔昭焕的。然而昭焕一生嗜酒失学，很难让人满意，是以其子孔宪培承爵时，乾隆又格外嘱托："亲仪慎勿仍其短，祖德思惟衍以长。修己无过守礼乐，睦宗首在率端方。"[②] 对孔氏后裔，从寄希望于其为新政权作出新贡献新表率，到沦落为只要求其身家无过即可，其间的落差，不可谓不大。

事实上，孔氏家规、族规中也都有同样的劝诫之语，以敦促族人子弟读书进学。如潮州《孔氏族规》中就这样规定："祖训箴规朝夕教示子孙，务欲读书显名。毋得入于流俗，甘为人下。"[③]《建宁县三滩孔氏族规》也规定："祖为万世师表，后裔稍有聪颖者，春夏教以礼乐，秋冬教以诗书。毋得玉蕴于璞，荡失先业。是所望于贤父兄之留意。"[④]《岭南孔氏家规》规定："养子不教父之过，教而不读子之惰。从古显亲扬名，裕后光前，未有不由诗书者。不论才不才，皆宜择师督课，约于义方。易曰，蒙以养正、利用刑人。书曰，朴作教刑。及至顽钝无成，方才听其改也，亦不失圣裔之模。"[⑤] 足见读书扬名对孔氏后裔所具有的别样的意义。

最初奉孔子祀者并不以祭祀为专职，也有着正常的任官考绩生涯，只是把主持祀事当作一项特殊的恪尽孝道的使命去进行。相沿下去，就出现了这样一种情况，奉祠者要么封邑较远，要么官居他地，往来不便，致使祭祀之事流于荒迨。在汉代，鲁相就已经提出并希望解决褒圣侯四时来祭，祭毕即归，庙宅无人管理的问题。其时，虽得立百石卒史以守庙，但并未从根本上解决问题。到了宋代，奉祀情况更为糟糕。虽然有时候朝廷会考虑让袭封者担任近便官职，这样离家庙较近，便于奉祀，但为官升降之际，总会有徙转迁任。甚至有时政府完全忽略了衍圣公的奉祀之责，直接将其遣为外官。

远离祖宗陵庙居外做官，则四时奉祀必难遵行。孔宗翰曾上疏痛陈其

---

① （清）高宗御制，蒋溥等奉敕编：《御制诗集（二）》卷三《赐衍圣公孔昭焕》，《景印文渊阁四库全书》第1303册，第242页。

② 同上书，第275页。

③ 孔子文化大全编辑部编辑：《孔府档案史料选（二）·清代档案史料（第一册）》，第61页。

④ 同上书，第22页。

⑤ 同上书，第58页。

弊："朝廷既许居外，何能更恋祖堂？以至于法度不修，庭宇颓弊，恬不为怪，鲁人伤之。"基于此，他开出了一剂药方："今后不使袭封之人兼领他职，乃乞别立，请俸终身，使在乡里。如此则知不可轻去，必能严洁祭祀，敦睦亲族。"[①] 孔宗翰舍官取祀的建议得到朝廷的高度重视，但仁宗朝对衍圣公是否出来做官持保留态度，最终采取了一个折衷的方案，即奉圣公虽专以奉先圣祀事为职，但"如朝廷非次擢用，许依旧带公爵出，另以次合袭封人权主祀事"。[②] 徽宗则一改犹豫，重新规定：衍圣公"仍许就任关升，以示崇奖"[③]，他的同步行动就是将孔端友遣往郴州任知州。这样的处理方式起码昭示了：一则宋廷对孔氏格外优崇，纵使以优养为主，却并不由此架空其为官实权；二则袭爵者在宋代及其以前不乏才干可用之士。

南宋、金、元时，各朝衍圣公往往仍是既主烝尝又兼吏事。从朱元璋开始不再以政事相托，衍圣公专主孔子祀事，不兼任地方官。分析事情始末，其间未免掺杂着朱元璋的个人恩怨。洪武元年（1368），诏衍圣公孔克坚[④]入觐。或许考虑到国内政局走向的复杂性，孔克坚以疾相辞，只派遣儿子孔希学入见。朱元璋对孔克坚的这种暧昧态度颇为不满，怒称："吾奉天命安中夏，虽起庶民，然古人由民而称帝者，汉之高祖是也。闻尔辞疾，未知实否？若无疾称疾，以慢吾国，不可也。"[⑤] 孔克坚接旨后大为惊恐，随即日夜兼程赶往南京面君。朱元璋召见于谨身殿，询以年龄，克坚以五十三对，皇帝即称："尔年未迈而病婴之，今不烦尔以官。尔家先圣后，子孙不可不学，尔子温厚，俾进学。"第二天再次召见，除了叮嘱克坚训厉族人外，还向侍臣们解释："先圣后，特优礼之，养以禄而不任以事也。"[⑥] 遂为故事。自此以后，衍圣公惟以优养相承，代代无异。

孔庙奉祀，虽由国家钦定的孔裔主持，但在操作层面上，若主事者难

① （金）孔元措撰：《孔氏祖庭广记》卷三《崇奉杂事》。

② 同上。

③ （宋）孔传撰：《东家杂记》卷上，第 86 页。

④ 孔克坚在元末已传爵于其子孔希学，世道混乱，委细难知，是以明初仍以孔克坚为主事者。

⑤ （清）孔继汾述：《阙里文献考》卷九《世系第一之九》，第 176—177 页。

⑥ （清）张廷玉等撰：《明史》卷二八四《孔希学传》，第 7296 页。

以到场或者空缺，也常由他人代替主祀。宋代在处理衍圣公任职与任祀的关系时，时任礼部员外郎的颜复曾提出了一个权变之法："欲乞今后袭封之人，并理所入资序，留奉祭祀。如有卓异才行，为朝廷采擢，及通判以上，并择以次当承袭人，权主庙事。子孙未立，通择近属。"[①] 他还征引汉时故事为例，孔霸奉诏以所食邑八百户祀孔子，但以帝师之故居于长安，是以还长子孔福名数于鲁，以奉夫子祀。此后，权袭封者便经常出现于各种特殊时候。金元之际，山东各地农民起义及反金势力蜂拥而起，金宣宗恐怕时任衍圣公孔子五十一代孙孔元措罹害，断绝孔祀，急诏元措随朝任职。这样，曲阜孔庙的祭祀事务便由其族弟孔元用代管。元用死后，其子之全接着权袭，直到蒙古政权遣元措还鲁为止。[②] 元措逝后，因无子嗣，以弟元纮之孙孔浈袭封。后来族人因争爵起讼，朝廷下令剥夺孔浈的爵号。但政府并没有再选择他人来袭封衍圣公，致使袭爵中断数十年之久。在这期间，曾经权袭主事的孔之全之子孔治再次接着代管孔林孔庙祭祀事务，最终袭封衍圣公。另外，袭封者如若年幼孱弱，则会有族人暂为代理家事。六十一代孔弘绪承袭衍圣公之时，年仅八岁，族人有趁乱侵侮者，明代宗随即命五十八代孔公恂代理族务。[③]

孔子后裔自有封爵以来，或称公，或称侯，或称大夫，爵等晰然可观。然而奉祀者的品秩却是变动频繁，头绪甚多。这主要是因为在很长一段时间里，袭爵者兼任官职，其考核标准依于朝廷考绩，是以官职升降、品秩高低各有其特殊性，无明显规律可循。就总体趋势而言，其品秩地位是逐渐提高的。自哲宗接受了孔宗翰袭封者当以奉祀为职后，规定"白身合袭封奉圣公者，除承奉郎"[④]，这就使得新封者开始有了一个较为稳定的履任出身，后世对衍圣公官品的变动即在此一基础上进行。

承奉郎在宋代为从八品。[⑤] 金章宗明昌三年（1192），皇帝下诏："衍

---

① （宋）赵汝愚编：《宋朝诸臣奏议》卷九一，第 987 页。另，程颐在《修立孔氏条制》中也有同样的表述。参见（宋）程颢、程颐《二程集》，第 576 页。

② 参见（元）脱脱等撰《金史》卷一四《宣宗本纪》，第 314 页；李景明、宫云维《历代孔子嫡裔衍圣公传》，第 28—29 页；孔繁银、孔祥龄《孔府内宅生活》，齐鲁书社 2002 年版，第 281—282 页。

③ （清）张廷玉等撰：《明史》卷一五二《孔公恂传》，第 4200 页。

④ （宋）孔传撰：《东家杂记》卷上，第 81 页。

⑤ （元）脱脱等撰：《宋史》卷一六九《职官志》，第 4050 页。

圣公视四品，阶止八品，不称。可超迁中议大夫，永著于令。”[①] 中议大夫在金代为正五品[②]，在元代为正四品[③]。泰定三年（1326），山东廉访使王鹏南又上言：“（衍圣公）袭爵上公，而阶止四品，弗称，且失尊崇意。”朝廷遂进其阶为嘉议大夫。[④] 嘉议大夫在元代为正三品。至顺二年（1331），艺文少监欧阳玄又提出，衍圣公爵最五等，秩登三品，却用四品铜印，与爵秩不称。诏铸从三品印给之。[⑤] 顺帝至元年间，孔克坚袭封衍圣公，即授嘉议大夫。至正八年（1348），朝廷又以衍圣公公爵与阶不称，特授中奉大夫（从二品），赐予从二品银印。[⑥] 洪武元年（1368），克坚子孔希学袭封衍圣公，太祖对礼臣说：“孔子万年帝王之师，待其后嗣，秩止三品，弗称褒崇，其授希学秩二品，赐以银印。”[⑦] 元末衍圣公已升从二品，但战乱时起，是以朱元璋仍以三品为言。明代衍圣公世袭正二品。到了清代，衍圣公世袭正一品。[⑧]

以上为袭封衍圣公官位品秩上的升迁历程，就居朝列班来看，衍圣公的位次也呈上升趋势。唐代朝会之时，褒圣侯位居文官三品之下。[⑨] 到了宋代，衍圣公班次有所降低。真宗封禅于泰山，相关班次情况，孔传记为：“其文宣王四十六代孙圣佑，许于京官后陪位。”[⑩] 不过，这只是一种很笼统的表述。《宋史》中的记载要相对严谨一点：“特听圣佑衣绿陪位，缀京官班后。”[⑪] 据《宋史·职官志》，官五品至九品间者，得以服绿，由此大致可以想见文宣公在列班中的位置。[⑫] 崇宁间，徽宗明确规定，衍圣

---

① （元）脱脱等撰：《金史》卷一〇五《孔璠传（附孔拯传）》，第2312页。

② 同上书，第1221页。

③ （明）宋濂等撰：《元史》卷九一《百官志》，第2320页。

④ （清）孔毓圻、金居敬等撰：《幸鲁盛典》卷九，《景印文渊阁四库全书》第652册，第110页。

⑤ （明）宋濂等撰：《元史》卷三五《文宗本纪》，第787页。

⑥ 同上书，第882页。

⑦ （清）张廷玉等撰：《明史》卷七三《职官志》，第1791页。

⑧ 赵尔巽等撰：《清史稿》卷一一五《职官志》，第3320页。

⑨ （宋）欧阳修、宋祁：《新唐书》卷一九《礼乐志》，第425页。

⑩ （宋）孔传撰：《东家杂记》卷上，第59页。

⑪ （元）脱脱等撰：《宋史》卷四三一《孔宜传》，第12815页。

⑫ 马端临在《文献通考》（卷一〇九《王礼考四》）中载孔圣佑位在文官三品之下，推测成分居多。

公每遇元会大礼，陪位班在太常少卿之下。[①] 太常少卿在宋代为五品。是以宋代衍圣公班次远不如唐代尊贵荣耀。明、清则是超佚往古。洪武初，衍圣公每岁入朝，班列丞相之下。后来废除丞相，遂得班文臣之首。[②] 万历七年（1579），朝廷又特加恩数：衍圣公万寿入贺，待以宾礼，不在文武职官之列，不必朝参。[③] 清代衍圣公亦是班列阁臣之上。[④]

阙里孔庙一般是衍圣公主祭，如遇皇帝亲临或遣官致祭，主祭者则是皇帝或所遣官员，衍圣公陪祀。另外，明代宗景泰元年（1450），皇帝幸学，召衍圣公观礼。此后每遇皇帝诣学行礼，都要先期诏令衍圣公及圣贤后裔赴京陪祀。[⑤]

除了拥有炫目的政治荣誉和社会声望外，衍圣公手里还掌握着大量的资源使用权与分配权。其中之一便是对祭田的使用。祭田属于国家赐予的带有专项专用性质的田产，按照朝廷的旨意，田中收获应当主要运用到孔庙祭祀及庙林修理上，余下的方可用于赡济族人、发放属官工俸或充当衍圣公廪禄等[⑥]。汉唐之时，奉祀者各有食邑，或千户或百户，以食邑收入作为荐享来源，即所谓“以子孙之岁入充宗庙之祭祀”[⑦]。唐中宗神龙元年(705)，诏“以邹鲁之邑百户为太师隆道公宣尼采邑，用供荐享”。[⑧] 祭孔费用至此方才有了专门的名目与立项。宋真宗大中祥符元年（1008）赐田百顷。哲宗元祐元年（1086）又增赐田一百顷，并且规定：“使其家依乡原例，自召人户耕种，更不得用职田制扑之法。”[⑨] 此处既然讲明赐田不能与职田等同视之，则其特殊性与专享性显而易见。由食邑奉祀到专有祀田，其中不仅展现了历朝封赐形式的演变，也反映了孔圣形象的日渐突出。宋代以后，历任皇帝赐予孔府的祭田数量越来越多，到清代已达到二千一百

---

① （宋）孔传撰：《东家杂记》卷上，第 81 页。

② （清）张廷玉等撰：《明史》卷二八四《孔希学传》，第 7297 页。

③ （明）林尧俞等纂修，俞汝楫等编撰：《礼部志稿》卷九《历朝事例》，《景印文渊阁四库全书》第 597 册，第 122 页。

④ 赵尔巽等撰：《清史稿》卷一一五《职官志》，第 3322 页。

⑤ （清）张廷玉等撰：《明史》卷二八四《孔希学传》，第 7297 页。

⑥ 参见《东家杂记》卷上（第 75 页），《阙里文献考·户田》（第 604 页）。

⑦ （清）孔继汾述：《阙里文献考》卷二六《户田》，第 604 页。

⑧ （后晋）刘昫等：《旧唐书》卷七《中宗本纪》，第 140 页。

⑨ （宋）孔传撰：《东家杂记》卷上，第 74 页。

五十七顷五十亩[①]。随着祭田数量的增加，祭孔活动也越来越频繁，有时候一年竟要祭祀五十多次，包括各时丁祭、节庆祭、诞辰忌日祭、朔望祭等。

另外，衍圣公还拥有保举权，如保举曲阜知县、保举圣贤后裔世袭翰林院五经博士、保举公府属官、保举孔氏正八品世袭翰林院五经博士、保举圣庙执事官等。

从宋代开始，朝廷还经常赐予阙里圣裔祭服。早在宋真宗天禧二年（1018），即赐文宣公家祭冕服。徽宗政和六年（1116），颁三献祭服一副。金章宗明昌六年（1195），赐衍圣公以下三献法服一副。明太祖洪武七年（1374），赐阙里祭服一副，内有元端一、纁裳一、皂襈白中单一、赤黻一、大带二、犀角革带一、七梁冠一、方心曲领十二、色带二、铜钩药玉珠佩十三、色彩结犀角双环绶一、皂履二、白袜二。

为了凸显对孔子的推崇盛意，历朝统治者不仅坚持赐予圣裔世爵世荣，还为他们配备了大量辅助人员。如果将所有介入祭祀活动的人都计算在内，大致可分为四层：第一层为衍圣公，第二层为孔氏子孙执事者，第三层为衍圣公属官，第四层为执役户人及礼乐生。主鬯者是衍圣公。孔氏子孙充当圣庙各类执事官，掌管摄献、分献及司爵、司帛、司香、司祝等重要礼仪项目。公府属官即孔氏后裔所标榜的兵、农、礼、乐四司，分别为林庙守卫司百户、管勾、典籍、司乐等，这是孔府统治机构的主要力量。属官负责管辖第四层的庙户、佃户、礼生、乐舞生及其他仆役工匠等。在这样的组织体系和任务分工下，担负着不同职责的各色人等共同完成了孔庙中的一场又一场祭祀仪式。

二　孔府中的圣裔职属

圣裔职属即国家出于优崇圣贤后裔的考虑，特别设置的一些由孔氏子孙充任的职务。

（一）圣庙执事官

圣庙执事官设于雍正八年（1730），掌管祭祀中的分献及奉爵、奉

---

① 清乾隆十二年敕撰：《钦定大清会典则例》卷三十五，《景印文渊阁四库全书》第621册，第71页。另，据孔继汾统计见存地为一千二百五十六顷七十八亩，见《阙里文献考·户田》（第608页）。

帛、奉香、奉祝等事宜，共四十员。其中三品二员，四品四员，五品六员，七品八员，八品、九品各十员。以往孔庙祭祀时，管勾、典籍、司乐等官分司执事。然而设官不过数员，职衔又只七品，制度威仪有欠周至，是以雍正决定广设官僚执事以光祀典，“至圣先师孔子道冠百王，功高万世。朕景仰企慕，寤寐弗谖，备举崇奉之仪，用申报享之愿。查世袭官爵历代俱有成规，而圣庙执事之员向来未加爵秩，所当广置官僚，以光祀典”。[①] 执事官由衍圣公于孔氏子孙中选择“人品端方、威仪娴雅者”报部充补。入选者各给予章服，每年俸禄银二十两，每逢祭祀之时，要“虔设冠裳，骏奔趋事”。执事官的入选对象比较宽泛，可以是孔氏子孙内的情愿充补之人，也可以是族人中曾经出仕的退休在籍者，还可以是身有职衔而未曾出仕之人，甚至贡监生童皆可入选。乡试之时，有情愿报考者，还准以监生身份入场应试。臣下对雍正此举给予了极高评价：“更元及明，置官渐备。然四时将享，主鬯者虽膺上公之封，而骏奔者不皆服官之侣。至国朝设六等执事官，然后牵牲赞采，章绂焜煌，先圣祀典于是有光，真足以补前朝之阙典矣！”[②]

乾隆三年（1738），监察御史陶正靖认为曲阜执事官品级过高，较之太学释奠置官未免逾越，且孔氏原有博士、典籍、管勾等官，足供笾豆之事，因此主张对孔庙品官进行权宜处理，遇有事故停止充补。部议结果是，执事各官只是虚衔，又是世宗宪皇帝特旨增设，不便遽行停止。但将择人方式改为由衍圣公会同山东学政共同拣选报部充补。[③]

圣庙执事官的职责，除了祭祀时襄赞礼事，也对各处孔庙的保卫和修缮事宜负责。如《孔府档案》中保存了一份撰于光绪五年的《五品执事官禀为请求出示严禁损污家庙事》的文书，文为：“情缘石家村旧有至圣家庙一座，碑志载在系石村户自康熙六年创建此庙，大殿内只有至圣神像，两旁并无陪祀贤儒。现有无赖之徒，在庙居住，卖酒开赌，挖坑使土，燎污作践，实堪悲惭。并本户支派碑记，俱被风雨剥残，人名模糊，字迹难辨。今合户共议重修。间有户人议论纷纷，职未敢擅专，礼合禀

① （清）孔继汾述：《阙里文献考》卷一八《世爵职官第四》，第407页。

② （清）纪昀等撰：《历代职官表》卷六六《圣贤后裔世职并衍圣公官属表》，上海古籍出版社1989年版，第1272页。

③ （清）孔继汾述：《阙里文献考》卷一八《世爵职官第四》，第408—409页。

明，伏乞爵宪宗主大人恩准出示严禁骚扰施行。”①

民国间，孔庙执事官仍设四十员，只不过在品额上由六等分为七等：三品二员，四品四员，五品六员，六品一员，七品七员，八品十员，九品十员。执事官由衍圣公照旧遴选圣裔，报地方行政长官呈请内务部注册充任。②

（二）世袭六品官

世袭六品官由世职曲阜知县改置，掌分献崇圣祠。这里有必要追溯一下孔姓充任曲阜知县的历史沿革。唐懿宗咸通间，孔子四十代孙孔续被任命为曲阜令，这是孔氏子孙担任此职的开端。此后，曲阜县长官大都由衍圣公兼摄（衍圣公转他官，则由孔氏其他子孙继任），是以又有“世袭县尹”之称。元仁宗延祐间，衍圣公兼曲阜尹孔思诚因被族人揭发为非嫡系而遭处置。经过权衡，朝廷虽然收回思诚封爵，但仍由他专尹曲阜，其子克钦、孙希大皆世袭县尹。明洪武七年（1374），希大坐事罢职，太祖乘机把曲阜知县由世袭改为世职，令衍圣公保举族人贤德者送部选授。自此，孔氏世职知县的例子一直延续到乾隆二十一年（1756）为止。

《孔府档案》中保存了一份嘉靖二十四年衍圣公保举曲阜世职知县事的公文，其文为：

> 袭封衍圣公府为缺官事。据兖州府曲阜县申称，本县知县孔公泽为事革职，见今缺官管理县事，申请照例保举施行等因。具申到府。公同族长孔革并族人孔诱等，及孔、颜、孟三氏子孙教授司生员孔彦佩等，保举六十代孙族人孔承业，家世清白，才识通敏，曾游学校，屡经科目，人所共服，堪理县事。又据本县里老乡民陈思端等，亦保本人堪任前职。各具保结到府，惟恐不的，又经取具该县官吏、里老、乡民邻佑人等，不致扶同保结。申呈相同。拟合就行。为此，今将保举到族人孔承业堪任知县缘由，粘连该县官吏、里老、乡民邻佑人等不扶保结，批差本府承差马文秀，伴送前赴告投外，合行移咨贵

① 孔子文化大全编辑部编辑：《孔府档案史料选（三）·清代档案史料（第三册）》，第488页。

② 民国《曲阜县志》卷四，第309—310页。

部，烦请照例铨选施行。[1]

世职知县在设置过程中一直饱受争议。世职即此一职务世代都由孔氏子孙出任，完全有别于其他县所实行的流官制度。知县统摄一地的刑名钱谷赋税催科等事务，只有才干务实者方能称职。而衍圣公保举，往往瞻顾营私，相互勾结。滥竽者既多，势难得人。早在明穆宗隆庆间，御史赵可怀就以“举用非人，民受其殃”为奏。最终使得世职知县孔承厚以冗员裁撤。很快，神宗朝就以“曲阜世职知县乃国家优崇先圣之典，止当慎择其人，不当并弃其法”为由，重新恢复了孔氏的世职知县特权，只是将铨选权加以收拢，一改衍圣公保举旧例，转从孔氏生员数人中考优委任。[2] 换言之，纵使选得贤者，由于知县与衍圣公之间、县衙与公府之间存在着种种错综复杂的关系，无论在彝伦尊卑还是利益分割上都会出现纠葛，知县工作也很难顺利展开。兖州府知府吴关杰对世职知县的窘迫之状指陈得非常清楚：“自臣履任后，每遇曲阜呈状，无论事之大小，非孔氏族人即孔氏亲戚，县官威令固不能行，而情面亦不能却，诸事掣肘，甚难归结。臣查世职知县原以圣人之乡用圣人之后，绵圣泽恤圣裔也。今由衍圣公保举未免有所牵制，且世职知县与各县知县一体处分又不得与各县知县一体升转，是降罚有分而升迁无望。至保举不按宗支，遇族人有事质审公庭，往往以卑幼责惩尊长，于理有未顺而于情亦有未安。”[3]

深知其弊却又相沿不改，其中原因当与朝廷标榜尊师重道的主旨分不开。正如吴关杰所言以圣人之乡用圣人之后，意在绵圣泽恤圣裔。两广总督孔毓珣亦将其中关键点开：“查各省州县皆用流官，独曲阜一邑用孔氏世职者，亦以孔子后裔不使他人统摄之意也。”[4] 鉴于此一难题，朱彝尊曾突发异想，提出一个“曲线治理”模式：曲阜是鲁的故都，而周公为鲁公，是鲁国先君，是以用周公子孙治理孔氏居里，于分不紊，于吏治又

---

① 孔子文化大全编辑部编辑：《孔府档案史料选（二）·明代档案史料》，第31页。

② （清）孔继汾述：《阙里文献考》卷一八《世爵职官第四》，第410—412页。

③ 清雍正十年敕编：《世宗宪皇帝朱批谕旨》卷一九九，《景印文渊阁四库全书》第424册，第257—258页。

④ 《孔府档案》，转引自《封建贵族大地主的典型——孔府研究》，第25页。

无弊，似为可行之策。[①] 然而，时事迁移，今日的周孔之后已远非昔日的周孔契会，周公之后东野氏世袭翰林院五经博士尚要经由衍圣公验证管辖，又怎能指望其发挥牵制掣肘之效？

曲阜知县与衍圣公的关系在山东巡抚白钟山的奏折中被分析为："若其人懦弱，即听挟制。若其人才干，则诸事阻挠。"是以白氏提出曲阜知县可用流官，不必拘于孔氏族人。这一建议最终获得通过，朝廷权衡利弊，诏令："阙里为毓圣之乡，自唐宋以来，率以圣裔领县事，夫大宗主鬯，既已爵列上公，而知县一官专以民事为职，奉法令则以裁制伤恩，厚族党则以偏私废事。甚至因缘为奸，簠簋不饬者有之。且亦非古人易地而官之道。我国家尊崇先圣，远迈前朝，延恩后叶，有加无已，岂于此而有靳焉。但与其循旧制，而致瘝官有乖政体，何如通变宜民，俾吏举其职，民安其治，于邑中黎庶、孔氏族人均有裨益。"[②] 从此以后，曲阜世职知县改为流官制，曲阜所缺知县由吏部在外地调补。而出于优待圣裔的考虑，乾隆又加恩授，为孔氏子孙另设世袭六品官，岁给俸银，遇有缺出，拣选题补。[③]

（三）翰林院五经博士、国子监学录、国子监学正、孔颜曾孟四氏学教授、孔颜曾孟四氏学学录

在清朝，孔氏子孙中有多人带有博士、学录、学正等头衔，大都世职，实为朝廷优渥圣裔之举。其中翰林院五经博士两员，正八品。一由衍圣公次子（如无次子或年幼，于近支选任，等次子年长该换）充之，主中庸书院祀；一由衢州南宗后裔充之，主南宗孔庙祀。北宗孔氏翰林院五经博士的设置，始于明代弘治十六年，袭爵自六十二代孙孔闻诗、孔闻礼开始。[④] 南宗孔氏翰林院五经博士的设置，也始于明孝宗弘治年间，当时接受了衢州知府沈杰的建议。沈杰认为孔氏子孙当比照朱熹子孙世袭博士两处祭奠事例，除曲阜子孙世袭衍圣公外，当再将衢州孔端友子孙一人，

---

① （清）朱彝尊撰：《曝书亭集》卷六〇《曲阜设官议》，《景印文渊阁四库全书》第1318册，第316页。

② 孔子文化大全编辑部编辑：《孔府档案史料选（三）·清代档案史料（第三册）》，第148—150页。

③ （清）纪昀等撰：《历代职官表》卷六六《圣贤后裔世职并衍圣公官属表》，第1261页。

④ 孔子文化大全编辑部编辑：《孔府档案史料选（三）·清代档案史料（第三册）》，第152页。

“添授以世袭翰林院五经博士一员，以主家庙祭祀，看守各代圣公坟茔，统领见存子孙”[①]。

世袭太常寺博士一员，明初设，正七品。由衍圣公三子（如无三子或年幼，于近支选任，等三子年长该换）为之，主汶上圣泽书院祀，袭爵自六十五代孙孔衍钰开始。国子监学录二员，正八品。由衍圣公保举贤德族人充任，一奉尼山书院祀，一奉洙泗书院祀。国子监学正一员，正八品。奉仪封孔庙祀（唐天宝间，文宣公避乱于河南宁陵。数世后迁居仪封，并立庙于其地）。

清代设孔颜曾孟四氏学教授一员，正七品。孔颜曾孟四氏学学录一员，正八品。早在宋元祐元年（1086），已置教授一员，教训本家子弟。元祐四年（1089），又设学录一员，以教授自署。明洪武元年（1368），设孔颜孟三氏子孙教授一员、学录一员，皆以异姓充任。宣德以后，学录以孔氏子孙担任。选任批准学录的大致程序，可从嘉靖十三年的一份《吏部咨为准孔公铉充任孔颜孟三氏子孙教授司学录事》中窥见一斑：

> 该本部题，文选清吏司案呈，奉本部送准袭封衍圣公咨称。孔、颜、孟三氏子孙教授司学录孔公杰致仕去讫，见今缺官训诲，结保得听选监生孔公铉，性行端洁，颇通经史，练达老成，堪任前职，咨请照例铨选等因。连人咨部送司。查得孔公铉年三十八岁，山东兖州府曲阜县人，由岁贡拔都察院历事。嘉靖九年秋季考勤上选，今该前因案呈到部。看得孔、颜、孟三氏子孙学录有缺，原系衍圣公保举相应族人补任，今衍圣公孔（注：不署名，代以空格）照例咨保族人孔公铉堪任学录一节，虽查有前项旧例，缘系举保官员事理，未敢擅变。嘉靖十三年五月二十九日，太子太保本部尚书汪（注：不署名，代以空格）等具题。六月初二日奉圣旨，孔公铉准照例与做学录。钦此钦遵。当将孔公铉填注孔、颜、孟三氏子孙教授司学录讫，本部给凭令其赴任管事外，拟合通行。[②]

---

① 孔子文化大全编辑部编辑：《孔府档案史料选（二）·明代档案史料》，第14页。

② 同上书，第53页。

清朝将曾姓加入，改三氏学为四氏学。乾隆六年（1741）开始，教授也由圣裔充当。[①] 教授、学录统一由衍圣公从孔氏中遴选保送。

（四）孔庭族长、林庙举事

孔府设孔庭族长一员，负责申明家范，表率宗族。凡孔氏子孙有放浪不羁者，族长要对其进行教育管理。族长一般是宗族中年长行尊、德高望重之人。族长授官是从宋朝开始的，徽宗崇宁三年（1104），诏令："至圣文宣王之后，特与亲属一名判司簿尉，令孔若虚具名闻奏。今后事故，以最长人承继。"[②] 后来孔庭族长并授迪功郎。明代时，族长由衍圣公择委，无品秩。清代设圣庙执事官，族长又兼执事官。

林庙举事一员，主要辅佐族长督理林庙，绳愆子孙。初设于宋真宗天禧间，当时名为差朝官，监督孔庙工役。元时，又名提领监修官。明初改称孔庭族举，也由衍圣公选委，无品秩。清时也兼圣庙执事官。林庙举事也要由族人中公正廉洁忠厚仁慈者担任。

（五）奉祀生

奉祀生就是从先圣、先贤、先儒后裔中选择俊秀聪慧子弟，让他们分别管理各自祖先祠墓的祭祀事宜，并在孔庙祭祀时入庙助祭，参与奔走执事。设立奉祀生的建议最早是在弘治十二年由六十一代衍圣公孔弘泰提出的，开始未定名额。雍正四年（1726），朝廷才开始设定额。各圣贤儒后裔奉祀生的数量并不一样，其中孔氏为一百六十五名、颜子裔三十六名、曾子裔十八名、孟子裔二十三名、闵子裔十二名、端木子裔十二名、仲子裔二十名、冉子耕裔二名、冉子雍裔三名、宰子裔一名、林子裔二名、高子裔一名、樊子裔一名、曹子裔一名、任子裔一名、郑子裔一名、荣子裔一名、周子裔一名、张子载裔一名、张子栻裔一名、薛子裔一名、胡子居仁裔一名、周公裔东野氏十三名。此后，已有贤儒后裔奉祀生在数量上不断增加，其他贤儒后裔奉祀生又不断增设，至乾隆二十五年（1760），奉祀生总数量已达四百三十六名。[③] 奉祀生设立的程序是：先由衍圣公会同地方学臣查明果系圣贤嫡裔且地方实有祠宇，才能报部获批印照，准其

① 孔子文化大全编辑部编辑：《孔府档案史料选（三）·清代档案史料（第三册）》，第153页。

② （宋）孔传撰：《东家杂记》卷上，第79页。

③ （清）孔继汾述：《阙里文献考》卷一八《世爵职官第四》，第417—420页。

奉祀。

民国时期，改圣贤后裔五经博士等世职为奉祀官，世袭主祀，众奉祀生一并裁撤。

三　孔府属官

孔府属官又称四路提调官，即百户、典籍、管勾、司乐四官。

（一）林庙守卫司百户（守卫林庙百户）

林庙守卫司百户一员，正五品，清代又常以四品官充任。百户掌管林庙、书院、户丁、洒扫之事，平时主守礼器，护卫林庙，祭祀时则司涤濯、造酒、燎烜、陈设，掌管省视牺牲、宰割牺牲、瘗埋毛血等事宜。

林庙守卫司百户的源起可上溯到东汉后期设置的百石卒史。百石卒史是孔庙中最早出现的专门服务于祭祀事宜的属员，主要任务是典守孔庙中的礼器。第一任百石卒史是孔龢。他是通过考试而被挑选出来的，因为满足了朝廷开出的条件：年四十以上，经通一艺，杂试通利，能奉弘先圣之礼，为宗亲所归，是以得补名状。[①] 卒史是汉代吏名，卒史的禄秩为百石、二百石不等。如《汉书·儒林传》所云“郡国置五经百石卒史”，《汉书·黄霸传》所云“（霸）补左冯翊二百石卒史”之类，[②] 都是以石数多寡来区别品位高低。

魏黄初间，文帝令郡国修起孔子旧庙，置百户吏卒以守卫之。[③] 关于百户吏卒这一名称，史上存在很大争议，顾炎武、朱彝尊、衍圣公孔毓圻等均认为百户吏卒是百石卒史讹写所致[④]，甚至清代官修《历代职官表》亦以此为疑[⑤]。惟有何焯在对顾炎武一说予以反驳时称：“亭林但据桓帝

---

① （宋）洪适撰：《隶释 隶续》，第 18 页。

② （汉）班固：《汉书》卷八八《儒林传》，第 3596 页；卷九九《黄霸传》，第 3627—3628 页。

③ （晋）陈寿撰：《三国志》卷二《魏书·文帝本纪》，第 78 页。

④ 参见顾炎武撰《金石文字记》（《景印文渊阁四库全书》第 683 册，第 710 页）、《曝书亭集》卷四七（《景印文渊阁四库全书》第 1318 册，第 183 页）、《幸鲁盛典》（《景印文渊阁四库全书》第 652 册，第 98 页）。

⑤ 《历代职官表》载：“至百户吏卒即汉之百石卒史，作百户则其误无疑。但汉卒史乃吏名，而魏志及碑皆作吏卒，则有不可晓者。”孔继汾虽然认可卒史、吏卒都是官名，但仍认为百户系百石之误。参见《历代职官表·圣贤后裔世职并衍圣公官属表》（第 1263 页）、《阙里文献考·户田》（第 612—613 页）。

永兴元年鲁相乙瑛置孔子庙百石卒史，不知黄初自置百户吏卒，未可执此例彼也。百石卒史掌领礼器，选年四十以上、经通六艺、杂试通利、能奉宏先圣之礼、为宗所归者，乃自孔氏子孙为之。百户吏卒则守卫之人耳。”① 此一观点极有见地。其因有二：第一，吏卒一称自秦朝就开始普遍存在，其业大都与兵事守卫有关；第二，魏晋职官差吏制度往往随所领户多少为遣，百户吏卒恰恰展现出了此差的工作性质及行事规模。另，《晋书·礼志》有载穆帝升平中，何琦上论修五岳祠，其中有言：“自永嘉之乱，神州倾覆，兹事替矣。惟灊之天柱在王略之内也，旧台选百户吏卒，以奉其职。中兴之际，未有官守。”② 百户吏卒在历史上的独立存在在此得到很好的印证。持讹写论者将百户吏卒的历史存在一笔勾销，未免武断。

无论是后汉的百石卒史还是曹魏的百户吏卒，晋以后，都未见再置。随后出现的是历朝赐予的扫洒户，林庙守卫百户则是洒扫户的统一首领。孔毓圻将其原委解释为：“盖（林庙守卫百户）本于汉魏之百石卒史，以其管洒扫百户之人，故亦谓之百户云！”③ 足见其中的始末由来。只不过初时的百石卒史由孔氏子弟担任，后来的林庙守卫百户则在诸儒生中选任。

和典籍、司乐、管勾等官相比，百户官一直是由衍圣公委任而不经朝选。康熙二十三年（1684），孔毓圻提请百户官依其他三官例改由部选，以求其职名上达廷部增光祀典。自此以后，百户官在兵部注册，朝廷给予札付。百户官的俸禄与典籍、司乐、管勾三官一样从祭田内领取。

民国年间，守卫林庙百户官改为林庙奉卫官，由曲阜县遴选，呈请省民政厅长官委任。奉卫官的俸薪为每年四千元。林、庙二处各设奉卫兵三十名，供洒扫、工匠等役，由奉卫官管理。④

（二）扫洒户

又称庙户，主要提供林庙洒扫、守卫、祭祀等庶务。

---

①（清）赵一清撰：《水经注释》卷二五，《景印文渊阁四库全书》第575册，第431页。

②（唐）房玄龄等：《晋书》卷一九《礼志》，第598页。

③（清）孔毓圻、金居敬等撰：《幸鲁盛典》卷八，《景印文渊阁四库全书》第652册，第98页。

④ 民国《曲阜县志》卷四，第310页。

扫洒户最早设于南朝刘宋时期。元嘉十九年（442），文帝下诏："昔之贤哲及一介之善，犹或卫其丘垄，禁其刍牧，况尼父德表生民，功被百代，而坟茔荒芜，荆棘弗翦。可蠲墓侧数户，以掌洒扫。"[①] 鲁郡上民孔景等五户，因居住在孔子林墓附近，是以蠲课役，专供洒扫。自此以后，历朝赐予不断。后魏孝文帝延兴三年（473），又赐予孔庙扫洒十户。[②] 唐太宗贞观十一年（637），赐予兖州宣父庙扫洒二十户。睿宗太极元年（712），以祠庙附近三十户供给洒扫。[③] 玄宗开元十三年（725），赐予近墓五户洒扫。[④] 宪宗元和十三年（818），再次配置圣庙洒扫五十户。唐宣宗大中元年（847），有事于南郊，再封百户充孔庙春秋祀。懿宗咸通四年（863），又赐予洒扫林庙五十户。[⑤] 后周太祖广顺二年（952），仍以庙侧数十家为洒扫户，并指令兖州修葺庙林，禁止樵采。[⑥] 宋真宗景德四年（1007），命兖州增加二十户守孔子坟。大中祥符元年（1008），给近便十户以奉茔庙。仁宗庆历四年（1044），敕差当地中等人户五十人充本庙扫洒。神宗熙宁中，王安石实行新法，裁减人员，庙户存三十人、林户存三人。哲宗元祐元年（1086），依孔宗翰之请，复差庙户五十人、林户五人。[⑦] 蒙古太宗九年（1237），给复洒扫庙户依旧一百户，其差役并行蠲免，不系州县所管。[⑧] 元成宗元贞元年（1295），从阎复之请，复给洒扫二十八户。[⑨] 明太祖洪武元年（1368），特置扫洒户一百一十五户，在庙者百，在林者七，在书院者八。扫洒户从曲阜等地挑选民间俊秀无过子弟充当，杂泛差役一概蠲免。[⑩] 清代在山东巡抚方大猷的奏请下，孔庙恩典一依旧制。

纵观历史，各朝所给予的扫洒户尽管数量多寡不同，却无一例外地展示了统治者们的尊孔姿态。相应地，对恩典惯例的遵依态度也往往左右着

---

① （梁）沈约撰：《宋书》卷五《文帝本纪》，第89—90页。
② （北齐）魏收撰：《魏书》卷七上《高祖本纪》，第1301页。
③ （宋）欧阳修、宋祁：《新唐书》卷一五《礼乐志》，第375页。
④ 同上书，第131页。
⑤ （宋）孔传撰：《东家杂记》卷上，第53—54页。
⑥ 同上书，第56页。
⑦ （宋）李焘撰：《续资治通鉴长编》卷三八九《哲宗》，第9450页。
⑧ （清）孔继汾述：《阙里文献考》卷二六《户田第七》，第611页。
⑨ （明）宋濂等撰：《元史》卷一六〇《阎复传》，第3773页。
⑩ （清）孔继汾述：《阙里文献考》卷二六《户田第七》，第611页。

一时的人物评价。宋仁宗时，梁适知兖州，请求以厢兵代庙户，并裁减人数。宰相章得象欲如其请。参知政事范仲淹独称："此事与寻常利害不同，自是朝廷崇奉圣师美事。仁义可息，则此人数可减。吾辈虽行，他人必复之。"[①] 朝论遂罢。据称当时天下独以此贤仲淹而鄙得象。元世祖至元二年（1265），尚书省以括户之故，尽收孔庙洒扫户为民。太常少卿王磐提出反对意见："林庙户百家，岁赋钞不过六百贯，仅比一六品官终年俸耳。圣朝疆宇万里，财赋岁亿万计，岂爱一六品官俸，不以待孔子哉。且于府库所益无多，其损国体甚大。"[②] 同样，王磐因此论而颇得盛誉。

钦拨庙户，其家世代为孔庙服务，在历史上也一直被孔府当作私家财产看待。乾隆年间，有庙户不堪役使，通过某些手段伪造脱籍，出户为民。衍圣公为了有效遏制此一风气，即追溯成例加以谴责，称"盖征收户丁恪遵定额，编审户口只在各户之滋生，即为原拨补之子孙，即为圣庙之户人，未有祖是孙非之理"。[③]

（三）管勾

孔府设管勾一员，正七品。掌管祭田钱谷出入，负责管理佃户。祭祀之时，负责提供牲牷、粢盛、膳馐、醢醢等各类祭品。在孔府中，"管勾厅既是孔府最高的财政机构，掌管租税收入、祭祀支出、祭品供给等事务，又是孔府最高的民政机构，管理租税所自出的土田和佃户，在佃户中编造保甲、审理佃户之间罪在枷责以下的民事案件等等"。[④] 管勾之下设屯官八员，分掌各屯祭田以供祀事。

元仁宗延祐间始设管勾，初职为掌领礼器祭服，正八品。元代的国子学中并设典籍、管勾、司乐等员，以掌管书籍礼乐等事，是以衍圣公孔思晦亦为孔庙请之。第一名管勾为简实理。[⑤] 欧阳玄在《送曲阜庙学管勾简君序》中大致叙述了其获请的过程："方是时，衍圣公言曲阜祠事放辟雍，独器服无常职，请用辟雍故事，置管勾。中书、集贤、吏礼部、胄监

① （清）孔继汾述：《阙里文献考》卷二六《户田第七》，第581页。

② （明）宋濂等撰：《元史》卷一六〇《王磐传》，第3753页。

③ 曲阜师范学院历史系：《曲阜孔府档案史料选编》第三编《清代档案史料》第5册，齐鲁书社1980年版，第230页。

④ 《封建贵族大地主的典型——孔府研究》，第63—64页。

⑤ （清）孔毓圻、金居敬等撰：《幸鲁盛典》卷八，《景印文渊阁四库全书》第652册，第97页。

往复谘问，凡数年始决。于是，朝士大夫合辞，荐蜀士简君当其选。”①到了明代，管勾的职权开始发生变化，从礼乐之属变为专司钱粮之事，其品级也相应提高。

佃户　佃户的工作是耕种祭田，向孔府纳粮输银，以供应孔庙祭祀等项开支。宋元祐间赐田孔氏，允许自召人耕种。自此以后，孔府开始有了佃户。明洪武初又钦赐祭田，且许招募佃户如前代体例。宣德间，户部踏勘孔府五屯佃户共存五百户，计二千丁。② 清初准衍圣公各屯佃户永免徭役。

为孔庙祭祀奔波的还有其他各色人等。有专服劳役的户人，如屠宰户、运盐户、烧水户、运冰户、点炮户、喇叭户等。有专纳实物的户人，如猪户、羊户、牛户、枣户、豆芽户、笤帚户、青菜户、船户（负责采菱、捕鱼）等。

由于佃户、庙户专为孔府提供祭祀物资和劳役，不再担负国家的各项差徭，是以有普通民家为了逃避政府徭役，也常常冒充孔府户人，这就给地方财政和管理带来很大危害。为了杜绝此一弊端，两广总督孔毓珣建议对孔府的户丁人口严加清查裁汰，据他所称设置庙户佃户本为优崇孔庙盛典，“奈日久弊生，附近居民躲避差徭，多谋充佃户庙户，称为户人。以致百姓之当差者甚少，是以优崇祀庙之盛典，竟为奸民躲差之流弊。揆诸先师圣灵，必有不安。臣请敕下山东巡抚逐一清查，将佃户庙户除照额设存留外，其余悉汰出当差，敢有借名影射者，即以躲避差徭治罪。庶穷民不苦于差役，而户丁得清矣”。③

（四）典籍

设典籍一员，正七品，掌奎文阁书籍及礼生。元武宗至大年间，孔思晦以公府中赐书甚多，但无专司之人，奏请照国子监例设置典籍一职。朝廷准奏，此典籍官设置之始。历明迄清，典籍皆由衍圣公保举任用，入选的基本条件是要“博通经史，深明礼仪”。《孔府档案》中保存了一份衍

① （元）欧阳玄：《送曲阜庙学管勾简君序》，收入苏天爵编《元文类》卷三六，《景印文渊阁四库全书》第1367册，第455页。

② （明）陈镐纂修：《阙里志》卷一二《庙户》，第585页。

③ 孔子文化大全编辑部编辑：《孔府档案史料选（三）·清代档案史料（第三册）》，第14页。

圣公于崇祯十六年写就的《咨请吏部题授孔庙奎文阁典籍官缺》原文，从中可以看出孔府属官选任的大致程序，其内容为："照得至圣庙奎文阁原任典籍张继业，已经物故，遗下官缺，合行咨补。察得大明会典一款，凡袭衍圣公府官属，宜从衍〔缺〕保举来用。钦此钦遵。今选得曲阜县儒士桂存正，英年粹品，经史熟娴，堪以补用，〔缺〕贵部烦将桂存正题授典籍，给凭列任管事施行。"①

典籍官的日常职务包括提调孔庙礼学、督率学长讲习礼仪、遇祭期率领礼生在奎文阁演习礼仪、祭祀时充任典仪官、对礼器进行注册典视、对奎文阁书籍常加检阅等。②

（五）礼生

礼生起初是照太常寺例，归类于乐舞生行列内。洪武七年（1374），孔庙中专设赞礼生，礼生方才开始脱离出来。礼生初设时为六十名，选曲阜附近州县年幼俊秀子弟充任。他们的主要职责就是在不影响学习和农作的前提下，定期到孔庙演习礼仪，以备祭祀时供赞相之用。崇祯年间，衍圣公以礼生额少供应不足为请，朝廷又添设四十名，以充备各坛的陈设执事。③

清初设礼生六十名。雍正元年（1723），因为加封孔子五世祖，建立崇圣祠，为之添设礼生二十名。④ 前后所设礼生共为八十名。乾隆三十四年（1769），朝廷改令礼生从阙里庙户、佃户子弟内挑补，不再从县中俊秀子弟中选充。以不入学子弟充任孔庙礼生，可以想见其整体素质必然下滑，不可避免会造成礼事观感上的不伦不类。当然也担心孔府所属人丁劳力变相流失，因此衍圣公对此一变更极力抵制，称"阙里文庙礼生须稍知文义熟悉礼仪者方克胜任，庙、佃各户子弟率皆椎鲁不文"，于礼不便，要求仍遵旧制。朝廷采取了折衷方案，此后孔庙礼生从曲阜县俊秀子弟内出四十名，从庙佃户子弟内出四十名。⑤

---

① 孔子文化大全编辑部编辑：《孔府档案史料选（二）·明代档案史料》，第55页。

② （清）孔令贻汇辑：《圣门礼志》，山东友谊书社1989年版，第95—96页。

③ 同上书，第96—97页。

④ （清）孔继汾述：《阙里文献考》卷二二《礼第五之四》，第518—519页。

⑤ 清乾隆十二年敕撰：《皇朝文献通考》卷七五《学校考十三》，《景印文渊阁四库全书》第633册，第796页。

礼生内部分工不同，有鸣赞生、引赞生、相礼生、陈设生等。鸣赞生是统摄全局的礼仪主持，对贯穿首尾的重要祭祀流程进行仪式化宣告，比如赞告“启户”“就位”“迎神”“行初献礼”等。鸣赞是整场礼仪的主导者与推进者，也是展示仪态学养的门面人物，所以对此职的选任有着极为苛刻的要求。七十七代衍圣公孔德成的姐姐孔德懋对鸣赞一职是这样描述的：

> 祭孔中的鸣赞相当于现在开大会时的司仪，要求条件极苛刻，相貌、仪表、气质等各方面都要求标准很高，尤其要嗓音特别洪亮。祭孔时，鸣赞站在大成殿前平台的侧面发出各种口令，那时，没有扩音器，全凭鸣赞的嗓子。担任鸣赞的人平日的任务就是到孔庙的树林练嗓子，尤其是在六月份更为紧张。那嗓音不光要洪亮而且要极富音乐性，象吟诗一样，拖着长长的尾音：“执事者各行其事——”，“陪祭官就位——”，“分献就位——”，“行——伏——平身”，声音十分有韵味。①

可见鸣赞工作的重要性。和鸣赞相比，引赞的工作范围要小一点，具体一点。引赞就对献官负责，服务对象是一定的。引赞的工作主要有两方面：声音上赞告献官“诣盥洗所盥手”“洗爵”“诣至圣先师神位前”“奠帛”“奠爵”等，行动上做献官的引路者。相礼生为献官提供各种辅助性服务。例如献官盥洗时，相礼生负责舀水、进巾；献官洗爵时，相礼生负责舀水、进巾等。陈设生主要负责摆设礼器、摆放祭品等。

尽管礼生的具体职责不同，他们需要具备一些共同的礼仪气质，如辞色要端庄、进退疾徐要得中、转折揖让要合度等，这都需要经过专门的培训。培训是在专设的礼学中进行的。

孔庙礼学有一套自成体系的管理制度，七十六代衍圣公孔令贻所辑《圣门礼志》完整地保留了当时的礼学条规，兹录于下：

> 1、典籍以下立学长二人，班长正、副共八人。学长有缺，班长

① 柯兰：《千年孔府的最后一代》，天津教育出版社1998年版，第78页。

选补。班长有缺，礼生选补。

2、学长总领本学一应公务，收掌册籍，查合学勤惰。

3、鸣赞班长教习大赞，引赞班长教习引礼，相礼班长教习赞襄、引导、盥洗、榜祝宣读等，陈设班长教习陈设、收发供案等。

4、四班之外又立成礼正、副二人，教习送神迎神、转折揖让、进退疾徐，与乐相合。

5、设工祝二人，专一明微辨数及送神迎神。

6、教习俱遵依颁定仪注训迪诸生，凡衣冠辞色要端正，不许怠惰苟且。

7、各生逢祭，务备蓝衫雀顶，不许便服入庙。

8、礼生各习其仪，以本师为从违，不许偏执己见。

9、每月朔望日期，早集本学点名，率领入庙拜谒，以此赴公府参见，毕，分班在诗礼堂演习，申时散学。

10、逢丁祭，前三日赴诗礼堂早演，查点礼器，损缺者即补造修制。

11、礼生肄业娴熟，本学申详公府，给札收执，仍行本县给帖，优免照生员例，一体优恤。

12、逢丁祭，前三日，供职者俱准给口粮，每名米一斛，面一斤。

13、学部长丁忧，具呈本学，申详公府。如无人可代，姑留管理。礼生丁忧，即入备补册内，不入庙供事。

14、礼生年老不能供事者，准给衣顶归农。

15、礼生应革款例：朔望三次不到，诗礼堂观礼不到，奎文阁习仪不到，金声门点入不到，变乱古礼，不记仪注，失误执事，入庙不斋，匿丧入庙，失落斋牌，失落札付，毁辱师长，倩人代替，行止不端。

16、礼生应责款例：朔望二次不到，祭期听点迟到，差讹仪注，陈设失次，怠玩执事，鼓罢不入班，毁坏礼器，失误交筹，不受教训，欺慢师长，同学斗争，不着公服。

17、礼生应罚款例：朔望一次不到，仪注生疏，紊乱班次，衣冠不整，同学戏侮，赴学迟延，入庙不谨，称谓错讹。[①]

礼生齐备有序，祭祀流程才得顺畅推进，仪文可观。

（六）司乐

司乐一员，官正七品。司乐官的设置始于元代。仁宗延祐间，孔思晦奏称，祖庙中虽有朝廷颁降的登歌乐器一副，但是没有专门的乐师掌管教习，是以请求朝廷相应配备。此奏获准，朝廷依国子学例，为之设司乐一员。司乐官精通音律，祭祀时充任协律官。日常职务包括提调孔庙乐学、率领学长讲究律吕教演声容、遇祭期率领乐舞生在金丝堂演习乐舞、注册点视库内新旧乐器等。[②]

（七）乐舞生

孔庙专职乐舞生设于何时，史乏记载，不得其详。宋徽宗政和四年（1114），在袭封衍圣公孔端友的奏请下，朝廷颁降大晟新乐。[③] 此后，孔氏家族常常把年轻子弟聚集起来练习乐舞，以备释奠家祭使用。宋金之时，孔庙乐舞生大都是由孔氏子弟充当。元世祖中统三年（1262），重修阙里孔庙后，在东平路总管严忠范奏请下，补充庙中乐工，方才开始用异姓充补。洪武七年（1374），太祖下令从府州县儒学生员及民间俊秀子弟内选任乐舞生。乐舞生的任务就是专一在庙里演习乐舞，以供祭祀之用，最后入选者一百二十名。宪宗成化十二年（1476），增加孔庙祭祀乐舞为八佾，随即增添乐舞生八十名。孝宗弘治九年（1496），又增添乐舞生二十六名。[④] 至此，孔庙乐舞生共二百二十六名，遇缺补足。清初依方大猷之请，设乐舞生二百四十名。民国期间，专门设古乐传习所，以教习乐舞生音律弹奏等课程。

孔庙乐舞生享有政府提供的一些特殊待遇，如可以优免本人差徭，可以免本户人丁二丁等。据《圣门乐志》记载，乐舞生在供祀之暇，也可以肄习举业，能够参加科岁考试。其中文理优通者，可以造册送公府移送

---

① （清）孔令贻汇辑：《圣门礼志》，第97—101页。

② （清）孔尚任原纂：《圣门乐志》，山东友谊书社1989年版，第141—142页。

③ （宋）孔传撰：《东家杂记》卷上，第86页。

④ （明）陈镐纂修：《阙里志》卷一二《乐舞生》，第575—576页。

学院。[①]

乐舞生包括乐生、舞生、歌生。明代以后，又细分为乐生、文舞生、武舞生、执旌节乐舞生、执事乐舞生等。执事乐舞生负责司爵、司香、捧帛、捧爵、焚香、点烛等事宜。乐舞生也有等级，大致乐生为上，舞生次之，执事生又次之。

乐舞生的冠服，各朝均有不同。宋代：执麾挟仗色掌事头戴平巾帻，乐工头戴黑介帻，并服绯绣鸾袍，腰系白绢抹带。元代：乐工头戴黑漆冠，服绿罗生色胸背花袍，脚蹬皂靴。明代：乐生服绯袍，头戴展角幞头，腰系革带，足蹬皂靴。文舞生冠服与乐生相同。清代：乐舞生并服红缎葵花补袍，腰系绿绸带，头戴铜里金起焰金梭帽顶，足蹬皂靴。执事乐舞生服青绢袍，帽顶同。[②]

另外，在孔府属官机构中，还设有知印一员、掌书一员、书写一员，并七品，负责公府文书印信；设奏差一员，正七品，负责传送衍圣公的表笺章奏；设随朝伴官六员，正七品，随从衍圣公朝觐办事。

《阙里文献考》中详细地记录了乾隆年间孔庙祭祀时的参祭人员数量及分工，归类如下：

1、至圣先师及四配由衍圣公主鬯。

2、摄献官与分献官共十五员，分别为：十二哲分献官二员、东西庑从祀分献官六员、寝殿分献官一员、崇圣祠摄献官一员、崇圣祠从祀分献官二员、启圣祠摄献官一员、启圣祠寝殿分献官一员、家庙摄献官一员。另外，后土祠与释奠同日行礼，主祭官为一员。

3、执事官共三十七员，分别为：大成殿，监祭官二员、太祝官一员、太史官一员、司香官五员、司帛官五员、司爵官五员、司尊官一员、纠仪官二员、两阶领班官二员、典仪官一员、典乐官一员、掌宰官一员、司膳官一员、司伞官一员、巡绰官二员；崇圣祠，监祭官一员、纠仪官一员；启圣祠，监祭官一员、纠仪官一员；家庙，监祭官一员、纠仪官一员。

---

① （清）孔尚任原纂：《圣门乐志》，第243—244页。

② （清）孔继汾述：《阙里文献考》卷二五《乐第六之三》，第599页。

4、执事生共九十九人，分别为：十二哲，司香二人、司帛二人、司爵二人、司尊二人；两庑，司香六人、司帛六人、司爵六人、司尊六人；寝殿，司香一人、司帛一人、司爵一人、司尊一人；崇圣祠，太祝一人、太史一人、司香十一人、司帛十一人、司爵十一人、司尊三人；启圣祠，太祝一人、太史一人、司香一人、司帛一人、司爵一人、司尊一人；启圣寝殿，司香一人、司帛一人、司爵一人、司尊一人；家庙，太祝一人、太史一人、司香四人、司帛四人、司爵四人、司尊一人。另外，同日行礼的后土祠设司香一人、司帛一人、司爵一人、司尊一人。

5、礼生共七十四人，分别为：大成殿，鸣赞二人、衍圣公引赞一人、对引一人、分献各官引赞八人、相礼十八人、陈设八人；寝殿，鸣赞一人、引赞一人、对引一人、相礼二人、陈设一人；崇圣祠，鸣赞一人、引赞三人、对引一人、相礼六人、陈设一人；启圣祠，鸣赞一人、引赞一人、对引一人、相礼二人、陈设一人；启圣寝殿，鸣赞一人、引赞一人、对引一人、相礼二人、陈设一人；家庙，鸣赞一人、引赞一人、对引一人、相礼二人、陈设一人。另外，同日行礼的后土祠设鸣赞一人、引赞一人、对引一人、相礼二人、陈设一人。

6、乐舞生共一百二十人，分别为：麾二人、歌六人、琴六人、瑟四人、笙六人、洞箫六人、笛六人、凤箫二人、埙二人、篪四人、编钟一人、副一人、编磬一人、副一人、楹鼓一人、副一人、足鼓一人、副一人、搏拊二人、鼗鼓二人、相鼓二人、柷一人、敔一人、旌二人、文舞三十六人、领班二人、钟鼓六人、引导乐十四人。①

献官与执事官都有品级在身，负责执行祭祀中的核心礼仪事项。其中崇圣祠摄献官以世袭六品官担任，掌宰官以林庙守卫司百户担任，司膳官以管勾担任，典仪官以典籍担任，典乐官以司乐担任，司伞官、巡绰官以随朝班官担任。其余分献官与执事官也都从圣庙执事官及四氏学教职中选任。

① （清）孔继汾述：《阙里文献考》卷一九《礼第五之一》，第425—427页。

执事生主要由各圣贤儒后裔奉祀生担任。礼生由典籍负责召集并分派执事。乐舞生由司乐负责召集并分派执事。

孔庙祭祀前的扫洒陈设由守卫百户负责安排完成，庖厨制作由管勾负责安排完成。至此，所有执事服役人员基本各有差事在身，其他无具体负责事宜的官员、学生、宗族等人都参加陪祭观礼。

第二节　祭孔之政教系统

祭孔之政教系统是指以皇室成员、朝廷官员及地方守令为中心的孔庙献祭体系，它是自上而下、层层推进的。国学及各地学校共同祭孔体现着一个全国性的对至圣先师的崇德报功之举，属于国家政教政策的范畴。

一　皇室祭孔

（一）皇帝亲祭

皇帝祭孔是从汉高祖开始的。汉室初兴，号称马上得天下，视《诗》《书》治国为无稽之论，为儒道所不容。而高祖谩骂儒者侮溺儒冠的行为，更被当作斯文大耻。然而过鲁一祀，却几尽抵消儒界所有的不快，甚至又有拿此举为刘邦曲意辩解者。尹起莘称："汉世四百年基业，其精神命脉盖在于此。"① 足见祭孔之举对一朝基业延续所具有的深远影响。

刘邦太牢祀孔后，东汉又有三位皇帝（明帝、章帝、安帝）亲临阙里祭孔。他们都是利用东巡之机临幸阙里，并祀孔子及七十二弟子。明帝祀毕，亲御讲堂，且命皇太子、诸王说经。章帝亦命儒者论难。祭孔活动与经学盛会一时并兴。

皇帝祭孔，在施礼者与受礼者之间，平衡的基点当置于何处？这涉及

---

①　夏良胜称："自古论者皆以高帝为不事《诗》、《书》之主也，臣察其微，恐亦未然。其初破楚时，鲁独不下，至其城犹闻弦诵声，谓其守礼义之国。今其过鲁而祀孔子之隆比于天子，且令侯王以下必谒而后从政。盖将以孔子为政教之宗也，夫岂不事《诗》、《书》者所为哉！惟其对陆贾之言，则曰'安事《诗》、《书》'，及贾陈说，每奏一篇，未尝不称善，夫岂真不事《诗》、《书》者！然则何为有是言也？昔刘安世谓'宋太祖最好读书，对群臣未尝文谈，盖欲激励将士之气。若自文谈，则将士以武健为耻，不肯用命，此高祖溺儒冠意也。'高帝心事千古，无人道破，安世及此，与司马光看曹操遗令相类，皆以诚也。"参见（明）夏良胜撰《中庸衍义》卷三，《景印文渊阁四库全书》第715册，第353页。另，尹起莘之语也见于此书。

一个皇权把握的问题。章帝时，就祭孔盛典到底是抬升了孔氏还是增辉了帝德，在皇帝与孔族成员间曾出现过正面交锋。章帝祠孔子及其弟子后，大会孔氏子孙，且询及孔僖："今日之会，宁于卿宗有光荣乎？"孔僖答曰："臣闻明王圣主，莫不尊师贵道。今陛下亲屈万乘，辱临敝里，此乃崇礼先师，增辉圣德。至于光荣，非所敢承。"①君臣的此番对答堪称古今以来有关君师关系讨论的经典片段。章宗以君俯师的姿态经由孔僖不卑不亢的反驳，终于归位到一个逻辑上的平衡。自此以后，"崇礼先师，增辉圣德"成为大多数帝王深采不疑的一条至理。皇帝祭孔，并不在于空托盛况，它更体现出了一种权力的谦卑。

魏晋南北朝以后，各政权相继在京师建立了孔庙，祭孔已不必长途跋涉，完全可以就近举行。这样，皇帝亲临阙里行祭的情况便大大减少，偶一行之，即为盛典。汉代以后，有这些帝王曾亲自到过鲁地祭祀孔子：北魏孝文帝、后周太祖、宋真宗、康熙、乾隆。②其中宋真宗是在封禅泰山后到曲阜行祭，清帝则上接汉代故事，大都是在巡狩之时至鲁行事。

孝文帝拓跋宏是一位执着的汉化追求者，他主政期间，汉化改革遍及于政府治理与世俗生活的方方面面。尊孔崇儒正是其汉化政策的灵魂所在。一位少数民族首领在各地武事尚未平息之际，即以文教为重，雄才大略可见一端。孝文帝到曲阜祭孔后，还做了很多细小的安排：诏封孔氏宗子为崇圣侯，给邑一百户，奉孔子祀；诏兖州为孔子起园，种柏，修饰坟垄，更建碑铭；拜孔氏四人、颜氏二人为官；诏兖州刺史举部内士人才堪军国及守宰治行，具以名闻；又诏赐兖州民爵及粟帛；等等。③不难看出，这些表彰优赐举措也是北魏迁都中原后所实施的安抚战略的一部分。

---

① （宋）范晔撰：《后汉书》卷七九上《孔僖传》，第2562页。

② 哪些皇帝曾到曲阜亲祭过孔子，各书给出的答案并不一样。自从《阙里文献考》把唐高宗、唐玄宗计算于内，后出者都信而不疑。间或也有将光武帝刘秀、北魏太武帝增入其中的。实际上这四位皇帝都没有亲祭，而是遣人致祭。光武帝建元五年征董宪过鲁，使大司空以太牢祠孔子；北魏太武帝太平真君十一年南伐至鲁郡，使使者以太牢祠孔子；唐高宗、唐玄宗都是封禅泰山后亲幸曲阜孔庙，但是从诏书看，高宗是"仍令三品一人以太牢（案：当为少牢）致祭"；玄宗为"宜令礼部尚书苏颋以太牢致祭"，均非亲祭。分别见《后汉书·光武帝纪》（第40页）、《魏书·世祖纪》（第104页）、《东家杂记》（第50页）、《册府元龟》卷五〇（《景印文渊阁四库全书》第903册，第26页）。

③ （北齐）魏收撰：《魏书》卷七下《高祖纪下》，第177页。

孝文帝祭孔，其用意又非只在崇儒而已。

后周太祖郭威在攻克兖州、击败对手慕容彦超后，入曲阜行祭。将要行礼时，左右官员劝阻之曰："仲尼，人臣，无致敬之礼。"太祖则称："文宣百代帝王师，得无拜之？"随即拜奠于祠前。[①]《礼记·学记》有云："凡学之道，严师为难。师严，然后道尊。道尊，然后民知敬学。是故君之所不臣于其臣者：当其为尸，则弗臣也；当其为师，则弗臣也。"郭威礼敬孔子，即是不欲以君臣关系待之。郭威的坚持也为他赢得了尊师重道的嘉誉，在孔庙祭祀史上树立了又一个皇帝礼敬孔子的典范事例。朱元璋对周太祖的果断表态极为激赏，称："朕深嘉其明断，不惑于左右之言。"[②] 另外，在《孔氏祖庭广记》中还记载了一则与太祖祭孔有关的神秘故事，其始末为："后周太祖广顺二年，亲征慕容彦超。至兖州城，将破。夜半梦一人，状甚魁异，被王者服，谓高祖曰：'陛下明日当得城。'及觉，天犹未旦，高祖私自喜曰：'梦兆如此，可不务乎！'因躬督将士戮力攻城。至午，而城果陷。车驾既入，有司请从王方鸣鞘而进，因取别巷，转数曲，偶过夫子庙，帝意豁然，谓近侍曰：'寡人所梦殆夫子乎，不然何取路于此？'因驻跸，升堂瞻礼神像，一如梦中所见者。高祖大喜，因叩头再拜。近臣或谓'天子不当拜异世陪臣'，高祖曰：'夫子，圣人也，百王取则，而又以梦告寡人，得非夫子幽赞所及耶？安得不拜！'因幸阙里，复再拜。"[③] 此则故事的真实性颇有可疑，显系附会之作。然而不管对孔氏家族抑或皇帝而言，它都具有存在的必要性。对于前者，将其祖进行神秘化处理在某种意义上也即是提升其祖地位的标志。对于后者，渲染孔子的阴佑之助，就是在宣扬自身合乎天意人心的优势所在。在割据混乱的局势下，这也是各个政权争夺正统话语权的一种常见方式。

宋真宗于大中祥符元年封禅泰山后，至曲阜礼谒孔子。酌献之前，在敬礼轻重上，君臣也有过讨论，有司本定为"肃揖"，真宗为了凸显严师

---

① （宋）王溥撰：《五代会要》卷八《褒崇先圣》，上海古籍出版社1978年版，第127页。

② （明）李之藻撰：《頖宫礼乐疏》卷一《历代褒崇疏》，《景印文渊阁四库全书》第651册，第29页。

③ （宋）孔传撰：《东家杂记》卷上，第55—56页。原文中的"高祖"实为"太祖"之误。

崇儒之意，最终定仪为“展拜”。[①] 祭拜孔子时，又命各官分别致祭于孔子父母、十哲、七十二弟子及从享先儒。此行，真宗兴致很高，祭毕孔子，又先后瞻拜了叔梁父堂和孔林。在孔林行走时，有树木拥路，臣下欲剪伐以取道，真宗未许，降辇自乘马到孔子墓前。在这里，真宗又设奠再拜，事后在墓侧憩息良久。随后而至的是大量追封与赏赐：追谥孔子为玄圣文宣王，追封孔子父为齐国公，追封孔子母为鲁国夫人，追封孔子夫人为郓国夫人；令有司以时修葺祠宇，给近便十户奉茔庙；亲制《文宣王赞》，命廷臣分撰颜子以下诸赞，刻石庙中；命以御香一盒并银炉及亲奠祭器留于庙；授四十六代孙圣佑奉礼郎，圣佑及近属赐出身者六人；赐孔氏家钱三十万、帛三百匹；赐孔氏庙经史数卷，给庙守兵四十人。[②] 这是一次覆盖面极广的优崇盛举，此后清帝亲临祭享，也仿此例遍行赏赐。

康熙二十三年（1684），皇帝亲释奠于阙里。在礼仪安排上，礼官建议依太学释奠仪行两跪六拜礼，不用乐。康熙全部否决，自行定为行三跪九叩头礼，用乐。命大臣分献四配、十哲及两庑从祀先贤先儒，命国子监祭酒祭告启圣祠。巡抚率司道府等员、衍圣公率各博士及族人等皆陪位。祭毕，御诗礼堂讲筵，随从诸臣及陪位诸人皆入堂听讲。讲毕，召衍圣公孔毓圻特加期勉：“至圣之道与日月并行，与天地同运，万世帝王咸所师法。下逮公卿士庶，罔不率由。尔等远承圣泽，世守家传，务期型仁讲义，履中蹈和，存忠恕以立心，敦孝弟以修行，斯须弗去，以奉先训，以称朕怀，尔等其祗遵毋替。”[③] 遍览先圣遗迹，特书“万世师表”四字，悬额殿中。将御用曲柄黄盖伞留于庙中。又驾幸孔林诣先圣墓，行一跪三叩头礼。林地促狭，准予开扩。同一天，赐衍圣公、五经博士及族人等书籍、貂蟒、银币各有差，并陆续叙录陪祀观礼人员。事后，孔毓圻感念恩典之盛，特上请编纂《幸鲁盛典》一书，以垂示皇帝崇儒重道之至意。书成，康熙又作序冠其端。

乾隆是所有躬临展谒皇帝中最特殊的一位，他曾先后八次入鲁，八次

---

① 拜与揖是两种不同级别的施礼方式，毛奇龄把它们的区别简单归结为：“晋、宋仪注，贱人揖，贵人拜，拜、揖异等。”参见（清）毛奇龄撰《经问》卷一，《景印文渊阁四库全书》第191册，第16页。

② （清）孔继汾述：《阙里文献考》卷一六《祀典第三之三》，第349—350页。

③ 同上书，第352页。

施礼。最后一次为乾隆五十五年（1790），其时他已是八十岁高龄。乾隆统治期间，文治武功皆有所成，尊崇孔子的活动也达到了巅峰。第一次去鲁地是乾隆十三年（1748），此行初衷，皇帝在谕令中表述得很清楚："朕幼诵简编，心仪先圣，一言一动，无不奉圣训为法程。御极以来，觉世牖民，式型至道，愿学之切，如见羹墙。辟雍钟鼓，躬亲殷荐，而未登阙里之堂观车服礼器，心甚歉焉！"①为了敬申景行之志，乾隆决定步其祖后尘，亲诣临享。到达曲阜当天，在地方要员及衍圣公、孔继汾的陪同下，乾隆先入大成殿上香，行三跪九叩头礼以告至。第二天，正式行释奠礼，三献九拜一如康熙二十三年仪。祭毕，又仿康熙留曲柄黄盖例，也将曲柄黄伞留于庙中，封赐俱遵康熙故事。其他几次亲祭分别行于乾隆二十一年（1756）、乾隆二十二年（1757）、乾隆二十七年（1762）、乾隆三十六年（1771）、乾隆四十一年（1776）、乾隆四十九年（1784）、乾隆五十五年（1790）。第三次行礼后，乾隆赐七十一代衍圣公孔昭焕高祖母黄氏"六代含饴"匾额。黄氏为六十七代衍圣公孔毓圻的夫人，赐匾时七十二代孔宪培已经出生。第五次到曲阜，乾隆见供案上陈列的祭器都为汉代所造，色泽不古，诏颁内府所藏周朝铜器十件，这也就是后来孔庙最为珍贵的"十供"。第六次临祭是因为朝廷出兵平定了大、小金川，是以告捷于先师。

乾隆在祭孔一事上登峰造极的表现，无疑让孔氏子孙欢心鼓舞。《阙里文献考》成书于乾隆二十七年，录及皇帝的前三次盛举。在当时，这已经是无上的荣耀了，是以孔继汾在卷末的述言中极称："历稽幸鲁之事，惟汉四见，唐再见，元魏、后周及宋祇一见，下逮元、明，更无可纪者。又其间皆以便道展谒，或仍遣官代祀，其仪节亦无足称焉。若夫特下德音，专修谒奠，礼明乐备，至再至三，则亘古以来，惟我皇上一人而已。书之于册，使知由孔子而来二千三百余年，而获睹尊崇之极轨者，则自我皇上始。"②如若八次毕录，或者眼见这位已入耄耋之年的皇帝还踯躅而来，则不知孔继汾会更做如何感言了。

皇帝祭孔更常见是在国学中进行的。晋成帝开此先例，咸康元年

① （清）孔继汾述：《阙里文献考》卷一六《祀典第三之三》，第355页。

② 同上书，第367页。

(335)，帝讲《诗经》通，亲释奠。其后，穆帝、孝武帝受一经后，都行礼如咸康故事。北魏孝文帝改谥孔子为文圣尼父，先遣官至孔庙行册礼，其后亲行拜祭礼。孝文帝之后，后继帝王又多有行之。

亲祭在唐高祖看来，其意义就在于“以明逊志”[1]。其“逊”在某种意义上说就是一种由内而外的低姿态。这种权威的低姿态在后世也主要通过行礼轻重来体现。宋以前皇帝行何礼，并无记载，据仁宗朝礼臣称“旧仪止肃揖”[2]，不知是否能概全貌。“肃揖”根据毛奇龄的考证和解释，就是直身站立但引手行礼。[3] 仁宗未从旧仪，特再拜于孔子，再拜即行两次跪拜礼。以后历朝大都行再拜礼。

对“再拜”礼再加提升的是朱元璋。洪武十五年（1382），文庙新成，太祖将至国子监释菜。礼臣以为孔子虽称至圣，但是人臣，皇帝行礼，一奠再拜即可。太祖不从，称：“朕以为孔子明道德以教后世，岂可以职位论哉？……今朕有天下，敬礼百神，于先师之礼宜加尊崇。”[4] 于是定议：皇帝服皮弁服，执圭。诣先师神位前再拜，献爵后，又再拜。太祖从之，始行四拜礼。先是视学祭先师，不设牲，不奏乐。至成化元年，始用牲、用乐。视学之日，乐设而不作。[5]

清代又在四拜礼的基础上再次加重。顺治九年（1652），皇帝视学释奠，行二跪六拜礼，乐三奏，酒一献。此后视学释奠皆依此例行二跪六拜礼，至阙里亲祭则行三跪九叩头礼。以往皇帝临雍，奏章仪注中皆记为“幸学”，雍正以为此是臣下尊君之词，非尊师重道之义，下诏自后一律改为“诣学”。雍正四年（1726），亲诣文庙释奠，自称献帛、进酒“立献于先师之前，朕心有所不安”[6]，更为凡进爵、帛，皆跪献，并令记档遵行。以往视学释奠不读祝，此次并依康熙二十三年亲祭先师阙里例，增读祝仪。雍正十一年（1733），亲诣先师庙释奠，始行三上香礼。乾隆三年（1738），亲诣先师庙释奠，始亲行三献爵礼。此前太常寺奏进的仪注

---

① （清）董诰等编：《全唐文》卷三《令诸州举送明经诏》，中华书局 1983 年版，第35 页。

② （元）脱脱等撰：《宋史》卷一一《仁宗本纪》，第 217 页。

③ （清）毛奇龄：《经问》卷一，《景印文渊阁四库全书》第 191 册，第 15 页。

④ （明）李之藻撰：《頖宫礼乐疏》卷一《历代褒崇疏》，《景印文渊阁四库全书》第 651 册，第 28 页。

⑤ （清）张廷玉等撰：《明史》卷五五《礼志》，第 1405 页。

⑥ （清）孔继汾述：《阙里文献考》卷一五《祀典第三之二》，第 343 页。

是，皇帝躬献爵一次，其亚献、三献之爵豫设于案，即提前摆放在案桌上，不亲献。

（二）遣官致祭

皇帝如不亲祭，则遣官祭祀，由遣官代表皇帝行礼。遣官祭以光武帝刘秀开其端，后世相继仿之。初时遣祭只行于阙里，后来也推行于国学，且很快成为国学主要的祭孔形式。阙里遣祭一般在国家有重大庆典的时候才遣官行之。国学遣祭则要随意一些，既有常时遣祭，也有临事遣祭。常时遣祭即每年春秋二丁、每月朔望，定时遣官祭于国学。临事设祭则无规律可循，大都依事类而行，也与皇帝的兴教理念与崇儒布局有关。

阙里遣祭多以事告之，如国家鼎革、登极改元、时巡、升祔、上徽号、庆圣节、武功告成、祷祀百神、增谥更封、增损祭秩等。遣告祭文大都皇帝亲颁，一朝之中，若相告之事相同，则祭文有采同篇者。同样是登极遣祭，明孝宗弘治元年祭告孔子文与宣宗宣德元年同、世宗嘉靖元年文与宪宗成化元年同、康熙七年文与顺治八年同，等等。遣祭一般是遣大臣或皇子诣阙里行礼，惟有一次比较特殊，是差遣五十五代衍圣公孔克坚赴庙祭告。孔克坚与朱元璋的过节前文已有叙述，此次遣祭就是发生在这样的背景下。洪武二年（1369），孔克坚尚滞留在京城，而皇帝正酝酿着“罢天下通祀孔子”，是以孔克坚成了担任此次往告的人选。临行前，太祖语于克坚：“先师孔子，万世帝王之师。尔先师子孙，祭必歆享，宜致诚洁，以副朕怀。”与此同时，皇帝还派通赞舍人张汉英为副共往。克坚奉命祭告，祭文为：

> 惟神昔生周天王之国，实居鲁邦。圣德天成，述纪前王治世之法，虽当时列国鼎峙，其道未行。垂教于后以至于今，凡有国家大有得焉。自汉之下，以神通祀海内。朕代前王统率庶民，目书检点，忽睹神之训言：“非其鬼而祭之谄也”、“敬鬼神而远之”、“祭之以礼”，此非圣贤明言，他何能道？故不敢通祀暴殄天物以累神之圣德，兹以香币牲齐粢盛庶品式陈明荐，惟神鉴焉！①

① （清）孔继汾述：《阙里文献考》卷一七《祀典第三之四》，第376—377页。

此次所罢通祀直到洪武十五年方才恢复。

国学遣祭始于魏正始间，皇帝每通一经，即遣太常以太牢释奠于辟雍。正始行事并未成为后世定例，国学行礼仍以学官自祭为主，未有命祀。贞观间，许敬宗等人提出，国家小祀尚且遣使行礼，释奠既准中祀，据理也应禀命行事。是以国学开始遣官释奠，凡行礼皆冠以“皇帝谨遣”之名。

国学遣祭在明代受到格外重视。在遣祭规格上，由以往的普通遣祭提升至降香遣祭、传制遣祭。在遣祭次数上，每年除了二丁遣官外，每月朔望，还遣内臣降香。[①] 普通遣祭不举行什么特殊仪式，只是在祝辞里写入“皇帝谨遣”四字。降香遣祭（传制遣祭）则要百官公服侍班，皇帝皮弁服升座，降香（宣制），献官捧香（领制）由中道出，吹导乐前引至庙学。天下祭事除了郊庙、社稷、山川诸神皇帝亲祀外，其他中小祀大都遣官致祭，但这其中又只有帝王陵寝与孔子庙用传制特遣。清代国学春秋二祭均遣大学士行礼。

（三）皇太子祭孔

太子祭孔始于晋朝。惠帝、明帝为太子时，及闵怀太子，每受一经，皆行礼于太学，太子进爵于先师，中庶子进爵于颜回。[②] 南北朝时，皇太子讲经通，也常致祭于孔子。唐礼，皇太子释奠，自为初献，以祭酒亚献，司业终献。有时皇太子致祭于国学，也通常兼行齿胄之礼。开元七年，皇太子齿胄于学，原定宋璟亚献、苏颋终献，临享之时，玄宗思齿胄当以胄子行之，遂诏三献皆用胄子，祀先圣如释奠礼。唐以后，齿胄之礼已然不见。宋景定二年（1261），理宗意图重振此礼，他在诏书中写道：“虎闱齿胄，太子事也，此礼废久矣。如释奠、舍菜之事，我朝未尝废也。然尊师敬道又不可拘旧制，可令太子谒拜焉。”[③] 太子谒拜孔子后，即上请以张栻、吕祖谦等人从祀，从之。然而此礼只在当朝一行而已，后世除辽太祖曾诏皇太子春秋释奠外，其他则罕有所闻。

① （清）宋际、宋庆长撰：《阙里广志》卷三《礼乐》，《儒藏》影印本，四川大学出版社2005年版，第65页。

② （唐）房玄龄等：《晋书》卷二一《礼志下》，第670页。

③ （清）秦蕙田撰：《五礼通考》卷一一八《吉礼》，《景印文渊阁四库全书》第137册，第854页。

礼祭孔子之风在魏晋南北朝蓬勃兴起，无论亲祭、皇子祭还是遣官祭，各种形式大量涌现。此时兴起的礼祭之风大都可归为饮水思源式的答报之举，通常是主祭者学成一经后加以实行。自唐以后，先受经后施报的形式几乎不见，代之而起的是一种更具有普遍意义的常礼形态，随时随事而行。后世国学释奠以遣官祭为主要形式，皇帝、皇子行礼则间或有之。皇帝幸学，往往都是先拜谒先师，后命大臣讲经。

皇帝与孔子的关系，或者说王朝与孔子的关系，在很多帝王的谕令里有着清晰的表述：

> 宣尼以大圣之德，天纵多能，王道藉以裁成，人伦资其教义。(唐高祖语)[①]
>
> 弘我王化，在乎儒术，能发挥此道启迪含灵，则生民以来未有若孔子者也。(唐玄宗语)[②]
>
> 孔子之教，非帝王之政不能及远；帝王之政，非孔子之教不能善俗。教不能及远，无损于道；政不能善俗，必危其国。(元文宗语)[③]
>
> 朕惟治统缘道统而益隆，作君与作师而并重。(顺治语)[④]
>
> 五伦为百行之本。天、地、君、亲、师，人所并重；而天、地、君、亲之义，又赖师教以明。自古师道，无过于孔子，诚首出之圣也。(雍正语)[⑤]

不难看出，帝王们在孔子面前的谦卑之举完全基于孔教对王道的辅佐羽翼之功，而褒崇之举背后的彼此取誉之效则是逻辑必然。

同样是对二者关系的认识，陆世仪的想法却非常奇怪，他称："圣人之道固天下万世至尊至贵之道，然亦必俟时君世主尊之信之而后行，则报本推崇之道，儒者亦不可不讲也。愚意自尧、舜、禹、汤、文、武而下，

① （清）秦蕙田撰：《五礼通考》卷一一八《吉礼》，《景印文渊阁四库全书》第137册，第925页。

② （宋）孔传撰：《东家杂记》卷上，第37页。

③ （清）宋际、宋庆长撰：《阙里广志》卷一三，第229页。

④ （清）孔继汾述：《阙里文献考》卷一七《祀典第三之四》，第380页。

⑤ （清）文庆、李宗昉等纂修：《钦定国子监志》卷首一《圣谕》，第10页。

如汉之高帝及孝武、孝明，宋之理宗，皆不可不祀于圣庙前殿。凡丁祭，则先展拜于前殿，而后入而成礼于孔子。盖道重则尊信吾道者亦重，此固报本推崇之道，亦化导时君世主之一机也。”[①] 如若说世仪本意在于促使更多的明君圣主加入到崇儒大军中，其法未免曲折；若说其意属于爱屋及乌式推衍从而带出了君师并重的效果，其法又走向了崇儒重道的反面。是以世仪此议反不如帝王们行得透彻。

帝王礼敬孔子更大程度上是一种治政表态，或者说是树立一个风向标，诚所谓“其崇与否，于圣人无所损益，但以此见时君崇儒重道之意何如耳”[②]。为了显示对孔子的格外推崇，统治者们也常常在国令之外另为其开绿灯。唐肃宗上元元年（760），帝以岁旱罢中小祀，而文宣之祀至仲秋犹行于太学。洪武三年（1370），朱元璋以岳镇、海渎、城隍诸神号褒渎僭差，皆革而正之，惟孔子封爵仍旧，且命曲阜庙庭每年官给牲币以供祀事。在帝王们的祭孔盛举之中，也自有利害存在，李东阳曾对此进行了阐发：“夫明乎祭之义则可以治国，使天下知孔子之当祭，则知其道之当行，为臣必忠，子必孝，无不复其性者。”[③] 君道与师道彼此借重如此。

二　官员、学生祭孔

地方官员祭祀孔子从汉初就开始了。《史记·孔子世家》有云：“高皇帝过鲁，以太牢祠焉。诸侯卿相至，常先谒然后从政。”[④] 这也是新官莅任谒庙的开始。在东汉，鲁相莅政及任职期间都会到孔庙祭孔。郡县学校行乡饮酒礼，也以犬祀周公及孔子。

鲁相祭孔，可考见于孔庙碑文的就有韩敕谒庙拜墓及史晨到官礼孔子宅等。除了敬行拜礼外，鲁相还负责庙宅的修整工作，诸如修饬旧宅、制作礼乐器、修补墙垣大沟、治理渎井、种梓守冢等。另外鲁相还负责将孔

---

① （清）陆世仪撰，张伯行编：《思辨录辑要》卷二一，《景印文渊阁四库全书》第724册，第183页。

② （明）宋濂等撰：《元史》卷一六三《张德辉传》，第3824页。

③ （明）李东阳撰：《怀麓堂集》卷九六《代告阙里孔子庙记》，《景印文渊阁四库全书》第1250册，第1029页。

④ （汉）司马迁撰：《史记》卷四七《孔子世家》，第1946页。

庙诉求上达于朝廷，如设百石卒史以守庙、春秋享礼出王家钱等。

东汉时，阙里孔庙中的春秋祭礼基本上由鲁相主持，它与褒成侯的祭祖活动互不干扰，各骋一途。魏明帝时，时任鲁相希望继续此一成规，于是上言朝廷请求恢复长吏奉祀之礼。鲁相之意，宗圣侯虽得封嗣，但行祭不脱于子孙祭祖范畴，不足以尽国家尊孔至意，是以应将孔子列入地方奉祀之列。经讨论，博士傅祗以为："宗圣适足继绝世，章盛德耳。至于显立言，崇明德，则宜如鲁相所上。"他同意在阙里孔庙中举行两种类型的奉祀活动。司空崔林则回驳道："宗圣侯亦以王命祀，不为未有命也。……以大夫之后，特受无疆之祀，礼过古帝，义踰汤、武，可谓崇明报德矣，无复重祀于非族也。"① 这是一个涉及对孔庙祀典如何定位的问题，即把祭孔囿于一族之祀还是提升到国家祀典之位。崔林显然反对将祀孔范围予以扩大。他的言论冒犯了大多数儒教人士的情感基准，是以历遭诟病。萧常作《续后汉书》，对此事的评论为："方曹氏割据时，鲁相请官，别给牲牢，长吏奉祀，可谓知所本邪。彼崔林者何人，乃云自周公上至三皇且不与祀秩，孔子以大夫而受无疆之祀，其礼过矣，且有重祀非族之讥，是足与语推尊之意哉？"②

北齐、隋时，祭孔范围开始扩大并逐渐规制化。扩大的表现是郡学也立孔颜庙并定期行礼。规制在北齐定为：新立学必释奠，每岁春秋二仲常行其礼。每月旦，学官及诸学生拜孔揖颜。日出行事，不至者记之为一负，雨沾服则止。郡学中的孔颜庙，博士以下也要每月一朝。隋朝的祀规为：国子寺每年以四仲月上丁释奠于先圣先师，州郡学则以春秋仲月释奠。此一时期的主祭者主要是各学学官，参加者主要是学生。

唐代开始将释奠行礼正式纳入国家政教行为范畴，献事全部由品官担任。国学释奠以皇帝谨遣为名，国子祭酒、司业、博士任献官；州学以刺史、上佐、博士为献官；县学则以县令、丞、主簿及尉为献官。此后历朝国学的常遣官屡有变化，或以三公，或以翰林院官，或以内阁大臣，或以大学士，其间采择不一而足。

国学释奠有专官统领专员安排，不致流于荒怠。地方州县却要草率得

① （晋）陈寿撰：《三国志》卷二四《魏书·崔林传》，第681页。

② （宋）萧常撰：《续后汉书》卷四〇，《景印文渊阁四库全书》第384册，第655页。

多，行礼不谨、祭品不备、仪注错谬、纪律不严的情况比比皆是。唐代孔子庙已兴于天下，地方学庙成为行礼的普遍场地。每逢春秋上丁，全国各地都要殷殷敬拜。以行礼规模论，这当是一场盛大的典礼。然而盛势之下也有着衰弛的一面，郡邑纵有孔子庙，却并不能完全备礼。守令入庙行礼，往往只是春秋丁日方才一至，略陈简馔以应朝文，全无立教兴学之意。甚至于有长官并不亲至，仅派吏人代替行礼来虚应故事。[①] 上行下效，官员弛教荒礼，生员便有借词逃避的现象发生。为此当局经常下颁一些禁令来进行儆戒："岁时朔望，行礼唯谨。各处承流宣化之官，及合庙谒人员，或有慢怠不至者，官吏罚俸，人士罚直。"[②]

在清代，上层礼敬孔子极盛，郡县释奠却大都难尽如人意，几近于废。对此，毛奇龄发过一番感慨："庙学之设创自朝廷，而其仰承之以延其制，则实州县所有事也。第居官递代，等之传舍，典礼十废，难于一举。况三征九赋，惟正不足，必欲统会计以戒功事，则秦瘠而越视之矣。"[③] 礼事不兴，也是官制、财政等多方面原因挤兑的结果。

在如此背景之下，违礼失礼的情况也就颇多。常见的失礼现象有：神位所标封爵差讹错乱，神位位次失序，祭器、祭品额数不足，祭者神色不庄，祭者不习升降俯仰之节、陪祀者喧闹不休，等等。甚至有与祭生徒饮酒而误事于俎豆之间者、有不与祭而受胙肉者、有祭未毕即争夺祭品者，不堪其指。[④] 鄂尔泰作《丁祭木榜》，其中就用极尽诙谐的语气批评了苏州府各学的丁祭乱象：

---

① 真宗景德四年（1007），太常院李维奏："诸州释奠，长吏不亲行礼，非尊师重教意。"参见（清）孔继汾述《阙里文献考》卷一四《祀典第三之一》，第 261 页。

② （元）不著撰人：《庙学典礼》卷二《文庙禁约骚扰》，《景印文渊阁四库全书》第 648 册，第 364 页。

③ （清）毛奇龄撰：《西河文集》卷七〇《重修萧山县儒学文庙碑记》，第 808 页。

④ 《礼部志稿》（《景印文渊阁四库全书》第 598 册，第 523 页）载："宣德元年，山东德平县儒学训导年富言：'天下儒学，文庙以崇祀先圣先贤，近年以来十哲及两庑从祀先贤，或置木牌，或为塑像，或封爵差讹，或位次失序。甚者缺而不置，皆有司因循所致。'《欧阳修全集》（第 566 页）载："其牲酒器币之数，升降俯仰之节，吏又多不能用，至其临事，举多不中而色不庄，使民无所瞻仰。"《元史・虞集传》（第 4175 页）载："殿上有刘生者，被酒失礼俎豆间，集言诸监请削其籍。"《明史・胡惟庸传附陈宁传》（第 7909 页）载："（洪武六年）八月，遣释奠先师。丞相胡惟庸、参政冯冕、诚意伯刘基不陪祀而受胙，太祖以宁不举奏，亦停俸半月。"（宋）陈淳撰《北溪大全集》（《景印文渊阁四库全书》第 1168 册，第 877—878 页）载："祭器大不备，为侮神甚矣。""牲牢大不备，为渎神甚矣。"

本司寄任屏藩，职司典守。前当春祀，亲斋沐而宿黉宫。先令儒官校簿书而正祭器，乃知牲或已经宰杀，既失告全致洁之心，物岂尽属肥鲜，更乖博硕蕃滋之义。且或常供不充夫额数，任先后以那移。珍品不给于豆笾，致菹盐之双叠。兼闻各学亦有同风，罔知共竭精诚，但解奉行故事。甚或尊罍未备，畴详牺象之形？琴瑟虽陈，莫辨敔篪之状。观者如墙如堵，任彼咆哮。祭者似醉似痴，颓然聋瞽。一尊才荐，满庭之燎火无辉。三献未终，两庑之灯光已灭。于是登铏与簠簋，悉凭颠倒几筵。鹿兔共榛菱，似遇摩空鹳雀。分甘夺脆，半由承祭之家人。拍地喧天，遑问纠仪之斋长。骏奔髦士，霎时怒发冲冠；舆隶膳夫，一片雄心染指。凡此之类，罪岂胜诛？皆由约束之不严，亦以躬行之未善。不思主爵则身膺一命，幸得窥圣人门墙，分献则职任半毡，原以司泮宫俎豆。平时未知化导，已蒙尸位之讥。临事不克恪恭，难免旷官之咎。①

出现这些问题的原因，除了有司敷衍令则外，也与礼文更制滞后有关。释奠礼文都是国家统一颁发，各学统一遵行。一朝之中，礼典更制频繁发生，礼文颁降次数却是历历可数，甚至只一行之，仪注更订远远跟不上礼制变更速度。另外，朝廷颁降的礼文，并非各处学庙都能见到镂版，其中疑惑之处又鲜有能作出解释者，是以因陋就陋，相循难改。纵有嗜礼如朱熹者屡次申乞检会礼文颁降于下，也只能行于一时，不能维持长久。

在清朝，各省会之区还一度出现了一种“祭丙”的怪象。雍正五年，责令废止，下颁谕令为：“每岁春秋丁日致祭先师，大典攸关，今直属惟司道府州县官于丁日行礼，其督抚学政则先期一日于阶下行九叩礼，谓之祭丙，典制所无。且行礼前后仪节，涤器视牲，晋爵奠斝，仪文隆备。今但行九叩礼，亦未允协。嗣后省会之祭，督抚学政于上丁日率司道府州县各官齐集致祭，学政考试各府即于考试处圣庙行礼，各府州县守土正印官

① （清）赵弘恩等监修，黄之雋等编纂：《江南通志》卷八七，《景印文渊阁四库全书》第509册，第458页。

率属于本处圣庙行礼，毋得简率从事，均照典制遵行。”①

三　祭孔人员组成

一场祭事的组织工作非常琐碎，其中的关键是，是否所有的人员都能遣派到位。由于参与人员较多，涉及各个部门各个行业，是以协调与落实非常重要。柳宗元曾担任监祭使，他对整场祀事的人员统筹进行了描述：“故将有事焉，则祠部上其日，吏部上其官，奉制书以来告，然后颁于有司，以谨百事。太常修其礼，光禄合其物，百工之役，先一日咸至于祠而考阅焉。御史会公卿有司，执简而临之。故粢盛、牲牢、酒醴、菜果之馔，必实于庖厨；钟鼓、笙竽、琴瑟、戛击之乐，簨虡、缀兆之数，必具于庭内；樽彝、罍洗、俎豆、醆斝之器，必洁于坛堂之上。奉奠之士，赞礼之童，乐工、舞师洎执役而卫者，咸引数其实。”② 足见其中的分工配合之效。

国学及各地学庙释奠的参与人员及执事名单，唐、宋礼文并无详细记载，现在能够看到的，只是明、清两朝留下的记录。

明代释奠供事并执事人员包括：正献官一员，太学钦遣，外郡以所在长官充之；东西哲分献官二员；东西庑分献官二员；崇圣祠正献官一员，分献官二员；陈设乐器并乐舞生位一名，生员充之；省牲引赞二名；监宰煮并造羹醢官二员，太学用助教、掌馔二员，外郡以生员充之；监馔二员，太学用学正、学录二员，外郡以生员充之一；提调瘗坎二名；正坛陈设并收及司香烛锁钥四名；东庑陈设并收及司香烛锁钥二名；西庑陈设并收及司香烛锁钥二名；监礼官二员，太学有御史二员，外郡无；引班官二员，太学用序班二员，外郡无；通赞二名；引赞一名；司执灯笼二名，太学用监生，外郡无；司罇一名；罍洗一名；至圣先师孔子位前进帛并捧帛诣瘗坎一名，执爵三献并彻馔捧馔诣瘗坎一名，读祝并捧祝诣瘗坎一名；复圣颜子位前进爵并捧帛诣瘗坎一名，执爵三献并彻馔捧馔诣瘗坎一名；宗圣曾子、述圣子思子、亚圣孟子开列同颜子；东哲引赞一名，进帛并捧

① 清乾隆十二年敕撰：《钦定大清会典则例》卷八二，《景印文渊阁四库全书》第622册，第595页。

② （唐）柳宗元：《柳河东集》卷二六《监祭使壁记》，第433页。

帛诣瘗坎一名，执爵三献并彻馔捧馔诣瘗坎一名；西哲开列同东哲；东庑引赞一名，司罇、罍洗二名，进帛并捧帛诣瘗坎一名，执爵三献并彻馔捧馔诣瘗坎一名；西庑开列同东庑；进胙受胙一名；进爵受爵一名；司乐器、祭器洗涤并收官一员，太学用助教，外郡生员充之。[①] 国学共计六十六人，外郡共计六十人。

清代释奠，献官包括：先师庙正献官一员，东西哲分献官二员，东西庑分献官各二员；崇圣祠正献官一员，东西配分献官各一员，东西庑分献官各一员；土地祠正献官一员。

执事人员包括：大成殿，先师孔子位前司香、帛、爵官各一员；配位四案，每案司香、帛、爵官各一员；十二哲二总案，司香、帛、爵生各三名；司罇生四名；奉福生一名；接福生一名；奉胙生一名；接胙生一名。两庑，东庑先贤先儒二总案，司香帛爵生各三名；西庑先贤先儒二总案，司香帛爵生各三名；司罇生二名。崇圣祠，正位五案，司香帛爵生各三名；四配位二总案，司香帛爵生各三名；东庑二案，司香帛爵生各三名；西庑一案，司香帛爵生三名。大成殿侍班二员，陈设二员，东西庑陈设各一员，东西角门各一员，持敬门二员，大成门二员，致斋所二员；崇圣祠侍班二员，陈设一员，东西庑陈设二员，大门二员，崇圣祠司罇生四名；土地祠司香爵生二名，司壶一名。都察院、鸿胪寺各派官员于祀前一日监视宰牲；祭日，都察院派官员监礼，鸿胪寺派官员导引陪祀各官。[②]

两朝的释奠名单各有侧重，相较之下，以明代开列执事人属更为细致详明。除了这些有着明确典守事宜的执礼者外，祭礼现场还有另外一个群体，这便是陪祀观礼人员。

公共祀典大都有陪祀观礼者，他们也是祭礼流程安排的一部分。孔庙陪祀在早期主要由学官、学生组成，各地学庙、书院也有以儒生士绅充之。朱熹在沧州精舍建成后，率领诸生行释菜礼，即有“邻曲长幼并来陪礼”。[③] 相较地方学庙，国学陪祀要正规得多，尤其是明清以后，什么人才能参加观礼都有着严格的规定。

---

① 根据《頖宫礼乐疏》中的一份祭祀榜文列出。参见（明）李之藻《頖宫礼乐疏》卷三，《景印文渊阁四库全书》第651册，第89—90页。

② （清）文庆、李宗昉等纂修：《钦定国子监志》卷二六《礼志二》，第409页。

③ （宋）黎靖德编：《朱子语类》卷九〇《礼七》，第2296页。

明代相继出台了一系列陪祀条例。洪武四年定陪祀准入条件，太常寺参考《周礼》及唐制，定武官四品、文官五品以上得入陪，但其人若有老疾、疮疥、刑余、丧过、体气，则不得参加。六科都给事中本来只参加大祀陪祭，后来一应祭祀俱得参加。又规定陪祀官祭前也要斋戒。洪武八年定陪祭官员及供事官员人等出入庙门都要悬带牙牌，无者不许入内。[①]朝廷还多次申令陪祀官入庙不得怠慢纵弛、喧哗无忌。

六品以下文官原不在陪祀之列，嘉靖九年（1530），户部主事梁乔升建议在京文臣全部参加陪祀。此议被采纳，并实行一次，可是效果不佳。六品以下官员人数众多，喧杂无章，而行礼之地又狭隘难容，混乱异常。加之各新增陪祀官员既无祭牌，又无祭服，纷扰其中，极为不谐。是以嘉靖十二年再定陪祭之制，六品以下官员先期一日赴学庙瞻拜行礼以伸尊师之意，礼毕即回，不再于祭日陪祀。文官五品以上、六科都给事则照例具服陪祀。[②]

康熙二十五年（1686）规定国学春秋释奠，武官二品以上并入陪祭。直省遇圣庙祭祀，武官协领副将以上陪祀行礼。文武官员设位，文官在东，武官在西。四十九年（1700），又令直省府州县春秋致祭先师，凡同城大小武官均照文官例入庙行礼。[③]

明清之时，每逢皇帝视学，陪祀群体中还有一部分特殊人员，这便是提前奉旨进京的衍圣公及贤儒后裔。这一惯例是从明代宗景泰元年开始的，此一年，皇帝幸学，衍圣公孔彦缙率三氏子孙观礼，礼毕，赐座彝伦堂听讲。[④] 其后，皇帝视学，先期召衍圣公等赴京陪祀成为定制。陪祀之后，皆有赏赐。清代又将观礼子孙扩充至孔、颜、曾、孟、仲等各氏。

---

① （明）林尧俞等纂修，俞汝楫等编撰：《礼部志稿》卷二五，《景印文渊阁四库全书》第597册，第465页。

② （明）林尧俞等纂修，俞汝楫等编撰：《礼部志稿》卷八五下《罢孔庙陪祀渎亵》，《景印文渊阁四库全书》第598册，第525页。

③ 清乾隆十二年敕撰：《钦定大清会典则例》卷八二，《景印文渊阁四库全书》第622册，第594页。

④ （清）张廷玉等撰：《明史》卷二八四《孔希学传》，第7297页。

第五章　孔庙祭品与祭器

第一节　历代孔庙品物沿革

一　孔子正位祭品沿革

从孔子去世以后到汉朝建立以前二百多年的时间里，孔氏子孙后裔及弟子后学岁时奉祀并无中辍，然而其祭祀的具体情况，由于史乏记载，已无从考证，其间供奉的祭品，自然也就难以追寻。

今天我们能够看到的最早有关孔庙祭品的记载，是司马迁在《史记·孔子世家》中所留下的一句简短的话，“高皇帝过鲁，以太牢祠焉”。太牢即牛、猪、羊三牲具备，是相当高的规格。由汉高祖所开创的这一太牢之礼，也成为后世皇帝取则和依循的标准。

到了东汉时期，随着祭孔之礼日益常规化，有关祭品的置办情况也逐渐出现了较为详细的记载。据《后汉书·礼仪志》记载，明帝时期，郡、县、道等地方学校行乡饮酒礼，都要祭祀圣师周公、孔子，祭品用犬。桓、灵之时，政府行辟雍礼前，也要先祭孔子，品物规格为太牢。[①] 这是各级学校的祀孔情况。阙里的祭孔情况有三类：一类为皇帝亲临阙里祭孔，一类为褒成侯四时奉祀，一类为地方官祀孔。褒成侯以食邑奉祖祀，所用品物当有定例，但无可考见；明帝、章帝、安帝亲祭，依章帝以太牢祠孔子及七十二弟子例[②]，明帝、安帝当也用太牢；地方官祭孔初时往往要自出俸钱置办食馔，并无公用酒脯。桓、灵间，鲁相乙瑛、史晨相继以

---

① （宋）洪适撰：《隶释 隶续》，第18页。“故事，辟雍礼未行，祠先圣师。侍祠者孔子子孙。大宰、大祝、令各一人，皆备爵。大常丞监祠，河南尹给牛羊豕鸡□□各一。大司农给米祠。”《鲁相史晨祠孔庙奏铭》载：“臣伏见临辟雍日，祠孔子以大牢，长吏备爵。”

② （宋）范晔撰：《后汉书》卷七九上《孔僖传》，第2562页。

公费请。乙瑛之请，汉廷准令春秋享孔庙，“出王家钱，给大酒直”。[①] 可是由于有司崇奉不虔，此令很快成为一纸空文。十七年后，史晨再请。得到的答复是准依社稷礼，出王家谷供祀孔子。社稷礼有二等，京都洛阳以太牢祭，郡县则以羊、豖祭。[②] 依此，地方官祭于阙里孔庙，或用少牢礼。

后世行释奠礼，凡是出自朝廷，无论皇帝亲祭还是遣官祭，大都用太牢。[③] 阙里也大都用太牢。地方学庙则用少牢。只有宋、金两个政权有所例外。两宋较为复杂，在北宋，虽然偶有太牢致祭的景象出现（真宗追封孔子为玄圣文宣王，曾遣官以太牢致祭），但是在整个国家祭祀格局中，释奠隶属中祀，祭用少牢[④]。南渡后，高宗将释奠升为大祀，礼如社稷，牲用太牢。[⑤] 宁宗执政，重新改释奠为中祀，用牲之礼也就重新变为少牢。金朝在礼乐建设上虽然常常自称祖法唐制，但大都剿袭宋制，其所定释奠品物，也以羊、豖两牲为准。[⑥]

祭品规格除了体现于牲牢制度上外，还主要体现于笾、豆的数量上。唐代定制，国学释奠用笾十、豆十，地方释奠用笾八、豆八。[⑦] 后朝大都沿用此制。只有两次短暂的例外，一次为宋高宗绍兴十年（1140）至宁宗庆元元年（1195）间，一次为明宪宗成化十二年（1476）至嘉靖九年（1530）间。两次更动刚好都延续了五十多年，都将笾豆之数增至十二，这是祭孔品物规格的最高峰。第一次更动因于高宗的升祀之举，第二次更动因于周洪谟的疏请。高宗朝的释奠升格依行政区划而有所不同，国学升为大祀，牲用太牢，笾豆十二；州县学则升为中祀，牲用少牢，笾豆为十。宪宗朝的释奠升格是无等差的，十二笾豆之数、八佾之舞不仅适用于

---

① （宋）洪适撰：《隶释　隶续》，第 18 页。

② （晋）司马彪撰，（梁）刘昭注补：《后汉书志》第九《祭祀下》，点校本《后汉书》，第 3200 页。

③ 也有个别例外，如唐高宗于乾封元年至曲阜，追赠孔子为太师，即以少牢祭。

④ 参见《政和五礼新仪》。宋礼与唐礼的不同之处在于，两朝虽然都定释奠为中祀，但用牲规格却完全不同，一者用太牢二，一者只用少牢。

⑤ （宋）李心传撰：《建炎以来系年要录》卷一三七《绍兴十年七月甲子》，第 2203 页。

⑥ （金）不著撰人：《大金集礼》卷三六《宣圣庙》，《景印文渊阁四库全书》第 648 册，第 270—271 页。

⑦ （唐）萧嵩等奉敕撰：《大唐开元礼》卷一《俎豆》，《景印文渊阁四库全书》第 646 册，第 47 页。

国学，也通行于天下府、州、县。

宪宗朝释奠礼上的通用规格遭到了祭酒章懋及夏寅等人的反对，他们以为：“十二笾豆、八佾，惟太学可行，天子所自祭也。郡县皆行之，祭礼僭矣。”[①] 这些意见在当时并未引起什么反响。后来，嘉靖皇帝作出降格，部分地修正了这一无等差的礼制，两京国子监用十笾、十豆，府、州、县学用八笾、八豆，但乐舞仍然通用六佾。值得一提的是，光绪末年也升释奠为大祀，并规定各省文庙礼器、乐舞及崇圣祠祭品与太学同。[②] 照例其笾豆之数也当升为十二。可是此令不久，清朝国祚行尽，其贯彻执行情况也就不难得知。

南北朝时，百姓的菲薄之馔也献进孔庙，孔庙在民间呈现出了少有的开放繁盛景象。这里说的开放是指孔庙的大门不再仅仅只是向政府官员、学士大夫们敞开，也吸纳了更广范围、更多数量的平头老百姓，甚至是妇女。这一扩充人群迅速地将诸多民俗信仰带进了孔庙，使得此处热闹非凡。当时的景象可以从孝文帝的一纸禁令中遥想推知，其文为：“顷者淮徐未宾，庙隔非所，致令祀典寝顿，礼章殄灭。遂使女巫妖觋，淫进非礼，杀生鼓舞，倡优媟狎，岂所以尊明神敬圣道者也。自今已后，有祭孔子庙，制用酒脯而已，不听妇女合杂，以祈非望之福。犯者以违制论。其公家有事，自如常礼。牺牲粢盛，务尽丰洁。临事致敬，令肃如也。牧司之官，明纠不法，使禁令必行。”[③] 很显然，孝文帝并不能确保一下子将民间力量驱逐出去，所以他允许了民祭的存在，只是在形式上作了一些限定。当政局不稳区划不定时，自上而下的管制相对薄弱，孔庙中的民间力量便有了生存的空间。疆土区划一旦确立，孔庙的正统性标志便重新显现，统治者还是希望把这里打造成一块圣地。

类似的情况也发生在宋、金对峙时期，金世宗大定二十六年(1186)，朝廷下发了一则相似的诏令：“曩者边场多事，南方未宾，致令孔庙颓落，礼典陵迟，女巫杂觋淫进非礼。自今有祭孔庙制，用酒脯而

---

① （清）谷应泰编：《明史纪事本末》卷五一《更定祀典》，第77页。

② 赵尔巽等撰：《清史稿》卷八四《礼志》，第2540页。

③ （北齐）魏收撰：《魏书》卷七上《高祖纪》，第136页。

已，犯者以违制论。”[①] 所谓的“女巫杂觋淫进”“妇女祈非望之福”之类，虽然无契于“正统”，却毕竟为森严的孔庙注入了一丝温情的民俗气息。

二　从祀位祭品沿革

孔子所享牲牢、笾豆之数取定后，配享、从祀案前的品物也得以落实。实际上，在自唐代至元代的很长一段时期里，孔子与配享所享受到的待遇是完全一样的，差别只体现于正、配位与从祀者之间。开元礼：先圣、先师皆用十笾十豆，各享一太牢。从祀诸坐各用二笾二豆；州县释奠，先圣、先师各用八笾八豆，无从祀位。[②] 宋、金、元沿袭唐制，只是牲俎更为少牢。金朝又将从祀诸坐笾豆数皆减为一。由开元礼所开创的这一等差制在传袭过程中也遭到过质疑。宋神宗元丰间，京兆府学教授蒋夔指出，配享者颜回虽然大贤，毕竟为弟子，却享受着相同的祭品，这极为不恰当。他认为应当降杀颜子所享受到的祭品规格，以避其师之尊。其他弟子则应在颜子礼仪基础上再降一等。此一建议被礼官以“配享、正享，礼意本一，仪物祝献，亦难降杀”的理由驳回。[③]

明代以后，伴随孔庙祭祀体系的成熟，正位、配享、哲位、两庑的受享待遇也出现了等级森严的阶梯式差别。正位案上摆十笾、十豆，牲牢用一牛、一羊、一豕；四配每案八笾、八豆，各用一羊、一豕；十哲每案四笾、四豆，东五位共享一豕，西五位共享一豕；两庑每案四笾、四豆，东庑共享一豕，西庑共享一豕。需要说明的是，此处的计数是以案桌为单位，而不是以人为单位。四配往往得以一人一案，十二哲则或一人一案，或二人一案不等；先贤先儒则或二人一案，或三人一案、或四人一案不等。不管一案供几人享用，每案的祭品种类基本一定，祭品等差也是大致不变的。

在祭祀实践中，从祀贤儒由于在享祀体系中的地位较低，人数又多，供奉给他们的祭品往往得不到应有的重视和保障。在唐代，七十二贤及二

---

① （宋）宇文懋昭撰，崔文印校证：《大金国志校证》卷一八，中华书局1986年版，第250页。

② 参见《大唐开元礼》卷五四《国子释奠于孔宣父》；卷一《俎豆》。

③ （宋）李焘撰：《续资治通鉴长编》卷二九六《神宗元丰二年》，第7202页。

十一儒还享受着二笾、二豆的待遇。至五代，从祀者面前已“皆无酒脯”[①]。后唐长兴三年（932），在国子博士蔡同文的奏请下，方才恢复。然而据前文蒋夔奏议所透露的信息：熙宁间，十哲已列为从祀，各应设笾二、豆二、俎一、簠一、簋一，但地方学庙释奠，除了颜回外，其他九人皆无祭品供应。[②] 这也说明祭礼在执行过程中，最可能受忽略的仍是从祀者们。南宋时，朱门弟子陈淳在《上传寺丞论释奠五条》中也提到了这一照顾不周的现象：

> 先圣先师三正位，每位前祭器一分，该用笾十、豆十、俎八、簠二、簋二、爵一，皆初献官所亲临，固不敢阙次。而东西壁从祀十位，每位前祭器一分，该用笾二、豆二、簠一、簋一、俎一、爵一，迫近先圣先师左右，亦初献官目之所及，犹不敢不具。至两庑从祀九十八位，每位前祭器一分，亦如东西壁之数，为其初献官目所不接，大故欠阙，往往九十八分之中，所见存只有三之一。故于陈设不能一一均备，或两神位共祭器一分，或三四神位共祭器一分，亦有神位对空而无所设者。使诸贤神明一皆来格，则全分者如何其独安？共分者孰先而孰后？无分者得无空视乎？其为侮慢可谓极甚，大有失礼经备物尽志之义。[③]

祭器有缺，祭品也极为吝惜，从祀者位前的牲肉有时只是“羊腥肉一小片，豕腥肉一小片，如指面大，可谓至极微鲜”。

祭品安排上的疏漏，大都是有司奉行不力造成的，也与祀典本身的教条有关。祀典教条主要是指一些僵化的祠令规定。明代宗景泰六年（1455），太常寺卿许彬在奏议中就涉及这一点：“每岁仲春、仲秋上丁释奠，先师孔子及四配、十哲牲牢品物固无容议，其两庑从祀先贤共一百九位，止用豕二只、枣栗各二十二斤、黍稷各三升三合有奇、形盐五斤十两，每品分为一百九分，甚俭薄，不足以尽尊崇之意。请增豕四只、枣栗

---

① （宋）王溥撰：《五代会要》卷八《释奠》，第128页。

② （宋）李焘撰：《续资治通鉴长编》卷二九六《神宗元丰二年》，第7202页。

③ （宋）陈淳撰：《北溪大全集》卷四八《上传寺丞论释奠五条》，《景印文渊阁四库全书》第1168册，第877—878页。

各五十斤、黍稷各一斗、形盐五十斤，庶于礼为称。”① 此议得以通过。

三　历朝释奠品物数量及花费

唐朝：释奠共有九十五坐，共享二太牢。其中先圣孔子、先师颜回两坐，各牺尊二、象尊二、山罍二、笾十、豆十、簋二、簠二、登三、铏三、俎三；从祀诸坐各笾二、豆二、簋一、簠一、俎一。其中，尊皆加勺、幂，有坫以置爵。②

宋朝：释奠共享牲羊五、豕五。正位、配位各设笾十、豆十、登二、铏三、簠二、簋二、俎三；从祀位各设笾二、豆二、簋一、簠一、俎一。③

金朝：释奠共享牲羊三、豕三；笾二百二十三件；豆二百二十三件；簠六件；簋六件；俎六件；牺尊三，象尊七，尊皆有坫；爵九十四；罍二；洗二；篚二；勺二；幂六；正位、配位及从祀位用席子约三十幅，放尊、罍的席子用苇，放俎、豆的席子用莞；酒二十瓶。其中，文宣王、兖国公、邹国公每位笾、豆各用十，牺尊一，象尊一，簠、簋各二，俎二，祝版各一；七十二贤、二十一先儒每位各笾一、豆一、爵一。两庑各设象尊二。④

元朝：释奠共享牲，牛一、羊五、豕五；祝版三片；币三段（用绢，各一丈八尺长）；共享铜器六百八十一件，宣和爵坫一，豆二百四十八，簠、簋各一百一十五，登六，牺尊、象尊各六，山尊二，壶尊六，著尊、太尊各二，罍二，洗二，龙勺二十七，坫二十八，爵一百一十八；共享竹木器三百八十四件，笾二百四十八，篚三，俎一百三十三；共享陶器三件，瓶二，香炉一；共享笾巾二百四十一幅，簠、簋巾二百四十八幅，俎巾一百三十三幅，黄巾蒙单十幅。其中，正位、配位各用笾十，豆十，簠二，簋二，登三，铏三，俎三，有毛血豆；从祀各用笾二，豆二，簋一，簠一，俎一。⑤

明朝：祝版二片；礼神帛十四段；降香二十五斤（二十六炷）；二斤

---

① （明）林尧俞等纂修，俞汝楫等编撰：《礼部志稿》卷八五下《增孔庙从祀祭品》，《景印文渊阁四库全书》第598册，第523页。

② 依据《大唐开元礼》卷一、卷五四整理。

③ 依据《政和五礼新仪》卷一二一《释奠文宣王仪》整理。

④ 依据《金史》卷三五《礼志》整理。

⑤ 依据《元史》卷七六《祭祀志》整理。其中所用铜器数量累计共为六百八十六件，与原文计数不符，暂存疑。

烛六枝；八两烛十四枝；四两烛三十二枝；二两烛二百九十枝；一两烛九枝；掌乐教师四两烛二枝；三生管事二两烛十二枝；芡实六斤八两；栗子八十三斤十两；红枣七十三斤四两；榛仁七斤十二两；菱米八斤四两；香油六斤；砂糖八两；白盐十六斤；盐砖一斤八两；大笋八两；花椒十两；茴香十两；莳萝五两；醢鱼六斤；槁鱼六尾；木炭十斤；祝版本纸四张；包版黄白榜纸各二张；包香帛黄咨纸二十张；白咨纸十四张；毛血帖表黄纸一张；糊窗白咨纸一千五百张；稻米五升；黍米一斗八升；稷米一斗八升；粱米五升；白面四斤；荞麦面四斤；葱、菁菜、芹菜、韭菜各二捆；酱一大罐；酒二十六瓶；木柴三千斤；苇把二束（每束重二十五斤）；犊二只（用黝）；猪十九口；北羊六只；鹿一只。以上各品并启圣祠在内。

共用祭器：登一个；铏二十二个；白磁爵四十九个（包括福酒爵一个）；毛血盘十三个；簠、簋、笾、豆碟七百六十四个；酒尊十二个；馔盘十四个；篚厢十四个；锡爵九十五个；祝座二座；祝桌二张；孔桌六张；案桌十四张；馔桌十四张。①以上各器并启圣祠在内。

清朝：礼神制帛三十二端，均白色，一丈八尺长。正位用绫，余用绢；牛二（一解五体供正位，一作羹）；羊二十二；豕二十五；鹿三（用作脯醢）；兔十（用作脯醢）；大槁鱼十，小槁鱼十；黍一斗；粱一斗；稷七斗五升六合；稻七斗五升六合；麦一斤；荞一斤；菁菜一百七十六斤（春用大，秋用小）；芹菜一十五斤；韭菜九十二斤；板栗二百零七斤；榛十六斤四两；红枣一百七十二斤；菱二十七斤；芡三十二斤；葱十一斤八两；盐砖二十二斤；白盐四斤；糖四两；椒、茴、莳萝各五两；笋二十片；鲜鱼二十五斤；酒醴，酌献用一百三十六瓶，涤鱼用二瓶（春季比照秋季减一瓶）；圆柱降香三十五炷（其一长九寸径八分，余均长七寸径五分）；降香丁八两者一百九十四；细降香二十块；大烛一斤，六枝；中烛六两，二十八枝；次中烛三两，四十四枝；小烛二两，二百八十六枝；次小者一两，九枝；煮牲用薪，春祭用二千六百一十斤，秋祭用二千斤；焚帛用苇一百二十斤；秋祭用冰一百一十二块，春祭不用。②

以上只是指国学举办一次丁祭大典大概所需的物品数，全国每年春秋

---

① 依据《太常续考》卷五整理。

② 依据《钦定国子监志》卷三三《礼志九》整理。

两祭总共的财政支出要大得多。在开创了全国祭孔先例的唐代，时任夔州刺史的刘禹锡曾经为释奠花费算了一笔账，他从夔州算起：

> 谨按本州四县，一岁释奠物之直缗钱十六万有奇。举天下之郡县，当千七百不啻，羁縻者不在数中。凡岁中所出于经费过四千万，适资三献官饰衣裳饴妻子而已，于尚学之道无有补焉。①

这是唐代释奠大约所需的预算支出。刘禹锡建言之时，学校废弛、生徒衰少，他希望将此笔费用节省下来以供学校养士之用。此议在当时不为所用，其后还被世儒讥为“损上下之仪以为食者矣”②。李之藻也将刘禹锡的建言视为：“独与寒毡老儒校蝇馋之算，此之谓不知务。”③

随着孔圣“万世之祀”的延续，减损祭孔费用的提议已销声匿迹，反倒是以品物之丰盛为荣者居多。吕元善就是用另外一种语气叙述了明代祭孔所耗费的牲帛数量：

> 天下庙祀凡一千五百六十余处，每岁春秋二祭，用牛六、猪二万七千有奇、羊五千八百有奇、鹿二千八百有奇、兔二万七千有奇、币帛二万七千六百余段。以释氏言之，则杀生者有罪。今吾夫子享万世之祭祀，每岁杀牲不下六万二千六百有奇，而其子孙愈加荣盛，视梁武帝之饿死台城而家无噍类者，为何如哉？④

这种以正统自居以杀牲为炫耀而反嘲于佛教教义的做法未免不经，难掩其中的夸饰之气，却代表了很大一部分儒教徒的判断标准。

阙里孔庙每年举行的祀事，次数最多，花费也极高。据孔德懋女士称：“每次祭祀前，孔府都要忙着卖粮食。内宅后面有粮库，整天整天地

---

① （唐）刘禹锡：《刘禹锡集》，第253页。

② （宋）应椿年：《增学天记》，收入（宋）林表民编《赤城集》卷六，《景印文渊阁四库全书》第1356册，第664页。

③ （明）李之藻：《頖宫礼乐疏》卷一，《景印文渊阁四库全书》第651册，第16页。

④ （明）吕元善纂辑：《圣门志》卷之一上《圣贤表传》，第121—122页。

往外运粮食。据一九二八年统计全年用于林庙祭祀费约一万六千元。”①20世纪前三十年以银圆为本币，每元折合现今人民币三四十元，即孔府每年用于祭祀的费用约人民币五六十万元，数目确实比较惊人。

在一些特殊的年头，如天灾，现实的窘迫往往考验着祭品的供给情况，有时不得不停办一些礼事。也正是这一时候，某项礼事的保留与否，更能体现出它的受重视程度。唐肃宗上元元年（760）大旱，朝廷公示罢行中、小祀以节俭开支。释奠恰列于中祀，当停行。但其年秋，太学照旧礼拜于先圣先师。② 不难看出朝廷对此礼的重视程度。雍正十一年（1733），同样发生了灾荒，各省州县因除荒而纷纷裁减祭祀费用，文庙祀典也在其列。为了防止释奠祭品过于简薄，雍正特意下颁了一道谕令：

> 国家祀典最宜慎重，至于文庙春秋祭仪，尤宜备物尽诚以申敬礼。闻外省州县中有因除荒而裁减祭祀公费者，朕思银数若少难于措办，或致祭品简略，或致派累民间，二者均未可定。著各省督抚查明所属，若有除荒减费之州县，即于存公银内拨补以足原额。务令粢盛丰洁，以展朕肃将禋祀之诚。③

这些特殊的恩典更彰显了执政者对儒学一脉的倚重。

州县释奠初时只祭孔子、颜回，从宋代开始，众从祀人员也加入进来。这个庞大的群体给实际祭祀操办带来了很多麻烦，可以想见，如果祭祀场地不够宽敞、祭品不够丰盈，就很难做到起码的备物尽诚的地步，而州县学庙也确实很难达到这一要求。鉴于祭祀现状，朱熹曾提出了一个国学、州学、县学受祭者层级递减的方案：

> 然按祀令，二月、八月上丁释奠文宣王，以兖国公、邹国公配，牲共用羊一，豕一，白币三而已。今其所祀，乃近一百余位，一羊一豕，无缘可以遍及。又州县庙学窄狭，祭器献官多不及数，往往不能

① 孔德懋：《孔府内宅轶事》，天津人民出版社1982年版，第40页。

② （宋）欧阳修、宋祁：《新唐书》卷一五《礼乐志》，第376页。

③ （清）孔继汾述：《阙里文献考》卷一四《祀典第三之一》，第322页。

一一分献，其为欺慢，莫甚于斯。窃欲更乞相度申明，许令州学免祭两廊诸位，县学并免殿上十位，庶几事力相称，仪物周备，可以尽其诚敬。①

此议并未被采纳，以至于其弟子陈淳仍要继续为改善从祀案前祭品、祭器的短缺问题而不断上请。明初，宋濂也主张只在国学中祭七十子，不再并设于地方学庙，此议也未成行。

在祭品的置办与管理上，各朝都设置了相关的追责制度。倘若置办不得法，经办人轻则遭受物质惩罚，重则遭受身体惩罚。明、清律例中都有明确规定：操办大祀牲牢、玉帛、黍稷之属不如法者，笞五十；一事缺少者，杖八十；一座全缺者，杖一百。中祀有犯者，罪同。② 可是，律例所起的大都只是威慑之效。国学祀事，约束既严，短缺现象自然很少发生。地方祭祀，敷衍之处虽多，却也年年循行于法外。

祭品的大小之状、多寡之数很容易判断，也是督察工作的主要内容。但是，祭品所用原料及制作之法是否中式却很难细究，常常得以蒙混过关。这种情况积累下来，就沦落至谬误沿袭、是非难辨的地步。宋高宗绍兴间就发生了一起被错误定性的案例："诏太常丞任文荐、博士张廷实、鲍彪各罚铜十斤。先是临安府桩办大祀礼料，沿袭既久，率多缪误。如蜃醢用蛤蜊肉、蠯醢用石决明，则大小差讹。鹿臡、雁醢，皆以肉与骨杂为之，则臡醢不辨。鲍当用干，而今以生鲫。麷当用熟，而今以生麦。以至蚳醢用鼋鱼、豚拍讹为豚白，如此非一。文荐等皆按经传厘正，而御史台劾其擅行移易。诏令分析，文荐等援据甚白，乃有是命。仍令礼部审办改正，然卒不能易。"③ 任文荐等人热心于祭品的厘正工作，却被冠以擅行移易的罪名，可见袭误之深。

无论何种礼事，它所需用的祭品终归还是要从劳苦大众中得来，各种

① （宋）朱熹撰：《晦庵先生朱文公文集》，收入《朱子全书》第廿一册，第930—931页。

② （明）徐溥等奉敕撰，李东阳等重修：《明会典》卷一二九，《景印文渊阁四库全书》第618册，第308—309页；（清）徐本、三泰等纂，刘统勋等续纂：《大清律例》卷一六，《景印文渊阁四库全书》第672册，第617—618页。

③ （宋）李心传撰：《建炎以来系年要录》卷一七八《绍兴二十有七年十二月丙午条》，第2951页。

扰民名目也便由此滋生。对于扰民现象，朝廷也略有防备。宣德间，用于享祭太庙而预养的牺牲瘠小不堪，太常寺上请改从顺天府购买备用。宣宗同意了这一提议，却也顾忌到可能会发生借机扰民的事情，因此特意叮嘱府尹王骥：

祭享大事，牺牲不成，岂可以祭？若低价抑买，人情不怿，神亦不享，尔宜慎之。①

逼取祭品而扰民的情况普遍存在于各府州县学庙的春秋两祭上。正统三年（1438），礼部尚书胡濙上言：

比者湖广桂东县知县范忠奏，本县每遇春秋祭孔子，教官生员逼取祭仪扰民。各府州县亦有此弊。请定其仪：猪每只重七十斤，山羊每只重二十斤，绵羊每只重三十斤。其余品物不系出产者，鹿、兔以羊代，榛、栗以土产果品代。令风宪官严加禁约教官训导生员，毋责取扰民。②

此议虽著为令，但这一试图通过明确祭品数量来限制地方豪夺的办法并不是根本的解决之策，也很难发挥效用。

第二节　祭品名义及制作法

一　祭品细项及相关要求

祭品主要包括币帛、酒醴、牲牢、粢盛及其他水土庶品，基本上涵盖了天地间的各式物产。这是备物尽诚原则的充分体现。供奉物品虽以种类齐全为最佳，却并不强求悉依礼文规定网罗必致，非时非地所产的难得之物，可以随取易得相类之品代之。鹿主产于江南，北方难觅，则可以其他

① （明）林尧俞等纂修，俞汝楫等编撰：《礼部志稿》卷三《祭祀之训》，《景印文渊阁四库全书》第597册，第53页。

② （明）林尧俞等纂修，俞汝楫等编撰：《礼部志稿》卷八五下《定孔庙祭品数》，《景印文渊阁四库全书》第598册，第523页。

牲肉如羊等替之；大板栗、榛子主产于北方，南方不备则可以胡桃、桂圆、莲实等替之。但这种灵活的处理方式需要适当把握，不能随便滥用。

洪武间曾发生一件因滥用替代品而被定罪的案件。溧水县供祀事，鹿为当地易得之物，却舍而不用，弃鹿醢而以牛醢代。御史按实量罪奏之，礼部以“凡祭品缺者，曾许以他物代之”为据，不欲以此加罪。朱元璋借题发挥，不仅要求认真处决此事，而且出台了一道祭品宁缺毋滥的敕令，其令为：

> 今溧水有鹿可求，而在官者不能用心，御史按实各当其罪。朕思人之在世也，若不畏神，人是不可教者也。世之所以成世者，惟人与神耳，岂可慢耶？今令天下有司，凡四时祭祀之物若在典故，境内所产及商人货而有之者，务备不许有缺；若境内不产及商人无贩卖者，从缺毋代。尔礼部遍告诸司如敕。①

这实际上是将以往的权代之法一笔勾销了。可是，供奉敬意毕竟还是需要通过看得见的形式来予以表达，丰富的祭品仍是表达的主要途径，这便注定了朱元璋此令不能通行长久。英宗正统间，重新恢复了替代之法，“令祭丁品物，非其土产者，鹿以羊代，榛、栗以所产果品代”。②

祭品数量在各类礼仪制度中都有相应规定。纵使没有具体的礼文指导，礼家们也还提出一个“相称”的标准，相称就是要与身份等级相对应。晏平仲祀其先人，豚肩不掩豆，这与其身份不符，是以君子以为隘。除了这一标准外，在祭品筹办上，制礼者还为行礼人群设置了一个两极限度：俭者“不以菲废礼”，奢者“不以美没礼”③。贫而不能去礼，去礼则敬意不见，用朱熹的话就是：“随家丰约，如一羹一饭皆可自尽其诚”④；富而不能过礼，过礼则礼义不见，如《聘礼》志云“币厚则伤

---

① （明）姚士观等编校：《明太祖文集》卷七《命礼部谕有司谨祭祀》，《景印文渊阁四库全书》第1223册，第73页。

② （明）林尧俞等纂修，俞汝楫等编撰：《礼部志稿》卷二九《凡祭器礼物乐舞》，《景印文渊阁四库全书》第597册，第548页。

③ （汉）郑玄注，（唐）孔颖达疏：《礼记注疏》卷五一《坊记》，《十三经注疏》，第1620页。

④ （宋）黎靖德编：《朱子语类》卷九〇《礼七》，第2312页。

德，财侈则殄礼”[①]。释奠所用祭品数详载于祠令中，实际奉祀却常有阙略，尤其是州县之学。这种阙略现象在谨严者眼中便是渎神之举。丘濬曾语气激烈地批评道：

> 以卮酒豆肉而欲享先代之圣贤，俗食亵味而欲享太上之天帝，所持者狭，所求者广，一何无忌惮之甚邪！[②]

在操作层面上，祭品置办亦非小事。

筹备祭品大都要本着必丰必洁的原则，丰洁既是内在诚敬之心的一种外在表现，也是量度诚意的一种外在尺度。内尽其志外尽其物才能称得上备礼。这些精心置办的物品，往往会在祝文中被特意提及，诸如“肴羞具洁，罔有不备”“奉酒醴牲牢以荐馨香”“备兹蠲吉，式荐馨香”等等，从而邀请神灵安心享用。祭品庶物是人心诚意的载体，诚意不在，则品物皆为虚设。朱元璋曾告诫下属：“夫祭祀之道在诚敬。孔子曰‘祭如在，祭神如神在’，苟有一毫诚敬未至，神必不格。而牲醴、庶品皆为虚文，又焉用祭？”[③]

（一）币帛

奠币或奠帛是初献礼的重头戏，其中币与帛可互用，都是丝织品。《说文·巾部》云：“币，帛也。从巾，敝声。”[④] 郑玄对币的解释是：“币，人所造成以自覆。币，谓束帛也。爱之斯欲衣食之，君子之情也。是以享用币，所以副忠信。”[⑤] 束帛就是将数段帛一一卷起，再将此数卷扎成一捆，以便于摆放。

---

① （清）王先谦：《荀子集解》卷一九《大略篇》，第488页。

② （明）丘濬：《大学衍义补》卷五五《秩祭祀》，《丛书集成三编》。

③ （明）林尧俞等纂修，俞汝楫等编撰：《礼部志稿》卷一《虔祀之训》，《景印文渊阁四库全书》第597册，第19页。

④ （汉）许慎撰，（清）段玉裁注：《说文解字注》，第358页。

⑤ （汉）郑玄注，（唐）贾公彦疏：《仪礼注疏》卷二四《聘礼》，《十三经注疏》，第1074页。

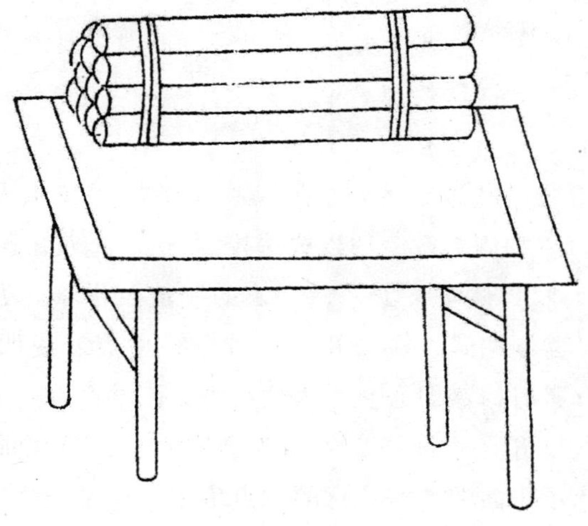

图 5—1　束帛图①

祭帛的颜色各随事类，如祀上帝用苍色，地祇用黄色，社稷用黑色，五星五色，岳镇、四海、陵山随方色，其他神祇则大都用白色。周制，始立学释奠先圣先师，行事必以币，但色状不可晓。后世释奠帛皆用白色，长一丈八尺。为示区别，正位用绫，余位用绢。

祭帛为奉神之物，所以织造时，要谨严以待。洪武间，曾规定："（织工）选无过犯疾恶工匠，更衣沐浴，焚香浣手，然后用工。其人专供此役，更无别差。"② 明、清之时，根据祭祀种类，祭帛被分成数等。这几等帛统名为制帛，如郊祀制帛、礼神制帛、奉先制帛、展亲制帛、报功制帛等。

并非所有的祀事都具备用帛的资格，一般来说，只有大祀、中祀才能用帛，小祀则只用牲醴。祀事上所用的祭帛大都分两份，一为礼神帛，一为供奉帛。礼神帛即献官行礼时所奠之帛，祭毕，帛与祝版等一块或焚或瘗。供奉帛则与祭品一起预设于案桌之上。

民国间，由于受佛教影响，阙里将祭祀用的帛也称为"贝"，而且名

---

① 采自（宋）陈祥道《礼书》。

② （明）林尧俞等纂修，俞汝楫等编撰：《礼部志稿》卷三《祭祀之训》，《景印文渊阁四库全书》第597册，第53页。

实已有很大差别。孔德懋在《孔府内宅轶事》中写道："祭祀中的帛是一纸筒内放丝绸、棉花，叫做'贝'，祭祀完，下殿后要由主祭将'贝'送到大殿后面的'焚贝祠'烧掉。"①

（二）酒醴

供祭祀所用的酒醴即五齐、三酒，要由专门的技术人员制作。《周礼》中的酒正即"掌酒之政令，以式法授酒材"，"辨五齐之名"，"辨三酒之物"。② 酒人则具体负责五齐、三酒的制造及供奉。五齐、三酒皆用秫稻曲糵酿制。酿制法式，在《礼记·月令》中有着说明："乃命大酋：秫稻必齐，曲糵必时，湛炽必絜，水泉必香，陶器必良，火齐必得。兼用六物，大酋监之，毋有差贷。"③ 大酋为酒官之长，与《周礼》中的酒人职同。这里指出了用曲酿酒需注意的六点事项，即要选择成熟的谷物，投曲要及时，浸煮过程要时刻保持清洁，酿酒用的水质要好，器皿要用烧制优良的陶器，炊煮的火候要适宜。这段记载称得上是对古代酿酒技术的科学总结。

五齐味薄，三酒味厚。至敬不尚味而贵多品，是以祭祀既设三酒又设五齐。《礼记·郊特牲》有云："酒醴之美，玄酒明水之尚，贵五味之本也。"④ 明水即《周礼》司烜氏以鉴取于月之水；玄酒即水，其色黑，是以名之玄。上古无酒，以水当酒，故称玄酒。后世虽备五齐三酒，但仍以本初之物为贵，是以供祀事，盛明水、玄酒的酒尊被奉为上尊。李之藻曾对这几种名数难分的液态祭品进行了有层次的说明：

> 太古以明水为礼，其后乃有玄酒。玄酒变而为泛齐，泛者，滓浮而上泛也。又变而为醴齐，醴者，滓汁相将而一体也。二者最浊。次则盎齐，盎者，滃滃然葱白色也。又次则缇齐，缇者，成而红赤色也。又次沈齐，沈者，成而滓沈也。三者差清。此五者皆酒之始而未

① 孔德懋：《孔府内宅轶事》，第38页。

② （汉）郑玄注，（唐）贾公彦疏：《周礼注疏》卷五《酒正》，《十三经注疏》，第668—669页。

③ （汉）郑玄注，（唐）孔颖达疏：《礼记注疏》卷一七《月令》，《十三经注疏》，第1383页。

④ （汉）郑玄注，（唐）孔颖达疏：《礼记注疏》卷二六《郊特牲》，《十三经注疏》，第1455页。

可以言酒，但曰剂而已矣。三酒则以饮矣，给其材故辩其物。事者，方事于精漉也。昔者，久酿而熟也。清者，澄之而可饮也。祭祀之有五齐，以神事也；有三酒，以人养也。[①]

这段话辨析较明，可以一解后学者的名物之惑。若用现在的说法，五齐三酒是根据酿造时间长短来进行分类的。酿制时间越短，酒越浑浊，所以只能称“剂”，还算不上是酒。酿制时间长的酒才可以饮用，而且要加以过滤，所以又称清酒。

各朝释奠所用酒醴，无论在种类上还是陈设位置上，并不完全一样。唐礼之中，五齐三酒并不全具，且齐、酒皆设于堂上，混而无别。牺尊盛醴齐，象尊盛盎齐，山罍盛清酒，皆为酌尊。[②] 宋礼，设酌尊于殿上前楹间，牺尊盛泛齐，象尊盛醴齐。不酌之尊分设两处：太尊、山尊设于神位前，分别实以泛齐、醴齐；著尊、牺尊、象尊、壶尊设于殿下，分别实以盎齐、醍齐、沉齐，三酒。[③] 元朝沿用宋制。明、清虽设牺尊、象尊、著尊等器，但其中所盛为何酒，却并未说明，又或许已无五齐三酒之别，所设皆为清酒。不管怎样，祭酒必须是特别酿制的，不得沽买于集市。

（三）牲牢

牲牢是祭品中的大项，也是筹备工作的首务。祭祀所用牲，其大小都有一定之规，不是随意挑选的。古代牛的大小，是通过角的粗细长短来衡量的，“祭天地之牛角茧栗，宗庙之牛角握，宾客之牛角尺”[④]。楚昭王问祀牲大小，观射父答道：“郊禘不过茧栗，烝尝不过把握。”王曰：“何其小也?”对曰：“夫神以精明临国者，故求备物，不求丰大。”[⑤] 祭天地用的牛比较小，其角如茧如栗。祭宗庙用的牛稍大，但其角大小也不能超过

① （明）李之藻：《頖宫礼乐疏》卷三《五齐三酒诂》，《景印文渊阁四库全书》第651册，第105页。

② （唐）萧嵩等：《大唐开元礼》卷五四《国子释奠于孔宣父》，《景印文渊阁四库全书》第646册，第384页。

③ （宋）郑居中等：《政和五礼新仪》卷一二四《皇太子释奠文宣王仪上》，《景印文渊阁四库全书》第647册，第624页。

④ （汉）郑玄注，（唐）孔颖达疏：《礼记注疏》卷一二《王制》，《十三经注疏》，第1337页。

⑤ 徐元诰：《国语集解》，第516—517页。

手能握过来的限度。可见，不同的礼事，所用牛的大小是不一样的，祭牛也并非是越肥大越好。后世往往流于世俗之好，专以硕大为上选。明宪宗成化间，南京太常寺少卿刘宣即上言批评及此："我朝准古，祭用太牢，然必小犊者，盖取茧栗义也。今南京内外诸司动以牛小筈责养牲者，殊戾礼制。"①

通过角的大小来对祭牲进行取舍，一者判断标准比较模糊，再者只适用于三牲中的牛，不具普及性。所以为简便起见，后世改用称重量来取代了以往的目测标准。根据《千年孔府的最后一代》中的记载：祭牛要用全黑、体壮、一百斤重、没有拉过犁的乳牛，羊须用三十斤重的白羊，猪须用八十斤重的纯黑色猪。②

凡是牛、羊、猪等，色纯者称为牺，体全者称为牷，始养者称为畜，将用于祭称为牲。牺牲以身体健康、毛色纯一者为佳。不同的礼事，所用牺牲的颜色是不一样的。依礼，祀昊天上帝当用苍犊，五方帝各依其方用方色犊，大明用青犊，夜明用白犊，社稷用黑犊。如果有的毛色实在难以寻觅，可用别的纯色代替。

牺牲选中之后，先要放在专门的牲舍中喂养一段时间，然后才能用于祭祀。这段饲养过程在祭祀话语中有一个专称，叫"在涤"。一般而言，大祀所用牲要专门喂养九十天，中祀三十天，小祀十天。③若主司喂养不如法，出现牺牲瘦弱或致死的情况，责任人要受刑罚惩治。挑选牺牲时要额外多挑一头副牲，即替补牲，以备正牲遇有不测。省牲之时，如果听到犊牛鸣叫，则舍而不用，以副牲代之；牺牲死了，就将其埋葬，以副牲代之；若牺牲染上病疾，也用副牲代之。以上规定在后世已经起不到实际的约束作用，因为没有专门的养牲之所，有时候牛羊买过来即用，完全省略掉了中间的"在涤"期。

祭牲在走向祭坛前，先要经过一番修饰。《周礼》之中有封人掌管"凡祭祀，饰其牛牲，设其楅衡，置其絼，共其水槀"之事，小子掌管

① （明）林尧俞等纂修，俞汝楫等编撰：《礼部志稿》卷四六《议覆南京祀典疏》，《景印文渊阁四库全书》第597册，第864页。

② 柯兰：《千年孔府的最后一代》，第77—78页。

③ 《隋书·礼仪志》（第117页）规定："大祀养牲在涤九旬，中祀三旬，小祀一旬。"后世大都遵循此制。

“凡沉辜、侯禳，饰其牲”，羊人掌管“凡祭祀，饰羔”等。楅衡即设横木于牛两角间以防牛触人，纼即牛鼻绳。饰牲就是为牺牲披上文绣之幅，这样做是为了烘托祀事的庄严气氛。《庄子·列御寇》有言：“子见夫牺牛乎？衣以文绣，食以刍菽。及其牵而入于太庙，虽欲为孤犊，其可得乎！”[①] 其中所描述的牺牛就是这样装饰一新后就要为祀事而献身。

临祭前数日有省牲仪式。根据祀事轻重，有的是主祭者亲省牲，有的派人行之。临祭前夕割牲。古代行亲割之礼，即主祭者持鸾刀亲自割杀，后世则大都由掌宰官宰杀。杀牲时先用器皿盛毛血，暂放于馔所，待正祭用。接着解牲、烹牲。唐代释奠，奠币之后奠毛血，稍停即彻，彻毕设馔。后世则先瘗毛血以迎神，然后奠币。

牲体的供奉方式主要有两种，一为腥，一为熟。[②] 腥以气臭享神，熟以味享神。从祭祀的角度说，腥贵于熟，因为“至敬不飨味，而贵气臭也”[③]，是以“孰亨而祀，非达礼也”[④]。无论供腥还是供熟，都需要将牲体肢解成合适的大小以便摆放和烹制。

解牲之法有两种，一为豚解，一为体解。豚解是将牲体大略地分成几大块，体解则是将牲体较细致地分成数小块。豚解之体荐腥，体解之体荐熟。《礼记·礼运》有云：“腥其俎，孰其殽”，郑玄注为“腥其俎谓豚解而腥之”，“孰其殽谓体解而爓之”。[⑤] 古代正祭，天子、诸侯有豚解有体解，大夫、士则有体解而无豚解。一般而言，豚解是分左右肩（即肱、前胫骨）、左右髀（即股、后胫骨）而为四，又分左右两胉（即牲体两胁、肋骨）、一脊，共为七体；体解则是在豚解七体的基础上继续析解，分两肱、两股、两胉、脊骨各为三，共为二十一体。

---

① （晋）郭象注，（唐）成玄英疏：《南华真经注疏》卷一〇《列御寇》，中华书局1998年版，第600页。

② 如要进行细致划分，还有一种介乎腥与熟之间的半生半熟的祭肉，即爓肉。《礼记·郊特牲》云：“郊血，大飨腥，三献爓，一献孰。”爓就是沉肉于汤。此处笼统将爓归入熟食之列。

③ （汉）郑玄注，（唐）孔颖达疏：《礼记注疏》卷二五《郊特牲》，《十三经注疏》，第1444页。

④ （汉）郑玄注，（唐）孔颖达疏：《礼记注疏》卷三七《乐记》，《十三经注疏》，第1530页。

⑤ （汉）郑玄注，（唐）孔颖达疏：《礼记注疏》卷二一《礼运》，《十三经注疏》，第1417页。

图 5—2　牲体图①

常见牲体之数，大致有七体、九体、十一体、十九体、二十一体之说。七体即两肱、两股、两胁、一脊。二十一体依图：分前腿为肩、臂、臑三节，两条前腿合起来便为六节；分后腿为髀、肫（也名膞）、胳三节，合二为六②；分胁为代胁、长胁（也名正胁、干）、短胁三节，合二为六；分脊骨为正脊、脡脊、横脊三节。合起来共二十一体，也被称为二十一正体。正脊之前、肩之上当颈处为膉，又名脰。胳之下、后足之末近蹄处为觳。膉一、觳二皆不在正体之数。膉不升吉祭之俎，两觳不献神、尸、主人之俎。四蹄亦以践地秽恶而不用于祭。二十一正体之中，两髀因靠近牲体末端肛门处，其位贱，不升于主人主妇之正俎。二十一体去二髀，是为十九体。

礼事所用牲体，有合升者，有半升者。合升即左右体皆升，半升则只升左胖或只升右胖。前文所言七体、二十一体是指合升情况，半升则有十一体、九体之名。神俎牲尚右，大都用右胖。十一体即肩、臂、臑、肫、胳、正脊、脡脊、横脊、代胁、长胁、短胁。九体则是于十一体之中不用脡脊、代脊，十一去二而为九。另外还有右胖七体、左胖七体之名。常祭

---

① 采自（宋）杨复《仪礼图》。

② 陈祥道《礼书》中“股三节”取肫、胳、觳，而不取髀，朱子已驳之甚明，不再赘述。参见（宋）杨复《仪礼图》，《景印文渊阁四库全书》第 104 册，第 333 页。

用右胖七体于神俎，士虞礼反吉，用左胖七体，都是用肩、臂、臑、肫、骼、正脊、正胁七部位。

牲体以骨为主，骨有贵贱，前后、左右、上下、横直，各有不同。一般而言，右贵而左贱，前贵而后贱，上贵而下贱。牲体以四肢为贵，脊、胁次之。四肢又以前体为贵，后体次之。前肢，肩最贵，臂次之，臑又次之。胁，贵中间而贱两端。祭不升髀，因为髀在体后之故。脇虽在前，却非正体，也不用。牲俎要得正品，就须遵循一定的割牲之法。《周礼》中的内饔即掌管宗庙祭祀中的“割亨之事”，负责“辨体名肉物”。[①]“体名”就是脊、胁、肩、臂、臑等骨类，“肉物”就是胾、燔等熟品类。

释奠所用牲体部位，历朝各有不同。唐制，国学先圣及先师首坐皆升太牢右胖十一体，左丘明以下析分余体升之；州县学庙，先圣、先师皆用羊、豕右胖十一体，余皆不设。宋制，孔子及配位各设八俎，其中笾前设俎一、豆前设俎一、豆右设俎六。具体设置如下：笾前俎一，实以羊腥七体，即两髀、两肩、两胁、一脊。两髀在两端，两肩、两胁次之，脊在中；豆前俎一，实以豕腥七体，其放置位次与羊同。豆右俎六，为三重，每重二俎。第一重，一俎实以羊腥肠、胃、肺，离肺一在上端，刌肺三次之，肠三、胃三又次之。一俎实以豕腥肤九，横载；第二重，一俎实以羊熟肠、胃、肺。一俎实以豕熟肤，其载如腥；第三重，一俎实以羊熟十一体，肩、臂、臑、肫、胳、正脊一、直脊一、横脊一、长胁一、短胁一、代胁一，皆二骨以并。肩、臂、臑在上端，肫、胳在下端，脊、胁在中。一俎实以豕熟十一体，其载如羊。皆羊在左，豕在右。诸从祀位俎一，实以羊、豕腥肉。州县学庙与国学同。金制与宋同，元代则袭唐礼。

从上文可以看出，唐释奠，牲俎用腥，半升十一体。宋虽不用太牢，但俎物极备，合升则七体，半升则十一体，且腥熟并用。洪武初更定释奠礼物，规定牲用熟。[②] 明末牲俎则仍用腥，根据《頖宫礼乐疏》所述：“释奠有腥有熟，而不敢以今世之食荐。其剥烹燔炙皆在祭前，亦不全用

① （汉）郑玄注，（唐）贾公彦疏：《周礼注疏》卷四《内饔》，《十三经注疏》，第661页。

② （明）徐溥等撰，李东阳等重修：《明会典》卷八四，《景印文渊阁四库全书》第617册，第793页。

古礼。其腥则太学之制：正坛，牛一，九体。羊、豕各一，俱五体；四配，羊、豕各一，五体；东哲，一豕，分五体，每位一体。西哲亦如之；东西庑各共豕三，东解四十六分，西解四十三分。外郡国：正坛无太牢，两庑俱止一豕，其余皆同。然大抵全而不解，盖去古益远矣！”[①] 依其说，明代牲俎用牛九体，羊、豕皆五体，但解牲之法渐废，俎中所奉牲体往往不予分解。

清代承袭明制，正位，犊一，九体；羊一，五体；豕一，五体。配位，每位羊一，五体；豕一，五体。哲位、两庑则摆放牲肉，牲肉多少时时增损，不太确定。但在实际祭享中，正位、配位的牲体大都用全体，哲、庑用分体。[②] 全体就是将内脏去掉，首尾俱全地摆放于案桌上。哲、庑用分体是因为两哲、两庑人数众多，而牲体数少，不可能人人独享一牲，是以割而分之，大致每位享豕肉两盘或一盘，但豕首只能数位共享一个。

祭祀中的福胙，都是从神位前的俎中减取。唐代福胙，减先圣及先师首坐前三牲，皆取前脚第二节。宋代则减神位前三牲正脊二骨、横脊二骨。可见，古制中享祭者与献祭者都是享用共同的牺牲。但朱元璋别出心裁令别备一牲以割取福胙，洪武六年（1373）降旨：“凡祭祀受胙，不要神前祭肉上旋割取便，从明日祭社稷为始，别用一犊，先割一胙安在酒尊左右，候赐胙时，捧上来与受胙者。”[③]福胙本为神享之余，别用一牲则明是与神享判然为二，既不符礼义，也造成了浪费。

古代祭祀，牲首大都不升于神俎，唐人称为：“头非神俎之物。”[④] 有关牲首的记载，《礼记·明堂位》云：“有虞氏祭首，夏后氏祭心，殷祭肝，周祭肺。”[⑤] 此为馈食享先之礼，荐黍稷，则一并进献肝、肺、首、心等牲体部位，但祭首只出现于虞舜时期。另外，《礼记·郊特牲》云：

---

① （明）李之藻：《頖宫礼乐疏》卷三《豚解体解诂》，《景印文渊阁四库全书》第651册，第109页。

② （清）金之植等编辑：《文庙礼乐考》，第383页。

③ （明）不著撰人：《太常续考》卷三《春秋社稷事宜》，《景印文渊阁四库全书》第599册，第125—126页。

④ （后晋）刘昫等：《旧唐书》卷二三《礼仪志》，第893页。

⑤ （汉）郑玄注，（唐）孔颖达疏：《礼记注疏》卷三一《明堂位》，《十三经注疏》，第1491页。

“用牲于庭，升首于室”、“取膟膋燔燎，升首，报阳也”。郑玄注：“制祭之后，升牲首于北墉下，尊首上气也。”①《周礼·夏官·羊人》云：“祭祀，割羊牲，登其首。”郑玄注：“登，升也。升首报阳也。升首于室。”

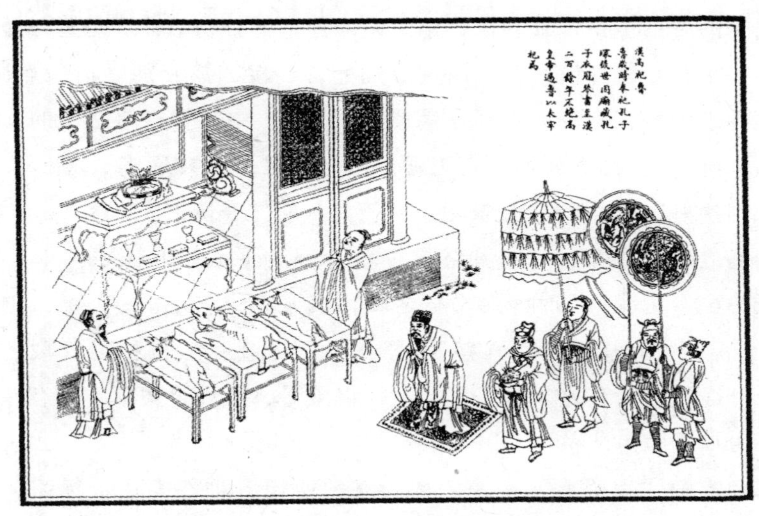

图 5—3　汉高祖祀鲁图②

贾公彦疏：“祭祀之时，三牲之首俱升。此特言羊者，以其羊人所升，不升余牲，故言羊也。”③ 周代宗庙之礼，牲首升于室，但并不是神位正俎之设。升首与燔燎同取报阳之义，是以二节同时举行。汉代继承了周代升首报阳的礼义，只是将升首与燔燎并为一事，祭天燔柴时，把牲首一并奠于燎薪之上燔燎。宋代杂采前礼，凡祀昊天上帝、感生帝，皆燔牲首以报阳；凡地祇之祭，皆瘗牲之左髀以报阴；凡荐享太庙，皆升首于室。④ 释奠牲俎，初时也不用牲首。明、清以后，解牲之法渐废，牲首开始设于神

① （汉）郑玄注，（唐）孔颖达疏：《礼记注疏》卷三一《明堂位》，《十三经注疏》，第1457页。

② 采自曲阜市文物管理委员会收藏，孔祥林校订：《孔子圣迹图》，山东美术出版社1988年版。

③ （汉）郑玄注，（唐）贾公彦疏：《周礼注疏》卷三〇《羊人》，《十三经注疏》，第843页。

④ （宋）李焘：《续资治通鉴长编》卷三〇七《神宗》，第7461页。

俎。祭祀时直接将牺牲全体置入俎中，只将内脏去掉，首尾俱升。其摆设方向，牲首应朝向神位。

（四）粢盛

粢盛及其他庶品是祭品中的细项。谷物总称为粢，实于器中则为盛。用于祭祀的谷物主要是黍、稷、稻、粱四种，盛谷物的器皿是簠与簋。祭仪中，如果簠、簋各设为二，则簠分别盛黍、稷，簋分别盛稻、粱[①]；若簠、簋各设为一，则簠盛黍，簋盛稷。《周礼》中掌管粢盛之事的礼官特别多：甸师，“掌帅其属而耕耨王藉，以时入之，以共粢盛”；廪人，“大祭祀，则接盛”；舍人，“凡祭祀，共簠簋，实之，陈之”；舂人，“祭祀，共其粢盛之米”；饎人，“掌凡祭祀共盛”；大宗伯，“凡祀大神、享大鬼、祭大祇……奉玉粢”；肆师，“祭之日，表粢盛，告洁”；大祝，“辨粢号”；小祝，“大祭祀，逆粢盛”。祭祀所用粢盛，从耕种至收藏，至去壳，至淘净做熟，至盛入簠、簋，至标识粢号，至迎设案桌，皆有专人专管，不可谓不整肃严备。

肆师掌管“表粢盛”一事，即为祭祀所用各种谷类作上标识。郑玄对“表”的解释是：“故书表为剽，剽、表皆谓徽识也。”贾公彦疏：“‘皆谓徽识也’者，以剽、表字虽不同，俱是徽识也。于六粢之上皆为徽识小旌，书其黍、稷之名以表之。余馔不表，独此表之者，以其余器所盛各异，睹器则知其实。此六谷者，簠盛稻、粱，簋盛黍、稷，皆有盒盖覆之，睹器不知其实，故特须表显之也。”[②] 贾公彦为“余馔不表”所作解释并不全确，“睹器则知其实”对笾、豆来说就行不通。祭祀大都要用笾、豆数个，其中所盛物品虽各有异，一旦将盖盖上，也难以猜知何笾盛何品。

那么为何独为谷物作标识呢？其最直接的原因大概就在于谷类的难以分辨上。孔继汾曾言：“世之论黍稷者，或称粟为稷，称稷为粱，亦不可不辨。”[③] 谷物虽各有名，但名实无指，南北异称，极为混乱。谷物的颗

① 此为明、清例。唐、宋当为簠实稻粱，簋实黍稷。惟有《大唐开元礼》所录诸州释奠于孔宣夫：“簠实黍稷，簋实稻粱。”这与《大唐开元礼·序例》中的通例不符，或误记。

② （汉）郑玄注，（唐）贾公彦疏：《周礼注疏》卷一九《肆师》，《十三经注疏》，第769页。

③ （清）孔继汾：《勯仪纠谬集》卷中，乾隆己丑（1769年）刊本。

粒形状又相差无几，纵使同一谷类也有糯粳赤白小大之不同，明人冯复京曾深有感慨："丈人责子路曰：'五谷不分'，五谷岂易分哉？"[①] 在实际的祭祀过程中也确实常常发生张冠李戴的现象。李时珍辨物甚细，所撰《本草纲目》一书集本草之大成，其中就指出过："今之祭祀者不知稷即黍之不粘者，往往以芦穄为稷。"[②]

另外，"表粢盛"又是与设馔规矩互为配合的。依唐礼，进馔者奉馔至阶，"笾、豆盖幂先彻，乃升；簠、簋既奠，却其盖于下"。[③] 笾、豆在往案桌上摆放之前已将盖幂拿下，器中品物一目了然。簋、簠则要摆放完毕后才能去其盖，如若不加标识，自然难知何者为黍，何者为稷，也就无从安排它们的位置了。此为唐礼仪注，往代设馔是否也是如此，无法推知。

（五）羹

羹有太羹、和羹两种。太羹不加任何调料，和羹则要调五味加盐菜。礼贵质本，太羹贵于和羹，所谓"大羹不和，贵其质也"[④]。调制和羹，不同的牲肉要搭配不同的菜，如牛配藿菜、羊配苦菜、猪配薇菜。羹类本来都是在牲俎之体割取完毕后，取余体烹制而成。嘉靖三年（1524），准太庙和羹，另用一牛烹制，不许牲上取办[⑤]。至清朝，释奠礼也用二牛，一牛解五体，供正位俎；一牛专作羹。[⑥]

（六）庶品

其他庶品主要盛于笾、豆中，以种类繁多著称。如果笾、豆之数设为十二，则笾实以形盐、干鱼、干枣、栗黄、榛子仁、菱仁、芡仁、鹿脯、白饼、黑饼、糗饵、粉糍，豆实以韭菹、醓醢、菁菹、鹿醢、芹菹、兔

① （明）冯复京：《六家诗名物疏》卷二四，《景印文渊阁四库全书》第80册，第279页。

② （明）李时珍：《本草纲目》卷二三，（台北）文化图书公司1992年版，第849页。

③ （唐）萧嵩等：《大唐开元礼》卷五三《皇太子释奠于孔宣父》，《景印文渊阁四库全书》第646册，第380页。另，储大文《存研楼文集》卷一二《平阳府学记》中有"唐开元礼，彻笾豆盖羃，乃升簠簋。笾居右，豆居左，簠簋居其间"之语，因断句之误而造成了语意理解上的错误。

④ （汉）郑玄注，（唐）孔颖达疏：《礼记注疏》卷二六《郊特牲》，《十三经注疏》，第1455页。

⑤ （明）林尧俞等纂修，俞汝楫等编撰：《礼部志稿》卷二八《凡太庙和羹》，《景印文渊阁四库全书》第597册，第531页。

⑥ （清）文庆、李宗昉等纂修：《钦定国子监志》卷三三《礼志九》，第466页。

醢、笋菹、鱼醢、脾析、豚胉、酏食、糁食；若笾、豆各十，则笾减糗饵、粉糍，豆减酏食、糁食；若笾、豆各八，则笾又减白饼、黑饼，豆又减脾析、豚胉；若笾、豆各四，则笾实以形盐、干枣、栗黄、鹿脯，豆实以芹菹、兔醢、菁菹、鱼醢；若笾、豆各二，则笾实以栗黄、牛脯，豆实以菁菹（或葵菹）、鹿醢；若笾、豆各一，则笾实以牛脯，豆实以鹿醢。其中的牛脯也可通用羊脯。凡祀神之物，有时令所无者，可以时物代。

（七）香

释奠本无上香礼，宋代始行之。赵彦卫对当时所兴起的上香仪进行了描述："近人多崇释氏，盖西方出香，释氏动辄烧香，取其清净，故作法事，则焚香诵呪，道家亦烧香解秽，与吾教极不同。今人祀夫子，祭社稷，于迎神之后，奠帛之前，三上香，礼家无之，郡邑或用之。"① 朱熹虽承认上香非古礼，但不排斥此种后起方式，只是对礼仪设计进行了调整："谒宣圣焚香，不是古礼。拜进将捻香，不当叩首。只直上捻香了，却出笏叩首而降拜。"② 元代释奠已全用上香仪。洪武间曾有规定："每月朔望，祭酒以下行释菜礼，郡县长以下诣学行香。"③ 但明代释奠正祭不用上香仪。清代则上承元制，将上香礼正式纳为释奠礼仪的一部分。清代上香仪分两步：一是上炷香，即将三支香点燃，一支一支地插到香炉里；二是上瓣香，即将檀香、沉香或其他香料块拈起送入香炉，共拈三次。

二　祭品制作法

太羹：即不加任何调味品的羹。将犊牛七体刷洗洁净，用大汤锅煮熟。将漂浮其上的脂膏撇除，只留清汁。用勺子将汤羹盛于登内。

和羹：即以牲肉及菜调制而成的羹。将猪的脊膂肉切成薄片，用滚汤焯过漉起。放入盐、酱、油、醋、芹、韭丝调匀。再将猪腰切成荔形，散在调好的肉片上盖面。临祭时，用淡牛肉汁热热地浇在上面即可。因为和羹盛于铏中，是以也称和羹为铏羹。

---

① （宋）赵彦卫：《云麓漫抄》卷八，第144页。

② （宋）黎靖德编：《朱子语类》卷九〇《礼七》，第2294页。

③ （清）张廷玉等：《明史》卷五〇《礼志》，第1297页。

黍饭：将挑选出来的干圆完整黍米清洗干净，用滚汤煮熟，捞起倒盆内，待其稍冷，盛于簠中。

稷饭：将挑选出来的完整稷米清洗干净，用滚汤煮熟，捞起倒盆内，待其稍冷，盛于簠中。

稻饭：将挑选出来的完整稻米淘洗干净，捞入甑中，蒸熟，待其稍冷，盛于簋中。

粱饭：将挑选出来的完整粱米淘洗干净，捞入甑中，蒸熟，待其稍冷，盛于簋中。

黑饼：用荞麦面拌以油、蜂蜜揉好，切块擀皮，包上蜂蜜、熟榛子、菱等馅，印成如手掌般大的圆饼，在炉子上烙熟。稍冷，放入笾内，每笾二十枚。

白饼：用小麦面拌以油、蜂蜜揉好，切块擀皮，包上蜂蜜、熟榛子、菱等馅，印成如手掌般大的圆饼，在炉子上烙熟。稍冷，放入笾内，每笾二十枚。

榛：将挑选出来的完整洁白榛仁放入笾中，颗颗砌起，下丰上锐，与笾相称。

菱：将挑选出来的完整洁白菱实放入笾中，颗颗砌起，下丰上锐，与笾相称。

芡：将挑选出来的完整洁白芡实放入笾中，颗颗砌起，下丰上锐，与笾相称。

枣：将胶枣蒸煮去皮，挑选水润洁净者，放入笾内。

栗：将挑选出来的大板栗去皮，放入笾内。

形盐：将筛过的洁净白盐印成虎形、山形及其他物形，放入笾内。

稾鱼：即干鱼。先将大白鱼去鳞剖腹，洗净，用盐腌上，放桶内一日夜。取出晒干留用。临祭时，用温水洗净，再用酒浸片刻。浸好后，切块。放入笾内。

鹿脯：即鹿肉干。将刚宰割的肥美鹿肉，加盐、酱、姜、花椒煮熟，切成小块留用。临祭时，加蒜卤炒。放入笾内。

芹菹：将洗好的生芹菜切成长段，放入豆中。

韭菹：将鲜嫩的生韭菜洗净，切去根稍，取中间一段，用盐腌渍一下。放入豆中。

菁菹：将摘好的蔓菁菜（俗称大头菜）在滚汤中过一下，漉起切片，加盐、姜、油、醋调匀。盛入豆内。

笋菹：将干笋煮过，洗净切片，加盐、姜、油、醋调匀。盛入豆内。

醓醢：将猪膂肉细切成小方块，加油、盐、姜、花椒、茴香、葱白拌好，煮至闻见香味即可。

鹿醢：将鹿肉切成小方块，加油、盐、姜、花椒、茴香、葱白拌好，煮至闻见香味即可。

兔醢：将兔肉切成小方块，加油、盐、姜、花椒、茴香、葱白拌好，煮至闻见香味即可。

鱼醢：将鱼肉切成小方块，加油、盐、姜、花椒、茴香、葱白拌好，煮至闻见香味即可。

豚胉（也作豚拍）：从猪肩膊上取一大块肉，在肉上抹油、酱、盐、蜂蜜、醋、酒，蒸熟。放入豆内。

脾析：将牛百叶刷去黑皮，洗净，切成细条，在沸水中焯过。漉出，加油、盐、醋、酱、葱、姜拌匀，热炒至有香味溢出即可。

酒：将窖藏很久的清酒取出，用郁金香煮好。贮入各尊之中。

烛：用黄蜡及牛、羊等的脂膏为原料，锡模镕。

糗饵：用粳米粉成面，栀子水浸和蒸熟，印作饼子。

粉糍：用糯米粉成面，蒸熟，杵成糍糕为大方块，待冷切小方块。

黏食：用糯米滚汤捞成饭，用羊膏熬油，与蜜、饭一同拌匀。

糁食：用白粳米滚汤捞成饭，用羊肉切碎，与饭拌匀。

造醢用盐料法：净肉一斤，春秋用盐二两五钱，夏用盐三两，冬用盐二两，葱白一两五钱，香油一两五钱，花椒、莳萝、茴香各一钱。如用肉多，照数加料。①

第三节　祭器名义及摆设

一　祭器名义及特点

祭器是相对于日用之器而言。祭器辅助行礼，因其常接于鬼神，所以

① 依据《太常续考》卷一、《頖宫礼乐疏》、《圣门礼志》等整理。

本身蕴含了许多特殊的涵义。日常宴饮之器以自奉为主，为满足人的口腹之欲而服务。从地位上说，祭器贵于食器，“所以交于神明者，不可以同于所安乐之义也”①，制造必以祭器为先。祭器破旧或毁坏，就要埋葬，以免被亵用于宴饮。

祭器以古朴为贵，后世制造也往往以工于仿古为佳。仿古不仅费时、费力，造成浪费，而且质量上参差不齐，往往出现画虎不成反类犬的不伦不类情况。为了遏制祭器制作上的尚古之习，朱元璋曾明确加以干预：“今之不可为古，犹古之不可为今。礼顺人情，可以义起，所贵斟酌得宜，必有损益。近世泥古，好用古笾、豆之属以祭其先。生既不用，死而用之，似亦无谓。孔子曰：‘事死如事生，事亡如事存。’其制宗庙器用服御，皆如事生之仪。”② 其言深得“礼以时宜”之宗旨。

祭器的使用机会并不多，只有春秋行礼方得一用，其他大多数时间处于封存状态。这样，祭器的保管工作就很容易受到忽视，往往出现要么因缺乏检修而毁坏于库，要么因典守失职而遗失于外的情况。郑纪在为仙游县文庙新制祭器作记时，也表达过此种忧虑：“孔子曰‘龟玉毁于椟中，是谁之过欤’，然典守之过非专于毁逸也，因事而攘窃者亦多矣，呜呼悲哉！”③ 临祭而祭器不备、祭器不足，这是学庙行礼的重病，然而造成这种局面的原因，并非仅仅出于典守者疏忽职守之过，监守自盗的情况也是在所难免的。

“祭器不假”是祭祀礼仪中的一项基本原则，其中包含了两个向度：祭器需自备，既不能从外借，也不能往外借。可是仅就各地释奠情况来看，此一原则并未得以执行。没有释奠礼器的学庙，常常仓促应付，“临祭则旋假于民家”④、“有事率贷给民器”⑤ 的现象并不少见。有释奠礼器的学庙，又往往将礼器外借他用，陈淳在《上传司丞论释奠五条》中就

---

① （汉）郑玄注，（唐）孔颖达疏：《礼记注疏》卷二六《郊特牲》，《十三经注疏》，第1455页。

② （明）林尧俞等纂修，俞汝楫等编撰：《礼部志稿》卷八三《制太庙祭器》，《景印文渊阁四库全书》第598册，第478页。

③ （明）郑纪：《东园文集》卷五《仙游县文庙祭器记》，《景印文渊阁四库全书》第1249册，第770页。

④ 同上书，第769页。

⑤ （明）张宁：《方洲集》卷二三《汀州府学祭成告庙文》，《景印文渊阁四库全书》第1247册，第512页。

提到这一问题："本州社稷、风、雷、雨师坛，俱无祭器。当行礼时，只就本学借用。春秋二社日祭社稷、立春后丑日祀风师、立夏后申日祀雷雨师，每年间借用凡四次。所用既频，在本学乃士人收管，固自谨重。而外借用者，兵卒搬担既不保护，而吏胥抛掷复不爱惜。或阅日之久而不还，或委地之湿而致腐，遂至损坏遗失。"① 发生于祭器上的这种外借行为，说明了蕴含于古礼中的某些神圣因素已经在逐步剥离。

祭器除了在形状与数量上要合乎法度外，还要追求实用性。实用与否与制作原料有着很大的关系。古代祭器或以竹为之，或以木，或以陶，或以锡，或以金，质地各有不同。这些材料中，木类易腐朽，土类易毁坏，后世往往不用，常以范铜代之。也有例外：洪武间定制器物，除了笾仍用竹外，豆、簠、簋、登、铏等皆改用瓷器；乾隆间考复古制，重新备齐竹、木、陶、范铜等器。

祭器是一套组合器皿，大都数十数、成百数。这种配套的器皿，只要有一件毁坏，就会影响整体的使用效果，可是随时补造又很难做到。在器物不备的情况下，也可以权变应付。朱熹操办沧州精舍释菜仪时，就是用漆盘代替笾、豆，用瓦尊代替牺尊。② 但不能把这种权变之法当作常态，例如明代的官定祭器大都不合古制，乾隆认为这样致祭有失严整，是以进行了一次全面改革，且自称："夫笾豆、簠簋，所以事神明也，前代以碗盘充数，朕则依古改之。"③

阙里本庙所使用的礼器，早在汉朝就已经比较齐备了，鲁相乙瑛还专门奏请设百石卒史来掌领这些器皿。其后，韩敕又为之添设了"雷、洗、觞、觚、爵、鹿、柤、梪、笾、柉、禁、壶"等器。

阙里器服除了本庙自造或地方助造外，还主要接受来自朝廷的赏赐。汉章帝过鲁祀孔子，即留太尊一、牺尊一、象尊一、山尊一、雷尊一、明水瓶一于此。后周太祖广顺二年（952）幸鲁，留所奠酒器二、银炉二于庙。宋真宗大中祥符元年（1008）幸阙里，赐银器八百两。徽宗政和六年（1116），颁罍一、洗一，有勺；帨二，有笥；壶尊二，有勺幂；毛血

① （宋）陈淳：《北溪大全集》卷四八《上传寺丞论释奠五条》，《景印文渊阁四库全书》第1168册，第878页。

② （宋）朱熹：《晦庵先生朱文公文集》，收入《朱子全书》第廿三册，第3367页。

③ （清）允禄等撰，福隆安等校补：《皇朝礼器图式·序》，《景印文渊阁四库全书》第656册，第2页。

盘一；象尊一；牺尊一；簠二、簋二，有盖；箱篚各一；铏鼎三，有盖；柶三；笾十，有幂；豆十，有盖；爵三，有坫。元世祖至元三十一年（1294），孔子五十三代孙江南行台照磨孔淑以曲阜祖庙祭器未备，请往句吴制造。历四月，祭器成，得太尊二；山尊四；著尊四；壶尊六；牺尊面者八、体者五；象尊面者二十二、体者十；尊皆有幂；龙勺三十；爵一百三十五；坫五十；篚十；罍二；洗三；帨四；豆二百三十五；簠一百五十三；簋一百六十四；笾二百五十，笾皆有巾；檠燎一百二十。其间又接受了江东廉访副使廉希贡所赠汉釜一、御史完颜贞所赠俎一百七十四。明太祖洪武七年（1374），赐阙里瓷祭器一副，内有酒盏一百二十五、酒尊五（有盖）、毛血盘十五、罍四、和羹碗四、笾豆楪四百八十、爵二十。武宗正德间，刘七之乱，阙里礼器残毁。正德十五年（1520），兖州知府罗凤补造完整。雍正十年（1732），颁珐琅铜香鼎一、烛台二、花瓶二（内安松竹梅花二树）、香盒一、金龙朱漆几五、帛篚七、铜爵二十六、登一、铏六、簠二十一、簋二十一、笾八十六、豆八十六，皆有盖。乾隆六年（1741），赐铏十六、簠一、簋一、笾四、豆四，俱有盖。乾隆十二年（1747），又颁爵七。阙里祭器历朝添补情况大致如此。

阙里祭器分两种，一种为常规祭器，一种为御赐祭器。御赐礼器不是实用礼器，每到祭祀，设而不实，如东汉元和五尊、雍正所赐珐琅铜器、乾隆所赐祭孔十供等。常规祭器为实用礼器，其数量、品类、等级等都有统一规定。

（一）祭器细项

尊：盛酒器。尊共有七类，分别为太尊、牺尊、象尊、山尊、雷尊、著尊、壶尊。若为酌尊，则加勺、幂；不酌之尊则不加。

爵：饮酒器。爵分三类：献爵、供爵、福爵。献爵即献官酌献所用，供爵即预奠于神位前之爵，福爵即饮福所用。古时的爵，有的用玉制成，有的用木制成，也有的用匏制成。后世的爵皆以铜为之。

俎：载牲之器。

毛血盘：盛毛血之器。

胙盘：盛福胙之器。

柶：舀取食物的礼器，像勺子，也称匕。

明水瓶：用来盛祭祀用的净水。

登、铏：盛羹器。登盛太羹，铏盛和羹。释奠中，只有孔子神位前才设登，他者不设。登，古称瓦豆，以瓦制成。登、铏在后世皆范铜为之。

笾、豆：盛水土产品之器。笾主要以竹子制成，也名为竹豆。

簠、簋：盛黍、稷、稻、粱之器。常见簠为方形，簋为圆形。

彝、斝：彝与尊一样，都为盛酒器，但是专门盛祼礼所用之酒。斝为酌酒灌地降神之器。

勺：舀酒器。后世勺上常常装饰以龙首，又称为龙勺。

坫：置爵之所。古代的坫筑土为之，既可置爵，也可置尊、圭。后世坫或铜制或木制，且专用于置爵。

罍、枓、洗：盥洗之器。在古代，罍、枓、洗为三件配套的洗涤器皿，罍用来贮水，枓用来舀水沃盥，洗用来盛弃水。需要说明的是，古代祭祀盥手，不是把手放入盛水的盆中洗，而是由礼生舀水浇于献祭者手上，洗则置放于下，以承接弃水。洗爵也是用此法。罍既可贮水，也可贮酒，如果祭祀中两者都用到了罍，则往往著称洗罍、尊罍以示区别。

盥盘、盥盘架：祭祀盥洗时，本来是用洗来盛弃水的，据《圣门礼志》，洗后来被专用为洗爵之器，是以改用盥盘来盛盥手的弃水。盥盘，范金为之。盥盘架即放置盥盘的木架，四足，髹漆。

帨巾：祭祀时拭手所用的巾，以白布做成。

篚：古代有上篚、下篚、膳篚、勺篚、爵篚之别，可以盛玉币，可以盛勺爵，可以盛黍稷等，用途很多。后世篚主要用于盛币帛。

幂：覆盖尊彝用的巾。幂主要有两种，一为疏布幂，一为画布幂。疏布尚质，无彩绘；画布尚文，大都以云气绘其上。

茅沙池：缩酒之器。后世缩酒用铜池，池中盛沙，立茅束于沙上。祼时，沃酒其上，酒渗下，如神所饮。

庭燎：庭燎是照明中的大器，古代树于庭中。后世庭燎以铁制成，状如笼。祭祀时，植于陛间，中实松明燃之。

烛台：擎烛之器。

燔炉：焚萧脂之器。萧即芗蒿，合以脂、黍稷烧之。周人尚臭，以此香气上达于阳。

香鼎：爇香之器。三代以上，无上香事。后世大鼎用以烹牲，小鼎用以焚香。

提炉：焚香器。有提，有盖。

燎叉：焚燎时，用以擎帛。叉以铁为之。

祝版：用薄木板做成，板后有架，可以撑立。祭祀时，把写在纸上的祝文贴在板上，供放于祝桌上；祭毕，将祝纸揭下来烧掉。

鸾刀：割牲用的刀子，刀上有鸾铃缀饰。取铃声中节然后割断之义。

曲柄黄盖：又名曲柄伞。顶径五尺，柄及金葫芦头共长一丈一尺七寸，冒以黄罗，垂三檐，面为彩质九龙云文。朱红攒竹。柄曲处用铁心，贴金龙头承伞。《古今注》云："曲盖，太公所作也。武王伐纣，大风折盖，太公因折盖之形而制曲盖焉。战国常以赐将帅。"[①] 后来成为皇帝出行所用仪仗之一。

（二）祭品与祭器的搭配

按设礼需要，酒尊可分两类：一类为酌尊，是实用礼器；一类为不酌之尊，非实用礼器，设而不用，主要起装饰礼容的作用。

唐代释奠全部用酌尊。先圣、先师各牺尊二、象尊二、山罍二，设在庙堂前楹间，北向。先圣之尊在西，先师之尊在东，俱西上，皆加勺幂。[②] 牺尊实醴齐，象尊实盎齐，山罍实清酒。齐皆加明水，酒加玄酒，各实于上尊。初献，酌牺尊之酒；亚献，酌象尊之酒；终献，酌山罍之酒。

宋代释奠，既设酌尊，也设不酌之尊。酌尊设于大成殿东南隅，牺尊四、象尊四，北向，西上。牺尊一实明水，为上尊，余三实泛齐，初献酌之。象尊一实明水，为上尊，余三实醴齐，亚献、终献酌之。又在神位前设太尊二、山尊二，殿下设著尊二、牺尊二、象尊二、壶尊六，皆北向，西上，全部为不酌之尊。

---

① （晋）崔豹：《古今注》卷上《舆服第一》，《四部丛刊》三编。

② 有关先圣、先师的酒尊设位，《大唐开元礼》各篇记载颇有出入。《皇太子释奠于孔宣父》《国子释奠于孔宣父》记为："设酒樽位于庙堂之上。先圣牺樽二、象樽二、山罍二，在前楹间，北向。先师牺樽二、象樽二、山罍二，在先圣酒樽之东，俱西向。"《诸州释奠于孔宣父》《诸县释奠于孔宣父》则记为："掌事者以樽坫升设于堂上前楹间，北向。先圣之樽在西，先师之樽在东，俱西上。"后世《通典》《文献通考》《五礼通考》在引录开元礼时都采后说，今从之。

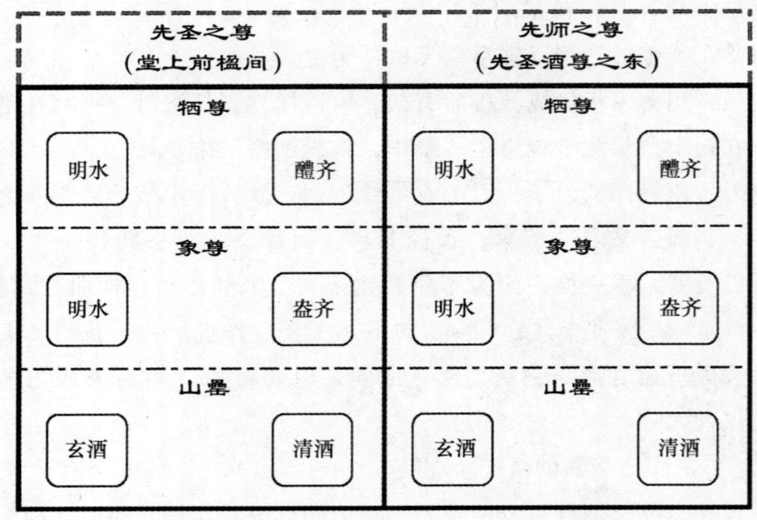

图 5—4　开元礼酒尊设位图

对于宋代释奠礼中不酌之尊的设位，朱熹曾专门做过解释："所谓北向者，恐是太尊二为一行；其南，山尊二为一行；又次南阶下，著尊二为一行；又次南，牺尊二为一行；又次南，象尊二为一行；又次南，壶尊六为三行。所谓西上者，谓西实玄酒，东实五齐、三酒。"① 其意即酒尊皆北向，自北向南一重一重排列，每重都有二尊。每二尊中，都是以西位为尊，称上尊，盛明水或玄酒。

唐、宋释奠，三献由三人担任，酌尊因人异用，即初献、亚献、终献只能酌献特定酒尊的酒，不能混用。后世三献官礼废，三献的任务全部落于一人之身，三次酌献所用酒尊之酒也就没有什么区别了。只是差异转移到了主献和分献之间，即献先圣，酌著尊之酒；献贤儒，酌壶尊之酒。②

---

① （宋）朱熹：《晦庵先生朱文公文集》，收入《朱子全书》第廿一册，第 972 页。

② （清）孔继汾述：《阙里文献考》卷二二《礼第五之四》，第 520 页。

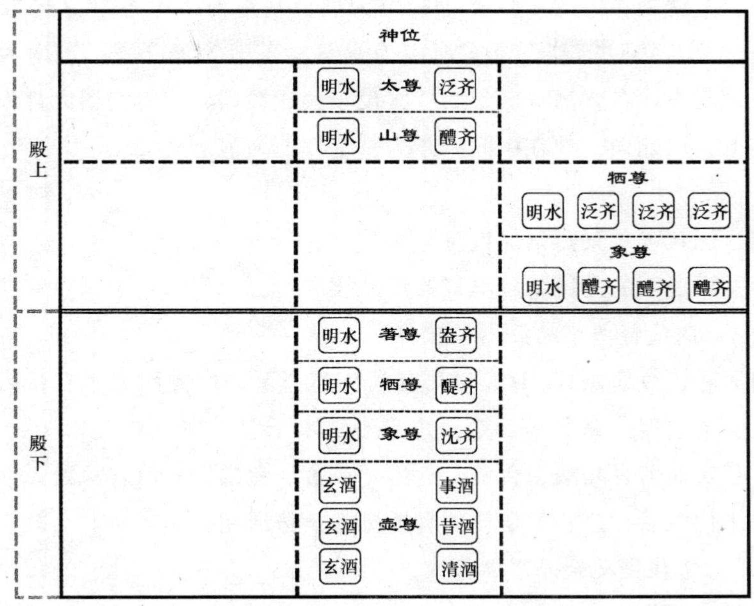

图 5—5　政和礼酒尊设位图

祭品与祭器有相对固定的搭配关系，什么祭品放在什么祭器中，是有讲究的。其对应关系如下：

俎——牲体

尊、罍——酒醴

篚——帛

登——太羹

铏——和羹

簠——黍、稷

簋——稻、粱

笾——形盐、槁鱼、干枣、栗黄、榛子仁、菱仁、芡仁、鹿脯、白饼、黑饼、糗饵、粉糍

豆——韭菹、醓醢、菁菹、鹿醢、芹菹、兔醢、笋菹、鱼醢、脾析、豚胉、𩜾食、糁食

祭品与祭器间的这种相对固定的搭配关系，自古以来没有多少改变。

祭器分设于各处，有馔品处，有祝版处，有香烛处，有酒尊处，有酌

尊处，有盥洗处，等等。以孔子神位为例，其正前为馔案（又名祭案），摆放登铏簠簋笾豆等器。馔案西南为祝案，东南为福胙案，正南为香烛案。香烛案东西各置酒尊案。酌尊案设于大成殿门外。盥洗器大都设于东阶东南方，俱北向。洗在中间，东为罍水，西为篚。

二　历代释奠祭器祭品设位

下文要说明的是历朝释奠祭器祭品摆放情况。

（一）唐代释奠祭品祭器位次

笾居右，豆居左，[①] 簋、簠居其间。羊、豕二俎横而重于右，腊特于左。簠实黍、稷，簋实稻、粱，笾实石盐、干鱼、枣、栗、榛、菱、芡、鹿脯，豆实韭菹、醓醢、菁菹、鹿醢、芹菹、兔醢、笋菹、鱼醢。

自宋代以后，笾、豆摆放位置皆更为：笾居左，豆居右。

（二）宋代释奠祭品祭器位次

正位、配位每位各左十笾，为三行，以右为上。第一行，干䕩在前，干枣、形盐、鱼鱐次之；第二行，鹿脯在前，榛实、干桃次之；第三行，菱在前，芡、栗次之。右十豆，为三行，以左为上。第一行，芹菹在前，笋菹、葵菹、菁菹次之；第二行，韭菹在前，鱼醢、兔醢次之；第三行，豚拍在前，鹿臡、醓醢次之。俎二，一在笾前，实以羊腥七体，两髀、两肩、两胁并脊，两髀在两端，两肩、两胁次之，脊在中；一在豆前，实以豕腥七体，其载如羊。又设俎六于豆右，为三重。第一重，一实以羊腥肠、胃、肺，离肺一在上端，刌肺三次之，肠三、胃三又次之。一实以豕腥肤九，横载；第二重，一实以羊熟肠、胃、肺，一实以豕熟肤，其载如腥；第三重，一实以羊熟十一体，肩、臂、臑、肫、胳、正脊一、直脊一、横脊一、长胁一、短胁一、代胁一，皆二骨以并，肩、臂、臑在上端，肫、胳在下端，脊、胁在中。一实以豕熟十一体，其载如羊。皆羊在左，豕在右。簠二、簋二在笾豆外、二俎间，簠在左，簋在右。簠实以稻、粱，粱在稻前；簋实以黍、稷，稷在黍前。铏三，在笾豆间，一在

---

① 参见《大唐开元礼》卷七二《诸县释奠于孔宣父》。另，《大唐开元礼·诸州释奠于孔宣父》中的笾豆位置记为“笾居左，豆居右”。二处记载互有出入，但《通典》《文献通考》《五礼通考》等都采信前者，今从之。

前，二在后，实以羹，加芼滑。登二，一在铏前，实以太羹；一在笾左，实以肝膋。盘一在铏后，实以毛血。又设诸从祀位祭器，每位各左二笾，栗在前，鹿脯次之；右二豆，菁菹在前，鹿臡次之。俎一在笾豆间，实以羊、豕腥肉。簠一在笾前，实以稷；簋一在豆前，实以黍。爵一在笾豆之前。两庑各设象尊二，实以清酒。有司设烛于神位前。洗二设于东阶之东，盥洗在东，爵洗在西。罍在洗东，加勺。篚在洗西，南肆，实以巾。若爵洗之篚，则又实以爵，加坫。①

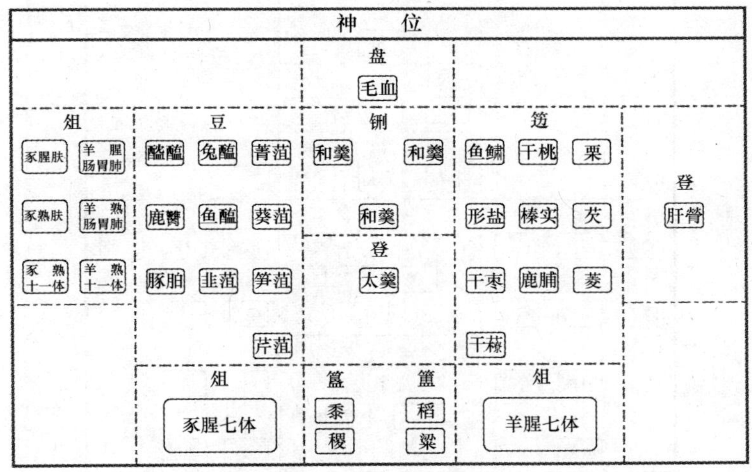

图 5—6　政和礼释奠品物陈设图

（三）明代释奠祭品祭器位次

明代前期，释奠仪数屡有变更。嘉靖九年后确定下来的祭器陈设位次为：正坛先师位前先为帛，次以三爵，次以一登、二铏（登在中间，铏在左右），次以簠、簋（簠盛黍、稷，居北；簋盛稻、粱，居南）。簠簋左边为十笾，形盐、槁鱼、枣、栗为一列，居黍稻之左；榛、菱、芡、鹿脯为一列，又左；白饼、黑饼为一列，又左。白饼之北为馔盘。簠簋右边为十豆，韭菹、醓醢、菁菹、鹿醢为一列，居稷粱之右；芹菹、兔醢、笋

① 依据《政和五礼新仪》卷一二一《释奠文宣王仪》、卷一二四《皇太子释奠文宣王仪上》、卷一二六《州县释奠文宣王仪》、《绍熙州县释奠仪图》等整理。

菹、鱼醢为一列，又右；脾析、豚胉为一列，又右。笾、豆之南为俎，牛在中间，羊在左，豕在右。篚设于坛东南，西向。祝案设于坛西。罍洗、盥盆设于露台下东，西向。四配为四坛，每坛神位前奠帛，次三爵，次二铏，次簠、簋，簠、簋之左右设如正坛，惟馔盘设于豚胉之下。笾豆之次，左羊右豕。十哲五位为一坛，东西各一。两庑四位为一坛。启圣祠正位同四配，配位同十哲，从祀同两庑。[①]

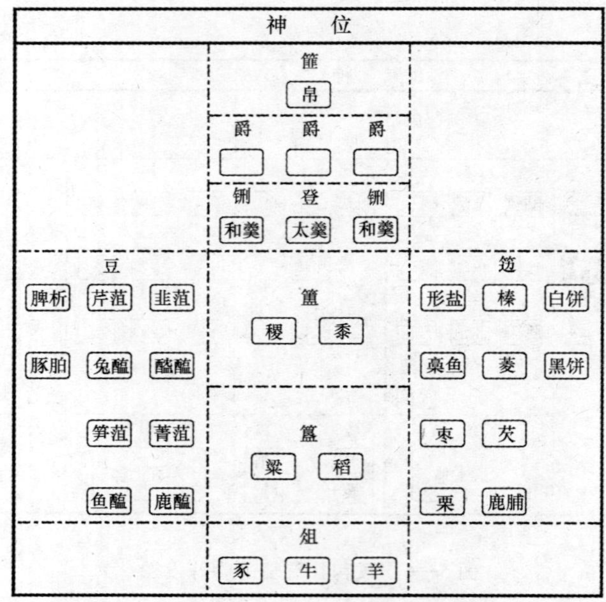

图 5—7　明嘉靖释奠品物陈设图

崇祯间，祭品摆设位次又有了新的更定。主要是簠簋、笾豆与帛的位置发生了变动。两簠两簋在神位前本为前后排列，两簠居北，两簋居南。后更为左右排列，即簠盛黍稷，居左，簋盛稻粱，居右。帛本设于神位前最近处，后移到簠簋与俎之间。十笾十豆本在簠簋左右按四、四、二的数级往两边顺延，后来变成二、二、三、三的数级关系。

① 依据《钦定国子监志》卷三三《礼志九·祭品图说》整理。

（四）清代释奠祭品祭器位次

祭器陈设制度在清代已极为完备。先师位前馔案覆红缎销金衣。案近北设爵三，置以坫。次为镫二，中为炉。再次为登，实以太羹。登左右为铏，实以和羹。登之南为簠、簋，簠二居左，实以黍、稷；簋二居右，实以稻、粱。簠之左列十笾，三列，近簠处设形盐、稾鱼，其次为枣、栗、榛、菱，又次为芡、鹿脯、白饼、黑饼；簋之右列十豆，三列，近簋处设韭菹、醓醢，其次为菁菹、鹿醢、芹菹、兔醢，又次为笋菹、鱼醢、脾析、豚拍。簠、簋之南为篚，实以帛。笾、豆案之南为俎一，俎中区为三，太牢居中，解五体；羊全，居左；豕全，居右。俎之南为香烛案，案上亦覆红缎销金衣，上设炉一、镫二。俎右为祝案，置祝版并架一，案覆黄绫衣。香烛案东西各置尊案一，每案设三尊，共六尊，左右排列，加疏布幂、画布幂、锡勺二。

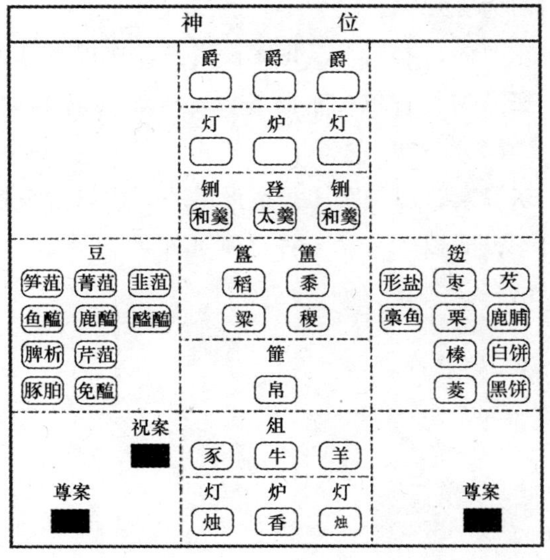

图5—8 清代释奠品物陈设图

四配位东、西向，共四案。每案设爵三，次为铏二，再次为簠簋各二。簠之左列笾八，近簠处为形盐、稾鱼、枣、栗，其次为榛、菱、芡、鹿脯；簋之右列豆八，近簋处为韭菹、醓醢、笋菹、鱼醢，其次为芹菹、兔醢、笋菹、鱼醢。簠簋之前为篚，实以帛。案之前为俎，俎中区为二，羊左，豕右。俎前为香烛案，炉一，镫二。

十二哲位东西各六案。每案设供爵一，次以香烛，炉一，镫二。次为铏，铏之前左为簠一，实黍；前右为簋一，实稷。簠之左列笾四，近簠处为形盐、枣，次为栗、鹿脯；簋之右列豆四，近簋处为菁菹、鹿醢，次为芹菹、兔醢。东西哲各设俎一，前设六案之中。俎中区为二，左羊，右豕。俎之前为香帛案，亦东西各一案，设献爵三，炉一，镫二，篚一。篚中实以帛，各六端。

两庑二位共一案，东庑三十二案，西庑三十一案。每案设供爵二，次以香烛，次为簠簋各一。簠之左为笾四，簋之右为豆四，实如哲位。东西庑各设俎三，俎中区为二，实以羊、豕。俎前为香帛案，东西各二案，设帛一、献爵三、炉一、镫二。

崇圣祠正位五案。每案设爵三，次为铏二，次为簠簋各二，左右笾豆各八，实品物如四配。簠簋之前为篚，实以帛。篚前为俎一，中区为二，左羊，右豕。俎前为香烛案，设炉一，镫二。

崇圣祠配位东西向，共四案。每案设爵三，次以簠簋各一，左右笾豆各四，篚各一，实品物如哲位。东西各设俎一，实以羊、豕。香烛案一，设炉一、镫二。

崇圣祠两庑东二案，西一案。每案设爵一，次以簠簋各一，左右笾豆各四。东西各俎一，实以羊、豕。香帛案亦东西各一案，设炉一、镫二、篚一，篚中实以帛一。

第六章　孔庙祭祀中的乐与舞

第一节　礼与乐的关系及其社会功能

一　礼与乐的关系

礼与乐是两个既独立又可并举的概念。礼主要包括礼仪、礼节、礼容、礼物、礼典等内容，乐主要包括歌、乐、舞及相关编制等。从社会层面讲，礼表现为一种规范，乐则表现为一门艺术。礼修外，乐治内。礼与乐的创制源起在《礼记·乐记》中被表述为："乐也者，施也。礼也者，报也。乐，乐其所自生，而礼，反其所自始。乐章德，礼报情，反始也。"① 魏明帝对此作了进一步的归纳："礼乐之作，所以类物表庸而不忘其本者也。"② 它们都是报本返始的一种表达形式。

礼与乐的关系错综复杂。当二者相提并论时，在很多语境下，它们是并列而又互补的，"达于礼而不达于乐，谓之素。达于乐而不达于礼，谓之偏"。③ "礼乐二者而已，若通于礼而不通于乐，非所以淑人心而出治道；达于乐而不达于礼，非所以振纪纲而立大中。必礼乐并行，然后教化醇一。"④ 礼与乐各有特色，"乐统同，礼辨异"。"乐者，天地之和也。礼者，天地之序也。和，故百物皆化。序，故群物皆别。"⑤ 在另外的阐

① （汉）郑玄注，（唐）孔颖达疏：《礼记注疏》卷三八《乐记》，《十三经注疏》，第1537页。

② （梁）沈约：《宋书》卷一九《乐志》，第535页。

③ （汉）郑玄注，（唐）孔颖达疏：《礼记注疏》卷五〇《仲尼燕居》，《十三经注疏》，第1614页。

④ （明）林尧俞等纂修，俞汝楫等编撰：《礼部志稿》卷一《仪礼之训》，《景印文渊阁四库全书》第597册，第15页。

⑤ （汉）郑玄注，（唐）孔颖达疏：《礼记注疏》卷三七《乐记》，《十三经注疏》，第1537、1530页。

述下，礼与乐又是混一难分的。朱子即言："礼之和处，便是礼之乐；乐有节处，便是乐之礼。"[①] 刘宗周亦称："礼、乐非二事也。凡礼之登降、上下、节文、度数之间，虽若出于至严，而莫不有和乐之意以将之，是即所谓乐也。"[②] 如若落实于某一项具体的礼事上，那么乐只是礼的一部分，是辅助行礼的。

礼乐在细微处与个人的修身立德紧密相连。求学修身的完美阶梯是："兴于《诗》，立于礼，成于乐。"[③] 这是遵循学习始于言、中于行、终于德的教学规律而作出的课程设计。在孔子的理论中，"成人"的终极条件是"文之以礼乐"[④]，若无此限，则只能以一智一勇称之。理想人格只能是在具备"臧武仲之知、公绰之不欲、卞庄子之勇、冉求之艺"等基本品质后，再节之以礼，和之以乐，使德成于内，文见于外，才能称得上德才兼备。礼乐皆得，才能称为"有德"。[⑤] 君子一旦有得于礼乐，就应当终身遵奉，不可以斯须离弃。就个人涵养而言，学礼能够深化自我克制的能力，学乐能够激发内在的情感，因此古人闻道进德，必要经此二途。

古代都要选任德高望重之人，对贵族子弟进行系统的礼乐教育。舜就命夔担任乐官去教导年轻胄子，以便把他们陶冶成"直而温，宽而栗，刚而无虐，简而无傲"的谦谦君子。[⑥]《汉书·礼乐志》亦有言："周诗既备，而其器用张陈，周官具焉。典者自卿大夫师瞽以下，皆选有道德之人，朝夕习业，以教国子。国子者，卿大夫之子弟也，皆学歌九德，诵六诗，习六舞、五声、八音之和。"[⑦] 礼乐教育在本质上就是一场启发身心的素质教育。《礼记·文王世子》将礼乐教育的用意作了一番说明："凡三王教世子必以礼乐。乐所以修内也，礼所以修外也。礼乐交错于中，发

---

① （宋）黎靖德编：《朱子语类》卷二二《论语四》，第516页。

② （明）刘宗周：《刘蕺山集》卷九《乐学小序》，《景印文渊阁四库全书》第1294册，第476页。

③ （魏）何晏注，（宋）邢昺疏：《论语注疏》卷八《泰伯》，《十三经注疏》，第2487页。

④ （魏）何晏注，（宋）邢昺疏：《论语注疏》卷一四《宪问》，《十三经注疏》，第2511页。

⑤ （汉）郑玄注，（唐）孔颖达疏：《礼记注疏》卷三七《乐记》，《十三经注疏》，第1528页。

⑥ （唐）孔颖达疏：《尚书注疏》卷三《舜典》，《十三经注疏》，第131页。

⑦ （汉）班固：《汉书》卷二二《礼乐志》，第1038页。

形于外，是故其成也怿，恭敬而温文。”[①] 在教育步骤与教育进程安排上，《内则》中有着清晰的记载：“十有三年，学乐诵《诗》，舞《勺》。成童，舞《象》，学射御。二十而冠，始学礼，可以衣裘帛，舞《大夏》，惇行孝弟，博学不教，内而不出。”[②] 这样系统而又循序渐进的礼乐教育涵盖了青少年教育和成人教育，包括言行举止、道德修养的方方面面，对促进个体身心健康有着积极的作用。

二　礼乐的功能

礼乐教化的终极目标并不仅仅在于培养一个个情感丰富而又克制理性的个体，而是要造就一个稳定而又有序的社会秩序，它在宏观上是与国家治理联系在一起的。在《周礼》中，大宗伯统摄着礼乐教化的重任，掌管“以礼乐合天地之化、百物之产，以事鬼神，以谐万民，以致百物”等事。[③] 礼乐、刑政彼此互通，甚至可以相互指代。《论语·子路》有云：“礼乐不兴，则刑罚不中。”[④]《礼记·乐记》云：“故礼以道其志，乐以和其声，政以一其行，刑以防其奸：礼乐刑政，其极一也，所以同民心而出治道也。”[⑤] 礼乐涵盖了天地万事万物，统筹着世间的所有条理与秩序，所以构成了中国传统文化的核心内容。

礼乐治国是儒学理论框架的主要支撑，“致礼乐之道，举而错之天下，无难矣”[⑥]，这便是儒家所信奉的治理之道。孔子是“礼乐治国”论的坚定倡导者与布道者。他所处的时代，恰逢传统断裂，社会剧变，文质彬彬的景象犹在昨日，悖伦僭越的乱象就已经纷嚣于前。面对社会、政治、经济、伦理等各方面所表现出来的躁狂与激进，孔子选择了一条回归

① （汉）郑玄注，（唐）孔颖达疏：《礼记注疏》卷二〇《文王世子》，《十三经注疏》，第1406页。

② （汉）郑玄注，（唐）孔颖达疏：《礼记注疏》卷二八《内则》，《十三经注疏》，第1471页。

③ （汉）郑玄注，（唐）贾公彦疏：《周礼注疏》卷一八《大宗伯》，《十三经注疏》，第763页。

④ （魏）何晏注，（宋）邢昺疏：《论语注疏》卷一三《子路》，《十三经注疏》，第2506页。

⑤ （汉）郑玄注，（唐）孔颖达疏：《礼记注疏》卷三七《乐记》，《十三经注疏》，第1527页。

⑥ 同上书，第1544页。

传统、重建三代礼乐秩序的复兴之路。子张曾经问政于孔子，孔子的答复是“君子明于礼乐，举而错之而已”，子张不明个中就里，进而深问，孔子便将其中的道理细细道来：

> 师，尔以为必铺几筵，升降酌献酬酢，然后谓之礼乎？尔以为必行缀兆，兴羽龠，作钟鼓，然后谓之乐乎？言而履之，礼也。行而乐之，乐也。君子力此二者，以南面而立，夫是以天下大平也。诸侯朝，万物服体，而百官莫敢不承事矣。礼之所兴，众之所治也。礼之所废，众之所乱也。目巧之室，则有奥阼；席则有上下，车则有左右，行则有随，立则有序：古之义也。室而无奥阼，则乱于堂室也。席而无上下，则乱于席上也。车而无左右，则乱于车也。行而无随，则乱于涂也。立而无序，则乱于位也。昔圣帝、明王、诸侯，辨贵贱、长幼、远近、男女、外内，莫敢相逾越，皆由此途出也。[①]

在他的思想体系中，礼乐并非仅仅停留在耳目所能感受到的物象上，而是一套规律、一套秩序，天下有礼乐则平，无礼乐则乱。这一番由表及里的论述清晰地展示了孔子的礼乐治理逻辑。子张、子贡、言游三子既得闻此言，皆深受启发。

制礼作乐是为政者的事情，这一工作往往在改朝换代国力恢复以后，便提上了日程。古语云“五帝殊时，不相沿乐。三王异世，不相袭礼”[②]，是以新掌权者大都要对旧朝的礼乐制度进行更新调整，这样的整顿在某种期盼上是与和平盛象联系在一起的。“移风易俗莫善于乐，安上治民莫善于礼”[③]，“乐行而志清，礼修而行成，耳目聪明，血气平和，移风易俗，天下皆宁，美善相乐”[④]，礼乐被赋予了一种神奇之效。

那么礼乐能否转化为真正的治理能力？它怎样才能适时地发挥作用？

---

① （汉）郑玄注，（唐）孔颖达疏：《礼记注疏》卷五〇《仲尼燕居》，《十三经注疏》，第1615页。

② （汉）郑玄注，（唐）孔颖达疏：《礼记注疏》卷三七《乐记》，《十三经注疏》，第1530页。

③ （唐）李隆基注，（宋）邢昺疏：《孝经注疏》卷六《五刑》，《十三经注疏》，第2556页。

④ （清）王先谦：《荀子集解》卷一四《乐论篇》，第382页。

这在后世有着诸多的讨论。欧阳修曾提出一个著名的“礼乐虚名”论。他的观点是：

> 由三代而上，治出于一而礼乐达于天下；由三代而下，治出于二，而礼乐为虚名。古者，宫室车舆以为居，衣裳冕弁以为服，尊爵俎豆以为器，金石丝竹以为乐，以适郊庙，以临朝廷，以事神而治民。其岁时聚会以为朝觐、聘问，欢欣交接以为射乡、食飨，合众兴事以为师田、学校，下至里闾田亩，吉凶哀乐，凡民之事，莫不一出于礼。由之以教其民为孝慈、友悌、忠信、仁义者，常不出于居处、动作、衣服、饮食之间。盖其朝夕从事者，无非乎此也。此所谓治出于一，而礼乐达天下，使天下安习而行之，不知所以迁善远罪而成俗也。及三代已亡，遭秦变古，后之有天下者，自天子百官名号位序、国家制度、宫车服器一切用秦，其间虽有欲治之主，思所改作，不能超然远复三代之上，而牵其时俗，稍即以损益，大抵安于苟简而已。其朝夕从事，则以簿书、狱讼、兵食为急，曰：“此为政也，所以治民。”至于三代礼乐，具其名物而藏于有司，时出而用之郊庙、朝廷，曰：“此为礼也，所以教民。”此所谓治出于二，而礼乐为虚名。故自汉以来，史官所记事物名数、降登揖让、拜俯伏兴之节，皆有司之事尔，所谓礼之末节也。然用之郊庙、朝廷，自搢绅、大夫从事其间者，皆莫能晓习，而天下之人至于老死未尝见也，况欲识礼乐之盛，晓然谕其意而被其教化以成俗乎？①

显然，欧阳修的礼乐虚名论并非一个“一刀切”的概念，而存在一个时间点上的左右分途。三代以上的礼乐因治民之道与教民之道合而为一，因之通理于天下；三代以下的礼乐因治民之道与教民之道裂而为二，因之为虚名。礼乐作为外加影响，既然难以兼溶于治道之中，便只能沦为缘饰。这种论调在以后各朝都有出现，如《元史·礼志》中就说道：“古之礼乐，一本于人君之身心，故其为用，足以植纲常而厚风俗。后世之礼乐，既无其本，唯属执事者从事其间，故仅足以美声闻而侈观听耳。此治之所

---

① （宋）欧阳修、宋祁：《新唐书》卷一一《礼乐志》，第307—308页。

以不如古也。”① 这也是将礼乐进行了今古划分，且对古礼乐充满了理想化的想象。礼乐虚名论自然是针对后世礼乐而发，其中包含了一定的不满与批判情绪。上无践履者，下乏乐行者，惟有司、执事者存其数于明灭之间，礼乐丧失了面向社会的治化之用，最终落得徒具形式。

不知朱元璋是否注意过欧阳修的礼乐虚名论，他在纠正臣下言及礼乐、刑政所表现出的实用偏见时，发表了自己的看法，这一看法也可视作是对欧阳氏虚名论的某种回应与补救。他的分析为：

> 朕观刑政二者不过辅礼乐为治耳，苟为治徒务刑政而遗礼乐，在上者虽有威严之政，必无和平之风；在下者虽有苟免之心，终无格非之诚。大抵礼乐者治平之膏粱，刑政者救弊之药石。卿等于政事之间，宜知此意，毋徒以礼乐为虚文也。②

礼乐为治平之膏粱，即揭示了礼乐日常平凡的一面，也揭示了其不可或缺的一面，既是如此，必不能虚文以待。这似乎又将人们带回到了汉代马上得天下不能马上治天下的治国命题之中，张弛有度的治理真谛看来并不会因朝代的久远而稍有隔阂。

三　礼乐的雅与俗

礼乐都有雅俗之分。雅就是正的、规范的、符合中和之道的，俗则是世俗的、大众的、过犹不及的。雅与俗是两种不同的文化形态，体现不同的价值取向。祭祀礼仪中的礼乐，其制作要求是达到雅的程度，宴饮礼乐则可以兼用雅俗。《礼记·乐记》云：“乐由天作，礼以地制。过制则乱，过作则暴。明于天地，然后能兴礼乐也。”“乐极则忧，礼粗则偏矣。及夫敦乐而无忧，礼备而不偏者，其唯大圣乎！”③这都是符合雅的标准。

就礼来看，礼与俗的关系，《周官·天官·大宰》有云：“六曰礼俗，

---

① （明）宋濂等：《元史》卷六七《礼志》，第1633页。

② （明）林尧俞等纂修，俞汝楫等编撰：《礼部志稿》卷一《仪礼之训》，《景印文渊阁四库全书》第597册，第15—16页。

③ （汉）郑玄注，（唐）孔颖达疏：《礼记注疏》卷三七《乐记》，《十三经注疏》，第1530页。

以驭其民"，郑玄注为："礼俗，昏姻丧纪旧所行也"，贾公彦作疏："俗谓昏姻之礼，旧所当行者为俗，还使民依行，使之入善，故云'以驭其民'。"《周官·地官·土均》云："礼俗、丧纪、祭祀，皆以地美恶为轻重之法而行之"，郑注为："礼俗，邦国都鄙民之所行先王旧礼也。"[①] 在这些记载中，礼与俗都是混指的。如果非要进行区分，那么后王新制则为礼，先王旧制则为俗，或称礼俗。这是依时代先后作出的分类。到后代，礼家们才开始在礼与俗之间进行了严格的划分。孙诒让《周礼正义》卷二有云："礼、俗当为二事。礼谓吉凶之礼，即《大司徒》十二教'阳礼教让'、'阴礼教亲'之等是也。俗谓土地所习，与礼不同而不必变革者，即十二教之'以俗教安'，彼注云'谓土地所生习'是也。"[②] 一者为教化纲领，一者为日常所习，不应混淆。

雅乐、俗乐在古代也往往表述为古乐、今乐，德音、溺音。有的时候，德音即代指古乐，溺音即代指今乐。魏文侯曾自称听古乐唯恐卧，听郑卫之音则不知倦，问其故于子夏。子夏答道：

> 今夫古乐：进旅退旅，和正以广；弦匏笙簧，会守拊鼓；始奏以文，复乱以武；治乱以相，讯疾以雅；君子于是语，于是道古，修身及家，平均天下。此古乐之发也。今夫新乐：进俯退俯，奸声以滥，溺而不止；及优侏儒，糅杂子女，不知父子；乐终不可以语，不可以道古。此新乐之发也。今君之所问者乐也，所好者音也。夫乐者，与音相近而不同。

魏文侯因不明音与乐的关系而深问之，子夏再解：

> 夫古者天地顺而四时当，民有德而五谷昌，疾疢不作而无妖祥，此之谓大当。然后圣人作，为父子君臣，以为纪纲。纪纲既正，天下大定。天下大定，然后正六律，和五声，弦歌《诗·颂》。此之谓德音。德音之谓乐。……今君之所好者，其溺音乎![③]

① （汉）郑玄注，（唐）贾公彦疏：《周礼注疏》，《十三经注疏》，第646、746页。
② （清）孙诒让：《周礼正义》，第71页。
③ （汉）郑玄注，（唐）孔颖达疏：《礼记注疏》卷三九《乐记》，《十三经注疏》，第1540页。

在子夏的解释中，郑音淫志，宋音溺志，卫音烦志，齐音乔志，此四者皆淫于色而害于德，是以祭祀不用。祭祀所用，当用德音。梁惠王也以好乐自称，但坦言“寡人非能好先王之乐也，直好世俗之乐耳”。[①] 先王之乐即古乐，世俗之乐即今乐，这也是依时代先后作出的划分。

隋文帝时，开始将音乐分成雅乐、俗乐二部。唐代进而分成三部：堂上坐奏番乐，堂下立奏俗乐，第三类方为雅乐。乐工习乐，堂上番乐不能通者，转隶堂下。堂下俗乐又不能通者，乃转习雅乐。[②] 很明显，唐代的音乐分类标准不是以时代为断限，而是以奏乐的难易程度为旨归。这一分级标准具有浓厚的专业色彩，完全不同于后世，只要言及雅乐、俗乐，必要连及贵贱之义。不管怎样，雅乐、俗乐的概念正是从隋唐开始流行开来。

历代礼乐都是以雅为正，以俗为乱，紫之乱朱、郑声之乱雅向为圣人所恶，然而雅俗之间并非势同水火，它们也会彼此汲取营养。在相互的输送链条上，自上而下熏陶往往居于常态。雅文化高高在上，自贵于凡俗。但在时局动荡之时，就显现出脆弱的一面，很容易尾随贵族集团的散落而丧失。俗文化则因植根于广大百姓之中，具有极强的稳定性。文化重建，雅文化往往反得转求于民间习俗以寻觅自立之本，礼失求诸野、从俗乐中求雅乐[③]，这都是礼乐制作的逆向取径。

一般来说，祭祀要专用雅乐，但朝会可兼用俗乐。在古人的信奉观念中，祭祀是一场人神沟通的神圣之约，娱神是其中的主要内容，他们确信只有广大和平的音乐才能上通于神灵，从而获得良好的沟通效果。吕坤对祭祀雅乐曾作过一番义理上的阐释：“庙堂之乐，淡之至也，淡则无欲，无欲之道与神明通；素之至也，素则无文，无文之妙与本始通。”[④] 朝会之礼大都政治含义居多，因敬谨而用雅乐，但朝会又主要是人世间的会聚，所以也杂用俗乐。

礼主于诚敬，乐主于和顺，这都属于人的主观范畴。要使主观客观

---

① （汉）赵岐注，（宋）孙奭疏：《孟子注疏》卷二上《梁惠王下》，《十三经注疏》，第2673页。

② （宋）欧阳修、宋祁：《新唐书》卷二二《礼乐志》，第475页。

③ 朱子有“讲求古乐问于俗工”之说（《晦庵先生朱文公文集》），丘濬有“依俗法之所移换，寻古调之所抑扬”之语（《大学衍义补》卷四四），《律吕新论》中有《俗乐可求雅乐》一目。

④ （明）吕坤：《呻吟语摘》卷上《谈道》，《景印文渊阁四库全书》第717册，第39页。

化，就必须借助一定的载体，“畏敬之意难见，则著之于享献辞受，登降跪拜；和亲之说难形，则发之于诗歌咏言，钟石筦弦”。[①] 只有将畏敬和悦之意以适当的方式表现出来，才能够起到恪己教人的作用。行礼演乐分别需要借助仪式、品物、乐器、歌舞等来展现。

四　礼乐的规格

礼乐的规格是通过品数表现出来的，主要体现在乐县和舞佾的数量上。

乐县，“县”指悬挂乐器的架子。架子上悬挂钟的称钟县，悬挂磬的称磬县。乐县规格可通过钟架、磬架的数量来判断。古人将乐县架子两头的立柱名为虡，中间的横杆名为簨，有时候也以簨或虡代指乐架。在乐制中，悬钟一虡、悬磬一虡，称为肆；若只悬钟一虡或只悬磬一虡，则称为堵。按照古礼，王用宫县，即四肆；诸侯轩县，即三肆；卿大夫判县，即二肆；士特县，即一肆。乐县设位，各有取义。宫县是在东、西、南、北四面都布置上乐架，其制如宫室，象征着王以四方为家的意象；轩县是布置东、西、北而阙其南面，以此回避王南面独尊之象；判县是在东、西列架，以比拟卿大夫左右辅佐之象；特县列一肆，取士人特立独行之义。

舞佾，“佾”指乐舞的队列。舞佾的规格可通过参加舞蹈的人员数量来判断。按照古礼，天子用八佾，八八共六十四人；诸侯用六佾，六六共三十六人；大夫用四佾，四四共十六人；士用二佾，二二共四人。[②] 舞队取方形，每佾的人数与佾数相同。

品数之中蕴含着等级含义，不能随意使用、随意安排。所谓“名位不同，礼亦异数”[③]。品数多寡有定制，仪式先后也有定制，如若视此定制为末节而不加遵守，乱用品数，违逆程序，往往会遭到舆论谴责甚至有犯上作乱之嫌。《左传》郑公子忽娶妇“先配后祖”，即为陈针子讥为非

① （汉）班固：《汉书》卷二二《礼乐志》，第 1028 页。

② 此处的舞佾人数，取何休、杜预之说。服虔另持一说，他认为每佾的人数定为八人，是以八佾当用八八六十四人，六佾当用六八四十八人，四佾当用四八三十二人，二佾当用二八十六人。后世大都取何、杜之说。参见（魏）何晏注，（宋）邢昺疏《论语注疏》卷三《八佾》，《十三经注疏》，第 2465 页。

③ （晋）杜预注，（唐）孔颖达疏：《春秋左传注疏》卷九，《十三经注疏》，第 1773 页。

礼；卫宣公未葬，而惠公称侯以接邻国，亦为非礼；“邦君树塞门，管氏亦树塞门。邦君为两君之好有反坫，管氏亦有反坫”，孔子的评价是“管氏而知礼，孰不知礼”；孔子痛斥季氏八佾舞于庭的行为为“是可忍也，孰不可忍也”；仲孙、叔孙、季孙三家行祭，礼毕彻俎，歌天子宗庙所用《雍》篇，同样为孔子所讥。[①] 这都属于用礼用乐不当而遗人口实的情形。

第二节　孔庙祭祀用乐沿革

一　释奠乐制沿革

史上有关孔庙祭祀用乐情况的最早记载出现于《后汉书·孔僖传》：“（章帝）元和二年春，帝东巡狩，还过鲁，幸阙里，以太牢祠孔子及七十二弟子，作六代之乐。”[②] 后世大都将祭孔用乐的起始时间定于此时。但是孔继汾对此颇不以为意，他认为春秋之际，鲁国已具备六代之乐，孔子自卫返鲁，与师挚共相考订，再传诸及门弟子，数世相传且时常演习于庙庭之间，而“章帝过鲁，不过因其旧存者而大合之，以仿《周礼》春入学合舞、秋颁学和声之遗意，未可即以为祀孔子用乐之始也”。[③] 此可备一说。

东汉桓、灵之际，得益于一批汉碑的存世，我们可以从中获得一些零星的有关祭孔用乐情况的记载。永寿间，韩敕任鲁相，特意为孔庙增添了一批新的乐器，包括钟、磬、瑟、鼓等。建宁间，史晨为鲁相，在孔庙中举办了一场盛大的祭礼。尽管行礼中使用了什么乐器、编制如何、规格如何不得其详，其盛况却是非同凡响。当时的场面，可从碑文中窥见一斑：“雎歌吹苼，考之六律，八音克谐，荡郎反正，奉爵称寿，相乐终日。”[④]

南北朝期间，释奠礼乐规格得以定位。刘宋元嘉间，朝廷立学行礼，裴松之提议释奠应设六佾舞，此议得到肯定。由于当时演乐起舞的各方面条件尚不成熟，最后决定“权奏登歌”。[⑤] 登歌又名升歌，即歌者升堂而

---

① （晋）杜预注，（唐）孔颖达疏：《春秋左传注疏》卷四、卷七，《十三经注疏》，第1733、1756页；（魏）何晏注，（宋）邢昺疏：《论语注疏》卷三，《十三经注疏》，第2468、2465页。

② （宋）范晔：《后汉书》卷七九上《孔僖传》，第2562页。

③ （清）孔继汾述：《阙里文献考》卷二三《乐第六之一》，第521页。

④ （宋）洪适：《隶释 隶续》，第24页。

⑤ （梁）萧子显：《南齐书》卷九《礼志》，第144页。

歌。与登歌相对应的是，管乐器设于堂下，又称下管。登歌、下管也被笼统地称为堂上之乐、堂下之乐。“权奏登歌”表明已经确定的孔庭六佾之舞，由于受条件限制并未落实，乐器演奏也成具文。

南齐武帝永明三年（485），朝廷对释奠先圣先师当行何礼用何乐设何礼器的问题，进行了一次正式的讨论。很显然，当时满朝大臣对释奠礼乐设置并没有一个清晰的思路。尚书令王俭曾提到了当时的困惑，他说：

> 中朝以来，释菜礼废，今之所行，释奠而已。金石俎豆，皆无明文。方之七庙则轻，比之五礼[①]则重。

这是一种无所适从的境况。在提供的解决方案中，陆纳、车胤意见一致，主张“宣尼庙宜依亭侯之爵”，范宁主张“依周公之庙，用王者仪”，范宣的意见与范宁相似，称“当其为师则不臣之，释奠日，备帝王礼乐”。对讨论的两派，王俭判为“车、陆失于过轻，二范伤于太重”。后来喻希点出了问题的关键，“若至王者自设礼乐，则肆赏于至敬之所；若欲嘉美先师，则所况非备”，意即仅就制作而言，礼乐皆出自在上者的恩赏，无论何式都无不妥，但是从尊礼先师的角度来说，比况其后裔亭侯之爵或者比况帝王之位都有欠妥当。孔子的身份定位成为礼乐取则的突破口。最终达成的共识是：孔子身份“引同上公”，设轩县之乐、六佾之舞，牲牢器用悉依上公。[②] 此时的乐舞演奏条件都已经比较齐备了，颁定的乐舞规格得以付诸实施。这是释奠用六佾、轩县乐之始。[③] 此后南梁、北齐、后周释奠并用此制。然而有关此一时期所用乐章、舞节等情况，史概阙如。

隋朝释奠最值得注意的是，在《隋书》中留下了第一首祭先圣先师乐章的记载。乐章即歌诗，是入乐演唱的诗词。隋朝乐章名为《诚夏》，由五对四言韵语组成，将对先圣先师的景仰之情和祭祀深意作了表述和说

---

① 此处的“五礼”当为“五祀”之误。

② （梁）萧子显：《南齐书》卷九《礼志》，第144页。

③ 《阙里志》（卷之六）、《大学衍义补》（卷六五）、《幸鲁盛典》（卷三）等都将释奠用乐舞的时间定于元嘉二十二年，实误。《阙里文献考》（卷二三）、《春明梦余录》（卷二一）、《中国历代孔庙雅乐》（江帆、艾春华著，中国国际广播出版社2001年版，第4页）等又误将六佾作八佾。

明。因为隋朝释奠“唯用登歌，而不设悬”[①]，是以可以推断这首乐章为登歌乐章。

唐代是孔庙乐舞的大发展时期，这表现在三个方面：（1）乐制规格由轩县升至宫县；（2）乐章增多了，贯串于行礼的各道程序；（3）乐舞并用文舞、武舞。乐制升格与孔子在唐代身份地位的提升是同步的。玄宗追谥孔子为“文宣王”，随之而来的便是以“王”礼代替“上公”礼。需要注意的是，唐代释奠，州、县学不设乐，只有两京国学才设宫县之乐。另外，舞不在升格之列，仍用六佾。[②]在孔庙乐舞史上，唐代是第一个文舞、武舞并设的朝代。唐代释奠乐章都以“和”命名，取大乐与天地同和之意。

五代的祭孔乐舞没有多大发展，基本沿用唐制，顶多在乐名上作一下更动。例如开元间曾经增制一首祭孔宣父、齐太公的乐章，名为《宣和》，后汉更其名为《师雅》，后周又将《师雅》改为《礼顺》。

孔庙用乐在北宋达到繁盛期。建隆元年（960），太常寺窦俨上言：“三五之兴，礼乐不相沿袭。洪惟圣宋，肇建皇极，一代之乐，宜乎立名。乐章固当易以新词，式遵旧典。”[③] 太祖接纳此议，改后周乐章“十二顺”为“十二安”。自此，宋代乐章以“安”命名，取治世之音安以乐之义。作为革故鼎新工作的一部分，祭文宣王定用《永安》之曲。宋初乐制虽得更张，但是由于兵事未息，演乐条件并不完备，是以当时“惟天地、感生帝、宗庙用乐，亲祀用宫县，有司摄事，止用登歌，自余大祀，未暇备乐”[④]。可以想见，祭孔尚未遑用乐。景祐间，仁宗命臣下制作祭祀乐章，祭孔乐章得以确定。哲宗朝又在此一基础上加以增补。徽宗朝不仅在以往乐章框架之下，重新撰写了乐章歌词，还让当朝新设立的专门音乐机构大晟府，另外拟撰了一套结构异常庞大的祭孔乐章。

仅从音乐制作方面来说，宋朝称得上是一个典范。著名音乐史学家杨荫浏先生曾将宋代列为中国音乐史上最为重视宫廷雅乐制作的两个朝代之一，另一个为清朝。[⑤] 足见其地位之高。借助统治者的关注和推动，释奠

---

① （唐）魏徵等：《隋书》卷一五《音乐志下》，第358页。

② （明）陈镐纂修：《阙里志》卷之六《祀典》，第241页。

③ （元）脱脱等：《宋史》卷一二六《乐志》，第2939页。

④ 同上书，第2946页。

⑤ 杨荫浏：《中国古代音乐史稿》上册，人民音乐出版社2004年版，第380页。

礼乐日臻完善。

金人初取汴京，袭用北宋之乐。世宗大定十四年（1174），方才追溯唐制，更定雅乐名为“太和”，同样取大乐与天地同和之义。同年，定议释奠奏登歌雅乐。由于尚未设置专职的掌乐人员，所以每逢释奠，大乐令、乐工并乐器等，都是临时从大乐署借用。①

元初释奠沿用金乐。成宗大德十年（1306），才开始制定新朝乐，乐章以“安”命名。元朝是整个祭孔史上使用乐章最多的一个朝代，演奏成数最多，宫调变换也最多。

明代释奠乐舞规格经历了一次过山车式的变动。洪武二十六年（1393），定制乐用登歌，舞用六佾。宪宗成化间，增舞为八佾，但乐制没有更动。孝宗弘治九年（1496），太常寺奏：“释奠先师孔子已准用天子之礼，增为八佾之舞，惟乐器之数尚用诸侯之乐，似为未称，请增文庙乐器人数为七十二人，如天子之制。”② 朝廷从其议。这表明孔庙乐架由轩县提升为宫县。至此，释奠乐、舞全部用天子之制。三十年后，嘉靖孔庙改制，孔子不再称“王”，改称“先师”。祭孔乐舞规格随之跌落，重新恢复为六佾之舞、轩县之乐。明代乐章以“和”命名。

清初释奠，在规格和模式上继承了嘉靖改制的成果。康熙年间，祭酒王世禛以为嘉靖降格有失尊崇之意，不宜沿用。他建议酌采明代成化、弘治间乐制，释奠用八佾舞。③ 其议当时未被采纳。光绪末年，朝廷方才定议释奠舞蹈用八佾，且文舞、武舞并设。④ 清代释奠乐章名为“平”字，取天下太平之义。

二　释奠乐章沿革

释奠乐章的章名、内容及章数，是随着朝代的更迭及历史的变迁而发展的。

史书留下的第一首释奠乐章的记载出现在《隋书·音乐志》中。乐

---

① （元）脱脱等：《金史》卷三五《礼志》，第816页。

② （明）林尧俞等纂修，俞汝楫等编撰：《礼部志稿》卷八五下《定释奠先师乐》，《景印文渊阁四库全书》第598册，第526页。

③ 赵尔巽等：《清史稿》卷二六六《王世禛传》，第9952页。

④ 赵尔巽等：《清史稿》卷八四《礼志》，第2538页。

章标题为“先圣先师奏诚夏辞”，内容为：“经国立训，学重教先。三坟肇册，五典留篇。开凿理著，陶铸功宣。东胶西序，春诵夏弦。芳尘载仰，祀典无骞。”① 从歌辞看，乐章以崇圣尊师为主，至于祠主所归，却因为辞义未有专属而让人不知就里。隋朝的释奠乐章只有这一首。

与隋朝相比，唐代释奠乐章的篇数多了，且与行礼程序紧密相扣。《旧唐书·音乐志》中收载了皇太子释奠乐章，标题分别为：迎神用《承和》（亦曰《宣和》）、皇太子行用《承和》、登歌奠币用《肃和》、迎俎用《雍和》、送文舞出迎武舞入用《舒和》、武舞用《凯安》、送神用《承和》（词同迎神）。② 其中，武舞中的《凯安》之章，其歌辞直接移用皇帝冬至祀昊天于圆丘中的武舞辞文，而送神歌辞又与迎神是使用同一首，是以新撰的释奠乐章实际就是五首。

释奠乐章的撰作工作在宋代进入繁盛期，这与几位皇帝的制乐热情是分不开的。仁宗是一位雅乐爱好者，他自己亲制郊庙乐章二十一曲，又命宰臣吕夷简等分造其他群祀乐章。祭孔乐章即在分造之内。其中迎神奏《凝安》之章、初献升降奏《同安》之章，奠币奏《明安》之章，酌献奏《成安》之章，饮福奏《绥安》之章，送神奏《凝安》之章，共六首。行礼之时，每一乐章依礼序同步演奏。哲宗朝在仁宗景祐释奠乐章的基础上又填补了一章，即兖国公配位酌献乐章，名为《成安》之章，是为七章。徽宗大观间，又撰写了新的祭孔乐章歌词。新乐章章名完全沿用以前的名称，只是在篇章结构上稍有变动，删去了景祐乐章中的饮福《绥安》之章，保留了哲宗朝的配位酌献《成安》之章，是为六章。

除了以上沿革外，当时专门的音乐机构大晟乐府，还另外拟撰了一套结构异常庞大的祭孔乐章。迎神奏《凝安》之章，包括四首歌曲，以黄钟为宫奏一曲、以大吕为角奏一曲、以太簇为徵奏一曲、以应钟为羽奏一曲，即分别用不同的音调演奏几番；初献盥洗奏《同安》之章；升殿奏《同安》之章；奠币奏《明安》之章；奉俎奏《丰安》之章；文宣王位酌献奏《成安》之章；兖国公位酌献奏《成安》之章；邹国公位酌献奏

---

① （唐）魏徵等：《隋书》卷一五《音乐志下》，第366页。

② （后晋）刘昫等：《旧唐书》卷三〇《音乐志》，第1123—1124页。另外，据《大唐开元礼》载，释奠接神奏《永和》、皇太子行奏《永和》、奠币登歌奏《肃和》、进馔入俎酌献皆奏《雍和》、文舞出武舞入奏《舒和》、送神奏《永和》。其乐章名与《旧唐书》所录者有所出入。

《成安》之章；亚、终献奏《文安》之章；彻豆奏《娱安》之章；送神奏《凝安》之章。这套乐章共十四首，覆盖了行礼的大部分程序，可谓洋洋大观。仅迎神一道礼序中，就需要变换四种宫调演奏四首歌曲，场面可想而知。大晟府释奠乐章在宋代并没有投入使用，但在后世却是影响深远，元、明、清三代乐章大都取资于此。

金朝释奠乐章的标题都用“宁”字命名。迎神三奏《来宁》之曲、初献盥洗奏《静宁》之曲、升阶奏《肃宁》之曲、奠币奏《和宁》之曲、降阶奏《安宁》之曲、兖国公酌献奏《辑宁》之曲、邹国公酌献奏《泰宁》之曲、亚终献奏《咸宁》之曲、送神奏《来宁》之曲，共九章。

元初释奠袭用金乐，成宗大德十年（1306），方才制定新朝乐章。乐章以“安”命名。迎神奏《凝安》之章（黄钟宫三成、大吕角二成、太簇征二成、应钟羽二成）、初献盥洗奏《同安》之章、初献升殿奏《同安》之章（降同）、奠币奏《明安》之章、捧俎奏《丰安》之章、大成至圣文宣王位酌献奏《成安》之章、兖国复圣公位酌献奏《成安》之章、郕国公圣公酌献奏《成安》之章、沂国述圣公酌献奏《成安》之章、邹国亚圣公酌献奏《成安》之章、亚献奏《文安》之章、终献奏《文安》之章（与亚献同）、饮福受胙奏《同安》之章（与盥洗同。惟国学释奠，亲祀用之，摄事则不用。外路州县并皆用之）、彻豆奏《娱安》之章、送神奏《凝安》之章、望瘗奏《同安》之章（与盥洗同）。共十六章。大德乐章自迎神至送神，全部袭自北宋大晟府拟制而未行的旧曲，惟有郕国公、沂国公酌献二首，是后来补进的。

除了这一套承袭自大晟府释奠乐章的十六章外，元朝也拟撰了一套新乐章，但未曾使用。按照《元史·礼乐志》的记载，乐章以“明”命名，迎神奏《文明》之曲、盥洗奏《昭明》之曲、升殿奏《景明》之曲、奠币奏《德明》之曲、文宣王酌献奏《诚明》之曲、兖国公酌献奏《诚明》之曲、郕国公酌献（阙）、沂国公酌献（阙）、邹国公酌献奏《诚明》之曲、亚献奏《灵明》之曲、终献奏《灵明》之曲（与亚献同）、送神奏《庆明》之曲。新乐章共十一首，阙郕国公酌献、沂国公酌献两首，存九首。

元朝的两套释奠乐章，为了简便起见，我们暂且将其称为实用释奠乐章和未行释奠乐章。它们之间有一个非常巧合的地方，即未行释奠乐章所阙的两章，恰恰就是实用释奠乐章在大晟府乐章基础上所增加的郕国公、沂国公酌献二章。这其中是否有什么关联？后世注意到此一巧合的学者，往往倾向于肯定这一阙一补之间的必然联系。秦蕙田就明确指出，未行乐章所阙载的两章就是实用乐章所增加的两章，他的理由是："盖颜、曾、思、孟并配始于宋度宗咸淳三年，当大晟拟撰时，郕、沂二公尚未入配位，故无其乐章。元既袭而用之，则少此二配乐章，不得不增入以充其数，因于拟撰十一章之内取而用之。夫是以前之所增即后之所缺也。"① 孔继汾持同样的观点，他认为："成宗大德十年，令廷臣新撰释奠乐章。而当时翰林乃全取宋大晟乐府拟撰未用之词录而奏之，惟增撰郕国公、沂国公酌献乐二章而已，余虽撰拟而未经施用。"② 秦惠田、孔继汾二人使用的是逻辑推理的方法，其推理过程似乎也并无大的漏洞。但是他们犯了一个共同的错误，就是误用了一个前提：他们想当然地认定实用乐章中的郕国公酌献、沂国公酌献两首就是元代作品。

实际情况是，元代实用释奠乐章十六首全部出自宋人之手，只不过其中十四章撰于北宋，另外两章撰于南宋。北宋大晟府拟撰释奠十四章之时，因为曾子、子思尚未配享，是以乐章不备。南宋咸淳间，二子配享。短短十多年后，南宋灭亡。当时是否已撰有相应乐章，由于朝代更替时事动荡而变得模糊不清无人知晓。元代大儒吴澄在为人作墓表时，还写道："江南学宫配享有四，而酌献旧辞止有颜、孟，所在因循苟简，仍以侑颜、孟者侑曾、思。"③ 可见元代坊间并无传世的酌献曾子、子思乐章，这也是很多人将其视为元代作品的主要原因所在。幸运的是，从明初郑真辑录的《四明文献集》中，我们可以获知这两首乐章实为南宋王应麟所作，而非元代新撰。

郑真，浙江鄞县人，早年与金华宋濂声价相埒，并以文学擅名。郑真在辑录本地乡贤文章著述的过程中，偶然发现王应麟所作《曾参、孔伋配食大成乐章》二首④，而这正是大德年间所采用的两首乐章。至此，大

---

① （清）秦蕙田：《五礼通考》卷一一九《吉礼》，《景印文渊阁四库全书》第137册，第865页。

② （清）孔继汾述：《阙里文献考》卷二三《乐第六之一》，第528页。

③ （元）吴澄：《吴文正集》卷七一《前进士豫章熊先生墓表》，《景印文渊阁四库全书》第1197册，第684页。

④ （宋）王应麟：《四明文献集》卷四《曾参孔伋配食大成乐章》，《景印文渊阁四库全书》第1187册，第247页。

德间所定实用释奠乐章的来历已非常清楚，就是大晟府十四章与王应麟二章的组合。对于这一发现，郑真也非常重视，还特地作了一则短记加以说明："宋咸淳三年，度宗幸太学，诏升曾参郕国公、孔伋沂国公，配享先圣孔子庙庭。时厚斋公权直学士院，乐章实其撰著。宋亡，元世祖皇帝诏定先圣先师释奠仪，其郕、沂二国乐章，遵而用之遍及天下，迨将百年，莫有知出公手者。固宜表而出之。"[①] 问题本已解决，可惜的是，郑真生平仕宦不显，作文流传不广，后世学者无从得见。长久以来，不仅王应麟的贡献泯灭不闻，连郑真表彰乡贤的用心也成枉然。现在，凭借郑真的辑佚之功，我们不仅能够清楚地了解元代释奠乐章的本来面目，也可以避免重犯以往学者以逻辑推理代替事实判断的错误。

明代对宋、元庞大的乐章结构进行了精简，共用六章，以"和"命名。迎神奏《咸和》之章，奠帛奏《宁和》之章，初献奏《安和》之章，亚、终献奏《景和》之章，彻馔奏《咸和》之章，送神奏《咸和》之章。这六章全部从北宋大晟府拟撰乐章中摘出，歌词一样，只是另谱新曲。可见宋代乐章既为元朝所袭用，同样也为明朝所继承。这套乐章修订于洪武六年，由詹同、乐韶凤等人负责完成。嘉靖朝在孔庙礼乐制度上进行了诸多改革，但乐章歌辞沿用依旧，只是为顺应孔子谥号的变动，而把歌词里的"王"字全部更为"师"字。[②]

清代继承了明代乐章的演奏形式，用六章，以"平"命名。新乐章颁于顺治十三年（1656），迎神奏《咸平》之章，奠帛初献奏《宁平》之章，亚献奏《安平》之章，终献奏《景平》之章，彻馔奏《咸平》之章，送神奏《咸平》之章。乾隆七年（1742），朝廷对顺治乐章进行全面修订，迎神奏《昭平》，奠帛初献奏《宣平》，亚献奏《秩平》，终献奏《叙平》，彻馔奏《懿平》，送神奏《德平》。

清代为释奠乐章的颁行注入了一个新的特色，即不再是一套乐章通行天下，而是国学释奠专用一套，阙里及各直省府州县另外颁发一套，这在以往是没有的[③]。地方乐章的章名、结构与国学乐章完全相同，只是歌词

① （明）郑真：《荥阳外史集》卷三七《录王厚斋郕国沂国配食大成乐章》，《景印文渊阁四库全书》第1234册，第215页。

② （清）孔继汾述：《阙里文献考》卷二三《乐第六之一》，第532页。

③ 金朝也曾为阙里颁降了一套不一样的乐章，此为一时恩典，并非制度通例。

不一样。地方乐章颁于乾隆八年（1743），即国学乐章改订之后。

三　阙里祭孔用乐

阙里孔庙用乐，最早的记载是汉章帝至鲁祀孔，备六代乐。此后，鲁相修理孔庙乐器及祭孔用乐的相关情况，也时见于碑文。魏晋以后则鲜有记载。

朝廷颁乐于阙里，这一殊荣始于宋代。政和间，衍圣公孔端友以祖庭礼乐未备，上请于朝，希望颁降大晟新乐，以备祭祀之用。随后，朝廷赐予正声大乐一副、礼器一副，差遣孔若谷押送阙里。[①] 但是，接踵而至的兵乱，却为大晟新乐的演习画上了句号。

金朝大定间，朝廷制定了新的释奠乐章，阙里行祭却仍无音乐相配。章宗明昌五年（1194），礼官援引政和赐乐故事，建议朝廷赐乐于阙里。明昌六年（1195），特颁登歌乐一部于阙里。其乐章为：迎神奏《来宁》之曲、盥洗奏《静宁》之曲、升阶奏《肃宁》之曲、奠币奏《溥宁》之曲、酌献奏《德宁》之曲（酌献先圣一奏、酌献兖国公一奏、酌献邹国公一奏、亚终献一奏，四奏宫调相同，歌词不同）、送神奏《归宁》之曲。为了提高圣地的演乐水平，朝廷还专门派遣太常乐工赶赴阙里，教导孔氏子弟演习。同年颁令，允许衍圣公登歌用二十五人，并将太常寺的部分乐器如钟、磬、笙、竽等加以修整，颁降阙里。[②]

到了元朝，阙里释奠用乐情况比较活跃，这与孔氏后裔的积极争取分不开。金朝初亡，太常故臣及礼乐旧人散失各处，衍圣公孔元措担心礼乐随之沦落，迅即上报朝廷请求收编散亡礼乐旧臣及礼册、乐器等。太宗降旨："令各处管民官，如有亡金知礼乐旧人，可并其家属徙赴东平，令元措领之。于本路税课所给其食。"最后收得金朝掌乐许政、掌礼王节及乐工翟刚等九十二人。随后，孔元措启用此一批人制作登歌乐，肄习于曲阜宣圣庙。[③] 这远远早于朝廷制乐的时间。可惜的是，随着故臣旧人的过世，此一盛况也随之衰退。后来孔子五十四代孙孔思逮又上请："阙里宣

---

① （宋）孔传：《东家杂记》卷上，第50页。

② （金）孔元措：《孔氏祖庭广记》卷五《历代崇重》。

③ （明）宋濂等：《元史》卷六八《礼乐志》，第1691页。

圣祖庙，释奠行礼久阙，祭服登歌之乐，未蒙宠赐。如蒙移咨江浙行省，于各处赡学祭余子粒内，制造登歌乐器及祭服，以备祭祀，庶尽事神之礼。”① 中书省批准其请，移文江浙制造。武宗至大三年，乐器制成，运赴阙里。登歌乐颁降之后，衍圣公孔思晦又以其乐无人专管为由，接着上请依辟雍故事置司乐一职。此一请求往复数年才得成行。仁宗延祐七年，为之设司乐一员。自此以后，阙里的乐器及教习有专人管理。

阙里故地在清朝享受到了来自朝廷的最大眷顾。清代皇帝多次莅临鲁地瞻拜，这就使得祭祀工作不得不随时比依皇帝的身份而加以完善。乐舞技能的提升是其中的难题，因为最优质的乐舞资源都集中在宫廷之中，狭方僻壤无从获见，也很难企及。为了提升阙里乐舞的演奏水平，朝廷通常会提前差遣太常寺、鸿胪寺官到阙里督饬有司演习礼乐，有时也会将国学中的乐舞袍服一块运至阙里。② 这种自上而下的乐舞输出为阙里提供了不断学习的机会。皇帝对阙里的乐舞工作也十分重视，雍正二年曾降令：“圣庙音乐佾舞，大礼攸关。圣祖仁皇帝颁发《中和韶乐》，非常异数。今阙里所奏音节未谐，由无指授所致。应令阙里司乐选择数人，衍圣公给文，赴太常寺演习精熟，转相传授。至乐舞生等亦令择人充用，毋致参差不齐。其冠服等项均照太学式样画一制备。”五年，又批示：“乐舞生入学充附，原因尊崇至圣，将在庙学习供事之人格外加恩，相沿日久。……行令该学政会同衍圣公将见在乐舞生秉公甄别，不谙音律者裁汰。”③ 这些特殊的关注也推动了阙里乐舞的发展。

四　学庙释奠演乐困境

地方学庙祭孔，最初不用乐，到宋代才开始使用。至明代，天下各布政司、府、州、县学释奠，用的乐章、乐器、舞佾，与国学相同。自清代乾隆八年以后，二者分途，国学与地方学庙开始使用两套不同的乐章。

从各学庙释奠用乐情况看，虽然朝廷时有颁降雅乐之诏，但是受各种因素的影响，学庙很难做到“雅”的程度。宋代是孔庙雅乐创作的高峰

---

① （明）宋濂等：《元史》卷六八《礼乐志》，第1698—1699页。

② （清）孔毓圻、金居敬等：《幸鲁盛典》卷三，《景印文渊阁四库全书》第652册，第32页。

③ 清乾隆十二年敕撰：《钦定大清会典则例》卷八二，《景印文渊阁四库全书》第622册，第586页。

期，按理也应当是乐制最为精致完备的一个朝代，但是考察其实施情况，却很难尽如人意。徽宗朝太常官陈旸进献《乐书》，书中就提到了释奠仪式上所出现的用乐不当情形，其中有言：

> 圣朝春秋上丁释奠于东序，上戊释奠于西序，并设登歌之乐，不用轩架而用判架。抑又不施之堂下，而施之堂上。于其庭又不设舞焉，是有歌奏而无舞，非古人习舞合乐之意。①

从这段话中不难看出，当时存在的问题很多：一者，在乐县设置上，没有按照规定设置轩县，而是使用了判县；二者，释奠礼上只有歌奏，没有舞佾；三者，乐器摆放杂乱无章。乐数与礼数不相称，堂上与堂下相颠倒，很难想象这是雅乐制作盛期的景象。

宋代释奠乐舞的种种不规范现象实际上也引起了皇帝的注意。大观三年（1109），徽宗看到学校礼乐教化之地竟然使用俳优杂乐，认为极其不雅逊，特别关照："今学校所用，不过春秋释奠，如赐宴辟雍，乃用郑、卫之音，杂以俳优之戏，非所以示多士。其自今用雅乐。"不仅如此，他还要求国子生学习文舞、武舞，以期弥补释奠舞佾不完备的缺憾。可是不久，皇帝便收回了成命。个中原委在诏书中叙述得非常明白：

> 近选国子生教习二舞，以备祠祀先圣，本《周官》教国子之制。然士子肄业上庠，颇闻耻于乐舞与乐工为伍、坐作、进退。盖今古异时，致于古虽有其迹，施于今未适其宜。其罢习二舞，愿习雅乐者听。②

足见时势风尚之所趋。

太常雅乐尚且雅郑相杂、难究偏正，更不用说地方学庙的执行情况了。地方学庙暴露出的问题主要有三个：第一，以俗乐充当雅乐。很多达

---

① （宋）陈旸：《乐书》卷一九五，《景印文渊阁四库全书》第211册，第902页。

② （元）脱脱等：《宋史》卷一二九《乐志》，第3002—3003、3003页。

礼之士言及地方“列郡释奠多用俗乐”[1]，“春秋奠荐，类以鼓吹行事”[2]的现象，这说明州郡县释奠，以俗乐相掺杂的情形不在少例。

第二，以佛道中人担任释奠乐舞生。明初草创，朱元璋曾命选道童充当乐舞生。后来规定舞生改用军民俊秀子弟，乐生照旧。[3] 遥想当时境况，乐舞用道童应是出于权设，并非常制。不想此一权宜之计后来竟为地方学庙所效仿，“歌工舞佾，率以市人或羽流具员，诸生耻与伍”[4]，“或有上援朝廷祀典，用黄冠为乐舞生”[5]。这种“鸠占鹊巢”的现象也遭到有识之士的痛批，祝允明就指斥道：“学者，学夫礼乐也。素昔所诵孔子之文何文，学道何道？顾报祀之顷委之人乎？借曰未易习，则曷为不习。乃忍北面而立，以观异类之举措邪？黄冠者，今之所谓异端。虽未知孔子视为何如，要为吾党昌言排之者矣”，“今使孔子以明道黜邪受报，而更令异道称邪之人为报具哉？此又末节愈不通者也”。[6]

第三，地方演乐条件不足。明、清释奠礼乐，地方学庙与国学同制，可是仅就乐器一项，地方就很难配备。明宪宗成化年间，释奠乐舞规格提升至宫县、八佾舞。依制，天下府、州、县也应如此。可是地方行礼往往乐舞不备。国子祭酒周洪谟对此深为忧虑，建言朝廷重颁乐歌之词、舞佾之数于天下，并督促有司抓紧时间制造乐器，召集士子肄习。对这一建议，礼部的答复是：

> 学校祭祀先师合用乐舞，缘乐歌八佾舞用人数多，而州县学生数少。乞行天下，止令候丰稔之时补造乐器。[7]

至于地方最终能否真正践行诏令，从这道答复的模糊敷衍上似乎也不

---

① （元）黄溍：《金华黄先生文集》，《四部丛刊初编》。

② （元）余阙：《青阳集》卷三《汉阳府大成乐记》，《景印文渊阁四库全书》第1214册，第392页。

③ （清）张廷玉等：《明史》卷六一《乐志》，第1500页。

④ （明）李维桢：《孔庙礼乐考序》，载瞿九思《孔庙礼乐考》，《续修四库全书》第824册，第570页。

⑤ （明）祝允明：《孔子庙堂续议》，收入黄宗羲编《明文海》卷七四，第697页。

⑥ 同上。

⑦ （明）林尧俞等纂修，俞汝楫等编撰：《礼部志稿》卷四五《议覆四事疏》，《景印文渊阁四库全书》第597册，第847页。

难看出玄机。

乐舞表演中的失范现象，与社会评价体系影响下的专业人才的缺乏有很大关系。音乐本来是陶冶性情的一门学问，乐与礼通，乐与道通。沿至后世，却仅仅沦为一项技艺。作为技艺的乐在社会上被视为贱业，以此业谋食的乐工、伶工也为人所轻视。音乐行业所面临的这种窘状，早在唐代韩愈就已经提到了："巫医、乐师、百工之人，君子鄙之。"学人君子对乐舞修习的不屑与规避终于导致了严重后果。神宗元丰间，杨杰提出"大乐七失"之论，"失"的主要原因，他总结为：

> 今雅乐古器非不存也，太常律吕非不备也，而学士大夫置而不讲，考击奏作委之贱工，如之何不使雅、郑之杂耶？[①]

有感于乐舞表演中出现的混乱局面，杨氏建议以政令的形式作出要求，责令士子统一练习。朱熹也有过类似的提议，认为：

> 今之士大夫，问以五音、十二律，无能晓者。要之，当立一乐学，使士大夫习之。久后，必有精通者出。[②]

这些建议显然已很难施行。为了增强乐舞专业的吸引力，以便为祭祀事务提供正规的乐舞队伍，后世还试图利用科目优收、殷待身家等方式笼络士子，却终究难挽大势。

音乐理论与音乐实践的严重脱节，也是造成雅乐沦亡的主要原因。二分归属的大致布局是，乐理归于学士大夫，乐技则归于乐工。当然，这种二分归属并不是自来就有的。《周礼》对乐师的要求是：执教者当为有道者、有德者。郑玄作的注解为："道，多才艺者；德，能躬行者。"[③] 只有理论与实践兼具，才能成为一名既有头脑又有经验的专业人才。后世轻视

---

① （宋）杨杰：《无为集》卷一五《上言大乐七事》，《景印文渊阁四库全书》第 1099 册，第 780 页。

② （宋）黎靖德编：《朱子语类》卷九二《乐》，第 2348 页。

③ （汉）郑玄注，（唐）贾公彦疏：《周礼注疏》卷二二《大司乐》，《十三经注疏》，第 787 页。

躬行，乐理与乐技随即判为二途。此二途的人员分布，一个是高高在上的御用创作班子，一个是卑微低下的演练团体。所谓“工师小贱牙旷稀，不辨邪声嫌雅正”[①]，正是对这种上下不通的音乐创作困局的写照。清人陆世仪对此作了更为清楚的表述，他说：“乐之难谐，大约学士大夫泥乐理而不知乐音，工师伶人识乐音而不达乐理。”[②]

宋代是雅乐创作盛期，也是乐理与乐技暗昧不通暴露得最为彻底的时期。景祐间，李照主管音乐，对以往的音高标准重新作了定位。但歌工嫌新乐太低太浊，难以和声，是以私下贿赂铸工将乐器音准做高，而演奏时，李照并没有察觉。[③] 宋人虽满怀制乐热情，效果却并不理想，这也是原因之一。吴莱对此弊深有体会，称：

> 予因考求前代议乐，自和岘以下更六七巨公，而议论莫之有定。前日之宿县者本谓乐和，曾未几时，倏已改铸。或云乐失之清，或云乐过于浊，乐工冶卒且深厌其炉韛鼓铸之劳，则或自取其乐之协，时加铜齐以济之。当轩临试，虽以老师宿儒，终不能必悟其铜齐之轻重，而徒论其铜律之清浊也。[④]

在这样的情形下，音乐创作自然很难获得突破性成果。

如果将礼、乐作为两个独立的部分来看待，就会发现，乐的发展程度远远不及礼发展的完备。祝允明在《孔子庙堂续议》中提到过二者的失衡状况：“礼乐之用不可偏废，今礼之节文甚已精密，乐之声容恐未至当。”[⑤] 礼乐失衡虽与释奠本身的礼仪偏重有关，更主要的还是受限于音乐自身的发展规律及外部的发展环境。

---

① （唐）元稹著，周相录校注：《元稹集校注》卷二四《华原磬》，上海古籍出版社 2011 年版，第 720 页。

② （清）陆世仪撰，张伯行编：《思辨录辑要》卷二二，《景印文渊阁四库全书》第 724 册，第 192 页。

③ 《宋史·乐志》（第 2970 页）载：“初，李照斥王朴乐音高，乃作新乐，下其声。太常歌工病其太浊，歌不成声，私赂铸工，使减铜齐，而声稍清，歌乃协。然照卒莫之辨。”

④ （元）吴莱：《渊颖吴先生集》第八卷《大乐玄机赋论后题》，《四部丛刊初编》。

⑤ （明）祝允明：《孔子庙堂续议》，收入黄宗羲编：《明文海》卷七四，第 697 页。

表 6—1　　　　　　　　**历代释奠乐章表**

朝代	释奠乐章类别	释奠程序	所奏曲目	所用歌辞
隋		登歌	《諴夏》	经国立训，学重教先。三坟肇册，五典留篇。开凿理著，陶铸功宣。东胶西序，春诵夏弦。芳尘载仰，祀典无骞①
唐	皇太子释奠乐章	迎神	《承和》亦名《宣和》	圣道日用，神机不测。金石以陈，弦歌载陟。爰释其菜，匪馨于稷。来顾来飨，是宗是极
		皇太子行	《承和》	万国以贞光上嗣，三善茂德表重轮。视膳寝门遵要道，高辟崇贤引正人
		登歌奠币	《肃和》	粤惟上圣，有纵自天。旁周万物，俯应千年。旧章允著，嘉赞孔虔。王化兹首，儒风是宣
		迎俎	《雍和》	堂献瑶篚，庭敷璆县。礼备其容，乐和其变。肃肃亲享，雍雍执奠。明礼惟馨，苹蘩可荐
		送文舞出迎武舞入	《舒和》	隼集龟开昭圣列，龙蹲凤跱肃神仪。尊儒敬业宏图阐，纬武经文盛德施
		武舞	《凯安》	昔在炎运终，中华乱无象。酆郊赤乌见，邛山黑云上。大赉下周车，禁暴开殷网。幽明何叶赞，鼎祚齐天壤。（词与冬至圜丘同）
		送神	《承和》	词与迎神同
	享孔庙乐章（二首）	迎神	曲名阙	通吴表圣，问老探贞。三千弟子，五百贤人。亿龄规法，万载祠禋。洁诚以祭，奏乐迎神
		送神	曲名阙	醴溢牺象，羞陈俎豆。鲁壁类闻，泗州如觌。里校覃福，胄筵承祐。雅乐清音，送神其奏②
宋	景祐祭文宣王庙乐章（六首）	迎神	《凝安》	大哉至圣，文教之宗。纪纲王化，丕变民风。常祀有秩，备物有容。神其格思，是仰是崇
		初献升降	《同安》	右文兴化，宪古师今。明祀有典，吉日惟丁。丰牺在俎，雅奏来庭。周旋陟降，福祉是膺
		奠币	《明安》	一王垂法，千古作程。有仪可仰，无德而名。齐以涤志，币以达诚。礼容合度，黍稷非馨
		酌献	《成安》	自天生圣，垂范百王。恪恭明祀，陟降上庠。酌彼醇旨，荐此令芳。三献成礼，率由旧章
		饮福	《绥安》	牺象在前，豆笾在列。以享以荐，既芬既洁。礼成乐备，人和神悦。祭则受福，率遵无越
		兖国公配位酌献	《成安》	无疆之祀，配侑可宗。事举以类，与享其从。嘉栗旨酒，登荐惟恭。降此遐福，令仪肃雍
		送神	《凝安》	肃肃庠序，祀事惟明。大哉宣父，将圣多能。歆馨肸蚃，回驭凌兢。祭容斯毕，百福是膺

① （唐）魏徵等：《隋书》卷一五《音乐志》，第 366 页。

② （后晋）刘昫等：《旧唐书》卷三〇《音乐志》，第 1123—1124 页。

续表

朝代	释奠乐章类别	释奠程序	所奏曲目	所用歌辞
宋	大观三年释奠乐章（六首）	迎神	《凝安》	仰之弥高，钻之弥坚。於昭斯文，被于万年。峨峨胶庠，神其来止。思款无穷，敢忘于始
		升降	《同安》	生民以来，道莫与京。温良恭俭，惟神惟明。我洁尊罍，陈兹芹藻。言升言旋，式崇斯教
		奠币	《明安》	於论鼓钟，於兹西雍。粢盛肥硕，有显其容。其容洋洋，咸瞻像设。币以达诚，歆我明洁
		酌献	《成安》	道德渊源，斯文之宗。功名糠秕，素王之风。硕兮斯牲，芬兮斯酒。绥我无疆，与天为久
		配位酌献	《成安》	俨然冠缨，崇然朝庭。百王承祀，涓辰惟丁。於牲於醑，其从予享。与圣为徒，其德不爽
		送神	《凝安》	肃庄绅緌，吉蠲牲牺。於皇明祀，荐登惟时。神之来兮，肸蠁之随。神之去兮，休嘉之贻
	大晟府拟撰释奠乐章（十四首）	迎神	《凝安》	（黄钟为宫）大哉宣圣，道德尊崇。维持王化，斯民是宗。典祀有常，精纯并隆。神其来格，於昭盛容 （大吕为角）生而知之，有教无私。成均之祀，威仪孔时。维兹初丁，洁我盛粢。永适其道，万世之师 （太簇为徵）巍巍堂堂，其道如天。清明之象，应物而然。时维上丁，备物荐诚。维新礼典，乐谐中声 （应钟为羽）圣王生知，阐乃儒规。诗书文教，万世昭垂。良日惟丁，灵承不爽。揭此精虔，神其来享
		初献盥洗	《同安》	右文兴化，宪古师经。明祀有典，吉日惟丁。丰牺在俎，雅奏在庭。周旋陟降，福祉是膺
		升殿	《同安》	诞兴斯文，经天纬地。功加于民，实千万世。笙镛和鸣，粢盛丰备。肃肃降登，歆兹秩祀
		奠币	《明安》	自生民来，谁底其盛。惟王神明，度越前圣。粢币具成，礼容斯称。黍稷非馨，惟神之听
		奉俎	《丰安》	道同乎天，人伦之至。有享无穷，其兴万世。既洁斯牲，粢明醑旨。不懈以忱，神之来暨
		文宣王位酌献	《成安》	大哉圣王，实天生德。作乐以崇，时祀无斁。清酤惟馨，嘉牲孔硕。荐羞神明，庶几昭格
		兖国公位酌献	《成安》	庶几屡空，渊源深矣。亚圣宣猷，百世宜祀。吉蠲斯辰，昭陈尊簋。旨酒欣欣，神其来止

续表

朝代	释奠乐章类别	释奠程序	所奏曲目	所用歌辞
宋	大晟府拟撰释奠乐章（十四首）	邹国公位酌献	《成安》	道之由兴，於皇宣圣。惟公之传，人知趋正。与享在堂，情文是称。万年承休，假哉天命
		亚终献	《文安》	百王宗师，生民物轨。瞻之洋洋，神其宁止。酌彼金罍，惟清且旨。登献惟三，於嘻成礼
		彻豆	《娱安》	牺象在前，豆笾在列。以享以荐，既芬既洁。礼成乐备，人和神悦。祭则受福，率遵无越
		送神	《凝安》	有严学宫，四方来宗。恪恭祀事，威仪雍雍。歆兹惟馨，飙驭旋复。明禋斯毕，咸膺百福②
	咸淳三年酌献郕国公、沂国公乐章①	酌献曾参郕国公		心传忠恕，一以贯之。爰述太学，万世训彝。惠我光明，尊闻行知，继圣迪后，是享是宜
		酌献孔伋沂国公		公传自曾，孟传自公。有的绪承，允得真宗。提纲开组，乃作中庸。佑于元圣，亿载是崇
金	国学乐章	迎神	《来宁》（三奏）	上都隆化，庙堂作新。神之来格，威仪具陈。穆穆凝旒，巍然圣真。斯文伊始，群方所视
		初献盥洗	《静宁》	伟矣素王，风猷至粹。垂二千年，斯文不坠。涓辰维良，爰修祀事。沃盥于庭，严禋礼备
		升阶	《肃宁》	巍乎圣师，道全德隆。修明五常，垂教无穷。增崇儒宫，遹追遗风。严祀申虔，登降有容
		奠币	《和宁》	天生圣人，贤于尧舜。仰之弥高，磨而不磷。新庙告成，宫墙数仞。遣使陈祠，斯文复振
		降阶	《安宁》	禀灵尼丘，垂芳阙里。生民以来，孰如夫子。新祠峊然，四方所视。酹觞告成，祗循典礼
		兖国公酌献	《辑宁》	圣师之门，颜惟居上。其殆庶几，是宜配享。桓圭衮衣，有严仪象。载之神祠，增光吾党
		邹国公酌献	《泰宁》	有周之衰，王纲既坠。是生真儒，宏才命世。言而为经，醇乎仁义。力扶圣功，同垂万祀
		亚终献	《咸宁》	於昭圣能，与天立极。有承其流，皇仁帝德。岂伊立言，训经王国。焕我文明，典祀千亿
		送神	《来宁》	吉蠲为饎，孔惠孔时。正辞嘉言，神之格思。是享是宜，神保聿归。惟时肇祀，太平极致

① 咸淳三年增曾子、子思配享。王应麟撰其乐章。参见（宋）王应麟《四明文献集》卷四《曾参孔伋配食大成乐章》，《景印文渊阁四库全书》第1187册，第247页。

② （元）脱脱等：《宋史》卷一三七《乐志》，第3234—3238页。

续表

朝代	释奠乐章类别	释奠程序	所奏曲目	所用歌辞
金	颁降阙里乐章	迎神	《来宁》	有功者祀，德厚流光。猗欤将圣，三纲五常。百代之师，久而愈芳。灵宫对越，神其鉴享
金	颁降阙里乐章	盥洗	《静宁》	楚楚祀仪，昕徹奠缀。爰清其持，斞玄拉帨。非持之清，精诚是涚。神之来思，式钦嘉齐
金	颁降阙里乐章	降升	《肃宁》	衣冠袭封，玄王之宗。春秋陈祀，玄王之宫。清洙或涸，东山或童。此封此祀，承承无穷
金	颁降阙里乐章	奠币	《溥宁》	仰惟圣猷，宏赐尊显。宿燎设悬，展诚致奠。旅币申申，於粲洗腆。崇报孔明，不坠敬典
金	颁降阙里乐章	酌献	《德宁》	正位辞：巍巍堂堂，道德孰俪。屈于一时，信于万世。王号尊崇，公封相继。涓辰之良，洁严以祭。 配位兖国公辞：好学潜心，箪瓢乐内。具体而微，人进我退。洙泗之乡，神之所在。其从圣师，庙食作配。 配位邹国公辞：醇乎其醇，优人圣域。祖述唐虞，力排杨墨。思济斯民，果行其德。祀为上公，兹宜配食。 亚献、终献辞：法施于人，修经式诲。如明开盲，如声破聩。栖迟襄周，光华昭代。俨然南面，门人列配
金	颁降阙里乐章	送神	《归宁》	笾豆威仪，孔将孔惠。三献备成，四方所视。神保是享，永光阙里。神之聿归，贻厥孙子①
元	释奠乐章（实际行用者）	元代所用释奠乐章全部袭自宋代，即将大晟乐府拟撰之章与王应麟所撰二章合而用之。因为宋、元乐章在歌词上只有个别字偶有更动，是以不再别录		
元	释奠乐章（撰而未用者）	迎神	《文明》	天纵之圣，集厥大成。立言垂教，万世准程。庙庭孔硕，尊俎既盈。神之格思，景福来并
元	释奠乐章（撰而未用者）	盥洗	《昭明》	神既宁止，有孚颙若。罍洗在庭，载盥载濯。匪惟洁修，亦新厥德。对越在兹，敬恭维则
元	释奠乐章（撰而未用者）	升殿	《景明》	大哉圣功，薄海内外。礼隆秩宗，光垂昭代。陟降在庭，摄齐委佩。莫不肃雍，洋洋如在
元	释奠乐章（撰而未用者）	奠币	《德明》	圭衮尊崇，佩绅列侑。笾豆有楚，乐具和奏。式陈量币，骏奔左右。天眷斯文，繄神之佑
元	释奠乐章（撰而未用者）	文宣王酌献	《诚明》	惟圣监格，飨于克诚。有乐在县，有硕斯牲。奉醴以告，嘉荐惟馨。绥以多福，永底隆平
元	释奠乐章（撰而未用者）	兖国公酌献	《诚明》	潜心好学，不违如愚。用舍行藏，乃与圣俱。千载景行，企厥步趋。庙食作配，祀典弗渝

① （金）孔元措：《孔氏祖庭广记》卷五《历代崇重》。

续表

朝代	释奠乐章类别	释奠程序	所奏曲目	所用歌辞
元	释奠乐章（撰而未用者）	郕国公酌献	曲名阙	阙
		沂国公酌献	曲名阙	阙
		邹国公酌献	《诚明》	洙泗之传，学穷性命。力距杨墨，以承三圣。遭时之季，孰识其正。高风仰止，莫不肃敬
		亚终献	《灵明》	庙成奕奕，祭祀孔时。三爵具举，是飨是宜。於昭圣训，示我民彝。纪德报功，配于两仪
		送神	《庆明》	礼成乐备，灵驭其旋。济济多士，不懈益虔。文教兹首，儒风是宣。佑我皇家，亿载万年①
明	洪武六年定释奠乐章	迎神	《咸和》	大哉宣圣，道德尊崇。维持王化，斯民是宗。典祀有常，精纯益隆。神其来格，於昭圣容
		奠帛	《宁和》	自生民来，谁底其盛。惟王神明，度越前圣。粢帛具陈，礼容斯称。黍稷维馨，惟神之听
		初献	《安和》	大哉圣王，实天生德。作乐以崇，时祀无斁。清酤惟馨，嘉牲孔硕。荐羞神明，庶几昭格
		亚终献	《景和》	百王宗师，生民物轨。瞻之洋洋，神其宁止。酌彼金罍，惟清且旨。登献惟三，於戏成礼
		彻馔	《咸和》	牺象在前，豆笾在列。以享以荐，既芬既洁。礼成乐修，人和神悦。祭则受福，率遵无越
		送神	《咸和》	有严学宫，四方来宗。恪恭祀事，威仪雍雍。歆格惟馨，神驭旋复。明禋斯毕，咸膺百福②
清	顺治间释奠乐章	迎神	《咸平》	大哉至圣，峻德宏功。敷文衍化，百王是崇。典则有常，昭兹辟雍。有虔簠簋，有严鼓钟
		奠帛初献	《宁平》	觉我生民，陶铸贤圣。巍巍泰山，实予景行。礼备乐和，豆笾惟静。既述六经，爰斟三正
		亚献	《安平》	至哉圣师，天授明德。木铎万世，式是群辟。清酒惟醑，言观秉翟。太和常流，英材斯植
		终献	《景平》	猗与素王，示予物轨。瞻之在前，神其宁止。酌彼金罍，惟清且旨。登献虽终，弗遐有喜
		彻馔	《咸平》	璧水渊渊，崇牙業業。既歆宣圣，亦仪十哲。金声玉振，告兹将彻。鬷假有成，羹墙靡愒
		送神	《咸平》	煌煌学宫，四方来宗。甄陶胄子，暨予微躬。思皇多士，肤奏厥功。佐予永清，三五是隆

①（明）宋濂等：《元史》卷六九《礼乐志》，第1738—1744页。

②（清）张廷玉等：《明史》卷六二《乐志》，第1552—1553页。嘉靖孔庙改制，乐章未变，只把其中的“王”字改为“师”字。

续表

朝代	释奠乐章类别	释奠程序	所奏曲目	所用歌辞
清	乾隆间释奠乐章	迎神	《昭平》	大哉至圣，德盛道隆。生民未有，百王是崇。典则昭垂，式兹辟雍。载虔簠簋，载严鼓钟
		奠帛初献	《宣平》	觉我生民，陶铸贤圣。巍巍泰山，实予景行。礼备乐和，豆笾嘉静。既述六经，爰斟三正
		亚献	《秩平》	至哉圣师，克明明德。木铎万年，惟民之则。清酒既醑，言观秉翟。太和常流，英才斯植
		终献	《秩平》	猗欤素王，示予物轨。瞻之在前，师表万祀。酌彼金罍，我酒惟旨。登献虽终，弗遐有喜
		彻馔	《懿平》	璧水渊渊，芹芳藻洁。既歆宣圣，亦仪十哲。声金振玉，告兹将彻。斁假有成，日月昭揭
		送神	《德平》	煌煌辟雍，四方来宗。甄陶乐育，多士景从。如土斯埴，如金在熔。佐予敷治，俗美时雍①
	阙里及各直省释奠乐章	迎神	《昭平》	大哉孔子，先觉先知。与天地参，万世之师。祥征麟绂，韵答金丝。日月既揭，乾坤清夷
		初献	《宣平》	予怀明德，玉振金声。生民未有，展也大成。俎豆千古，春秋上丁。清酒既载，其香始升
		亚献	《秩平》	式礼莫愆，升堂再献。响协鼗镛，诚孚罍甗。肃肃雍雍，誉髦斯彦。礼陶乐淑，相观而善
		终献	《秩平》	自古在昔，先民有作。皮弁祭菜，於论斯乐。惟天牖民，惟圣时若。彝伦攸叙，至今木铎
		彻馔	《懿平》	先师有言，祭则受福。四海黉宫，畴敢不肃。礼成告彻，毋疏毋渎。乐所自生，中原有菽
		送神	《德平》	凫绎峨峨，洙泗洋洋。景行行止，流泽无疆。聿昭祀事，祀事孔明。化我蒸民，育我胶庠②

① （清）文庆、李宗昉等纂修：《钦定国子监志》卷三六《乐志二》，第528—533页。

② 清乾隆十二年敕撰：《钦定大清会典则例》卷九九，《景印文渊阁四库全书》第623册，第24页。

第三节　乐器名义及设位

一　乐器名义

乐器又统称为八音之器，即用金、石、丝、竹、革、木、匏、土等八种材质制成的奏乐之器。其中金质乐器有镈钟、编钟、登歌钟等；石质乐器有特磬、编磬、登歌磬等；丝质乐器有琴、瑟等；竹质乐器有凤箫、篪、笛、洞箫、龙笛等；革质乐器有鼍鼓、应鼓、鼗鼓、搏拊等；木质乐器主要是柷与敔；匏质乐器主要是笙与竽；土质乐器为埙。

材质不同，音乐脾性就不同：金声舂容，石声温润，丝声纤微，竹声清越，匏声崇聚，土声函胡，革声隆大，木声无余。不同材质的乐器，音色各有所长，也各有所短，陈旸将其短归纳为："金多失之重，石多失之轻，丝失之细，竹失之高，匏失之长，土失之下，革失之洪，木失之短。"① 除了音质不同外，不同材质的乐器还表现出不同的感情色彩，《乐记》云："钟声铿，铿以立号，号以立横，横以立武。君子听钟声，则思武臣。石声磬，磬以立辨，辨以致死。君子听磬声，则思死封疆之臣。丝声哀，哀以立廉，廉以立志。君子听琴瑟之声，则思志义之臣。竹声滥，滥以立会，会以聚众。君子听竽笙箫管之声，则思畜聚之臣。鼓鼙之声讙，讙以立动，动以进众。君子听鼓鼙之声，则思将帅之臣。"②

各类乐器只有互相配合，优势互补，才能演奏出美好动听的乐章。理想的配合效果，在《尚书》中被描述为"八音克谐，无相夺伦，神人以和"。③ 在古代，大司乐掌管音乐配合之法，"文之以五声，播之以八音"④。八音虽然各有特点，但是都要以应和乐律为中心，不能各自为务。所谓"金、石以动之，丝、竹以行之，诗以道之，歌以咏之，匏以宣之，瓦以赞之，革木以节之"⑤，就是指乐器的这种配合模式。在合作的过程

---

① （宋）陈旸：《乐书》卷一九，《景印文渊阁四库全书》第211册，第123页。

② （汉）郑玄注，（唐）孔颖达疏：《礼记注疏》卷三九《乐记》，《十三经注疏》，第1541页。

③ （唐）孔颖达疏：《尚书注疏》卷三《舜典》，《十三经注疏》，第131页。

④ （汉）郑玄注，（唐）贾公彦疏：《周礼注疏》卷二二《大司乐》，《十三经注疏》，第789页。

⑤ 徐元诰：《国语集解》，第110—111页。

中，每种乐器既不能演奏过度，也不能宣之不及。

以上是按材质对乐器进行的划分，下文将主要从演乐功能的角度对各乐器细项加以说明。

麾。从严格意义上说，麾不属于乐器，而是用来指挥众乐的信号之物。乐舞生转班时，它居于乐队之首，领导乐队前进或停顿。作乐时，它是导乐之器，统摄音乐起止，举麾则乐作，掩麾则乐止。后世又分别在麾上画升龙、降龙，升龙现则乐作，降龙现则乐止。麾是乐队的总指挥，是条理音乐始终的关键。麾生扮演着专职指挥的角色。

鼓、钟、磬。鼍鼓，又名晋鼓，为堂下之乐。作乐之初，先击三百六十下，祭毕再击之。“凡作乐，击鼍鼓于始终者，皆取警戒之意。”[①] 鼍鼓制大而短，安于架中，冒以鼍皮，于惊蛰之日制造，以应雷声。

大鼓、大钟。大鼓又称为贲鼓，大钟又称为镛钟，分设于大成门左右。祭初击鼓，祭毕击钟。迎神、送神则钟鼓齐鸣。

镈钟。每奏一曲之始，听击柷毕，即击一声以开众音，为一曲之始条理。

特磬。每奏一曲终，听栎敔毕，即击一声以收众音，为一曲之终条理。

悬鼓。每奏一曲终，听特磬响毕，即击一声，实为一曲之收束。

编钟。每奏一句之始，即击一声以开众音，为一句之始条理。

编磬。每奏一句终，即击一声以收众音，为一句之终条理。

楹鼓、足鼓、鼗鼓。每奏一句终，听编磬响毕，即先击楹鼓一响，足鼓应之，鼗鼓尾随。共三响、三应、三尾，实为一句之收束。

登歌钟。堂左一架，每奏一字之始，听歌声既发，即击一声以开众音。每句四字四响，实为一字之始条理。

登歌磬。堂右一架，每奏一字终，即击一声以收众音。每句四字四响，实为一字之终条理。

搏拊、田鼓。每奏一字终，听歌声音毕，即拍搏拊一声，速敲田鼓应之，实为一字之收束。

柷、敔。柷，每奏一曲之始，听麾生唱毕，两手举止，先撞底一声，

---

① （清）孔尚任纂：《圣门乐志》，第228页。

次击左旁一声，次击右旁一声，共三声，以举乐。堂上、堂下之乐皆始命于柷。

敔，每奏一曲终，听悬鼓响毕，两手举籈，先击其首三次，逆栎龃龉三次，共六响，以止乐。堂上、堂下之乐皆终命于敔。

柷又名椌，状如漆桶，正方形，上口敞，下口收，中虚有底。柷椎名为止，演奏时用止击柷。敔又名楬，又名圉，状如伏虎，背上有龃龉（纵列的木片）。鼓敔之器名为籈，状如小扫把，演奏时用籈栎龃龉。

琴、瑟。琴与瑟都是我国古老的弹弦乐器，都属于演奏旋律乐器，它们在孔庙雅乐中居于堂上首席地位。琴在古代有一弦、三弦、五弦、七弦、九弦之分，后世只有七弦流传下来。瑟为二十五弦。

箫、笛、篪。凤箫，由数根或十数根细竹管编排而成，其形如凤翼，以是得名。凤箫在古代又名为排箫、参差、短箫、云箫、琴箫、比竹等。它既是旋律性乐器，也是色彩性乐器。各管上端都有吹口，吹奏的时候，两手捧持。

洞箫。是一种竖吹单管多音乐器。洞箫因其空洞无底，是以得名。洞箫音色通融，与琴、瑟、钟、磬、笙、笛、管、埙等众声都能相谐。

笛。是一种横吹膜鸣乐器，属于旋律性乐器。如果在笛身上加上龙头龙尾等装饰之物，其又得名为龙笛。孔庙乐县中，笛音最为明亮清朗，具有穿透力。

篪。是一种横吹单管多音乐器。其形如笛，二者的主要区别是，笛无底，篪有底。篪音色浑厚和悦，尤适宜于轻吹。它与埙的合奏最为默契。

笙。笙的形制为竹管匏身，即将十数根不同音高的竹管置于匏内。匏性轻而浮，中虚而通，以匏为身，植管匏中，象植物之生，是以名为笙。因为各管内都设有簧片，是以簧与管配合振动，即可吹奏出和声。笙有巢笙，有和笙。古代将大笙称为巢笙，将小笙称为和笙。祭孔乐县中的笙都为十七管，有十七簧者称为巢笙，只有十三簧者称为和笙。笙与钟磬最相契合。

埙。烧土为之，是孔庙乐县中唯一的土质吹奏乐器。古代将大埙称为雅埙，将小埙称为颂埙。大埙音色浑厚，小埙音色明亮。

在所有乐器中，每一件都有着独立的地位，每一件都发挥着不可或缺的作用。钟、磬为乐中重器，是乐县的标志，其架数多少是判断礼乐规格高低的标准。鼓为礼乐之君，起整体统帅作用。丝为乐中君子，其音疏朗雅致，是主旋律中的佼佼者。八音之中，以革、木之音最为质朴，不具备宫商清浊上的变化，也没有丰富绚烂的音色，即所谓的“革木一声”。因为革木音色质朴，是为乐之本，用于节制乐之始终，起条理众乐的作用。众华美之音由质朴而始，由质朴而终。

二　历代释奠乐县设位

（一）唐代释奠乐县设位

堂上乐：设歌钟、歌磬于庙堂之上前楹间，北向。磬簴在西，钟簴在东。

堂下乐：匏竹类乐器设于堂下阶间，重行，北向，相对为首。

庙庭乐：太乐令设轩县之乐于庙庭。东方、西方，磬簴起北，钟簴次之。南方、北方，磬簴起西，钟簴次之。设三镈钟于编县之间，各依辰位。树路鼓于北县之间、道之左右。植建鼓于三隅。置柷、敔于县内，柷在左，敔在右。

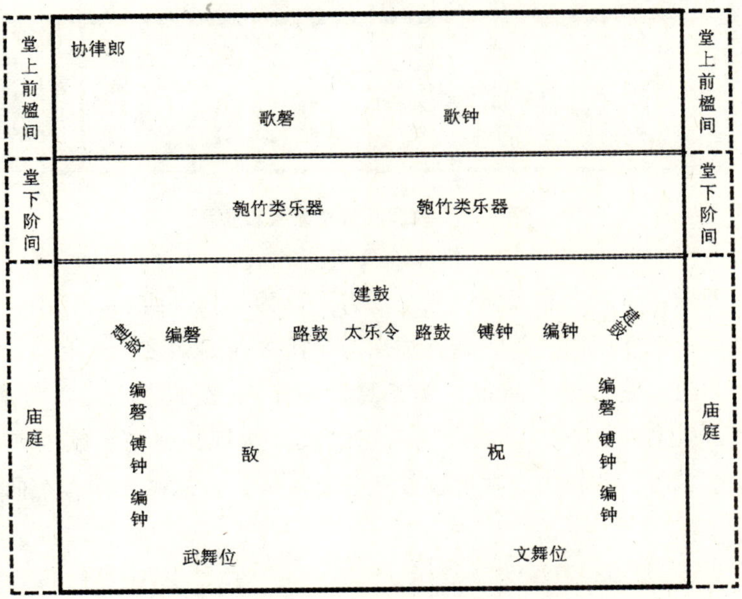

堂上前楹间　协律郎　歌磬　歌钟　堂上前楹间
堂下阶间　匏竹类乐器　匏竹类乐器　堂下阶间
庙庭　建鼓
建鼓　编磬　路鼓　太乐令　路鼓　镈钟　编钟　建鼓
编磬　镈钟　编钟　敔　柷　编磬　镈钟　编钟　庙庭
武舞位　文舞位

图 6—1　开元礼释奠乐县设位图

设协律郎位于庙堂上前楹之间，近西东向。设太乐令位于北县之间，北向。[①]

（二）宋代释奠乐县设位

堂上乐：编钟一虡，在东。编磬一虡，在西。俱北向。柷一，在编钟北稍西。敔一，在编磬北稍东。搏拊二，又在柷、敔北，俱相向。一弦琴、三弦琴、五弦琴、七弦琴、九弦琴各一，瑟一，在编钟之南，西上。编磬之南亦如之，东上。

堂上	麾												堂上
					搏拊			搏拊					
		歌工			敔			柷		歌工			
		歌工								歌工			
			编磬						编钟				
			乐正						乐正				
	瑟	九弦琴	七弦琴	五弦琴	三弦秦	一弦琴	一弦琴	三弦秦	五弦琴	七弦琴	九弦琴	瑟	
堂下	埙		篪		笛		笛		篪		埙		堂下
	箫		巢笙		和笙		和笙		巢笙		箫		

图6—2　政和礼释奠乐县设位图

堂下乐：午阶之东设笛、篪、埙各一，为一列，西上。和笙一，在笛南。巢笙一，在篪南。箫一，在埙南。午阶之西亦如之，东上。

钟、磬、柷、敔、搏拊、琴、瑟，乐工各坐于堂上。埙、篪、笙、笛、箫，乐工并立于午阶东西。乐正二人，在钟、磬南。歌工四人，在柷、敔东、西，俱相向。执麾挟杖色掌事一人，在乐虡之西，东向。[②]

---

① 依据《大唐开元礼》整理。

② 依据《宋史·乐志》、《阙里文献考》卷二五《乐》整理。

（三）明代释奠乐县设位

堂上乐：编钟一虡，在东。编磬一虡，在西。楹鼓一，在编钟之东。足鼓一，在编磬之西。瑟四，在钟磬之北。琴六，在瑟北。皆北向。歌工六人，在琴北。搏拊二，鼗鼓二，在歌工北，皆东西相向。引乐麾一，又在北，西向。

堂下乐：东阶，笙、洞箫、笛各三，埙、篪、排箫各一，皆北向，以三人为列，共四列。西阶亦如之。柷一，在匏竹东。敔一，在匏竹西。相向。文舞六佾，三十六人，秉羽籥，在匏竹之南。执节引舞者二人，在文舞北，夹午阶立。[①]

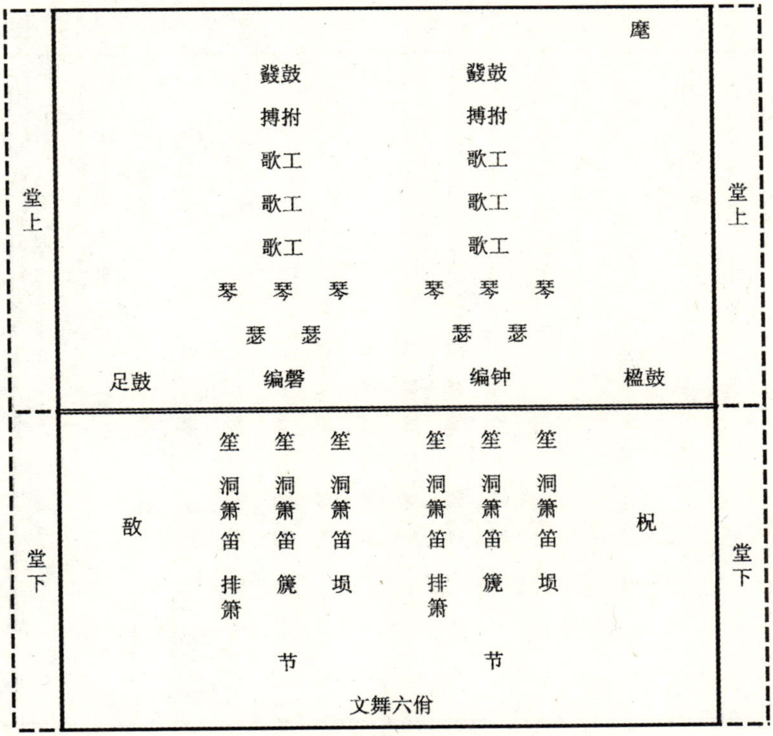

堂上

麾

鼗鼓　鼗鼓

搏拊　搏拊

歌工　歌工

歌工　歌工

歌工　歌工

琴　琴　琴　琴　琴　琴

瑟　瑟　瑟　瑟

足鼓　编磬　编钟　楹鼓

堂下

笙　笙　笙　笙　笙　笙

洞箫　洞箫　洞箫　洞箫　洞箫　洞箫

敔　笛　笛　笛　笛　笛　笛　柷

排箫　篪　埙　排箫　篪　埙

节　节

文舞六佾

图6—3　明代释奠乐县设位图

① 依据《頖宫礼乐疏》卷三、《太常续考》卷五、《阙里文献考》卷二五整理。

（四）清代释奠乐县设位

康熙五十八年颁《中和韶乐》，其乐器陈设犹沿旧制，分堂上、堂下。乾隆十二年教习新乐，始将乐器全部陈列于大成殿外的露台上。

舞佾夹午阶而立。舞佾之外，编钟在东，编磬在西。埙一、篪二、排箫一，为一列，在编钟之北，西上。笛三，一在埙北，一在篪北，一在排箫北。洞箫三，在笛北。瑟二，在洞箫北。琴三，在瑟北。编磬之北亦如之，东上。楹鼓一，在编钟之东，皆北向。歌工，东三人，在琴东北，西三人，在琴西北。笙六，在歌工后。搏拊二，在歌工北。柷一、敔一在搏拊北，柷在东，敔在西。麾二，在柷、敔北，皆东西相向。文舞生六佾，三十六人，在乐县之中。旌二，在舞佾之北，相向。[①]

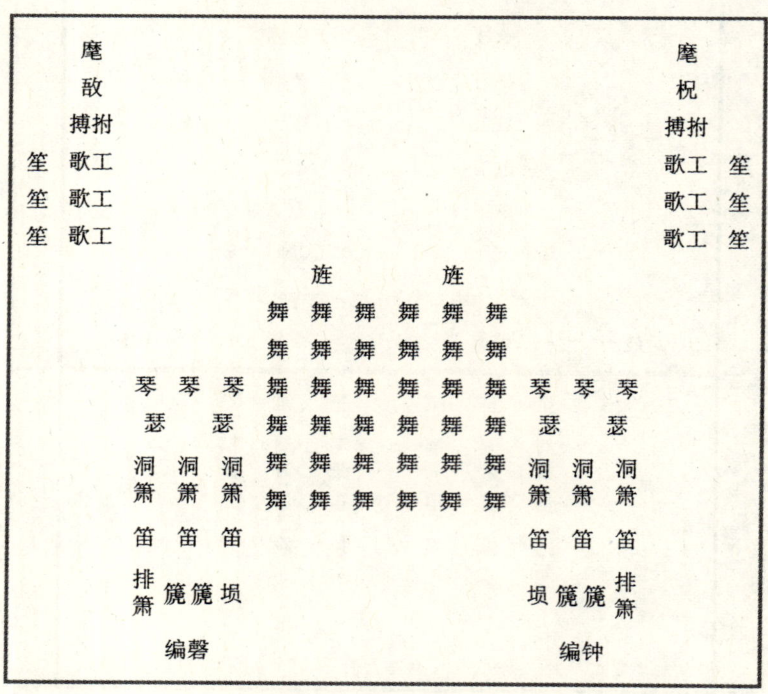

图6—4　清代释奠乐县设位图

释奠乐县初时用轩县，唐玄宗追封孔子为文宣王后，更轩县为宫县，

① （清）孔继汾述：《阙里文献考》卷二五《乐第六之三》，第558—559页。

自宋以降，不再按照古制乐县规格进行设位。从以上乐县设位图可以看出，明代以前摆放乐器，有堂上、堂下之分，清代已无此分别，是将乐器全部陈列于露台上。

第四节 孔庙祭祀中的歌与舞

乐不仅是指与钟鼓相关的乐声，也包括歌与舞，即器乐、声乐、舞蹈三个方面。歌为人之声，乐为器之声，舞为乐之容。祭祀过程中，歌、乐、舞齐施，礼仪方称完备。

歌与乐皆发自内心，感物而动，舞蹈则因受声音感染，不自觉地手舞足蹈，所谓“情动于中而形于言，言之不足，故嗟叹之。嗟叹之不足，故永歌之。永歌之不足，不知手之舞之，足之蹈之也”①。对于歌、乐、舞三者的先后次序，陈祥道的总结是：“舞之始也，发于所乐之极。其用也，常在诸乐之后。是以《周官》乐师乐成告备，然后诏来瞽皋舞；春秋之时，季札历观乐歌，然后及于《象》、《武》、《韶》、《夏》之舞；在《诗序》则舞蹈后于嗟叹、永歌；在《乐记》则动容后于志、咏声；在《孟子》则舞蹈后于乐之实，以舞者所乐之极故也。”②

歌、乐、舞的演奏模式，古代与后代并不一样。按照李之藻的说法是：

> 古者不以舞配歌、奏。凡乐，先登歌，次歌、奏合作，次文、武二舞，或别有舞曲。今制，歌、奏、舞一时并作，亦与古异。③

即在古代，歌、乐、舞的演奏是有序推进的，后来才演变为舞蹈与歌、乐同时并奏。

声乐和舞蹈在表演艺术上各有特点，声乐能诉诸人的听觉，舞蹈能诉诸人的视觉，它们通过不同的形式去触及人的内心世界。杜佑将二者诠释

---

① （汉）郑玄注，（唐）孔颖达疏：《毛诗注疏》，《十三经注疏》，第270页。

② （宋）陈祥道：《礼书》卷一二九《文舞武舞之位》，《景印文渊阁四库全书》第130册，第765页。

③ （明）李之藻：《頖宫礼乐疏》卷八，《景印文渊阁四库全书》第651册，第297页。

为："夫乐之在耳曰声，在目者曰容。声应乎耳，可以听知；容藏于心，难以貌观。故圣人假干戚羽旄以表其容，发扬蹈厉以见其意，声容选和，则大乐备矣。"[①] 明代朱载堉就乐舞的关系及其社会功能作了如下补充："有乐而无舞，似瞽者知音而不能见。有舞而无乐，如哑者会意而不能言。乐舞合节，谓之中和。致中和，天地位焉，万物育焉。必使观者、听者感发其善心、惩创其逸志，而各得其性情之正。"[②]

一 祭祀中的歌与歌者

音乐之中，歌发自人喉，本于人，地位最高，是以歌者之位都设在堂上。器乐八音，以和歌为主。按照合歌的要求，乐器被安排了不同的摆放位置，比如琴、瑟等乐器发出的声音清越疏朗，能够衬托人声，就设在堂上；管革等乐器，声音密集高亢，容易遮盖歌声，大都设在堂下。

好的歌者，其歌声应当能达到"上如抗，下如队；曲如折，止如槁木；倨中矩，句中钩；累累乎端如贯珠"[③] 这样的要求。这是师乙对歌声的描述，加以解释就是：发高音时要昂扬有力，发低音时要低沉厚重。曲调转折时要干净利落，曲调中止时要空寂安静。吐字发音要字正腔圆，不失规矩。字与字间过渡，要如同贯穿珠子一般，不能遗落散失。后来沈括又提出"声中无字，字中有声"的标准，他认为："凡曲止是一声，清浊高下如萦缕耳，字则有喉、唇、齿、舌等音不同。当使字字举本皆轻圆，悉融入声中，令转换处无磊磈，此谓声中无字。古人谓之如贯珠，今谓之善过度是也；如宫声字而曲合用商声，则能转宫为商歌之，此字中有声也。善歌者谓之内里声，不善歌者声无抑扬，谓之念曲声，无含韫谓之叫曲。"[④]

歌者需要接受专门的训练。其训练包括辨别喉、齿、舌、牙、唇等五个部位的发音特色，探索咬字吐字规律，学习呼气吐气之法，锻炼正确的唱歌方式等。经过反复练习和不断揣摩后，歌者才能具备基

---

① （唐）杜佑：《通典》卷一四五《舞》，第3705页。

② （明）朱载堉：《乐律全书》卷一九《论舞学不可废》，《景印文渊阁四库全书》第213册，第525页。

③ （汉）郑玄注，（唐）孔颖达疏：《礼记注疏》卷三九《乐记》，《十三经注疏》，第1545页。

④ （宋）沈括：《梦溪笔谈》卷五《乐律一》，《四部丛刊续编》。

本的歌唱素养和一定的专业技能，才能随心所欲地唱出高低强弱配合完美的声音。

祭祀雅乐中的歌生，除了要掌握基本的歌唱技巧外，还有一个极其重要的工作要做，就是深入领会和体悟祭祀乐章的内容。只有对乐章中的每一个字每一句话都有深刻的了解和认识，才能从容地将其倾诉于歌唱之中，契会于管弦之间，从而达到“合乐”的目的。

歌笏

歌笏是歌生演唱时，手中所奉持的一种笏板。笏本来是朝廷官员所使用的一种手板，也叫朝笏，其作用是在上面简单记事，以防备朝对时有所遗忘。不知从什么时候开始，歌生在演唱时，也以手中执笏为饰。清朝太常寺制定仪制，要求所有歌生都要执笏。阙里更定冠服，也循用此制。歌笏的作用类似朝笏，笏上书写乐章歌词，以备歌生忘词时看一眼。

歌笏以木制成，形状为上窄下宽的长条形。清朝歌笏的规制：长一尺三寸五分，下宽二寸五分，上杀三分，厚三分，粉饰。[①] 歌生歌唱时端笏直立，两手平执，以示敬慎。

二 孔庙祭祀中的文舞与武舞

祭祀舞蹈分两类，一为文舞，一为武舞，它们都是宫廷雅乐舞蹈。在艺术表达上，文舞象征文事表德，武舞象征武事表功，文舞歌颂帝王的文德，武舞歌颂统治者的武功。相传古代有《云门》《大咸》《大韶》《大夏》《大濩》《大武》六舞，前四者为文舞，后两者为武舞。《韶》为文舞的代表作，《武》为武舞的代表作，孔子曾专就二舞发表过评论：“《韶》尽美矣，又尽善也。《武》尽美矣，未尽善也。”[②]

文舞、武舞的舞具是不一样的，文舞的道具为羽和籥，武舞的道具为干和戚。二舞的舞容也是不一样的，文舞要展示谦恭揖让的文德之容，武舞要展示发扬蹈厉的勇猛之势。因为二舞隶属雅乐，是以表演都带有程式化的特征，动作舒张有度，节奏平缓从容。秦汉以来，历代宫廷都制作不同名目的文舞、武舞，以标榜各自统治的文治武功。

---

① （清）孔继汾述：《阙里文献考》卷二五《乐第六之三》，第599页。

② （汉）郑玄注，（唐）孔颖达疏：《礼记注疏》卷二八《内则》，《十三经注疏》，第2469页。

礼仪活动中，文舞、武舞不是同时起舞，而有先后次序。至于何舞在先何舞在后，并没有一定之论，历朝安排也不一样。《旧唐书·音乐志》云："依古义，先儒相传，国家以揖让得天下，则先奏文舞；若以征伐得天下，则先奏武舞。"[①] 陈旸撰《乐书》持同样的观点："古者帝王之于天下，入则揖逊，出则征诛，其义一也。然以文得之者必先乎文，以武得之者必先乎武。尧、舜得天下以文者也，故先文舞。汤、武得天下以武者也，故先武舞。各适其时故也。礼以时为大，乐亦如之。"[②] 然而其兄陈祥道却别立一解，认为"武舞常在先，文舞常在后"，其理由为："盖曰武以威众而平难，文以附众而守成，平难常在先，守成常在后。"[③] 在礼仪实践中，隋、唐、宋、元各朝，基本上都是文舞在先武舞在后，明、清则是武舞先于文舞。

文舞和武舞，一者偏重于德化，一者偏重于功业，孰轻孰重，统治者心中自有定夺。唐太宗为秦王时，征伐四方，民间歌谣遂有《秦王破阵乐》之曲。后来据此作破阵乐舞，每逢宴会必加演奏。太宗对此一成规的看法是："朕昔在藩邸，屡有征伐，人间遂有此歌，岂意今日登于雅乐。然其发扬蹈厉，虽异文容，功业由之，致有今日，所以被于乐章，不忘于本也。"右仆射封德彝迎合道："陛下以圣武戡难，立极安人，功成化定，陈乐象德，实弘济之盛烈，为将来之壮观。文容习仪，岂得为比。"太宗立即对这一番话作了纠正："朕虽以武功定天下，终当以文德绥海内。文武之道，各随其时。公谓文容不如蹈厉，斯为过矣。"[④] 从这一表态中不难看出，舞道与治道之间存在共通之处。

孔庙释奠用舞情况为：唐代二舞并设，初献时作文舞，亚、终献时作武舞；宋代释奠，礼书中亦标明用二舞，但有无实施却极为可疑；元、明都是只设文舞，不设武舞；清代也只设文舞，但到了末叶升释奠为大祀，增加了武舞；民国释奠，各地用舞情况并不一样，有文舞、武舞并设，也有只设文舞不设武舞；20 世纪末曲阜孔庙恢复祭祀，初时文舞、武舞并设，后来废武舞，至目前为止只设文舞。

---

① （后晋）刘昫等：《旧唐书》卷二八《音乐志》，第 1049 页。

② （宋）陈旸：《乐书》卷一六五《乐舞上》，《景印文渊阁四库全书》第 211 册，第 756 页。

③ （宋）陈祥道：《礼书》卷一二九，《景印文渊阁四库全书》第 130 册，第 765 页。

④ （唐）杜佑：《通典》卷一四六《坐立部伎》，第 3718—3719 页。

图 6—5　1990 年纪念孔子 2541 诞辰所用武舞图①

从上文可以看出，历史上祭祀孔子，共采用过两种舞蹈形式：一种是只用文舞；一种是文舞、武舞并用。到底哪种形式更为适宜，对此学者的态度并不一样。李之藻是文舞、武舞并设的支持者，他认为释奠如果只设文舞，“近于妇人无武事者之乐”，并辩称：“夫子却莱夷、堕三都，奚为而不武乎？……唐犹兼用文、武，宋乃罢武存文，迄今沿之，盖阙典也。”② 陆世仪也是一名二舞并存的拥护者，甚至觉得即使文舞、武舞并设，也不足以形容圣人，因此设想：“圣人道贯百王，德备文武。而其泽及万世者，尤在《诗》、《书》六艺。则其乐制当兼文武舞，而更益以《诗》、《书》六艺，斯为有当。”③ 然而并不是所有的人都对二舞并设怀有好感。孔子既以文德著称，且自言《韶》尽美尽善、《武》尽美而未尽善，那么施其所好于庙堂之上，是不是考虑更为周到呢？或许正是从这个角度出发，孔继汾不希望武舞出现在释奠礼仪上，他说：“古者舞以象

---

① 参见李民、朱黎明主编《东方圣诞节》，中国戏剧出版社 2005 年版。

② （明）李之藻：《頖宫礼乐疏》卷八《乐舞疏》，《景印文渊阁四库全书》第 651 册，第 266 页。

③ （清）陆世仪撰，张伯行编：《思辨录辑要》卷二二，《景印文渊阁四库全书》第 724 册，第 194 页。

功，文武异用。乃唐人以揔干山立之容，而设于鼓箧修文之地，无谓孰甚焉。”①

后世释奠中的文舞，是承袭宋代的《化成天下之舞》而来。《化成天下之舞》是哲宗元祐间大乐正叶防为朝会制作的，其初衷在于宣扬赵宋据有天下本于揖逊之志，是以其舞节每一变都演示出三揖三辞三谦之仪。后来，朝廷将此舞稍加增损，挪用于孔庙三献。在李之藻所处的时代，此一舞仪还在沿用，“大成之舞原自宋《化成天下之舞》，强附三献乐章，今不敢厘”。② 即使到了清代，这一状况也没有什么改变，毛奇龄曾对此发表过自己的看法：“（《化成天下之舞》）当时用之朝会，范镇、杨杰辈已讥之，况用之文庙，则无理之中又无理者。明万历间，工部李之藻疏请更定，而廷臣无学，不能变易，以至于今。此亦孔庙礼乐一大憾事也。”③ 释奠礼乐虽然不同于古帝王揖让征伐之义，却又别无可模拟者，是以历朝相沿，无得更易。

三　舞人与舞佾

周制，舞蹈是国子学必习课程。大司乐教国子舞《云门》《大卷》《大咸》《大韶》《大夏》《大濩》《大武》；乐师教国子小舞；籥师掌教国子舞羽吹籥，祭祀则舞羽籥之舞；王世子及学士要定时习舞，春夏学干戈，秋冬学羽籥。舞蹈作为一门陶冶情性的艺术形式，很早就引起了贵族阶层的重视。

学子习舞都是循序渐进的，不同年龄段学习不同风格不同寓意的舞蹈。年幼时舞小舞，成人后舞大舞。④ 小舞是指帗舞、羽舞、皇舞、旄舞、干舞、人舞等，大舞则是指大司乐所掌管的《云门》等舞。

古代设教，将舞作为一门必修课程，其意义重大。李之藻对其中奥旨进行了阐发：

---

① （清）孔继汾述：《阙里文献考》卷二三《乐第六之一》，第534页。

② （明）李之藻：《頖宫礼乐疏》，《景印文渊阁四库全书》第651册，第4页。

③ （清）毛奇龄：《经问》卷一三，《景印文渊阁四库全书》第191册，第162页。

④ 《礼记·内则》有云：“十有三年，学乐诵《诗》，舞《勺》。成童，舞《象》，学射御。二十而冠，始学礼，可以衣裘帛，舞《大夏》，惇行孝弟，博学不教，内而不出。”

> 人生而成童，血气筋骨渐以充实而愤盈，其嬉笑跳跃动于手足舞蹈之间，如熊经鹤舞、狮攫猨腾，机自有所不容遏。禁之郁，纵之荡。圣人因而导之曰：来，吾教尔舞。进而示之以盘躃顾盼之容，束之以俯仰进退之节，而又钟鼓悦其耳，羽旄快其目。而习之者亦相率而以为便，不自知其闲于节、范于正而幼志之潜消也。故曰听《雅》、《颂》之声，志意得广焉；执其干戚，习其俯仰诎信，容貌得庄焉；行其缀兆，要其节奏，行列得正焉，进退得齐焉。古者之教洒扫应对以禁傲，诗书羽籥以导和。若夫动而有节则莫舞若矣。固以动阳气导万物，其于成就人才则尤亲切焉。由小学之书而进之以瞽宗之礼乐，由瞽宗之礼乐而成之以东序之舞，则圣王之教可想也。①

舞教、乐教、礼教合为一体，身心皆有所成就。

汉代尚且采用周制，宗庙祭祀，用贵族子弟充当舞人。汉《大乐律》规定："卑者之子，不得舞宗庙之酎。除吏二千石到六百石，及关内侯到五大夫子，先取嫡子高七尺已上、年十二到年三十、颜色和顺、身体修治者以为舞人。"② 只有品官嫡子才能充当宗庙舞人，这表明雅乐舞蹈在当时仍是一项庄严的工作。

隋朝舞人号称为"二舞郎"，也从品官之子中选用。自唐代开始，风气发生转移。开元元年，瀛州司法参军赵慎在一次上言中提到："按《周礼》以乐舞教国子舞《云门》、《大咸》、《大濩》、《大武》，是知古之舞者即诸侯子孙，容服鲜丽，故得神祇降福，灵光烛坛。今之舞人并容貌蕞陋屠沽之流，用以接神，欲求降福，固亦难矣。"因此，他给朝廷提出这样的建议："其二舞人，取品子年二十以下颜容修正者为之，令太常博士主之。准国子学给科行事之外，习六乐之道，学五礼之仪。十周年量文武授散官，号曰云门生。"③ 这一建议并未被采纳。

---

① （明）李之藻：《頖宫礼乐疏》卷八《乐舞疏》，《景印文渊阁四库全书》第651册，第264页。

② 贾公彦认为其中的十二当为二十。参见（汉）郑玄注，（唐）贾公彦疏《周礼注疏》卷二三《大胥》，《十三经注疏》，第794页。

③ （元）马端临：《文献通考》卷一四五《乐考十八》，《景印文渊阁四库全书》第613册，第299—300页。

宋代舞人已几乎全部由倡优伶人充当。这种情况引起了陈旸的注意与担忧："然则古之舞者非独给徭役之贱者而已，虽贵为国子爵为下士亦预焉。"在思考改进之法的同时，他参酌了赵慎的提议，并指出这一提议最大的不足是不设课试之法、劝导之术，如果朝廷既能采用赵慎的品子之法，又能辅之以课试劝导之方，那么"以之飨郊应接神祇，未有不降格而来飨矣"。[①] 可是雅乐舞的繁盛期已经成为明日黄花，连皇帝都自感无以逆转，徽宗的国子生"罢习二舞"之诏即是这一现状的真实写照。

明初朱元璋与明末崇祯治理期间，朝廷都曾试图对雅乐舞加以规范。洪武四年，更定孔庙释奠乐舞生，礼部提议从京民子弟中选用。朱元璋未从其议，诏令："乐舞乃学者事，况释奠所以崇师。宜择国子生及公卿子弟在学者，豫教肄之。"[②] 崇祯十五年，礼部援引周制、汉制故事，盛许"其教之豫而选之精如此，以能发扬功德孚格人天"，进而奏请："而今皆伶人下贱为之，去古是远。宜令太常仿周、汉意选舞士，不得仍以倡优充数。"[③] 可惜的是，这两次欲图更定的努力都不了了之。洪武朝，"当时臣工或者不能仰承德意，未免虚应故事而已"[④]；崇祯朝则在其议之后不久即遭亡国之灾，不及采用。

明代后期，提倡乐舞教育在世人眼中已成为迂腐之论而备受冷落。朱载堉是为数不多的倡导者之一，他对乐舞的意义及发展历史作了如下总结："古之乐舞盖有二义：一者以之治己，一者以之事人。以之治己者，《虞书》所谓直、温、宽、栗、无虐、无傲、言志永言、依永和声、八音克谐、神人以和是也；以之事人者，《虞书》所谓戛击鸣球搏拊、琴瑟以咏、祖考来格是也。今由唐而宋而元，则失之益远。徽宗大观之诏，尤不足取也。考其祀享乐舞所用，无非市井之人屠沽之子素不知歌舞者为之，其何以格神明移风俗乎？"为了振兴舞蹈教育，他还为各级学校设计了细致的教学步骤：

---

① （宋）陈旸：《乐书》卷一七十二，《景印文渊阁四库全书》第211册，第793—794页。

② （清）张廷玉等：《明史》卷五〇《礼志》，第1296页。

③ （清）孙承泽：《春明梦余录》卷一四《神乐观》，《景印文渊阁四库全书》第868册，第171页。

④ （明）朱载堉：《乐律全书》卷一九《舞人》，《景印文渊阁四库全书》第213册，第529页。

> 学舞之处无拘于一，在处皆可为也，上则国子太学，中则郡邑庠序，下则士大夫之家塾，但凡清幽洁净之处，无有不可焉。其国学郡庠等处，系是公所，在上之人苟好此事，乃命行之；若夫布衣之士存好古之志者，惟于家塾学之可也。然须隔远尘俗，勿骇观听，恐无知者妄生谤笑。盖初学之人立志未固，而多羞惭若妾妇焉，一闻人之谤笑，心便退屈而不欲学舞矣。古之辟雍泮宫建在水中，以阻观者，即此意也。待众弟子学习老成，和顺积中，英华发外，然后纵使观之，则人无不称羡赞美，为学徒者亦庶几无愧矣。民可与乐成，不可与虑始，世之常理也。须于家塾堂上洒扫涓洁，中设先圣周公、先师孔子神位，或别设坛以祀伶伦及后夔等乐学诸师，或只宗周、孔，亦无不可也。盖周、孔集群圣之大成，金声而玉振之，礼乐尽在是矣。择孟春或仲春之上丁，或次丁，致告先圣先师，但陈莱酒，不用余物，是名释菜之礼，古所谓苹蘩也。师帅学徒诣神位前，行再拜礼。然后弟子乃拜其师，礼毕而馂其余，师徒尽醉而归。次日始入学焉。[①]

李之藻也十分欣赏乐舞的教化之用，对舞教的沦亡怀有同样的忧虑，是以也呼吁："学校礼乐之地，似当仿佛古乐，更定其仪。即成均之教未易骤复，然使青衿士子肄雅有阶，观感而兴，深关教化。固不可视为迂阔而终置不讲也。"[②] 这些倡议并没付诸行动，也没能改变雅乐舞的衰败之势。

孔庙祭祀舞佾在南北朝时为六佾。明宪宗成化间提升为八佾，嘉靖孔庙改制重新降为六佾。清光绪三十二年（1906），定释奠为大祀，再用八佾。民国间亦定为八佾。[③] 20世纪末恢复祭孔后，初用六佾舞。现在用八佾舞。

历朝释奠舞佾人数，凡是六佾都为三十六人，八佾都为六十四人。惟有明初定释奠六佾舞用四十八人，即依据服虔的一佾八人之说。[④] 成化以

---

① （明）朱载堉：《乐律全书》卷一九《舞人》，《景印文渊阁四库全书》第213册，第528页。

② （明）李之藻：《頖宫礼乐疏》卷八，《景印文渊阁四库全书》第651册，第297页。

③ 民国《曲阜县志》卷四，第315页。

④ 《明史·礼志》（第1296页）载洪武四年定释奠"乐生六十人，舞生四十八人"。《阙里文献考》（第558页）载洪武十四年，赐舞生羽、籥各四十八。四十八人制也是六佾，《中国历代孔庙雅乐》将其称为"小八佾"不是太妥当。

后则恢复旧制。

四 舞容节式及内涵

舞容即舞蹈动作，也称舞蹈语言或舞姿，它包括舞者的面部表情、肢体动作及舞器的运用姿势等。

舞容包括人之容和器之容。舞者之容包括身之容、首之容、手之容、足之容、礼之容、步之容、立之容、舞之容等，即“八舞容”。每一容又分无数小节，八舞容共有数十小节。舞器之容包括翟与籥、干与戚的运用姿势等十数式。

根据《圣门乐志》所载文舞容节，舞容共包括“舞容三十九节”“籥翟十一式”。列表如下：

表 6—2 **释奠舞容表之舞容三十九节**

节／类	节一	节二	节三	节四	节五	节六	节七	节八	节九	节十	总计
立之容	两阶相对为向内立	两阶相背为向外立	俱北面为向上立	两两相对为相对立	两两相背为相背立						凡五节
舞之容	两阶相顾作势为向内舞	两阶相背作势为向外舞									凡二节
首之容	仰视为仰首	俯视为俯首	左右顾为侧首								凡三节
身之容	正立为平身	俯为躬身	正立左右转为侧身	转过为回身	开左右膝直身下坐为蹲						凡五节
手之容	举手为起手	下垂为垂手	前伸为出手	两手交举为拱手	相持为挽手						凡五节

续表

类＼节	节一	节二	节三	节四	节五	节六	节七	节八	节九	节十	总计
足之容	起足尖为跷足	起足趾为点足	稍前为出足	膝前足后为屈足	迁换为移足	左右加为交足	反履向上为蹈足				凡七节
步之容	前为进步	缩为退步									凡二节
礼之容	屈身手向下为授	屈身手上承为受	拱手退为辞	拱手向左右为让	俯首屈身为谦	平手齐心为揖	手至地为拜	膝至地为跪	叩首为顿首	手左右让足左右蹈为舞蹈	凡十节

表 6—3　　释莫舞容表之籥翟十一式（附孔继汾所续十式）

类＼式	式一	式二	式三	式四	式五	式六	式七	式八	式九	式十	式十一	总计
原有籥翟十一式	翟竖籥横齐肩为执	齐目为举	平心为衡	向下执为落	正举为拱	向耳偏举为呈	两分为开	相加为合	纳翟于籥为并	向下为垂	相接为交	十一式
孔继汾所续十式	树籥翟为植	擎籥直向前为舒	平擎籥为横	籥翟相近处为并	横翟于上以籥拄为支	竖持籥翟于腋间为掖	荷籥翟于肩为肩	并籥翟舒于臂为抱	两手向臂相抱为抱手	拜首至手为拜手		十式

舞容是内心情感的外化，它的创作依据也是从此而来。由于传世舞谱都是以一个个固定的动作呈现出来的，并且每一个舞蹈动作对应一个字，所以后世倾向于认定舞容就是从这一个个字中获得的，并由此归纳出“按词义而生容，依音乐而动容”① 的基本原则。例如明清祭孔舞谱，三成舞的歌章共九十六个字，舞容也是九十六个。

翻开明清以来的祭孔舞谱图，不难看出，祭孔舞蹈与其他类型的舞蹈在表现形式上存在很大区别，祭孔舞蹈因为要表达对孔子的景仰之情，是以在舞蹈动作中加入了许多拜、跪的姿势。另外，祭孔舞蹈的动作较为简

① 江帆、艾春华：《中国历代孔庙雅乐》，第 113 页。

约，没有太多丰富的变化。质朴无华是它主要的特征。

祭孔舞蹈从表面看是一连串或离或合，或俯或仰，或屈或伸的形体动作，可是从创制源头来看，它还具有更为深刻的含义。江帆、艾春华两位先生对祭孔舞蹈的思想内容有深刻研究，他们认为："从祭孔舞蹈的授、受、辞、让、谦、揖、拜、跪、顿首等舞姿以及举、衡、落、拱、呈、开、合等舞具动势剖析，它是以体现儒家伦理道德观念与礼乐治道思想为立意；以中、和、祗、庸、孝、友等六德为舞蹈语言基础，按歌诗字形字义，赋予其象征性舞蹈语汇。所以，祭孔舞蹈从思想内容上集中地体现了一个'德'字；从其表现形式上则突出地体现了一个'礼'字。而舞蹈的构思则是承袭了'中和之乐'的美学观念。"① 乐舞的妙处虽体现于它的变化多端上，内涵却是贯通而永恒的。

舞蹈队形的变换是有规则的。舞人进班，跟在节生身后踏着鼓点列队前进。到了殿陛之上，分成两班，东班在东阶，西班在西阶。音乐响起，两班散开，随着音乐舞蹈。音乐停止，两班重新聚而成列。舞人虽忽散忽聚，队形却如同兵家阵法，毫不凌乱。凡东阶舞人面朝东，则西阶舞人面朝西，凡东阶舞人面朝西，则西阶舞人面朝东。凡东阶舞人用左手左足舞蹈，则西阶舞人用右手右足舞蹈。不管舞人的姿势面向如何变化，两班舞队总是保持对称成偶。② 可见，受儒家中和思想的影响，对称美是祭孔舞蹈的主要特点。

以上所列为文舞的舞容节式，武舞的舞容又有很大不同。刘濂在《乐经元义》中对这一区别作了大致说明："武舞三进而三退，取乎六伐止齐之义焉。文舞三进而三退，取乎六爻变动之理焉。文俯取诸阴，武仰取诸阳。文先举左手足，武先举右手足。文则左旋，武则右旋。文揖逊，武击刺。此舞之大较也。"③ 舞姿表象，文舞、武舞各依仿其象而变换姿态。

祭孔舞蹈也是祭义的延伸，既要通过一招一式表达出对孔子的颂扬追念之情，也要极力展现儒家思想的精粹所在。祭孔舞蹈不是独立的表演，而是礼仪程序的一部分，礼、乐、舞在精神内涵上是息息相通的。然而，

---

① 江帆、艾春华：《中国历代孔庙雅乐》，第110页。

② （清）孔尚任纂：《圣门乐志》，第214—215页。

③ （明）朱载堉：《乐律全书》卷一九《舞容》，《景印文渊阁四库全书》第213册，第538页。

根据中央民族大学博士生车延芬在曲阜进行实地调查后得出的结论，现今的祭孔乐舞排练，已经没有任何有关儒家学说和祭祀内涵的启发了，导演们更多的是用“移情”的方式启发演员，过多地强调队形、整体，以至于舞器名称为何、乐章歌词所用何字，演员们大都茫然不知，演员们跳的祭孔乐舞是身心分离的。[①] 这表明祭孔舞蹈的创始本意已不再受到重视。另外，以往祭孔舞蹈所追求的一字一容、一音一变的舞蹈形式也在发生改变，随着现代音响设备的加入，音乐节奏明显加快，舞蹈动作频率也在加大。舞蹈研究者孟妍妍对此一变化并不欣赏，她的评价是：“舞蹈动作的快速转换及大幅度的旋转并不符合‘礼’的尺度。故此，针对目前祭孔乐舞在传播中所展现的‘新’在笔者看来多不可取。”[②] 可见，现代祭孔乐舞无论在内容还是形式上所表现出的对传统祭孔乐舞的背离，都是乐舞研究者们所不愿看到的。

五　舞蹈中的缀兆与表

缀兆是一个舞蹈专用词，指舞者的行列位置，笼统说就是表演者的活动范围。《礼记·乐记》有云：“执其干戚，习其俯仰诎伸，容貌得庄焉；行其缀兆，要其节奏，行列得正焉，进退得齐焉”，又云：“故钟鼓管磬、羽籥干戚，乐之器也；屈伸俯仰、缀兆舒疾，乐之文也。”[③] 郑玄注：“缀，表也，所以表行列也。……兆，域也，舞者进退所至也。”孔颖达疏：“缀，表也。兆，域也。言舞者缀表兆域方正得其所矣。”张载也对缀兆作了简单的说明：“缀兆，缀以表行列；兆者，场域之限也。”[④] 通俗地说，缀是点，指个体的位置，即个体在队伍中的行列编排；兆是面，指整体的位置，即队伍整体进退出入的活动区域。无论个体还是整体，静立时各就各位，活动时舒疾有度，不离于规矩，这就是舞的合礼之处。

为了避免舞队超出预设的活动范围，舞蹈场地内通常会设置一些标识之物来加以规范，这些标识之物被称为“表”。“表”与古代音乐舞蹈史

---

① 车延芬：《从舞谱到舞蹈——文化复兴中的文本、表演与身体记忆》，中央民族大学2010年博士论文，第143—144、150页。

② 孟妍妍：《曲阜祭孔乐舞调查与研究》，《音乐创作》2011年第2期。

③ 《十三经注疏》，第1545、1530页。

④ （宋）卫湜：《礼记集说》卷九九，《景印文渊阁四库全书》第119册，第169页。

上所谓的“六变”“八变”“九变”等概念是否存在必然的联系，贾公彦曾在二者之间做过合理的推想：

> 言六变、八变、九变者，谓在天地及庙庭而立四表，舞人从南表向第二表为一成，一成则一变。从第二至第三为二成，从第三至北头第四表为三成，舞人各转身南向，于北表之北还。从第一至第二为四成，从第二至第三为五成，从第三至南头第一表为六成，则天神皆降；若八变者，更从南头北向第二为七成，又从第二至第三为八成，地祇皆出；若九变者，又从第三至北头第一为九成，人鬼可得礼焉。此约周之《大武》，象武王伐纣，故《乐记》云：“且夫《武》始而北出，再成而灭商，三成而南，四成而南国是疆；五成而分，周公左，召公右；六成复缀以崇天子。”其余《大濩》已上虽无灭商之事，但舞人须有限约，亦应立四表以与舞人为区别也。①

很显然，在贾氏推导的这一乐舞图中，四方所立四表是其关键所在。有此标识，舞人才能在各表之间趋止往复。不仅《大武》舞如此，在贾公彦的遥想中，其他大舞都要立四表以限域。不管此一设想是否符合周代乐舞的实际情况，至少它代表了唐代的舞蹈设位观。

唐代以后，宋、元两朝都列四表以定舞蹈缀兆之位。如宋神宗元丰间，商讨朝会乐舞，“定文舞、武舞各为四表，表距四步为酇缀，各六十四”②。元代的舞表以木为之，“表四，木杆，凿方石树之，用以识舞人之兆缀”③。明、清两朝则不立舞表，只有导舞者前引，或二人，或一人；或执纛，或执旌，或执节。它们起引导而非标识作用。

“表”的设立与否，与舞蹈场地面积大小乃至表演场合有很大关系。古代舞者列于庭，文舞在东阶，武舞在西阶。庭中宽敞，是以要立表以限定舞者的活动区域。后世舞者常舞于殿堂之上，殿堂容小，已无所谓设限之

---

① （汉）郑玄注，（唐）贾公彦疏：《周礼注疏》卷二二《大司乐》，《十三经注疏》，第789页。

② 《宋史·乐志》，第2974页。

③ （明）宋濂等：《元史》卷六八《礼乐志》，第1707页。

说。对于这种差异，朱载堉曾进行了说明：“古之所谓堂上之乐者，惟登歌、琴、瑟耳。若夫下管、鼗鼓、笙、镛以间，皆不得列于堂上。文、武二舞亦然，《虞书》所谓‘舞干羽于两阶’，《鲁论》所谓‘八佾舞于庭’是也。故其舞位宽广，可以立表而为进退，此乃古之制也。至于近代犹然。今太常二舞皆舞于殿内，地位迫隘，不敢回转，始终立定，一步未尝挪移，微动手足以舞而已。是故不设四表，亦无进退之容，盖与古制异焉。”①

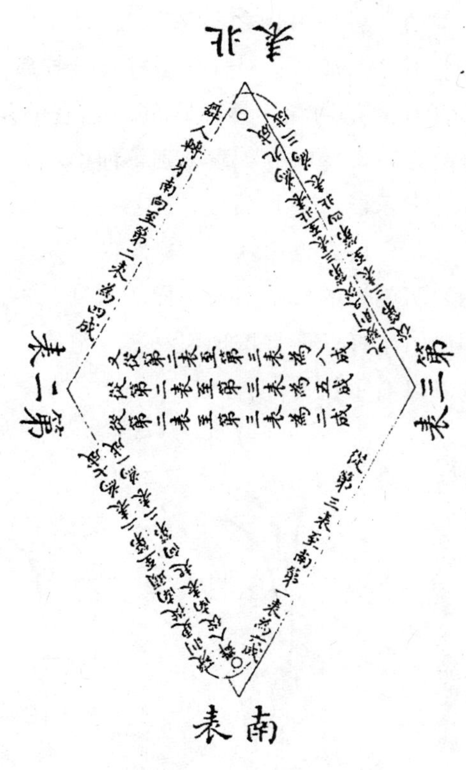

图6—6　舞位四表图②

六　文舞舞器与武舞舞器

文舞又称羽舞，所用舞具为籥与翟；武舞又称干舞，所用舞具为干

① （明）朱载堉：《乐律全书》卷一九，《景印文渊阁四库全书》第213册，第535页。
② （宋）叶时：《礼经会元》。

与戚。

节：引舞之器。舞生就列时，节生执持在前引导。每成舞蹈开始和结束时，由节生示意节制。一般来说，节生有两位，分列于东西舞生之首。当麾生唱“奏乐”时，东阶节生扬节唱“起舞”；舞毕，西阶节生唱“舞止”。节在使用时，由节生奉持；闲置时，则植立于架上。

历朝的引舞之器并不一样。春秋时，宋公以《桑林之舞》享晋侯，“舞师题以旌夏”；《诗·陈风·宛丘》云：“值其鹭翿。”① 旌夏即大旌，旌、翿都是用来引舞的。后世引舞之器除了旌、翿外，也有纛、帗、旄、节等。其形状大体差不多，都是一根杆子，杆首悬挂旗子或长穗。长穗有的是用羽毛做成的，有的是用牦牛尾做成的，也有的是用红缨装饰而成的。大抵武舞以旌前导，文舞以节、纛、翿等前引。

籥：籥本是一种古乐器，截竹而成，外形像笛子，后来被用作舞具。籥上有孔，初时用三孔，后来也用六孔。舞蹈时，舞者以左手执持。

翟：翟又称羽。历朝翟的形制不太一样。宋制，木杆，杆端龙首，龙首下悬挂长穗；明制，木杆，杆首植雉羽三茎；清制，木杆，杆首植雉羽一茎。舞蹈时，舞者以右手执持。

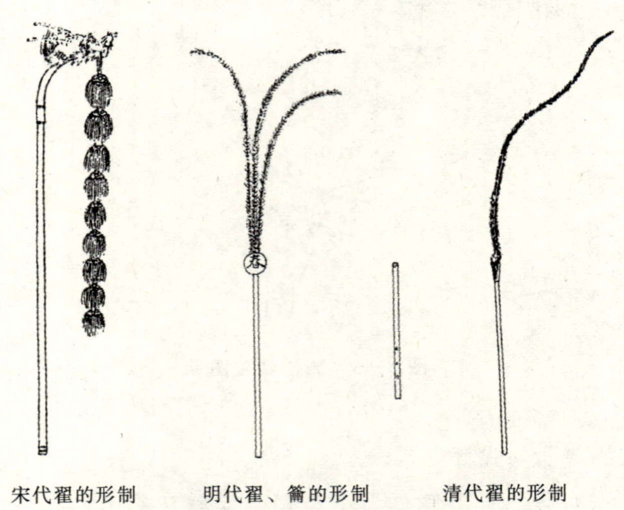

宋代翟的形制　　明代翟、籥的形制　　清代翟的形制

图 6—7　历代翟图②

① 《十三经注疏》，第 1947、376 页。

② 采自（宋）陈旸《乐书》；（明）朱载堉《乐律全书》；《钦定国子监志》。

干：干的形状如同盾牌。干的背面中间有梁，梁的上半部有钮，可以用手执持以舞。

戚：戚的形状如同斧子。

历朝释奠所用舞具，籥的形制大致不变，只是籥孔多少有所区别。翟的形制变化比较大，如图6—7所示。目前韩国释奠舞佾采用宋代翟制，我国台湾采用明代翟制。大陆恢复祭孔乐舞后，初时用清代一羽翟制，后来也改用明代三羽制。

如果称乐器为声音之器，舞器则为形容之器。形容之器以尚象为主。干、戚，武舞用之，主表武功，发扬蹈厉以示其勇。籥、翟，文舞用之，主昭其德，谦恭揖让以著其仁。

舞器持取的姿势，文舞、武舞各有一定之式。凡是执干持戚，皆左手干，右手戚。未开舞时，干在外，戚在内，干纵而戚横。之所以如此设计，朱载堉的解释是："盖左手属仁，右手属义，义以待敌，仁以自卫，故左干而右戚也；仁包四端，恩常掩义，故干外而戚内也；干象仁能好生，戚象义能果断，故干纵而戚横也。"凡是执籥秉翟，皆左手籥，右手翟。未开舞时，籥在内，翟在外，籥横而翟纵。所以如此，"盖左手属阳，右手属阴。阳主于声，阴主于容，故左籥而右翟也；和顺积中，英华发外，故籥内而翟外也；籥象衡运准平，翟象表端绳直，故籥横而翟从也。"①

古代舞器由司干掌管，"祭祀，舞者既陈，则授舞器；既舞则受之。宾、飨亦如之"。②后世舞器大都掌于太常。

第五节 孔庙祭祀中的导引乐、乐舞转班过程及礼乐契合节奏

一 导引乐的功能及曲目演变

孔庙祭祀中，除了正式的祭孔乐舞外，还有导引乐，分别称为正乐

---

① （明）朱载堉：《乐律全书》卷一九《舞器》，《景印文渊阁四库全书》第213册，第532页。

② （汉）郑玄注，（唐）贾公彦疏：《周礼注疏》卷二四《司干》，《十三经注疏》，第802页。

部、导引部。正乐部与释奠程序紧密相扣，导引部则主要运用于一些重要的附属程序上。导引乐由一个独立的乐队演奏，曲目有《迎凤辇曲》和《朝元歌》两种。《迎凤辇曲》用于祭前的乙、丙日，分别在送祝、迎牲、迎粢盛、省牲、视膳等重要的准备仪式上演奏。《朝元歌》则在祭祀开始和结束时的迎神、送神仪式上演奏。

后世所传《迎凤辇曲》有曲无文，用笙歌之。据称为明初协律郎冷谦所作，初习于太常，后来颁行天下。

《朝元歌》有送神、迎神两套诗歌。

迎神：

氤氲满庭香，八音六律间宫商。牺牲丰备粢盛良，庆泽长，圣容於穆来帝乡。

氤氲满庭香，礼容秩秩乐洋洋。执事恪恭共趋跄，庆泽长，明神锡嘏享烝尝。

送神：

氤氲满庭香，钟鼓渊渊磬管锵。笾豆罇罍罄肃将，庆泽长，神保聿归俨徜徉。

氤氲满庭香，忾闻僾见气悽怆。公尸嘉告明禋臧，庆泽长，用绥后禄永无疆。

与正部乐相比，导引乐所用乐器及歌词属于燕乐之属。其乐队组成为：龙旗二（引导乐队进退，指挥奏乐起止），各在两班之首。次灯各一、次拍板各一、次歌生各一、次笙各二、次管各二、次箫各二、次笛各二、次云锣各一、次鼓各一、次提炉各一。

导引乐班在大成门外。转班时，与正乐部互为上下，上则列月台之旁，下则列圜桥之上。大成殿祭毕，正部乐转班下阶行礼，导引部也入大成门内行礼。

乾隆年间，祭孔导引乐已面目全非，孔继汾对其存废情况的描述是：“今《迎凤辇曲》久废不用。凡导引，并用《朝元歌》。近年，复汰迎神、送神导引乐，其送祝以下等事，奏《朝元歌》如故。”[①]《朝元歌》虽然流传下来，运用场合却已大变，且歌词鄙俚，难登庙堂。后来孔继汾又为之别拟五章：

恭送祝版、香、帛奏《辰之良》：上丁辰之良，升香荐币礼素王。何以告神明，祝史正辞由旧章。於穆阙里堂，孝孙承祀殊乡黉。虑事详，致诚致悫庸肃将。

迎牲奏《将享》：将享洁尔牲，仲月释奠盂楅衡。角觓肤充盈，勿疾瘯蠡展道成。孝孙率徂迎，序从跄济靡有争。诏於庭，惟灵其右鉴厥诚。

迎粢盛奏《嘉明》：苾芬品多方，嘉蔬明粢挈黄粱。旨酒湛清凉，枣新桌撰盈筥筐。虀醢甘辛行，韭菁芹笋和致芳。侯有望，惟馨明德迈延长。

省牲奏《肃肃》：肃肃造神庖，惟牛羊豕互盆簝。有玱鸣鸾刀，告纯告杀启血毛。报气祭膟膋，合萧黍稷供燔燎。神及交，焄蒿悽怆於明昭。

视馔奏《羹定》：羹定之爨下，视豆笾登铏簠簋。备物欣有楚，黍稷馨香肴核旅。孝孙敬作所，执爨踖踖事具举。衎我祖，永永缉熙於纯嘏。

二 乐舞生进班、退班过程

乐舞生转班，是指乐舞生在入场和退场时，在门口至露台表演位之间这一条路线上的行进过程。因其行进路线蜿蜒曲折，且无论升阶抑或降阶，皆需多次转行，是以称为转班。乐舞生转班包括祭前进班、祭毕退班两个环节。

转班是踏着鼓点节拍前进的，鼓拍节次与趋行位置是一一对应的。转班鼓谱共十三节，如下：

初节 ΔΔ○ ΔΔ○ ΔΔ○○

再节 □○ □○ □○

中节 □○○ □○○ □○○

末节 □○□○○ □○□○○ □○□○○

终节 ○○

○代表用右手击，□代表用左手击，Δ代表两槌击鼓框木。右手力

① （清）孔尚任原纂：《圣门乐志》，第264页。

重，左手力轻。

进班：

将祭。乐舞生分两班，分别由左右掖门（左为金声门，右为玉振门）入，列班大成门内两阶下，北上。司麾者东西各一人，居首。东班，先麾，次歌工三人，次琴工三人，次瑟工二人，次笙三人，次洞箫三人，次笛三人，次埙一人，次篪二人，次排箫一人，次编县正副各一人，次特县正副各一人，次鼓正副各一人，次柷一人（西班为敔一人），次搏拊、鼗、相各一人，次司旌者一人，此文舞生十八人。西班相同。东西班各五十一人。司麾、旌、匏、竹、羽、籥者各秉其器，拱列以待。

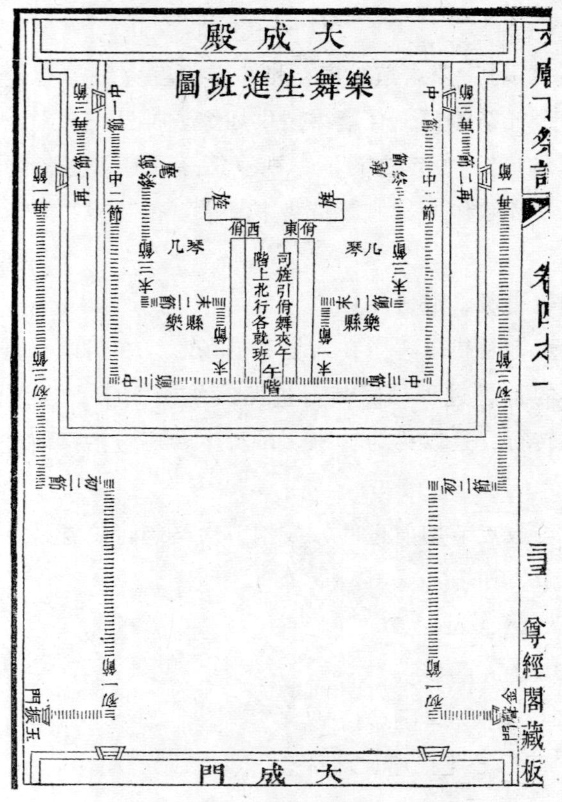

图 6—8　乐舞生进班图①

① 采自《文庙丁祭谱》。

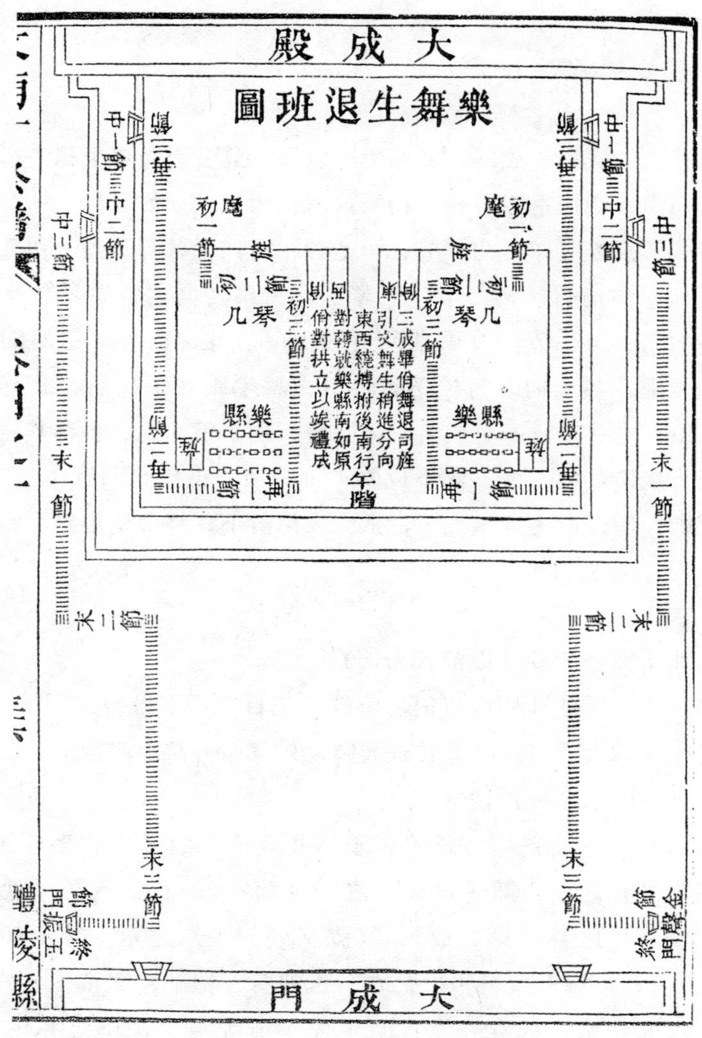

图 6—9　乐舞生退班图①

转班鼓鸣。初一节，司麾者引乐舞诸生对进。初二节，趋两侧阶侧。初三节，抵露台两隅下；再一节，进至阶。再二节，升下成阶。再三节，转趋上成阶；中一节，升上成阶。中二节，折向南行。中三节，抵露台上两隅，对转，趋午阶上；末一节，抵午阶上，夹午阶各转向北行。末二

① 采自《文庙丁祭谱》。

节，过乐县，各折向东西行。末三节，过琴瑟，复转向北行；终节，麾就位，乐生、旌生、舞生各就位。

退班：

三献礼成，文舞三成终，文舞生退位。司旌者引文舞生稍进，分向东西，复折而南，绕搏拊后对转。在乐县南，相对拱立如原佾。

礼毕。转班鼓复作。初一节，司麾者、司旌者各释其器，司麾者引乐生以次退位，向南行。初二节，至琴瑟北，对转向内，循琴瑟行。初三节，各转向南；再一节，过乐县，至舞生南，各转向外，趋两隅。再二节，分抵两隅，各折向北行。司旌者引文舞生跟在乐生后，北行。再三节，至于阶；中一节，降上成阶，匏、竹、羽、籥至此，各释其器。中二节，转至下成阶。中三节，降下成阶；末一节，抵露台两隅下。末二节，夹露台外隅，转过两庑。末三节，抵大成门阶下；终节，班定，行一跪三叩头礼，退。

三　礼乐契合节奏（以清代为例）

将祭。先击晋鼓（即大成门左鼍鼓）三百六十下以警戒。

乐舞生入列大成门内。待转班鼓鸣，乐舞生升阶登露台上，各就位。

众献官及陪祭人员皆就位。

大成门左右钟鼓齐鸣，开始合乐，共六章：迎神奏《昭平》之章；初献奏《宣平》之章，舞《宣成》之舞（第一成）；亚献奏《秩平》之章，舞《秩平》之舞（第二成）；终献奏《叙平》之章，舞《秩平》之舞（第三成）；彻馔奏《懿平》之章；送神奏《德平》之章。

以上六章六奏，每奏一章，麾生先举升龙麾，高唱“乐奏〇〇之章”。奏毕，麾生再举降龙麾，高唱“乐止”。麾生的唱腔是有着特殊要求的，其中“乐奏”二字应当连读且需充满气势振然而起。“〇〇之章”四字应当匀读，长韵渐大，尾声悠长，声腔应春容和雅，不可暴戾急促。“乐止”二字当长韵渐细，如同飘然而去之状。

每一章开始，击柷三声以起乐。每章八句，每奏一句，击镈钟（春祭用夹钟镈钟，秋祭用南吕镈钟）一声以宣其声。每句四字，每奏一字，在歌声未发之前先按谱击编钟一声以宣其声，歌生协律歌一字，排箫、笙、笛、箫、篪、埙各按谱吹一声，琴按谱弹一声，瑟按谱弹二声（左右两手并鼓之）。歌声（每歌一字）将歇，按谱击编磬一声以收其韵。每一句将阕，先击特磬（春祭用夹钟特磬，秋祭用南吕特磬）一声以收其韵，次击应鼓三声，每击应鼓一声，拍搏拊二声以应之，三应共六声。每一章阕，击敔头三声、栎敔背三声以止乐。

舞共三成，每一成，待麾生唱“乐奏○○之章”之后，东阶节（旌）生扬节（旌）唱“起○○之舞”，舞生执籥秉翟按歌而舞。每一成终，麾生唱“乐止”，西阶节（旌）生唱“舞止”，植节于架上。三成既毕，典乐唱“文德之舞退”。舞生退立乐县南，东西对立。

送神，大成钟鼓齐鸣。合乐既毕，击大成门右侧镛钟一百八十响。转班鼓作，乐舞生释器，降阶。行一跪三叩头礼而退。[①]

---

① 依据《文庙丁祭谱》卷四之一《合乐节奏》整理。

第七章　孔庙祭祀名类及释奠程序

第一节　孔庙祭祀名类及释奠祀期安排与地位变化

一　孔庙祭祀名类

祭孔活动根据设祭目的、设祭时间、礼仪繁简程度的不同而被分为各种名目，如释奠、释菜、释褐、朔望祭、遣告、遣祭、行香等。这些名目，有的是从古代传下来的，有的是后世才兴起的，有的是常时设礼，有的是因事设礼，它们均在推行的过程中相沿成例。如此繁复的祭孔名目，既显示了祭孔形式的多样化，也反映了国家礼敬孔子之风的盛行。

（一）释奠、释菜

释奠与释菜是最早出现的也是后世最为通行的两种祭孔形式。值得一提的是，释奠礼与释菜礼的存在要远远早于祭孔历史，它们最初也并不是专为孔子而打造的。

释奠与释菜是学礼的两个重要组成部分。《礼记·文王世子》云："凡学，春，官释奠于其先师，秋、冬亦如之。"又云："凡始立学者，必释奠于先圣先师，及行事必以币。"《礼记·月令》云："（仲春之月）上丁，命乐正习舞，释菜；天子乃帅三公、九卿、诸侯、大夫，亲往视之。仲丁，又命乐正入学习乐。"[①] 值得一提的是，释奠、释菜的对象不是固定不变的，有先圣、先师，也有先老，"（天子）适东序，释奠于先老"[②]。先圣、先师、先老也并无定指，凡是在文化教育领域作出过突出

① （汉）郑玄注，（唐）孔颖达疏：《礼记注疏》卷二〇《文王世子》，卷一五《月令》，《十三经注疏》，第1405—1406、1362页。

② （汉）郑玄注，（唐）孔颖达疏：《礼记注疏》卷二〇《文王世子》，《十三经注疏》，第1410页。

贡献的有功有德之人，均可成为受祭者。比如祭先圣先师，有祭夔龙、伯夷的，有祭周公的，稍后，又有祭孔子的，汉代也有祭高堂生、制氏、毛公、伏生的。①

释奠与释菜的区别是：释奠礼重，释菜礼轻。孔颖达很早就对两者的差别做过说明："释菜惟释苹藻而已，无牲牢，无币帛。"②欧阳修也曾对此二礼作过比较："释奠有乐无尸；而释菜无乐，则其又略也。"③ 可见，释奠与释菜的不同，除了表现在祭品的隆盛程度上，也表现在礼仪过程中是否用乐上。

释奠与释菜是祭礼中相对简略而易行的礼仪形式。释奠、释菜中的"释"为置放之意，"奠"也有停、置放的意思，所以释奠、释菜的字面意思就是直接奠置物品于馔具祭祀。它们不像祭祖仪式那样，祭祀开头要迎尸，祭祀接近尾声要送尸，祭毕还要举行家族聚会饮宴等。郑玄、孔颖达都对二礼的简略作过解释，郑玄称："释奠者，设荐馔酌奠而已，无迎尸以下之事。"孔颖达则称："释奠，直奠置于物，无食饮酬酢之事。主于行礼，非报功也。"④

在经籍中，还有一些与释奠、释菜大同小异的词，如舍奠、舍菜、奠菜等，这些词出现于不同的祭祀场所，如祭山川、祭四方、祭庙社等，郑玄将它们一概等视为释奠或释菜⑤。可见，在先秦，这种相对较简的祭礼是被广泛地运用于各种场合的。

---

① 《礼记·文王世子》有云："凡释奠者，必有合也，有国故则否。"郑玄注："若唐虞有夔龙、伯夷，周有周公，鲁有孔子，则各自奠之，不合也"；又云："凡学，春官释奠于其先师，秋、冬亦如之。"郑玄注："官谓《礼》、《乐》、《诗》、《书》之官。《周礼》曰：'凡有道者、有德者，使教焉；死则以为乐祖，祭于瞽宗'，此之谓先师之类也。若汉《礼》有高堂生、《乐》有制氏、《诗》有毛公、《书》有伏生，亦可以为之也。"

② （汉）郑玄注，（唐）孔颖达疏：《礼记注疏》卷一二《王制》，《十三经注疏》，第1333页。

③ （宋）欧阳修：《欧阳修全集》卷三九《襄州谷城县夫子庙碑记》，中华书局2001年版，第565页。

④ （汉）郑玄注，（唐）孔颖达疏：《礼记注疏》卷二〇《文王世子》，《十三经注疏》，第1405—1406页。

⑤ 《周礼·春官·占梦》云："乃舍萌于四方，以赠恶梦。"郑玄注："舍读为释，舍萌犹释采也。古书释菜、释奠多作舍字。萌，菜始生也。"另，《周礼·春官·大祝》云："大会同，造于庙，宜于社，过大山川，则用事焉。反行，舍奠"；《周礼·春官·甸祝》云："掌四时之田表貉之祝号。舍奠于祖庙，祢亦如之"；《仪礼·士婚礼》云："若舅姑既没，则妇入三月，乃奠菜"。其中的舍奠、奠菜意即释奠、释菜。

释奠礼、释菜礼经秦火之后，都已失传。对于释奠，《晋书·礼志》中已明确指出："汉世虽立学，斯礼无闻。"[①] 曹魏正始间，重拾此礼。释菜礼的复行要晚于释奠礼。南齐政权，尚书令王俭犹称："中朝以来，释菜礼废，今之所行，释奠而已。金石俎豆，皆无明文。"[②] 释菜礼是在北魏开始重新得以践行的。二礼重建后，基本上专行于学校，且成为固定的祭孔之礼。[③]

唐代将释奠正式确定为一项独立于天神、地祇、人鬼之外的祭礼，"凡祭祀之名有四：一曰祀天神，二曰祭地祇，三曰享人鬼，四曰释奠于先圣先师"。[④] 这表明释奠开始正式摆脱昔日那种以"简略"为标签的形象，拥有了自己独立的身份和地位。

（二）释褐礼

释褐谒先师是从唐代开始的。开元二十六年（738），朝廷要求各州乡贡进见后，到国子监谒拜先师。然后，学官开讲，质问疑义，有司设食。[⑤] 此为贡士谒庙的开始，时间定于每年十一月。[⑥] 宋初旧制，每年十二月下旬，汇集各州贡生中的第一名，集体谒奠先圣。大观中，朝廷接受了强渊明的建议，贡士始入辟雍，以元日谒见释菜。[⑦] 元制，中选进士，朝廷赐恩荣宴于翰林院国史院。进士择日诣先圣庙，行舍菜礼。[⑧]《钦定国子监志》对历朝释褐谒先师礼所定用日期，进行了追溯："释褐礼，始于唐开元间，乡贡进士以初冬就国子监谒先师，宋改用仲冬，明制定期放榜后五日。"[⑨]

---

① （唐）房玄龄等：《晋书》卷一九《礼志》，第599页。

② （梁）萧子显：《南齐书》卷九《礼志》，第144页。

③ 周公、齐太公在某些时间段也曾享用释奠礼，但学校释奠始终以孔子为主，前文已有论及，不再赘述。

④ （唐）李林甫等：《唐六典》卷四，第120页。

⑤ （宋）王溥：《唐会要》卷三五《释奠》，第642页。

⑥ （宋）王溥：《唐会要》卷二三《缘祀裁制》，第443页。

⑦ （宋）王应麟：《玉海》卷一一三《建隆谒先师礼》，（京都）中文出版社1977年版，第2170页

⑧ （明）宋濂等撰：《元史》卷八一《选举志》，第2025—2026页。

⑨ （清）文庆、李宗昉等纂修：《钦定国子监志》卷一三《礼》，《景印文渊阁四库全书》第600册，第127页。

洪武四年（1371），又要求进士释褐，到国学行释菜礼。[①] 万历二十三年（1595），定每科进士谒先师庙行释菜礼，状元率诸进士行四拜礼。释菜毕，解巾袍，服官服，谓之释褐。

清代延续了这一制度，每科新进士录取后，择取吉日，由状元率领诸进士诣文庙释褐。先师孔子及四配，以一甲第一名主献；东、西哲位以一甲第二名、第三名分献；东、西庑以二甲第一名、三甲第一名分献。新进士先在殿阶下排班，班齐后谒见释菜，行三跪九叩礼。礼毕释褐，更补服，入彝伦堂簪花、饮酒。[②]

释褐谒先师的设祭安排，唐代释奠，宋代以后则多释菜。行礼规格，元以前不详，明代行四拜礼，清代则行三跪九叩礼。

（三）朔望行礼

朔望行礼就是每月的初一、十五这两天，在校师生都要到孔庙例行祭先师。朔望的祭祀形式有两种：一为释菜，一为行香。行香礼较释菜礼晚起，且更为简单，只上香祭拜，不献爵摆馔。朔望行香还是释菜，没有特别的规定，按各地习惯进行，一般是月朔行释菜礼，月望则行香。

月朔行礼始于北齐，“每月旦，祭酒领博士已下及国子诸学生已上，太学、四门博士升堂，助教已下、太学诸生阶下，拜孔揖颜。……郡学则于坊内立孔、颜庙，博士已下，亦每月朝云。”[③] 月朔、月望焚香是从宋代开始的，“（太宗）淳化四年，从监库使臣请，先圣庙六衙朔望焚香”。[④] 洪武十七年（1384），朱元璋定制“每月朔望，祭酒以下行释菜礼，郡县长以下诣学行香”[⑤]，将行礼形式作了一个初步的区分。万历间，又统一厘定，国学及附府县学月朔行释菜礼，月望行上香之礼。

（四）遣祭、遣告

遣祭、遣告均是皇帝派遣官员代表自已到孔庙行礼。国子监与曲阜孔庙是皇帝遣官的两个主要场所。遣祭、遣告的不同之处在于，遣祭纯粹是

---

① （明）林尧俞等纂修，俞汝楫等编撰：《礼部志稿》卷二九《先师孔子》，《景印文渊阁四库全书》第597册，第544页。

② （清）文庆、李宗昉等纂修：《钦定国子监志》卷二九《礼志五》，第431—432页。

③ （唐）魏徵等：《隋书》卷九《礼仪志》，第181页。

④ （明）陈镐纂修：《阙里志》卷之六《祀典》，第243页

⑤ （清）张廷玉等：《明史》卷五〇《礼志》，第1297页。

为了例行祭祀而遣官，遣告则是因事起礼，遇有大事则告祭孔子。

遣祭最早始于东汉。建武五年（29），光武帝刘秀过阙里，遣大司空致祭孔子。随着先圣地位的日益稳固，遣祭也逐渐成为通例。唐代规定：国学释奠，国子祭酒初献，祝辞中必须要用“皇帝谨遣”几字。这是遣祭开始制度化的标志，也是国子监释奠礼地位得以提升的重要表现。

遣告肇始于唐代。唐高宗赠孔子为太师，即遣司稼正卿扶余隆至阙里祝告。[①] 玄宗追谥孔子为文宣王、改其位于南面，也遣尚书左丞相裴耀卿到国子庙进行册赠祭告。[②] 此后，凡是皇帝登基、祀典变动、修护孔庙，都循例致告。清政府遣告最为频繁，遣告事项也是面面俱到，包括平叛成功、祈获丰年、皇太后大寿、皇帝大寿、登基大庆、上皇太后徽号、太后升祔太庙礼成、皇帝升祔太庙礼成、封孔子先世五代为王、册立皇太子、孔庙大成殿上梁出现祥云，等等，都要派官祭告。阙里孔庙遭火灾，也派遣官员前往慰祭。

随着遣告事项和遣告次数的日益增多，告即是祭，祭即是告，遣告与遣祭已没有什么本质区别。

（五）诞辰祭

诞辰祭古本无之，也可以说它是佛教传入中国以后的产物。诞辰寿节开始主要盛行于皇室及上层社会，并伴随一系列的世俗庆祝活动。后来，对已故祖先诞辰日的纪念活动也流行起来。依照古五礼分类，庆祝生者诞辰寿节的活动，属于嘉礼范畴。纪念逝者诞辰寿节的活动，则属于吉礼范畴。

孔子诞日是在雍正时受到重视的。雍正五年（1727），谕内阁：

> 圣祖仁皇帝圣诞，旧例禁止屠宰。至圣先师孔子，师表万世，圣诞日亦应虔诚致祭。朕惟君师功德，恩被亿载，普天率土，尊亲之戴，永永不忘，而于诞日，尤当加谨，以展恪恭思慕之忱，非以佛诞为比拟也。著大学士九卿会议具奏。[③]

---

① （宋）孔传：《东家杂记》卷上，第50页。

② （后晋）刘昫等：《旧唐书》卷二四《礼仪志》，第921页。

③ 清乾隆十二年敕撰：《钦定大清会典则例》卷八二，《景印文渊阁四库全书》第622册，第578页。

诸大臣遵旨酌议，最后定每年八月二十七日为孔子诞辰。在此一日，自皇宫成员至王公文武百官以及军民人等都要致斋一日，不理刑名，禁止屠宰。这是孔子诞日定期且有致斋之敬的开始。

乾隆间，有名为戴第元者奏《增至圣诞辰祭祀》一折，这拉开了为孔子争取诞辰祭的序幕。然而此折被皇帝驳回，理由是：

> 诞辰之说，出于二氏，为经传所不载。国家尊师重道，备极优崇，释奠二丁，自有常制，援据礼经，实不同于寻常庙祀。且昔人于孔子生日，辨论纷如，尤难臆定。况孔子，儒者之宗也，尊孔子者，当即以儒者所闻孔子之道尊之。戴第元乃欲于彝典之外，轻增一祭，转为亵越而不足以昭隆礼。士不通经，所奏宜摈，折发还。[①]

此次建议不了了之，终清世再未有议及者。

民国3年（1914）九月二十八日，据旧历为仲秋上丁，袁世凯率百官举行祀孔典礼，各地孔庙亦由各长官主祭。此次所行犹为释奠礼，又名丁祭。民国9年（1920），总统徐世昌在孔子诞日派刘春霖代表致祭。[②]此为国家对孔子进行诞辰祭的开始。[③] 民国23年（1934），南京国民政府公布《先师孔子诞辰纪念办法》，其中规定：农历八月二十七日孔子诞辰，放假一天，全国各界悬旗示庆，各地高级行政机关召开各界纪念大会。当年农历八月二十七日，南京国民政府在曲阜举行孔子诞辰纪念大典。可是，孔子的生日究竟是哪一天，由于时间久远，资料缺乏，史上并无定论。历法的变更，也为孔子生日的推断带来了诸多混乱。到目前为止，学界对孔子生日具体日期的探究仍未有定论。

1984—1988年，曲阜孔庙举办了“国际孔子诞辰故里游”活动，也将孔子诞辰定为农历八月二十七日。自1989年起至今，“国际孔子诞辰故里游”更名为“国际孔子文化节”，孔子生日被更定为每年公历九月二十

---

① （清）文庆、李宗昉等纂修：《钦定国子监志》卷二六《礼志二》，第400页。

② 民国《曲阜县志》，第156页。

③ 据孔继汾《劻仪纠谬集·祭期》载：“尼山书院旧不祭丁日，春月用忌辰，秋月用诞辰。”则诞辰祭在清代已有行之，但非国祭之例。参见（清）孔继汾《劻仪纠谬集》，乾隆己丑（1769年）刊本。

八日。孔子文化节为期十数天，是一场集思想、文化、经济、旅游等诸多考虑为一体的大型综合性活动。

孔子文化节的纪念活动应该怎么举办，地方政府也一直在摸索。早些年就是表演仿古祭孔乐舞，没有实质性的祭祀仪式。自 1996 年起，开始进行民间祭孔。从 2004 年开始至今，政府开始公祭。总的来说，新中国举办的孔子纪念活动属于诞辰祭的范畴，在性质上也与以往纯粹的政教祭祀不完全相同。

目前，国内外公认的祭孔日期都定于每年公历九月二十八日，可是能否就将此一日期定性为孔子的诞辰日，仍有可疑。慕尼黑大学汉学研究所的王霄冰先生对此一问题的看法是："依笔者之见，包括对于祭祀日期的选择，也可做进一步的探讨，以摸索出一套既符合传统又切合实际的当代祭孔方式。"[①] 此一提法值得借鉴。

二　释奠祀期由来

释奠在古代有始立学之奠，有四时常奠。《礼记·文王世子》云："凡始立学者，必释奠于先圣先师。"又云："凡学，春，官释奠于其先师，秋、冬亦如之。"郑玄注为："不言夏，夏从春可知也。"[②] 可见，学校释奠，在祀期安排上已有成章可循。

古代释奠有无定日，这一问题在典籍中并无特别说明。相反，较释奠礼轻的释菜，行事常用丁日。《礼记·月令》有云："（仲春之月）上丁，命乐正习舞，释菜；天子乃帅三公、九卿、诸侯、大夫，亲往视之。仲丁，又命乐正入学习乐。"[③]《大戴礼记·夏小正》："（二月）丁亥，万用入学。丁亥者，吉日也。万也者，干戚舞也。入学也者，大学也。谓今时大舍采也。"[④] 到了后世，丁日却为释奠所专有。因为祭日取丁，所以释奠后来也就约定俗成地被称为丁祭。

---

① 王霄冰：《孔子庙祀期考》，载于 2010 年《第三届世界儒学大会论文集》，第 473 页。

② （汉）郑玄注，（唐）孔颖达疏：《礼记注疏》卷二〇《文王世子》，《十三经注疏》，第 1405 页。

③ （汉）郑玄注，（唐）孔颖达疏：《礼记注疏》卷一五《月令》，《十三经注疏》，第 1362 页。

④ 方向东：《大戴礼记汇校集注》，中华书局 2008 年版，第 185 页。

经由秦火之后重新振兴的释奠、释菜礼仍以释奠为主，释奠祀期也逐渐细化至时、月、日并且固定下来。汉代祀孔，褒成侯四时祭，地方官则春秋二祭。两晋官方行礼，也遍及四时。晋武帝泰始三年（267），诏太学及鲁国四时备三牲祀孔子。东晋明帝太宁三年（325），又诏四时祀孔子如泰始故事。[①] 北齐重定春秋二时释奠。隋朝则规定国子寺每年四时释奠，州郡学春秋二时释奠。可见，二时祭还是四时祭，在各朝并无定制。值得注意的是，北齐政权最早将释奠祀期明确至春秋仲月，隋朝则最早将祀期明确至仲月上丁。[②] 月用仲、日用上丁的格局基本定型。唐代最终将释奠的时、月、日确定下来。开元二十八年（740），诏春秋二仲月上丁祭先圣先师。此后，各朝皆沿用此一时日。若释奠日恰逢大祀，则将国学行礼日期推延至中丁，州县不改，仍用上丁。[③] 阙里为毓圣之地，礼事尚盛，仍四时备礼。除了四仲上丁释奠外，元旦、上元、端阳、中秋、重阳、冬至、岁除等节，阙里都有祭事。

有关释奠祀期时、月、日取义的解释很多，比如取春、秋两季祭祀是因为有“春祈秋报”之说，取各季仲月是因为有“取时之正”的说法，等等。学者关注最多的还是有关丁日的取用。孔颖达认为：“用丁者，取其丁壮成就之义，欲使学者艺业成故也。”[④] 严陵方悫则称：“舞吹与乐皆习之以丁者，取其文明之盛也。”[⑤] 很显然，丁日在比象取义上是与文明教化联系在一起的。

祭日取丁，与古人的阴阳五行观念也存在很大关系。在五行中，“火之神为礼”[⑥]，火有文明之象，取其普照天地万物之意。释奠先师为文礼，是以择日当有文火之象。古人择日以干不以支，在天干中，丙、丁皆属火。释奠最终取丁而舍丙，说法很多，如“不用丙者，内事用柔也”[⑦]，

① （清）孔继汾述：《阙里文献考》卷一四《祀典第三之一》，第245页。

② （唐）魏徵等：《隋书》卷九《礼仪志》，第181页。

③ （宋）欧阳修、宋祁：《新唐书》卷一五《礼乐志》，第376页。

④ （汉）郑玄注，（唐）孔颖达疏：《礼记注疏》卷一七《月令》，《十三经注疏》，第1379页。

⑤ （宋）卫湜：《礼记集说》卷三九，《景印文渊阁四库全书》第117册，第789页。

⑥ （宋）黎靖德编：《朱子语类》卷六二《中庸一》，第1490页。

⑦ （明）李之藻：《頖宫礼乐疏》卷三《祀典名义疏》，《景印文渊阁四库全书》第651册，第81页。

“丁，其明之盛；丙，其明之初。故祠令用丁不用丙”[①]。另外，也有将释奠的取日与取月进行综合分析的，认为仲月属阴，取日也当用阴，丙为阳，丁为阴，是以取丁。[②]

丁祭之名既源于丁日之祭，那么非丁日所祭则不能称为丁祭。从这个意义上说，20世纪开始的祭孔活动，可以称为诞辰祭，也可以笼统称为释奠，却不能以丁祭称之。

三　释奠在国家祭祀体系中的地位变化

国家祭祀共分三等：大祀、中祀、小祀。这是比拟受祭者的功劳大小而作出的等级划分。大祀如天地、宗庙等，中祀如日、月、星辰、社稷、五祀、五岳等，小祀如风、雨、山川、百物等。等级不同，礼仪隆盛程度就不同。

释奠的礼仪地位因行政等级的不同而有所区别。若国学释奠为大祀，则州县释奠为中祀；若国学释奠为中祀，则州县释奠为小祀。为了避免叙述混乱，下文探讨将主要以国学释奠为范本。

释奠在国家祭祀体系中的地位以居于中祀为主，有两次升为大祀的经历。宋高宗绍兴十年（1136），升为大祀。宁宗庆元元年（1195）仍降为中祀。[③] 清光绪三十二年（1906），再一次升为大祀。

赵构的升祀之举接受了太常博士王普的请奏。[④] 王普为议礼名家，中兴以来，诸多礼事出于其手。此次奏请始末，却不得其详。不过，从后朝的一次议降风波中可以看出一些端倪。孝宗淳熙间，有议者欲将先圣大祀重新降为中祀，楼钥坚决反对，称：“乘舆临幸，于先圣则拜，武成则肃揖，其礼异矣，可钧敌乎？”[⑤] 不难看出，降祀与否纠结在文宣与武成的享祀差距上。是将二者的享祀待遇拉开一定距离，还是等量齐观，这涉及

---

① （明）李之藻：《頖宫礼乐疏》卷三《祀典名义疏》，《景印文渊阁四库全书》第651册，第98页。

② （清）金之植等编辑：《文庙礼乐考》，第378页。

③ （清）孔继汾述：《阙里文献考》卷一四《祀典第三之一》，第272页。

④ （宋）李心传：《建炎以来系年要录》卷一三七《绍兴十年七月甲子条》，第2203页。“甲子，复释奠文宣王为大祀。用太常博士王普请也。于是祀前受誓戒、加笾豆十有二，其礼如社稷。”

⑤ （元）脱脱等：《宋史》卷三九五《楼钥传》，第12045页。

一个文武统筹平衡的问题。

太公自建庙伊始，就在庙数及享祀的各个方面上比附孔祠，从立庙于天下，到配享，到十哲，到七十二将，再到春、秋仲月上戊之释奠，无一例外。上丁与上戊紧挨在一起，礼仪上稍有变动，就会引起极大的关注。宋代是一个边事孔棘的朝代，南渡尤甚，主战派与守和派间始终在进行着拉锯战。在此种政治军事形势下，某些礼仪偏向便具有了特定的含义。上丁释奠与上戊释奠虽然只是两项礼仪，却成为文事与武事的风向标，是文职与武职各自瞩目的地方。赵构是一个极为擅长操控大局的皇帝[①]，也深得依礼治国之精髓，曾对辅臣称："晋武平吴之后，上下不知有礼，旋致祸乱。《周礼》不秉，其何能国?"[②]，足见其深谋远虑之处。在收拾残局之日，他相继恢复了丁祭与戊祭，而军事外交上的保守立场，也贯穿到了这两项释奠礼上，升释奠文宣王为大祀就是一种表态。毫不奇怪，第二年立即有为武成王抱不平者。国子监丞林保奏道："窃见昭烈武成王享以酒脯而不用牲牢，虽曰时方多事，礼用绵蕝，然非所以右武而励将士也。"[③]其间委曲不难得见。

孝宗朝、宁宗朝的军事进取气象同样波及文庙、武庙两项释奠礼仪上。此时的大局偏向可以从淳熙四年臣僚的奏疏中一窥大概："窃惟文、武二柄，其用本一，不容有偏废之弊。迩者陛下亲屈帝尊，临幸两学，复戒攸司，并加缮治，盖深得文武兼用之意。今本朝名将方议从享，以文准武，理宜一揆。"[④] 在前朝赵构扬文抑武的背景下，孝宗的文武兼用别有深意。淳熙间降祀文宣王的议论虽然无果而终，庆元初却最终得以实现。

光绪间的升祀之举，是受西学冲击转而寻求固教自保的应对之策。先是荣庆等人请将尊孔写入教育宗旨，其奏中有言：

> 自泰西学说流播中国，学者往往误认谓西人主进化而不主保守，至事事欲舍其旧而新。是图不知所谓进化者，乃扩其所未知未能，而补其所未完未备；不主保守者，乃制度文物之代有变更，而非大经大

① 参见拙文《秦桧久相与高宗朝的政局制衡》，《史学月刊》2010年第6期。

② （元）脱脱等：《宋史》卷九八《礼志》，第2424页。

③ （元）脱脱等：《宋史》卷一〇五《礼志》，第2557页。

④ （宋）朱熹：《绍熙州县释奠仪图》，收入《朱子全书》第十三册，第20页。

法之概可放弃。狂谬之徒，误会宗旨，乃敢轻侮圣教，夷弃伦纪，真所谓大惑矣！各国教育必于其本国言语、文字、历史、风俗、宗教而尊重之，保全之，故其学堂皆有礼敬国教之室。孔子之道大而能博，不但为中国万世不祧之宗，亦五洲生民共仰之圣。

无论大小学堂，宜以经学为必修之科目，作赞扬孔子之歌，以化末俗浇漓之习。春秋释菜及孔子诞日，必在学堂致祭作乐，以表欢欣鼓舞之忱。

使学生于成童以前既已熏陶于正学，涉世以后，不致渐渍于奇邪。国教愈崇，斯民心愈固。①

此一教育宗旨经皇帝批准，宣示于天下。

将尊孔颁入教育宗旨，实则已寓定孔教为国教之意。在此背景下，学部行走、刑部主事姚大荣又提出一个“实行尊孔主义”的主张，其奏有云：

查西国君主嗣位，它务未遑，辄先宣布信教誓词，俾国民共定一尊，不涉异趋。故其民舟车所至，辄有教士偕往。驻足甫定，则建教堂，以诰士人，使皆归向。盖彼族通国人心以宗教为主位，主位既定，则后此百变不离其宗。我国则视孔子若在宾位，尊之曰至圣，亲之曰先师。粤稽典礼，孔庙仅列中祀。夫孔子德配天地，立人道之极，自当与圜丘、方泽同跻大祀。

惟孔子之圣，不缘大祀、中祀为加损，而民间观德所系，悉视朝廷意旨为转移。倘奉特旨，显跻大祀，庶几振薄海内外之人心。后此教育普及，科学博综，亦有以范围之，而豫定民志矣。②

此奏力图为当时的教育、信仰危机开出一剂永久的药方。朝廷在中西文化冲突困局下，也正希望有一剂开解良药，是以很快采纳了这一建议。

从祭孔历史看，孔祀在国家祭祀中以居中祀为常态，可是就其分布与

① 民国《曲阜县志》卷二，第147—148页。

② 同上书，第149—150页。

影响而言，已远远超越于诸祀之上。大祀中的绝大部分礼事，如祭天地、宗庙等，都专属于皇帝特权，郊方禁地，传播不远。孔庙祭祀则不同，既上达于天子，又下至于郡邑。享祀地方之广，奉祀人群之众，几无企及。

第二节　阙里释奠仪注

阙里是孔子发祥之地，孔氏后裔数世俎豆于其间，车服礼器犹有可观。自孔子进入国家祀典后，阙里释奠就具有了双重性质，既是朝廷命祀之礼，也是家庙私享之例。融合了这两种特质的阙里祭祀表现出了与别处祭祀不一样的面貌，钦遵朝廷令典式的国仪与幼孙抱主、昭穆排序的家仪并行不悖。此处将阙里释奠仪作为一个范本进行考察。孔继汾撰述的《阙里文献考》及七十六代衍圣公孔令贻汇集重刊的《圣门礼志》都对阙里丁祭之礼进行了较为详细的记载，后文将主要以此二书为依据还原阙里丁祭仪注。

仪注往往紧扣时辰进行，而古今时间在表述习惯上存在很大差异，列表 7—1，以便参考。

表 7—1　　古今时辰对照表

十二辰	古时习称	今时时段
子	夜半（晨明，三更）	23:00—1:00
丑	鸡鸣（朏明，四更）	1:00—3:00
寅	平旦（旦明，质明，昧爽，五更）	3:00—5:00
卯	日出（蚤食）	5:00—7:00
辰	食时（晏食）	7:00—9:00
巳	隅中	9:00—11:00
午	日中（正中）	11:00—13:00
未	日昳	13:00—15:00
申	晡食	15:00—17:00
酉	日入	17:00—19:00
戌	黄昏（一更）	19:00—21:00
亥	人定（定昏，二更）	21:00—23:00

一　祭前准备

祭祀的大部分工作，都需要在祭前准备就绪，包括祭品牲醴的置办、礼器乐器的清洗擦拭、斋戒备敬、礼乐排练、清扫庙庭等。这些工作虽然琐细，却能够反映一场祭礼的庄重和隆重程度。由于行礼规格及行礼者身份不同，各处丁祭进入筹备状态的起始时间并不一样。阙里孔庙是在前二十天就开始了。

（一）前期二十日

阴阳学官按照惯例上报衍圣公府，大致报明“初几日丁，某例应行释奠礼”之类。衍圣公府在接报后，即以文书的形式通知家族、四氏学、典籍、司乐、管勾、百户等官，各告知应办事宜。此后，孔府上下就进入忙碌的备祭阶段。

（二）前期十五日

衍圣公率各官检视祭品的准备情况，初步确定设祭当用的牺牲与粢盛。此后这些牺牲与粢盛会受到特别的关照。牺牲除了要精心喂养外，还要时常用温水洗涤、刷拭。将蔬果谷麦分类收贮，并确保洁净。牺牲粢盛都是为神灵准备的，有涉于神事，所以检视祭品时，衍圣公等人均要身着公服以示虔敬。

与此同时，衍圣公府要张贴告示于仰高门，提前告谕官员人等有关戒誓斋宿的事宜。

（三）前期十日

各种演习排练开始紧锣密鼓地进行。庙庭属官先各自率领礼乐诸生及匠役等检视礼器、乐器及庖厨杂器，有缺则补，有坏则修。器具检修完毕，分工行事。典籍率学长、礼生每日午前在诗礼堂演礼；司乐率学长、部长、乐舞生每日午前在金丝堂演乐；百户率庙户正身每日赴庙庭各处除草、扫除尘秽。

在这期间，衍圣公府会催办一应事宜，并让族长及四氏学分别确定并通知分献官、陪祭族绅及执事、陪祭族生、族人等参祭人员。

（四）前期五日

完成挂牌、填榜、写祝、造册、进香、进帛等事宜。衍圣公挂牌于同文门，告示各官此后几天的工作流程。牌文内容大致如：

前期三日：寅时张榜，辰时奉祝，午时戒誓，申时沐浴；

前期二日：午前观礼，午后听乐；

前期一日：寅时迎牺牲，辰时迎粢盛，午时习仪，申时省牲，戌时视膳。

填榜就是由族长及四氏学将族绅、族生的亲笔职名送往府中，再由府中掌书官缮写成大榜。大榜共三张，正庙傍一张，崇圣、中兴二庙各一张。另外，族长、四氏学、礼学、乐学、农司、兵司也要各照榜样填榜。

写祝同样由掌书官完成。裁黄纸如祝版样式，恭写大成殿、崇圣祠、启圣祠三幅祝文。这三幅祝文写完暂不贴于祝版上，待后期由衍圣公亲为之。其他各坛祝文，照样誊写，写完直接贴于祝版之上。

造册即由族长与四氏学、礼乐学、农司、兵司各制作点名册二本，一并送到提调官那里。一本存案，本官查点，一本预备主祭者查点。

进香即管勾负责将采办的苏香、檀香、白茅、黄沙等物品进送于衍圣公府。同时，医学将拣选的香草、郁金香呈送府中，香草备燔燎，郁金香备煮郁鬯酒。

进帛即百户负责将织成的制帛二十九端送往府中，掌书藏收。

（五）前期第三日

寅时张榜。衍圣公身着公服恭立于作圣堂，将丁祭大榜用印签押。结彩亭，奉安大榜于内，鼓吹发榜，礼生前导，钟鼓齐鸣。各官着公服恭迎于门外。分别悬大榜于奎文阁北壁之左、崇圣祠北壁之右、中兴殿北壁之右。族长、四氏学各张榜于诗礼堂，礼学、乐学、农司、兵司各张榜于榜棚。榜中开列了所有与祭人员的姓名与职事，张榜目的是要将此告知神灵，以获明鉴。列名者都要身着公服伺候。

辰时迎祝。衍圣公着公服立于作圣堂，恭阅祝文完毕，分别拈大成殿、崇圣祠、启圣祠三幅祝文贴于祝版上，再将祝版奉于案上，用黄绫覆盖。书写官将祝版捧安于香亭内，连同香帛一块起送。一路之上，同样有鼓吹引导。最后将祝版恭安于奎文阁正中案上，帛安于左案上，香安于右案上，皆南向。太祝生侍守三日，官过必揖。

午时戒誓。预设戒誓牌于同文门下，南向。衍圣公率摄献官、分献官、执事官生、陪祭官生、宗族人等身着公服至同文门前恭立。在鸣赞的唱引下，依次进行排班、行一跪三叩头礼（《圣门礼志》作“三跪九叩头礼”）、戒誓生（《圣门礼志》作“宣读生”）读戒词誓词、戒誓生悬戒牌于同文门下、与祭官生领斋牌、戒誓生设誓牌于大中门下正中（《圣门礼志》作“设誓牌于璧水桥上”）。誓牌送出，同样有鼓乐引导。供案生侍守三日，官过必揖。

申时沐浴。沐浴之后更换明衣、青素绢布之服。明衣无领无袖，下长至膝。《论语·乡党》有云：“齐，必有明衣，布。”皇侃给出的解释是：“谓斋浴时所着之衣也。浴竟身未燥，未堪着好衣，又不可露肉，故用布为衣，如衫而长身也，着之以待身燥。”[①] 这是一种带有生活常识式的说明，与此不同，邢昺的解释则紧扣祭义：“将祭而齐，则必沐浴，浴竟而着明衣，所以明洁其体也。明衣以布为之，故曰‘齐，必有明衣，布’也。”[②] 正献官以下沐浴完毕，齐至诗礼堂相揖列坐，分派各理事制造祭品。分派完毕，各归斋宿所斋宿。监祭官提灯巡视。沐浴、斋宿是为了获得身心的纯净，以便致祭之时，能够畅通无碍地接迹于神灵。

（六）前期第二日

巳时观礼。典籍召集诸生于诗礼堂，守卫百户出礼器，礼生擦拭干净，陈于堂上。衍圣公率摄献、分献及执事各官身着公服入诗礼堂，序揖序坐。典仪官送点册置公案上。衍圣公先点学长，次点四班礼生。依次参谒毕，掣签呼名，抽查所事。再点礼器，观其完损，有坏者则责令修补。事毕，衍圣公等各归斋宿所，留观礼生二名在诗礼堂，专观礼仪。

未时听乐。司乐召集乐舞生于金丝堂，出乐器，乐舞生拂拭之，陈于堂上。衍圣公率摄献、分献及执事各官身着公服入金丝堂，序揖序坐。协律官送点册置公案上。衍圣公先点学长、班长，次点八部乐生，依次参谒毕，掣签呼名，抽查所事。再点乐器，观其完损，有坏者则责令修补。事毕，衍圣公等各归斋宿所，留听乐生二名在金丝堂，专听音律。

（七）前期一日

寅时迎牺牲。衍圣公率摄献、分献及执事各官身着公服至仰高门迎牺

---

① （梁）皇侃：《论语义疏》卷五，日本龙谷大学图书馆藏本。

② （魏）何晏注，（宋）邢昺疏：《论语注疏》卷一〇《乡党》，《十三经注疏》，第2495页。

牲归神庖。管勾率送牺牲人一百名各抬牲笼、鱼桶、涤盆列甬道旁。省牲生选犠牲及羊豕肥腯者，令宰人以朱帚刷记。宰人指点羊、豕、鹿、兔中选者，如数查收。选中之后，太牢被以绣黼丝辔，策以彩鞭，羊、豕、鹿、兔各盛以朱笼，鱼盛以净桶。龙旗红杖，礼乐前导，依次抬进神厨。掌宰官率宰人执鸾刀后随。衍圣公等官相揖而坐。掌宰官送点册置公案上。衍圣公先点太牢、豕、羊、鹿、兔等；次点庖人、宰人，嘱行执事；次点神庖杂器，视其完损。事毕，衍圣公等官归斋宿所，留省牲生二名于神庖，专省牺牲。

辰时迎粢盛。衍圣公率摄献、分献及执事各官身着公服至快睹门迎粢盛归神厨。管勾率粢盛夫一百名抬几案列甬道旁。视膳生检视庶品精洁者，令膳夫登记。膳夫指点黍粢、果菜、鱼盐、酒烛中选者，如数查收。选中之后，酒醴、油、醋等瓮用红绳络系之，黍粢、果菜、鱼盐等在案上，俱以红纱笼之。龙旗红杖，礼乐前导，依次抬进神厨。司馔官率膳夫执毕（用以通贯牲体的木叉）后随。衍圣公等官相揖而坐。司馔官送点册置公案上。衍圣公先点粢盛祭品；次点膳夫、厨夫，嘱行执事；次点神厨杂品应用数目。事毕，衍圣公等官归斋宿所，留视膳生二名在神厨，专视粢盛。

午时习仪。设至圣先师、四配、十二哲虚位于奎文阁；设东西庑六坛虚位于同文门左右，东西相向；设寝殿虚位于奎文阁后；设崇圣祠虚位于同文门东；设家庙虚位于崇圣祠虚位后；设启圣祠虚位于同文门西；设启圣祠寝殿虚位于其后；设后土祠虚位于奎文阁后之左。设堂上堂下乐于奎文阁阶下，设拜位于同文门前，燔燎、灌鬯、盥洗、酒尊、望瘗俱全，各如祭仪。衍圣公身着公服率摄献、分献官及执事官生、陪祭官生、宗族人等就位习仪。行礼奏乐皆如丁祭正仪。事毕，各归斋宿所。

申时省牲。衍圣公等出斋宿所，进神庖，序立香案前。在赞相的唱引下，宰人分别割杀牛、羊及群牲。各坛陈设礼生分别取毛血盛毛血盘内，礼乐引导，恭安各祭案上。取毛告纯，取血告杀。衍圣公等出归斋宿所。宰人、庖人继续宰割牲体，或全或破，照坛运送陈设。

酉时给烛。族长、四氏学、礼学、乐学、农司、兵司各点其族属、官吏、师生、夫役、执事人等，各发烛，供祭祀路灯之用。

戌时视膳。衍圣公等出斋宿所，进神庖，序立香案前。在赞相的唱引下，依次视太羹、视黍稷、视笾豆、进馔盘。司膳官分别取太羹半勺滴盘内、取黍稷贮簠簋、取菱芡枣栗实笾豆，率各坛陈设礼生各捧馔盘恭安各祭案上，引导有乐。

陈设。省牲、视膳完毕，全面布置祭祀所用品物。执伞官奉曲柄伞张于大成殿门前。典仪官率陈设礼生先陈设各坛祭器、几案、灯燎等，然后依陈设图排列各坛祭品。协律官率设县乐生照大成乐式陈设乐器并领冠服等。族长设昭穆牌。四氏学设班位牌。兵司设健丁巡视牌。

验祭。陈设完毕，监祭官二员身着公服查验各坛祭品，照依清册点视。其牺牲、粢盛有不洁不丰者，责令庖厨立刻添换。

点榜。族长、教官、礼学、乐学、农司、兵司按时各点其所属官吏、师生人等，将人集于各榜之下，照榜呼名。遇执事缺人，即刻找人顶补，缺者记名责罚。

更衣。将祭，杏坛楼鼓工击鼍鼓三通，阴阳官报“子时”。衍圣公率分献、陪祭、执事等官俱斋服出斋宿所，入诗礼堂。堂上鸣鼓，在赞相的唱引下，各官俱更祭服。

序爵。衍圣公等东西序立。在赞相的唱引下按爵位排序，先京官，次司道，次府官，次州县，次学官，次家族，次庙庭，次进士，次举贡，次生员，次族众。

祝版署名。诗礼堂正中设祝案四，皆南向。东设署名案一，西向。太祝官生及各坛祝生以次捧祝版安于案上。衍圣公举笔高拱，敬慎署名。署名毕，太祝官生恭捧于各坛安祝案上。

序昭穆。赞相唱“入庙行礼”，衍圣公等俱出诗礼堂，卑者在前，尊者在后，各有路灯前引。至杏坛楼前面分班，东西序立。生员族众十代人按照世代牌立，昭穆不紊。

（八）践位

参祭者拜位都设在大成门内。其中正献官位在杏坛前道中。寝殿分献官位正献官之后偏左。东西哲分献官、两庑分献官位次之。陪祭官员、族人拜位列两阶下。监祭官立殿门内，东西相向。典仪、典乐官立露台上，西向。司膳、掌宰官立露台上，东向。纠仪官立露台下两班之首，东西相向。鸣赞在露台午阶上，西向。崇圣、启圣两祠及家庙摄献、分献、监祭、纠仪各官之位略如大成殿。

在鸣赞的赞引之下，依次进行如下环节：（1）启户。礼生将殿庑诸门同时打开，并将庭燎、门户吊灯一块点亮。（2）扫除。执事生依次升殿，持拂扫除各坛位。（3）安神位。执事生将各位神牌恭捧于案上，焚香，点烛，行一跪三叩头礼，然后出殿门。（4）乐舞生就位。乐舞生各执羽籥箫管夹两阶升露台之上，就位。（5）执事者就位。（6）陪祭官就位。（7）分献官就位。（8）正献官就位。

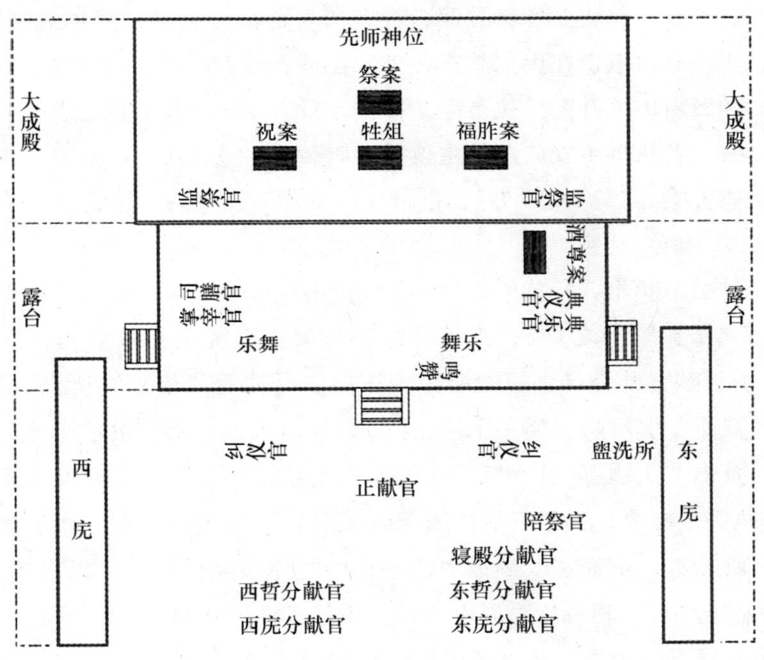

图 7—1　阙里释奠礼位图

二　祭祀过程

(一) 迎神

鸣赞唱"瘗毛血"，各坛执事生进坛所，跪，一叩头，起，取毛血，至瘗所瘗埋。各坛陈设生将登、铏、簠、簋、笾、豆、香盒、帛篚、樽、彝等一切盖幂俱打开。鸣赞唱"迎神"，伶官随唱"迎神"。麾生举麾，唱"乐奏宣平之章"，击柷作乐，无舞。工祝执手炉引太祝生、太史生由中陛降至杏坛前。工祝唱"求神"，正献官以下俱跪。工祝唱"燔燎"，太史生举柴，太祝生举火，焚萧艾香草，求神于阳。工祝唱“灌鬯”，太史生酌黄彝之尊酒，太祝生举禾斝灌酒于茅沙，求神于阴。工祝唱“往迎”，工祝、太祝、太史前引，正献官以下趋行至大成门内道左拱立。执事生预向神库请神主登舆，令幼孙抱持，族人四名抬舆。其他各位神主，执事生抱持，依次前行。族人掌舆二名，在神舆左右。执灯四名，在神舆四隅。捧裳衣四名在前，捧宗器十二名又在前，挑烛四名又在前。礼乐生引导，自奎文阁、大成门中阶入庙。工祝唱“神降”，正献官以下皆跪迎于道左。太祝、太史至神舆致辞，神舆稍立定。工祝唱“分班前导”，神舆行，正献官以下俱在舆前趋行，卑者在前，尊者在后。至拜位，各退列于右。神舆由中阶升陛。执事生奉神主入殿，安于神位。陈宗器于左，设裳衣于右。各执事生安放各神主俱妥，鸣赞唱“参神”，正献官以下俱进拜位。鸣赞唱“三跪九叩头”，正献官以下三跪九叩头，起立。

（二）初献

鸣赞唱“奠帛，行初献礼”，伶官传唱“奠帛，行初献礼”。麾生举麾，唱“乐奏昭平之章”，击柷作乐，有舞。引赞至正献官前，唱“升坛”，引正献官升杏坛，由北阶降，东转。引赞唱“诣盥洗所”，引正献官至盥洗所。引赞唱“浴手”，礼生勺金罍之水，正献官以手承水。浴手讫，引赞唱“进巾”，礼生跪展巾于笥。正献官拭手讫，引赞唱“诣水樽所”，执爵生举爵，正位三爵，四配各一爵，以次进正献官。相礼生以疏杓勺金罍之水，正献官以爵承水，相礼生跪捧灌盆受弃水，以次洗爵讫。引赞唱“进巾”，相礼生跪展巾于笥。正献官以次拭爵讫，引赞唱“司帛者捧帛，司香者捧香，司祝者捧祝，司爵者捧爵，各诣神位前”，引正献官自东阶升陛至殿左门外。引赞唱“诣酒樽所立”，执爵生举爵前行，各至酒樽所朝上立。引赞唱“司樽者举幂勺酒”，正位司樽生以龙杓勺著樽之酒于三爵，四配位司樽生以蒲杓勺著樽之酒于四爵。正位执爵生高举爵由殿正门入，至神位左右朝上立。四配位执爵生由殿左门入，至神位左右朝上立。引赞唱“诣始祖至圣先师神位前”，引正献官升殿至神位香几前。引赞唱“上香”，司香生跪举香盒，正献官取香焚于鼎，不赞，自跪一叩头，立。各位司香生焚香于鼎。引赞唱“献帛”，司帛生跪捧帛篚，正献官取帛奠于香几，不赞，自跪一叩头，立。引赞唱“进爵”，执爵生三人俱面西跪进爵。引赞唱“献爵”，正献官接爵三次，向神恭献，奠于祭案正中坫上，不赞，一叩头，立。鸣赞唱“众官皆跪”，杏坛前分献官、陪祭官俱跪。鸣赞唱“叩头”，众官俱一叩头。鸣赞唱“平身”，众官俱起立。

引赞唱“诣复圣颜子神位前”，正献官至东配北一位香几前。引赞唱“跪”，正献官跪，一叩头。上香、献帛、献爵并如正位仪。

引赞唱“诣宗圣曾子神位前”，仪同颜子。

鸣赞唱“行分献礼”。引赞引后寝殿、东哲、西哲、崇圣、启圣、启圣殿后寝、东庑、西庑各分献官俱升坛，诣盥洗所浴手，诣神位前献帛、献爵如礼。①

殿上引赞唱“诣述圣子思子神位前”，仪同颜子。

引赞唱“诣亚圣孟子神位前”，仪同颜子。

引赞唱“诣读祝位”，引正献官跪于祝案前。鸣赞唱“众官皆跪”，杏坛前各官俱跪。引赞唱“读祝”，太祝生面北跪，太史生取祝版递给太祝生。太祝生宣读祝文讫，叩头，立。引赞唱“一跪三叩头”，正献官三叩头讫。鸣赞唱“一跪三叩头”，杏坛前众官俱三叩头讫。引赞唱“复位”，正献官出殿左门，望内一拱，降陛西阶，由杏坛下，复拜位。其后，寝殿、东哲、西哲、东庑、西庑等分献官俱候齐，由杏坛复拜位。麾生掩麾，栎敔，乐止，舞生面北立。②

（三）亚献

鸣赞唱“行亚献礼”，伶官传唱“行亚献礼”。麾生举麾，唱“乐奏秩平之章”，击柷奏乐，有舞。③ 引赞唱“升坛”。仪注俱如初献。复位，麾生掩麾，栎敔，乐止，舞生面北立。

（四）终献

鸣赞唱“行终献礼”，伶官传唱“行终献礼”。麾生举麾，唱“乐奏叙平之章”，击柷奏乐，有舞。引赞唱“升坛”。仪注俱如亚献。复位，

---

① 何时分献并没有一定之例，《圣门礼志》中的记载，分献在引赞宣唱“诣宗圣曾子神位前”后开始，《阙里文献考》及国学释奠仪注中的记载，分献在先师位献毕进行。

② 以往读祝都是在诣颜子神位前进行，因为祝文主要是为孔子而作，所以献至圣先师毕接着宣读。此处《圣门礼志》所录仪注，读祝却是在初献先师及四配后进行。

③ 《圣门礼志》原作：“伶官传唱‘举亚献乐，奏秩平之章’，麾生举麾，击柷奏乐，有舞。”其中赞乐章者为伶官，这与前后文迎神、初献、彻馔、送神等俱由麾生赞乐章不符。另据《阙里文献考》，乐章均由麾生赞唱，是以对此加以更改。下文终献与亚献一并改之。

麾生掩麾，栎敔，乐止，舞生仍归中阶分列。

（五）饮福受胙

鸣赞唱“饮福受胙”，引赞唱“升坛”，引正献官由东阶升殿内。引赞唱“诣福胙位”，引正献官至香几左旁福胙案前。引赞唱“跪”，正献官跪于福胙案前。鸣赞唱“众官皆跪”，杏坛前分献、陪祭官皆跪。引赞唱“饮福酒”，太史生取神前献爵之酒各一点合于一爵，交给太祝生，太祝生跪进正献官。饮讫。引赞唱“受胙肉”，宰人预割太牢一体，太史生盛以大盘，交给太祝生，太祝生跪进正献官。受讫。引赞唱“叩头，平身”，众官俱一叩头，立。引赞唱“复位”，正献官由西阶复拜位。鸣赞唱“谢神，跪，叩头，再叩头，三叩头，平身”，正献官以下俱一跪三叩头，立。

（六）彻馔

鸣赞唱“行彻馔礼”，伶官传唱“彻馔”。麾生举麾，唱“乐奏懿平之章”，击柷奏乐，无舞。各坛陈设生将登、铏、簠、簋、笾、豆、俎、樽、彝俱加盖幂，稍微移动一下位置。

（七）瘗馔

鸣赞唱“瘗馔”，司馔官进殿至案前，一叩头，起，取所供馔盘高捧出殿，四配、十二哲陈设生等皆跪，叩头，取本坛馔盘高捧，依次随出。由中阶而降，出后左门，瘗馔于馔所，复拜位。

（八）辞神

鸣赞唱“辞神，三跪九叩头”，正献官以下三跪九叩头。讫。麾生掩麾，栎敔，乐止。

（九）送神

鸣赞唱“送神”，伶官传唱“送神”。麾生举麾，唱“乐奏德平之章”，击柷作乐，无舞。执事生奉神主出殿门，登舆，令幼孙抱持，四人抬舆行。各执事生抱持各位神主依次前行，掌舆、执灯、捧宗器、裳衣、挑灯者又前行。礼生、乐生引导由中陛降，舞生分两班向神舆拱揖。工祝引太祝生、太史生先立杏坛拜位前，工祝唱“神降”，太祝、太史生至神舆致词，神舆稍停。工祝唱“分班前导”，舆行，正献官以下俱在舆前趋行，卑者在前，尊者在后，至大成门内各退列于道左。候神出门，工祝引太祝、太史生回。工祝唱“神去”，引赞唱“复位”，正献官以下依次复拜位。麾生举麾，栎敔，乐止。

（十）望燎

鸣赞唱“望燎”①，伶官传唱“望燎”。麾生举麾，唱“乐奏德平之章”，击柷，奏乐，无舞。鸣赞唱“焚祝帛，读祝者捧祝，司香帛者捧香帛，各诣燎所”。太祝生至祝案前，跪，一叩头。太史生取祝版付太祝生，太祝生恭捧起立，出殿。司香帛者各至香几前跪，一叩头立，取香盒、帛篚，随太祝生、太史生出殿。四配、十二哲司香帛生亦各跪，叩头，取本坛香盒、帛篚，依次随出。由中陛降。其两庑司香帛生亦各捧本坛香盒、帛篚，随之。出后左门诣燎所。② 引赞至正献官前唱“诣燎位”，各引赞至各分献官前唱“诣燎位”，引正献官以下依次出后左门，至燎所门外立。引赞唱“望燎，正位祝一版、香一炷、帛一端，四配位香四炷、帛四端”，俟焚毕，引赞唱“复位”，引正献官复杏坛前拜位。后寝引赞唱“后寝香一炷、帛一端”，俟焚毕，引赞唱“复位”，引代献官复位。东哲一坛、西哲一坛、东庑三坛、西庑三坛，各香一炷、帛一端，俟焚毕，各引赞引分献官各复位讫。

（十一）阖户、礼毕

鸣赞唱“阖户”，监祭官闭殿正门，执伞官收伞。鸣赞唱“礼毕”，正献官以下俱退至席位。乐舞生卷班，杏坛上鼓工鸣镛钟，节其进止，麾生执麾旛，对引接武趋行，照班反转退下。朝上三叩头。各执事、礼生会于杏坛前，共列东西阶，朝上三叩头而散。

先秦释奠无食饮酬酢等事，后世陆续加入。阙里释奠仪中保留了完好的燕享旅酬情形，整理于下。

（十二）布席

祭前，提调官催铺排人夫张幕次于金声门内之左，设座灯、吊灯于堂上门外，设异姓宾坐四席于堂内，南向。设同姓主坐六十二席于堂内，北向。昭一席、穆二席、昭四席、穆六席、昭十六席、穆十六席、昭八席、穆四席、昭二席、穆一席，共十代，席首各立昭穆行辈牌。其宗公、世令、族长、学师又四席，各在本代昭穆中独坐。外设二席于堂内之东西阶

---

① 春夏望燎，秋冬望瘗。

② 春夏出后左门诣燎所，秋冬出后右门诣瘗所。

傍，以待朝廷四主官，即典仪、协律、掌宰、司馔。设琴、瑟、钟、鼓于中堂，设赞相、礼生坐于堂上，设弦歌生位于堂上，设众乐生位于堂下，以待燕享。

（十三）燕享

祭祀礼毕，正献官以下，礼乐引导进金声门。堂上鸣鼓，赞相唱“更衣”，各官俱更公服升金丝堂序立。赞相唱“序宾”，同姓者分立堂西，异姓者分立堂东，各揖。赞相唱“序昭穆”，同姓者以十代为次，各序行辈。赞相唱“序齿”，同姓者以昭穆为次，各序兄弟。赞相唱“入席”，同姓异姓者三揖三让，异姓宾先入坐，以爵为次，同姓者以次入坐，以昭穆为次。赞相唱“行酒者三”，掌宰官作，主人酌酒于樽，恭奉宾席及宗公以下，宰人以炙肝诸味佐之。伶官唱“工歌《鹿鸣》之一章、二章、三章”，钟鼓三响，歌《鹿鸣》之一章、二章、三章。终。赞相唱“进饭者三”，司饭官作，主人取簠中黍稷稻饭，三献宾席及宗公以下，膳夫以和羹沃之。伶官唱“作乐侑食”，击鼓三声，堂上堂下奏乐三曲。

（十四）旅酬

三饭毕，赞相唱“主人献宾”，宗公、世尹、族长、学师作，主人命卑幼子弟酌酒奉宾。工歌奏《鱼丽》之章。宾卒爵，以虚爵向主人，主人肃拱。赞相唱“宾酬主人”，宾离席，酌酒奉主人，主人各揖，宾入席。主人举爵饮，主人卒爵，以虚爵向宾。宾肃拱。工歌奏《嘉鱼》之章。赞相唱“主人酬宾”，主人离席酌酒揖宾，宾答揖，主人入席。宾奠酒不举。工歌奏《南山》之章，由是族绅、族生、族人各命其卑幼酌酒献宾，宾亦酌酒酬主人。主人再酌酒酬宾，宾、主、子弟各举爵于其长而众相酬。工歌奏《周南》，宾离席。赞相唱“宾辞”，赞相唱“留宾”。宾更辞，赞相唱“宾固辞”，赞相唱“主人固留”。宾离席，赞相唱“宾谢主人”，主人答揖。赞相唱“主人送宾”，礼乐引导送至金声门外。赞相唱“宾辞主人”，宾向主人三揖，主人答揖，三让，主人肃拱。宾趋，送出观德门，赞相唱“宾不顾矣”，主人回，入金丝堂。彻宾席，与同姓者更酌欢饮。工歌俱人，奏堂内歌《楚茨》《天保》之章。质明而散。

（十五）分胙

分胙是完整释奠仪的最后一个步骤，相关内容留待后文细述。

阙里为礼仪渊薮，仪章节目犹存古意，诸如灌鬯、焫萧、祝史门外迎神等都为别处学庙所无见。然而抱残守缺之余，也有疑惑可议之处，孔继汾曾专作《励仪纠谬集》一书以辨其讹，其中数端已见于施行，如崇圣、启圣先于大成殿酌献，香、帛特送于庙庭不混入粢盛之类等。特举几例以推究其考正辨驳的原本：

旧仪，宣读誓辞、戒辞毕，悬戒辞于同文门下东楹栿间，陈誓辞于弘道门正中香案上。誓辞、戒辞本为约束人心之用，欲使人人望见，触目警心。但弘道门不是寻常出入之门，非行事必经之处，誓牌设在此地发挥不了应有的警戒之效。同文门则不同，凡有事于庙庭，必经此处。是以孔继汾建议可将誓辞改陈于同文门下，使入庙庭者皆可得见而有所儆。

旧仪，戒辞内容大致为：

> 钦遵皇帝令典，于某月某日丁，某祗行释奠礼于至圣先师孔子庙庭。凡尔官员、师生、宗族、执事人等，自今日为始，沐浴更衣，散斋二日，各宿别室，不饮酒，不茹荤，不吊丧，不问疾，不听音乐，不理刑名。致斋一日，同宿斋所，思神饮食，思神居处，思神笑语，思神志意，思神所乐，思神所嗜。各宜精白乃心，益加敬谨。戒之哉！

誓词内容大致为：

> 国有常宪，明神鉴焉。

其中的虚文套语很多，如“同宿斋所”就为具文，因为庙中只有直房两廊各五间，别无他室，根本没办法为众官生提供足够的住宿场地；思神饮食、居处、笑语等处也是空洞之文，孔子距后世已两千多年，既无从接其笑语、居处，又何得凭而思之？此为蹈袭无实之处；不茹荤在古代为不食葱、薤、韭等有辛烈气味的食品，但不知何时开始，佛教的断肉食蔬之举也加入进来，而素食主义本非儒中之教。针对此数条，孔继汾自拟了一篇戒辞，内容如下：

> 钦遵皇帝令典，祗于乾隆年月日丁释奠至圣先师庙堂。凡尔官

> 员、师生、宗族、执事人等，自明日为始，沐浴更衣，致斋二日。毋理刑名，毋辨事，毋宴会，毋听音乐，毋入内寝，毋问疾，毋吊丧，毋饮酒，毋食葱韭薤蒜，毋祈祷报祭，毋祭墓。各宜恪守功令，齐乃心，扬乃职，服乃事。敬哉！

奉献币帛时，币帛每段卷一束，将数束合在一块扎起，置于篚中。阙里却是将帛幅展开叠起，覆于篚上。孔继汾以为亦当改正。诸如此类纠仪厘定之处很多，不再列举。

第三节　国学、州（县）学释奠仪注及沿革

释奠仪制仪注散见于各朝正史及礼书之中。正史中的《礼志》（《礼仪志》《礼乐志》）较为详细地记录了历朝礼制变更，考察释奠礼的变迁，也可借此而获窥大端。但要详究一礼之完具，正史则显然存有不足之处。仪节琐目、程序步骤、名物度数、寻方设位等细节只能借助其他专录之书才能得见全貌。《大唐开元礼》《通典》《政和五礼新仪》《绍熙州县释奠仪图》《大金集礼》《明集礼》《图书编》《礼部志稿》《太常续考》《頖宫礼乐疏》《大清会典》《大清通礼》《钦定国子监志》等书，都对释奠礼的礼仪步骤作出了详细的描述，能够独立地显示一朝一代的礼仪特点，可以弥补正史的欠缺。专书与正史互相参证，才能完成对释奠礼的横向与纵向探究。下文引证主要源于上述资料，不再一一列出。

释奠礼的礼仪程序发展到唐代已极为成熟，此后历经数朝未有大动，纵有差别，也只表现为个别仪注上的增减损益。有鉴于此，后文对国学及地方州县学释奠准备与释奠过程的叙述，将主要以唐礼为底本，随缀以各朝所发生的变动沿革之迹。

一　国学释奠仪注

（一）释奠准备

1. 斋戒

将行祭事，主管部门预先向各司通告祭祀日期，以催促各司随职供办。所有预享官，散斋三日，致斋二日。散斋在正寝。致斋一日在本司，

一日在享所。若无本司，则皆斋于享所。前享三日，守卫负责设献官以下位次于斋坊。享官在斋期内有阙者，由他人代替行事。诸享官在致斋日内，官给酒食[①]及明衣，各习礼于斋所。馆官及诸学生皆清斋于学馆一宿。太官令取明水、明火[②]，明火供爨，明水实尊。守卫者与太乐工人也清斋一宿。

2. 设位

设位主要包括三部分：人员设位、乐器设位、礼器设位。

前享二日，太乐令设轩县之乐于庙庭。右校开瘗坎于院内堂之壬地。[③]

前享一日，奉礼设三献、执事、乐官、赞礼、监礼、馆官、学官、观者、望瘗等位，设堂上酒樽位、堂下罍洗位。

人员设位分两处：门外揖位、门内礼位。门外揖位设于东门外。其中三献位于东门之外道南，执事位于其后，俱北向，西上。馆官、学官位于三献东南，俱重行，北向，以西为上。门内位是行礼的位次。其中三献位在东门之内道北，执事位在道南，俱西向，北上。望瘗位在庙堂之东北，当瘗坎之东，西向。御史位在庙堂之下西南，东向，令史陪其后。奉礼位在乐县东北，赞者二人在南，差退，俱西面。又设奉礼、赞者位于瘗坎东北，南面，东上。协律郎位在庙堂上前楹之间近西，东向。太乐令位在北县之间，北向。馆官位在县东，当执事位，西向。学官位在县西，当馆官位，东向。学生位在学官、馆官位之后，俱重行，北上。若有观者，设位于南门之内道左右，重行，北面，相对为首。金吾监检视观礼者，防其喧哗杂乱。执樽罍篚幂者，各位于樽罍篚幂之后。

无论哪一道设位，都只是一个临时的停驻点，因为行礼过程是流动的，人员的进退登降也是流动的，不会始终停滞于一处。

---

① 自唐至宋，凡国家祭祀，致斋都有官给酒食。绍兴四年，太常寺看详国子监丞王普在指陈明堂不合礼之处时称："斋，不饮酒茹荤，乞罢官给酒馔，俾得专心致志交于神明。"此议为高宗所采纳。此后皆依此而行。参见《宋史·礼志》，第2478页。

② 以阳燧取火于日即明火，以阴鉴取水于月即明水。

③ 壬地在北方，对应卦位中的坎卦。瘗坎的深度以足够容物为准，南出陛。

3. 视灌溉、视馔具

晡后二刻[①]。郊社令帅斋郎自东阶升堂，将樽、坫、罍、洗、篚、幂等物品逐一摆放于位。谒者引祭酒、司业至神厨检视濯溉情况，赞引引御史至神厨检视馔具情况。检视完毕，祭酒、司业以下，各还斋所。

4. 割牲、烹牲

享日未明十五刻。太官令帅宰人以鸾刀割牲，祝史以豆取毛血[②]，先放于馔所。割牲后遂烹牲。释奠牲用太牢二，孔子正坐及先师首坐俎各升牛、羊、豕右胖十一体，左丘明以下析分余体升之。

5. 设神坐

未明五刻。郊社令率领属员及庙司各服其服，自东阶升堂，设先圣神坐于庙室内西楹间，东向。设先师神坐于先圣东北，南向。其余弟子及二十一贤等坐依次东陈，皆南向，西上。若东陈不下，则又在东壁处转而南陈，西向。所用席子皆以莞草编织，各设神位于坐首。

6. 就位

未明三刻。诸享官服祭服，诸陪祭官服公服，学生服青衿服，皆出斋所。郊社令、良酝令各率领其属员将樽、罍灌上酒，将币放入篚中。太官令率领其属员将祭品装入笾、豆、簠、簋等器中。

未明二刻。奉礼率领赞者先入就位。赞引引御史、太祝及令史、祝史与执樽、罍、篚、幂者自东门入，当阶间重行，北面，西上，立定。奉礼

① 我国古代漏刻把一昼夜等分为一百刻，这在东汉时代已成为定制。汉代同时使用十二辰计时法与百刻计时法，即十二辰等于一百刻。由于一百不能被十二除尽，所以百刻与十二辰在配合上发生困难，后来百刻计时法经过多次改革，如改为一百二十刻、九十六刻、一百零八刻等，但都只通行几十年，就又恢复了百刻制。唐宋以来，仍使用百刻法。清初引用西法，把一昼夜分为二十四小时，一辰等于二小时，每小时等于四刻，每刻等于十五分钟。至此，一辰为八刻、一昼夜为九十六刻的计时法才基本稳定下来。我国古代还把漏刻分为昼漏和夜漏两种，即明确地把一天分为昼长多少刻和夜长多少刻，一般以太阳出没为标准。规定冬至昼漏为四十刻，夜漏为六十刻；夏至昼漏六十刻，夜漏四十刻；春秋分则昼夜漏各五十刻。参见陈遵妫《中国天文学史》，上海人民出版社 2006 年版，第 1247—1255 页。

② 古者毛血盛于盘，开元及宋初都盛于豆，神宗时重更为盘。元丰三年，详定礼文，“然则取血以告杀，当以盘盛之也。唐崔沔议亦曰：‘毛血盛于盘。’《宋书》志，南郊以二陶豆盛毛血。开元礼、开宝通礼及今仪注，皆以豆盛之。礼，豆盛菹醢，登盛羹而已。其荐毛血当以盘，乞于旧文改正。”从之（参见《续资治通鉴长编》卷三〇二“神宗元丰三年二月庚戌”条，第 7356 页）。就礼仪践行而言，血为液态，盛于盘不如盛于豆方便，是以到了清代仍以豆取毛血。

曰：再拜。赞者承传[①]。御史以下皆再拜。拜毕，执樽、罍、篚、幂者各就位。赞引引御史、太祝诣东阶，升堂，行扫除于上。令史、祝史行扫除于下。扫除完毕，各就位。谒者引享官以下俱就门外位，其学生并入就门内位。

未明一刻。太乐令率领工人二舞次入就位，文舞入陈于县内，武舞立于县南道西。升堂者皆脱履于下，降堂则穿上[②]。谒者引司业入就位，立定。奉礼曰：再拜。司业再拜。谒者引司业诣东阶，升堂，行扫除于上。降，行乐县于下。扫除毕，引还本位。谒者、赞引各引享官以下学官以上依次就位，立定。奉礼曰：众官再拜。众官及学生皆再拜（其先拜者不拜）。

（二）馈享过程

1. 迎神

众人就位之后，谒者进祭酒之左，白：有司谨具，请行事。退，复位。协律郎跪，俯伏，举麾。[③] 击柷，奏《永和》之乐，作文舞之舞。乐舞三成，偃麾扫敔，乐止。奉礼曰：众官再拜。众官在位者皆再拜。太祝俱跪，取币于篚。兴，各立于樽所。谒者引祭酒自东阶升，进先圣神坐前，西向立。太祝以币授祭酒。登歌，作《肃和》之乐。谒者引祭酒进于先圣神坐前，西向跪，奠币。兴，少退，西向再拜。谒者引祭酒当先师首坐前，北向立。太祝以币授祭酒。谒者引祭酒进先师首坐前，北向跪，奠。少退，北向再拜。登歌止。谒者引祭酒降，复位。初，群官拜毕，祝、史各捧毛血之豆立东门外。登歌止，祝、史捧毛血自东阶升，太祝迎取于阶上，进奠于先圣及先师首坐前。太祝与祝、史退立于樽所。祭酒既升阶奠币，太官令率领进馔者奉馔陈于东门之外。待祭酒降，复位，太官令引馔入。俎初入门，《雍和》之乐作（自后酌献皆作《雍和》）。馔至阶，乐止。祝、史各进，跪彻毛血之豆，自东阶降以出。馔升，太祝迎引

---

① 凡是奉礼有辞，赞者都要承传。

② 祭祀中登坛升堂时的脱履之礼，自汉魏以来即有之，往往出现于大祀之中。至明初已多不行。洪武八年，一度恢复。嘉靖十七年罢其礼。参见（清）张廷玉等《明史》卷四七《礼志》，第1238—1239页。

③ 取物，礼仪次序为：跪，俯伏，取物，起身；奠物，礼仪次序为：跪，奠，俯伏，起身。

于阶上，各设于神坐前。[①] 设毕，太官令以下降，复位。太祝还樽所。

2. 初献

谒者引祭酒至罍洗所盥手洗爵。盥毕，引祭酒升诣先圣酒樽所。执樽者举幂，乐作，酌酒于爵。引祭酒诣先圣神坐前，跪，奠爵，俯伏，兴。少退，西向立。乐止。太祝持祝版进于神坐之右，北面跪，读祝文。读毕，太祝兴。祭酒再拜。初读祝文毕，乐作。太祝进，跪奠版于神坐。奠毕，还樽所。祭酒拜讫，乐止。谒者引祭酒诣先师酒樽所，取爵于坫，执樽者举幂，祭酒酌醴齐，乐作。谒者引祭酒进先师首坐前，北向跪，奠爵，兴，少退，北面立。乐止（祭酒奠首坐爵后，余坐皆由斋郎助奠。相次而下，亚献、终献，斋郎亦助奠如之）。太祝持版进于先师神坐之左，西向跪，读祝文。太祝兴，祭酒再拜。初读祝文毕，乐作。太祝进，奠版于神坐。奠毕，还樽所。祭酒拜讫，乐止。

3. 饮福受胙

谒者引祭酒诣东序，西向立。太祝各以爵酌罍中福酒，合置一爵。太祝持爵进祭酒之左，北向立。祭酒再拜，受爵，啐酒，奠爵，俯伏，兴。太祝帅斋郎进俎，跪减先圣及先师首坐前三牲胙肉（皆取前脚第二节），加于俎，又以笾取稷黍饭。兴，将胙肉共置一俎，又将饭共置一笾。太祝先以笾授祭酒，祭酒受，授斋郎。又以俎授祭酒，祭酒受，再授斋郎。祭酒跪取爵，遂饮卒爵。太祝受爵，重新放于坫上。祭酒俯伏，兴，再拜。谒者引祭酒降，复位。文舞出，击柷，作《舒和》之乐。出讫，扫敔，乐止。武舞入，击柷，作《舒和》之乐，立定。扫敔，乐止。

4. 亚献

初，祭酒献将毕，谒者引司业诣罍洗所盥手洗爵。盥毕，谒者引司业自东阶升，诣先师酒樽所，执樽者举幂，司业酌盎齐。酌毕，武舞作。谒者引司业进先圣神坐前，西向跪，奠爵。兴，谒者引少退，西向，再拜。拜毕，谒者引司业诣先师酒樽所，取爵于坫。执樽者举幂，司业酌盎齐。谒者引司业进先师首坐前，北向跪，奠爵。兴，少退，司业再拜。

谒者引司业诣东序，西向立。太祝各以爵酌罍中福酒，合置一爵。太祝持爵进司业之左。司业再拜，受爵，跪，遂饮卒爵。太祝进受爵，放于

① 笾、豆升堂前，要先取下盖幂；簠、簋则在升堂摆放于祭桌上后，才把盖彻下。

坫上。司业兴，再拜。谒者引降，复位。

5. 终献

初，司业献将毕，谒者引博士诣罍洗所盥手洗爵。盥毕，升阶酌盎齐。终献如亚献之仪。讫，引降，复位。武舞止。

值得一提的是，只有初献饮福受胙，亚献、终献惟饮福，不受胙。

6. 彻豆、赐胙

太祝等各进神位前，跪，彻豆（将笾豆稍挪一下位置）。兴，还樽所。奉礼曰：赐胙。赞者唱：众官再拜。众官在位者及学生皆再拜（已饮福受胙者不拜）。奏《永和》之乐。奉礼曰：众官再拜。众官在位者及学生皆再拜。乐一成止。

7. 瘗币、燔祝版

谒者进祭酒之左，白：请就望瘗位。谒者引祭酒就望瘗位，西向立。奉礼、赞者就瘗坎东北位。初，在位者将拜，诸太祝各执篚进神坐前，跪，取币。兴，自西阶降，诣瘗坎，以币置于坎。讫，奉礼曰：可瘗坎。东西厢各四人添土半坎，谒者进祭酒之左，白：礼毕。遂引祭酒出。谒者、赞引各引享官以下以次出。初，礼毕，奉礼帅赞者还本位。赞引引御史、太祝以下俱复执事位，立定。奉礼曰：再拜。御史、太祝以下皆再拜，赞引引出，诸学生以次出。其祝版燔于斋所。

二　州（县）学释奠仪注

州（县）学释奠与国学释奠最大的不同是不用乐。另外，国学释奠为中祀，是以斋戒五天。州县学释奠为小祀，是以斋戒三天。

（一）释奠准备

州、县释奠程序是一样的。献官安排：州学刺史为初献，上佐为亚献，博士为终献（刺史、上佐有故，并以次差摄。博士有故，次取参军事以上摄）；县学县令为初献，丞为亚献，主簿及尉通为终献（若县令以下有故，并以次差摄。县官不足，以州官判佐以下及比县官充）。行礼过程中，刺史的赞引者为参军事，县令的赞引者为赞礼者。州学诸学生以助教领之，县学以学官领之。下文将主要以州学为标本进行叙述。

1. 斋戒

前享三日。刺史散斋于别寝二日，致斋于厅事一日。亚献以下与享之官散斋二日于正寝，致斋一日于享所。助教及诸学生皆清斋于学馆一宿。

2. 设位

前享二日。本司扫除内外，置瘗坎于院内堂之壬地。设刺史以下位次于门外。

前享一日晡后。设三献位于东阶东南，每等异位，俱西向。设掌事位于三献东南，西向，北上。设望瘗位于堂之东北，当瘗坎，西向。设助教位于西阶西，当掌事位。设学生位于助教之后，俱东面北上。设赞礼者位于三献西南，西向，北上。设赞唱者位于瘗坎东北，南向，东上。设三献门外位于道东，每等异位，西向。掌事位于终献之后，北上。执樽、罍、洗、篚者各就位于樽罍洗篚之后。

享日未明。烹牲于厨，祝以豆二取毛血。

夙兴。掌馔者实祭器。本司率掌事者设先圣神席于堂上西楹间，东向。设先师神席于先圣神席东北，南向。

3. 就位

质明。诸享官各服祭服，助教儒服，学生青衿服。本司帅掌事者实樽、罍及篚。祝版各置于坫。赞唱者先入就位。祝二人与执樽、罍、篚者入，立于庭，重行，北面，西上。立定。赞唱曰：再拜。祝以下皆再拜。执樽、罍、篚者各就位。祝升自东阶，行扫除讫，自东阶降，各复位。刺史将至，赞礼者引享官以下俱就门外位。助教、学生并入就门内位。刺史至，参军事引之驻地。赞唱者先入就位。祝自东阶升，各立于樽后。刺史暂停于驻地，少顷，服祭服出。参军事引刺史入就位，西向立。参军事退立于左，赞礼者引享官以下次入就位，立定。赞唱者曰：再拜。刺史以下皆再拜。

（二）馈享过程

1. 迎神

众人就位。参军事少退于刺史之左，北面，白：请行事。退，复位。祝俱跪，取币于篚，兴，各立于樽所。本司率执馔者奉馔陈于门外。参军事引刺史自东阶升，进先圣神坐前，西向立。祝以币北面授刺史。参军事引刺史进，西向，跪奠于先圣神坐，兴，少退，西向再拜。讫，参军事引刺史进先圣神坐前，北面立。祝以币西向授刺史。参军事引刺史进，跪奠于先师神坐，兴，少退，北向拜。参军事引刺史降，复位。本司引馔入，自东阶升。祝迎引于阶上，各设于神坐前。设讫，本司引执馔者降出，祝还樽所。

2. 初献

参军事引刺史诣罍洗所，执罍者酌水，执洗者跪取盘，兴，承水。刺史盥手，执篚者跪取巾于篚，兴，进刺史。帨手讫，执篚者受巾，跪奠于篚。遂取爵，兴，以进刺史。执罍者酌水，刺史洗爵。执篚者又跪取巾于篚，兴，进刺史。拭爵讫，执篚者受巾，跪奠于篚。奉盘者跪奠盘，兴。参军事引刺史自东阶升，诣先圣酒樽所。执樽者举幂，刺史酌醴齐。参军事引刺史诣先圣神坐前，西向跪，奠爵。兴，少退，西向立。祝持版进于神坐之右，北向跪，读祝文。祝兴，刺史再拜。祝进跪奠版于神坐。兴，还樽所。刺史拜讫，参军事引刺史诣先师酒樽所，取爵于坫，执樽者举幂，刺史酌醴齐。参军事引刺史诣先师神坐前，北向跪，奠爵。兴，少退，北向立。祝持版进于神坐之左，西向跪，读祝文。祝兴，刺史再拜。祝进跪奠版于神坐，兴，还樽所。

3. 饮福受胙

刺史拜讫，参军事引刺史诣东序，西向立。祝各以爵酌罍中福酒合置一爵，一祝持爵进刺史之左，北向立。刺史再拜，受爵，跪祭酒，啐酒，奠爵，俯伏，兴。祝各帅进馔者跪减先圣先师神前胙肉（各取前脚第二骨）共置一俎上，又取黍稷饭共置一笾。兴，祝先以饭进刺史。刺史受，转授执馔者。又以俎进刺史。刺史受，转授执馔者。刺史跪取爵，遂饮卒爵。祝进受爵，复于坫上。刺史兴，再拜。参军事引刺史降，复位。

4. 亚献、终献

刺史初献将毕，赞礼者引亚献诣罍洗所，盥手洗爵、升献、饮福皆如刺史之仪（唯不读祝，不受胙）。讫，降，复位。亚献将毕，赞礼者引终献诣罍所洗，盥洗、升献如亚献之仪。讫，降，复位。

5. 彻豆、赐胙

祝各进神坐前，跪，彻豆（将笾豆各一少移于故处）。兴，还樽所。赞唱者曰：赐胙，再拜。非饮福受胙者皆再拜。赞唱者又曰：再拜。刺史以下皆再拜。

6. 瘗币、燔祝版

参军事少进，北面，白：请就望瘗位。参军事引刺史就望瘗位，西向立。赞唱者转就瘗坎东北位。初，在位者将拜，祝各以篚进神坐前，跪，取币，降自西阶，诣埋坎，以币置于坎。讫，赞唱者曰：可瘗坎。东西厢各二人添土半坎。参军事少进刺史之左，北面，白：礼毕。遂引刺史出。赞礼者各引享官以下以次出。初，礼毕，赞唱者还本位，祝与执樽、罍、篚者俱复掌事位。立定，赞唱者曰：再拜。祝以下俱再拜，以次出。其祝版燔于斋所。

三　历朝释奠仪注演变

（一）宋代释奠礼仪沿革

宋礼与唐礼最大的不同是行礼设位上的变化。设位主要以神坐位向为比照。开元二十七年（739）以后，先圣神位已由坐西面东一变而为坐北面南，是以行事者位向也随之改变。另外，除了例行的行礼位外，宋代还格外规定了省馔位，凸显了此道礼仪的受重视程度。

宋代释奠礼设位如下（以国学为例，州县设位变化大致相同）：

省馔位。释奠前一日，光禄陈礼馔于殿之东南，南向。牵牲诣祠所。太常设省馔位于礼馔之南，三献官在南，北向，西上。分奠官位于其后。监察御史在西，南向。光禄少卿、太乐令、奉礼郎、太祝、太官令在东，西向，北上。凡奉礼郎以下，位皆稍却。

行礼位。释奠日丑前五刻，设揖位于南神门外。三献官在西，东向。分奠官位于其后。监察御史、太乐令、奉礼郎、太柷、太官令在东，西向，俱北上。开瘗坎于殿西北壬地，方深取足容物，南出陛。设望瘗位于瘗坎之南，如省馔之位（惟不设太官令位）。又设三献官席位于殿下东阶之东，西向，北上。分奠官位于其后，监察御史、太乐令位于殿下之南，北向。奉礼郎、太祝、太官令位其后，俱西向。光禄少卿席位于监察御史之东，陪位生员位其后，俱北向，西上。又设监察御史位于殿上乐虡之北，在西，东向。奉礼郎、太祝在东，西向，北上。大乐令于乐虡北，太官令于酌尊所，俱北向。

在其他细目上，宋礼也发生了一些变化：（1）唐礼中先圣、先师、七十弟子及二十二贤皆受三献。祭酒、司业、博士酌献先圣先师，七十弟子及二十二贤则由斋郎助奠。宋礼中正位、配位也受三献，但哲、庑只受一献。此一献不随行于正位、配位三献过程中，而是另辟一道相对独立的分献仪。分献行于亚献（州县为终献）将行之时。（2）唐礼初献毕即饮福受胙，亚献毕、终献毕各饮福不受胙。宋礼则是三献皆毕，初献方复升饮福受胙，无亚献、终献饮福仪。（3）唐礼中除了皇太子释奠携笏行礼外，其他献官皆不执。宋礼中，三献官及太祝俱携笏行礼，升降则执笏，取物则搢笏。（4）唐礼中，州县释奠不用乐。宋礼中，州县释奠亦用乐。（5）唐礼礼毕，埋币于瘗坎，燔祝版于斋坊。宋礼，币与祝版皆埋于瘗坎。

（二）金朝释奠礼仪沿革

金朝释奠仪大致成型于金世宗大定年间，与宋孝宗执政时期相当。其礼文来源虽明言参酌开元礼，在实际取向上却既挪用了政和礼，又照搬了开元礼。国学释奠主要采政和礼，但无献官饮福受胙事。州释奠只能算得上是一个粗糙的嫁接体，在释奠准备及礼官设位上采政和礼，在神坐设位及释奠过程上却又全录开元礼，其间抵牾自不可免。

（三）元代释奠礼仪沿革

元释奠仪因仍唐宋旧文而有所加详。较之以往，元仪尤重视省牲与点视祭品两项工作。步骤如下：

省牲：释奠前期一日晡时，三献官、监祭官各具公服，诣省牲所阼阶东，西向立，以北为上。少顷，引赞者引三献官、监祭官巡牲一遍，北向立，以西为上。俟礼牲者折身曰“充”、赞者曰“告充”毕，礼牲者又折身曰“腯”、赞曰“告腯”毕，赞者复引三献官、监祭官诣神厨视涤溉。毕，还斋所释服。

点视：释奠日丑前五刻，初献官及两庑分奠官二员各具公服于幕次，诸执事者具儒服，先于神门外西序东向立，以北为上。明赞、承传赞先诣殿庭前再拜，毕，明赞升露阶东南隅，西向立。承传赞立于神门阶东南隅，西向立。掌仪先引诸执事者各司其事。引赞者引初献官、两庑分奠官点视陈设。引赞者进前曰“请点视陈设”，至阶曰“升阶”，至殿檐下曰“诣大成至圣文宣王神位前”，至位曰“北向立”。点视毕，曰“诣兖国公神位前”，至位曰“东向立”。点视毕，曰“诣邹国公神位前”，至位曰“西向立”。点视毕，曰“诣东从祀神位前”，至位曰“东向立”。点视毕，曰“诣西从祀神位前”，至位曰“西向立”。点视毕，曰“诣酒尊所”，曰“西向立”。点视毕，曰“诣三献爵洗位”，至阶曰“降阶”，至位曰“北向立”。点视毕，曰“诣三献官盥洗位”，至位曰“北向立”。点视毕，曰“请就次”。方初献点视时，引赞二人各引东西庑分奠官，曰“请诣（东西）庑神位前”，至位“（东曰东，西曰西）向立”。点视毕，曰“诣先儒神位前”，至位曰“南向立”。点视毕，曰“退诣酒尊所”，至酒尊所东，西向立。点视毕，曰“退诣分奠官爵洗位”，至位曰“南向立”。点视毕，曰“请就次”。两庑分奠官点视毕，引赞曰“请诣望瘗位”，至位曰“北向立”。点视毕，曰“请就次”。初献官释公服。

细注上的变化有：（1）唐宋颁定礼文中无上香仪，元礼则在奠币、酌献前各先三上香，此为新增礼注。（2）唐礼，迎神后，先奠币于各神位，再进馔于各神位，然后行三献礼。宋礼，礼馔预先陈设，迎神后，奠币于各神位，接着行三献礼。元礼参用唐礼仪文而与宋礼有异，分别上香、奠币、进俎、酌献。(3）元释奠过程中的再拜礼，加入了鞠躬礼式，即：鞠躬，拜，兴，拜，兴，平身。

从流传下来的礼文看，元释奠仪中没有饮福受胙仪，也无赐胙仪。令人费解的是，《元史·祭祀志》又称：“其饮福受胙，除国学外，诸处仍依常制。”[①] 此句出现于国学释奠仪注之后，语出突兀，不详所以。文庆等人在纂辑《国子监志》时，大概也是满腹疑惑，不晓其意，只得漫加揣测：“兹独未详饮福受胙之仪，其亦仍宋之旧与?”[②] 又或者只有国学不饮福受胙，其他各处却依循往制行之？不能确定。

（四）明代释奠礼仪沿革

明代释奠大的变化有两个，一个是洪武间增入遣官仪，一个是嘉靖朝增入启圣祠行礼仪。

自唐开始，为了凸显国学释奠的重要性，若学官主祭，则在祝辞中称“皇帝谨遣”，但并不举行专门的“谨遣”仪式。朱元璋隆重此礼，特别增加了遣官仪。遣官仪有两类，一为降香遣官仪，一为传制特遣仪。洪武元年（1368）定制降香遣官仪，后来释奠正礼中取消了上香仪，降香遣

---

① （明）宋濂等：《元史》卷七六《祭祀志》，第1899页。

② （清）文庆、李宗昉等纂修：《钦定国子监志》卷二七《礼志三》，第418页。

官仪也于洪武二十六年（1393）更为传制特遣仪。以往皇帝不亲祭，亦不斋戒，但在遣官仪中，皇帝也要斋戒。

降香遣官仪：前祀一日清晨，有司立仗，百官具公服侍班。皇帝服皮弁服升奉天殿，捧香者以香授献官。献官捧由中陛降，中道出。至午门外，置龙亭内。仪仗鼓吹，导引至庙学，中严以待。献官祭毕复命，解严还宫。

传制特遣仪：前期一日，文武百官具朝服侍班。上升座，文武百官行一拜三叩头礼，毕，东西分列。鸿胪寺官导引遣祭大臣行四拜礼，毕，向上立。鸿胪寺官诣御前，奏“传制”。讫，立于东陛，西向，称“有制”。赞“跪”，遣祭大臣跪。宣制，制曰“某年月日祭先师孔子大成至圣文宣王，命卿行礼”。[①] 宣毕，赞“俯伏，兴”，赞“四拜”。毕，大臣出，诣文庙。

启圣祠礼仪：正祭日三更，典仪唱“执事官各司其事，分献官各就位”。赞“诣盥洗所”，导引引献官至盥洗所。赞“搢笏”，盥手讫，赞“出笏”。引至拜位，赞“就位”。典仪唱“迎神”。赞“四拜”，分献官同四拜。典仪唱“奠帛，行初献礼”，执事官各捧帛爵进立于神位前。赞“升坛”。赞“诣启圣公孔氏之位前”。赞引赞“搢笏”，执事官以帛跪进于献官。赞“奠帛”。执事官以爵跪进于献官，赞“献爵”。赞“出笏”。赞“诣读祝位”。读祝官取祝，跪于献官左。赞“跪”。赞“读祝”。读祝讫，赞“俯伏，兴，平身”。读祝官捧祝进于神位前。赞“诣先贤颜氏之位前”。赞“搢笏”。执事官以帛跪进于献官，赞“奠帛”。执事官以爵跪进于献官，赞“献爵”。赞“出笏”。赞“诣先贤曾氏之位前”。赞“诣先贤孔氏之位前”。赞“诣先贤孟孙氏之位前”。俱同前礼。赞“复位”。典仪唱“行亚献礼”。执事官各捧爵自献于神位前。讫，典仪唱“行终献礼”，仪同亚献。典仪唱“彻馔”，执事官诣神位前彻馔。讫，典仪唱“送神”。赞引赞“四拜”，分献官同四拜。典仪唱“读祝官捧祝，掌祭官捧帛馔，各诣瘗位”。典仪唱“望瘗”。执事各捧祝、帛、馔由中门出，至望瘗所。赞引赞“诣望瘗位”。礼毕，颁胙。

其他仪注上的变化为：（1）献官就位后，先瘗毛血、启牲匣盖，然

---

① 嘉靖间，将制中的“祭先师孔子大成至圣文宣王”更为“祭至圣先师孔子”。

后迎神。（2）迎神、饮福受胙、送神皆行四拜礼，其式为：鞠躬，拜，兴，拜，兴，拜，兴，拜，兴，平身。（3）将奠帛并入初献，不再单独成礼。上香仪也被取消。（4）以往释奠仪中，正位、配位前皆读祝。明释奠仪中，惟孔子神位前读祝，配位不再读祝。（5）以往分献官行一献礼，明礼中分献官首次行三献礼。①（6）礼毕瘗埋，祝版与帛、馔皆送至瘗所，但帛要焚烧。

（五）清代释奠礼仪沿革

清代释奠仪基本承袭明代仪文，稍有变化：

（1）明释奠仪中，上香仪被取消。清释奠仪中，上香仪重新单独成礼②，行于迎神之后，初献之前。（2）迎神、饮福受胙、送神皆行三跪九叩头礼。（3）清代释奠仪中，献官不再携笏行事。（4）礼毕，祝版、香、帛、馔皆送燎所，而非瘗埋。

第四节　释奠通说及仪注杂考

一　释奠仪节通说

经过历朝历代的不断完善，释奠已发展成高度程式化的一套礼仪程序。和其他祭礼一样，它也有着一副固定不变的骨架——迎神、初献、亚献、终献、送神。这副骨架千百年来而无改，偶有变动的只是附着于这副骨架上的小仪注。

行祭时间，历来并不统一。唐制未明十五刻开始割牲，未明三刻陆续就位行事；宋、元、明洪武时都是丑前五刻开始点视陈设，点视毕行事；嘉靖改制，取三更行事；清代是五鼓后行事。显然，唐代、清代都是在天快要亮了的时候行祭，其他朝代则是半夜或者是刚过半夜就开始了。推究礼意，当以唐代、清代取时为正。祭祀是人神相互交通的一次活动，神属

---

①　洪武初，释奠是在终献时才行分献礼，其他大祀也是如此。洪武七年，太祖对翰林学士承旨詹同称：“大祀既终献方行分献礼，于礼未当，卿等其议之。”于是詹同与宋濂商议，最后定以皇帝初献奠玉帛将毕，分献官行初献礼，亚献、终献都是如此。释奠仪改为初献四配，同时行分献礼。亚献、终献也是如此。参见《礼部志稿》卷六八《视学备考》，卷八一《祀法备考》；《頖宫礼乐疏》卷三《释奠仪》。

②　雍正十一年开始实行。

阴，人属阳，二者互通只能求于阴阳之介，天将明未明之时就在这一介点上，如质明、平明等。古人行祭也大都取此一时间，例如子路与祭，“质明而始行事，晏朝而退”，孔子即赞之为：“谁谓由也而不知礼乎！”①

为了衬托祭祀礼仪庄重严肃的氛围，祭祀时都要穿特定的衣服——祭服，以便与平时穿的常服与公服区别开来。各朝释奠祭服的样式并不一致，制度也不统一。国学释奠祭服大都官造，州县则自造，是以在整齐服装方面，地方往往遵行得不是太好。每一朝代都有穿着常服进行祭祀的情形发生。② 对祭服的要求，献官是主要的约束对象，其他人员如陪祀官则可着公服，学生可着儒服。

祭祀过程中，献祭者要不断地盥洗、不断地跪拜。盥洗与祭前的沐浴、斋戒礼意相同，都是为了保持身心洁净。跪拜是古人表达敬意的一种方式，用这种人世间的虔诚感格神灵降享。

盥洗包括洗手、洗爵两项。盥洗的地方既设有盥手位，也设有洗爵位。洗涤器皿通常并排放在一起。行礼次序大致为：洗手—上香；洗手—奠帛；洗手—洗爵—献爵。

释奠跪拜，唐宋行再拜礼，明代行四拜礼，清代则升至三跪九叩礼。

参祭者就位与退位不是随意的，有一定次序。身份高低与任事轻重是安排次序的主要依据。初献官身份最高，任事最重，是核心人物。祭祀时，他是最后一位入场者；礼毕，他是最先一位离场者。最早到位的是赞礼者，因为他们要负责整场礼仪的穿针引线工作。

祭祀中，主献官、分献官是主要人物，是以礼位设在孔庙最显著的地方。陪祀官中纵使有资望超出者，也只能排在其次。阙里祭祀，常常发生两班陪祀人员越位于分献官之前的情况。对此，孔继汾曾屡次加以告正：“分献官以事序，特出陪祀众官之前，不计品秩之崇卑也。”③ 这种任事“特权”，也让翰林编修查慎行小小地得意一回。康熙五十二年（1713）

---

① （汉）郑玄注，（唐）孔颖达疏：《礼记注疏》卷二四《礼器》，《十三经注疏》，第1443页。

② 《宋史·礼志》（第2553页）载：“崇宁，议礼局言：‘太学献官、太祝、奉礼皆以法服，至于郡邑，则用常服。望命有司降祭服于州县，凡献官、祝、礼，各服其服，以尽事神之仪。’”《庙学典礼》（《景印文渊阁四库全书》第648册，第328页）载：“窃见外路官员、提学教授，每遇春、秋二丁，不变常服以供执事，于礼未宜。”

③ （清）孔继汾：《勔仪纠谬集》卷上，乾隆己丑（1769年）刊本。

仲春上丁释奠，查氏担任十哲分献官，他在纪事诗中写道："头衔分出资郎下，班次犹烦博士陪。绝胜恢谐饥曼倩，殿庭割肉早归来。"自注为："今至圣前则大学士行礼，十哲分献用翰林资深者二员，本监监丞、博士二员犹随分献官后。"在另一首诗中写道："题名释褐几何时，衰至人嫌拜起迟。位定瞽宗宁敢让，事关笾豆岂无司。"并自注为："奠斝时余拜起稍迟，以致敬也，导引官遽相催迫，故云"，"致斋所序坐，分献官在太常卿之上"。[①]

为了保证献官们专一致祭，不为琐事所羁，在每一道礼序中，都安排了数名执事人员为他们服务。例如登降有赞引；洗手、洗爵有酌水者，有递巾者，有承弃水者；跪拜有跟随设垫收垫者（有的跪垫预设）；上香有进香者，奠帛有进帛者，奠爵有进爵者；饮福受胙有执馔者，有执俎者；等等。

献官每一次酌献都是一个独立的礼节单元。如在孔子神位前的一次行礼步骤为：跪，奠帛、献爵、跪拜。此一过程结束后，再到颜子神位前同样行礼，依次类推。一次盛大的演礼过程就是由这样一个个小单元汇聚而成。帛、爵大都是由献者亲自奉奠于案上（坫上），但有的时候，献者在接过帛、爵后，只是象征性地拱举一下，然后转授于执事者，由执事者代奠。

行礼时，献者的每一步动作都有赞者宣告导引。赞可分三类：一类为主赞，一类为承传赞，一类为引赞。主赞与承传赞负责仪注宣告工作，靠嗓音赞礼。引赞负责具体的引导事宜，一般在献者身旁，恭引献者行礼。主赞在不同的朝代由不同的职官担任，名称也不一样，唐代称为奉礼，宋代称为礼直官，元代称为明赞，明、清称为典仪，阙里称鸣赞等。承传赞实际上是主赞之副，不常设。他负责强调传唱主赞的告语，或稍加演绎，如主赞唱"初献官以下皆再拜"，承传赞则唱"鞠躬，拜，兴，拜，兴，平身"之类。祭祀之所以要设承传赞，是鉴于空间距离的考虑，孔庙行礼，上至殿陛，下至庙庭，地方广阔，仅凭殿陛之上鸣赞一人之力，总有声音传达不到或微弱的地方，是以增设承传赞佐助之。引赞也称赞引，他们在听到主赞和承传赞的指示后，指引献者就位行事。赞引者对礼仪活动

① （清）查慎行：《敬业堂诗集》卷四一，《四部丛刊初编》。

的顺利推进具有重要作用，但人数不能太多，否则就会造成视听上的混乱。孔继汾曾指责过阙里的赞相之滥："窃谓诏相礼仪，故防疏失，然一堂之上，赞声喧杂，亦非肃静之道，习礼之谓何？一奠献拜跪间，而待谆谆相告乎？"[①]

在祭祀队伍中，还有几名比较特殊的人员，他们是监祭者。国学释奠，一般由御史监祭，有时还有博士监礼。阙里称为纠仪官。监祭者主要负责监察劾奏行礼失仪者，柳宗元对此职的描述是："设棰朴于堂下以修官刑，而群吏莫敢不备物；罗奏牍于几上以严天宪，而众官莫敢不尽诚。而祭之日，先升立于西阶之上，以待卒事。其礼之周旋，乐之节奏，必周知之。退而视其燔燎、瘗埋，终之以敬也。"[②] 凡献官以下与祭者及各执事有不应礼节的，都要纠查检举。如有失仪，则有律文惩治。明代对祭祀失仪者的惩处是罚俸半月，纠仪官应纠举而不纠者同罪。[③] 清代则将罚俸提高至一月。[④]

释奠除了人献神外，还有神赐人的环节。赐惠分两个层次，一是针对献官的赐福赐胙，一是针对分献官、陪祀官等所有与祭者的赐胙。饮福受胙向来只是初献官的独享（唐礼亚献、终献也饮福，后世无之），在仪注中有专门的饮福仪与受胙仪，献官当场受福受胙。面向全场的赐胙是一项广泛的施惠行为，受众较多，不宜当场进行。即时行之，一则会造成行礼步骤拖沓，一则会给现场行礼秩序带来混乱。

赐惠遍及每位与祭者，以"示均也"[⑤]，反过来，受惠者也要向神行谢惠礼。初献官饮福受胙后，即在堂上福胙位行谢礼，拜毕，返回堂下位。初献官复位后，赞礼者宣布对众人"赐胙"，在位者皆拜受赐。初献官已行谢礼，是以不拜。至明、清两朝，释奠仪注中已没有赐胙环节，却仍有众人谢惠礼，显然失于缺略。另外，初献官堂上饮福受胙后，已行拜

---

① （清）孔继汾：《阙里祭仪录》，乾隆己丑（1769年）刊本。

② （唐）柳宗元：《柳河东集》卷二六《监祭使壁记》，第433—434页。

③ （明）徐溥等撰，李东阳等重修：《明会典》卷一二九，《景印文渊阁四库全书》第618册，第310页。

④ （清）徐本、三泰等纂，刘统勋等续纂：《大清律例》卷一七，《景印文渊阁四库全书》第672册，第626页。

⑤ （汉）郑玄注，（唐）孔颖达疏：《礼记注疏》卷四九《祭统》，《十三经注疏》，第1604页。

谢礼。返到堂下，还与众人一块行谢惠礼，略有繁复之嫌。

饮福受胙就是一次象征性的进餐。初献者接过福酒，先小饮一口，暂把福爵放下。接过黍稷饭（唐盛于笾，宋盛于豆），不吃，转授于执事者。接过胙肉（置于俎），不吃，转授于执事者。接着再取福爵，把福酒饮光。饭与胙不在行礼时即用，一者饮事贵于馔事，礼取简略，饮福即已代表了用餐；二者胙肉大都腥生未熟，需带回去加工后再享用。以上为开元礼、政和礼所用礼文。至明、清两朝，礼文都被简化，不受黍稷饭。嘉靖礼，献官一次把福酒饮光。清礼更为简单，受福酒，转授执事者，不饮。

开元礼，初献官所受福胙为先圣及先师首坐前三牲前脚第二节。政和礼，福胙取正、配位前三牲正脊二骨、横脊二骨。阙里赐胙，是将肩、臂、臑三体一块割下来，都授给初献官。后来因为盘子装不下这一大块，又舍去臂、臑，专用肩。牲体以四肢为贵，是以开元礼及阙里福胙皆取牲前脚，惟政和礼用脊骨，不知礼意为何。

瘗埋与燔燎，意各有当。瘗埋取致神于阴之义，燔燎取致神于阳之义。祭祀用的物品，除了毛血只能瘗埋之外，其他如帛、祝版等皆在两可之间。明代以前，无论瘗埋还是燔燎均在礼毕进行，明、清则将瘗毛血提前至迎神的时候。唐、明、清释奠，并用瘗埋与燔燎两种形式，宋、元礼则只用瘗埋。

清代燔燎的物品有四类：祝、帛、馔、香。送燎次序为：祝在前，帛在后，馔又在后，香在最后。捧物者由中门中道出，正位在前，东配第一位在后，西配第一位又在后，东配第二位又在后，西配第二位又在后，东哲又在后，西哲又在后，两庑在最后。国学与阙里焚烧祝版的方式不同，国学是将祝版祝文全部烧掉，阙里则是将祝版上的祝文揭下来焚烧掉，祝版收回库中，重复使用。

分胙是很壮观的一项工作，一般在祭毕当日进行，无故延迟，则有亵渎神惠之嫌。以往的分胙情况，相关记载很少，清代则无论国学还是阙里，都保留了较为详尽的记录。

国学春秋二丁的分胙单如下：遣官分猪首、连肩、牛首、羊腿、羊尾、鹿脯、和羹，馔盘，饮福受胙应得牛块，煮羹牛，猪一、羊一、豚拍。如遣亲王，则应分全牛一。分献翰林官二员，猪蹄各一、羊腿各一。

监察、监宰、监礼御史共六员，各猪胙二斤、羊胙一斤。礼部监宰官猪胙二斤、羊胙二斤。宗人府猪一。内阁猪二、羊一，吏部猪一、羊半，户部猪胙十二斤、羊胙五斤，礼部猪胙十二斤、羊胙五斤，兵部猪胙六斤、羊胙五斤，刑部猪胙十二斤、羊胙五斤，工部猪胙六斤、羊胙五斤，理藩院猪胙六斤，都察院猪胙十五斤、羊胙十斤，六科猪胙各五斤，通政司猪胙三斤、羊胙二斤，大理寺猪胙三斤、羊胙二斤，太常寺猪一、羊一，起居注猪胙三斤、羊胙二斤，翰林院猪胙十八斤，詹事府猪胙三斤、羊胙二斤，光禄寺猪胙五斤、羊胙四斤，大仆寺猪蹄二个、羊胙二斤，顺天府猪胙二斤、羊胙二斤，鸿胪寺猪胙六斤，钦天监猪胙二斤，太医院猪胙二斤，銮仪卫猪胙六斤、羊胙三斤，本监堂属官员、教习、肄业诸生、执事各生并吏役兵丁人等，统俟各处分讫，按等次酌量匀分。皆典簿厅掌之。① 其中承祭官、分献官及监宰官、监礼御史、礼部，由国子监派人分送。其余大小各衙门，由典簿厅印给小票，自行派人赴监领取。

阙里分胙情况如下：监祭官同省牲生、视膳生、掌宰官、司馔官，撤各坛祭品牲只，都摆放在诗礼堂。先让铺排夫送坛祭，正献官一坛，摄献官一坛，分献官、代献官各一坛。又让铺排夫送胙肉，正献官五体，摄献官三十斤，分献官三十斤，代献官三十斤，供事各官二十斤。四氏学送四体，分给族生。族长、公府送四体，分给族人。礼乐两学都送两体，分给礼乐学生。

民国后期，胙肉的分配方法已被形象地描绘为“跑腿的分腿，当头的分头，中间的官员分腰间”②。孔繁银先生曾在衍圣公府工作数年，亲历祭祀场面，他所描述的分胙情况是：“孔子、四配及七十二弟子和先贤先儒等神位前，以及后寝殿、启圣殿、五代祠的‘胙肉’，都由与祭人员分配，主祭官分猪头、牛头或羊头。提毡垫、打纱灯等跑腿出力的人分猪腿、牛腿和羊腿。赞礼生、司爵生、司香帛生、礼乐学长、读祝官和管祭器的人等，则分得猪、羊、牛腰中的一条肉。祭孔子的拜官，则分孔子像前的猪、羊、牛头；祭四配的拜官，则分得四配像前的猪、羊头；祭寝殿的拜官，则分得寝殿的猪、羊头。其他五代祠、启圣祠、先贤先儒等神位

① （清）文庆、李宗昉等纂修：《钦定国子监志》卷八一《志余一》，第 1489 页。

② 孔繁银：《衍圣公府见闻》，齐鲁书社 1992 年版，第 158 页。

前猪、羊头分配，以此类推。所以说‘庙里的猪头都有主’，谁也不能乱分配。”①

行祭当日，除了在榜人员以外，其他一切人等是严禁入庙的。为了肃清内外，都要贴告示以加警示。祭祀时，还要派专门人员在庙外拦阻车马，驱逐闲人。这样做的目的，一是保证神享安宁，二是害怕闲人贸然闯入，乘机抢夺祭品。这样的情况也确实发生过，如有祭祀榜文写道：“丁祭之日，既不许容一闲杂人，自无甫抢夺祭烛及祭品之人。倘或仍有潜匿门内乘空抢夺者，以盗贼论。实时擒获，解司以凭，尽法重究。”② 贴身仆役也不能随便跟随。以往阙里行祭，只有衍圣公拜位预设毡垫，其他不设，都是仆从带着毡垫相随，旋设旋彻。孔继汾对此进行指责：“仆隶贱人，令往来于俎豆牺象间，似觉已亵，宜一概官为预设，凡仆从人等皆屏于庙门外，斯閟宫之中，亦严肃矣。”③

礼敬先师，既内致其诚，又外尽其礼，仪文琐节，臻于极致。其间礼数虽随世损益，历朝推重却并无二致。

二　斋戒考

祭祀的目的就是神降临享、神人欢愉。为了获得此种神秘感通，施礼者从多个方面进行了努力，包括奉献丰洁的品物、恪守谨严的礼序、展示庄重的乐舞等，旨在整齐致祭者身心的斋戒是其中最不可或缺的一道程序。

何谓斋戒？韩康伯的解释是：“洗心曰齐，防患曰戒。”④ 斋戒就是杜绝嗜欲，摄理精神。斋戒有二等，低级为散斋，高级为致斋。散斋是外在的收敛与约束，简称“戒”。致斋是内在的整理与探寻，简称“斋”，它是斋戒的核心所在。《礼记》中的“七日戒，三日齐”“七日戒，三日宿”都是指散斋七天，致斋三天。斋戒期内，散斋在前，致斋在后，是

---

① 孔繁银：《衍圣公府见闻》，第340—341页。

② （清）赵弘恩等监修，黄之隽等编纂：《江南通志》卷八七，《景印文渊阁四库全书》第509册，第459页。

③ （清）孔继汾：《劻仪纠谬集》卷上，乾隆己丑（1769年）刊本。

④ （魏）王弼、（晋）韩康伯注，（唐）孔颖达疏：《周易注疏》卷七《系辞上》，《十三经注疏》，第82页。

一个由斋身到斋心摄理程度逐步加强的过程。散斋之日主“禁”，不御(不与妇女同房)、不作乐、不吊丧。致斋之日主“思”，“齐之日，思其居处，思其笑语，思其志意，思其所乐，思其所嗜。齐三日，乃见其所为齐者。”[①] 散斋可外出，可处理外事。致斋则要日夜居于室内，只处理与祭祀有关的事情，不可外出，不预外事，《礼记·檀弓》所云“非致齐也，非疾也，不昼夜居于内”[②]，即是指此一规定。

在不同的历史阶段，针对不同的祭祀事类，斋戒的时日长短是不一样的。周制凡大享鬼神、大祀天地，皆斋十日。[③] 斋戒取十日之久，自是用心良苦，按照宋代礼官的解释就是：“人之精神易动而难静，非俟之以久，则夜气之所息不足胜旦昼之所为。今夫自甲至癸，日一周也，五行刚柔，气一成也。”[④] 十日之中，散斋七日，致斋三日，所谓“散齐七日以定之，致齐三日以齐之”。[⑤]

秦变古法，改斋戒为三日。汉代又加变更，“凡斋，天地七日，宗庙、山川五日，小祠三日”。[⑥] 魏晋沿因汉制。南朝刘宋则间采周制十日之法。[⑦] 隋唐重循汉制，大祀用七日，中祀、小祀依次递减。具体安排为：大祀，散斋四日，致斋三日；中祀，散斋三日，致斋二日；小祀，散斋二日，致斋一日。[⑧] 宋承五代衰乱，礼文仪注并无一贯之制。建隆郊祀，用汉、唐七日之期。[⑨] 徽宗时，重法周礼，定斋戒之制为：凡大祀，前十日行事，散斋七日，致斋三日。[⑩] 然而新制不久，徽宗就自破其规，

---

① （汉）郑玄注，（唐）孔颖达疏：《礼记注疏》卷四七《祭义》，《十三经注疏》，第1592页。

② （汉）郑玄注，（唐）孔颖达疏：《礼记注疏》卷四《曲礼下》，《十三经注疏》，第1283页。

③ （汉）郑玄注，（唐）贾公彦疏：《周礼注疏》卷二《大宰》，《十三经注疏》，第649—650页。

④ （宋）郑居中等：《政和五礼新仪》卷首，《景印文渊阁四库全书》第647册，第14页。

⑤ （汉）郑玄注，（唐）孔颖达疏：《礼记注疏》卷四九《祭统》，《十三经注疏》，第1603页。

⑥ （晋）司马彪撰，（梁）刘昭注补：《后汉书志》第四《礼仪上》，《后汉书》点校本，第3104页。

⑦ （梁）沈约：《宋书》卷一四《礼志》，第347、349页。

⑧ 分别见《隋书·礼仪志》（第117页）；《旧唐书·礼仪志》（第819页）。

⑨ （元）脱脱等：《宋史》卷三八八《李焘传》，第11915页。

⑩ （宋）郑居中等：《政和五礼新仪》卷五《序例》，《景印文渊阁四库全书》第647册，第149页。

在举行方泽之祭时，斋戒十五天。其中包括散斋七日于别殿，致斋七日于内殿，一日于斋宫。① 可见其中的随意性。金元则皆采七日之制。

斋戒制在洪武二年（1369）发生重大改变，直接导致了历史上的十日、七日循环模式的终结。先是朱升等人奉敕撰写斋戒文，文中照例列大祀七日、中祀五日之期。太祖独出异见，对省部臣称：

> 朕每祭享天地百神，惟伸吾感戴之意，祷祈福祉，以佑生民，未尝敢自徼惠也。且斋戒所以致诚，诚之至与不至，神之格与不格，皆系于此。故朕每致斋，不敢有一毫懈怠。今定斋戒之期，大祀以七日，中祀以五日，不可太久。大抵人心久则易怠，怠心一萌，反为不敬。可止于临祭斋戒三日，务致精专，庶几可以感格神明矣！②

三日之期随即著为令文，推行开来。缩短时日意味着仪注的精简，是一次礼随时宜的变革之举。清人接纳了这一变革成果，并在更朝之后继续施行。

“清斋”本为佛、道界的斋戒仪式，从唐代开始，也正式出现于国家祭祀之中。《新唐书·礼乐志》中明确将清斋与散斋、致斋并列为三斋，“斋戒。其别有三：曰散斋，曰致斋，曰清斋”。清斋并不是散斋、致斋之后的延长斋，而是专门针对与祭者中那些并不进行散斋与致斋的非核心人员或助役者们设置的一项较为宽松的斋戒形式。清斋期限一般为一日或一宿。凡豫祀之官皆要散斋、致斋，其余人等则清斋一日。③ 清斋的融入，体现了儒、释、道间的交流与吸纳。三斋满足了对所有与祭者的差别性约束，是祭祀谨严的表征。

清斋在很长时间里充当着斋戒的补充角色，主要适用于大祀中的守护兵卫及乐舞工人们。另外，因为清斋既不受斋期长短的限制，也没有额外的繁文缛节，简省易行，很快在军礼中备受青睐。宋代太常礼院定祃祭

---

① （元）脱脱等：《宋史》卷一百《礼志》，第2455页。

② （明）林尧俞等纂修，俞汝楫等编撰：《礼部志稿》卷一《太祖高皇帝敬天之训》，《景印文渊阁四库全书》第597册，第9页。

③ （宋）欧阳修、宋祁：《新唐书》卷一一《礼乐志》，第311、312页。

仪，三献官皆清斋一宿。[①] 明代祃祭，皇帝亲行，亦与大将、陪祭官并清斋一日。[②] 告武成王庙，大将及诸将、陪祭官也是至庙所清斋。可见，清斋在各项礼仪中的盛行。自明太祖对斋戒日期进行压缩后，清斋也渐失踪迹。

斋戒是一个充斥着禁忌的过程。在周制中，禁忌尚主要集中在不御、不乐、不吊丧上，不饮酒、不茹荤（不吃葱、韭、薤等辛辣之物）[③] 也在其例。唐代则扩大为：不吊丧，不问疾，不作乐，不判署刑杀文书，不行刑罚，不预秽恶。[④] 明宣宗宣德间甚至将入坛唾地也纳入禁令之内，违者罪之。[⑤] 清代再次扩大为：不理刑名，不宴会，不听乐，不入内寝，不问疾，不吊丧，不饮酒，不茹荤，不祭神，不扫墓，有疾服丧者皆弗与。[⑥] 除了这些需要斋戒者自身加以检点防范的事情外，还有一些防不胜防的情况，如在由斋所通往祀所的路上，可能会撞见凶秽及缞绖出丧的场面，甚至是听到哭泣之声等，这也需要派人提前清理道路加以避免。

为了确保斋戒者与禁忌行为彻底隔绝，在正式斋戒之前，与斋者们要集体参加一个誓戒仪式（主要用于大祀中），共励其志。誓戒的目的在于“要之以刑，重失礼也”[⑦]，威慑意味浓厚。《周礼》中，大宰掌百官之誓戒，大司寇莅誓（临视督察）。隋唐以太尉誓百官，宋初因之。神宗元丰中，鉴以太尉为三公，“坐而论道者”，非掌誓之官，改由左仆射读誓（阙则用右仆射），刑部尚书莅之。元代以管勾读誓，刑部尚书莅之。明清两朝，由皇帝定誓辞，传制官宣读。

宣读誓文是誓戒的主要程序。誓文内容历朝大略相同，即：某年某月

---

① （元）脱脱等：《宋史》卷一二一《礼志》，第2830页。

② （明）林尧俞等纂修，俞汝楫等编撰：《礼部志稿》卷三〇《祃祭》，《景印文渊阁四库全书》第597册，第555页。

③ 《庄子·人间世》载：“颜回曰：‘回之家贫，唯不饮酒不茹荤者数月矣。若此，则可以为齐乎？’曰：‘是祭祀之齐，非心齐也。’”《论语·乡党》有云：“齐必变食，居必迁坐。”参见（清）郭庆藩《庄子集释》，中华书局2004年版，第146—147页；（魏）何晏注，（宋）邢昺疏《论语注疏》卷一〇《乡党》，《十三经注疏》，第2495页。

④ （后晋）刘昫等：《旧唐书》卷二一《礼仪志》，第819页。

⑤ （清）张廷玉等：《明史》卷四七《礼志》，第1241页。“宣德七年，大祀南郊，帝御斋宫。命内官内使饮酒食荤入坛唾地者，皆罪之，司礼监纵容者同罪。”

⑥ 赵尔巽等：《清史稿》卷八二《礼志》，第2497页。

⑦ （汉）郑玄注，（唐）贾公彦疏：《周礼注疏》卷二《大宰》，《十三经注疏》，第649页。

某日，祀某神祇于某所，各扬其职，不供其事，国有常刑。明代的誓文形式有所变化，由简省的令文式变成皇帝的告诫式，洪武二十六年所定制辞为："某年月日，祀于某所，尔文武百官，自某日为始，致斋三日，当敬慎之。"① 清代誓戒也是以宣制的方式进行，其中一次祈谷礼的制辞是："某年月日上辛，朕恭祀上帝于祈年殿，为民祈谷。惟尔群臣，其蠲乃心，齐乃志，各扬其职，敢或不供，国有常刑。钦哉勿怠！"②

威慑与警示除了体现在誓戒辞与誓戒仪式上外，还物化成触目可及的斋戒牌和铜人。铸铜人本为明太祖的自警之举，他对礼部尚书陶凯说："《经》言鬼神无常享，享于克诚，人谨方寸于此，而能格神明于彼，繇至诚也。然人心操舍无常，必有所儆而后无所放耳。乃命礼部铸铜人一，高尺有五寸，手执简，书曰：斋戒三日。凡致斋期则置朕前，庶朕心有所警省，而不敢放也。"③ 铜人斋戒法后来被作为成例沿用，清代皇帝亲祀、皇后亲蚕也用之。

斋戒牌也是明太祖的创举。洪武五年（1372），朱元璋吩咐中书省官员道：

> 斋戒，古人所以致洁于鬼神也。朕于祭祀，每斋戒必尽其诚，不敢少有怠忽。尚虑诸司不能体此，致斋之日，亵慢弗谨，虽幽有神鬼司察其罪，不若预为戒饬使知所警。其命诸司各置木牌，刻文其上，曰：国有常宪，神有鉴焉。每遇祭祀则设之。④

观其意，设计斋戒牌本为警醒众祀官之用，后来皇帝亲祀亦用之。斋戒之时，与铜人并进于斋所。入清以后，经过雍正的创意改造，原来安放于室中某处的斋戒牌被置换成一个个小牌子，开始悬挂于祀官们胸前，他的谕令是：

---

① （清）张廷玉等：《明史》卷四七《礼志》，第1241页。

② （清）来宝、李玉鸣等：《大清通礼》，《景印文渊阁四库全书》第655册，第37页。

③ （明）林尧俞等纂修，俞汝楫等编撰：《礼部志稿》卷八一《铸铜人识斋戒》，《景印文渊阁四库全书》第598册，第448页。

④ （明）林尧俞等纂修，俞汝楫等编撰：《礼部志稿》卷一《虔祀之训》，《景印文渊阁四库全书》第597册，第19页。

> 国家典礼，首重祭祀。每斋戒日期，必检束身心，竭诚致敬。不稍放逸，始可以严昭事而格神明。朕遇斋戒之日，至诚至敬，不但殿庭安设铜人，即坐卧之处亦书斋戒牌。存心警惕，须臾弗忘。至内外大小官员，虽设斋戒牌于官署，但恐言动起居之际，稍有亵慢，即非致斋严肃之义。考明代祀典，凡陪祀及执事之人，有悬祀牌之例。今酌定斋牌之式，令陪祀各官佩着心胸之间，使触目警心，恪恭罔懈。并得彼此观瞻，益加省惕。其于明禋大典，愈昭虔洁。著传谕各部院八旗并直省文武官一例遵行。①

可谓用心良苦。

已在斋戒而有失虔恭者，以刑罚处之。唐律中的相关量罪条例为："既入散斋，不宿正寝者，一宿笞五十；致斋，不宿本司者，一宿杖九十；一宿各加一等。中、小祀递减二等。诸大祀在散斋而吊丧、问疾、判署刑杀文书及决罚者，笞五十；奏闻者，杖六十。致斋者，各加一等。"②这是一种肉体惩罚。明清实行经济处罚，其条例为："若百官已受誓戒而吊丧、问疾、判署刑杀文书及预筵宴者，皆罚俸钱一月。……其已受誓戒人员，散斋不宿净室，罚俸钱半月（清代罚俸一月）。致斋不宿本司者，罚俸钱一月。"③

经过层层防范与约束，祀祭者们最终可以面貌一新、心无杂念地出现了。孟子尝言"虽有恶人，斋戒沐浴则可以祀上帝"④，斋戒的精粹即在于此。身心皆敬，则可以奉迎各方神灵了。

三　祝文考

祝文即享神之辞，由太祝、祝史等掌管。《周礼·春官·大祝》云：

---

① （清）允禄奉敕编，弘昼续编：《世宗宪皇帝上谕内阁》卷一一五，《景印文渊阁四库全书》第415册，第597—598页。

② （唐）长孙无忌等：《唐律疏议》卷九，中华书局1983年版，第188—189页。

③ （明）徐溥等撰，李东阳等重修：《明会典》卷一二九，《景印文渊阁四库全书》第616册，第308页；（清）徐本、三泰等纂，刘统勋等续纂：《大清律例》卷一六，《景印文渊阁四库全书》第672册，第617页。

④ （汉）赵岐注，（宋）孙奭疏：《孟子注疏》卷八下《离娄下》，《十三经注疏》，第2730页。

“大祝掌六祝之辞，以事鬼神祇，祈福祥，求永贞。”[1] 祝文传达给鬼神的大都是祈福避灾式的祈祷辞。较早的祝文有伊耆氏蜡之辞：“土反其宅，水归其壑，昆虫毋作，草木归其泽。”[2] 舜祠田之辞则为：“荷此长耜，耕彼南亩，四海俱有。”[3] 后世祝文基本有成式可循，大都铺陈赞语，因事告享。

释奠祝文，唐以前并无流传。唐初无论国学还是州县学，都以儒官为祭主，祝文直称“博士某昭告于先圣”。在许敬宗等人的建议下，国学用祭酒为初献，且祝辞中要敬写“皇帝谨遣”四字。开元礼所录国学释奠的祝文如下：

> 先圣神位前祝文：维某年岁次月朔日，皇帝谨遣祭酒某封姓名敢昭告于先圣孔宣父，惟夫子固天攸纵，诞降生知，经纬礼乐，阐扬文教，余烈遗风，千载是仰。俾兹末学，依仁游艺，谨以制币牺齐粢盛庶品，祗奉旧章，式陈明荐，以先师颜子等配。尚飨！
>
> 配座神位前祝文：维某年岁次月朔日子，嗣开元神武皇帝谨遣祭官某姓名敢昭告于先师颜子等七十二贤，爰以仲春（仲秋），率遵故实，敬修释奠于先圣孔宣父，惟子等或服膺圣教，德冠四科，或光阐儒风，贻范千载，谨以制币牺齐粢盛庶品，式陈明荐，从祀配神。尚飨！

州县释奠除了无须用皇帝谨遣字眼外，其他基本无异。

> 先圣神位前祝文：维某年岁次月朔日子，具位姓名敢昭告于先圣孔宣父，惟夫子固天攸纵，诞降生知，经纬礼乐，阐扬文教，余烈遗风，千载是仰。俾兹末学，依仁游艺，谨以制币牺齐粢盛庶品，祗奉

① （汉）郑玄注，（唐）贾公彦疏：《周礼注疏》卷二五《大祝》，《十三经注疏》，第808页。

② （汉）郑玄注，（唐）孔颖达疏：《礼记注疏》卷二六《郊特牲》，《十三经注疏》，第1454页。

③ 黄叔琳注，李详补注，杨明照校注拾遗：《增订文心雕龙校注》，中华书局2000年版，第122页。

旧章，式陈明荐，以先师颜子配神。尚飨！

先师神位前祝文：维某年岁次月朔日子，刺史具官姓名敢昭告于先师颜子，爰以仲春（仲秋）率遵故实，敬修释奠于先圣孔宣父。惟子庶几具体，德冠四科，服道圣门，实臻阃奥。谨以制币牺齐粢盛庶品，式陈明献，从祀配神。尚飨！

唐代开创的祝文格式在后代一直沿用，遣官致祭的表述方式也基本固定为"皇帝谨遣具官某致祭于……"。在清代，礼官们又讨论了皇帝亲祭孔子祝文中是否要填注御名的问题。①

嘉靖朝建启圣祠祀叔梁纥，其位前祝文为：

维某年某月某日，皇帝谨遣具官某致祭于启圣公孔氏，曰：惟公诞生至圣，为万世王者之师，功德显著，兹因仲（春秋），特用遣祭，以先贤颜氏、曾氏、孔氏、孟孙氏配，尚享！②

雍正朝建崇圣祠上祀孔子五世祖，其祝文为：

维某年月日，皇帝遣某官某致祭于肇圣王、裕圣王、诒圣王、昌圣王、启圣王，曰：惟王诞生至圣为万世王者之师，功德显著，兹当仲（春秋），谨以庶品之仪致祭，配以先贤颜氏、先贤曾氏、先贤孔氏、先贤孟孙氏，尚飨！③

---

① 《幸鲁盛典》（卷五）载内阁、礼部、太常寺会同议奏释奠仪注："查顺治九年世祖章皇帝幸学致祭，康熙八年皇上幸学致祭时，俱照《会典》，不曾用祝文。且每年春秋二季遣官致祭，祝文内止写'皇帝遣某人'，从无填写御名之例令。皇上亲祭孔庙，祝文内亦应停其填写御名。"皇帝名讳制度的日趋严厉，表明皇帝的权威已达到了登峰造极的地步。纵使太庙致祭，读祝官也不敢直接提及圣名，而是省而略过。为此，康熙还特意交代："往见赞礼郎宣读祝版，至朕名声辄不扬。父前子名，礼经所载。朕对越之次，惟惧诚敬稍有未至，无以昭格神灵。为子孙者通名于祖父，岂可涉于慢易。嗣后俱高声朗诵，无庸顾忌。"参见清乾隆十二年敕撰《皇朝文献通考》卷一一二《宗庙考》，《景印文渊阁四库全书》第634册，第484页。

② （明）林尧俞等纂修，俞汝楫等编撰：《礼部志稿》卷二九《启圣祠祭仪》，《景印文渊阁四库全书》第597册，第549页。

③ （清）来宝、李玉鸣等：《大清通礼》，《景印文渊阁四库全书》第655册，第182页。

阙里祝文完全仿照官方形式，甚至于在备述孔子功德时也以“惟王……”开其端。明英宗正统间，孔颜孟三氏子孙教授裴侃指出：“祭告孔子，祝文称王，在天下则可，在子孙则不宜。”① 至此，阙里祝文中的“王”字才以“祖”字代替。其中大成殿祝文为：

维×年×月×日，×代孙袭封衍圣公某等敢致祭于至圣先师曰：惟祖德配天地，道冠古今，删述六经，垂宪万年。兹惟仲（春、夏、秋、冬），谨以牲帛醴齐粢盛庶品，式陈明荐，配以复圣颜子、宗圣曾子、述圣三世祖、亚圣孟子，尚享！

崇圣祠祝文为：

维×年×月×日，主鬯裔孙袭封衍圣公某等敢致祭于肇圣王、裕圣王、诒圣王、昌圣王、启圣王曰：惟王诞生至圣，为万世王者师，功德显著，兹惟仲（春、夏、秋、冬），谨以庶品之仪致祭，配以先贤颜氏、先贤曾氏、先贤二世祖、先贤孟孙氏，尚享！

启圣祠祝文为：

维×年×月×日，主鬯裔孙袭封衍圣公某等敢致祭于启圣王曰：兹遇仲（春、夏、秋、冬），式遵旧章，用荐祀事，尚享！

家庙祝文为：

维×年×月×日，×代孙袭封衍圣公某等敢致祭于始祖考妣、二世祖考妣、三世祖考妣、中兴祖考妣曰：兹遇仲（春、夏、秋、冬），式遵旧章，用荐祫事，尚享！

---

① （明）林尧俞等纂修，俞汝楫等编撰：《礼部志稿》卷八五下《定阙里家庙配享》，《景印文渊阁四库全书》第598册，第525页。

与这种固定僵化的范文格式相比，儒官学者们自作的祝辞要随意得多。其中有履新拜谒文，有离政辞别文，有告慰文，有奉安文，有谒谢文，有忏悔文，还有临事特告文等，文格不拘，长则数百字，短则十几字。

宋人尤热衷于拜祭孔子，所作祝文为历朝最盛。朱熹又为宋人之冠，事有出入，即奉文以告。经史阁上梁、书楼竣工、白鹿洞书院建成、四经成刊，均修祭以告。甚至于摒弃弟子员，也要预先向先圣倾诉其不得已之情。朱熹的很多祝文首尾贯通，可独立成篇。其中的代表作如《沧州精舍告先圣文》：

> 维绍熙五年岁次甲寅十有二月丁巳朔十有三日己巳，后学朱熹敢昭告于先圣至圣文宣王：恭惟道统，远自羲轩。集厥大成，允属元圣。述古垂训，万世作程。三千其徒，化若时雨。维颜曾氏，传得其宗。逮思及舆，益以光大。自时厥后，口耳失真。千有余年，乃曰有继。周程授受，万理一原。曰邵曰张，爰及司马。学虽殊辙，道则同归。俾我后人，如夜复旦。熹以凡陋，少蒙义方，中靡常师，晚逢有道。载钻载仰，虽未有闻，赖天之灵，幸无失坠。逮兹退老，同好鼎来，落此一丘，群居伊始。探原推本，敢昧厥初。奠以告虔，尚其昭格。陟降庭止，惠我光明。传之方来，永永无斁。今以吉日，谨率诸生恭修释菜之礼，以先师兖国公颜氏、郕侯曾氏、沂水侯孔氏、邹国公孟氏配，濂溪周先生、明道程先生、伊川程先生、康节邵先生、横渠张先生、温国司马文正公、延平李先生从祀。尚飨！

《白鹿洞成告先圣文》：

> 维淳熙七年岁次庚子三月癸丑朔十八日庚午，具位敢昭告于先圣至圣文宣王：熹昨按国朝故事及郡图经，得白鹿洞之遗址于城东北十五里，盖唐李渤之隐居江南，李氏因以为国学。及我太宗皇帝又尝赐之书史，以幸教其学者。而沦坏日久，莽为丘墟。因窃为念，幸以诸生得奉诏条，颛以布宣教化为职，顾弗此图，惧速谴戾，乃议复立。今幸讫功，将率同志讲学其间，意庶几乎先圣先师之传用，以答扬太宗皇帝之光训。鼓箧之始，敢率宾佐合师生恭修释菜之礼以见于先

圣，以先师兖国公、先师邹国公配。尚飨！

《刊四经成告先圣文》：

敢昭告于先圣至圣文宣王、先师兖国公、先师邹国公：熹恭惟六经大训，炳若日星，垂世作程，靡有终极。不幸前遭秦火煨烬之厄，后罹汉儒穿凿之谬，不惟微词奥旨莫得其传，至于篇帙之次亦复淆乱。遥遥千载，莫觉莫悟。惟《易》一经或尝正定，而熹不敏，又尝考之《书》、《诗》而得其小序之失，参稽本末，皆有明验。私窃以为不当引之以冠本经圣言之上，是以不量鄙浅，辄加绪正。刊刻布流，以晓当世，上以具告。熹病卧不能拜起，谨遣从事，敬奉其书以告于先圣先师之廷。神灵如在，尚鉴此心。式相其行，万世幸甚。谨告！[①]

这些祭文既与朱熹的生活经历密切相关，也清晰地展现了他日趋成熟的学理体系。

在所有的祭孔祝文中，比较常见又比较典型的是出仕答谢文及奉教施政文。第一类如秦观的《谒先师文》：

惟公圣神所铸，号古哲人，凛然高风，闻者为起。诸生不敏，承学累年，依凭余光，以得名官。时方尚德，进爵既崇，祭重报先，敢忘大赐？祠以薄馔，公其鉴之。[②]

黄裳的《谒谢先圣文》：

有志于学无志于仕，则其仕也为道，先圣之所与；有志于仕无志于学，则其仕也为利，先圣之所恶。戾其所与，犯其所恶，其谒谢也

① （宋）朱熹：《晦庵先生朱文公文集》，收入《朱子全书》第廿四册，第 4050—4051、4037、4046 页。

② （宋）秦观：《淮海集》卷三一《谒先师文》，《景印文渊阁四库全书》第 1115 册，第 588 页。

在所不见，其荐享也在所不受。而今裳等幸而登科，以赴圣王之器，使不敢不相与为行义者，则今日之礼非敢以为文焉。伏惟尚飨。①

第二类如张栻的《谒先圣祝文》：

某以愚陋，被命临民，早夜恐惧，未知所济。惟当精思圣经之法言，体而行之，庶几万有一获，寡于罪悔。视事之始，敢祗见于学官。②

杨万里的《常州谒先圣文》：

某以诸生冒守此土，视事之始，敬有谒焉。重惟非才，何以免戾？尝闻之夫子曰："道千乘之国，敬事而信，节用而爱人，使民以时。"某虽不敏，请事斯语。③

真德秀的《潭州谒先圣祝文》：

昔某之治泉也，惟"节用爱人"之训是服是行，其去之日，不获罪于泉人，赖此而已。今者叨蒙上恩，作屏南楚，委寄之重，又非泉比。将何以免责哉？惟于所谓"节用爱人"者，益勉其所未至焉。某始祗谒于庭，炯焉丹诚，尚冀昭鉴。④

从以上祝文不难看出孔子及以孔子为中心的经学体系给儒者们带来的深远影响。

四　献官考

祭孔历史源远流长，自从汉高祖刘邦以太牢祠孔子后，孔庙祭祀形式

① （宋）黄裳：《演山集》卷三五，《景印文渊阁四库全书》第1120册，第235页。

② （宋）张栻：《谒宣圣祝文》，载（宋）魏齐贤、叶棻同编《五百家播芳大全文粹》卷八三，《景印文渊阁四库全书》第1353册，第465页。

③ （宋）杨万里：《诚斋集》，《四部丛刊初编》。

④ （宋）真德秀：《西山先生真文忠公文集》，《四部丛刊初编》。

逐渐政治化、国家化，其表现之一就是献祭者普遍由品官充当，且由国家统一安排。这便出现了孔庙祭祀史上别成一体的献官制度，其中不乏变动与讨论。

“献”本为宗庙祭祀所奉犬牲之称，后来引申为进荐之意，所谓“致物于尊者曰献”①、“珍物宜献也”。② 因“献”字字义中蕴含着无比的尊敬与洁诚，是以古人往往以其字冠于祭者之名，如正献、摄献、分献之属。献礼是祭祀过程中神人交通的最神圣的一个环节，担此使命的献祭者便是整场祭祀中最为关键的人物。学界对孔庙献官制度的研究尚不多见，下文将对此一问题作一下梳理。

（一）献官制度的初始形态

孔庙祭祀的最早模式是什么样子，由于史乏记载，已很难获知。司马迁在《史记·孔子世家》中以汉代为分水岭，将其前后的祀孔情况简单总结为：“鲁世世相传以岁时奉祠孔子冢，而诸儒亦讲礼乡饮大射于孔子冢。……高皇帝过鲁，以太牢祠焉。诸侯卿相至，常先谒然后从政。”③ 因为有高祖亲祠倡其先河，后世朝廷上下对祭孔之事格外重视，祭孔形式的多样化正是从汉朝开始的。

汉代的祭祀形态，从献祭者的身份布局看，大致可分三种类型：（1）皇帝亲祭。除了刘邦亲临行事外，东汉明帝、章帝、安帝都在东巡狩之时亲入鲁祀孔子；（2）遣官祭祀及地方官祭祀。建武五年（29），光武帝破董宪后过鲁，即使大司空祀孔子。④ 地方官祭祀就是诸侯卿相先拜谒后从政的相沿成例；（3）孔氏后裔祭祀。孔氏后裔自高祖亲祠后，开始陆续获得国家赐封的正式奉祀身份，并逐步拥有了稳定的食邑以供奉祀之事。⑤ 除了此种分类，行礼地点的不同也产生了两种不同的祭祀样式：一为辟雍祀孔，一为阙里祀孔。

---

① （汉）许慎撰，（清）段玉裁注：《说文解字注》，第476页。

② （晋）郭璞注，（宋）邢昺疏：《尔雅注疏》卷二《释诂下》，《十三经注疏》，第2577页。

③ （汉）司马迁：《史记》卷四七《孔子世家》，第1945—1946页。

④ （宋）范晔：《后汉书》卷一上《光武帝纪》，第40页。

⑤ 高祖亲祠孔子后，封孔子九代孙孔腾为奉嗣君以奉孔子祀。元帝时，十三代孙孔霸获赐关内侯，以所食邑八百户奉祀。此后，孔子后裔相继被奉为褒圣侯、褒亭侯、宗圣侯、宗圣亭侯等，均有食邑奉祀。

汉时祭孔范式基本上囊括了后世行事的所有样本，但是有关其仪注的流传却是微乎其微。汉帝驾临阙里，其事迹均载于史册，但是史官笔墨多施于礼毕盛会及赏赐讲经上，至于正祭过程则语焉不详，很难让人窥见行礼全貌。[①]

曲阜孔庙中保存了一些传世汉碑，其碑文为孔庙祭祀研究提供了价值不菲的资料。《孔庙置守庙百石孔龢碑》《鲁相史晨祠孔庙奏铭》《史晨享孔庙后碑》等碑，其碑文不仅描述了鲁相谒孔祀孔的情形，还透露了孔裔祀孔的现状，并且记录了祠官所称引的辟雍行礼故事等。通过碑文，我们大致可以形成以下几点印象：（1）孔氏后裔在祭祖上存在着力不从心之处。褒成侯虽承国家命祭之礼，但要么受食邑封地远近之限，要么受出官任职之限，并不能常守于祖庙左右，以至于例行公事庙务荒迨。这便是碑文中的“褒成侯四时来祠，事已即去。庙有礼器，无常人掌领”[②]，“虽有褒成世享之封，四时来祭，毕即归国”[③] 所反映的情况。（2）更直接地与孔庙有着密切联系的是地方大员鲁相。鲁相至官，要先行拜谒之礼，史晨叙述了这一过程：“臣以建宁元年到官，行秋享，饮酒泮宫。毕，复礼孔子宅，拜谒神□。仰瞻榱桷，俯视几筵，灵所冯依，肃肃犹存，而无公出酒脯之祠，臣即自以奉钱修上案食醊具，以叙小节，不敢空谒。”[④] 鲁相任上，要负责处理庙中的许多具体事务，如为孔庙添造礼乐器、修饰宅庙、修补墙垣、修通大沟道路、奏请为孔庙设百石卒史常守礼器、春秋享礼公出钱谷等，这都是碑文所记录的鲁相职属范畴。（3）孔子除了受祭于阙里本庙外，还在辟雍享受着更高的礼遇，“故事，辟雍礼未行，祠先圣师。侍祠者孔子子孙，大宰、大祝、令各一人，皆备爵。大常丞监祠，河南尹给牛、羊、豕、鸡、□、□各一，大司农给米”。[⑤] 这些记载能够帮助我们更好地理解东汉的祀孔布局及具体操作，遗憾的是，孔庙碑文中同样也没有详细的献礼过程记载。

---

① 汉帝祀孔情形参见《后汉书·明帝纪》（第110页）；《后汉书·章帝纪》（第150页）；《后汉书·安帝纪》（第238页）。

② （宋）洪适：《隶释 隶续》，第18页。

③ 同上书，第23页。

④ 同上。

⑤ 同上书，第18页。

魏晋南北朝的祭孔情况各有特点。曹魏正始间，齐王芳每通一经，即遣太常祭孔子于辟雍。[①] 晋武帝泰始间，皇太子讲《孝经》通，亲以太牢祀孔子。[②] 自是，皇太子每通一经，必亲释奠于太学，以后历朝相沿。南北朝时，各政权陆续在京师国学及地方郡学设立孔庙，定时祭孔开始成为正式学规的一部分。这样一来，献祭者中便出现了学官博士的身影，更多时候，国家祀孔，都是以学官为主。

（二）三献官礼的确立与盛行

祭孔用“三献”先见于北齐政权的释奠仪式中。其制为：皇帝每受一经毕，“以一太牢释奠孔父，配以颜回，列轩悬乐，六佾舞，行三献礼”。[③] 这是有关祭孔三献的最早记录。此前的两晋政权，皇室也经常举行释奠仪式，但那时的行礼仪注明显不同。晋惠帝、明帝为太子时及愍怀太子时，他们初学经，都亲释奠于太学，其制为：“太子进爵于先师，中庶子进爵于颜渊。”[④] 虽然我们还无法判断北齐的三献礼是由一人完成，还是由三人完成，但是基本可以断定晋代释奠尚未采用三献官礼。

三献是祭祀中的核心礼仪程序，即向神灵进行的三次献礼，分别为初献、亚献、终献。三献官礼即献祭过程中的初献、亚献、终献分别由初献官、亚献官、终献官三人合力完成的礼仪程序。三献官祭奉的是同一神灵，但是在等级安排上有所差别，分别依照初、亚、终的次序地位相应降低。

三献礼并非古即兴之，具体起于何时，起因为何，却无可考。先是祭宗庙有九献礼，王与后各为四献，诸臣行最后一献。汉以后南北郊、宗庙、社稷则皆行三献，已无所谓九献礼。《后汉书·百官志》中所载郊祀设官，太尉公即掌亚献，光禄勋卿掌三献。[⑤]

在唐代，孔庙祭祀中的三献官礼开始以制度的方式确立下来。贞观间，诏皇太子释奠，中书侍郎许敬宗等检循旧制，发现其行礼多以儒官自

---

① （晋）陈寿：《三国志》卷四三《魏书·少帝纪》，第120页。

② （唐）房玄龄等：《晋书》卷一九《礼志》，第599页。

③ （唐）魏徵等：《隋书》卷九《礼仪志》，第180页。

④ （梁）沈约：《宋书》卷一四《礼志》，第367页。

⑤ （晋）司马彪撰，（梁）刘昭注补：《后汉书志》第八《祭祀中》，《后汉书》点校本，第3557、3574页。

祭且在祝辞中直称“博士某某昭告于先圣”，随即另加改议奏上：

> 秦、汉释奠，无文可检。至于魏武，则使太常行事。自晋、宋已降，时有亲行，而学官主祭，全无典实。且名称国学，乐用轩悬，罇俎威仪，盖皆官备，在于臣下，理不合专。况凡在小神，犹皆遣使行礼，释奠既准中祀，据理必须禀命。今请国学释奠，令国子祭酒为初献，祝辞称“皇帝谨遣”，仍令司业为亚献，国子博士为终献。其州学，刺史为初献，上佐为亚献，博士为终献。县学，令为初献，丞为亚献，博士既无品秩，请主簿及尉通为终献。若有阙，并以次差摄。州县释奠，既请各刺史、县令亲献主祭，望准祭社，同给明衣。修附礼令，以为永则。①

在这之前，太宗已经诏令州县学校皆作孔子庙，此奏无疑是对遍敷天下的学庙所作的一次归结与统摄。国学遣官释奠、州县以守令主祭，这些自上而下的规定既体现了中央集权无所不包的一面，也体现了孔庙祭祀影响扩大的一面。三献官人选的设定极为醒目地标识着古代社会政教的习惯性结合。

三献官礼定式后，后世遵行成例。其中偶有变化，也只是在择人上有所不同。下文将分别对国学孔庙、州县学孔庙、阙里孔庙的三献官情况试做说明。

国学祀孔通常有两种情形，一为皇室亲祭，一为遣官致祭。玄宗开元七年（719），皇太子齿胄入学，拜谒先圣，原定皇太子初献、侍中宋璟亚献、中书侍郎苏颋终献，临享之时，诏改三献皆用胄子。② 开元二十八年（740），因孔子加谥为文宣王，遂诏春秋释奠以三公摄行事，且著为常式。③ 三公即太尉、司徒、司空。毫无疑问，开元制委任献官，较之贞观初制的祭酒、司业、国子博士，在身份等级上做了大幅度提升。

唐仪延续到宋代，在许多环节上有所松动。真宗天禧间，判国子监孙

---

① （后晋）刘昫等：《旧唐书》卷二四《礼仪志》，第917—918页。

② （宋）欧阳修、宋祁：《新唐书》卷一五《礼乐志》，第375页。

③ （后晋）刘昫等：《旧唐书》卷二四《礼仪志》，第921页。

奭将疏漏提出并有所建议，他奏称："释奠，旧礼以祭酒、司业、博士为三献，新礼以三公行事。近年只差献官二员通摄，伏恐未副崇祀向学之意。望令备差太尉、太常、光禄卿以充三献。"[①] 此议得以通过。

神宗元丰间官制改革，朝廷里掀起了一股职官考究之风，礼官也在考究之列。依据职有专属、事有专任的标准排查，其时多类祀典所任祭官与职事不符。释奠所任三献官也在批评之列："古者神民不杂，礼刑异制，故治礼之官常得以治礼，事神之官常得以事神，如左氏所谓使名姓之后，率旧典者为之宗。自汉以来，治礼事神之官不得其职，始杂以他官，故《后汉志》太尉掌郊祀亚献，光禄掌三献。太尉，秦汉用以掌兵，今为三公坐论道者也；光禄，本掌宫殿门户，皆非祠官之任。"[②] 经此考议，神宗敕令祀文宣王仍以"国子祭酒、司业、丞、博士为三献"。[③] 开元以来，文庙释奠，太尉常居初献之任，元丰改制实际上是重新回到了贞观初制的起点，再次将祭酒作为主祭人选。

元丰新制随后通行开来，金章宗朝，尚书省奏定国学释奠仪注，犹称"依典故，三献官以祭酒、司业、博士充"。[④] 行至明代，太祖为了彰显祭酒一职的重要性，亲为制《国子祭酒诰》，其中有言：

> 大学之设，所以教君之嗣、贵臣之子，名曰大学。既立之矣，则爵官以司之。以专文学，乃曰师。师乃泛称，官称曰何？祭酒，斯官之首者。不独教生徒而已，其职亦首在祀事也。且仲尼历代崇其德，王者亲祭必寡，故设官以代祭之，名曰祭酒。所以祭酒之职，洁牲牢，精笾豆，祭不失时，则礼焉。[⑤]

可见，祭酒在明初仍为释奠遣祭的主要人选。然而其后，此制逐渐改样，《明史·礼志》将其变化简单表述为："初，国学主祭遣祭酒，后遣

---

① （元）马端临：《文献通考》卷四三《学校考四》，《景印文渊阁四库全书》第611册，第75—76页。

② （宋）庞元英：《文昌杂录》卷一，《景印文渊阁四库全书》第862册，第654页。

③ 原文如此，其意概指三献官从此四职官中选任。

④ （金）孔元措：《孔氏祖庭广记》卷五《历代崇重》。

⑤ （明）丘濬：《大学衍义补》卷六六《秩祭祀》，《丛书集成三编》。

翰林院官，然祭酒初到官，必遣一祭。”[1] 这说明翰林院官取代了国子祭酒的位置。后来，辅臣及吏、礼部尚书又常成为遣祭人选，翰林院官及国子监官则分别担任十哲及两庑分献官。[2] 从中不难看出政权实体内行政风尚的转变。

州县学文庙释奠，唐制规定由地方行政长官负责担任三献官。然而实际运作中，此一礼令并未得到严格执行。宋景德年间，户部员外郎直集贤院判太常礼院李维直接批评道：“天下祭社稷释奠，长吏多不亲行事，及阙三献之礼，甚非为民祈福尊师设教之意也。”[3] 他呼吁礼官申明旧典，并诏付有司加以贯彻。后来朱熹在所制《州县释奠至圣文宣王仪》中，对临祭出现献官缺席的情况，作了预先的考虑和弥补安排：“献官各以州县长吏，阙以次官充。已斋而阙者，通摄行事。”[4] 通摄行事，即表明三献官礼可以变通行之，三献可以由二人或一人一并完成。

阙里孔庙奉祀，三献官分别由衍圣公及族中尊长二人充当。宋政和间，特赐三献官祭服，令各服其服以行礼。金章宗明昌间，礼官主张仿照宋制再赐祭服，其由为：

> 曲阜县夫子庙修盖已毕，自来祭享行三献之礼，其献官衍圣公止用公服，亲族二人各止儒服，及别无音乐。即目国学释奠，依古礼用法服及登歌雅乐。宋政和间曾赐本庙三献官祭服及登歌之乐，令族人及学生阅习。方今尊崇圣道度越往昔，其袭封衍圣公特授中议大夫，爵视四品，更新庙貌所费钜万，而三献止用常服及无雅乐，恐未相称。[5]

章宗从其议，敕有司赐衍圣公以下三献法服，并规定亚献、终献以宗族最长人充。最终有司奏定衍圣公初献法服依四品，用六梁冠，亚献、终献七品，用三梁冠。

---

① （清）张廷玉等：《明史》卷五〇《礼志》，第1297页。
② （清）文庆、李宗昉等纂修：《钦定国子监志》卷二六《礼志二》，第400页。
③ （金）孔元措：《孔氏祖庭广记》卷五《历代崇重》。
④ （宋）朱熹：《绍熙州县释奠仪图》，收入《朱子全书》第十三册，第26页。
⑤ （金）孔元措：《孔氏祖庭广记》卷五《历代崇重》。

三献官礼以三位献祭者展恪躬拜于先圣前，更显礼文仪注之庄重周密。可是，随着孔庙中受祭神灵的增多，十哲（清代增至十二哲）、两庑、启圣祠（清代为崇圣祠）位前又增设数位分献官，每年的献官派遣与任事也成为耗力伤神的事情，是以明代以后，三献官礼开始逐渐退出历史舞台。

（三）三献官礼的退出

三献与三献官是两个既相依附又彼此分离的概念。三献官本是按照初、亚、终的顺序为三献配备的三位践礼者，当三献的任务完全落于一个人的身上，也就无所谓三献官礼了，但献拜的仪节是不变的。

三献官礼从什么时候开始退出很难确定。依据万历间人章潢所汇辑的《图书编》的记载可知，明代中后期的献官安排已经不同以往：先师庙"岁仲春秋上丁祭，先十五日题遣辅臣一员行礼"，"天下各布政司、府、州、县学释奠仪注，各布政司及府、州、县长官一员行三献礼"。① 崇祯时，由太常寺官所辑《太常续考》也记载了相同的情形："前期十日，本寺题请遣大臣一员行礼，候旨下，行手本知会。"② 这些文字说明，以往由初、亚、终三献官分担的三献礼，现在统摄于一人之身。

清代孔庙献祭情况大致相同。顺治二年（1645），定春秋丁祭，遣大学士一人行礼，翰林官二员分献（十哲），国子监监丞、博士分献两庑，祭酒祀启圣公于后殿。③ 康熙年间，翰林院编修查慎行曾参与文庙分献，事毕作诗以纪之。其诗中所提及的任事献官，也可以印证顺治间所定制度的推行。④ 与明代相比，清代的献祭制度更为统一，其表现就是，不仅遣官祭、阙里祭、府州县祭均是以一人任三献，甚至皇帝与皇子至鲁祭孔，亦备具三献礼。⑤

这一肇始于明代的献官制度变更，尽管尚无法推断是否与嘉靖孔庙改制存在着什么必然的联系，却可以断定实质性的变化恰好就发生在嘉靖前

① （明）章潢：《图书编》卷一〇四，《景印文渊阁四库全书》第972册，第241—242页。

② （明）不著撰人：《太常续考》卷五，《景印文渊阁四库全书》第599册，第217页。

③ （清）文庆、李宗昉等纂修：《钦定国子监志》卷二六《礼志二》，第398页。

④ （清）查慎行：《敬业堂诗集》卷四一，《四部丛刊初编》。

⑤ （清）孔毓圻、金居敬等：《幸鲁盛典》卷五、卷一七，《景印文渊阁四库全书》第652册，第54—56、208—211页。

后。清代钦定《国子监志》及孔继汾述《阙里文献考》中都收录了各朝各时期的释奠仪注，其中也特别记载了嘉靖孔庙改制后的释奠仪注。比较后可以发现，以往仪注中提到献官，大都会通称为三献官，或细分为初献官（初献者）、亚献官（亚献者）、终献官（终献者），十哲、两庑称分献官。嘉靖仪注中则只有正献官、分献官，且三献过程中，正献官承祭始终，并无二者。[①] 清代释奠承继嘉靖仪注，只将正献官改称为承祭官，而承祭官同样以一人之力完成三献之礼。虽然没有资料表明这一变更是朝廷正式令文干涉的结果，也没有时人对这一变化作出特别说明，但是可以推定的是，三献官礼的销声匿迹发生于明代中后期，清代鼎新，顺袭了这一变更并将其固定化。

孔庙三献官礼自唐代正式确立开始，至明代，已推行了近千年时间。如此重要的一项仪制，骤然间被更换，却没有引起太大的注意和议论，个中原因大概在于三献仪注并未改变，祭祀的整体程序也不受什么影响，是以三人行礼与一人行礼也就没有什么实质性的差别。孔继汾修《阙里文献考》，卷秩一百，其中林庙世系、世爵职官、历朝褒崇、祀典因革、礼乐艺文，燦然具备，然而对三献官礼的关注却几近于无，只是在述及礼器一节时才偶一提及，语为："然则唐、宋酌尊犹因人异用，而供尊亦皆有所实也。今三献官礼既废，于是三献统酌一尊，惟先圣用著尊，先贤、先儒用壶尊，则少以示杀焉。"[②] 此中所及，又非就三献官礼本身作解。比较正式触及此礼的是明人瞿九思，他在所作《孔庙礼乐考》中专门列了一个条目为《三献官》，可是条目下总共就写了这样几句话：

> 唐贞观二十年，诏诸州释奠，刺史为初献，上佐为亚献，博士为终献；县学，令为初献，丞为亚献，博士无秩，以主簿通为终献。若阙，并以次差摄。宋元制亦然，独国朝三献俱以守令，其敬恭过前代远甚矣！[③]

---

① 参见《钦定国子监志》卷二七（第420—423页）；《阙里文献考》卷二一（第478—495页）。

② （清）孔继汾述：《阙里文献考》卷二二《礼第五之四》，第519—520页。

③ （明）瞿九思：《孔庙礼乐考》卷之三《三献官》，《续修四库全书》第824册，第639页。

他显然已经注意到了献官制度上的变化，但在予以说明时却一笔带过，让人不明所以，而对本朝又未免褒扬过甚。

三献礼由最初三人合力完成，到后来全程一人承担，从礼文传承的角度来说，是对古礼的减杀。礼节仪注的损益往往与实际的可操作程度及重视程度相挂钩，繁则简之，阙则增之。三献官礼的设置，其初衷在取众人成祭礼洽人和之意。从实用性考虑，它能够保证献祭者从容演礼不致惮烦。所以，明末以后在献官礼上的变动，尚属过俭，因为其中的制礼深意已然不见。

余　论

祭孔祀典与儒学命运是联系在一起的，儒学兴则祀典盛，儒学衰则祀典疏。汉代以来，儒学一直处于独尊地位，后世科举取士又以儒家典籍为必试科目，是以祀孔活动非常兴盛。自清末废除科举制，蕴含有孔子之教的儒家经典已不再是学子的必修课程，孔子的师尊地位日渐削弱。特别是在遭受西方文化的冲击以及“五四”和“文革”的批判后，儒学在将近整个20世纪都处于衰微的困境，孔庙祭祀也陷入不绝如缕的地步。

20世纪末，祭孔活动重新兴起。从表面看，此一活动只是席卷于经济发展大潮之下的一道副产品，实际上，它依循了一定的内在发展逻辑，即儒学的振兴带来了祀典的振兴。最近几年，许多地方公祭活动，如陕西祭黄帝轩辕、两湖祭炎帝神农、三湘祭虞舜等，如雨后春笋般兴盛起来，它们同祭孔祀典一样，都在迅速回归。对于回归的原因，陈成国先生给出了这样的解释：“只因为中华民族没有也不会忘记自己的始祖和那些‘有功烈于民’的先帝和先圣。祭祀炎黄舜禹，祭祀孔圣早已列入中华民族千古不磨的祀典——民族心灵的祀典之中，历‘五四’运动而不曾熄灭，遭‘文化革命’而不曾遗忘。”① 这无疑宣告了祭祀祖先祭祀先圣先师的礼典本身就是不朽的，它展现了一种集体记忆的力量，它代表了一个民族最质朴的情感，它不会因时间的流逝而湮灭无闻。

目前儒学所表现出的振兴景象，与其说是由其本身的学理创新所引起的，不如说是由现代化、国际化背景下的中国社会快速发展所遭遇的诸多问题反向推动而促成的。新中国成立乃至改革开放以来，中国发生了翻天覆地的变化，经济繁荣了，城市增多了，生活节奏加快了，社会价值信仰

---

① 陈成国：《古礼今论》，《湖南大学学报》（社会科学版）2010年第2期。

体系却出现了明显的断裂。面对失范的道德秩序，各界人士和社会学家都在深刻反思，并将眼光重新投向了远古而久远的传统文明。孔子对“仁”对“礼”的强调，再一次引起共鸣和向往。很多人意识到，社会的现代化，不能仅仅是科技、物质的现代化，更应该是人的精神、人的思想的现代化，否则一切只能是无本之木、无源之水。

有些人对儒学的振兴表现出怀疑和不信任。比如各地尊孔读经现象的出现以及各项盛大祭礼的举办，这些活动是不是华而不实？再比如孔子的思想在“文化大革命”时期曾被定性为统治阶级的思想，开历史倒车，今天重新倡导这些内容，是否意味着复古，意味着倒行逆施？也有人认为现在世界盛行的潮流是民主、自由、法治、科学，提倡儒学是否意味着要加强专制，实行人治，这不是与普世价值背道而驰吗？这些认识显然与传统文化统绪在近现代中国的断层有很大关系。经过多次思想冲击，传统在我们心目中已不再是民族智慧和文化财产，而是被当作异端审视，这不能不说是历史的悲哀。传统儒学与中国现代化并不冲突，它们是根基与大厦的关系。与普世道德也不相悖，它们对仁爱、对和谐、对大同有着共同的追求。

与质疑相比，现代儒学倡导者们的践行精神或许更具有迎难而进的考量价值。他们的努力方向和行动路径大致有以下两个：新儒家力图促成传统儒学向现代儒学的顺利转型，所以更多地以新理念新眼光来解释和挖掘儒学固有的价值资源；儒教复兴者力图将儒学打造成真正的宗教，所以更专注于宗教组织、宗教场所、宗教仪式等方面的筹划和建设。仅就20世纪儒家学说整体衰败不彰的情形来说，这两方面的用功无疑都是极具意义的。

祭孔活动的复苏及其国际化趋势，显然是受儒学振兴影响的结果。重拾孔子主义价值观也得到了越来越多人的认可和呼应。当然，与发展儒学的不同路径相照应，祭孔在立意形式上也各有偏向。立意开放之士主张与现代与国际接轨，更多地强调为祭孔主题注入“天下大同”“与时偕进”“天人合一”之类的时代因素，以期促成儒学对现代中国及世界的更广泛影响；力主宗教化的人士则力图将祭孔打造成典型的宗教仪式，并希望借国教化的途径达成儒教的全面复兴。无论是出于何种目的的建礼取向，振兴儒学、弘扬传统文化都是各方追求不懈的目标。

孔子的学说既具有时代性，也包含了广泛超越时间与空间的普世的价值理念，对解决个体安身立命及整体和谐相处等人生社会问题仍然具有重要的启示作用。作为中国文化界的巨人，作为伟大的思想者、教育者，孔子不仅影响了我们的历史，而且仍在影响着我们今天的生活。祭祀孔子，在祀其道，在祀其教。

祭孔祀典自古延续，对于今天的我们来说，它既是需要开发保护的珍贵历史文化遗产，更是值得继续弘扬和推行的礼仪榜样。祭祀孔子不仅仅在于缅怀先圣，它的意义还在于礼仪过程中，个体虔敬之心的觉醒。对个人来说，祭祀是一种奇妙的自我认识、自我提升、自我体认的方式。对国家来说，祭祀这样一位具有民族代表性且被国际社会认同的历史人物，有利于宣传继承中华民族优秀传统文化，增强民族凝聚力；也有利于打造一个能够被国内外接受的具有吸引力和感召力的文化交流平台，扩大中国文化在世界的影响。

今天我们到底应该如何来祭祀孔子，是全面恢复古礼以挖掘实现此一礼仪的文化遗产价值和审美价值，还是因时制宜重建一套符合现代表达方式契合现代生活节奏的礼仪程序？是礼仪步骤、祭祀人员、祭祀品物、祭祀乐舞等仍由国家统一颁定，还是允许民间多元创新？是将此一活动仅仅定位为一场纯粹的以纪念古代伟人为目的普通纪念活动，还是将其塑造成一个全新的具有源头活水之效的体现文化传承与精神延续的活的载体？这都有待实践进一步探索，而如何处理传统礼仪与现代社会的关系，则是解决问题的关键所在。

在对孔庙祭祀这一传统礼仪重加定位并使之拥有持久发展的内在动力的问题上，黄进兴先生曾提出了两个值得借鉴的建议：一是对孔庙进行政治净化，由民间团体主其事，使其成为具有文化意义的民间活动；二是对孔庙从祀制进行创造性转化，以避免其因僵化停滞而欠缺时代意涵。就孔庙发展史来看，道统延续确实为祭祀活动注入了更多的时代因素，但是全面恢复以往庞大的从祀体系显然已是很难做到的事情。不管怎样，黄进兴先生还是提出了一个思路，即现今的孔庙祭祀仍需在祭祀内涵上重塑一条既具历史感又具时代性的传承血脉。

礼仪设计也是今天的制礼难题。从内、外两方面说，礼主要包括礼义与礼文。对于二者的关系，《礼记·郊特牲》中表述得很清楚："礼之所尊，尊其义也，失其义习其数，祝史之事也。”这表明在礼乐大盛之时，礼数只是末节，人们更为看重的是礼的意义和本质。可是到了后来，世人疏于行礼，礼文残缺，礼数大都湮灭无闻。在这种情况下，恰如朱熹所言“非得其数，则其义亦不可得而知矣”①。礼数不存，则礼义亦无所推求。时值今日，礼义与礼数的缺失较之朱熹时代为更甚。所以确定礼文阐释礼义，仍然是新历史时期下的议礼重点。

现今的祭孔大典上出现了许多新的亮点，如乐舞生、献祭者中都有女性参加，外国友人也在献祭之列，有更多普通人物参与，媒体的介入以及新科技手段的运用，等等。这都是新历史条件新思想观念下祭孔活动中所出现的新气象新特点，是时代进步的产物。但在具体细目上，也有一些值得商榷的地方，如为满足媒体拍摄需要，同时为兼顾观礼者的观瞻效果，行礼位、读祝位都设在大成殿外的露台上而不在殿内，孔子遥遥领受，不可谓不亵慢。另外，乐舞表演与献礼程序在节奏配合上并没有清晰的界定，礼乐契合效果欠佳；献祭者、赞祭者、执事者的着装，古今杂糅，颇不协调；祭祀过程中，摄像人员随意跑来跑去，现场秩序比较混乱；等等。

一代有一代之礼，今人行礼虽不必全依旧式礼文，却也不能将其全盘抛弃。孔子曾言，“殷因于夏礼”“周因于殷礼”，其中损益，皆有可知，这揭示了历朝典章制度在传承过程中的沿革规律。祭孔典礼同样如此，一代秉负一代的特色，每一代却贯穿着共同的制礼内涵。

---

① （宋）朱熹：《仪礼经传通解》卷一《冠义》，收入《朱子全书》第二册，第71页。

参考文献

基本文献

（清）阮元校刻：《十三经注疏》，中华书局1980年版。

（清）孙诒让：《周礼正义》，中华书局1987年版。

（宋）卫湜：《礼记集说》，景印文渊阁四库全书本。

（元）陈澔：《礼记集说》，景印文渊阁四库全书本。

（元）吴澄：《礼记纂言》，景印文渊阁四库全书本。

清乾隆十三年敕撰：《钦定礼记义疏》，景印文渊阁四库全书本。

方向东：《大戴礼记汇校集注》，中华书局2008年版。

（梁）皇侃：《论语义疏》，日本龙谷大学图书馆藏本。

杨伯峻：《论语译注》，中华书局2004年版。

（清）阎若璩：《尚书古文疏证》，景印文渊阁四库全书本。

（元）金履祥：《孟子集注考证》，景印文渊阁四库全书本

（明）吕柟：《四书因问》，景印文渊阁四库全书本。

（宋）郑汝谐：《论语意原》，丛书集成初编。

（宋）赵顺孙：《四书纂疏》，景印文渊阁四库全书本。

（宋）杨复：《仪礼图》，景印文渊阁四库全书本。

《逸周书》，景印文渊阁四库全书本。

（唐）萧嵩等：《大唐开元礼》，景印文渊阁四库全书本。

（宋）郑居中等：《政和五礼新仪》，景印文渊阁四库全书本。

（金）不著撰人：《大金集礼》，景印文渊阁四库全书本。

（清）来宝、李玉鸣等：《大清通礼》，景印文渊阁四库全书本。

（清）秦蕙田：《五礼通考》，景印文渊阁四库全书本。

（明）冯复京：《六家诗名物疏》，景印文渊阁四库全书本。
（宋）陈祥道：《礼书》，景印文渊阁四库全书本。
（宋）陈旸：《乐书》，景印文渊阁四库全书本。
（明）朱载堉：《乐律全书》，景印文渊阁四库全书本。
（清）朱彝尊：《经义考》，（台北）中研院中国文哲研究所筹备处 1997 年版。
（明）朱睦㮮：《五经稽疑》，景印文渊阁四库全书本。
允禄等撰，福隆安等校补：《皇朝礼器图式》，景印文渊阁四库全书本。
（汉）司马迁：《史记》，中华书局 1950 年版。
（汉）班固：《汉书》，中华书局 1962 年版。
（刘宋）范晔：《后汉书》，中华书局 1965 年版。
（晋）陈寿：《三国志》，中华书局 1959 年版。
（唐）房玄龄等：《晋书》，中华书局 1974 年版。
（梁）沈约：《宋书》，中华书局 1974 年版。
（梁）萧子显：《南齐书》，中华书局 1972 年版。
（唐）姚思廉：《梁书》，中华书局 1973 年版。
（唐）姚思廉：《陈书》，中华书局 1972 年版。
（北齐）魏收：《魏书》，中华书局 1974 年版。
（唐）令狐德棻等：《周书》，中华书局 1971 年版。
（唐）李百药：《北齐书》，中华书局 1972 年版。
（唐）李延寿：《北史》，中华书局 1974 年版。
（唐）魏徵等：《隋书》，中华书局 1973 年版。
（后晋）刘昫等：《旧唐书》，中华书局 1975 年版。
（宋）欧阳修、宋祁：《新唐书》，中华书局 1973 年版。
（宋）薛居正：《旧五代史》，中华书局 1976 年版。
（元）脱脱等：《宋史》，中华书局 1977 年版。
（元）脱脱等：《金史》，中华书局 1975 年版。
（明）宋濂等：《元史》，中华书局 1976 年版。
（清）张廷玉等：《明史》，中华书局 1974 年版。
赵尔巽等：《清史稿》，中华书局 1977 年版。
（宋）司马光编著：《资治通鉴》，中华书局 1956 年版。

（宋）李焘：《续资治通鉴长编》，中华书局1985年版。
（清）徐乾学：《资治通鉴后编》，景印文渊阁四库全书本。
（宋）萧常：《续后汉书》，景印文渊阁四库全书本。
（元）郝经：《续后汉书》，景印文渊阁四库全书本。
（明）陈邦瞻编：《宋史纪事本末》，中华书局1977年版。
（清）谷应泰：《明史纪事本末》，中华书局1977年版。
（唐）杜佑：《通典》，中华书局1988年版。
（唐）李林甫等：《唐六典》，中华书局1992年版。
（宋）王溥：《唐会要》，中华书局1955年版。
（宋）宋敏求编：《唐大诏令集》，商务印书馆1959年版。
（宋）王溥：《五代会要》，上海古籍出版社1978年版。
（宋）郑樵：《通志》，景印文渊阁四库全书本。
（元）马端临：《文献通考》，景印文渊阁四库全书本。
（明）徐溥等撰，李东阳等重修：《明会典》，景印文渊阁四库全书本。
（明）不著撰人：《太常续考》，景印文渊阁四库全书本。
（明）章潢：《图书编》，景印文渊阁四库全书本。
（清）嵇璜、曹仁虎等：《续通志》，景印文渊阁四库全书本。
（清）嵇璜、曹仁虎等：《续通典》，景印文渊阁四库全书本。
（清）嵇璜、曹仁虎等：《续文献通考》，景印文渊阁四库全书本。
《清朝文献通考》，景印文渊阁四库全书本。
（唐）刘知几撰，（清）浦起龙释：《史通通释》，上海古籍出版社1978年版。
（宋）赵汝愚编：《宋朝诸臣奏议》，上海古籍出版社1999年版。
（唐）欧阳询：《艺文类聚》，上海古籍出版社1982年版。
（宋）王钦若等：《册府元龟》，景印文渊阁四库全书本。
（宋）李昉等编：《文苑英华》，中华书局1966年版。
《明太祖实录》，台湾史语所据美国国会图书馆所摄原北平国立图书馆藏“红格钞本”之缩微胶卷影印1962年版。
《清实录》第四十五册《穆宗实录》，中华书局1987年版。
《清圣祖仁皇帝圣训》，景印文渊阁四库全书本。
《清世宗宪皇帝圣训》，景印文渊阁四库全书本。

《钦定大清会典则例》，景印文渊阁四库全书本。

（清）允禄奉敕编，弘昼续编：《世宗宪皇帝上谕内阁》，景印文渊阁四库全书本。

《清世宗宪皇帝朱批谕旨》，景印文渊阁四库全书本。

（唐）长孙无忌等撰：《唐律疏议》，中华书局1983年版。

（清）徐本、三泰等纂：《大清律例》，景印文渊阁四库全书本。

（唐）吴兢撰，（元）戈直集论：《贞观政要》，景印文渊阁四库全书本。

（五代）王定保：《唐摭言》，中华书局1959年版。

（宋）李心传：《建炎以来系年要录》，中华书局1956年版。

（宋）邵博：《邵氏闻见后录》，中华书局1983年版。

（宋）李心传：《建炎以来朝野杂记》，中华书局2000年版。

（宋）洪迈：《夷坚志》第二册，中华书局1981年版。

（宋）王明清：《挥麈录》，中华书局1961年版。

（宋）岳珂：《桯史》，中华书局1981年版。

（宋）苏辙：《古史》，景印文渊阁四库全书本。

（宋）罗泌：《路史》，景印文渊阁四库全书本。

（宋）徐自明撰，王瑞来校补：《宋宰辅编年录校补》，中华书局1986年版。

（宋）不著撰人：《靖康要录》，景印文渊阁四库全书本。

（宋）陈均编：《皇朝编年纲目备要》，中华书局2006年版。

（清）董诰等编：《全唐文》，中华书局1983年版。

（宋）姚铉纂：《文粹》，四部丛刊初编。

（宋）不注撰人：《历代名贤确论》，景印文渊阁四库全书本。

（元）苏天爵编：《元文类》，景印文渊阁四库全书本。

（明）杨士奇等编：《历代名臣奏议》，景印文渊阁四库全书本。

（清）黄宗羲编：《明文海》，中华书局1987年版。

（明）钱谷编：《吴都文粹续集》，景印文渊阁四库全书本。

（明）林尧俞等纂修，俞汝楫等编撰：《礼部志稿》，景印文渊阁四库全书本。

（明）程敏政编：《明文衡》，四部丛刊初编。

（明）徐纮编：《明名臣琬琰续录》，景印文渊阁四库全书本。

（清）孙奇逢：《中州人物考》，景印文渊阁四库全书本。
（清）沈佳：《明儒言行录》，景印文渊阁四库全书本。
（清）纪昀等：《历代职官表》，上海古籍出版社 1989 年版。
《清代文字狱档》第六辑，（台北）华文书局 1969 年版。
（清）王太岳等纂辑：《钦定四库全书考证》，景印文渊阁四库全书本。
（清）马骕撰，王利器整理：《绎史》，中华书局 2002 年版。
（明）黄训：《名臣经济录》，景印文渊阁四库全书本。
（清）永瑢、纪昀等：《钦定四库全书总目》，景印文渊阁四库全书本。
（清）文庆、李宗昉等纂修：《钦定国子监志》，北京古籍出版社 2000 年版。
（宋）陶岳：《五代史补》，景印文渊阁四库全书本。
（晋）常璩撰，刘琳校注：《华阳国志校注》，巴蜀书社 1984 年版。
（北魏）郦道元著，陈桥驿校证：《水经注校证》，中华书局 2007 年版。
（清）赵一清：《水经注释》，景印文渊阁四库全书本。
（宋）潜说友：《咸淳临安志》，景印文渊阁四库全书本。
（元）徐硕：《至元嘉禾志》，景印文渊阁四库全书本。
（明）李贤等：《明一统志》，景印文渊阁四库全书本。
（明）曹学佺：《蜀中广记》，景印文渊阁四库全书本。
（清）孙灏、顾栋高等编纂：《河南通志》，景印文渊阁四库全书本。
（清）阿桂、刘谨之等：《钦定盛京通志》，景印文渊阁四库全书本。
（清）郝玉麟等监修，鲁曾煜等编纂：《广东通志》，景印文渊阁四库全书本。
（清）谢旻等监修：《江西通志》，景印文渊阁四库全书本。
（清）觉罗石麟等监修，储大文等编纂：《山西通志》，景印文渊阁四库全书本。
《钦定八旗通志》，景印文渊阁四库全书本。
（清）岳濬等监修，杜诏等编纂：《山东通志》，景印文渊阁四库全书本。
（清）赵弘恩等监修，黄之隽等编纂：《江南通志》，景印文渊阁四库全书本。
（清）黄廷桂等监修，张晋生等编纂：雍正《四川通志》，景印文渊阁四库全书本，台湾商务印书馆 1986 年版。

（清）蒋溥等:《钦定盘山志》，景印文渊阁四库全书本。

（清）郭庆藩:《庄子集释》，中华书局 2004 年版。

（晋）郭象注，（唐）成玄英疏:《南华真经注疏》，中华书局 1998 年版。

（晋）崔豹:《古今注》，四部丛刊三编。

（清）王先谦:《荀子集解》，中华书局 1988 年版。

（战国）吕不韦著，陈奇猷校释:《吕氏春秋新校释》，上海古籍出版社 2002 年版。

（清）孙诒让撰:《墨子闲诂》，中华书局 2001 年版。

（清）苏舆撰:《春秋繁露义证》，中华书局 1992 年版。

徐元诰:《国语集解》，中华书局 2002 年版。

（清）陈立:《白虎通疏证》，中华书局 1994 年版。

（北魏）杨衒之著，杨勇校笺:《洛阳伽蓝记》，中华书局 2006 年版。

（元）释念常:《佛祖历代通载》，景印文渊阁四库全书本。

（汉）刘熙:《释名》，景印文渊阁四库全书本。

（汉）许慎撰，（清）段玉裁注:《说文解字注》，上海古籍出版社 1981 年版。

汪荣宝:《法言义疏》，中华书局 1987 年版。

王利器:《颜氏家训集解》，中华书局 1993 年版。

（汉）蔡邕:《独断》，四部丛刊三编，商务印书馆 1936 年版。

（汉）蔡邕:《蔡中郎集》，景印文渊阁四库全书本。

（汉）徐干:《中论》，四部丛刊初编。

（魏）曹植:《曹子建集》，四部丛刊初编。

黄叔琳注，李详补注，杨明照校注拾遗:《增订文心雕龙校注》，中华书局 2000 年版。

屈守元、常思春主编:《韩愈全集校注》，四川大学出版社 1996 年版。

（唐）颜真卿:《颜鲁公集》，景印文渊阁四库全书本。

（唐）刘禹锡撰，卞孝萱校订:《刘禹锡集》，中华书局 1990 年版。

（唐）皮日休:《皮子文薮》，上海古籍出版社 1981 年版。

（唐）柳宗元:《柳河东集》，上海古籍出版社 2008 年版。

（唐）白居易著，朱金城笺注:《白居易集笺校》，上海古籍出版社 1988 年版。

（唐）杜牧撰：《杜牧全集》，上海古籍出版社 1997 年版。
（唐）罗隐：《罗昭谏集》，景印文渊阁四库全书本。
（唐）封演撰，赵贞信校注：《封氏闻见记校注》，中华书局 2005 年版。
（唐）李涪：《刊误》，景印文渊阁四库全书本。
（唐）张彦远：《法书要录》，景印文渊阁四库全书本。
（唐）许嵩：《建康实录》，中华书局 1985 年版。
（宋）程颢、程颐：《二程集》，中华书局 1981 年版。
（宋）司马光：《温国文正司马公文集》，四部丛刊初编，商务印书馆 1922 年版。
（宋）司马光：《传家集》，景印文渊阁四库全书本。
（宋）梅尧臣：《宛陵集》，景印文渊阁四库全书本。
（宋）王安石：《王安石全集》，上海古籍出版社 1999 年版。
（宋）朱熹：《朱子全书》，上海古籍出版社、安徽教育出版社 2002 年版。
（宋）黎靖德编：《朱子语类》，中华书局 1986 年版。
（宋）陈淳：《北溪大全集》，景印文渊阁四库全书本。
（宋）陈淳：《北溪字义》，中华书局 1988 年版。
（宋）洪适：《隶释 隶续》，中华书局 1985 年版。
（宋）王十朋撰，（宋）王闻诗、王闻礼编：《梅溪集》，景印文渊阁四库全书本。
（宋）石介：《徂徕石先生文集》，中华书局 1984 年版。
（宋）苏轼：《苏轼文集》，中华书局 1986 年版。
（宋）苏洵：《谥法》，景印文渊阁四库全书本。
（宋）苏辙：《栾城集》，景印文渊阁四库全书本。
（宋）欧阳修：《欧阳修全集》，中华书局 2001 年版。
（宋）柳开：《河东集》，景印文渊阁四库全书本。
（宋）范仲淹：《范文正奏议》，景印文渊阁四库全书本。
（宋）宗泽撰，楼昉编，（清）王庭曾重编：《宗忠简集》，景印文渊阁四库全书本。
（宋）刘敞：《公是集》，景印文渊阁四库全书本。
（宋）欧阳修撰，陈亮编：《欧阳文粹》，景印文渊阁四库全书本。
（宋）黄庭坚：《黄庭坚全集》，四川大学出版社 2001 年版。

（宋）孙复：《孙明复小集》，景印文渊阁四库全书本。
（宋）彭汝砺：《鄱阳集》，景印文渊阁四库全书本。
（宋）真德秀：《西山读书记》，景印文渊阁四库全书本。
（宋）陆九渊撰，杨国荣导语：《象山语录》，上海古籍出版社 2000 年版。
（宋）夏竦：《文庄集》，景印文渊阁四库全书本。
（宋）王楙：《野客丛书》，景印文渊阁四库全书本。
（宋）郭若虚：《图画见闻志》，四部丛刊续编。
（宋）度正：《性善堂稿》，景印文渊阁四库全书本。
（宋）陈大猷：《书集传或问》，景印文渊阁四库全书本。
（宋）黄震：《黄氏日抄》，景印文渊阁四库全书本。
（宋）王应麟：《困学纪闻》，四部丛刊三编。
（宋）魏了翁：《鹤山先生大全文集》，四部丛刊初编，商务印书馆 1922 年版。
（宋）真德秀：《西山先生真文忠公文集》，四部丛刊初编。
（宋）洪迈：《容斋随笔》，中华书局 2005 年版。
（宋）王炎：《双溪类稿》，景印文渊阁四库全书本。
（宋）马廷鸾：《碧梧玩芳集》，景印文渊阁四库全书本。
（宋）宇文懋昭撰，崔文印校证：《大金国志校证》，中华书局 1986 年版。
（宋）赵彦卫：《云麓漫抄》，中华书局 1996 年版。
（宋）陈藻撰，林希逸编：《乐轩集》，景印文渊阁四库全书本。
（宋）王之道：《相山集》，景印文渊阁四库全书本。
（宋）孙光宪：《北梦琐言》，中华书局 2002 年版。
（宋）俞德邻：《佩韦斋集》，景印文渊阁四库全书本。
（宋）徐铉：《骑省集》，景印文渊阁四库全书本。
（宋）罗愿：《新安志》，景印文渊阁四库全书本。
（宋）庄绰撰：《鸡肋编》，中华书局 1983 年版。
（宋）范祖禹：《范太史集》，景印文渊阁四库全书本。
（宋）罗从彦：《豫章文集》，景印文渊阁四库全书本。
（宋）陈世崇：《随隐漫录》，丛书集成新编。
（宋）胡寅：《斐然集》，景印文渊阁四库全书本。
（宋）李石：《方舟集》，景印文渊阁四库全书本。

（宋）周必大：《文忠集》，景印文渊阁四库全书本。
（宋）陈耆卿：《赤城志》，景印文渊阁四库全书本。
（宋）曾慥编：《类说》，景印文渊阁四库全书本。
（宋）邢凯：《坦斋通编》，丛书集成初编。
（宋）应椿年：《增学天记》，载（宋）林表民编《赤城集》，景印文渊阁四库全书本。
（宋）秦观：《淮海集》，景印文渊阁四库全书本。
（宋）黄裳：《演山集》，景印文渊阁四库全书本。
（宋）魏齐贤、叶棻同编：《五百家播芳大全文粹》，景印文渊阁四库全书本。
（宋）杨万里：《诚斋集》，四部丛刊初编。
（宋）庞元英：《文昌杂录》，景印文渊阁四库全书本。
（宋）杨杰：《无为集》，景印文渊阁四库全书本。
（宋）王应麟：《四明文献集》，景印文渊阁四库全书本。
（宋）龚明之：《中吴纪闻》，景印文渊阁四库全书本。
（宋）孔文仲等撰，王莲编：《清江三孔集》，景印文渊阁四库全书本。
（宋）祖无择：《龙学文集》，景印文渊阁四库全书本。
（宋）李覯撰，（明）左赞编：《盱江集》，景印文渊阁四库全书本。
（宋）刘一止：《苕溪集》，景印文渊阁四库全书本。
（宋）王安礼：《王魏公集》，景印文渊阁四库全书本。
（宋）王禹偁：《王黄州小畜集》，四部丛刊初编。
（宋）沈括：《梦溪笔谈》，四部丛刊续编。
（宋）欧阳守道：《巽斋文集》，景印文渊阁四库全书本。
（宋）李廌：《济南集》，景印文渊阁四库全书本。
（宋）程大昌：《演繁露》，景印文渊阁四库全书本。
（宋）王应麟：《玉海》，（京都）中文出版社 1977 年版。
（宋）黄休复：《益州名画录》，景印文渊阁四库全书本。
（宋）董逌：《广川书跋》，景印文渊阁四库全书本。
（宋）熊禾：《勿轩集》，景印文渊阁四库全书本。
（元）揭傒斯：《揭文安公全集》，四部丛刊初编。
（元）姚燧：《牧庵集》，四部丛刊初编。

（元）方回：《桐江续集》，景印文渊阁四库全书本。
（元）陈旅：《安雅堂集》，景印文渊阁四库全书本。
（元）吴澄：《吴文正集》，景印文渊阁四库全书本。
（元）郝经：《陵川集》，景印文渊阁四库全书本。
（元）刘埙：《隐居通议》，丛书集成初编。
（元）程端礼：《畏斋集》，景印文渊阁四库全书本。
（元）侯克中：《艮斋诗集》，景印文渊阁四库全书本。
（元）耶律楚材：《湛然居士集》，四部丛刊初编。
（元）吴师道：《礼部集》，景印文渊阁四库全书本。
（元）谢应芳：《龟巢稿》，四部丛刊三编。
（元）吴莱：《渊颖吴先生集》，四部丛刊初编。
（元）黄溍：《金华黄先生文集》，四部丛刊初编。
（元）余阙：《青阳集》，景印文渊阁四库全书本。
（元）王恽：《秋涧先生大全文集》，四部丛刊初编。
罗玉霞主编：《宋濂全集》第一册，浙江古籍出版社 1999 年版。
（明）贝琼：《清江文集》，景印文渊阁四库全书本。
（明）曹端：《曹端集》，中华书局 2003 年版。
（明）解缙：《文毅集》，景印文渊阁四库全书本。
（明）沈鲤：《亦玉堂稿》，景印文渊阁四库全书本。
（明）杨士奇：《东里文集》，中华书局 1998 年版。
（明）陆深：《俨山外集》，景印文渊阁四库全书本。
（明）程敏政：《篁墩文集》，景印文渊阁四库全书本。
（明）方孝孺：《逊志斋集》，四部丛刊初编。
（明）方以智：《通雅》，景印文渊阁四库全书本。
（明）张岱：《陶庵梦忆》，丛书集成新编，（台北）新文丰出版公司 1985 年版。
（明）沈德符：《万历野获编》，中华书局 1959 年版。
（明）何孟春：《何文简疏议》，景印文渊阁四库全书本。
（明）胡居仁：《居业录》，景印文渊阁四库全书本。
（明）倪岳：《青溪漫稿》，景印文渊阁四库全书本。
（明）王世贞：《弇州四部稿》，景印文渊阁四库全书本。

（明）王世贞：《弇州续稿》，景印文渊阁四库全书本。
（明）王立道：《具茨文集》，景印文渊阁四库全书本。
（明）陆深：《俨山集》，景印文渊阁四库全书本。
（明）焦竑：《玉堂丛语》，中华书局1981年版。
（明）周琦：《东溪日谈录》，景印文渊阁四库全书本。
（明）杨慎：《升庵集》，景印文渊阁四库全书本。
（明）徐三重：《采芹录》，景印文渊阁四库全书本。
（明）夏良胜：《中庸衍义》，景印文渊阁四库全书本。
（明）尹台：《洞麓堂集》，景印文渊阁四库全书本。
（明）韩邦奇：《苑洛集》，景印文渊阁四库全书本。
（明）范景文：《文忠集》，景印文渊阁四库全书本。
（明）湛若水：《格物通》，景印文渊阁四库全书本。
（明）王鏊：《震泽集》，景印文渊阁四库全书本。
（明）胡直：《衡庐续稿》，景印文渊阁四库全书本。
（明）冯从吾：《少墟集》，景印文渊阁四库全书本。
（明）唐顺之：《荆川集》，景印文渊阁四库全书本。
徐儒宗编校整理：《罗洪先集》，凤凰出版社2007年版。
（明）吴宽：《匏翁家藏集》，四部丛刊初编。
（明）章懋：《枫山语录》，景印文渊阁四库全书本。
（明）郑纪：《东园文集》，景印文渊阁四库全书本。
（明）陆容：《菽园杂记》，中华书局1985年版。
（明）胡俨：《颐庵文选》，景印文渊阁四库全书本。
（明）张岳：《小山类稿》，景印文渊阁四库全书本。
（明）皇甫汸：《皇甫司勋集》，景印文渊阁四库全书本。
（明）王世贞：《弇山堂别集》，中华书局1985年版。
（明）姚士观等编校：《明太祖文集》，景印文渊阁四库全书本。
（明）李时珍：《本草纲目》，（台北）文化图书公司1992年版。
（明）张宁：《方洲集》，景印文渊阁四库全书本。
（明）刘宗周：《刘蕺山集》，景印文渊阁四库全书本。
（明）吕坤：《呻吟语摘》，景印文渊阁四库全书本。
（明）郑真：《荥阳外史集》，景印文渊阁四库全书本。

（明）丘濬：《大学衍义补》，丛书集成三编，（台北）新文丰出版公司 1985 年版。
（明）李东阳：《怀麓堂集》，景印文渊阁四库全书本。
（明）薛瑄：《敬轩文集》，景印文渊阁四库全书本。
（明）王樵：《方麓集》，景印文渊阁四库全书本。
（明）何乔新：《椒邱文集》，景印文渊阁四库全书本。
（明）王祎：《王忠文集》，景印文渊阁四库全书本。
（明）庄昶：《定山集》，景印文渊阁四库全书本。
（明）林俊：《见素集》，景印文渊阁四库全书本。
（明）曹安：《谰言长语》，景印文渊阁四库全书本。
（清）圣祖御制，允禄等奉敕编：《圣祖仁皇帝御制文第四集》，景印文渊阁四库全书本。
《清世宗宪皇帝御制文集》，景印文渊阁四库全书本。
（清）高宗撰，沈初等编：《御制文三集》，景印文渊阁四库全书本。
（清）高宗御制，蒋溥等奉敕编：《御制诗集》（二），景印文渊阁四库全书本。
（清）高宗御制，王杰等奉敕编：《御制诗集》（五），景印文渊阁四库全书本。
（清）顾炎武著，黄汝成集释：《日知录集释》，上海古籍出版社 2006 年版。
（清）顾炎武：《求古录》，景印文渊阁四库全书本。
（清）顾炎武：《金石文字记》，景印文渊阁四库全书本。
（清）陆陇其：《三鱼堂文集》，景印文渊阁四库全书本。
（清）孙承泽：《春明梦余录》，景印文渊阁四库全书本。
（清）陆世仪撰，张伯行编：《思辨录辑要》，景印文渊阁四库全书本。
（清）毛奇龄：《经问》，景印文渊阁四库全书本。
（清）陈廷敬：《午亭文编》，景印文渊阁四库全书本。
（清）毛奇龄：《西河文集》，商务印书馆 1937 年版。
（清）李光地编：《朱子礼纂》，景印文渊阁四库全书本。
（清）陈鼎：《东林列传》，景印文渊阁四库全书本。
（清）王士禛：《香祖笔记》，上海古籍出版社 1982 年版。

（清）李光地：《榕村集》，景印文渊阁四库全书本。
（清）李光地：《榕村语录》，景印文渊阁四库全书本。
（清）蔡世远：《二希堂文集》，景印文渊阁四库全书本。
（清）查慎行：《敬业堂诗集》，四部丛刊初编。
（清）朱彝尊：《曝书亭集》，景印文渊阁四库全书本。
（清）何焯：《义门读书记》，中华书局 1987 年版。
（清）汤斌：《汤子遗书》，景印文渊阁四库全书本。
（清）施润章：《学余堂文集》，景印文渊阁四库全书本。
（清）宋荦：《西陂类稿》，景印文渊阁四库全书本。
（清）陈祖范：《经咫》，景印文渊阁四库全书本。
（魏）王肃注：《孔子家语》，四部丛刊初编。
（宋）孔传：《东家杂记》，景印文渊阁四库全书本。
（宋）孔传：《东家杂记》，山东友谊书社 1990 年版。
（金）孔元措：《孔氏祖庭广记》，（台北）广文书局 1970 年影印蒙古刊本。
（元）不著撰人：《庙学典礼》，景印文渊阁四库全书本。
（明）陈镐纂修：《阙里志》，山东友谊书社 1989 年版。
（明）瞿九思：《孔庙礼乐考》，续修四库全书本。
（明）李之藻：《頖宫礼乐疏》，景印文渊阁四库全书本。
（明）吕元善纂辑：《圣门志》，山东友谊书社 1990 年版。
（明）吕维琪编：《圣贤像赞》，山东友谊书社 1989 年版。
（清）宋际、宋庆长：《阙里广志》，《儒藏》影印本，四川大学出版社 2005 年版。
（清）孔毓圻、金居敬等：《幸鲁盛典》，景印文渊阁四库全书本。
（清）孔继汾述：《阙里文献考》，山东友谊书社 1989 年版。
（清）孔毓圻等编：《孔宅志》，山东友谊书社 1990 年版。
（清）陈锦订：《文庙从祀位次考》，山东友谊书社 1989 年版。
（清）孔令贻汇辑：《圣门礼志》，山东友谊书社 1989 年版。
（清）孔尚任纂：《圣门乐志》，山东友谊书社 1989 年版。
（清）孔继汾：《劻仪纠谬集》，乾隆己丑（1769 年）刊本。
（清）庞钟璐：《文庙祀典考》，光绪戊寅（1878 年）刻本。

(清) 金之植等编:《文庙礼乐考》，山东友谊书社1989年版。

(清) 蓝钟瑞等纂:《文庙丁祭谱》，山东友谊书社1989年版。

(清) 卢存心:《文庙从祀弟子赞》，《儒藏》影印本，四川大学出版社2005年版。

牛树梅:《文庙通考》，同治十一年浙江书局校刊本。

曲阜市文物管理委员会收藏，孔祥林校订:《孔子圣迹图》，山东美术出版社1988年版。

孔祥林、郭平选注:《阙里诗选》，山东友谊书社1989年版。

《(民国) 曲阜县志》，(台北) 成文出版社影印1968年版。

山东省地方史志编纂委员会:《山东省志·孔子故里志》，中华书局1994年版。

近人论著

李圃主编:《古文字诂林》，上海教育出版社2003年版。

钱穆:《国史大纲》，商务印书馆1996年版。

李学勤:《古代的礼制和宗法》，《中国古代文化史讲座》，中央广播电视大学出版社1984年版。

杨向奎:《宗周社会与礼乐文明》，人民出版社1997年版。

沈文倬:《宗周礼乐文明考论》，杭州大学出版社1999年版。

沈文倬:《菿闇文存》，商务印书馆2006年版。

钱玄:《三礼通论》，南京师范大学出版社1996年版。

钱玄、钱兴奇编著:《三礼辞典》，江苏古籍出版社1998年版。

陈戍国:《中国礼制史(先秦卷)》，湖南教育出版社2002年版。

陈戍国:《中国礼制史(魏晋南北朝卷)》，湖南教育出版社2002年版。

陈戍国:《中国礼制史(隋唐五代卷)》，湖南教育出版社1998年版。

黄进兴:《优入圣域:权力、信仰与正当性》，陕西师范大学出版社1998年版。

黄进兴:《圣贤与圣徒》，北京大学出版社2005年版。

高明士:《天下秩序与文化圈的探索:以东亚古代的政治与教育为中心》，上海古籍出版社2008年版。

蔡尚思：《中国礼教思想史》，上海古籍出版社 2006 年版。
姜广辉：《理学与中国文化》，上海人民出版社 1994 年版。
姜广辉主编：《中国经学思想史》，中国社会科学出版社 2003 年版。
梁满仓：《魏晋南北朝五礼制度考论》，社会科学文献出版社 2009 年版。
杨华：《新出简帛与礼制研究》，台湾书房出版有限公司 2007 年版。
邹昌林：《中国礼文化》，社会科学文献出版社 2000 年版。
杨志刚：《中国礼仪制度研究》，华东师范大学出版社 2000 年版。
浙江大学古籍所：《礼学与中国传统文化》，中华书局 2006 年版。
彭林：《〈周礼〉主体思想与成书年代研究》，中国人民大学出版社 2009 年版。
张寿安：《以礼代理——凌廷堪与清中叶儒学思想之转变》，河北教育出版社 2001 年版。
颜炳罡：《生命的底色》，山东友谊出版社 2005 年版。
张涛：《孔子在美国：1849 年以来孔子在美国报纸上的形象变迁》，北京大学出版社 2011 年版。
王霄冰主编：《仪式与信仰》，民族出版社 2008 年版。
林素英：《古代祭礼中之政教观》，台北文津出版社 1997 年版。
余英时：《士与中国文化》，上海人民出版社 2003 年版。
侯外庐等：《宋明理学史》，人民出版社 1987 年版。
侯外庐等：《中国思想史》，人民出版社 1957 年版。
柳诒徵：《中国文化史》，上海古籍出版社 2001 年版。
冯天瑜：《中华文化史》，上海人民出版社 1990 年版。
陈来：《孔夫子与现代世界》，北京大学出版社 2011 年版。
狄百瑞：《儒家的困境》，北京大学出版社 2009 年版。
梁漱溟：《中国文化要义》，上海人民出版社 2003 年版。
钱穆：《中国近三百年学术史》，商务印书馆 1997 年版。
杨宽：《中国古代陵寝制度史研究》，上海古籍出版社 1985 年版。
朱维铮：《中国经学史十讲》，复旦大学出版社 2002 年版。
李申：《中国儒教史（上卷）》，上海人民出版社 1999 年版。
李申：《中国儒教史（下卷）》，上海人民出版社 2000 年版。
李申：《释奠孔子文献与图说》，国家图书馆出版社 2012 年版。

赵克生：《明朝嘉靖时期国家祭礼改制》，社会科学文献出版社 2006 年版。

张少华：《孔丛子研究》，中国社会科学出版社 2011 年版。

傅亚庶：《中国上古祭祀文化》，东北师范大学出版社 1999 年版。

林惠祥：《文化人类学》，商务印书馆 1991 年版。

孔令朋：《孔裔谈孔》，中国文史出版社 1998 年版。

骆承烈、骆明：《孔里论孔》，当代中国出版社 2003 年版。

李衡眉：《昭穆制度研究》，齐鲁书社 1996 年版。

江帆、艾春华：《中国历代孔庙雅乐》，中国国际广播出版社 2001 年版。

孔德懋：《孔府内宅轶事》，天津人民出版社 1982 年版。

柯兰：《千年孔府的最后一代》，天津教育出版社 1998 年版。

孔繁银、孔祥龄：《孔府内宅生活》，齐鲁书社 2002 年版。

孔繁银：《衍圣公府见闻》，齐鲁书社 1992 年版。

李景明、宫云维：《历代孔子嫡裔衍圣公传》，齐鲁书社 1993 年版。

何修龄：《封建贵族大地主的典型——孔府研究》，中国社会科学出版社 1981 年版。

杨荫浏：《中国古代音乐史稿（上）》，人民音乐出版社 2004 年版。

李民、朱黎明主编：《东方圣诞节》，中国戏剧出版社 2005 年版。

鲁迅：《在现代中国的孔夫子》，《鲁迅全集》第六卷，人民文学出版社 1973 年版。

陈遵妫：《中国天文学史》，上海人民出版社 2006 年版。

后　记

《孔庙祭祀研究》是在我博士学位论文的基础上修订而成。从2006年论文题目确定到现在书稿出版，屈指算来已有八年多时间。这期间，虽不能说全副精力投入其中，兴趣所在却总不离其左右。长期浸染于史料钩稽与礼仪考据之中，“祭孔”于我而言，已由一个熟悉而又陌生的公众话题，完全转型为一个严肃的学术课题。

我来自齐鲁之邦，求学湖湘之间，两地文化习俗，迥然有别。在湘攻读硕士、博士学位，一直拜于礼学专家陈戍国教授门下。业师是地道的湘人，学术上的专攻与偏好，使他对齐鲁文化怀有由衷的好感。博士论文选题时，业师即提出某既来自山东，当承担起对孔庙孔府这一礼仪渊薮的研究，资料方面，可先从曲阜孔府档案开始。于是有了第一次曲阜之行。遍览三孔、曲阜档案馆、曲阜师范大学资料室后，最终决定以“孔庙祭祀”为主题展开研究。针对此一定位，后来又再次到曲阜查阅。随着积累资料的多样化，原先的写作计划不得不多次加以调整。研究对象，初时打算以曲阜孔庙为主，后来发现，作为一项全国性的祭祀活动，曲阜孔庙的地缘性和血缘性，远不能囊括全国祭孔的概貌和盛况；在视域上，眼光局促于一地，也不足以揭示礼仪礼制沿革损益的演变脉络及其背后的复杂关系，是以研究对象扩大至涵盖全国的孔庙。研究思路和框架，先时打算采用断代的写法，以时间为节点，历数一朝一代的祭孔状况。后来又认为研究的中心应当首先放在“礼”上，其次才是“史”，因此决定将祭孔礼事当作一个有机整体加以剖析，用专章专节的方式，去呈现礼仪活动的细微之处。

论文的写作过程无疑是一次前所未有的考验。资料的搜索、归类、筛选，原始文献的释读、标点，语句的疏通、修饰，这些工作都对我以往薄弱的知识储备和写作经验构成挑战。储备不足，则不得不现学现补；写作经验不足，却又非计日之功可成，因为一句话上的滞涩不谐而纠缠数日者不在少数。面对蜗牛爬一样的进度，常常有力不从心难以为继之叹。这次写作经历让我切身感受到“书到用时方恨少，事非经过不知难”的真正含义所在。论文完成后，自觉对唐宋这两个在祭孔礼仪设计方面做出巨大贡献的朝代挖掘不够，便以此为主题申请到山东大学儒学高等研究院博士后流动站继续研究。宋代士大夫普遍的祭孔热情及其个体化特征也给我留下了很深的印象，尤其是其体现于祭孔祝文上的独特性极引人关注。幸运的是，业师将我所属意的“宋代祭孔祝文整理与研究”作为子课题纳入他所主持的国家社科基金重大项目“中国古代礼学文献整理与研究”之中，这一子课题后来又被列入湖南省社科基金重点项目。这些都是在《孔庙祭祀研究》基础上生发的后续研究，希望能在此一领域做出更多的成绩。

论文开题之时，个人以为，此一选题并不大，资料似乎也不太多，曾经一度将预期写作目标定在 12 万字左右。因为担心资料不足，所以初期只言片语都倍加珍惜。没想到最后搜集到的资料，竟差点超出我的驾驭能力。论文规模也已远逾计划，搁笔之日，总体已达四十多万字。现在看来，无论文字表述，还是资料征引方面，都有臃肿粗糙之嫌，不够精简。然而，作为初窥学术门径者的第一部著作，它代表了我在学术领域踯躅前行尚不稳健的步伐，所以敝帚自珍，在其出版之际，并没有做太大修整。

撰写论文的同时，国内祭孔活动的开展，也在一步步由含蓄走向热闹。对于专题研究者来说，这是一件令人振奋的事情。尽管今天的祭孔活动，大都打上了强烈的时代烙印，使祭祀目的看起来捉摸不定，但是它的回归是必然的。对此一礼仪活动的未来建设和走向，我也充满了积极乐观的展望心态。

祭孔是孔子去世以后的事情，《孔庙祭祀研究》关注的也是孔子身后的荣耀。这份万世不衰的荣耀促使我去更多地了解孔子和他的思想，了解越多，越有难窥其涯之感。自此对颜回“仰之弥高，钻之弥坚”、司马迁“高山仰止，景行行止。虽不能至，然心向往之”有了不同以往的体会。礼缘情作，后世祭孔之盛，信其非蹈空之作。而我在异乡才得以真正走近这位故乡名人，当属意外收获。

论文是在导师陈成国教授的指导下完成的。陈老师悉心披阅了全文并提出了许多宝贵意见。正是在这些指引下，不才始得治礼、治经之门径。陈老师的治学态度和精神一直让我钦佩不已。在论文的写作、审稿、答辩过程中，姜广辉教授、肖永明教授、于振波教授、梁绍辉研究员都给予了精心指点和殷切期勉，得此数位良师指教，使我终生受益。诸位先生的学识与修养，也是我不断学习的楷模。承蒙陈成国教授、姜广辉教授百忙之中拨冗赐序，让我感念不尽。姜广辉教授、肖永明教授还惠赐相关写作资料，启发颇多。两位先生提携后学不遗余力，对我一直是极大的激励和鞭策。湖南大学出版社的雷鸣、肖立生两位先生，在本书出版过程中，都给予极大关照，在此表达深深的谢意和歉意。

拙稿有幸先后列入岳麓书院国学研究与传播中心“2013 年度出版资助计划”，暨湖南省社科基金出版著作资助计划。感谢朱汉民教授、肖永明教授、李兵教授对拙稿的赏识和大力举荐。

特别感谢承担本书审阅重任的编辑罗莉女士，她一丝不苟的态度和井然有序的安排，才使我能够有针对地从容完成书稿的修改工作。

最后，感谢我的家人及亲友在我写作期间给予的诸多支持与付出。

董喜宁

2014 年 12 月 2 日